Carl Erdmann

Die Entstehung des Kreuzzugsgedankens

Carl Erdmann

Die Entstehung des Kreuzzugsgedankens

Mit einem Nachwort von Folker Reichert

wbg Academic

Die Deutsche Nationalbibliothek verzeichnet diese Publikation
in der Deutschen Nationalbibliografie; detaillierte bibliografische
Daten sind im Internet über www.dnb.de abrufbar.

wbg Academic ist ein Imprint der wbg.

Die Herausgabe des Werkes wurde durch die Vereinsmitglieder der wbg ermöglicht.
Satz und Layout: Satzweiss.com Print, Web, Software GmbH
Gedruckt auf säurefreiem und
alterungsbeständigem Papier
Printed in Germany

Besuchen Sie uns im Internet: www.wbg-wissenverbindet.de

ISBN 978-3-534-27612-7

Elektronisch ist folgende Ausgabe erhältlich:
eBook (PDF): 978-3-534-74744-3
eBook (epub): 978-3-534-74745-0

Dem Andenken meines Vaters
der 1893 seine Dorpater Professur verlor,
weil er seiner Muttersprache treu blieb

und meiner beiden Brüder
die 1914 und 1916 fielen
gewidmet im unerschütterten Glauben
an die Zukunft des deutschen Geistes

Vorwort

In der Kreuzzugsbewegung kamen zweierlei geistige Kräfte zur Wirkung: der Gedanke der *Wallfahrt* zu den Stätten des ursprünglichen Christentums und die Idee des *heiligen Krieges*, des Ritterkampfes im Dienste der Kirche. Beide haben ihre gesonderte Vorgeschichte, und wer die Entstehung des Kreuzzugsgedankens untersucht, kann deshalb zwei verschiedene Wege einschlagen.

Die bisher geltende Meinung ging vom Wallfahrertum aus. Man verwies zwar zur Ergänzung auch auf die hierarchischen Tendenzen des Papsttums und auf die Heidenkriege in Südeuropa, legte das Hauptgewicht aber darauf, daß schon lange friedliche Pilgerfahrten zum heiligen Grabe üblich waren, die schließlich in kriegerische Eroberungszüge umschlugen. Infolgedessen hat man eingehend das Wallfahrertum erforscht und nach den Ereignissen im Orient gesucht, die den Wechsel der Zielsetzung veranlaßt haben könnten. Die Vorgeschichte des Kreuzzugsgedankens erschien so unter einem orientalischen Aspekt oder doch im Lichte der ostwestlichen Beziehungen, und die vielen auf anderen Schauplätzen unternommenen Kreuzzüge – gegen Ketzer und Gegner des Papsttums ebensowohl wie gegen Heiden – galten als „Abirrungen" und Degenerationserscheinungen eines „eigentlichen" Kreuzzugsgedankens.

Aber diese Auffassung ist schief. Die „Abirrungen" waren schon vorher da, und aus ihnen ist auch der „eigentliche" Kreuzzug in wesentlich höherem Maße entstanden als aus dem angeblichen Wechsel in der Lage der Pilger und der Stadt Jerusalem. Der zentrale und historisch wesentliche Vorgang war die Entwicklung des „allgemeinen" Kreuzzugsgedankens, der nicht an bestimmte Orte gebunden war, sondern nur an die kirchliche Zielsetzung als solche. Im Unterschiede zur bisherigen Forschung gehen wir also hauptsächlich der zweiten Komponente des Kreuzfahrertums nach, der Idee des christlichen Rittertums und des heiligen Krieges. Es liegt auf der Hand, daß die Wurzeln dieser Idee nicht in Palästina gesucht werden können, sondern daß ihr Hochkommen mit der Gesamtentwicklung der christlichen Völker zusammenhängen muß. Es geht um das Problem „Kirche und Krieg" und somit um eine historische Grundlegung der abendländischen Kriegs- und Kriegerethik schlechthin.

Die vorliegende Arbeit will also nicht die Entstehung der Kreuzzugs*bewegung* nach jeder Richtung hin aufklären, sondern beschränkt sich auf den Kreuzzugs*gedanken* und seine Entwicklung bis zum ersten Kreuzzug. Andernfalls müßte sie natürlich auch auf die sozialen, politischen und wirtschaftlichen Verhältnisse eingehen, die die äußeren Voraussetzungen für das Kreuzfahrertum schufen. Man braucht ja nur darauf zu verweisen, daß gleichzeitig das Söldnertum im Abendland emporkam und an verschiedenen Punkten eine kriegerische und kolonisatorische Expansion stattfand. Aber es ist unbestritten, daß nicht nur die Aussicht auf Sold, Beute und Landgewinn, sondern auch die auf Sündenvergebung und himmlischen Lohn die Krieger des Hochmittelalters in Bewegung gesetzt hat. Wenn wir diese Tatsache gesondert zu erfassen suchen, so heißt das nicht, daß wir dabei gegenüber allen Vorgängen außerhalb der reingeistigen Sphäre blind sein wollen. Da der Kreuzzugsgedanke von der Kirche geformt worden ist, müssen diejenigen Tatbestände sozialer, verfassungsmäßiger und politischer Art, die die Haltung der Kirche und des Papsttums in dieser Frage mitbestimmt haben, selbstverständlich berücksichtigt werden. Unfruchtbar aber wäre der Versuch, in den Motiven der Kreuzfahrer das Mischungsverhältnis zwischen idealen und realen Momenten genau bestimmen zu wollen. Die These, daß der kirchliche Appell ihr einziges Motiv gebildet habe, wäre selbstverständlich falsch, nicht minder verkehrt aber die umgekehrte Meinung, daß er als solcher wirkungslos und nur Fassade gewesen sei. Da es feststeht, *daß* der kirchliche Kreuzzugsgedanke eine historische Kraft war, fragen wir nicht, *wie stark* er im Vergleich zu anderen konkurrierenden Momenten psychologisch wirksam war, sondern wollen untersuchen, *in welcher Weise* er sich gebildet und welche Wandlungen er durchgemacht hat.

Die gesamte Fragestellung ist an sich nicht neu. Daß die Kreuzzüge ohne den „religiösen Überschwang" der Epoche nicht zu erklären sind, hat man immer gewußt, und daß sie mit der Kirchenreform und dem Investiturstreit irgendwie zusammenhängen müssen, ist schon mehrfach angedeutet worden. Soweit ich aber sehe, ist man dabei in Allgemeinheiten steckengeblieben oder hat, wo man präziser wurde, das Bild entschieden verzeichnet. Das Beste, was über die Vorgeschichte des Kreuzzugsgedankens geschrieben worden ist, scheint mir das zweite Kapitel des VIII. Bandes von Rankes Weltgeschichte zu sein. Dort findet man vor allem die grundlegende Unterscheidung zwischen der hierarchischen und der populären Kreuzzugsidee, die einige Zeit nebeneinander herliefen, um sich unter Urban II. zu weltgeschichtlicher Vereinigung zu finden. Ranke setzt zwar in zu weitgehender Weise die populäre Kreuzzugsidee mit dem Wallfahrtsgedanken gleich, aber er hat jedenfalls den Weg gewiesen, auf dem man das Wesentliche herauszufinden vermag.

Die erste Hälfte der vorliegenden Arbeit, deren Einleitung schon im Jahre 1930 geschrieben wurde, entstand in Rom, wo ich neben meiner Tätigkeit am Preußischen Historischen Institut auch an diesem Buche arbeiten konnte. Für die Erlaubnis hierzu und weitere Förderung meiner Arbeit bin ich Herrn Geheimrat Kehr dankbar. Einleitung, Kapitel I–III und Exkurs I–III lagen im Sommer 1932 der Philosophischen Fakultät der Universität Berlin als Habilitationsschrift vor; dabei erhielt ich von den beiden Referenten, Herrn Professor Caspar und Herrn Professor R. Holtzmann, eine Anzahl Hinweise, die ich mit Dank verwertet habe. Die Ausarbeitung der weiteren Kapitel und der Druck des Ganzen wurden ermöglicht durch ein Forschungsstipendium und einen Druckzuschuß, für deren Gewährung ich der *Notgemeinschaft* der Deutschen Wissenschaft zu Dank verpflichtet bin. Erich Caspar, der die Arbeit bis zu seinem Tode mit freundlichem Interesse begleitete, verdanke ich ihre Aufnahme in die vorliegende Sammlung. Durch mancherlei hilfsbereite Auskünfte und Vermittlung von Photographien unterstützten mich die Verwaltungen der Handschriftenabteilungen der Biblioteca Vaticana, der Staatsbibliotheken zu Berlin und München und der Bibliothèque Nationale zu Paris. Schließlich danke ich meinen Berliner Kollegen Dr. D. v. Gladiß, Dr. K. Jordan, Dr. Th. E. Mommsen und Dr. H. Schlechte, die bereitwilligst die Mühen der Korrektur mit mir teilten.

Berlin, Juli 1935 Carl Erdmann

Inhaltsverzeichnis

Einleitung

Als *heiliger Krieg* im weitesten Sinne müßte jeder Krieg gelten, der als religiöse Handlung aufgefaßt oder sonst zur Religion in eine direkte Beziehung gesetzt wird. In diesem Sinne hätte es heilige Kriege schon auf dem Boden der antiken Religionen gegeben, insbesondere im Orient. Der nationale Gott führt selbst sein Volk zum Siege über die Götter der andern Völker, sein Heiligtum wird mitgeführt in die Schlacht, ihm gehört die gesamte Beute. Auf dieser Stufe gibt es keinen Unterschied zwischen heiligem und profanem Krieg, vielmehr ist jeder Krieg als solcher heilig, da er eine Handlung des Volkes und das Volksganze Träger der Religion ist. Auch bei den europäischen Völkern lagen die Dinge in heidnischer Zeit meist ähnlich. In ganz anderem Sinne aber waren die Kreuzzüge heilige Kriege. Wir brauchen uns nicht auf die eigentlichen, nach dem Heiligen Lande gerichteten Kreuzzüge zu beschränken, sondern können gleich den allgemeinen Kreuzzugsgedanken ins Auge fassen, wie er zu jener Zeit auf den verschiedensten Kriegsschauplätzen in Erscheinung trat und in den Ritterorden seine deutlichste Verkörperung gefunden hat. Hier bildete die Religion eine spezifische Kriegsursache und fiel nicht mit dem Volkswohl, der Landesverteidigung, dem Staatsinteresse oder der nationalen Ehre zusammen; die Aufrufe zum Kreuzzug wandten sich dementsprechend nicht an bestimmte Völker und zunächst auch nicht an die Staatsoberhäupter, sondern an die Masse der christlichen Ritter. Auf diese besondere Form des heiligen Krieges wird unsere Untersuchung von vornherein hinzielen.

Die *christliche Religion* ist zunächst dem heiligen Kriege wenig günstig. Die Besonderheit der christlichen Ethik ist dabei nicht einmal die Hauptsache: gewiß ist die von Jesus gepredigte Liebesgesinnung sehr verschieden vom Ethos des Krieges, aber das Evangelium enthält keine ausdrückliche Verdammung des Krieges, und bei der fortschreitenden Wandlung der christlichen Ethik konnte die Theologie den Gegensatz mit der Zeit ausgleichen. Sehr viel stärker wirkte die Tatsache, daß das Christentum seit seinen Anfängen eine universale Missionsreligion ist, einer Entwicklung des heiligen Krieges entgegen. Wenn alle Völker in gleicher Weise zur Verehrung des allein wahren Gottes berufen sind, dann geht es nicht mehr an, die Sache des einen kriegführenden Volkes ohne weiteres für die Gottes zu erklären. Auch der Gedanke des Glaubenskrieges gegen die Ungläubigen trifft auf große Schwierigkeiten durch den Konflikt mit der Missionspflicht. Denn daß die Bekehrung ein geistiger Vorgang sein und aus eigenem Entschluß vollzogen werden müsse, wird in allen Kulturreligionen gefordert. Charakteristisch ist hierfür die islamische Lehre vom heiligen Krieg: der Djihad, wie Muhammed ihn proklamierte, hat im Grunde die Ausdehnung der äußeren Herrschaft der muslimischen Gemeinde zum Zweck. Ist der heilige Krieg einmal erklärt, so sollen die Ungläubigen durch ihn nicht bekehrt, sondern tributär gemacht, also staatlich unterworfen werden; auch dies dient zur Verherrlichung Allahs und ist deshalb ein heiliges Werk. Die Annahme des Islam durch die Unterworfenen mag dann eine Folge sein: der unmittelbare Zweck des heiligen Krieges selbst ist sie nicht. Für das Christentum aber bleibt auch ein so verstandener Glaubenskrieg von problematischem Wert. Die bloße Unterwerfung der Heiden galt zwar hier und da auch auf christlichem Boden schon als ein heiliges Werk, aber keineswegs immer; es geht zu weit, wenn man den angeblichen Beruf des Christentums zur Weltherrschaft als die Wurzel des Kreuzzugsgedankens hingestellt hat[1]. So trifft denn auch die übliche Auffassung, daß sich die Kreuzzugsidee ziemlich geradlinig und reibungslos entwickelt habe, keineswegs zu[2].

Dem Urchristentum wäre der Gedanke an einen heiligen, von der Religion geforderten Krieg als geradezu absurd erschienen; man kannte nur den profanen, für das Staatswohl geführten Krieg und zweifelte daran, ob die Beteiligung an ihm dem Christen auch nur erlaubt sei[3]. Nicht ob die Religion Kriege stif-

1 Prutz, Kreuzzüge S. 13.

2 Über die Stellung der Kirche zum Kriege gibt es nur für die ersten drei Jahrhunderte eingehendere Arbeiten, vor allem die klassische Studie von Harnack über die Militia Christi. Für die Folgezeit bis etwa zum Jahre 1000 existieren meines Wissens nur kurze Übersichten, die ich – bei mannigfachen Abweichungen im einzelnen – jedenfalls mit Nutzen konsultiert habe. Ich nenne: Gautier, Chevalerie S. 2–14; Gottlob, Kreuzablaß S. 13–36; Görris, Denkbeelden S. 9–11; Pissard, Guerre sainte S. 1–3; Köhler, Hauckfestschrift S. 138–143; Finke, Gedanke S. 15 ff.; Maschke, Deutschorden S. 3–8; Erben, Kriegsgeschichte S. 53–57. Einige Quellenhinweise entnahm ich auch der Dissertatio de antiqua disciplina christianae militiae des Lupus (Opp. post. S. 94 ff.). Die folgenden Ausführungen versuchen, das Verständnis des schwierigen Entwicklungsvorganges zu vertiefen, haben aber selbst nur den Charakter einer einleitenden Übersicht und erheben keinen Anspruch auf Endgültigkeit.

3 Das Folgende nach Harnack, Militia.

ten solle, sondern ob das Kriegshandwerk überhaupt zuzulassen sei, lautete die christliche Fragestellung. Auch diese Frage wurde in den ersten Jahrhunderten von einigen Kirchenlehrern wie Tertullian und Origenes verneint; nicht nur das Blutvergießen, sondern auch die Berührung des Heeres mit heidnischen Kulten und das allgemein unchristliche Leben der Soldaten richtete für viele eine Scheidewand zwischen dem Christentum und dem Soldatenstand auf. Im allgemeinen siegte zwar der apostolische Grundsatz, daß jeder in seinem Stande, in welchem er zum Christentum berufen worden, bleiben solle; schon vor Konstantin gab es viele Christen im Heere. Aber von einer kriegerischen Wirksamkeit der Kirche konnte in einer Zeit, wo der Staat noch heidnisch und das Christentum bestenfalls geduldet war, niemals die Rede sein.

Unter *Konstantin* änderte sich die Lage. Die neue Staatskirche erklärte nicht nur den Heeresdienst im allgemeinen für unanstößig[4], sondern gewöhnte sich rasch daran, daß sie selbst über die Gewaltmittel des Staats verfügen könne. Die Gesetzgebung wurde gegen die Heiden mobil gemacht, und es fanden sich Christen wie Firmicus Maternus, die die Ausrottung des Heidentums mit Feuer und Schwert verlangten. Je enger das Bündnis zwischen Staat und Kirche wurde, desto mehr setzte sich die Kirche in ihren ethischen Forderungen und in ihren liturgischen Gebeten auch für die kriegerischen Funktionen des Staates ein. Im Orient, wo sich ein ausgesprochenes Staatskirchenturn durchsetzte, kam es deshalb verhältnismäßig bald zu einer moralischen Mithilfe der Kirche bei der Kriegführung; ja vielfach wuchsen dort Religion und Volkstum in der Weise vorchristlicher Religionen wieder so eng zusammen, daß es noch heutigen Tages einer besonderen Proklamation des „heiligen Krieges" in Fällen der Not gar nicht bedarf[5]. Charakteristisch ist, daß sich in der griechischen Kir-

---

4 Doch gab es immer noch Ausnahmen, vgl. z. B. Paulinus Nolanus ep. 25 S. 223 ff. – Der vielzitierte 3. Kanon des Konzils von Arles (314), der die Fahnenflucht mit der Exkommunikation zu bedrohen scheint, darf doch wohl nur mit Vorsicht benutzt werden, da der überlieferte Text nicht restlos klar ist, vgl. Harnack, Militia S. 88. Solange man keine sachlichen Parallelen zu dieser Vorschrift nachgewiesen hat, kann ich sie nicht für glaublich halten; der 11. Kanon von Nikäa und der Brief Leos I. JK. 544 § 10 klingen jedenfalls ganz anders! Spätere Kirchenstrafen gegen Deserteure haben ihren Ursprung vielleicht darin, daß die durch die Desertion verwirkte infamia aus dem weltlichen Recht (vgl. Praefatio zum 12. Toledaner Konzil von 681, danach Benedictus Levita II 326, MG. LL. II. II 89) auch bei Pseudoisidor eingedrungen ist (ed. Hinschius S. 182 und 231).

5 Harnack, Militia S. 5.

che verhältnismäßig bald der Kult kriegerischer Heiliger ausbildete, die nach allgemeinem Glauben persönlich in die Schlachten eingriffen und sie durch Wunder zugunsten ihrer Schützlinge entschieden, wie der heilige Demetrius, der heilige Theodor, der heilige Sergius und der heilige Georg[6]. Es zeigt sich darin, daß ein Gegensatz zwischen Krieg und Christentum im Orient nicht mehr empfunden wurde.

Im *Abendlande* aber war die Entwicklung eine andere. Gewiß hat sich auch die lateinische Kirche mit dem Staate verbündet und unter der Voraussetzung, daß das Gebiet ihres Staates mit dem Bereich des Christentums zusammenfiel, die staatliche Kriegstätigkeit gebilligt. Aber die römische Kirche geriet nicht in dem Maße wie die griechische in Abhängigkeit von den Kaisern und bewahrte deshalb gegenüber dem Staat und dem Kriege eine zurückhaltendere Stellung[7]. Kriegerische Heilige hat das Abendland noch viele Jahrhunderte hindurch nicht gekannt[8]; nur vereinzelt hören wir davon, daß dieser oder jener Heiliger einmal zum Schutz seiner Kirche oder seiner Anhänger im Kampfe erschienen sei[9]. Die Tatsachen selbst sprachen ja gegen den Glauben an eine aktive Kriegshilfe der Heiligen: das westliche Reich vermochte sich des Ansturms der Barbaren immer weniger zu erwehren, und Ereignisse wie die Eroberung Roms durch die Goten konnten nicht als himmlische Kriegstaten gefeiert werden, sondern gaben umgekehrt Gelegenheit zu Vorwürfen gegen das Christentum, wie sie Augustins Werk über den Gottesstaat veranlaßt haben. Gerade *Augustin* ist es dann gewesen, der der abendländischen Kriegsethik die Wege gewiesen und auf die Gestaltung ihres komplexen Wesens den nachhaltigsten Einfluß ausgeübt hat[10].

---

6 Lucius, Anfänge S. 205 ff.; dazu in anderem Sinne Delehaye, Légendes S. 1 ff.

7 Eine Sonderstellung nimmt die westgotische Nationalkirche in Spanien ein, vgl. unten Kap. I S. 46, dazu etwa auch den mozarabischen Hymnus in *profectione exercitus* bei Blume, Analecta hymn. XXVII 269. Mayer, Jahrb. f. Liturgiewiss. V 90 ff. sieht diese Zusammenhänge m. E. etwas zu einfach.

8 Lucius S. 246 ff.

9 Aus dem kirchlichen Altertum ist mir nur ein Beispiel bekannt, die Nachricht bei Augustin, De cura pro mortuis gerenda c. 16 (19), Opera V. III 652, daß der heilige Felix bei der Verteidigung Nolas gegen die Barbaren erschienen sei. Einige Stellen aus späterer Zeit bei Günter, Legendenstudien S. 110 f. – Der allgemeine Glaube, daß Gott und die Heiligen das Schlachtenschicksal lenken, ist hiermit natürlich nicht zu verwechseln.

10 Die für die spätere Zeit maßgebenden Augustin-Stellen über den Krieg findet man am besten zusammengestellt im Dekret Gratians Pars II Causa 23 (Friedberg I 889–

Während die ersten Jahrhunderte nur an den Kriegsdienst des einzelnen christlichen Soldaten gedacht hatten, da die Sorge um die Ethik des kriegführenden Staates oder Staatslenkers noch nicht in ihren Gesichtskreis trat, faßt Augustin das sozialethische Kriegsproblem sehr viel grundsätzlicher an und fragt vor allem, ob und wann der Krieg als solcher erlaubt oder eine Sünde ist. Eine autonome Berechtigung des Krieges als beiderseits notwendiger Austragung eines staatlichen Gegensatzes erkennt er nicht an. Für ihn entspringt der Krieg nur aus dem Bösen und ist immer ein Übel. Wohl gibt es ein *bellum iustum*, aber – das ist der entscheidende Punkt – nur auf der einen Seite. Mindestens eine der kämpfenden Parteien muß durch Ungerechtigkeit den Anlaß gegeben haben, denn gerechte Kriegsgründe sind nur die Verteidigung und die Wiedererlangung geraubten Gutes. So hat Augustin die Idee der „Kriegsschuld" in die christliche Geschichte eingeführt und sie zum Angelpunkt der europäischen Kriegstheorie gemacht; sie ist in ihrer Geltung während eines Jahrtausends unbestritten geblieben und noch heute von schwerem Gewicht. Der Gute darf einen Krieg nur aus Notwendigkeit führen, und sein Zweck soll dabei immer der Friede und letztlich auch das Wohl des Gegners sein. Die kriegerische Gesinnung ist damit verurteilt, und die christliche Friedensethik, die Augustin durchaus als solche anerkennt, mit der Existenz des Krieges in Einklang gebracht. Für die Praxis stellte Augustin noch die besondere Bestimmung auf, daß für den einzelnen Soldaten auch die Beteiligung an einem an sich ungerechten Kriege keine Sünde sei, wenn er über das Unrecht seiner Sache kein klares Urteil habe. Das bedeutete, daß das Heer von der Verantwortung grundsätzlich entlastet, diese vielmehr dem Staatslenker zugewiesen wurde; die Kriegsethik war nun überhaupt kaum mehr Sache des Soldaten, sondern des Fürsten, welcher zu prüfen hatte, ob seine Sache gerecht oder ungerecht, der Krieg also erlaubt oder unerlaubt sei. Außerdem bedingt Augustins Lehre eine grundlegende Unterscheidung zwischen Angriffs- und Verteidigungskrieg. Daß eine solche in der Praxis überaus schwierig und vielfach nur mit Fiktionen durchführbar ist, liegt auf der Hand; aber für die christliche Doktrin ist sie maßgebend geblieben.

965). Dazu Mausbach, Augustin I 313, 337, 345, 426 f.; Schilling, Staatslehre S. 86 ff. Auch Bernheim, Zeitanschauungen, und Monceaux, Augustin, sind zu beachten; doch vermag ich ihren Ausführungen, die untereinander stark verschieden sind, nicht an allen Stellen zuzustimmen.

Ein Religionskrieg ist das *bellum iustum* zunächst nicht, sondern ein Moralkrieg. Doch hat diese Kriegslehre durch Augustins besondere Erlebnisse eine weitere Ausgestaltung erfahren. Schon seit langer Zeit stürzte damals das donatistische Schisma die nordafrikanische Kirche in schwere Wirren. Augustin befand sich solchen Vorgängen gegenüber, ebenso wie zahlreiche Kirchenmänner nach ihm, in einem Dilemma: auf der einen Seite verlangte der katholische Kirchengedanke die Wahrung der Kircheneinheit, auf der andern Seite verbot die Lehre von der Freiwilligkeit des Glaubens die Anwendung von Gewalt. In der ersten Zeit versuchte er, das Schisma durch einen bloßen geistigen Kampf mit literarischen Mitteln zurückzudrängen. Aber die Erfahrung bewies ihm, daß der Erfolg auf diese Weise ungenügend blieb. Er ging deshalb später dazu über, die Hilfe des Staates gegen die Donatisten anzurufen. Er verhehlte sich nicht, daß das von den urchristlichen Maximen abwich, half sich jedoch mit einer geschichtsphilosophischen Reflexion: durch die Annahme des Christentums von seiten der Staatslenker sei die Stellung der Kirche verändert, ihre *potestas* vermehrt. Es handelt sich dabei um die Ausübung einer Disziplinargewalt innerhalb der Kirche und innerhalb des Staates. Augustins berühmte Deutung des Gleichniswortes *Coge intrare* auf den Eintritt in die Kirche wäre an sich geeignet gewesen, einer allgemeinen Gewaltmission auch gegenüber den Heiden das Wort zu reden. Das hat aber Augustin nicht getan, sondern hat sich in diesem Zusammenhang nur auf die Häretiker oder Schismatiker bezogen, die als Abgefallene galten und deshalb in der Theorie der Gewalt der Kirche unterstehen sollten.

Mit der Kriegsethik scheint dies alles wenig zu tun zu haben. Aber es ist zu bedenken, daß innerstaatliche und zwischenstaatliche Beziehungen, Strafrecht und Völkerrecht in der Theorie Augustins ebenso wie bei den mittelalterlichen Lehrern noch nicht geschieden waren. Ob der Staat das *ius gladii* gegenüber seinen eignen Bürgern oder gegenüber andern Völkern ausübte, galt damals noch nicht als eine wesentliche Differenz. Zudem kam die Unterdrückung des Donatismus praktisch auf kriegerische Maßnahmen heraus, um so mehr, als die Donatisten und die mit ihnen eng verbundenen sogenannten Circumcellionen ihrerseits ein kriegerisches Gebaren angenommen hatten und als angebliche Soldaten Christi das Land verheerten. So hat denn Augustin die staatliche Donatistenverfolgung selbst als einen Krieg betrachtet und seine Kriegstheorie im Hinblick auf den Ketzerkrieg erweitert: über den gerechten Krieg hinaus spricht er nun vom heiligen Krieg, dem *bellum Deo auctore,* bei dem Heerführer und

Soldaten in besonderer Weise als Diener Gottes gelten[11]. Hier gibt es erst recht kein gleiches Maß für die kämpfenden Parteien: die einen streiten für das Licht, die andern für die Finsternis, die einen für Christus, die andern für den Teufel. Die Lehre vom Gottesstaat tat das übrige, um diesem heiligen Krieg sein spezifisches Gepräge zu geben.

Die Herleitung des heiligen Krieges aus dem Postulat der Einheit der Kirche in Verbindung mit dem christlichen Staat ist insofern von Wichtigkeit, als es sich noch nicht um einen aggressiven Religionskrieg zur Ausbreitung des Christentums handelt. Erst Gregor I. blieb es vorbehalten, diesen bedenklichen Schritt zu vollziehen. Er, der den Grundsatz vertrat, hartnäckigen Nichtchristen sei die Bekehrung durch hohe Steuern nahezulegen, hatte keine Scheu, auch die Waffen in den Dienst der Mission zu stellen[12]. Er pries den afrikanischen Exarchen Gennadius, weil er oft den Krieg suche, damit bei den unterworfenen Völkern das Christentum gepredigt würde. Damit war zum erstenmal das Prinzip des indirekten Missionskriegs aufgestellt: der unmittelbare Zweck des Krieges ist nur die Unterwerfung der Heiden, diese aber ist gedacht als Grundlage für eine nachfolgende Missionstätigkeit, die durch die staatliche Herrschaft geschützt und gefördert werden soll. Durch Augustin und Gregor war somit eine zwiefache gedankliche Grundlage für den heiligen Krieg geschaffen: der Ketzerkrieg zur Reinhaltung der Kirche im Innern, der Missionskrieg zur Verbreitung des Glaubens nach außen.

Es wäre aber eine Verkennung der Sachlage, wenn man in diesen Grundsätzen schon den wesentlichsten Teil des späteren Kreuzzugsgedankens zu finden glaubte. Vielmehr liegt alles andere als eine gerade Entwicklungslinie vor.

Der augustinische Ketzerkrieg konnte schon deshalb im früheren Mittelalter nicht zu größerer Bedeutung gelangen, weil eine Gelegenheit dazu keineswegs immer vorhanden war. Im 5. und 6. Jahrhundert mochte es allerdings im Hinblick auf das arianische Bekenntnis der ostgermanischen Volksstämme so

[11] Die beiden Hauptstellen hierfür sind Quaest. in Pent. VI 10 (Opera III. III 428 f.) und De civit. Dei I 21 (Opera V. I 39 f.). Übrigens kommt der Begriff des *bellum Deo auctore* auch in Augustins älteren Schriften schon vor, ist aber zur vollen Bedeutung erst durch seine Stellung gegenüber den Ketzern gelangt.

[12] Register Gregors I. lib. I ep. 73 (MG. Ep. I 93): bella vos frequenter appetere ... dilatandae causa rei publicae, in qua Deum coli conspicimus ..., quatenus Christi nomen per subditas gentes fidei praedicatione circumquaque discurrat. Vgl. lib. IV ep. 26 (ebd. I 261).

scheinen, als ob sich der Idee eines heiligen Ketzerkampfes große Perspektiven eröffneten. In der Tat weist die Schilderung, die Gregor von Tours vom Westgotenkrieg Chlodwigs entwirft, ganz in diese Richtung: er läßt den zum katholischen Christentum bekehrten Frankenkönig von dem Motive beseelt sein, die Herrschaft der arianischen Häretiker in Gallien nicht mehr zu dulden, und verleiht daraufhin dem Kriege durch Wunderzeichen und die besondere Devotion, die dem heiligen Martin bezeugt worden sein soll, einen halbreligiösen Charakter[13]. Aber als im Lauf des 6. und 7. Jahrhunderts die katholische Kirche den Arianismus absorbiert hatte, war die Kircheneinheit im Abendland hergestellt und bestand nun im wesentlichen fort, bis im 2. Jahrtausend ein neuartiges Sektenwesen aufkam. Die Idee des Ketzerkrieges war in der Zwischenzeit gegenstandslos.

Anders war die Lage im Hinblick auf den gregorianischen Missionskrieg, der auf den ersten Blick als ein christliches Korrelat für den islamischen Djihad erscheint, da er unter Wahrung der reinreligiösen Zielsetzung nicht direkt dem Glaubenszwang, sondern auf dem Umwege über die Unterwerfung der missionarischen Bekehrung dienen will. Die äußeren Vorbedingungen für diesen Missionskrieg waren natürlich fast zu allen Zeiten gegeben. Aber er krankt an einem inneren Widerspruch: Krieg und Missionspredigt bedingen eine so grundverschiedene Willensrichtung dem Gegner gegenüber, daß der Gedanke, der Mission zu dienen, niemals ein Heer beherrschen wird. In der Regel vermag ein solcher Missionskrieg im Kern nichts anders zu sein als ein profaner Eroberungskrieg, bei dem das religiöse Moment wohl zur theoretischen Rechtfertigung dienen, nicht aber zum bewegenden Antrieb für den Krieger werden kann. Andernfalls muß er zum nackten Glaubenskriege ausarten, bei dem die Gegner kurzweg vor die Alternative: Tod oder Taufe, gestellt werden oder gar das Totschlagen der Heiden an sich schon als gottgefälliges Werk gilt – ein Standpunkt, der von der Kirche nur ausnahmsweise gebilligt und keineswegs stehende Kirchenlehre geworden ist. Es ist danach kein Wunder, daß auch der Gedanke des Missionskriegs keine allgemeine Anhängerschaft gefunden hat. Die kirchlichen Lehrer haben sehr häufig, vielleicht sogar in der Mehrzahl, auf dem Standpunkt gestanden, daß das sittliche Gebot, Frieden zu halten, in gleicher Weise gegenüber Christen und Heiden bestehe; auch gegen diese galt dann der Krieg, ohne daß die Glaubensfrage überhaupt aufgerollt wurde, nur als gerechtfertigt, solan-

---

13 Gregor von Tours II c. 37, MG. SS. Merov. I 99.

ge sie ihrerseits Angreifer waren und die Christen mit unerbittlicher Feindschaft verfolgten[14].

Wenn also die beiden in der abendländischen Patristik angegebenen Formen heiligen Krieges auf lange Zeit hinaus zu nachhaltiger Wirkung nicht zu gelangen vermochten, so wurden die hemmenden Kräfte noch weit verstärkt durch die kritische Haltung, die die Kirche gegenüber dem Kriegshandwerk als solchem einnahm. Deutlicher als irgend etwas anderes stellt der Begriff der *militia Christi* dies Verhältnis ins Licht.

Schon dem ältesten Christentum ist die Vorstellung vertraut, daß das christliche Leben ein Kampf sei[15]. In den Paulusbriefen finden sich an vielen Stellen Metaphern und Bilder, die dem Kriegerleben entnommen sind; ja der Apostel ist davon durchdrungen, daß es sich um einen wirklichen Kampf handelt. Die Gegner sind die Dämonen oder, wie andere lieber sagen, die Laster im Innern des Menschen. Natürlich ist der Kampf ein rein geistiger; aber – und das ist das Entscheidende – es werden aus der Kampfesidee sehr bald praktische Folgerungen gezogen. Ein Streiter Christi darf sich nicht auf weltliche Geschäfte einlassen[16]: ein Grundsatz, der ungezählte Male zitiert worden ist und weltgeschichtliche Bedeutung erlangt hat. Er half mit zur Ausbildung des gesonderten Klerikerstandes und des Mönchtums und stellte immer wieder das Weltleben in einen Gegensatz zur wahren *militia Christi*[17]. Dabei hat es die verschiedensten Deutungen gegeben, wer denn unter den Streitern Christi zu verstehen sei: wenn Paulus dabei in erster Linie an die Apostel und Missionare gedacht hat, so war es logisch, daß man später die Kleriker darunter verstand; dazu kam bald die Auffassung, daß die Märtyrer die eigentlichen *milites Christi* seien, und während des ganzen Mittelalters wird das Wort am häufigsten auf die Mönche an-

14 Vgl. etwa Oliva von Vich, Migne 142, 603; Alexander II. JL. 4528, 4533. Natürlich gibt es auch andersartige Äußerungen, aber man darf ihnen m. E. kein entscheidendes Gewicht beilegen.

15 Das Folgende nach Harnack, Militia S. 12–44. Völlig absehen können wir von dem (ursprünglich augustinischen) Begriff der *ecclesia militans*, der nichts mit Kriegführen zu tun hat, sondern lediglich die (auf Erden) wirkende Kirche im Unterschied zu der (im Himmel) triumphierenden bezeichnet. Zum Begriff des Miles vgl. auch Fitting S. 437 ff., 507 ff.

16 II. Tim. 2, 3 u. 4: Labora sicut bonus miles Christi Jesu. Nemo militans Deo implicat se negotiis saecularibus.

17 Besonders ausführlich im Pastoralbrief des Fulgentius Ferrandus, Migne 67, 928. Vgl. ferner Fitting S. 439 f. Anm. 10.

gewandt. Daneben aber hat es seit dem Altertum zu allen Zeiten die Vorstellung gegeben, jeder Christ solle ein Streiter des Herrn sein; noch im Catechismus Romanus findet sich diese Auffassung.

Soviel aber hat zunächst in der katholischen Kirche immer festgestanden, daß der himmlische Heeresdienst rein geistlicher Art sei und daß der weltliche Kriegsdienst gerade den Gegenpol des christlichen bilde. Gleichbedeutend mit den Ausdrücken *militia Christi, militia Dei, militia coelestis, militia christiana* usw. findet sich auch *militia spiritualis*[18]. Es ist interessant, wie etwa Wilhelm von Dijon in seiner Frühzeit (vor 990) seinen Vater, einen alten Kriegsmann, zum geistlichen Kriegsdienst des Mönchslebens aufruft[19]: auch im Kloster fehle es nicht an Schlachten, nämlich gegen Satan und seine Geister, auch dort herrsche wie im Heer das Gesetz des Gehorsams. Es war ein selbstverständliches Korrelat solcher Denkweise, daß das eigentliche Kriegerleben, die *militia saecularis,* zum Inbegriff des gottfernen, für das Seelenheil gefährlichen Weltlebens wurde. „Wenn ich nicht fürchtete, langweilig zu werden durch die Wiederholung von Bekanntem, so könnte ich viele klingende Zeugnisse anführen, die die *militia Dei* von der *militia saeculi* unterscheiden“, diesen Satz Gerhohs von Reichersberg können wir uns wörtlich zu eigen machen[20].

Das gleiche Bild zeigt ein Blick auf den frühmittelalterlichen *Heiligenkult* des Abendlandes. Gewiß gab es manche Heilige, die im Leben Soldaten gewesen waren, wie Sebastian, Mauritius, Georg und Martin. Aber weit davon entfernt, daß sie etwa durch fromme Kriegstaten ausgezeichnet sein sollten, erschien bei ihnen die Heiligkeit immer nur im Gegensatz zu ihrem Kriegerstande[21]. Die Sebastians-Akten erzählen, daß der Heilige sein Christentum nur darum unter dem Soldatengewande versteckt habe, damit er heimlich die Christen während der Verfolgungen zum Ausharren bestärken könne[22]. Den heiligen Mauritius und seine thebaische Legion rühmt die Legende deshalb, weil sie sich trotz ihres Soldatenstandes geweigert hätten, den kaiserlichen Befehl zur Verfolgung der

18 Charakteristisch die beiden Homilien *de militia spiritali* und *de militia christiana* bei Chrysostomus (nur lateinisch) Opp. V 98 b.

19 De Levis, Willelmus S. 72.

20 MG. Libelli III 278.

21 Über den heiligen Georg vgl. unten Kap. IX.

22 Acta s. Sebastiani c. 1, A. S. Jan. II 629.

Christen auszuführen[23]. Dem heiligen Martin legt die vielgelesene Biographie des Sulpicius Severus die unzweideutigen Worte in den Mund: „Ich bin ein Streiter Christi, ich darf nicht kämpfen", und läßt ihn wegen seines Christentums das Heer verlassen[24]. In die gleiche Richtung weist es, wenn die älteste Vita des Bonifatius erzählt, daß der Heilige seinen Knechten den Kampf gegen die heidnischen Friesen, von denen sie überfallen wurden, verbot[25].

Die erste Folgerung aus dieser Anschauung war es, wenn dem Klerus jede Berührung mit dem Kriegerhandwerk, nicht nur das Kämpfen selbst, sondern auch das Waffentragen, verboten wurde. Schon von Ambrosius besaß man eine Äußerung, wonach der Priester sich vom Waffengebrauch fernzuhalten hatte[26]. Frühzeitig erhielt diese Anschauung auch den Charakter einer Rechtsnorm und wurde auf Konzilien verkündet. Die Päpste des 8. und 9. Jahrhunderts haben häufig das gleiche Gebot erlassen und die fränkischen Könige es in ihre Kapitularien aufgenommen; es galt auch ausdrücklich für den Heidenkrieg[27]. Nur in Fällen dringender Not mochte es als gestattet gelten, wenn Kleriker und Mönche sich an der Abwehr heidnischer Überfälle beteiligten; von solch einem Vorfall erzählt uns beispielsweise Folkvin von Laubach bei einem Einfall der Ungarn im Jahre 954, vergißt aber nicht hinzuzufügen, daß der Waffengebrauch dem Klerus an sich verboten sei[28]. Man darf sich durch die häufigen Fälle, in denen dieser Vorschrift auch sonst zuwidergehandelt worden ist, nicht irremachen lassen; vom Standpunkt der kirchlichen Doktrin war das lediglich ein Versagen der klerikalen Disziplin, das von gewissenhaften Kirchenmännern oft gerügt wurde. Das hat auch von man-

---

23 Passio Acaunensium martyrum c. 4 ff., MG. SS. Merov. III 34 ff.

24 Sulpicius Severus, Vita s. Martini c. 4: *Christi ego miles sum, pugnare mihi non licet.* Das Wort hat, da es der Umdeutung und Abschwächung widersteht, noch in der Neuzeit heftige Debatten verursacht. Vgl. ferner ebd. c. 5.

25 Vitae s. Bonifatii S. 49.

26 Ambrosius ep. 20 (Sermo contra Auxentium), Migne 16, 1050; im Mittelalter gern zitiert (z. B. Atto von Vercelli ep. 1, Migne 134, 98) und auch in das Dekret Gratians C. 23 q. 8 c. 3 (Friedberg I 954) aufgenommen. Eine Stelle im Register Gregors I. lib. V ep. 6 (MG. Ep. I 287) wurde von Gratian ebd. c. 20 S. 958 im gleichen Sinne verwandt, aber schwerlich mit Recht.

27 Die Quellen bei Hofmann, Zeitschr. f. kath. Theol. XL 452 ff., Koeniger, Militärseelsorge S. 9 ff. und Erben, Kriegsgeschichte S. 55 f.; vgl. auch Gratian C. 23 q. 8 (Friedberg I 953 ff.). Zum Heidenkriege s. besonders JE. 2275.

28 Folcvin, Gesta abb. Lob. c. 25, MG. SS. IV 66. Eine ähnliche Erzählung bei Raoul Glaber II c. 9 S. 44 f.

chen Päpsten des 10. Jahrhunderts wie Johann XII. zu gelten, deren Auftreten als Heerführer kaum als Zeugnis für eine Fortbildung der kirchlichen Theorie, sondern viel eher als Beleg für den moralischen Verfall des Papsttums gelten kann.

Wichtiger aber als diese Sondervorschrift für den Klerus war die Stellung, die die Kirche in der Regel gegenüber dem *laikalen Waffenhandwerk* einnahm. Diese Stellung war überaus zurückhaltend. Der lange Pastoralbrief des Fulgentius Ferrandus an den Truppenführer Reginus will ausführlich die christlichen Pflichten der *milites saeculi* abhandeln, aber vom Zweck des Krieges und überhaupt der eigentlichen kriegerischen Tätigkeit enthält er kein Wort[29]. Im Karolingerreiche bestand zwar eine Art „Militärseelsorge“, aber ihre Tätigkeit richtete sich hauptsächlich auf das Kultische, das Lesen der Messe und das Mitführen von Reliquien, während das ethische Moment zurücktrat[30]. Von einer Predigttätigkeit im Heere hören wir wesentlich weniger, und die einzige „Militärpredigt“, die wir aus der älteren Zeit besitzen, weiß nichts von besonderen positiven Pflichten des Kriegers oder Zwecken des Krieges[31]. Zwar wurde immer betont, daß die Krieger zu Beichte und Buße kommen sollten, aber gerade hierbei bestand ein merkwürdiger Widerspruch: das Töten in der Schlacht galt als eine Befleckung, die gebüßt werden mußte. Natürlich wurde die Tötung des

29 Migne 67, 928 –950.

30 Vgl. darüber Koeniger, Militärseelsorge, der das Material mit vorzüglicher Gelehrsamkeit zusammenstellt, aber das Ergebnis m. E. zu stark nach modernen Verhältnissen beurteilt und ins Erbauliche übertrieben hat. Wenn er S. 51 als gewöhnlichen Predigtinhalt auch „besondere Mahnungen in Hinsicht auf Kampf und Krieg, auf Tapferkeit und Himmelslohn“ ansieht, so ist das quellenmäßig ungenügend belegt. Denn die Vita Oudalrici c. 12 (MG. SS. IV 401 f.), die erst dem Ende des 10. Jahrhunderts entstammt, gehört weder zeitlich noch sachlich hierher, und die *Epistola consolatoria* ist keine Predigt, vgl. die nächste Anmerkung.

31 Gedruckt bei Koeniger, Militärseelsorge S. 68–72; in der Handschrift (Clm. 14410 fol. 81‘) hat der Sermon nach Heer, Missionskatechismus S. 60 keine eigene Überschrift, sondern ist mit dem vorhergehenden durch die gemeinsame Überschrift *De execrandis vitiis* verbunden. Die Worte über die *acies Christi* usw. sind, wie der Zusammenhang lehrt, geistlich zu verstehen. Heer S. 62 vermutet, daß die Predigt für den Avarenkrieg verfaßt war, und schließt das offenbar daraus, daß der in der Handschrift vorhergehende Missionskatechismus wohl für die Avarenmission bestimmt war (vgl. auch Schmidlin, Zeitschr. f. Missionsw. II 258); doch läßt sich darüber nichts ausmachen. Die von Koeniger S. 51 f. noch herangezogene zweite „Heerespredigt“ ist in Wirklichkeit ein Brief, denn die Überschrift *Epistola consolatoria ad per gentes in bellum* steht bereits in der Handschrift, s. Schmitz, Miscell. Tiron. Taf. 10. Vgl. unten Anm. 68.

Feindes im öffentlichen Kriege dem sonstigen Totschlag nicht gleichgestellt, aber der Hauptteil der Bußbücher setzte doch eine Bußzeit von 40 Tagen dafür fest[32]. Hrabanus Maurus hat sich ausführlich gegen die Meinung gewandt, daß der Totschlag in dem vom Fürsten befohlenen Kriege keiner Buße bedürfe[33]. Außerdem war die Vorschrift in Geltung, daß Büßende keine Waffen tragen und nach getaner Buße keinen Kriegsdienst mehr leisten dürften[34]. Der Berufskrieger war also außerhalb der kirchlichen Bußordnung gestellt. Diese Zwiespältigkeit wird verständlicher durch die Beobachtung, daß die theoretische Ethik der damaligen Kirche vor dem „Berufsleben", also auch gegenüber dem Kriegerstande noch allgemein versagte. In einem Buch wie dem Laienspiegel des Jonas von Orléans, das die gesamte praktische Sittenlehre abhandeln will, sucht man vergebens nach einem Wort über die Moral des Kriegers[35]. Das ist um so bemerkenswerter, als der ausschlaggebende Teil der Gesellschaft noch in erster Linie dem Waffenhandwerk oblag. Auch für den Krieger galten natürlich die allgemeinen Christenpflichten; darüber hinaus galt als Inbegriff christlicher Soldatenethik einfach die niemals veraltende Weisung Johannes des Täufers (Luk. 3, 14): *contenti estote stipendiis vestris,* wie wir sie noch aus der Kapuzinerpredigt in Schillers Wallenstein kennen. Rauben und Plündern war *die* Sünde des Kriegsmanns; hielt er sich davon fern, so hatte man ihm weiter nichts Besonderes mehr zu sagen[36]. Hincmar von Reims verfaßte eine Schrift gegen das Rauben der Kriegsleute, auch er, ohne ein Wort über sonstige Kriegermoral zu

32 Nach Schmitz, Bußdisziplin, haben das Poenitentiale Valicellianum I (S. 264), das Poenit. Valic. II (S. 356), das Poenit. Casinense (S. 402), das Poenit. Bedae (S. 559), das Poenit. Cummeani (S. 633 u. 655) und das Poenit. Parisiense (S. 687) eine Buße von 40 Tagen, das Poenit. Arundel (S. 441) eine solche von einem Jahr. Nur die späteren Zusätze zum Poenit. Romanum (S. 485) setzen für Tötung bei Verteidigung Straflosigkeit fest über den Ursprung dieser Bestimmungen bei Basilius dem Großen s. ebd. S. 43. – Auch das Poenit. Capit. Judiciorum setzt 40 Tage Buße fest, s. Schmitz, Bußverfahren S. 219.

33 MG. Ep. V 464, wiederholt im Poenitentiale Hrabani c. 4, Migne 110, 471, danach Regino II 50, Burchard VI 23 und Ivo Dekr. X 152.

34 Koeniger, Militärseelsorge S. 53 f., welcher mit Recht die Undurchführbarkeit dieser Bestimmungen im Kriege hervorhebt, obgleich er noch nicht erwähnt, daß für Totschlag im Kriege eine eigene Buße bestand.

35 Jonas von Orléans, De instit. laicali, Migne 106, 121 ff.

36 Häufig zitiert wird ein Satz eines pseudoaugustinischen Sermons (Maximus von Turin, Migne 57, 517 f.): *Militare non est delictum, sed propter praedam militare peccatum est* (vgl. Gratian C. 23 q. 1 c. 5, Friedberg I 893).

verlieren[37]. Ebenso beschränkt sich Rather von Lüttich, als er der Reihe nach die Pflichten aller Stände bespricht und dabei an erster Stelle von den *milites* zu reden hat, auf ein Verbot von Mord und Raub, speziell Kirchenraub, bleibt also ebenfalls im Negativen stecken ohne eine Vorstellung von einer positiven Seite dieses Berufs[38]. Entsprechend äußert sich Atto von Vercelli: für den Kriegerstand gelten die allgemeinen Gebote Gottes wie für andere auch; im übrigen soll er die dem König geschworene Treue halten und sein eigenes Gesetz nicht übertreten[39]. Unter diesem Gesetz versteht Atto das geltende weltliche Recht; die Kirche ihrerseits hat den Kriegern noch nichts Spezielles zu sagen. Derselbe Atto versteigt sich im Eifer für das Verbot des Waffengebrauchs durch Kleriker einmal bis zu dem Satze; sich mit den Waffen zu verteidigen, Beute zu machen, das Land zu verwüsten, Menschen totzuschlagen und zu verstümmeln, sei nicht Sache von Priestern, sondern von Teufeln[40]. Das klingt wie eine grundsätzliche Verdammung des Krieges, und wenn auch sicherlich Atto wie alle andern den gerechten und notwendigen Krieg nicht verbieten wollte: über den Gegensatz zwischen Gottesdienst und Waffendienst kam er doch nicht so leicht hinweg. Mit voller Klarheit sprach sich Nicolaus I. im gleichen Sinne aus: der Krieg ist im Falle unvermeidlicher Not zur Verteidigung des Lebens und des Vaterlandes gestattet, an sich aber Teufelswerk, und gegen Fahnenflüchtige ist deshalb Milde am Platze[41].

Bei einem Vergleich mit den kirchlichen Lehren des ausgehenden Altertums mag man in solchen Anschauungen einen Rückschritt finden. Aber man darf eines nicht vergessen: durch den Eintritt der Germanen in die christliche Geschichte war eine völlig neue Lage geschaffen. Das Lebenselement der germanischen Völker, die mehr und mehr den wichtigsten Teil des Kirchenvolkes

---

37 Hincmar, De coercendis militum rapinis, Migne 125, 953–956.

38 Ratherius, Praeloquiorum I tit. 2: *De militibus,* Migne 136, 149 f.

39 Atto von Vercelli ep. 1, Migne 134, 103. Die Stelle über das *exordium* des Gesetzes ist ein deutlicher Hinweis auf den Edictus Rothari.

40 Atto ebd. col. 98. Vermutlich liegt hier ein übertriebener Augustinismus mit einer überspitzten Gegenüberstellung von *civitas Dei* und *civitas diaboli* vor.

41 Nicolaus I. ep. 99 c. 22 f., 46, MG. Ep. VI 581, 585. Erbens Ansicht (Kriegsgesch. S. 54), daß diese Äußerungen nur durch den besonderen Zweck des an die neubekehrten Bulgaren gerichteten Schreibens veranlaßt wären, kann ich nicht teilen.

zu bilden begannen, war der Krieg[42]. Die sittlichen Vorstellungen, die sie aus ihrer heidnischen Vergangenheit mitbrachten, waren ganz und gar auf Kampf abgestellt. Ihr Zentralpunkt war das Heldentum: Ruhmestaten von seiten des Heerführers, Treue von seiten der Gefolgsmannen, Rache für die Erschlagenen, Todesmut, Verachtung des bequemen Heimatlebens. Für sie war der Krieg an sich etwas Sittliches, eine höhere Lebensform als der Friede. Das alles steht in einem polaren Gegensatz zur christlichen Ethik, die auf Liebe und Friedfertigkeit aufgebaut ist und den Krieg nur durch Bezugnahme auf Zwecke und Pflichten überhaupt diskutabel finden kann. Niemand wird annehmen, daß die altgermanische Denkweise mit der Annahme des Christentums über Nacht ihre Gewalt über die Gemüter hätte verlieren können; es dauerte Jahrhunderte, bis sie überwunden wurde[43], und zum Teil ist sie noch heutigen Tages lebendig. Es ist charakteristisch, daß die Legende sowohl beim Franken Chlodwig wie beim Langobarden Romuald die göttliche Lenkung des Schlachtenglückes als das entscheidende Motiv für die Hinwendung zum Christentum betrachtet[44]. Zudem waren Ethos und Religion auf dem Boden des germanischen Heidentums getrennt geblieben; eine Ersetzung des heidnischen Kultes durch den christlichen brauchte sich deshalb nicht gleich auf sittlichem Gebiet auszuwirken.

Die Kirche sah sich hier also einem starken Block heidnischen Wesens gegenüber, dessen Herr zu werden ihre Kraft jahrhundertelang überstieg. Ist es ein Wunder, daß sie in solcher Lage anfing, über das Waffenhandwerk ungünstiger zu denken als vorher? Wenn der Germane das Erschlagen eines andern Mannes im ehrlichen Kampfe als ein Fest, als einen Höhepunkt des Lebens betrachtete, so war es eine natürliche Reaktion, wenn die Kirche nun auf jegliche Tötung eine Buße legte, auch wenn sie selbst objektiv keine Sünde darin sehen konnte. Daß die kriegerische Gesinnung verwerflich sei, hatte sie immer gelehrt; eben diese Gesinnung fand sie nun in stärkster Ausbildung vor und richtete sich darauf ein.

Dennoch aber hat die germanische Denkweise auf die Gestaltung der kirchlichen Kriegsmoral auch einen *positiven Einfluß* gewonnen. Es ist bekannt, wie

42 Zum Folgenden vgl. Neckel, Germ.-rom. Monatsschr. VII 17–44; Weinhold, Berlin. Sitzungsber. 1891, II 555–567. Treffend Haller, Papsttum I 350 ff.

43 Interessant ist dafür auch eine Stelle bei Adam von Bremen II c. 56 S. 201, der unter den heidnischen Sünden, die noch in seiner Zeit im Schwange waren, auch das Lob des Blutvergießens nennt.

44 Gregor von Tours II c. 30, MG. SS. Merov. I 91; Vita Barbati ep Beneventani c. 5 f., MG. SS. Langob. S. 559.

oft die Kirche heidnische Elemente, wenn sie sie nicht auszurotten vermochte, christlich umbog und dann in sich aufnahm: das gleiche ist auch mit der Heldenethik geschehen[45]. Man kann mit gutem Recht die ganze Kreuzzugsbewegung unter diesem Gesichtspunkt betrachten; das christliche Ritterhirn ist ohne diese Überlegung nicht zu verstehen. Im wesentlichen setzt zwar diese Entwicklung, wie wir im nächsten Kapitel sehen werden, erst um die Jahrtausendwende ein; aber Ansätze dazu gibt es natürlich schon wesentlich früher. Gewissermaßen ihr Symbol ist der Erzengel Michael[46]. Die Gestalt als solche ist biblisch und ihre Verehrung zuerst im Orient aufgekommen, hat dann aber gerade auf germanischem Boden eine besondere Bedeutung erlangt. Mag es nun richtig sein oder nicht, daß Michael bei uns weitgehend das Erbe des Gottes Wotan angetreten habe, daß viele Michaelskirchen an der Stelle von Kultstätten Wotans errichtet und daß Bestandteile der germanischen Mythologie auf den Erzengel übertragen worden seien, so hat das Abendland doch jedenfalls aus den verschiedenen Zügen, die der spätjüdische und altchristliche Michaelsglaube bot, in besonderem Maße die kriegerischen festgehalten. In der grundlegenden Legende von der Michaels-Erscheinung am Monte Gargano tritt der Erzengel vor allem als der Schlachtenführer auf, der im Gewitter daherfährt und die Gegner vom Himmel herab mit Blitzen erschlägt. Dieser Charakterzug wird jahrhundertelang festgehalten, so daß der Erzengel oft als bevorzugter Kriegspatron erscheint; sein Bild befand sich auf dem Feldzeichen, mit dem Heinrich I. und Otto der Große gegen die Ungarn zogen, und man hatte zur gleichen Zeit eine Sankt-Michaels-Messe, deren Feier den Sieg bringen sollte[47]. Zugleich blieb er natürlich der Besieger des Drachens, also des Satans, wie ihn die Apokalypse gezeichnet hatte; daß sein Kampf eine geistige Bedeutung habe, blieb dem kirchlichen Bewußtsein immer gegenwärtig. So wird hier zum erstenmal eine Vereinigung göttlichen und irdischen Kriegsdienstes, von *militia Dei* und *militia saecularis*, wenigstens symbolisch angedeutet: als Fürst der himmlischen Heerscharen, *princeps militiae coelestis,*

---

45 Vgl. Neckel, Zeitschr. f. deut. Alt. LVIII 233–238.

46 Zum Folgenden Gothein, Süditalien S. 41–111; Wiegand, Michael; Lueken, Michael; Gerlach, Michel; Rojdestvensky, St. Michel.

47 Erdmann, Q. u. F. XXV 20 ff. (auch über das byzantinische Vorbild der Michaelsfahne); MG. Const. I 5 (Synode von 932).

führt Michael sowohl die Krieger in der Schlacht wie die Mönche im klösterlichen Seelenkampf[48].

In welcher Weise die Überwindung jenes Gegensatzes schon im ersten Jahrtausend tatsächlich begonnen und somit die Ausbildung eines christlichen Rittertums und eines heiligen Krieges angebahnt und vorbereitet wurde, das kann hier nicht im einzelnen gezeigt werden. Nur zwei Hauptrichtungen sollen herausgearbeitet werden.

Zunächst war die Christianisierung des *Staates* von großer Bedeutung. Dieser Prozeß hatte sich schon im römischen Reich vollzogen, mußte aber gegenüber dem germanischen Staat wiederholt werden. Eine entscheidende Stufe war das Bündnis des Papsttums mit Pippin, durch das der Frankenkönig unmittelbar die Aufgabe des Kampfes für die römische Kirche übernahm. Ein näheres Eingehen auf die bekannten Verhältnisse der Frankenzeit ist hier nicht erforderlich[49]; es genügt ein Blick auf den Höhepunkt dieser Entwicklung unter Karl dem Großen, um die vom christlichen Staatsgedanken ausgehenden Wirkungen auf die Formung der Kriegsethik zu erkennen[50].

Die Theorie der Karolingerzeit bezog sich natürlich nicht auf das Abstraktum Staat, sondern auf die Person des Regierenden. Der Beruf des Herrschers ist der einzige, der sofort von der Verchristlichung erfaßt wurde; die Brücke bildete die Idee des Königspriestertums, die lange Zeit hindurch einen gewissen Einfluß ausgeübt hat. Aber auch die eigentlichen königlichen Befugnisse wie Heerführung und Friedenswahrung wurden nun kirchlich aufgefaßt; als vornehmste Aufgabe des Herrschers galt die Verteidigung und oft auch die Ausbreitung des Christentums. Nachdem die Päpste in ihren häufigen Appellen an den weltlichen Arm diese Lehre propagiert hatten, wurde sie bald auch vom Frankenkönig

48 Ein Beispiel für die Heranziehung des Erzengels im Gedankenkreis der *militia spiritualis* bietet die schon zitierte Stelle bei Wilhelm von Dijon, de Levis S.74.

49 Insbesondere sehe ich ab von den abseits der Hauptentwicklungen stehenden Verhältnissen im spanischen Westgotenreich, vgl. unten S. 46.

50 Aus der Literatur nenne ich: Lilienfein, Anschauungen; Werminghoff, HZ. LXXXIX 193–214; v. Schubert, Kirchengeschichte; Kampers, HJb. XLV 495–515; Rosenstock, Furt der Franken; Heldmann, Kaisertum S. 48 ff.; Pfeil, Romidee; Zwölfer, St. Peter; Hirsch, MÖIG. XLIV 1 ff.; Brackmann, Sitzungsber. Berlin 1931 S. 72 ff. – Das merkwürdige Lob des Krieges bei Sedulius Scottus, De rectoribus christianis c. 16, Migne 103, 323, lasse ich als singulär beiseite; ob es sich dabei um germanisches Gedankengut oder um Reminiszenzen aus der antiken Literatur handelt, bleibe dahingestellt.

und seinen Theologen vertreten[51]. Gerade das Bündnis mit dem Papsttum, das zu wiederholten Kriegen im Interesse der römischen Kirche Anlaß gab, mußte diese Vorstellung in den Vordergrund rücken; nicht minder aber wies das innerfränkische Staatskirchentum in dieselbe Richtung. Das berühmteste Beispiel bieten die Sachsenkriege, die mit dem Grundsatz der Zwangsmission geführt wurden: ein System, das nur denkbar war, weil ohne die Taufe eine volle Einverleibung in das fränkische Staatswesen nicht möglich war, und das infolgedessen nicht erst versucht wurde, wenn wie bei den Elbslaven eine vollständige Einverleibung nicht beabsichtigt war. Da Karls Gegner tatsächlich nahezu alle entweder Heiden oder Bedränger des Papsttums waren, ergab sich der Segen der Staatskirche für seine Kriege von selbst. Es war eine Lage entstanden, die der der altorientalischen Völker mit ihrem Zusammenfallen von Religion und Staat bzw. Volkstum sehr ähnlich sah. So finden wir denn auch ganz entsprechende Erscheinungen wie im alten Israel: wie dort Jahwe, so entscheidet jetzt der besondere Schutzheilige des fränkischen Königs, der heilige Petrus, regelmäßig die Schlachten zu seinem Siege; wie die israelitischen Priester und Propheten, so beten jetzt die fränkischen Bischöfe und Priester zum Himmel für den Sieg, und wie einst die Bundeslade, so ziehen jetzt die Reliquien als Unterpfand des Sieges mit in den Kampf.

Daraus ergibt sich aber auch, daß von einem heiligen Krieg hier nur in beschränktem Sinne gesprochen werden kann. Die Religion erschien nicht als selbständiges Motiv, sondern als ein Attribut des Staates: das Entscheidende blieb der staatliche Machtkampf. Der ganze Vorstellungskreis mußte alsbald eine nachhaltige Störung erfahren, als das Karolingerreich zerfiel und die verschiedenen christlichen Könige ihre Waffen gegeneinander zu kehren begannen[52]. Zudem wurde die religiöse Zielsetzung oft nur auf den Staat als Ganzes,

---

[51] Codex Carol. n. 7, 24, 26, 32, 35, MG. Ep. III 491, 528, 531, 539, 543; Briefe Karls und Alchvins MG. Ep. IV n. 93, 171, 202 S. 137, 282, 336. Der Gedankengang der Alchvin-Stellen klingt übrigens deutlich an einen Brief Gregors I. Reg. I ep. 72, MG. Ep. I 92 an. Fraglich ist, ob man mit Haller, Papsttum I 389 f. auch schon Cod. Carol. n. 5 (MG. Ep. III 488) hierfür heranziehen darf. Dort schreibt Stephan II. an die fränkischen Großen: *quod per certamen, quod in eius (Dei* oder *Petri) sanctam ecclesiam, vestram spiritalem matrem, feceritis, ab ipso principe apostolorum vestra dimittantur peccata* usw. Hier könnte es sich – im Munde des Papstes – auch um die alte geistliche Typologie handeln.

[52] Aufschlußreich ist in dieser Hinsicht die Streitschrift Agobards von Lyon gegen Ludwig den Frommen (833), MG. SS. XV. I 275 f.

d. h. auf den König bezogen, nicht aber auf die einzelnen Krieger[53]. Ein Beispiel dafür ist das berühmte altdeutsche Ludwigslied von 881[54]. Dieses Gedicht schildert ausführlich, wie König Ludwig III. von Westfranken, dem Dienste Gottes geweiht, den göttlichen Auftrag erhält, die heidnischen Normannen, die das Christenvolk heimsuchen, zu bekämpfen, und durch Gottes Kraft siegreich ist. Seine Mannen aber haben keine direkte Kampfesverpflichtung vor Gott: wenn sie auch *godes holdon* (*fideles Dei*) heißen und das Schlachtlied des Königs mit Kyrieleison beantworten, so stellt ihnen doch der König in seiner Ansprache vor der Schlacht nur weltliche Belohnung in Aussicht, ohne von geistlichen Zielen zu sprechen[55].

Dennoch bedeutete der karolingische Staat ohne Frage einen wichtigen Schritt auf dem Wege zur Einbeziehung des Krieges in die kirchliche Ethik. Von besonderer Bedeutung wurde es, daß mit der Verchristlichung des Staates auch die kirchlichen Organe ihrerseits in wachsendem Maße staatliche Funktionen und Rechte übernahmen. Je mehr die Bischöfe und Äbte als Lehnsherren und Lehnsträger auftraten und über eigene Gebiete zu verfügen hatten, desto schwerer wurde es ihnen, sich von einer Berührung mit dem Kriegswesen freizuhalten. Vor allem gerieten die Päpste selbst immer häufiger in diese Lage. Schon Gregor I. hatte sich auf die Versorgung und Leitung römischer Truppen in ziemlich weitgehendem Maße eingelassen und damit ein lange nachwirkendes Beispiel gegeben[56]. Leo IV. begleitete im Jahre 849 das römische Heer, das auf seine Anordnung hin den muslimischen Piraten an die Tibermündung entgegenzog[57]; ebenso handelte Johann X. im Jahre 915 am Garigliano[58]. Solange es sich dabei noch nicht um eigentlichen Waffengebrauch handelte, ließ sich dies Verhalten

53 Hincmar bringt eine Zusammenstellung von Augustin-Zitaten über den Krieg charakteristischerweise in seiner Abhandlung über das Herrscheramt, *De regis persona et regis ministerio* c. 7–13, Migne 123; 840 ff. Diese Abhandlung beruht auf älteren *Capitula diversarum sententiarum pro negociis rei publice consulendis*, s. Laehr-Erdmann, NA. 50, 120 ff.

54 Vgl. Ehrismann, Literatur I 220 ff.; der Text des Liedes u. a. bei Braune, Lesebuch S. 150 n. 36.

55 Doch konnten Ansprachen an das Heer gerade im Kampf gegen die Normannen auch anders ausfallen, vgl. Anm. 62.

56 Reg. Greg. 1. lib. II ep. 7 u. 32–34, MG. Ep. I 106 u. 128 ff.

57 Liber Pontif. II 118; dazu Leo IV. ep. 1, MG. Ep. V 585 (von 852).

58 Chronik von Montecassino I c. 52, MG. SS. VII 616; zur Sache vgl. zuletzt Vehse, Q. u. F. XIX 181–204.

mit der kirchlichen Theorie, die dem Klerus den Kriegsdienst verbot, allenfalls mit Hilfe von sorgfältigen Distinktionen in Einklang bringen, wie es später Gratian mit Erfolg getan hat[59]. Aber eine notwendige Folge war, daß die Abneigung der Kirche gegen das Kriegshandwerk sich zu erweichen begann. Der prinzipielle Gegensatz blieb zwar nach wie vor in Kraft und wurde durch Nicolaus I. neu formuliert[60]. Aber es entstand eine gewisse Spannung zwischen Theorie und Praxis und damit ein Antrieb zur Wandlung in der Bewertung des Krieges[61].

Zu dieser Verbindung zwischen Kirche und Staat trat – teils damit verknüpft, teils auf eigenen Wegen – ein zweites Moment: der Gedanke der *Verteidigung der Kirche gegen Heiden* und Räuber als eines guten, von Gott und den Heiligen besonders geförderten Werkes. Der Gedanke selbst ist natürlich alt und im Grunde selbstverständlich; es erübrigt sich, ihn durch einzelne Beispiele zu belegen[62]. Er erhielt aber eine große Bedeutung durch die historischen Ereignisse des 9. und 10. Jahrhunderts: die Einfälle der Normannen und Ungarn und die Plünderzüge der muslimischen Seeräuber brachten für das Abendland eine Notzeit, in der die militärische Verteidigung zu einem das ganze Leben weithin beherrschendem Zwange wurde. An diesen Kämpfen konnte die Kirche nicht unbeteiligt bleiben; ganz abgesehen davon, daß manchmal die Kleriker unmittelbar am Kampfe teilnahmen, ließen sie es sich auch angelegen sein, die Widerstandskraft der Laien durch eine moralische Unterstützung zu stärken. Deutlich tritt dies darin hervor, daß nun auch den Heiligen als Schutzherren der Kirche eine führende Stelle bei der Verteidigung zugewiesen wurde. Die Vorstellung, daß der Heilige seine Kirche und seinen Klerus schütze und Angreifer abwehre

59 Gratian C. 23 q. 8 p. II u. III (Friedberg I 954–959).

60 Nicolaus I. ep. 38, MG. Ep. VI 309.

61 Interessant sind in diesem Zusammenhang die Apologien des Erzbischofs Brun von Köln in Ruotgers Vita Brunonis c. 23, MG. SS. IV 263 und bei Widukind I c. 31 S. 38.

62 Hervorgehoben seien aber zwei Stellen, die eine Vermischung der Gedankengänge des geistlichen und weltlichen Kampfes zeigen: Codex Carol. n. 8, MG. Ep. III 498, gibt dem Abt Warneharius wegen seines Kampfes zur Verteidigung Roms den sonst den Heiligen reservierten Titel *atleta Christi;* ebd. n. 10 S. 503 wird die Stelle II. Tim. 2,5 auf den kriegerischen Kampf der Franken angewandt. Interessant ist ferner die Ansprache Arnulfs in den Annales Fuldenses a. 891 S. 120 mit ihrer Vermischung des germanischen Rachegedankens mit christlichen Vorstellungen: *non nostram, sed eius, qui omnia potest, contumeliam vindicantes inimicos nostros in Dei nomine aggredimur.* Eine Vermischung mit antikem Gedankengut findet sich später in einer Ansprache bei Richer I c. 8 S. 77: *decus pro patria mori egregiumque pro christianorum defensione corpora morti dare* (vgl. auch I c. 45 S. 28; IV c. 39 S.133 f.).

oder bestrafe, war zwar schon zu Beginn des Mittelalters geläufig[63]; sie trat aber gerade in den Heidenkämpfen des 9. und 10. Jahrhunderts besonders in den Vordergrund[64]. Auch daß die Heiligen in ihrem geistlichen Gewande unmittelbar in den Kampf eingreifen, war in solchem Falle für das christliche Gefühl nicht mehr verletzend; eine französische Quelle aus dem Ende des 9. Jahrhunderts weiß zu berichten, daß in einer Normannenschlacht ein nur wenigen sichtbarer Mönch ehrwürdigen Aussehens, nämlich der heilige Benedikt, das Pferd des Markgrafen Hugo geführt und mit seinem Stock viele Feinde erschlagen habe[65]. Daneben wurde die Verdienstlichkeit der Kirchenverteidigung nun stark hervorgehoben. Leo IV. und Johann VIII. haben bereits denjenigen, die im Kampf für die Verteidigung der Kirche gegen die Muslime oder die Normannen fielen, das ewige Leben zugesichert[66]. Das war insofern nichts Neues, als es Versprechungen himmlischen Lohnes auch für kriegerische gute Werke schon früher gegeben hatte[67]; aber abgesehen davon, daß dem Gedankengang der Bußordnungen dadurch in hohem Maße widersprochen wurde, war doch der Gedanke, daß gerade die im Kriege Fallenden des Heils teilhaftig werden sollten, von großer Zukunftsbedeutung. Das Papsttum, für das ja bald nach Johann VIII. eine Periode tiefen Verfalls einsetzte, hat diese Idee erst im 11. Jahrhundert wieder aufgenommen und zur Höhe geführt; aber jene Vorstellungen setzten sich auch außerhalb Roms durch und blieben so auch in der Zwischenzeit lebendig. Ein interessantes Beispiel bietet der aus dem 9. Jahrhundert stammende „Trostbrief

---

63 Vgl. Gregor von Tours, De virtutibus s. Martini I c. 14 u. 29, MG. SS. Merov. I 597 u. 602; De passione s. Juliani c. 7 u. 13, ebd. S. 567 und 569 f.; Gregor I. Dialoge I c. 4 S. 38 f.

64 An Beispielen notiere ich: Johannes Diac., Translatio s. Severini c. 8, MG. SS. Langob. S. 458 (der hl. Petrus in Rom); Liudprand, Antapodosis c. 4–6 S. 76 f. (der hl. Syrus in Pavia); Miracula s. Gorgonii c. 20 f., MG. SS. IV 245 (der hl. Gorgonius in Gorze); Miracula s. Germani c. 30 f., MG. SS. XV. I 16.

65 Adelerius, Miracula s. Benedicti, MG. SS. XV. I 499.

66 Leo IV. ep. 28, MG. Ep. V 601; Johann VIII. ep. 150, MG. Ep. VII 126 f. Hatem, Poèmes S. 34–40 sieht mit starker Übertreibung in den damaligen römischen Kämpfen gegen die Muslime bereits einen Kreuzzug. Irrig ist insbesondere seine Behauptung, daß die Heilsversprechungen Johanns VIII. weiter gegangen seien als die Urbans II.; vielmehr hat auch Urban denen, die auf dem Kreuzzuge fielen, das ewige Leben zugesichert.

67 Vgl. Paulus, Ablaß I 50 u. 60, welcher auch gegen Gottlob, Kreuzablaß S. 19 ff. polemisiert. Paulus verfügt über ein reicheres Material und mag auch formal-juristisch im Recht sein, aber das historisch Wesentliche tritt doch bei Gottlob besser hervor.

für ausziehende Krieger“, den uns ein in tironischen Noten geschriebener Kodex aufbewahrt hat[68]. Er ist ganz durchdrungen von dem Gedanken, daß der Verteidgungskampf für die Kirche von Gott geschützt, ja geradezu ein *praelium Christi* (vgl. 1. Reg. 25, 28) ist und daß Gott für die Christen kämpfen wird.

Am klarsten kommt die Stellung der frühmittelalterlichen Kirche zum Kriege in den *liturgischen Texten* zur Geltung. „Besiege, Herr, die Feinde des römischen Namens und des katholischen Bekenntnisses! Beschütze allerorten die Lenker Roms, damit durch ihren Sieg Dein Volk sicheren Frieden habe! Vernichte die Feinde Deines Volkes! Verteidige den Bestand des römischen Namens und schütze seine Herrschaft, daß Friede und beständiges Wohl unter Deinen Völkern herrsche!“ So und ähnlich heißt es schon im leonianischen Sakramentar, dessen Texte im 5. oder 6. Jahrhundert in Rom entstanden sind[69]. Es wurde also für den Staat gebetet, der mit der Kirche verbündet war, und das erstrebte Ziel war nicht etwa die Ausbreitung des Glaubens, sondern die Sicherung des Friedens, damit die Bittenden in Ruhe und Freiheit Gott dienen könnten. Der Krieg sollte der Verteidigung der Kirche dienen, und der Staat sollte siegreich sein, damit die Kirche Frieden hätte. Dieser Kerngedanke beherrscht die Kriegsliturgie der folgenden Jahrhunderte, hat aber eine gewisse Fortbildung erfahren. Die durchgebildeten römischen Sakramentare, sowohl die gelasianischen wie die gregorianischen, deren beider Überlieferung wir ins 7.–8. Jahrhundert hinauf verfolgen können, enthalten in der Karfreitagsliturgie ein Gebet für den römischen Kaiser, dem Gott die barbarischen Völker unterwerfen möge; die gelasianischen haben außerdem noch eigene Votivmessen für Könige und für Kriegszeiten[70]. Auch hier handelt es sich meist um den Schutz des römischen Reichs gegen seine Feinde, aber an einigen Stellen werden diese Feinde jetzt schon als Heiden *(gentes)* bezeichnet. Damit akzentuiert sich der religiöse Charakter des

---

68 Ed. Schmitz, NA. XV 607 ff. und Miscellanea S. 26 ff.; dazu Gottlob, Kreuzablaß S. 29 ff. Künstle, Katholik 3. F. XXII 122, setzt den Brief zu Anfang des 8. Jahrhunderts in Spanien an, während Koeniger, Militärseelsorge S. 51 f. an die Kämpfe Karl Martells gegen die Mauren denkt; mir erscheinen die Normannenkämpfe des 9. Jahrhunderts als wahrscheinlicher.

69 Sacramentarium Leonianum S. 27, 59, 61, 71, 75, 77, 79, 80, 83, 144; vgl. auch Huf in Studien II u. III, Tijdschrift v. Lit. 36–43, Krijgsgebeden S. 6 ff.; de Santi, Civiltà Catt. LXVII. III 37–53; Heldmann, Kaisertum S. 37 f.

70 Wilson, Gelasian Sacram. S. 76, 271–277; Mohlberg-Baumstark S. 24, dazu Lietzmann, Urexemplar S. 48 u. 128. Zur Sache auch Hirsch, MÖIG. XLIV 1 ff.; zur Datierung der Handschrift des Gelasianums Lowe, Journal Theol. Stud. XXVII 370.

Krieges. Zugleich tritt neben den alten Grundgedanken, daß der Sieg dem Frieden der Kirche dienen solle, gelegentlich ein zweites Motiv: Gott solle seinem Volke, das nur auf ihn baue, den Sieg geben über die Feinde, die auf ihre eigene Kraft und Wildheit vertrauen[71]. Der Schlachtenausgang soll also gleichsam dem Erweis der Glaubenswahrheit dienen. Dies Motiv, das schon in den Gedankenkreis des eigentlichen heiligen Krieges führt, blieb zwar noch an zweiter Stelle und trat neben der Idee des Kirchenfriedens durchaus in den Hintergrund; aber verschwunden ist es nicht mehr, und als Ansatz zu neuen Entwicklungen war es von Bedeutung. Auf etwa derselben gedanklichen Stufe stehen die gallikanischen Sakramentare des 7. oder 8. Jahrhunderts, die in den Gebetstexten an die Stelle des römischen Reichs in der Regel das fränkische setzen und neben dem König manchmal auch schon das Heer in die Fürbitte einschließen[72]. Auch die im Karolingerreich gebrauchten Sakramentare des 8. Jahrhunderts leben in den gleichen Gedanken[73]. Dem entspricht es, daß man seit dem 8. Jahrhundert das

---

[71] Vgl. etwa im gelasianischen Sakramentar, Wilson S. 76: *ut gentes, quae in sua feritate confidunt, dexterae tuae potentia comprimantur;* S. 273: *ut in tua virtute fidentes et tibi placeant et super omnia regna praecellant;* S. 275: *ut quorum tibi subiecta est humilitas, eorum ubique excellentior sit potestas.* Beide Motive sind vereinigt in den Worten S. 273: *ut populus tuus et fidei integritate laetetur et temporum tranquillitate semper exultet.* Nur einmal klingt dieser Gedanke auch im Leonianum schon an, S. 83: *Omnipotens sempiterne Deus, Romani nominis defende rectores, ut in tua dextera confidentes fiant cunctis hostibus fortiores.*

[72] Missale Gallicanum, Migne 72, 35 f. 366; Missale Gothicum fol. 169; Missale Francorum, Migne 72, 330 f.; Bobbio Missal S. 151 f. Vgl. auch Heldmann, Kaisertum S. 34 ff. – Sehr viel weiter führt die westgotische Liturgie, die jedoch abseits steht, vgl. unten S. 46.

[73] Sakramentar von Gellone, vgl. Delisle, Sacramentaires S. 80 f. und Cagin, Mélanges Cabrières I 284 u. 287. Verlorenes Straßburger Sakramentar: Delisle S. 90. Sakramentar des Cod. Sangall. 350, vgl. Mohlberg, Fränk. Gelasianum Einl. S. LXIII. Sakramentar von Rheinau, vgl. Wilson, Gelasian Sacram. S. 369 und Gerbert, Monumenta I 276 f. Sakramentar der Coll. Phillipps, Berlin, Staatsbibl. Phill. 1667, wo fol. 157'–159 die verschiedenen Kriegs- und Friedensmessen stehen (vgl. über die Handschrift de Puniet, Ephemerides Liturg. XLIII 91 ff.). Sakramentar, Delisle S. 90. Sakramentar des Cod. Sangall. 350, vgl. 170' (hier Bl. 167 eine *missa pro rege in die belli contra paganos).* Fuldaer Sakramentar: Sacramentarium Fuldense S. 218–224. Alchvinische Erweiterung des Sacramentarium Gregorianum: Wilson, Gregorian Sacram. S. 186, 197–199. über die Sakramentare vgl. Mohlberg-Baumstark S.21 ff. und Tellenbach, Heidelb. Sitzungsber. 1934 Nr. 1 S. 45 ff. Dort ist S. 68 f. aus dem Sakramentar von Gellone eine *Missa in profectione hostium euntibus in proelium* abgedruckt, deren erste Oration sich unmittelbar auf das Heer bezieht. Das ist für jene

Wort „römisch" in den Texten, soweit man es nicht beibehielt, meist nicht mehr durch „fränkisch", sondern durch „christlich" ersetzte; man wurde sich also der Grundlage des kriegerisch-religiösen Handelns, daß nämlich die eigene Partei die christliche war, neu bewußt[74].

Damit sind die beiden Hauptmomente, die schon im ersten Jahrtausend in der Richtung auf eine Ausbildung des heiligen Krieges wirksam waren, in ihrer Tragweite und in ihren Grenzen aufgezeigt. Es gab einen heiligen Krieg des *Staates* und darüber hinaus für die Kirche einen heiligen *Verteidigungs*krieg, aber von einem *ritterlichen Kreuzzug* war man auch der Idee nach noch weit entfernt. Noch hielt man sich so eng an den defensiven Charakter des gerechten Krieges, daß man auch gegenüber den Heiden nur den wirklichen Verteidigungskrieg anerkannte. Darum konnte die Verteidigung der Kirche nichts anderes sein als die Landesverteidigung, und auch die einzelne Kirche und ihr Heiliger konnten nur das religiöse Symbol einer Stadt oder einer Landschaft bilden. Zugleich ließ die Betonung des staatlichen Gesichtspunktes ein unmittelbares Verhältnis der Kirche zum Kriegerhandwerk noch nicht aufkommen.

Danach bleibt aber doch noch eine weitere Frage zu beantworten: ob nicht der muslimische heilige Krieg, der *Djihad*, einen Einfluß auf die christliche Kriegsethik ausgeübt habe. Der Gedanke liegt nahe und ist schon oft geäußert worden; was ist davon richtig? Jedoch die Ehrlichkeit zwingt einstweilen zu dem Geständnis, daß wir dies nicht wissen. Vorbedingung für eine Antwort wäre Kenntnis der Rolle, die der Djihad in dem in Betracht kommenden Zeitraum, etwa dem 9.–10. Jahrhundert, bei den um das westliche Mittelmeerbecken wohnenden muslimischen Völkern selbst gespielt hat; eine Kenntnis, die natürlich nur der des Arabischen kundige Orientalist vermitteln könnte. Diese Vorbedingung ist, soweit ich sehe, bisher nicht erfüllt[75]. Es sei hier also nur festgestellt,

---

Zeit noch eine Ausnahme; erst um die Jahrtausendwende findet dieses Gebet weitere Verbreitung, vgl. Kap. II.

74 Vgl. Tellenbach, Heidelb. Sitzungsber. 1934 Nr. 1.

75 Die geläufigen Abhandlungen über den Djihad – vgl. die bei Hughes, Dictionary of Islam s. v. Jihad, in der Enzyklopädie des Islam I. s. v. Djihad und bei Hatem, Poèmes S. 24 Anm. 36 angegebene Literatur – scheinen sich nur für die Urzeit des Islam einerseits, die Gegenwart anderseits zu interessieren; was dazwischen ist, bleibt unberücksichtigt. In der orientalistischen Speziälliteratur wird es sicherlich mancherlei Material über den Djihad im Mittelalter geben; da ich sie nicht übersehe, verweise ich hier nur auf Mez, Renaissance, bei dem ich S. 303 f., 311 f. aufschlußreiche Be-

daß eine solche Beeinflussung wohl möglich ist, aber keineswegs vorausgesetzt zu werden braucht. Die erste theoretischeBegründung des abendländischen heiligen Krieges lag schon bei Augustin und Gregor I., also zeitlich vor Muhammed, und später gab es, wie wir sahen und noch weiter sehen werden, auch in der innerchristlichen Entwicklung wesentliche Momente, die den heiligen Krieg selbst erzeugen konnten. Zudem zeigt der klassische Djihad, wie er von Muhammed und dem ältesten Islam vertreten wurde, starke Unterschiede von allen christlichen Kriegen[76]. Vor allem ist der Djihad eine Rechtseinrichtung, eine Art von Wehrpflicht; im Christentum ist der heilige Krieg das niemals, sondern höchstens ein Anlaß zu Privilegien. Daneben gibt es auch Übereinstimmungen, so die Idee, daß der Tod im heiligen Kriege ins Paradies führe[77], und etwa die wichtige Rolle, die die heiligen Fahnen spielen, worüber wir noch hören werden. Die Möglichkeit einer Beeinflussung gerade in solchen Einzelzügen muß im Auge behalten werden; aber die abendländischen Wurzeln der Entwicklung darf man darüber nicht verkennen.

An Stelle unbewiesener Behauptungen über äußere Einwirkungen sei deshalb lieber zur Illustration der abendländischen Vorstellungen von der Möglichkeit eines heiligen Krieges noch ein letztes Beispiel aufgeführt: die hagiographische Schrift Abbos von Fleury über den englischen König und Märtyrer Edmund[78]. Das gegen Ende des 10. Jahrhunderts verfaßte kleine Werk steht dem weltlichen Leben ziemlich positiv gegenüber. Bei der Schilderung der Heiligkeit tritt die Askese in den Hintergrund; nur eben die Ehelosigkeit wird ganz am Schluß gefeiert. Das Thema ist das heilige Leben und Sterben eines Laienfürsten, der ausdrücklich den Märtyrern aus dem Klerus gleichgestellt wird. Dabei ist Abbo durchdrungen von der Vorstellung eines besonderen Verhältnisses des Herrschers zu Gott und rühmt vor allem die „Gerechtigkeit“ Edmunds, d. h.

merkungen über das 10. Jahrhundert fand, die sich aber auf den Orient beschränken, und auf Haneberg, Abh. Akad. München XII. II 217 ff., der sich im wesentlichen auf spätmittelalterliche Texte stützt.

76 Besser als grundsätzliche Auseinandersetzungen informiert Vakidi, Muhammed, der alles Wesentliche in concreto vorführt.

77 Gerade an diesem Punkt ist der Gedanke einer Beeinflussung durch den Islam am häufigsten aufgetaucht; aber man kann ebensogut auch an germanische Anschauungen anknüpfen, vgl. Neckel, Zeitschr. f. deut. Alt. LVIII 235 f., welcher ähnliche Gedanken schon im Heliand (v. 4863) und in mittelhochdeutschen Dichtwerken feststellt; auch Weinhold, Sitzungsber. Berlin 1891, II 566 f.

78 Abbo, Vita s. Eadmundi regis Anglorum et martyris, Migne 139, 507–520.

die tadellose Erfüllung der Regentenpflichten. Diese Tugend zeigt sich auch im Kriege; als der heidnische Dänenkönig ins Land einfällt und Edmund zur Unterwerfung auffordert, lehnt dieser ab, obgleich seine Mannen schon fast alle erschlagen sind; er will seine Getreuen nicht überleben, will weder durch Flucht den Vorwurf der Fahnenflucht auf sich laden noch durch Knechtschaft unter einem Heiden sich von Christus trennen, dem er durch die Taufe und die Königssalbung geweiht ist: *honestum mihi esset pro patria mori*[79]. So erleidet er das Martyrium. Hier ist also, wenn auch noch nicht für die ganze Ritterschaft, so doch für die Person des Herrschers die weltliche Kriegerethik mit ihren Hauptstücken: Treue, Mannesehre, Tod fürs Vaterland, aufgenommen und kirchlich anerkannt, ja in Verbindung mit dem Martyrium zu einem Stück der Heiligkeit selbst geworden. Dennoch aber lehnt der Heilige jedes Blutvergießen ausdrücklich ab; er betätigt sein Heldentum nur passiv, führt keinerlei aktive Kriegstaten aus, sondern wird überhaupt nur in einer Lage gezeigt, in der er schon wehrlos ist.

Die eigentümlich spannungsreiche Stellung, die die Kirche um die Jahrtausendwende dem Kriege gegenüber einnahm, ihr Wollen und Nichtwollen, das eine kraftvolle Bewegung des heiligen Krieges noch nicht aufkommen ließ, tritt hierin deutlich zutage.

---

[79] Migne 139, 512; in der Formulierung liegt wohl eine Reminiszenz an die bekannte Horazstelle vor.

Erstes Kapitel: Heilige Fahnen

Die entscheidende Wendung in der älteren Geschichte des Christentums hat ihren symbolischen und zugleich tatsächlichen Ausdruck gefunden in einer Fahne, dem Labarum. Wüßten wir von Konstantin nichts anderes, als daß er in die Feldzeichen seines Heeres ein Symbol aufgenommen hat, das als Monogramm Christi gedeutet wurde, so könnten wir das Wesentliche seines Lebenswerkes schon erschließen: das Bündnis der römischen Staats- und Militärgewalt mit der christlichen Kirche. Im Mittelalter hat sich, wenn auch auf veränderter Ebene, eine entsprechende Entwicklung vollzogen: die Vereinigung der Kirche mit der feudal-ritterlichen Gesellschaft. Das geschah in sehr viel allmählicherer, komplizierterer und weniger klarer Weise; um so mehr können die Fahnensymbole, die dabei eine entsprechende Rolle spielen wie bei Konstantin, zur Aufhellung der historischen Vorgänge beitragen.

Da die Fahnen zunächst überall Kriegsfahnen sind, Symbole des Kampfes und des Sieges, stand ihnen das älteste Christentum, wie nach unseren einleitenden Darlegungen als selbstverständlich erscheinen wird, zuerst feindlich gegenüber. Es kam hinzu, daß im Römerreich wie schon bei altorientalischen Völkern die Fahnen und Feldzeichen einen sakralen Charakter hatten[1]; sie galten den Christen nicht ohne Grund als heidnische Idole, und die Berührung mit ihnen wurde in der Frühzeit geradezu zu einem Grunde für die Ablehnung des Kriegsdienstes[2].

Schon hier zeigen sich symbolgeschichtliche Parallelen zu den begriffsgeschichtlichen Ausführungen der Einleitung[3]. Der *militia Christi* entspricht das *vexillum Christi:* es ist das *Kreuz*, das Symbol der Passion und der Erlösung, das

---

1 Vgl. Sarre in Klio III 333 ff.; Domaszewski, Röm. Fahnen: ders., Westdeut. Zeitschr. XIV 1 ff.

2 Harnack, Militia S. 46.

3 Zum folgenden vgl. Gagé, Revue d'hist. phil. rel. XIII 370–400.

Siegeszeichen Christi[4].So heißt es bei Venantius Fortunatus in seinem berühmten Hymnus auf das Kreuz[5]:

Vexilla regis prodeunt,
fulget crucis mysterium.

Noch deutlicher schreibt Prudentius von der Tugend der Sobrietas, die als Fahnenträgerin im Zuge der Christen voranschreitet und das erhabene Panier des Kreuzes *(vexillum crucis, lignum venerabile)* trägt[6]; und in seinem *hymnus omnis horae* singt er[7]:

Dic tropaeum passionis,
dic triumfalem crucem,
pange vexillum, notatis
quod refulget frontibus.

Hier wird nicht an einen Gegenstand, sondern an das symbolische Kreuzeszeichen gedacht, in Anknüpfung an den Taufritus, bei dem die Stirn des Täuflings mit dem Kreuz bezeichnet wurde. Gerade im Hinblick auf die Sitte des Bekreuzigens wird der Ausdruck *vexillum crucis* neben *signum crucis* auch sonst gern gebraucht[8].

Aber man verstand darunter auch den Gegenstand selbst, sei es das ursprüngliche Kreuz der Kreuzigung Christi[9], sei es einen Kreuzstab, ein Vor-

4 Du Cange u. die Indizes der MG. SS. Merov., beide s. v. *vexillum*. Die älteste mir bekannte Stelle ist aus Origenes, zitiert von Harnack, Militia S. 103. Interessant auch die Libri Carolini II c. 28, MG. Conc. II Suppl. S. 89; ferner Petrus Damiani über den hl. Märtyrer Apollinaris: *Vidimus hunc militem Christi contra mundum triumphale vexillum crucis inferre (*Migne 144, 666). über das Kreuz in der christlichen Frühzeit vgl. Sulzberger, Byzantion II 337 ff.

5 MG. AA. IV 34.

6 Prudentius, Psychomachia IX v. 345 ff., 407 ff., 419 S. 185, 188. Die alten Abbildungen stellen dazu einen Kreuzstab dar, s. Stettiner, Prudentius T. 4 (4), T. 22 (3 und 4), T. 58–59 (mehrfach), T. 95–98 (mehrfach), T. 191 (6, 9 und 15). Erst im 11. Jahrhundert wird der Kreuzstab manchmal mit einem Fahnentuch versehen: T. 116 (3), T. 175 (4).

7 Prudentius, Cathemerinon IX v. 83 f. S. 54.

8 Vgl. auch hierfür Du Cange, ferner Dudo von St. Quentin, Migne 141, 732: *sacrosanctae crucis vexillo praemuniti;* Vita s. Apri, AS. Sept. V 18: *os sanctae crucis vexillo signatum*. Sonst häufig *signo crucis munire*, vgl. Erdmann, Q. u. F. XXV 35 Anm. 1.

9 So bei Johannes Diac., Cronache venez. I 77.

tragekreuz usw.[10]. Und ebenso sprach man später vom *vexillum crucis* bei den auf den Kleidern aufgenähten Kreuzzeichen der Kreuzfahrer[11].

Ebenso nun wie die *militia Christi* oft in Gegensatz zum weltlichen Kriege gestellt wurde, so auch das Panier Christi in Gegensatz zum kriegerischen Feldzeichen[12]. Wir werden diese Vorstellung später an wichtiger Stelle bei Arnulf von Mailand treffen, der gegen die Kriegsfahne St. Peters polemisiert, weil Petrus kein anderes Panier gehabt habe als das Kreuz[13], und eben dieser Gedanke ist alt. Schon Prudentius schreibt über die *milites Christi,* die Märtyrer[14]: „Sie verlassen Caesars Fahnen, wählen sich das Kreuzeszeichen." Ebenso lobt Paulinus von Perigueux einen Mönch, der früher Soldat gewesen sei, aber den Kriegsdienst verlassen habe und statt der Kriegstrompeten den Feldzeichen des wahren Königs, den Panieren des heiligen Kreuzes, gefolgt sei[15].

Von hier aus wird die Bedeutung, die dem Labarum Konstantins zukommt, recht verständlich: es überspannte zuerst den Gegensatz, indem es als christliches Kriegspanier auftrat[16]. Derselbe Prudentius, dessen ablehnende Worte über die Kaiserfahnen wir eben zitierten, preist doch das Labarum, das den Namen und das Kreuz Christi zeigte[17]. In der Tat ist damit im Reiche der Symbole der entscheidende Schritt zur Ausbildung des heiligen Krieges getan. Die weitere Entwicklung ist im Römerreich in der gleichen Richtung fortgeschritten. Hieronymus berichtet uns, daß Kreuze als Feldzeichen dienten[18], und im byzan-

---

10 So mehrfach in Papsturkunden des 11. und 12. Jahrhunderts: Benedikt VIII. JL. 3989; Viktor II. JL. 4369; Eugen III. bei Lopez Ferreiro, Santiago IV. App. 39 n. 14; Lucius III. JL. 14969 usw.; ferner JL. 7620, 7890, 8929 add.

11 So z. B. im Chronicon mon. s. Petri Aniciensis bei Chevalier, St. Chaffre S. 163: *vexillum sanctae crucis in dextra scapula ponentes;* Lupus Protospatarius a. 1095, MG. SS. V 62: *ferentes in humero dextro crucis vexillum;* ähnlich an vielen anderen Stellen.

12 Dieser Gegensatz klingt sogar durch die Argumentierung einiger christlicher Apologeten hindurch, die in polemischer Weise die kriegerischen *vexilla* als Kreuze deuteten, vgl. Grégoire in L'antiquité class. I 140 f.

13 MG. SS. VIII 22, vgl. unten Kap. VI.

14 Prudentius, Peristephanon I v. 34 S. 292.

15 Paulinus Petricord., Vita Martini I v. 596 ff., Poet. Christ. min. I 104.

16 Die Literatur über das Labarum ist fast unübersehbar; hier sei nur Kampers, Kaisermystik S. 144 ff. und Gagé, Revue d'hist. phil. rel. XIII 370–400 genannt.

17 Prudentius, Contra Symmachum I v. 481–495, S. 237.

18 Hieronymus ep. 107, 2 S. 292: *vexilla militum crucis insignia sunt. Vgl.* aber schon oben Anm. 12.

tinischen Reich ist die kirchliche Weihe für Kriegsfahnen zeitig in Übung gewesen[19].

Für das *abendländische Mittelalter* jedoch gilt diese Entwicklung nicht im gleichen Maße. Es sei daran erinnert, daß der Osten im Frühmittelalter überhaupt eine viel positivere Stellung zur Idee des heiligen Krieges eingenommen hat als der Westen und daß außerdem die Entwicklung der Christianisierung des Staates gegenüber den germanischen Völkern noch einmal und unter erschwerten Bedingungen vollzogen werden mußte[20]. Es ist möglich, daß die Fahnen auch bei den heidnischen Germanen eine sakrale Bedeutung gehabt haben, so wie es jedenfalls bei den in älterer Zeit gebrauchten Tierbild-Feldzeichen der Fall war[21]. Jedenfalls aber war die mittelalterliche Kirche sich dessen bewußt, daß die Fahne eine heidnische Idolbedeutung haben konnte, denn sie hatte das Beispiel der slavischen Völker, bei denen uns mehrfach ausdrücklich über Idolfahnen berichtet wird[22], und sie wußte auch noch sehr wohl, welche Rolle die Fahne im heidnischen Rom gespielt hatte[23]. So hat sich die verhältnismäßig zurückhaltende Stellung, die die lateinische Kirche im früheren Mittelalter gegenüber dem Kriege einnahm, wiederum auf die Fahnen übertragen: kirchlich geheiligte Kriegsfahnen kannte der Westen in jener Zeit im allgemeinen noch nicht. Zwar blieb die literarische Tradition vom Labarum Konstantins allgemein bekannt. Nicolaus I. nimmt in sein Lehrschreiben an die Bulgaren die Erzählung des Eusebius über das Labarum auf, indem er die Führung des Kreuzes als Feldzeichen empfiehlt und sogar den Anschein erweckt, als wäre das in christlichen Ländern allgemein üblich[24]. Aber in Wahrheit brauchte man im Abendland noch ebenso wie in vorchristlicher Zeit gewöhnliche, profane Fahnen. Nur bei den Westgoten in Spanien scheint frühzeitig eine andere Entwicklung eingesetzt zu

---

19 Grosse, Byz. Zeitschr. XXIV 367, 368, 370.

20 Vgl. oben S. 20 und 33.

21 Meyer, Heerfahne S. 481 ist der Meinung, daß Fahnen und Tierbilder gleichmäßig heidnisch-religiösen Charakters gewesen wären. Aber da man die von Tacitus neben den *effigies* erwähnten *signa* nicht mit Sicherheit als Fahnen ansprechen kann, fehlt m. W. ein sicherer Quellenbeleg dafür.

22 Vgl. Thietmar VI c. 23 S. 147 f.; VIII c. 64 S. 232; Brun von Querfurt bei Giesebrecht, Kaiserzeit II[5] 704: *diabolica vexilla, demonum vexillum;* Saxo Grammaticus, MG. SS. XXIX 124.

23 Vgl. die Werdener Fresken, in denen ein antiker Götze mit einer Fahne abgebildet ist, bei Clemen, Monumentalmalerei S. 80 Abb. 63 und Taf. VII.

24 JE. 2812 c. 33, MG. Ep. VI 580.

haben. Denn wir besitzen von dort einen von den Fachleuten ins 7. Jahrhundert gesetzten liturgischen Ordo, der uns davon berichtet, daß beim Auszug zum Kriege die Fahnen aus der Kirche geholt und daß dem Könige ein Kreuz vorangetragen wurde[25]. Aber die Stellung der Westgoten, die in besonders hohem Maße eine Nationalkirche ausbildeten, steht in dieser Beziehung abseits von der Gesamtentwicklung des Abendlandes, die uns sonst aus jenen Jahrhunderten noch nichts Ähnliches zu bieten scheint. Jedenfalls gab die Kirche, wenn sie den König verherrlichte, ihm nicht eine Fahne, sondern das Kreuz in die Hand, das nicht ein Symbol der Heergewalt, sondern des Triumphes Christi war[26].

Suchen wir im Mittelalter nach Analogien zum Labarum Konstantins, so müssen wir einen Augenblick vom historischen Geschehen selbst absehen und uns in den Bereich der Kunst begeben. Im ersten Jahrtausend gab man dem auferstandenen Christus als Siegeszeichen noch nicht, wie später, eine Fahne in die Hand, sondern einen Kreuzstab; denn das Kreuz selbst war ja das christliche Triumphpanier. Selbst auf den Reliefs, die Christus als Sieger über Löwe und Drache darstellen, finden wir als Siegeszeichen das Kreuz selbst[27]. Das gleiche gilt auch von den Engeln, die einen Kreuzstab oder sonst einen Stab, jedenfalls nur ganz ausnahmsweise eine Fahne in der Hand halten[28]; auch Heilige erhalten damals noch nicht eine Fahne als Attribut. Anders aber steht es mit der Figur der *Ecclesia*, die seit der Mitte des 9. Jahrhunderts auftritt, und zwar von vornherein mit einer Fahne, nicht mit einem Kreuz[29]. Die älteste erhaltene Darstellung im sogenannten Drogo-Sakramentar zeigt eine goldene, in zwei Zungen auslaufende Fahne[30]. Außerdem besitzen wir aus der zweiten Hälfte des 9. und dem

---

25 Férotin, Liber ordinum col. 152.

26 Hraban, De laudibus s. crucis, Migne 107, 141 u. 146.

27 Goldschmidt, Elfenbeinskulpturen, vgl. das ikonographische Register Bd. I 103 f. und II 75 f. unter „Christus als Sieger“ und „Himmelfahrt“. Vgl. auch Künstle, Ikonographie I 510.

28 Goldschmidt I Register S. 103 unter „Engel“; eine Ausnahme ebd. Bild 40 b.

29 Goldschmidt I Bild 41, 83, 96b; II Bild 55, 57, 58. Doch gibt es auch Bilder der Ecclesia ohne Fahne (aber auch ohne Kreuz). Ungenau Erdmann, Q. u. F. XXII 242.

30 Weber, Geistl. Schauspiel S. 16. Schon bei diesem ältesten Beispiel also ist die Farbe nicht die rote, wie Meyer, Sturmfahne S. 106 f. als Regel annimmt auf Grund der roten Farbe im Fuldaer Sakramentar (um 975). An weiteren farbigen Beispielen sind mir vor dem 12. Jahrhundert bekannt: in der Handschrift Berlin theol. lat. fol. 2, f. 9 (zwischen 1022 und 1036) ist die Fahne hellblau (laut Mitteilung der Staatsbibliothek Berlin; farblose Abbildung bei Steinberg, Bildnisse I Taf. 6); in einer Münchener

10. Jahrhundert eine Anzahl Elfenbeinreliefs, auf denen die Ecclesia mit Fahne vorkommt; am Ende des Fahnenstocks ist dabei entweder ein Lanzeneisen oder ein Kreuz oder ein runder Knauf angebracht.

Doch wird man schwerlich aus dieser Siegesfahne der Ecclesia symbolgeschichtlich weitergehende Schlüsse ziehen dürfen. Denn einerseits ist die künstlerische Allegorie etwas anderes als die Wirklichkeit; sie kann darstellerisch keinen Unterschied machen zwischen wörtlichem und übertragenem Sinn[31]. Wurde doch auch das Schwert in der kirchlich-allegorischen Symbolik verwendet trotz der ablehnenden Stellung der Kirche zum Blutvergießen. Anderseits aber liegt gerade bei der Gestalt der Ecclesia offenbar eine besondere Entwicklung vor. Sie tritt auf im Gegensatz zur Synagoge, der sie die Herrschaft entreißt; man hat vermutet, daß die beiden Gestalten aus dem geistlichen Schauspiel stammen[32]. Nun ist gerade auf den ältesten Darstellungen die Gegnerin der Kirche nicht eigentlich die Synagoge, sondern die Stadt Jerusalem; die Vorstellungen von Jerusalem und der Synagoge flossen ineinander[33]. Das macht es sehr wahrscheinlich, daß die Gestalt der Ecclesia in entsprechender Weise durch die andere Hauptstadt, die Roma, beeinflußt ist und von dort her auch die Fahne erhalten hat. Denn die Roma wurde nicht nur damals, sondern schon seit dem 6. Jahrhundert mit einer Fahne dargestellt, und zwar einer solchen, die vielleicht nicht als Kriegsfahne angesprochen werden kann[34]. Hier liegen also offenbar spezielle ikonographische Zusammenhänge vor, die ihren eigenen Gesetzen folgen.

Wichtiger ist eine andere Entwicklung, die erst gegen *Ende des ersten Jahrtausends* zu spüren ist: das Aufkommen der *Kirchenfahnen*. Im liturgischen Gebrauch, d. h. als Altarschmuck oder bei Prozessionen, sind Fahnen in älterer Zeit nicht nachzuweisen, auch nicht in kirchlichen Inventaren[35]. Am Ende

---

Handschrift aus der zweiten Hälfte des 11. Jahrhunderts (farbige Abbildung bei Leidinger, Meisterwerke Taf. 17) ist sie verschiedenfarbig gemustert.

31 So würde es auch zu erklären sein, wenn Weber, Geistl. Schauspiel S. 39 recht hat, daß die Ecclesia manchmal kriegerisch gerüstet erscheint; es würde dann die *ecclesia militans* dargestellt sein (oben S. 25 Anm. 15). Doch scheinen mir die ikonographischen Erklärungen nicht gesichert.

32 Weber, Geistl. Schauspiel, passim; dagegen Künstle, Ikonographie I 81 f.

33 Goldschmidt I 25 f., 46 f.; Weber S. 26 f.

34 Vgl. Erdmann, Q. u. F. XXV 10.

35 Braun im Lexikon f. Theol. III 939. Die Angabe Heusers im Kirchenlexikon IV 1206, daß schon bei Gregor von Tours V c. 4 (MG. SS. Merov. I 105 f.) Prozessionsfahnen vorkämen, ist irrig, denn es handelt sich an der angeführten Stelle nicht um eine ein-

des 10. Jahrhunderts aber hören wir von einer Prozession in Augsburg, bei der neben den Kreuzen auch *fanones* gebraucht worden seien[36]. Weitere Beispiele dafür gibt es aus dem 11. Jahrhundert[37]. Auch in kirchlichen Inventaren treten Fahnen um die Jahrtausendwende auf[38], und die ältesten Abbildungen, die wir besitzen, sind ebenfalls aus dem Ende des 10. und dem 11. Jahrhundert[39]. Der Sinn der Kirchenfahnen ist von vornherein der, daß sie den Triumph Christi, später auch der Heiligen, symbolisieren sollen. Symbolgeschichtlich ist ihr Aufkommen insofern von Bedeutung, als die Kirche sich nun nicht mehr scheut, sich in ihrem Auftreten der kriegerischen Form des Siegeszeichens zu bedienen. Man darf daraus schließen, daß ihre Abneigung gegen das kriegerische Symbol im Schwinden war.

Allerdings besteht ein gewisser Unterschied. Die Abbildungen zeigen uns schon damals als Kirchenfahnen lange Stäbe, die an den Enden in Kreuze ausgehen, darunter an Querstangen kleine Fahnentücher. Sie unterschieden sich also schon damals von den Kriegsfahnen, bei denen das Fahnentuch unmittelbar am Stock angebracht wurde, und dieser Unterschied besteht bis heute fort. Aber in der Praxis ist er nicht immer beobachtet worden. Wir können vielmehr schon in der Frühzeit feststellen, daß man „Königsfahnen" und Kirchenfahnen durcheinander brauchte. Die in der ersten Hälfte des 11. Jahrhunderts geschriebene Chronik von Novalese erzählt uns einmal, daß die Mönche von Breme, Litanei-

fache Prozession, sondern um einen zwar halbkirchlich gestalteten, aber tatsächlich mehr feindlichen als freundlichen Zug eines (berittenen!) Heerführers nach der Kirche von Saint-Martin. Über Heusers weiteren Hinweis auf Aldhelm vgl. Erdmann, Q. u. F. XXV 34. Meine vorläufigen Mitteilungen, die Meyer, HZ. 147, 283 Anm. 3 veröffentlicht hat, werden durch die nachfolgenden Darlegungen ergänzt und berichtigt.

36 Gerhard v. Augsburg, Vita s. Udalrici (geschrieben am Ende des 10. Jahrhunderts), MG. SS. IV 391.

37 Migne, 150, 470f., 1195, 1211; Braun, Paramente S. 237.

38 Braun, Param. S. 237 nach dem Inventar von Saint-Père-en-Valée; Monumenta Noval. II 31: *VII conphanones.* Vgl. auch die Angabe des Benedikt v. S. Andrea (MG. SS. III 710, auch Chronicon di Benedetto ed. Zucchetti S. 114), daß Karl d. Gr. das hl. Grab in Jerusalem mit Gold und Edelsteinen geschmückt und dort eine goldene Fahne aufgestellt habe.

39 Über das Tropar (Graduale) von Prüm aus dem Ende des 10. Jahrhunderts (Cod. Paris. lat. 9448 f. 28) vgl. Braun, Param. S. 236; Sauer, Symbolik S. 176 Anm. 6. über Fresken in der Unterkirche von S. Clemente in Rom s. Braun ebd. und zuletzt Ladner, Malerei Taf. XII.

en singend, mit Kreuz, Weihwasser und Königsfahnen *(vexilla regia)* zu einem Schatzgräberei-Unternehmen aufgebrochen seien[40]. Man kann dazu ein Schatzverzeichnis von Montecassino aus dem Jahre 1087 halten, das neben mancherlei anderen Kostbarkeiten an Gewändern und Edelmetall, darunter mehreren Kronen und Kaisermänteln, auch eine goldene Kaiserfahne *(fano imperialis totus aureus)* nennt[41]. Man ersieht hieraus zugleich, wie diese Klöster – es ist zu beachten, daß sowohl Breme wie Montecassino Reichsklöster waren – in den Besitz solcher Königs- und Kaiserfahnen kamen.

Es handelt sich offenbar um Geschenke, die die Herrscher als Zeichen besonderer Devotion gemacht hatten, wie wir das mit Bezug auf wertvolle Regal-Insignien gerade aus jener Epoche mehrfach hören[42]. Aus dem Jahre 1115 kennen wir auch ein Beispiel der feierlichen Schenkung gerade einer Fahne an eine Kirche[43]. Die Königsfahnen wurden dabei, wie insbesondere die Inventare zeigen, Eigentum der betreffenden Kirche und nicht etwa nur für künftigen Gebrauch seitens der Könige bei ihnen niedergelegt[44]. Wenn nun solche Fahnen unmittel-

---

40 Chronicon Novaliciense II c. 5, Monumenta Noval. II 133; vgl. dazu das Inventar in der vorletzten Anmerkung.

41 Chronik von Montecassino III c. 74, MG. SS. VII 754. Das Wort *fano,* ursprünglich nur „Tuch", kann einerseits eine Fahne bedeuten (vgl. oben Anm. 36 und 37 dazu besonders MG. DO. II 280: *sub fanone nostro, hoc est imperiali vexillo),* anderseits einen Manipel, in welcher Bedeutung es sogar in demselben Inventar S. 753 vorkommt. Beim Kaiser aber kann, da ein kaiserliches Ornatstück nicht in Frage kommt, nur eine Fahne gemeint sein.

42 Miracula s. Alexii, MG. SS. IV 619 f.; Ademar v. Chabannes III c. 37 S. 160; Raoul Glaber I c. 23 S. 22; vgl. Eisler, Weltenmantel I 18–22 und 44, dazu Benedikt v. S. Andrea, oben Anm. 38. Eine Interpolation bei Ademar von Chabannes III c. 22 S. 142 erzählt, daß Karl der Einfältige der Kirche des hl. Martialis ein *vexillum ex veste auro texta* geschenkt habe. über ein Vermächtnis von verschiedenen Objekten, darunter ein *bandum aureum,* aus dem Jahre 843 berichtet die Chronik von Montecassino I c. 24, MG. SS. VII 597. Auch eroberte Fahnen wurden schon seit dem 11. Jahrhundert gelegentlich an Kirchen geschenkt, s. Donizo II c. 7 v. 721 f., MG. SS. XII 393.

43 Galterii bella Antiochena I c. 7, 9 S. 77. Möglicherweise wurde gerade diese Fahne später als Lehnsfahne benutzt, s. die Noten Hagenmeyers S. 197 f. und Raynald, Ann. eccl. a. 1205 n. 37.

44 Auf einen solchen Brauch würde die westgotische Liturgie des 7. Jahrhunderts hinweisen, die jedoch abseits steht, vgl. oben S. 47. Meyer, Oriflamme S. 124 f., Heerfahne S. 481 f., Sturmfahne S. 206, HZ. 147, 283 ist der Meinung, daß die kirchliche Aufbewahrung der noch im Gebrauch befindlichen Kriegsfahnen in Frankreich und Italien üblich gewesen wäre. Aber einen Beleg dafür gibt er aus den Zeiten vor

bar in liturgischen Gebrauch genommen wurden, so zeigt das, wie gering die Scheu vor dem kriegerischen Symbol inzwischen geworden war.

Ungleich wichtiger noch ist der Wandel, den wir zu der gleichen Zeit in der Stellung der Kirche zu den Fahnen im *kriegerischen* Gebrauche selbst feststellen können. Wenn man in älterer Zeit wohl öfters Reliquien oder Kreuze mit in den Kampf nahm, wo sie von Klerikern getragen wurden, so blieben doch die Feldzeichen selbst noch profan[45]: die beiden Sphären vereinigten sich noch nicht. Gegen die Jahrtausendwende wurde das anders. Deutlich zeigt sich diese Entwicklung z. B. an der heiligen Konstantinslanze, die ursprünglich einen Reliquiencharakter hatte und allmählich unter den Ottonen zum Feldzeichen wurde[46]. Von zwei Schlachten gegen die Slaven im Jahre 992 berichtet uns ferner der Annalista Saxo, daß damals ein Priester und ein Diakon als Fahnenträger einzelner Abteilungen den Tod fanden[47]. Entsprechend wurde auf einem Friedenskonzil zu Bourges im Jahr 1038 festgesetzt, daß an einem Exekutionskrieg gegen Friedensbrecher auch die Kleriker mit ihren Fahnen teilnehmen sollten[48]. Man sieht daraus wieder das Zusammenfallen von Kriegs- und Kirchenfahnen: wenn in Breme die Königsfahnen bei der Prozession gebraucht wurden, so nahm man hier umgekehrt die Kirchenfahnen in den Krieg. Aus dem 11. Jahrhundert kennen wir aus Frankreich noch mehrere Beispiele solcher popularer Friedenskriege, bei denen der Klerus mit seinen Fahnen und Kreuzen mit in die Schlacht zog[49]; aus dem 12. Jahrhundert auch aus England[50]. Man kann hier ferner das einen Engel zeigende Feldzeichen nennen, von dem uns schon im 10. Jahrhun-

dem Aufkommen der Heiligenfahnen (die ihrerseits keine gewöhnlichen Heerfahnen waren, vgl. unten S. 52 ff.) nicht. Denn die von ihm angeführte Stelle des Ludwigsliedes: *Tho nam her godes urlub, huob her gundfanon uf,* beweist keineswegs, daß die Fahne in einer Kirche niedergelegt war; das Gebet, auf das die ersten Worte hinweisen, braucht mit dem Akt der Fahnenerhebung nicht zusammenzugehören, ja nicht einmal in einer Kirche stattgefunden zu haben. Auch meine eigenen brieflichen Äußerungen (Meyer, HZ. 147, 283 Anm. 3) gehen in dieser Beziehung zu weit.

45 Vgl. auch die Erzählung Thietmars IV c. 29 S. 81, wonach Bischof Ramward von Minden in einer Slavenschlacht 997 mit einem Kreuze voranzog *sequentibus signiferis.*

46 Hofmeister, Hl. Lanze S. 27 f.

47 MG. SS. VI 638.

48 Miracles de St. Benoît V c. 2 S. 193.

49 Gesta episc. Cenomanensium a. 1080, RHF. XII 540; Ordericus Vitalis VIII c. 24 (Bd. III 415) und XI c. 34 (Bd. IV 285).

50 Aelred bei Howlett S. 182.

dert Widukind von Korvei erzählt[51], sowie das anscheinend einzige erhaltene Fahnentuch jener Zeiten, das wir aus dem Abendland besitzen; es liegt heute in Köln, soll aber aus Italien stammen und am Ende des 11. oder dem Anfang des 12. Jahrhunderts angefertigt sein[52]. Es zeigt u. a. die Gestalten Christi, der Erzengel Michael und Gabriel und mehrerer Heiliger und hat als Umschrift den Psalmvers: *Benedictus Dominus Deus meus, qui docet manus meas ad praelium et digitos meos ad bellum* (Ps. 143, 1).

Noch aufschlußreicher sind die liturgischen Texte für den *Fahnensegen*, wie sie in der zweiten Hälfte des 10. Jahrhunderts auftreten[53]. „Allmächtiger Gott, erhöre gnädig unsere Bitten und heilige diese Fahne, die zu kriegerischem Gebrauch bestimmt ist, durch Deinen himmlischen Segen, daß sie kräftig sei gegen feindliche und rebellische Völker, gehegt von Deinem Namen, ein Schrecken der Feinde des Christenvolks, eine Stärkung der Gläubigen und ein sicheres Vertrauenspfand des Sieges. Denn du, Gott, bringst himmlische Hilfe denen, die auf Dich vertrauen." Diese Benediktion steht in vielen Handschriften und im Kerne noch im heutigen römischen Pontifikale. Seltener, aber schon ebenso alt ist ein anderer Text: „Neige, Herr Jesus, unseren Bitten gnädig Dein Ohr und schicke uns Deine Hilfe durch den Erzengel Michael und durch alle himmlischen Mächte. Wie Du Abraham segnetest, der gegen die fünf Könige triumphierte, und den König David, der zu Deines Namens Lob siegreiche Schlachten schlug, so segne und heilige diese Fahne, die zur Verteidigung der heiligen Kirche geführt wird gegen feindliches Wüten, damit die Gläubigen und Verteidiger des Gottesvolkes, die ihr folgen, in Deinem Namen und durch die Kraft des Kreuzes Triumph und Sieg über die Feinde erringen." Diese Texte bringen in vollendeter Form zum Ausdruck, wie die Kirche sich jetzt des kriegerischen Symbols bemächtigte. Die von uns gesuchte mittelalterliche Parallele zum Labarum liegt damit vor.

Unser spezielles Interesse jedoch verdienen die *Heiligenfahnen*, die ebenfalls seit der Zeit um die Jahrtausendwende vorkommen. Ihr Auftreten ist bisher nur in einigen, besonders hervortretenden Fällen beachtet worden und hat infolge dieser Isolierung Mißverständnisse hervorgerufen. Es wird aber eindeutig,

[51] Widukind I c. 38 S. 49 und III c. 40 S. 106; vgl. dazu Erdmann, Q. u. F. XXV 20 ff., wo auf das byzantinische Vorbild der Michaelsfahne verwiesen ist.

[52] Arntz, Zeitschr. f. christl. Kunst XXVIII 175 f. und Taf. XIII; früher von Bock, Liturg. Gewänder III 212 ff. ins 10. Jahrhundert gesetzt.

[53] S. Exkurs I Abschnitt 6 und 6 a; die Übersetzungen sind gekürzt.

wenn es von seinen kleinen Anfängen an als Gesamterscheinung ins Auge gefaßt wird. Die beste Aufklärung geben uns dabei Heiligengeschichten, die zwar mehr oder weniger legendär sind, bei denen wir aber nicht nach der Geschichtlichkeit der berichteten Ereignisse, sondern nur nach den Vorstellungen der Autoren fragen dürfen.

Aimoin von Fleury berichtet uns (um 1005) folgende Wundergeschichte, die etwa 30 bis 40 Jahre vor der Abfassung seines Buches geschehen sein soll: ins Gebiet des Klosters Saint-Benoît-du-Sault sei Kriegsvolk eingefallen; darauf hätten die Leute von Argenton auf Grund der Tatsache, daß ihr Herr der Klostervogt war, aus dem Kloster die Fahne des heiligen Benedikt geholt, die sie im Kampfe schützen sollte, hätten den heiligen Benedikt angerufen und daraufhin einen wunderbaren Sieg über die Eindringlinge erfochten[54]. Die Fahne des heiligen Benedikt vermittelte also die Hilfe des Heiligen, den göttlichen Schutz und den Sieg; dies wird vom Autor noch näher erläutert durch eine angefügte Parallelerzählung, wonach in einem ähnlichen Falle an Stelle der Fahne der Genuß der Eulogien des heiligen Benedikt zu einem wunderbaren Siege geführt hätte[55]. Die Fahne wurde aus dem Kloster geholt, befand sich also in der Regel in diesem. Ob sie dort sonst in liturgischem Gebrauch Verwendung fand, also auch „Kirchenfahne" war, sagt uns Aimoin leider ebensowenig wie die Quellenberichte in anderen Fällen. Wohl aber ist aus seiner Erzählung zu entnehmen, daß in der Regel der Vogt, der normale Schützer des Klosters und seiner Besitzungen, das Recht auf die Führung der heilbringenden Fahne hatte. Es scheint, daß in Frankreich überhaupt der Fahnenträger einer Kirche mit dem Vogt identisch war[56]. In Deutschland allerdings ist der Fahnenträger wahrscheinlich als der Führer des von der Kirche zu stellenden Kontingents anzusprechen, der mit dem Vogt identisch sein konnte, es aber nicht zu sein brauchte[57].

---

54 Miracles de St. Benoît II c. 15 S. 118: *quia dominus noster Giraldus eins (s. Benedicti) est advocatus, eam (terram s. Benedicti) vice ipsius defensaturi hostes viriliter secureque aggrediamur, misso prius legato qui e monasterio Salensi, quod est s. Benedicti, vexillum ipsius pretiosi confessoris, quod nobis praesidio sit, maturato deferat* usw., ferner *totis viribus sanctum invocantes Benedictum.*

55 Ebd. c. 16 S. 119.

56 So Du Cange s. v. *advocatus,* dessen Aufstellungen allerdings der Nachprüfung bedürfen. Auch die *signiferi s. Samsonis* scheinen nichts anderes gewesen zu sein als die Vögte der Kirche von Dol, s. La Borderie, Bretagne III 57.

57 Vgl. Waitz, Verfassungsgeschichte VIII 185. über den signifer in Italien s. Chiappelli, Arch. stor. ital. 88, 38 Anm. 1.

Ein zweites, nahezu gleichzeitiges Beispiel einer Heiligenfahne führt uns nach Venedig. Johannes Diaconus beschreibt in seiner Venezianer Chronik (um 1008) den Zug, den der Doge Peter Orseolo im Jahre 1000 nach Dalmatien unternahm[58]. In Olivolo, wo sich die Flotte am Himmelfahrtstage versammelte, erhielt der Doge nach Anhörung der Messe vom Bischof Dominicus eine Siegesfahne, und als man darauf im Grado anlegte, empfing der Patriarch Vitalis den Dogen mit einer Prozession und beschenkte ihn mit der siegbringenden Fahne des heiligen Hermagoras, des Titularheiligen von Grado. Der Zug galt den räuberischen Kroaten und Narentanern und der Eroberung von Teilen Dalmatiens; doch führte der Doge eine der Siegesfahnen auch noch im Jahre 1003 bei den Kämpfen gegen die Muslime in Bari[59].

Die nächsten Fälle gehören wieder in den Bereich des französischen Klosterlebens. Im zweiten Teil der Miracula sanctae Fidis (11. Jahrhundert) finden wir folgende Wundergeschichte: ein Ritter Fredolus, von einem andern Ritter ungerecht befehdet, habe der heiligen Fides, in deren Klosterkirche zu Conques er die Nacht über gebetet habe, eine Schenkung gemacht, von den Mönchen das Banner der Heiligen erbeten, das ihn im Kampfe schützen sollte, und damit unter Anrufung der Heiligen und allein durch ihre Hilfe wunderbar gesiegt[60]. Dieselbe Quelle erzählt uns von einem andern Fall: die Einwohner des katalanischen Ortes Colonico schenken ihren Ort der heiligen Fides, indem sie einen jährlichen Zins und die Ablieferung des zehnten Teils aller Kriegsbeute an das Kloster Sainte-Foy-de-Conques festsetzen; die Mönche schicken ihnen daraufhin zum Schutze ihres Lebens eine Fahne, die sie unter Anrufung der Heiligen im Kampfe gegen die Muslime führen sollen; sie tun das und siegen[61].

---

58 Johannes Diac. in Cronache venez. S. 156: *Petrus dux ... asensionis Domini festo cum suis in s. Petri Olivolensis ecclesia ad missarum ministeria percipienda convenire voluit; cui Dominicus eiusdem loci episcopus triumphale vexillum contulit* usw., ferner *Vitalis patriarcha ... dexteram (ducis) victrici sancti Hermachorae signo condecoravit.*

59 Cronache venez. S. 166: *victrice vexillum se preire iubens.*

60 Liber miraculorum s. Fidis III c. 18 S. 159: *vexillum sancte martiris (Fidis) a fratribus petiit, cuius gestamine tutus hostium cuneos penetrare audacter possit ... cum vexillo sancte virginis hostiles alas perrupit, semper voce clara „Sancta Fides fer opem nobis" intonans et crebris repeticionibus eam solam ingeminans. Sicque sancte virginis auxilio* usw.

61 Ebd. IV c. 6 S. 183: *monachi ... ad eorum salutem ... labarum eis mittunt, cuius gestaminis previo signo ad invocationem sancte virginis (Fidis) audacter hostiles acies non abhorreant perrumpere. Huius vero vexilli confortati fiducia* usw.

Dazu tritt als zeitlich fixierbares historisches Ereignis die Annahme der Fahne des heiligen Martin durch Gottfried von Anjou. Rudolf Glaber berichtet, daß Gottfried bei der Belagerung von Tours, die ins Jahr 1044 fällt, vor dem Kampf gegen Theobald und Stephan von Blois die Hilfe des heiligen Martin erflehte und demütige Wiedergutmachung alles dessen versprach, was er von den Besitzungen der Heiligen geraubt hatte; daraufhin erhielt er die Fahne, die er an seiner Lanze befestigte, und erfocht über die Gegner, die gegen die Kanoniker des heiligen Martin Räubereien begangen hatten, durch den Beistand des Heiligen einen wunderbaren Sieg[62]. Die Fahne ist noch nicht ausdrücklich als Fahne des heiligen Martin bezeichnet, aber eine solche Deutung wird gestattet sein, da in der Folgezeit die Grafen von Anion als Träger dieser Heiligenfahne erscheinen[63]. Sie haben sogar das Recht der Führung der Fahne an andere weiterverliehen, wie es Gottfried der Bärtige schon 1066 tat[64]; man sieht daraus, wie begehrt die wunderkräftige Fahne war.

Dazu können wir noch einen Bericht Bonizos von Sutri stellen, der an historischer Wichtigkeit die bisherigen weit übertrifft. Kaiser Heinrich III. - Bonizo nennt irrig Konrad II. - soll vor einem der Ungarnkriege der Jahre 1042–1044 an Papst Benedikt IX. Gesandte geschickt und um Übersendung einer Fahne im Namen des heiligen Petrus gabeten haben, mit der er Ungarn erobern könne. Der Papst gewährte dies und sandte den Kardinalbischof von Porto und den Römer Belinzo von der Marmorata, die in der Schlacht selbst die Fahne tragen oder, wenn der König das nicht wolle, ihm erklären sollten: „Wir geloben dir den Sieg; sieh zu, daß du ihn nicht dir zuschreibst, sondern den Aposteln!" Die Ungarn wurden darauf wirklich besiegt, und als Siegeszeichen brachten die beiden päpstlichen Gesandten die eroberte ungarische Königslanze nach Rom[65]. Noch

---

[62] Raoul Glaber V c. 2 S. 129: *expetivit auxilium beati Martini, promisit se humiliter emendaturum, quidquit in ipsius sancti confessoris ceterorumque sanctorum possessionibus raptu abstraxerat. Indeque accepto sigillo, imponens illud proprie haste* usw. *Nulli dubium est beato Martino auxiliante, qui illum pie invocaverat suorum inimicorum victorem extitisse.*

[63] Das von Du Cange s. v. *Vexillum s. Martini* herangezogene Chronicon s. Martini a. 1046 ist erst aus dem 13. Jahrhundert; aus welcher Zeit die dort ebenfalls zitierten Statuten und das Rituale sind, weiß ich leider nicht.

[64] Urkunde des Geoffroy Barbu bei Marchegay, Archives I 359.

[65] Bonizonis lib. ad amic. MG. Libelli I 583: *(imperator) misit legatos ... ad domnum papam, et supplicans, ut ei vexillum ex beati Petri parte mitteretur, quo munitus posset Ungaricum regnum suo subicere dominatui. Quod ut audivit, papa libenter concessit*

handelt es sich nicht eigentlich um das zwanzig Jahre später auftretende *vexillum sancti Petri,* sondern nur um eine von auswärts erbetene Fahne schlechthin; dem Sinne nach aber unterschied sie sich nicht von der nachmals berühmten Petersfahne.

Diese Erzählung Bonizos, die zu dem Charakter des damaligen Ungarnkrieges aufs beste paßt und mit Bezug auf die ungarische Königslanze durch andere Nachrichten bestätigt wird[66], ist trotzdem von der Forschung als unwahr verworfen worden[67]. Offenbar hat man die Erzählung nicht so genommen, wie sie ist, sondern vorausgesetzt, daß der Fahnenverleihung eine spezielle Bedeutung zukomme, etwa die eines Belehnungsaktes, und da es in der Tat ausgeschlossen ist, daß Heinrich III. vom Papst eine Belehnung mit Ungarn erbeten habe, würde Bonizos Erzählung in diesem Falle allerdings unmöglich sein. In Wirklichkeit aber sagt Bonizo nichts von einer Rechtsbedeutung der Fahnenverleihung, sondern spricht ausdrücklich von einer Verheißung des *Sieges* durch die Hilfe der Apostel.

Genau ebenso war es in allen andern genannten Fällen: die zeitgenössischen Quellen sind einig darin, daß die Heiligenfahnen religiöse Symbole waren, Unterpfänder des göttlichen Schutzes und des Sieges, während sich nirgends eine Andeutung findet, daß ihre Verleihung den Charakter einer Belehnung gehabt habe. Um so größer ist ihre religionsgeschichtliche Bedeutung. Wenn es sich bei der liturgischen Fahnenbenediktion um die gewöhnlichen, von den Rittern dauernd geführten Kriegsfahnen handelt, die für ihre gesamte Verwendung von der Kirche gesegnet wurden, so waren die Heiligenfahnen umgekehrt im Besitz der Hauptkirchen einzelner Heiliger und wurden von den Bischöfen oder Äbten jeweils für einen bestimmten Krieg verliehen. Das Recht, sie zu führen, konnte man sich manchmal durch besondere Leistungen für die Kirche erwerben, soweit nicht etwa der Vogt oder sonst ein Schützer der Kirche ein dauerndes Anrecht auf sie hatte. Im übrigen stand es dem einzelnen Kirchenfürsten frei,

et mittens nobiles viros ex latere suo, episcopum scilicet Portuensem et Belinzonem nobilissimum Romanum de Marmorato, eis hec tradidit precepta, ut si regi non displiceret, ipsi in prima acie vexilla portarent; quod si regi displiceret, hec ei intimarent: „Victoriam quidem tibi spopondimu.s. Vide, hoc ne tibi ascribas, sed apostolis." Quod et factum est ... capta est Ungarici regis lancea ... Rome delata. Zu Belinzo s. Gregorovius, Stadt Rom IV [4] 33.

66 Vgl. Steindorff, Jahrbücher I 243 f. Anm. 2. über den Ungarnkrieg s. unten S. 70.

67 Steindorff I 235 Anm.

die Fahne seines Heiligen für irgendeinen Krieg zu verleihen. Damit wurde ein solcher Krieg aus der Ebene profanen Machtstreits herausgehoben: wenn der Himmel sich für eine Partei einsetzte, dann war der Krieg auch eine Sache der Kirche geworden. Nicht mit ausdrücklichen Worten, aber symbolisch bedeutete eine solche Fahnenverleihung eine Erklärung des heiligen Krieges.

Wie eine Heiligenfahne aussah, ob sie sich von anderen Kriegsfahnen in Form oder Farbe irgendwie unterschied und ob etwa ein Bild des Heiligen oder entsprechende Embleme aufgestickt waren, wird uns nirgends mitgeteilt. Dies durchgehende Schweigen der Quellen werden wir dahin deuten können, daß es auf die äußere Ausstattung nicht ankam: nicht das Aussehen der Fahne, sondern die ideelle Beziehung auf den Heiligen war das Entscheidende. Doch ist diese Beziehung nicht etwa so aufzufassen, daß der Heilige selbst im Leben die Fahne geführt habe. Das zeigen schon die Persönlichkeiten der Heiligen, die in den angeführten Erzählungen vorkommen: mit alleiniger Ausnahme des heiligen Martin, der seine Laufbahn als Soldat begonnen hatte, waren alle übrigen friedliche Gestalten, die mit Kriegsfahnen nichts zu tun hatten, der Ordensstifter Benedikt ebenso wie der Bischof Hermagoras, die Märtyrerin Fides wie der Apostel Petrus. Das Wesentliche bestand vielmehr darin, daß die Fahne im Namen des Heiligen von Vertretern seiner Kirche verliehen wurde. Aber auch die Tatsache, daß die in der Kirche aufbewahrte Fahne zum Besitz des Heiligen zählte, war wichtig. Charakteristisch ist dafür eine allerdings erst ins 12. Jahrhundert gehörende Erzählung aus England. Danach soll der englische König Ethelstan vor einem Krieg gegen die Schotten den heiligen Johann von Beverley in dessen Kirche um Hilfe gebeten und ihm Schenkungen versprochen haben. Die anwesenden Priester rieten ihm, zum Beweise dafür irgendein Zeichen von dort mitzunehmen; er ließ sich darauf eine Fahne aus der Kirche vorantragen, und der Heilige half ihm dann wunderbar[68]. Ohne Frage liegt hier der Gedanke an die Fahne des heiligen Johann von Beverley, die bei der Standartenschlacht des Jahres 1138 eine Rolle spielte, zugrunde, aber in der Erzählung heißt es doch bloß, daß irgendeine Fahne aus der Kirche mitgenommen wurde: die Tatsache, daß die Fahne der Kirche gehörte, genügte.

Es ist nicht wahrscheinlich, daß die Kirche die um die Jahrtausendwende aufkommenden Fahnenbräuche völlig neu erfunden hat. Sehr möglich ist z. B. ein Einfluß von Byzanz her, wo man schon mindestens im 10. Jahrhundert Christus,

[68] Miracula s. Joh. Beverlac. bei Raine, Historians I 295.

Maria, den Erzengel Michael, den heiligen Georg und andere Soldatenheilige auf den Kriegsfahnen abbildete[69]. Auch ist zu bedenken, daß die Kirche in derartigen Fällen oft an ältere weltliche oder heidnische Bräuche angeknüpft und diese nur in spezifischer Weise umgestaltet hat. Man hat vermutet, daß die Fahnenweihe und die Aufbewahrung in der Kirche an die Stelle eines heidnischen Zaubers und der Aufbewahrung im Tempel oder heiligen Hain getreten sei[70]. Das ist nicht unmöglich, obgleich sich entsprechende Fahnen-Zauberbräuche in der fraglichen Zeit, also vor allem noch im ersten Jahrtausend, auf germanischem Boden nicht haben nachweisen lassen. Anderseits besteht die Möglichkeit, daß eine Einwirkung aus der muslimischen Welt vorliegt. Denn dort war es schon in der Frühzeit des Islam üblich gewesen, daß der Prophet oder die Kalifen ihren Heerführern bei Beginn eines Krieges heilige Fahnen verliehen[71]. Diese Annahme hätte ihre Stütze auch in einer Äußerlichkeit: die Araber banden ihre Fahnen erst vor der Schlacht bzw. vor dem Kriege an die Lanze[72]; genau dasselbe Verfahren finden wir seit dem 11. Jahrhundert auch im Abendland, und zwar zuerst bei einer Heiligenfahne[73], später besonders häufig in den Heldenepen[74]. Eine Übernahme von den Muslimen sowohl in der äußeren Handhabung wie in der Tatsache der Verleihung durch die Kirche wäre danach denkbar. Doch bleibt sie recht hypothetisch und ändert jedenfalls nichts an der historischen Bedeutung, die das Auftreten solcher Bräuche innerhalb der abendländischen Geschichte hat: auch wenn sie von anderwärts stammen, so ist doch das Wichtigste, wann und in welchen Formen sie übernommen wurden.

---

69 Constantinus Porphyrog. I 481; vgl. das Epigramm des Psellos auf die Fahne des Konstantin Monomachos (1042–55) mit dem Bilde St. Georgs, Migne, Patr. Graeca 122, 531.

70 Meyer, Rote Fahne S. 352, Oriflamme S. 125, Heerfahne S. 481.

71 Vgl. z. B. Vakidi S. 50, 54 f., 106, 108 ff., 326 und mehrfach; Tabari III 482.

72 Z. B. Vakidi S. 49, 106, 149, 228, 433 f. usw.

73 Die Fahne von St. Martin bei Raoul Glaber, s. o. Anm. 62.

74 Vgl. das Material bei Meyer, Oriflamme S. 116, Sturmfahne S. 215 ff., Heerfahne S. 480, Freiheitsroland S. 22 f. In älterer Zeit habe ich diesen Brauch im Abendland nicht gefunden; auch in der oben Anm. 25 genannten westgotischen Liturgie wird nur von einem „Erheben“ der Fahne, die schon dauernd am Stock befestigt sein konnte, nicht vom Anbinden gesprochen. Das Wort *bandum* sagt uns ebenfalls nichts darüber, ob das Anbinden erst bei Kriegs- bzw. Schlachtbeginn geschah; pflegte man doch im byzantinischen Heer die Fahnen für die Schlacht sogar abzubinden (Grosse, Byz. Zeitschr. XXIV 369, 370 Anm. 7).

Doch bleibt noch eine besondere Form der heiligen Fahne zu behandeln: der *Fahnenwagen*. Wir finden das „Carroccio" zuerst in Mailand, wo es nach der Chronik Arnulfs im Jahre 1039 durch den Erzbischof Aribert eingeführt wurde[75]. Es bestand damals aus einem hohen, auf Räder gestellten Mast, der oben einen goldenen Knauf hatte mit zwei herabhängenden schneeweißen Fahnenstreifen; darunter stand ein mit dem Bilde des Heilands bemaltes Kreuz, das über die Kämpferscharen hinwegblickte und sie durch seinen Anblick stärken sollte[76]. Durch diese Schilderung ist das Mailänder Carroccio von vornherein unzweideutig als religiöses Symbol gekennzeichnet, und diesen Charakter hat es auch in späterer Zeit immer behalten. Im 12. Jahrhundert trug es statt des Knaufes über dem Mast ein Kreuz und statt des Kruzifixes eine Darstellung des heiligen Ambrosius, der der Fahne damals auch den Namen gab[77]. In noch späterer Zeit hielt sich bei ihm stets ein Priester auf für die Pflege der Verwundeten und das Lesen der Messe[78].

Mit diesem religiösen Charakter des gesamten Symbols stimmt auch das Aussehen der Fahnentücher überein, über das wir in diesem Falle glücklicherweise unterrichtet sind. Die schneeweißen Tücher des ursprünglichen Carroccio passen durchaus zum Christusbilde am Fahnenmast. Denn das Weiß war von jeher die Farbe der Himmlischen. So wie in der Bibel die Engel, so wurden im Mittelalter die Heiligen, wenn sie vom Himmel herab erschienen, meist als Männer in weißen Kleidern beschrieben, und wenn sie Fahnen in der Hand trugen, so pflegten auch diese schneeweiß zu sein[79]. Einen Schritt weiter führt die Schil-

---

75 Über seine Bedeutung vgl. weiter unten S. 70 f. und Erdmann, Sitzungsber. Berlin 1932 S. 896 ff.

76 MG. SS. VIII 16; *Signum autem, quod dimicaturos debebat suos praecedere, tale constituit: procera trabs instar mali navis robusto confixa plaustro erigitur in sublime, aureum gestans in cacumine pomum cum pendentibus duobus veli candidissimi limbis; ad medium veneranda crux depicta Salvatoris ymagine extensis late brachiis superspectabat circumfusa agmina, ut qualiscumque foret belli eventus, hoc signo confortarentur inspecto.*

77 Brief Burchards bei Muratori, SS. VI 917 und Chron. reg. Colon. S.110. Brief Barbarossas von 1162, MG. Const. I 281 n. 204. Vgl. auch Otto Morena, MG. SS. NS. VII 120.

78 Über das spätmittelalterliche Carroccio vgl. Bonvicinus de Rippa V c. 24 S. 151; Galvaneus Flamma S. 495 und 605 f.; Colombo, Milano S. 172 f., 186 f.; Delbrück, Kriegskunst III 368 ff.

79 Vgl. Gesta Francorum c. 29, 5 S. 374 und die zahlreichen vom Herausgeber angeführten Parallelberichte; Benzo II c. 18, MG. SS. XI 620; vgl. auch Raoul Glaber II c. 9 S. 45.

derung, die uns Laufried Malaterra zu Beginn des 12. Jahrhunderts von der Erscheinung des heiligen Georg in einer Schlacht zwischen Normannen und sizilischen Muslimen entworfen hat: der Heilige erschien vor den normannischen Reihen in glänzender Rüstung auf weißem Pferde und trug an seiner Lanze eine weiße Fahne und darauf ein glänzendes Kreuz; gleichzeitig erschien auch an der Lanze des Grafen Roger, des normannischen Führers, von göttlicher Kraft angebracht, eine weiße Fahne mit einem Kreuz[80]. Dies Beispiel macht uns die weitere Entwicklung der Mailänder Carroccio-Fahne verständlich. Im Jahre 1160 trug nämlich das weiße Fahnentuch bereits ein rotes Kreuz[81]: das war also eine einfache Fortbildung der ursprünglichen schlichtweißen Fahnen, und die Bedeutung blieb dieselbe. Daß die weiße Fahne mit rotem Kreuz, die von den Mailändern noch heute geführt wird – sie dürfte das älteste bestehende Stadtwappen repräsentieren –, im Ursprung ein religiöses Symbol ist, wird auch deutlich dargelegt in einem Brief der Mailänder an die Tortonesen, der uns erhalten geblieben ist[82]. Die Mailänder, die im Jahr 1155 die zerstörte Stadt Tortona aufgebaut hatten, sandten ihr damals drei kommunale *Signa:* eine Fahne, ein Siegel und eine Trompete. Die Fahne war weiß mit dem roten Kreuz Christi; das bedeutete, wie uns der Brief belehrt, die Befreiung aus den Händen der Feinde nach langer Not. Noch damals also hatte die rotweiße Kreuzfahne den Charakter eines rein religiösen Symbols, noch nicht den eines territorialen Abzeichens.

Der Fahnenwagen blieb im übrigen nicht auf Mailand beschränkt. Die meisten größeren italienischen Kommunen nahmen ihn an, was wir freilich vor der Mitte des 12. Jahrhunderts noch nicht nachweisen können[83]. Schon vorher war diese Sitte über die Alpen gewandert. In der Schlacht bei Pleichfeld (1086) hatten die „Getreuen Sankt Peters" einen Fahnenwagen mit kreuzförmigem Mast, der nach den Worten Bernolds ihr Vertrauen auf die göttliche Hilfe zum Ausdruck

80 Gaufredus Malaterra II c. 33 S. 44.

81 Otto Morena, MG. SS. NS. VII 116. Colombo, Milano S. 169 ff. hält im Anschluß an Galli, Arch. stor. lomb. XLVI 376 noch daran fest, daß das Kreuz auf den ersten Kreuzzug zurückgehe, aber die einzige Quellengrundlage dafür ist die Nachricht, daß Johannes de Rode, der Führer der Mailänder Kreuzfahrer, das Kreuz genommen habe *(crucem recepit);* von einer Fahne ist also in Wahrheit nicht die Rede.

82 Gedruckt bei Manaresi, Atti S. 53. Vgl. Erdmann, Q. u. F. XXV 41 f.

83 Spätestens 1167 besaßen die Florentiner ihren Fahnenwagen, vgl. Davidsohn, Florenz I 691; 1170 wurde in Bologna einer eingeführt, Annales Caesenatenses, Muratori, SS. XIV 1091; 1199 besaßen ihn Cremona und Pavia, MG. SS. XXXI 10, usw.

bringen sollte[84]. Erst im 12. Jahrhundert finden wir Fälle von profaner Verwendung des Fahnenwagens, wobei uns freilich die Quellen sogleich auch über den Anstoß berichten, den man an dieser Einrichtung nahm[85]. Im 13. Jahrhundert war das Carroccio dann sehr weit verbreitet und verlor in vielen Fällen seinen religiösen Sinn gänzlich. Ein gutes Beispiel rein religiöser Verwendung haben wir aus dem Jahr 1138, nämlich den englischen Fahnenwagen der „Standartenschlacht" von Northallerton. Damals war das englische Heer in Abwesenheit des Königs durch den Erzbischof von York und den hohen Klerus zusammengebracht worden. Der Erzbischof hatte nun bestimmt, daß die Priester mit Kreuzen und Fahnen und mit ihren Parochianen mitziehen sollten, und außerdem hatte er einen *standard,* d. h. einen Fahnenwagen, eingerichtet, auf dem sich die Hostie und die Fahnen des heiligen Petrus von York, des heiligen Johann von Beverley und des heiligen Willfried von Rippon befanden; denn von Christus und den Heiligen erwartete man Hilfe zur Verteidigung der Kirche[86]. Hier finden wir die verschiedenen Ausprägungen der heiligen Fahnen vereint: die von den Pfarrern mitgenommenen Kirchenfahnen, die eigentlichen Heiligenfahnen und den Fahnenwagen in seiner ursprünglichen Bedeutung.

Alle diese Formen heiliger Fahnen sind zuerst, wie wir sahen, in der Zeit um die Jahrtausendwende aufgetreten, genauer in der zweiten Hälfte des 10. und der ersten Hälfte des 11. Jahrhunderts. Wenn die symbolgeschichtlichen Beobachtungen einen Sinn haben, dann muß das Aufkommen dieser neuen Bräuche einer allgemeinen geistesgeschichtlichen Entwicklung entsprechen; dieser wenden wir uns nunmehr zu.

---

84 MG. SS. V 444 f. Vgl. Erdmann, Sitzungsber. Berlin 1932 S. 896 f.

85 Lamberti Parvi Annales a. 1129, MG. SS. XVI 647, über den Fahnenwagen, den sich der Graf von Löwen *fastu superbiae* eingerichtet hatte; Sigeberti cont. Aquicinct. a. 1184, MG. SS. VI 422, über das *standarum* des Grafen Philipp von Flandern, *quod rex cum tota Francia valde indigne tulit.* Über den Fahnenwagen der Ungarn vom Jahre 1157 (Nicetas Choniata, Man. V c. 3 S. 202) wissen wir in dieser Beziehung nichts Näheres. Pseudo-Turpin c. 17 schreibt den spanischen Muslimen einen Fahnenwagen zu, woraus Buchner, Zeitschr. f. franz. Sprache LI 44 ff. ohne Grund auf Abfassung erst nach den Kämpfen Barbarossas gegen die Mailänder schließen will.

86 Aelred bei Howlett S. 182 ff., 188 ff.; Richard von Hexham ebd. S. 160 ff.; charakteristisch auch S. 165, daß die Engländer nach der Schlacht *vexilla, quae acceperant, cum gaudio et gratiarum actione ecclesiis sanctorum reconsignant.*

Zweites Kapitel: Gottesfriede, Kirchenreform und Kriegerberuf

Etwa seit der Jahrtausendwende hat sich in der Stellung der Kirche zum Kriegerstande ein bedeutsamer Wandel vollzogen. Der Gegensatz zwischen *militia Christi* und *militia saecularis* wurde überbrückt, und so wie früher schon der Herrscherberuf, so wurde jetzt der Kriegerberuf christianisiert; er erhielt als solcher eine unmittelbare kirchliche Zwecksetzung, indem der Krieg im Dienst der Kirche oder der Schwachen als heilig angesehen und nicht nur für den König, sondern für jeden einzelnen Ritter zur religiösen Pflicht erklärt wurde. Diese Fortentwicklung der älteren Anschauungen bahnt sich vielfach schon im 10. Jahrhundert an und ist besonders vom Ende des 10. Jahrhunderts ab zu spüren; sie ist eine der Voraussetzungen der Kreuzzugsbewegung und bedarf der schärferen Beleuchtung.

Leider aber läßt eine solche Entwicklung sich weder als Ganzes mit voller Präzision umreißen noch in allen ihren Einzeläußerungen deutlich aufzeigen; dazu müßten wir über reichere und klarere Quellen verfügen, als wir sie für das hohe Mittelalter besitzen. Um sie wenigstens in ihren Grundzügen zu erfassen, müssen wir einen Umweg machen. Auf einem Gebiet wie dem unsern wäre eine rein spiritualistische Betrachtungsweise ohnehin unfruchtbar. Auch eine geistige Wandlung, wie sie hier in Frage steht, darf nicht vom Hintergrunde der Entwicklung des Staates und der Gesellschaft abgelöst werden.

Die Ausbildung des christlichen Rittertums hat nicht eigentlich ihre Ursache, wohl aber ihre Voraussetzung in einem verfassungsgeschichtlichen Vorgang: der fortschreitenden Ausbildung des Lehnswesens und dem dadurch bedingten, vor allem in Frankreich hervortretenden Rückgang der Staatsgewalt. Die Kirche hat aus dieser veränderten Lage eine doppelte Folgerung gezogen. Auf der einen Seite hat sie einen Teil der staatlichen Funktionen selbst übernommen, auf der andern Seite einiges von der halbkirchlichen Stellung, die sie vorher dem Staatsoberhaupt zugewiesen hatte, auf den einzelnen Lehnsträger oder auf das Rittertum als Ganzes übergehen lassen. Auf beiden Wegen wurde sie in eine nähere Verbidung zum Kriege und zum Kriegerstande gebracht, als sie sie vorher hatte anerkennen wollen.

Im einzelnen bestanden dabei natürlich Unterschiede, insbesondere im Hinblick auf die rechtliche und soziale Stellung der Ritter. Nach oben sonderte sich das werdende Territorialfürstentum aus, auf das sich am leichtesten die Funktionen übertrugen, die die Kirche zuvor nur dem Königtum zugewiesen hatte, insbesondere der Satz von der Obrigkeit, die nicht ohne Grund das Schwert trägt[1]. Doch war diese Sonderstellung für die Bildung der Kreuzzugsidee nicht wesentlich: vor dem Appell der Kirche standen beim ersten Kreuzzug Territorialfürsten und andere Ritter in einer Reihe. Anderseits schied sich mit der Zeit ein eigentlicher Ritterstand vom Volkskriegertum ab, und man hat wohl gemeint, daß dieser Vorgang die Ausbildung einer halbgeistlich gefärbten Ritterschaft befördert habe. Doch hat das erst für spätere Zeit Geltung, d. h. im wesentlichen für das 12. Jahrhundert[2]. Für unser Thema gebrauchen wir deshalb den Begriff des „Ritters“ in extensivem Sinne als eine einheitliche Kategorie, die alle diejenigen zusammenfaßt, die gewohnheitsmäßig dem Waffenhandwerk oblagen, und stellen sie als Ganzes dem Königtum einerseits, der Kirche anderseits gegenüber.

Die neue Stellung der Kirche zum Rittertum tritt bereits zutage in der Veränderung, die die Institution der *Vogtei* durch die Ausbildung des Lehnswesens gerade in Frankreich erfuhr[3]. Die Vogtei bestand bereits in karolingischer Zeit, aber damals hatten die Vögte nur administrative und forensische, nicht aber militärische Funktionen; der bewaffnete Schutz der Klöster und Bistümer lag dem König ob oder seinem Beamten, dem Grafen. Darin trat nun mit der Zeit eine Wandlung ein, deren Anfänge seit der Mitte des 9. Jahrhunderts bemerkbar sind, die sich in der Hauptsache aber erst im 10. und 11. Jahrhundert vollzogen. Die allgemeine Unsicherheit, das Versagen des Königsschutzes und das Wachsen des Fehdewesens, an dem sich manche Kirchen selbst aktiv beteiligten, ließen die Vögte in erster Linie zu militärischen Beschützern der Klöster und

---

1 Vgl. z. B. Nicolaus II. an den Grafen von Rouergues, JL. 4440; Chronicon s. Huberti c. 78, MG. SS. VIII 612 über Gottfried von Bouillon.

2 Vgl. Flach, Origines II 569 ff., besonders 575; Guilhiermoz, Origines S. 462 ff. Schief z. B. Franz, Benediktionen II 289.

3 Vgl. Senn, Avoueries; ders., Vidamies. In Deutschland wurde diese Entwicklung durch andersartige Verschiebungen überdeckt, vgl. zuletzt Otto, Kirchenvogtei.

Bistümer werden. Die Kirche trat also ohne die Vermittlung des Staates in ein direktes Verhältnis zu den eigentlichen Vertretern des Kriegerhandwerks, den einzelnen Dynasten und Rittern, und die Vorstellungen, die man im Hinblick auf die Verteidigung der Kirche zuvor nur von den Herrschern gehegt hatte, mußten sich so auf einen weiteren Kreis übertragen. Der Vorgang ist symptomatisch für die veränderte Stellung der Kirche in der feudalen Gesellschaft: eine gewisse Annäherung an das Kriegshandwerk wurde schon durch die Umstände erzwungen

Das wichtigste Erzeugnis der neuen Lage war die *Gottesfriedensbewegung*[4]. Denn ihr erstes Merkmal bestand darin, daß die Friedenswahrung, die bis dahin unbestrittenermaßen eine der Hauptaufgaben des weltlichen Staates gewesen war und das in der Theorie immer noch blieb, nunmehr subsidiär auch von der Kirche in die Hand genommen wurde. Das älteste bekannte Friedenskonzil, die Synode von Charroux (um 989), enthält materiell kaum etwas, was nicht schon in der älteren Kapitularien-Gesetzgebung, wenn auch nur sporadisch, vorgekommen wäre[5]. Das Neue bestand aber darin, daß jetzt als Kirchengesetz verkündet und durch Kirchenstrafen sanktioniert wurde, was vorher nur in den Bereich der staatlichen Gesetzgebung gehört hatte. Neben die Form des Kirchengesetzes, die stets ein Charakteristikum des Gottesfriedens blieb, trat zwar bald die weitere Form der beschworenen Einung; diese aber stand in der Regel unter kirchlicher Ägide und lief somit ebenfalls auf eine Beteiligung der Kirche an der Friedenswahrung hinaus.

Freilich, wenn zwei dasselbe tun, dann ist es nicht dasselbe: wenn die Kirche den Frieden wahrte, dann mußte daraus mit der Zeit etwas anderes werden, als es die staatliche Friedenswahrung war. Die „Pax“, von der die Gottesfriedenssatzungen ihren Ausgang nahmen, bestand vor allem in einem besonderen Schutz für Kirchen, Kleriker und friedliche Personen vor Raub und Gewalttat sowie in einer weitgehenden Einschränkung des Plünderungsrechtes. Das bedeutete eine Regelung und modale Begrenzung der Kriegführung, wie sie entsprechend auch im modernen Völkerrecht existiert. Die später hinzutretende Treuga Dei, die gewisse Tage und Zeiten von der Kriegführung ausschloß, gehörte im Grunde noch in dieselbe Kategorie. Es darf aber nicht übersehen

4 Zum Folgenden vgl. Görris, Denkbeelden, sowie unten Exkurs II.

5 Vgl. Huberti, Gottesfrieden I 46 ff. und zuletzt His. Zeitschr. Sav. RG. Germ. XXXIV 605 mit Anm. 2

werden, daß dazu zu Zeiten noch eine weitere Gruppe von Satzungen getreten ist, die, mindestens für gewisse Fälle, den Krieg oder die Fehde überhaupt zu beseitigen suchten. Das Konzil von Poitiers (wohl nach 1000) setzte fest, daß Besitzstreitigkeiten durch ein Gerichtsverfahren, also nicht durch eine Fehde, ausgetragen werden sollten[6]. In entsprechender Weise bestimmte die Friedenseinung des Bischofs Warinus von Beauvais (1023), daß ein durch einen Bauern begangenes Unrecht erst gerächt werden dürfe, wenn eine Wartefrist von 15 Tagen für die etwaige Genugtuungsleistung verstrichen wäre[7]; auch dies sollte natürlich die Möglichkeiten der Entstehung einer Fehde eindämmen. Weit hierüber hinaus geht die Bewegung der dreißiger Jahre, aus der wir leider keinen einzigen offiziellen Konzilstext besitzen, so daß wir nur aus Chroniken und Predigtstellen schließen können. Rudolf Glaber und die Gesta episcoporum Cameracensium lassen aber keinen Zweifel darüber, daß es sich ihrer Meinung nach damals um allgemeine Fehdeverbote gehandelt habe[8]. Noch wichtiger ist eine Gruppe von Predigten, die auf dem Friedenskonzil von Limoges (1031) gehalten wurden und vielleicht Ademar von Chabannes zum Verfasser haben. Sie rufen zur Begründung einer neuen Friedenseinung auf und erzählen dabei von einer früheren, daß alle Streitigkeiten durch Rechtsgelehrte entschieden und Gewalttätigkeiten somit ausgeschlossen worden seien[9]; das bedeutete also ebenfalls eine völlige Ausschaltung der Fehde zugunsten des Rechtsweges. Zum gleichen Resultat führen uns die Nachrichten, die uns die Miracula sancti Adalhardi über eine Einung zwischen den Bürgern von Amiens und Corbie (vielleicht 1030 oder 1036) bieten; sie erzählen, daß damals ein vollständiger Friede für die ganze Woche beschlossen und der Austrag von Streitigkeiten durch Gewaltmaßnahmen verboten, vielmehr überall der Rechtsweg vorge-

---

6 Daß es sich um Besitzstreitigkeiten handelte, geht aus den Ausdrücken *quaecumque res invasae fuerunt ..., unde altercatio in ipsis pagis habetur* und *ex contendentibus de ipsis rebus* hervor. Das hat Görris S. 140 (vgl. S. 138) an sich richtig erkannt, aber er verengt den Bereich zu sehr, wenn er nur von Streit um Landbesitz spricht; denn den Ausdruck *invadere,* der oft sogar mit personalem Objekt erscheint, darf man nicht pressen.

7 Pfister, Robert, S. LXI.

8 Raoul Glaber IV c. 5 S. 103 f.; Gesta episc. Camerac. III c. 52, MG. SS. VII 485. Auch Görris S. 153 ff. und 175 gibt zu, daß diese Chronisten einen absoluten Frieden gemeint haben, verwirft aber ihr Zeugnis; das ist um so weniger berechtigt, als beide, voneinander unabhängig, sich gegenseitig in allem Wesentlichen bestätigen.

9 Migne 141, 115–125, bes. 117 und die dritte Predigt; vgl. Görris, S. 136 und Exkurs II.

schrieben worden sei[10]. Aus alledem geht soviel mit Sicherheit hervor, daß es in jener Zeit eine starke Strömung auf völlige Abschaffung der Fehde gegeben hat, und die früher oft vertretene, neuerdings verworfene Meinung, daß die um 1040 allgemeiner werdende Treuga Dei, die nur bestimmte Zeiten befriedete, gegenüber den vorhergehenden Bestrebungen ein Zurückweichen, ein Kompromiß bedeutete, ist durchaus richtig[11].

Dies alles scheint gegenüber dem kriegerischen Drange des Rittertums nur eine negative Maßnahme der Abwehr und Unterdrückung darzustellen und insofern gerade das Gegenteil von einer Annäherung der Kirche an den Krieg zu bedeuten. Allein dabei konnte es nicht bleiben: ist doch bis auf den heutigen Tag jede Organisation des Friedens zugleich eine Organisation des Krieges gewesen, da die Menschheit an einen Frieden, der nicht durch die Möglichkeit des Krieges gesichert wäre, bisher nicht hat glauben wollen. Dementsprechend hatte der Gottesfriede auch seine positive Bedeutung für den Kriegerberuf[12]. Die in den Gottesfriedenssatzungen häufig vorgesehenen Maßnahmen gegen die Friedensbrecher laufen auf nichts anderes als einen neuen, diesmal von der Kirche selbst angeordneten Krieg hinaus. Schon bei einem der ältesten Friedenskonzilien, das um 990 in Le Puy abgehalten wurde, wird uns berichtet, daß der Bischof von Le Puy ein Heer zusammengebracht und von den widerstrebenden Rittern und Bauern der Umgegend mit Waffengewalt die Beschwörung des Friedens erzwun-

---

10 Miracula s. Adalhardi MG. SS. XV. II 861 (zur Datierung vgl. auch Pfister, Robert, S. 174 Anm. 1). Wenn es hier heißt: *integram pacem, i. e. tocius ebdomadae*, so kann die *pax* hier nicht im älteren technischen Sinne einer bloßen Befriedung von Kirchen usw. verstanden werden, da offenbar bereits auf Treuga-Satzungen, die einen Teil der Woche befriedeten, Bezug genommen ist und die Treuga natürlich immer ein Verbot von Kriegshandlungen überhaupt und nicht bloß den Kirchenschutz usw. betraf. Die weiteren Worte: *ut si qui disceptarent inter se aliquo discidio, non se vindicarent praeda aut incendio,* donec *statuta die ante ecclesiam coram pontifice et comite fieret pacificalis declamatio,* könnten bei wörtlicher Interpretation ja so aufgefaßt werden, daß Gewalthandlungen nur zunächst verboten wären, aber nach Abhaltung der *pacificalis declamatio* nach Herzenslust losgehen könnten. Aber da das offenbar widersinnig wäre, ist vorauszusetzen, daß die Entscheidung des Bischofs und des Grafen bindend und auch danach keine Fehde erlaubt sein sollte.

11 Gegen Görris, S. 172–180.

12 Vgl. Reynaud, Origines I 73 f. (Reynauds Buch ist, soweit es von Deutschland handelt, indiskutabel, die französischen Teile aber enthalten neben argen Übertreibungen und Schiefheiten auch manches Richtige.)

gen habe[13]. Auf der schon genannten Synode von Poitiers wurde auch in den Kanones festgesetzt, daß die Konzilsteilnehmer gegen etwaige Friedensverweigerer mit Gewalt einzuschreiten hätten, und in dem Aufruf des französischen Klerus an die Italiener zum Anschluß an die Treuga Dei (um 1040) wird die Rache gegen Treuga-Brecher als gottgesegnet gefeiert[14]. In der zweiten Hälfte des 11. Jahrhunderts wurden diese Bestimmungen noch wesentlich weiter ausgebaut und Friedensmilizen geschaffen, die unter kirchlicher Leitung standen und an deren Unternehmungen, wie wir schon im vorigen Kapitel sahen, die Pfarrer mit ihren Fahnen teilnahmen[15]. Sie haben später sogar den französischen Königen beim Burgenbrechen wertvolle Dienste geleistet, und es scheint, daß die städtischen Milizen mit ihnen in einem gewissen Zusammenhang stehen[16].

Auch aus der Zeit des ersten Höhepunktes der Friedensbewegung, den dreißiger Jahren des 11. Jahrhunderts, besitzen wir schon eine eingehende Schilderung eines solchen „Friedenskrieges" aus der Feder des Andreas von Fleury[17]. Danach verpflichtete ums Jahr 1038 der Erzbischof Aimo von Bourges in Gemeinschaft mit den andern Bischöfen seiner Provinz, also offenbar auf einer Synode, die gesamte Bevölkerung vom fünfzehnten Jahre an, alle Friedensbrecher und Bedränger der Kirche und des Klerus mit den Waffen zu bekämpfen. Auch die Priester wurden nicht ausgenommen, sondern sie hatten mitzuziehen und aus den Kirchen die Fahnen zu holen. So kam es zu mehrfachen Kämpfen, bei denen die nahezu waffenlose Bevölkerung gleich einem neuen Volk Israel die Gegner mit Gottes Hilfe in Schrecken setzte und in die Flucht jagte. Die Erfolge aber und auch die eigenen Begierden machten die Friedenskämpfer übermütig, so daß sie ihrerseits das Land zu verwüsten anfingen und die Burg Benecy mit 1400 Menschen darin verbrannten. Das bewirkte die Strafe Gottes: als ein neues Heer des Erzbischofs mit zahlreichen Klerikern gegen Odo von Déols kämpfte,

---

13 Chronicon monasterii s. Petri Aniciensis c. 413 bei Chevalier, Cartulaire St. Chaffre, S. 152.

14 MG. Const. I 597 Abs. 9.

15 Vgl. dazu Görris S. 78 f., der auf die Beschlüsse von Köln (1083) und Clermont (1095) verweist; weiter wären noch die von Soissons (1092) und Rouen (1096) heranzuziehen. Dazu oben S. 51.

16 Viollet III 121; Luchaire, Communes S. 38 ff. (gegen Semichon); ders., Capétiens S. 315, 325; Duval S. 24ff.; v. Winterfeld, Hans. Gesch. Bll. XXXII 10; Mackinney, Speculum V 198.

17 Miracles de St. Benoît V c. 2–4 S. 192 ff.

gab Gott durch Donner und Blitz zu erkennen, daß er sie nicht mehr anführe, und in einer großen Schlacht am Flusse Cher erlitten die Kirchenkrieger eine vernichtende Niederlage, bei der über 700 Kleriker fielen.

Es sind alttestamentliche Farben, die unser Gewährsmann seiner Erzählung geliehen hat. Gerade dadurch aber tritt zutage, daß er bereits vollständig die Vorstellung von einem heiligen Kriege hat, der im Grunde von Gott selbst geführt wird und bei dem die Menschen nur göttliches Werkzeug sind. Das war logisch und unvermeidlich. Da der Friede von der Kirche gehütet und seine Erhaltung zur religiösen Pflicht gemacht wurde, mußte auch der dafür geführte Krieg zum Gottesdienst werden. Mag die Darstellung noch so übertrieben und gefärbt sein: in den Augen des Andreas von Fleury, eines Zeitgenossen, war jener Krieg bei Bourges ein heiliger Krieg im vollen Sinne, grundsätzlich verschieden von einem profanen Kriege.

Mit solchen Gedankengängen stand Andreas nicht allein, ja sie konnten in jener Zeit bereits Einfluß auf die große Politik gewinnen. Als Kaiser *Heinrich III.* den Gedanken des Gottesfriedens in veränderter Form aufnahm[18], hat auch er den Friedensgedanken mit seinen Kriegsunternehmungen verbunden. Ein Brief des Abtes Bern von Reichenau feiert Heinrich III. als Beförderer des Friedens, der gerade deshalb in seinen Kriegen von Gott unterstützt werde; so habe er kürzlich einen großen Sieg über die Ungarn erfochten wie Ezechias über Sanherib[19]. Dies war keineswegs bloß die geistliche Interpretation Berns, sondern wir wissen aus andern Nachrichten, daß Heinrich III. selbst nach solchen Vorstellungen gehandelt hat. Im Jahre 1043 verkündete er in Konstanz und Trier nach siegreicher Beendigung eines Ungarnfeldzuges einen allgemeinen Frieden[20].

[18] Vgl. dazu unten Anm. 20. Auch die Verkündigung des Gottesfriedens in Italien, MG. Const. I 598 n. 420, ist höchstwahrscheinlich auf die von Heinrich III. abgehaltene Synode von Pavia (Oktober 1046) zu verlegen, vgl. Exkurs II.

[19] Strehlke, Arch. f. Kd. öst. Geschqu. XX 198 ff. Teilweise ähnliche Gedanken, insbesondere auch die Zitate Gen. 49, 25 und Ex. 14, 14, finden sich schon in einem früheren Briefe Berns an Heinrich II., Migne 142, 1162.

[20] S. das Material bei Hauck III 573 f., dazu die wichtige Stelle bei Arnulf von Mailand, MG. SS. VIII 17 c. 19: *veniunt ab augusto legati treguam inviolabilem indicentes, quam* totius regni *virtute et conscilio iureiurando confirmant.* Vgl. auch Prutz, Friedensidee S. 12–16, der in m. E. unbegründeter Weise einen Unterschied zwischen den Cluniazensern und Heinrich III. aufstellt, indem die ersteren neben den kirchlich-sittlichen Motiven auch an ihre eigene Wohlfahrt gedacht hätten, während Heinrichs III. Ziele rein idealistisch gewesen wären.

Als darauf das nächste Jahr einen neuen Ungarnkrieg brachte, tat er alles, um diesen Krieg nicht als eine profane Friedensstörung, sondern als ein heiliges Unternehmen erscheinen zu lassen. Vom Papst Benedikt IX. erwirkte er die Exkommunikation des Ungarnkönigs und die Übersendung einer Siegesfahne im Namen des heiligen Petrus; nach erfochtenem Siege hielt er eine kirchliche Dankesfeier ab, indem er sich mit den Fürsten und dem Heere barfuß vor einer Kreuzesreliquie niederwarf und wieder eine allgemeine Amnestie verkündete[21]. Es entsprach also den Gedankengängen des Königs, wenn Bern in seinem Brief den Ungarnkönig als einen vom Teufel geschickten Verbrecher und den Krieg als ein Werk Gottes darstellt, und wir dürfen ihm deshalb auch Glauben schenken, wenn er Gottesfrieden und heiligen Krieg unmittelbar auseinander folgen läßt.

In diesem Falle, wo der König selbst den heiligen Frieden und damit auch den heiligen Krieg in die Hand nahm, fehlte allerdings ein sonst wesentliches Moment: die unmittelbare kirchliche Leitung. Diese finden wir dafür bei andersartigen Entwicklungen. Das Aufkommen der *Kommunen*, zunächst vor allem in Italien, geht insofern der Fortbildung des Lehnswesens parallel, als beide gleichmäßig auf dem Rückgang der königlichen Gewalt beruhen, an deren Stelle sie in gewisser Beziehung treten. Es ist überaus charakteristisch, daß sich auch die kommunale Entwicklung zeitweise unter einem gewissen kirchlichen Patronat vollzogen hat, das sich gerade auf militärischem Gebiet bemerkbar machte[22]. Die Einrichtung der Friedensverbände, die in der Ursprungsgeschichte der italienischen Kommunen eine Rolle gespielt haben, kann man zwar mit dem Gottesfrieden nicht gleichsetzen, aber sie zeigen doch eine gewisse Verwandtschaft mit ihm[23]. Über die Bildung eines kommunalen Heeres sind wir am besten aus Mailand unterrichtet, von wo uns Arnulf erzählt: als sich im Jahr 1039 die Gefahr eines Angriffs auf die Stadt seitens der Anhänger Konrads II. zeigte, berief der Erzbischof Heribert in seiner Eigenschaft als geistlicher und weltlicher Stadtherr alle waffenfähigen Einwohner der Diözese zusammen, Bauern

---

21 Annales Altahenses a. 1044 S. 36 f.; vgl. auch S. 35: *iussu divinitatis instinctus* und a. 1045 S. 38 die scheinbar unmotivierten Ausdrücke über die Bekämpfung Gottfrieds von Lothringen; Bonizo, Liber ad amicum, MG. Libelli I 583. Über die Fahne oben S. 55 f.

22 Über das Heerwesen der italienischen Kommunen im 11. Jahrhundert s. zuletzt Chiappelli, Arch. stor. ital. 88, 38 ff.

23 S. zuletzt v. Winterfeld, Hans. Gesch. BII. XXXII 9 f.; Besta, Diritto S. 207 f.

und Ritter, Arme und Reiche, damit sie die Heimat vor dem Feinde schützten; damals geschah es, daß er das Carroccio als gemeinsames Feldzeichen der neugebildeten Heeresformation schuf[24]. Es handelte sich also um eine kommunale Miliz zur Landesverteidigung, eingerichtet vom Erzbischof und repräsentiert durch ein Fahnensymbol, dessen religiöser Charakter uns bereits beschäftigt hat. Gerade die weitere Rolle des Carroccio zeigt uns, daß hier eine Hauptwurzel des kommunalen Heerwesens liegt: der Fahnenwagen ist Jahrhundertelang ein typisches Charakteristikum des Bürgerauszuges gewesen, das Feldzeichen des Fußvolkes[25], und seine religiöse Weihe sollte die Stimmung der Entschlossenheit und des Vertrauens auf den Sieg stärken[26].

Wenn somit der Gottesfriede und die parallelen Erscheinungen in mehrfacher Beziehung eine neue Stellung der Kirche zu Krieg und Kriegerberuf verraten, so kann das offenbar nicht bloß durch die Verfassungsentwicklung erklärt werden. Die Kirche hat sich nicht etwa nur auf den neuen Träger der Kriegstätigkeit, nämlich das Rittertum an Stelle des Königtums, eingestellt, sondern sie hat auch ihre eigene Stellung zum Kriege einer gewissen Revision unterzogen[27]. Hätte sie sich mit der durch den Rückgang der Staatsgewalt geschaffenen Lage nur äußerlich abgefunden und ein Kompromiß geschlossen, so wären die Spannungen und Gegensätze, die in der Beurteilung des Krieges schon vorher bestanden, nur vermehrt und deutlicher ins Bewußtsein gerufen worden. Gerade die religiösen Kräfte hätten dann nicht für, sondern gegen die Entstehung eines heiligen Krieges gearbeitet. Da das Gegenteil geschehen ist, so reichen die soziologischen Tatsachen eben zur Erklärung des Gesamtvorgangs nicht aus; sie erhalten ihren Sinn erst durch die religiöse Haltung, mit der die Kirche auf sie reagiert hat.

Dabei handelt es sich vor allem um jene starken Kräfte, die damals auf anderen Gebieten an einer Umbildung der Kirche arbeiteten. Am meisten mußte

---

[24] MG. SS. VIII 16. Vgl. auch Landulf II c. 30, ebd. S. 67 über die Einführung des Gottesfriedens unter Heribert und c. 32 S. 68 über seine Ermahnungen an die Mailänder Ritter: wenn sie im Kampf für das Kirchengut fielen, wäre ihr Tod dem der Heiligen gleichzustellen.

[25] So auch im Tractatus de materia belli bei Pichler S. 60: *precipue quando per pedites campestre bellum debet fieri*. Vgl. auch Sigeberti cont. Aquicinct. MG. SS. VI 422: *comitis (exercitus) agminibus peditum praecellebat.*

[26] So auch Delbrück, Kriegskunst III 374 ff., dessen Ausführungen den Nagel auf den Kopf treffen.

[27] Vgl. Reynaud, Origines S. 77 ff.

auf die Haltung der *Cluniazenser* dem Kriegerstande gegenüber ankommen. An ihrer positiven Stellung zum Kriege würden Zweifel nicht bestehen, wenn jene Meinung zuträfe, daß sie schon in der ersten Hälfte des 11. Jahrhunderts spanische Maurenkämpfe und Unternehmungen französischer Ritter auf der Iberischen Halbinsel organisiert hätten und somit als die eigentlichen Väter des Kreuzzugsgedankens anzusprechen wären[28]. Allein mit den Beweisen für diese Behauptung steht es schlecht. Rudolf Glaber bietet uns die Nachricht, daß etwa um 1033 in „Afrika", d. h. offenbar in Spanien, die Bevölkerung vor einem Kampf gegen die Muslime die gesamte Beute dem Kloster Cluny, das von ihnen besonders verehrt wurde, gelobt und nach dem Siege auch dargebracht habe[29]. Aber ein solches Gelübde hatte natürlich den Zweck, die Hilfe des Schutzheiligen von Cluny, also des heiligen Petrus, und das Gebet der Mönche für den Sieg zu gewinnen; darüber hinaus auf Grund dieser Nachricht den Abt von Cluny für den Organisator des Maurenkrieges zu erklären, ist bloße Phantasie. Mehr Beachtung verdient schon die Nachricht Bernolds, daß Abt Hugo von Cluny den kastilianischen König Alfons VI., als dieser sich mit mönchischen Gedanken trug, vom Kloster abgehalten habe[30]. Doch handelt es sich hierbei, wenn die Nachricht zutrifft, um die spezifischen Aufgaben des Herrschers, und es liegt deshalb nichts vor, was nicht schon seit Jahrhunderten Gemeingut der abendländischen Staatsethik gewesen wäre; zudem geschah es erst am Ende des 11. Jahrhunderts, also zu einer Zeit, wo die „Kreuzzüge" aus Frankreich nach Spanien bereits allgemein waren und auch schon von der Kurie lebhaft gefördert wurden. Für die Besonderheit cluniazensischen Geistes beweist es also nichts. Die einzige positive Nachricht, die wir über die Stellung der älteren Cluniazenser-Äbte zum spanischen Kriege besitzen, ist die briefliche Versicherung des Abtes Odilo, daß er für die Befreiung des Königreichs von den Heiden beständig – Gebete zum Himmel sende[31]!

---

28 Boissonnade, Roland S. 11 f., 22 und Revue d. quest. hist. LX 257 ff.; Hatem, Poèmes S. 55 ff. (vgl. 44 ff.); Chalandon, Croisade S. 12, 14. Vgl. auch Reynaud, Origines I 87 ff.

29 Raoul Glaber IV c. 7 S. 109 f.; dazu Sackur, NA. XIV 405.

30 Bernold a. 1093, MG. SS. V 457. Ähnliche Erzählungen sind auch sonst in Wahrheit und Legende nicht selten: Dudo von St. Quentin, Migne 141, 658 f., 675; Reg. Greg. VII. lib. VI ep. 17, MG. Ep. sel. II 423; ferner über Heinrich II. s. Hirsch, Jahrbücher III 364 f.

31 Migne 142, 942.

Das wichtigste Zeugnis für das kriegerische Interesse der Cluniazenser liegt scheinbar auf anderem Gebiet: es ist die berühmte Satire des Erzbischofs Adalbero von Laon auf den Abt Odilo[32]. Adalbero schildert in einer spottenden Erzählung, wie „König Odilo von Cluny" seine Mönche in großer Zahl gegen die Muslime, die die Gegend von Tours verwüstet hätten, in Waffen bringt, drei Tage mit den Feinden kämpft, zwar geschlagen wird, aber zu einem neuen Zuge aufruft; die Mönche sind zu Rittern geworden und bilden einen Kriegerstand, Odilo ist der Führer der Ritterschaft. Man möchte glauben, Adalbero habe in den Cluniazensern schon eine Art Ritterorden gesehen, und würde eine solche Satire besser verstehen, wenn sie sich gegen Bernhard von Clairvaux richtete statt gegen Odilo von Cluny. Dringt man jedoch tiefer in die schwerverständliche Dichtung ein, so erkennt man, daß der Autor etwas Derartiges nicht hat sagen wollen. Soviel ist sicher, daß die Cluniazenser keine Kriege geführt haben[33] und daß die Kriegserzählung bei Adalbero nicht wörtlich zu nehmen ist; in der Satire selbst weist sie der König, dem sie vorgetragen wird, als Märchen zurück, und der Erzähler gibt zu, daß sie sich so nicht zugetragen habe. Über die kirchliche Bewertung des Krieges läßt Adalbero sich überhaupt nicht aus; er will nur allgemein zum Ausdruck bringen, daß sich die Mönche zu stark auf das Weltleben einlassen und die Schranken, die der Betätigung des Klerus gesetzt sind, überschreiten.

Und doch hat Adalbero mit seiner Kriegserzählung unfreiwillig etwas Richtiges prophezeit: in anderem Sinne, als es zuerst scheint, lag die Entwicklung, die zu den Ritterorden geführt hat, tatsächlich im Sinne der cluniazensischen Reformtendenzen. Weder eigene kriegerische Betätigung der Mönche noch ihre angebliche Rolle im spanischen Krieg, wohl aber ihre von Adalbero verhöhnte Einmischung in das Tun und Lassen der Weltleute hat zur Umgestaltung der

---

32 Vgl. Exkurs III.

33 Hückel, Adalbéron S. 98 führt zwar Belege an, die die Berechtigung eines solchen Vorwurfs dartun sollen, allein mit Unrecht. Die Erzählung Rudolf Glabers II c. 9 S. 44 f., wonach in Spanien bei einem Maureneinfall einmal auch Mönche zu den Waffen gegriffen haben, beweist nichts, da es sich um einen Akt der Not handelte (vgl. auch oben S. 27); zudem wissen wir gar nicht, ob es sich um Mönche cluniazensischer Reformklöster handelte. An der anderen von Hückel angeführten Stelle wird sogar die Teilnahme von Mönchen am Kriege gerade im Sinne der Reformer verworfen. Ein Mißverständnis ist es schließlich, wenn Hückel auch einen Artikel der Kanonessammlung Abbos von Fleury (Kap. 52: *De militantibus clericis,* Migne 139, 506) anführt, da hier das *militare* im geistlichen Sinne verstanden ist.

Ritterethik mitgeholfen. Daß das reformierte Mönchtum sich nicht auf ein beschauliches Eigenleben beschränkte, sondern daneben mit seinen starken Impulsen ethischer Frömmigkeit eine Umgestaltung der Laienwelt in Angriff nahm, das erschien Adalbero zwar als eine Umkehrung des normalen Verhältnisses, war jedoch ein Hebel zur Heraufführung des Kreuzzugszeitalters.

Denn das mönchische Leben galt den Cluniazensern nicht etwa als die einzig mögliche Form gottgefälligen Lebens, sondern nur als die höchste, vornehmste, christlichste. Das Laientum wurde keineswegs einfach abgelehnt und seinem Schicksal überlassen, sondern es sollte an seiner Stelle dem Gesamtbau der Kirche dienen. Es liegt im Wesen des abendländischen Mönchtums, daß es zwar grundsätzlich stets am Ideal der Weltflucht festgehalten, dennoch aber niemals an der reinen Askese als Lebenszweck Genüge gefunden hat, sondern immer wieder in die Welt hinausgetreten ist und seine Stimme zur Einwirkung auf die Gesamtkirche erhoben hat. Insbesondere die großen Reformer des Klosterlebens, die vor allem die Reinheit des asketischen Ideals wiederherstellen wollten, haben dabei doch alle einen Anstoß zu erneuter Einwirkung auf die Welt gegeben[34]. Die Neubelebung der Askese bedeutete im Kerne nichts anderes als eine Erneuerung des religiösen Ideals schlechthin. Je reiner aber dieses Ideal empfunden wird, desto leuchtender pflegt abendländischer Geist die Umgestaltung der Welt auf seine Fahnen zu schreiben. Man darf sich also durch die weltflüchtigen Stimmen, die im Kreise Clunys immer am lautesten erschollen sind, nicht irremachen lassen: sie schließen ein Interesse für das Heil der laikalen Gesellschaft nicht aus. Ebensowenig darf man in den cluniazensischen Schriften programmatische Äußerungen suchen, die eine Annäherung an den Krieg erkennen ließen. Denn man kann das Mönchtum nur an seinen Früchten erkennen: sie sind mannigfaltiger als seine Lehren.

So betrachtet, findet man, daß Adalbero richtig gesehen hat. Die Cluniazenser haben sich tatsächlich bemüht, auf das Leben der Welt, insbesondere auf die Ritterschaft, im Sinne ihrer sittlichen Grundsätze einzuwirken. Es ist schon von anderen beobachtet worden, daß namentlich in der Normandie das reformierte Mönchtum einen starken Einfluß auf den ritterlichen Adel ausgeübt hat[35].

---

[34] So nach Harnack, Mönchtum, dessen Ausführungen mir an Tiefe der Auffassung noch immer unübertroffen erscheinen, wenn man auch an der Identifizierung Gregors VII. mit den Cluniazensern heute nicht mehr festhalten kann.

[35] Sackur, Cluniazenser II 54.

Ebenso ist der starke Anteil der Cluniazenser an der Gottesfriedensbewegung schon oft aufgefallen; Odilo von Cluny war hervorragend an ihr beteiligt, so daß man ihm später das hauptsächlichste Verdienst um sie zuschrieb, und auch ein Mann wie Richard von Saint-Vannes betätigte sich in der gleichen Richtung[36]. Wir werden ferner sogleich sehen, daß gerade Odo von Cluny den Gedanken eines heiligen Rittertums in einem Maße vertreten hat wie sonst noch niemand unter seinen Zeitgenossen, und daß die Verkirchlichung des Kriegerlebens, obgleich eine feste cluniazensische Lehre und Tradition in dieser Richtung keineswegs bestand, doch gerade in Reformklöstern wie etwa Fleury gepflegt worden ist. Solche Verbindungslinien sollen nicht überschätzt, dürfen aber ebensowenig übersehen werden: so wenig das reformerische Mönchtum selbst Kriege geführt oder organisiert hat, so hat es doch durch den Einfluß, den es auf das laikale Rittertum ausgeübt hat, Anteil an dem Aufkommen der neuen Kriegsethik.

Zum vollen Verständnis des Zusammenhanges kommen wir jedoch erst, wenn wir den Horizont der Betrachtung weiter spannen und die *Kirchenreform* als Ganzes ins Auge fassen. Diese war freilich eine komplexe Erscheinung, über deren Zusammengehörigkeit keine Einigkeit besteht. Vor allem das Verhältnis der älteren cluniazensischen Bewegung zu den späteren kirchenpolitischen Bestrebungen, deren Hauptvertreter Gregor VII. war, ist umstritten[37]. Doch darf man die zweifellos vorhandenen Unterschiede nicht künstlich vertiefen. Die ganze Bewegung begann schon im 10. Jahrhundert als bloße Klosterreform mit den Zielen: Erneuerung der Askese, straffe Organisation des Mönchtums und Selbständigkeit der Klöster gegenüber den lokalen Gewalten. Sie zeigte sich dann schrittweise auch in der Bischofskirche und erstrebte hier in entsprechender Weise Sittenreform bei der Weltgeistlichkeit, Zentralisierung der Gesamtkirche und ihre Lösung vom Staat, schließlich Beherrschung des Staates. Als feststehend kann dabei gelten, daß die jüngeren Reformer von den älteren mindestens das Beispiel erhalten haben, und das berechtigt dazu, die gesamte Bewegung, wenn auch nicht nach ihrer Erscheinungsform, so doch dem Geiste nach als eine Einheit zu fassen. Ebenso brauchen die anderen Gruppen, die neben der

---

36 Sackur I 310 f., II 167, 267, 272, 292; Reynaud, Origines I 70 ff. Vgl. dazu zuletzt Brackmann, HZ. 139, 39f.

37 Vgl. darüber zuletzt Fliche, Réforme I 39–60; Brackmann, HZ. 139, 34–37. Muß man nicht zwischen verschiedenen „politischen" Bestrebungen unterscheiden, einerseits reine Klosterpolitik, anderseits Gesamt-Kirchenpolitik, schließlich Umgestaltung der laikalen Gesellschaft?

cluniazensischen und der gregorianischen noch hervorgetreten sind, die lothringischen Reformer und der asketische Kreis um Otto III. mit seinen späteren Erben, nicht abgetrennt zu werden; sie stellen – mit mancherlei Übergängen – die Vermittler zwischen den beiden Hauptgruppen dar.

Faßt man also den Begriff der Kirchenreform im weitesten Sinne, dann erscheint die ethische Einwirkung auf die feudale Gesellschaft geradezu als ein weiteres Band, das die verschiedenen Reformtendenzen verbindet. Sprachen wir zunächst nur von den Cluniazensern, so wird uns das folgende Kapitel zeigen, daß Brun von Querfurt, ein Führer im Kreise der mönchischen Asketen um Otto III., zugleich der eifrigste Verfechter der Idee des christlichen Heidenkrieges gewesen ist. Nicht minder wichtig ist das Verhalten des maßgebenden Vertreters der lothringischen Reformer, des Bischofs Waso von Lüttich. Er hat sich selbst sowohl in der Verteidigung seiner Stadt wie auch im Burgenbrechen kriegerisch betätigt, zwar seine geistlichen Pflichten nie vernachlässigt und auch nicht selbst die Waffen geführt, aber doch die militärischen Operationen persönlich geleitet; er glich, wie sein Biograph versichert, als Bischof Gregor dem Großen, in seinen Kriegstaten aber dem Judas Makkabäus. Natürlich wollte er nur zur Verteidigung der Kirche und seiner Gemeinde kämpfen, und er bemühte sich, auch seinen Leuten den gleichen Geist einzuhauchen, indem er in der Versorgung des Heeres ein Beispiel der Rechtschaffenheit und Gewissenhaftigkeit gab. Als in der Not viele seiner Vasallen ihn verließen, da nahm er, als Krieger Christi nur mit geistlichen Waffen bewehrt und als Eiferer der Frömmigkeit und Gerechtigkeit dem Mathathias gleich, einer kleinen Gruppe von Rittern einen neuen Eid ab, mit dem er sie sich und der Kirche besonders verpflichtete: zum erstenmal tritt hier der Gedanke einer kirchlichen Sondertruppe auf, wie er später so wichtig wurde[38]. Dabei hatte Waso volles Verständnis für die Ehre des Krieges. Dem französischen König, der in Abwesenheit Heinrichs III. in Deutschland einfallen wollte, schrieb er, er solle wenigstens die Rückkehr des Kaisers abwarten und erst dann als tapferer Mann ehrenhaft den Krieg beginnen[39].

---

[38] Arnulf von Lüttich, Gesta episc. Leod. c. 54–56, MG. SS. VII 221 bis 223. Vgl. Huysmans, Wazo S. 73 f. Über Arnulfs Auffassung vom Kriege sind auch c. 7 und 19 S. 194 und 199 zu vergleichen.

[39] Arnulf c. 61, MG. SS. VII 226: *si quid fortiter, si quid potenter contra nos animo vestro sedet actitandum, expectetur reditus regis nostri, ut quid expediat, tunc a vobis fiat decentius.*

Mehr noch als alle diese Männer haben später die Reformpäpste seit Leo IX. auf die Ethik des Rittertums einzuwirken gesucht; davon wird noch zu reden sein, und die Verbundenheit zwischen den verschiedenen Reformtendenzen wird dadurch in ihrer vollen Breite deutlich werden. Es ging dabei im Kerne um eine vertiefte Durchdringung der Welt mit den sittlichen Grundsätzen der Kirche, also um eine neue Stufe in der Verchristlichung der Gesellschaft. Hatte sich die Kirche im frühen Mittelalter gegenüber der germanischen Bevölkerung auf ethischem Gebiet mit einer Christianisierung des Staates und gewissen Ergänzungen und Bereicherungen der vorchristlichen Sittlichkeit begnügt, so erstrebte sie jetzt eine tieferdringende Erneuerung und Umwandlung der unchristlichen Elemente des übernommenen Ethos[40]. Man könnte also die Kirchenreform des 11. Jahrhunderts dahin charakterisieren, daß neben dem Mönchtum und der Papst- und Bischofskirche drittens auch das laikale Rittertum reformiert wurde. Nur gab es für das letztere keinen bestimmten Kreis von Reformern, wie ihn Cluny einerseits, die Gruppe um Gregor VII. anderseits darstellen, sondern es handelt sich nur um eine gleichmäßig neben den andern herlaufende Tendenz.

Lenken wir von hier aus zurück zu unserem Ausgangspunkt, dem Gottesfrieden, so erscheint auch dieser als ein Glied der gleichen Kette. Wer die Schilderungen des Rudolf Glaber liest, wird geneigt sein, den Gottesfrieden als erste religiöse Volksbewegung des Mittelalters zu betrachten[41]. Trotz der äußeren Bedingtheit durch die Verfassungsentwicklung verkörpert auch er eine sittliche Reformtendenz. Das findet seine Bestätigung in der Tatsache, daß auf den Friedenskonzilien auch noch andere Bestrebungen reformerischer Art zur Geltung kamen[42]. Hand in Hand mit der Friedensbewegung ging ferner ein Aufschwung des Reliquienkultes, der auf den Konzilien eine große Rolle spielte; gelegentlich kamen dazu aus besonderer Devotion noch spezielle Fastenbeschlüsse[43]. Ebenso hängt die Ausbildung des örtlichen Interdikts eng mit der Friedensbewegung

40 Vgl. Neckel, Zeitschr. f. deut. Alt. LVIII 238.

41 Vgl. auch Mackinney, Speculum V 181–206.

42 Ich sehe ab von Fällen (wie z. B. dem Konzil von Poitiers, das neben den Friedensbestimmungen noch ein Verbot simonistischer Handlungen und eine Erneuerung der Zölibatsvorschrift erlassen hat, Mansi XIX 268), wo auch Sätze der rein klerikalen Reform auf einer Friedenssynode verkündet wurden.

43 Vgl. z. B. Raoul Glaber IV c. 5 S. 103 f.; über die Reliquien auch Mackinney, Speculum V 185 ff.

zusammen[44], ein Zeichen dafür, daß die Kirche hier zum erstenmal auf eine unmittelbare Beeinflussung der Maßen ausging, wie sie sie in den folgenden Jahrhunderten oft und mit nachhaltiger Wirkung ausgeübt hat. Es scheint sogar, daß die Friedenssatzungen manchmal auch ablaßähnliche Bestimmungen enthalten haben, daß wir eine Art Friedensablaß als unmittelbare Vorstufe des Kreuzzugsablasses annehmen müssen[45]. In allen diesen Einzelheiten zeigt sich die gleiche Reformrichtung: eine Ausdehnung der kirchlichen Wirkungssphäre innerhalb des Laientums.

Es ist nicht einfach, aber reizvoll, schon in der Anfangsperiode, also der Zeit vom Ende des 10. bis zur Mitte des 11. Jahrhunderts, die Niederschläge der geistigen Wandlung in der Stellung der Kirche zu Krieg und Kriegerberuf in den Quellen selbst zu verfolgen. Wir müssen dafür wiederum etwas ausholen.

Eine Annäherung der Kirche an den Krieg mußte eine doppelte Seite haben: wenn es sich vor allem um ihre Einwirkung auf das Verhalten der Laienkrieger handelte, so bedingte diese doch auch eine gewisse Lockerung hinsichtlich des *Verhaltens des Klerus* selbst dem Kriege gegenüber. Schon der Gottesfriede mußte Schwierigkeiten bringen. Denn im allgemeinen, wenn auch nicht ohne Ausnahmen, war die unmittelbare kirchliche Leitung ein wesentliches Merkmal der Friedensbewegung. Die Beteiligung des Klerus an der Friedenswahrung erzeugte begreiflicherweise eine spezifische Problematik, wie sie etwa in den Kämpfen des Erzbischofs Aimo von Bourges stark hervortritt. Andreas von Fleury empfand sie deutlich; sobald das klerikale Heer seine Niederlage erlitt, war er gleich mit der Moral zur Hand, daß darin ein göttliches Gericht läge, weil die Hirten der Herde Gottes zu Gewalttätigen geworden wären[46]. Manche unter den Zeitgenossen gingen in ihrem Urteil noch weiter. Gerhard von Cambrai (gestorben 1048) verweigerte den Eintritt in eine Friedenseinung, da die Kriegfüh-

---

[44] Vgl. Hinschius, Kirchenrecht V. I 19 ff., besonders S. 23; dazu Howland, Report 1899, I 431–448. Nach der Ansicht des letzteren ist das lokale Interdikt als selbständige Institution am Ende des 10. Jahrhunderts in Nordfrankreich entstanden auf Grund der Schwächung der königlichen Gewalt (S. 437, 439). Insofern geht es also der aus der gleichen Lage geborenen Friedensbewegung parallel, verknüpft sich aber mit dieser sehr bald auch unmittelbar (S. 444 ff.).

[45] Vgl. besonders das Konzil von Soissons § 6 und 7 bei Wasserschleben, Zeitschr. d. Sav. f. RG. Germ. XII 114 und Sdralek, Fragmente S.141 (dazu S. 38 f.). Die wichtige Stelle ist in der Literatur über den Ablaß (zuletzt Paulus), soweit ich sehe, nicht benutzt.

[46] Vgl. oben Anm. 17.

rung Sache des Königs sei; der Bischof habe sich vom Kriege fernzuhalten und lediglich den König dazu zu ermahnen und für den Sieg zu beten[47].

Solche Bedenken zeigen, daß die Männer der Kirche sich einer zunächst von außen kommenden Entwicklung gegenübersahen und sich über ihre Stellung dazu nicht einig waren. Blieb doch auch die Vorschrift, daß Kleriker nicht die Waffen führen dürften, grundsätzlich stets in Geltung; sie wurde immer noch gelegentlich neu eingeschärft[48]. Zuwiderhandlungen scheinen, auch abgesehen von den Friedenskriegen, damals so gut wie früher nicht selten gewesen zu sein, sind aber für die Entwicklung ohne Belang; denn nicht einem Nachlassen der Disziplin gehörte die Zukunft, sondern den vertieften und verstärkten religiösen Kräften. Wichtig ist vielmehr, wie man gerade vom Standpunkt kirchlicher Frömmigkeit aus über das Verhalten des Klerus dem Kriege gegenüber dachte. Darüber hat man in jener Zeit charakteristischerweise nicht selten Betrachtungen angestellt, die recht aufschlußreich sind. Wir können uns auf einige Beispiele beschränken.

Noch schroff ablehnend stand Fulbert von Chartres (gestorben 1029) jeder Berührung mit dem Kriege gegenüber. In einem langen Briefe wettert er gegen solche Bischöfe, die Kriege oder Fehden organisieren und, wenn auch nicht selbst Waffen tragen, so doch Söldner anwerben und sich mit Truppen umgeben; das seien keine Bischöfe, sondern Tyrannen, da die Kirche nur das geistliche Schwert führe. Er läßt auch nicht die Entschuldigung gelten, daß es sich um einen Krieg in gerechter Sache handle, den man nur gezwungen führe, daß man von den Feinden bedrängt werde und ohne einen Krieg nicht zur Freiheit gelangen könne. Auch dann sollte ein Bischof sich nur mit Geduld und Gebet wehren. Ja, Fulbert geht noch weiter und verweist auf den heiligen Martin, der noch vor der Erlangung des klerikalen Ordo als Streiter Christi den Kriegsdienst verweigerte; so solle jeder, der einmal begonnen habe Christus zu dienen, sich vom Kriege fernhalten. Denn nur der weltliche Fürst habe das Recht des Schwertes zur Niederhaltung der Bösen; dem Klerus jedenfalls sei jede Teilnahme am Kriege, auch in gerechter Sache, verboten[49]. In diesen Worten, die eine

[47] Gesta episc. Camerac. c. 27 und 52, MG. SS. VII 474 und 485.

[48] Liber mirac. s. Fidis I c. 26 S. 68; Wipo S. 54 (über den Tod des Bischofs von Asti in der Schlacht: *indigna statione);* Leo IX. auf dem Reimser Konzil von 1049, Migne 142, 1437.

[49] Fulbert ep. 112, Migne 141, 235 f.; vgl. auch ep. 97 und 121, ebd. 248 und 268.

scharfe Verurteilung auch mancher späterer Päpste wie etwa Leos IX., Gregors VII. oder Gregors IX. bedeuten, tritt noch einmal eine glatte Ablehnung des Krieges zutage; wären solche Anschauungen herrschend geblieben, es hätte kein Kreuzzugszeitalter geben können.

In scharfem Gegensatz dazu stehen Äußerungen von Fulberts Zeitgenossen Bernard von Angers, der im zweiten Jahrzehnt des 11. Jahrhunderts schrieb. Er schilderte einen Prior zu Conques, der regelmäßig gegen alle Angreifer und Friedensstörer ins Feld zog, selbst seine Leute anführte, die Waffen stets gleich in seiner Zelle hielt, alle Feigheit als unwürdig von sich wies und den Kampf gegen schlechte Christen für seine Pflicht erklärte. Bernard beschäftigt sich ausführlich mit dieser Figur und gibt zu, daß die bewaffnete Kriegführung für den Prior eigentlich unerlaubt gewesen wäre, aber er erklärt das in diesem Falle mehr für eine Tugend als für einen Bruch der Regel. Denn der Prior habe nur aus Eifer für Gott, zur Verteidigung der Guten und zum Schutze seines Klosters gekämpft; faule Mönche sollten lieber ebenso handeln als nach außen einen ehrbaren klösterlichen Wandel zeigen und dabei innerlich böse sein. Gegen Bösewichter zu kämpfen, sei für Diener Gottes jeglichen Standes kein Verbrechen, und für etwaigen Totschlag im Kriege brauche auch der Mönch in solchem Falle keine andere Buße zu tun als David für die Erschlagung des Philisters[50]. Bernard weiß also das kriegerische Verhalten des Priors nur zu loben und erzählt, daß Gott selbst durch seine Hand gekämpft, oft durch Wunder geholfen und ihn gleichsam zum Schutzengel bestimmt habe. In solchen Anschauungen liegt bereits das spätere Ideal des geistlichen Ordensritters beschlossen: der Krieg in guter Sache wird nicht nur schlechthin als Gottesdienst des Laien, sondern geradezu als Mönchswerk bewertet.

Zwischen den konträren Gegensätzen, wie sie in den Anschauungen Fulberts und Bernards zutage treten, gab es natürlich mancherlei Übergänge. Eine widerspruchsvolle Stellung nimmt der um die Mitte des 11. Jahrhunderts schreibende Biograph des Bischofs Balderich von Lüttich ein. Er preist die Kämpfe Balderichs gegen den Grafen von Löwen mit starken Worten, da sie zum Heile des Kirchenvolkes dienen sollten. Aber der Bischof muß sich, als er eine Niederlage erlitten hat, doch sagen lassen, daß die Heerführung durch einen Priester eine schwere

50 Liber mirac. s. Fidis I c. 26 S. 66 ff. Bei der Buße Davids ist wohl auf das Verbot des Tempelbaus angespielt, vgl. 1. Paral. 28, 3.

Sünde sei und daß er mit dem Gebet, nicht mit dem Schwert zu kämpfen habe[51]. Besser durchdacht sind die Anschauungen Thangmars von Hildesheim, der in seiner Biographie des Bischofs Bernward (um 1023) deutlich zwischen den verschiedenen Kriegen unterscheidet. Wenn der Bischof gegen die heidnischen Dänen, die die Christen dauernd beunruhigen, Krieg führt und Burgen baut, dann feiert Thangmar ihn als guten Hirten nach Christi Vorbild. Handelt es sich aber um den Kampf Ottos III. gegen die aufständischen Römer, dann macht er Vorbehalte: er schildert zwar ohne Tadel, daß Bernward als Fahnenträger mit der heiligen Konstantinslanze dem Heere des Kaisers vorangeschritten sei, läßt ihn aber dabei doch im Herzen Gott um Frieden bitten. Ganz kurz schließlich setzt er sich darüber hinweg, wenn Bernward den Kaiser auf einem Zug gegen Frankreich begleitet: dort habe der Bischof dem Kaiser gegeben, was des Kaisers war[52]. Es kam Thangmar also auf die Art und den Zweck des jeweiligen Krieges an; davon ließ er es abhängig sein, ob er die Kriegstaten des Bischofs lobte oder entschuldigte.

Die angeführten Beispiele legen Zeugnis dafür ab, daß die Anschauungen über die Stellung des Klerus zum Kriege in Fluß gekommen waren und daß die kirchliche Doktrin an diesem Punkte nicht einheitlich war. Vielleicht lag der Unterschied gegenüber der vorhergehenden Zeit im Grunde nur in einer stärkeren Aufwühlung des Bodens; doch wäre auch das schon wichtig genug. Das Hauptgewicht allerdings liegt auf der andern Seite; es kam vor allem darauf an, welche Einwirkungen auf den *Kriegerstand* ausgeübt wurden, wieweit der Kriegerberuf selbst verkirchlicht wurde. Auch darüber geben uns die Quellen schon in der Frühzeit einige Auskunft.

Freilich das theoretische Schrifttum der Zeit, in dem man zunächst Auskunft suchen möchte, läßt auf diesem Gebiet überhaupt im Stich; in grundsätzlicher Beziehung enthalten erst die Streitschriften der Investiturstreitzeit den Ausdruck der neuen ethischen Anschauungen. Bis dahin wurde man sich des werdenden Neuen nicht bewußt: die Theorie des heiligen Krieges ist der tatsächlichen Ausbildung erst nachgefolgt. Zunächst blieben sogar die alten Vorschriften über die Buße für Tötung im Kriege in Kraft; Fulbert von Chartres hat sie bei-

51 Vita Balderici ep. Leodiensis c. 7–10, 16, MG. SS. IV 727 f., 730. Vgl. die einschränkende Bemerkung in c. 2 S. 725.

52 Thangmar, Vita Bernwardi episc. Hildesheimensis c. 7, 24 und 41, MG. SS. IV 760 f., 770, 776.

behalten[53], und der einflußreichste kanonistische Sammler jener Zeit, Burchard von Worms (gestorben 1025), hat dafür sogar die ausführliche Begründung des Hrabanus Maurus in sein Werk aufgenommen[54]. Danach war die Meinung, daß der Totschlag in dem vom Fürsten befohlenen Kriege erlaubt und keine Buße dafür nötig sei, zu verwerfen; als Motiv der Kriegführung wurde beim einzelnen Soldaten die Habsucht oder das Werben um die Gunst des weltlichen Herrn vorausgesetzt, und die Tötung im Kriege, da nicht unabsichtlich geschehen, galt als Handlung gegen Gottes Gebot, ungeachtet des ausdrücklich anerkannten Unterschiedes zwischen dem legitimen Fürsten, der das Recht mit den Waffen verteidigte, und dem aufrührerischen Tyrannen, der den christlichen Frieden brach. In Übereinstimmung mit diesem Räsonnement bringt Burchard an anderer Stelle die Bestimmung: wer im Kriege auf Befehl eines rechtmäßigen Fürsten, der für den Frieden kämpft, einen Tyrannen erschlägt, erhält eine Buße von dreimal 40 Tagen; wer es ohne Befehl tut, hat wie ein Mörder zu büßen[55]. Unverändert bestand danach die alte Inkongruenz: der gerechte Krieg wurde als solcher anerkannt und der Fürst, der ihn führte, für untadelhaft gehalten, der Krieger aber, der sich an ihm beteiligte, wurde bestraft.

Nicht also in der Kirchenlehre dürfen wir die ersten Äußerungen des neuen Geistes suchen. Um die Bewegung an ihrem Ursprung zu erfassen, muß man auf Umwegen und vorsichtig tastend vogehen, sich an die Wirkungen und Reflexe halten und aus ihnen Rückschlüsse ziehen. Aufschlußreich sind die Formen des Kriegerlebens und daneben auch die des kirchlichen Kultes, die wir sowohl in der eigentlichen Liturgie wie in der populären Heiligenverehrung erkennen können.

Schon für das frühere Mittelalter zeigten uns die *liturgischen* Texte einige Ansätze zu einem heiligen Kriege, zugleich aber auch die starke Begrenzung dieser Idee durch das Vorherrschen des defensiven Geistes in der Kirche und durch

---

53 Fulbert, De peccatis capitalibus, Migne 141, 339.

54 Burchard, Decret VI c. 23, Migne 140, 770. Als Quelle gibt Burchard fälschlich ein Mainzer Konzil an, während es Hrabanus Maurus, MG. Ep. V 464 (ebenso im Poenitentiale Hrabani c. 4, Migne 110, 471) ist. Görris, Denkbeelden S. 14 f. hielt Burchard selbst für den Verfasser, und seine Interpretation ging gänzlich fehl. Der Satz über „diejenigen, die aus Habsucht ... absichtlich töten", kann nicht als eine Einschränkung verstanden werden, sondern enthält eine generelle Charakterisierung der Soldaten.

55 Burchard XIX c. 5, Migne 140, 952. Die Strafe beträgt das Dreifache des in den älteren Bußbüchern Üblichen.

die enge Verknüpfung mit Staat und Königtum. Ein Gebet in Kriegszeiten enthielt im allgemeinen entweder nur die Bitte um Frieden für die Gemeinde, oder es war identisch mit einem Gebet für den Staat und seine Beherrscher; religiöse Kampfesantriebe für den Krieger mußten dabei noch im Hintergrund bleiben[56]. Solcher Art ist auch die frühmittelalterliche *benedictio in tempore belli,* die mit gelasianischen Kriegsmessen textlich weithin übereinstimmt und wie diese noch ganz vom Standpunkt der friedebedürftigen Gemeinde gesprochen ist[57]. Seit dem 10. Jahrhundert dringt aber gerade auf dem verhältnismäßig beweglichen Gebiet der Benediktionen ein neuer Typ durch, der ein Zurücktreten der einschränkenden Vorstellungen offenbart: Segenssprüche, die unmittelbar das in den Krieg ziehende Heer betreffen und diesem den Sieg bringen sollen[58]. So heißt es etwa in einer *benedictio quando ad bellum contra hostes proficiscitur:* „Gott schenke euch die Gnade seines Segens und gewähre euch die Sicherheit seines Schutzes. Hilfe und Sieg erteile er euch und löse die Bande aller eurer Sünden."[59] Oder es werden bei Kriegsbeginn die Waffen des Heeres gesegnet, damit sie siegreich seien[60]. Noch deutlicher zeigt solche Gedanken eine *oratio pro exercitu,* die zwar textlich auf eine schon im 8. Jahrhundert vereinzelt auftretende Kriegsmesse zurückgeht, aber erst seit etwa der Jahrtausendwende selbständig vorkommt und weite Verbreitung findet: „Gewähre, Herr, unserem Heere die Hilfe Deines Mitleids, und wie Du Israel schütztest beim Auszug aus Ägypten, so sende Deinem Volke, das in die Schlacht zieht, den Engel des Lichts, der es Tag und Nacht vor allem Unglück verteidige. Mühelos sei sein Marsch, furchtlos seine Bahn, unerschrocken sein Mut, aufrecht sein Kampfeswille, und nach dem Siege durch die Führung Deines Engels gebe es nicht seiner Kraft die Ehre, sondern sage Dank für den Triumph dem siegreichen Christus, der durch Demut am Kreuz triumphierte."[61] Hier fehlt jeder Hinweis auf den König ebenso

---

56 Vgl. oben S. 38 f.

57 Exkurs I Abschnitt 1.

58 Gleichen Charakters ist schon im 7. Jahrhundert der westgotische Ordo für den Auszug des Heeres, der jedoch eng mit der Person des Königs verknüpft bleibt und im übrigen abseits steht, vgl. oben S. 47.

59 Exkurs I Abschnitt 3. Doch enthält diese Benediktion noch einen dritten Satz mit dem althergebrachten Gedanken des Kirchenfriedens.

60 Exkurs I Abschnitt 5.

61 Exkurs I Abschnitt 7 (die obenstehende Übersetzung ist etwas gekürzt).

wie auf den Frieden der Kirche; der Krieg selbst ist schon geheiligt, das Heer ist Träger des göttlichen Wirkens.

Weniger aufschlußreich sind die Meßgebete der Sakramentare, bei denen man äußerst konservativ blieb und kaum mehr neue Orationen erdachte. Immerhin aber verraten auch diese Texte gelegentlich eine entsprechende Entwicklung wie die Benediktionen. So kam es etwa vor, daß an Stellen, wo die ältere Zeit für den König oder Herrscher und höchstens neben ihm noch für das Heer gebetet hatte, die Erwähnung des Königs verschwand und gegebenenfalls durch die der Krieger ersetzt wurde[62]. Der Ritter wurde gleichsam mündig in seiner eigenen Stellung in der Kirche. Am deutlichsten wird das in einer im 10. Jahrhundert auftretenden *oratio super militantes.* „Gott, Quell der Ewigkeit, Herr alles Guten und Besieger aller Feinde, segne diese Deine Diener, die vor Dir ihre Häupter neigen, und gieße Deine stete Gnade über sie aus! In der Ritterschaft, in der sie erprobt sind, bewahre sie in Gesundheit und Glück, und wo sie Deine Hilfe anrufen, stehe ihnen alsbald bei, beschütze und verteidige sie!"[63] Diese Oration spricht vom Ritter in einer Weise wie ältere Gebete vom König, und sie kommt auch tatsächlich mit geringen Abweichungen in verschiedenen Königskrönungs-Ordines vor. Sie bezieht sich nicht auf einen bestimmten Krieg, sondern auf das ganze Leben des Ritters und auf seinen Beruf, die *militia,* und verweist sogar auf die Erprobung in diesem Beruf; danach ist es wahrscheinlich, daß sie im Zusammenhang mit solcher Erprobung, also mit der Aufnahme in den Kreis der Ritter, gesprochen wurde.

Denn gerade die Sitten der Wehrhaftmachung bieten uns weitere Anhaltspunkte[64]. Die ursprüngliche Form der Mannbarerklärung des jungen Kriegers war die weltliche *Schwertleite,* die Umgürtung des Jünglings mit dem Schwert durch den Vater oder seinen Stellvertreter. Dieser Brauch hat seine Bedeutung

---

62 Das Gebet *Sempiterna trinitas,* so wie es im Sacramentaire d'Angoulême Bl. 167 n. 2307 steht, hat die Worte: *da victoriam ... regi ill.* Im Leofric-Missale (10. Jahrhundert) S. 185 f. ist das Gebet umgeformt: *da victoriam servis tuis.* Ähnlich hat das Pontifical of Egbert S.131 in der Formel *Deus in te sperantium* die Worte: *Romani imperii (nostri) auxiliare militibus,* wo es im Gelasian Sacramentary S. 275 geheißen hatte: *Romani imperii adesto rectoribus.*

63 Exkurs I Abschnitt 2.

64 Zum folgenden Erben, Zeitschr. f. hist. Waff. VIII 105–168. Mit Vorsicht zu benutzen ist Reynaud, Origines I 79 ff., 511 f., der infolge Unkenntnis des Materials den Ursprung der christlichen Ritterweihe in Frankreich sucht. Die Dissertationen von Treis und Maßmann kommen für uns noch nicht in Frage, da sie nur die spätere Zeit behandeln.

zwar in späterer Zeit (seit dem 12. Jahrhundert) von der Wehrhaftmachung in eine Standeserhöhung verändert, seine Form aber bis ins spätere Mittelalter behalten und seinen Platz erst allmählich an den Ritterschlag abgegeben. Er hat aller Wahrscheinlichkeit nach schon in vorchristlicher Zeit einen sakralen Charakter gehabt, wie er den Sitten der Mannbarerklärung in vielen Religionen zukam. Die Kirche hat aber im Frühmittelalter noch kein christliches Korrelat dafür geschaffen, sondern sich argwöhnisch zurückgehalten. Ihr galt es als eine entsetzliche Sünde, das Schwert in heidnischer Weise für heilig zu halten. Aimoin von Fleury erzählt von einem Ritter in Reims, der sein Schwert auf den Altar des heiligen Benedikt legte und es für heiliger als das Mauerwerk des Altars erklärte, und der dafür von Gott am selben Tage mit dem Tode bestraft wurde[65]. Aber bei dieser nur negierenden Haltung der Kirche ist es nicht geblieben. Die Schwertleite als weltlicher Brauch ist zwar nicht eigentlich beseitigt worden, aber sie blieb nicht allein; es entstand daneben die Sitte, daß vor oder bei der Umgürtung das Schwert sowohl wie der Krieger vom Priester im Rahmen einer liturgischen Handlung gesegnet wurden. Der Benediktionstext, der von diesem Brauch zeugt[66], findet sich zuerst in einer Gruppe von Pontifikalien deutschen Ursprungs, die in der zweiten Hälfte des 10. Jahrhunderts entstanden sind und im 11. Jahrhundert vor allem in Deutschland, aber auch in Italien und Frankreich verbreitet waren. Die Benediktion, die man heute meist „Ritterweihe" nennt, tritt in der Form eines Schwertsegens auf und wird in den Überschriften der Handschriften auch als solcher bezeichnet. Der Priester weiht vor allem das Schwert: „Erhöre, Herr, unsere Bitten und segne mit der Hand Deiner Majestät dies Schwert, mit dem dieser Dein Knecht N. umgürtet zu werden wünscht, damit es Verteidigung und Schutz sei für Kirchen, Witwen und Waisen, für alle Diener Gottes gegen das Wüten der Heiden, und den Gegnern Angst und Schrecken einflöße." Es folgen kürzere Segenssprüche für den Ritter, der unter Gottes Schutz stehen soll[67]. Ob der Priester selbst an Stelle des Vaters auch die Umgürtung ausführte, sagt der Text nicht[68], doch wird in der Formel

[65] Miracles de St. Benoît II c. 6 S. 106.

[66] Exkurs I Abschnitt 6.

[67] Der erste und dritte Absatz enthalten eine Weihe des Schwertes, der zweite und vierte eine Segnung des Ritters.

[68] Gerhoh von Reichersberg bezeugt uns ausdrücklich das Gegenteil, MG. Libelli III 345 f.

wiederholt der Umgürtung Erwähnung getan, und der liturgische Akt bezieht sich deshalb unmittelbar auf die Schwertleite. Dem Sinne nach ist damit die Wehrhaftmachung selbst zu einem kirchlichen Weiheakt geworden und der Beruf des Kriegers unter kirchliches Patronat gestellt.

Die in diesem Texte ausgesprochene Zwecksetzung für den Gebrauch des Schwertes ist nicht etwa an die Stelle einer älteren weltlich-kriegerischen Ermahnung getreten. Solche Ermahnungen wie etwa das französische „sois preux" kennen wir erst aus wesentlich späterer Zeit[69]. Ebensowenig aber sind jene ethischen Forderungen des Schutzes der Kirchen, Witwen und Waisen und der Verteidigung der Christen gegen die Heiden für die Ritterweihe neu aufgestellt worden. Sie finden sich vielmehr vollständig wieder in den liturgischen Formeln, die bei der Königskrönung, und zwar gerade bei der Überreichung des Schwertes an den König, im Gebrauch waren und die wir in diesem Zusammenhang in denselben Pontifikalien finden, die den Schwertsegen enthalten. Für die Segnung des Ritters ist sogar im Wortlaut eine alte Votivmesse für den König benutzt, die schon im gelasianischen Sakramentar und als Messe für den Kaiser ebenfalls in den genannten Pontifikalien steht. Es kann also kein Zweifel sein, woher dieses Gedankengut stammt: die Ritterweihe entspricht der kirchlichen Krönung und enthält eine *Übertragung* der früher nur für den Herrscher geltenden kirchlich-ethischen Vorstellungen auf den einzelnen Ritter. Wenn der König durch die Krönungsriten gleichsam eine Mittelstellung zwischen Klerus und Volk erhielt[70], so gilt das in gewisser Weise auch für den Ritter, wenn auch natürlich in stark abgeschwächtem Maße. Gerade die Übertragung der ethischen Forderungen vom Herrscher auf den einzelnen Krieger, vom Staat auf das Kriegerhandwerk als solches, ist das entscheidende Moment und derjenige Schritt, den die Kirche vollziehen mußte, um die Kluft, die sie trotz allem noch vom Kriege trennte, zu überspannen und den Kriegerstand in ihr weltdurchdringendes Wirken einzubeziehen.

Doch darf man die Bedeutung dieser Benediktionen nicht überschätzen; schon die Tatsache, daß der Schwertsegen in der handschriftlichen Überlieferung etwa auf eine Benediktion für Fischnetze folgt[71], wird davor warnen. In

---

69 S. die Stellen aus den Chansons de gestes bei Flach, Origines II 568; vgl. auch Gautier, Chevalerie S. 290 f. Anm. 3.

70 Vgl. Eichmann, Sitzungsber. München 1928 n. 6 S. 58.

71 So in der Handschrift Rom Vallicell. D 5.

der Form war der Schwertsegen eine gewöhnliche Sach-Benediktion, woran die auch in andern Fällen vorkommende Segnung des Trägers der geweihten Sache nichts ändert. Noch ausgesprochener gilt das von dem gleichzeitig auftretenden, uns schon bekannten Fahnensegen, der sich lediglich auf das Feldzeichen als Sache bezieht und mit der Schwertleite ursprünglich in keinem Zusammenhang steht. Immerhin schließt auch er sich im Wortlaut an Gebete des Rituals für die Königskrönung an[72]. Schon frühzeitig setzt außerdem die Tendenz ein, den Schwertsegen als Sach-Benediktion durch eine in erster Linie auf den Krieger bezogene eigentliche Ritterweihe zu ersetzen. Bereits im 11. Jahrhundert (wo nicht gar schon am Ende des 10.) findet sich ein regelrechter Ordo für die Bewaffnung eines Kirchenverteidigers oder andern Ritters. Es ist ein unter Verwendung des Schwert- und Fahnensegens reicher ausgestaltetes Ritual: der Bischof verleiht Fahne, Lanze, Schwert und Schild und segnet den Ritter selbst mehrfach, bereits mit Berufung auf die Krieger-Heiligen Mauritius, Sebastian und Georg. Darin kündigt sich die Gedankenwelt des späteren halbgeistlichen Rittertums an.

Weitere Spuren in jener Richtung finden wir in erster Linie in der hagiographischen Literatur. Der Heiligenkult hat im 11. Jahrhundert einen neuen Aufschwung genommen und seinen Niederschlag in einer großen Zahl von Heiligenlegenden gefunden, die zwar als berichtende Geschichtsquellen meist von geringem Werte und deshalb kaum gekannt sind, aber über die herrschenden sittlichen Anschauungen besser Auskunft geben als irgendeine andere Quelle.

Obenan steht hier ein Werk, das sogar schon vor der Mitte des 10. Jahrhunderts geschrieben ist, aber von da aus in die Zukunft weist: die Vita des heiligen Gerhard von Aurillac, die den eigentlichen Begründer der cluniazensischen Reform, Odo von Cluny, zum Verfasser hat[73]. Denn in dieser Schrift tritt uns ein neues und bedeutsames *Heiligenideal* entgegen. In der älteren abendländischen Hagiographie herrscht fast ausschließlich der klerikale oder mönchische Heiligentyp: abgesehen von den Märtyrerlegenden kannte man kaum andere Heilige als Bischöfe, Klostergründer und Asketen. Demgegenüber bedeutet Odos Schrift etwas völlig Neues. Er suchte über die Erneuerung des Mönchslebens hinaus auch die Seelen der Laien, insbesondere der Aristokratie, aus deren Kreisen er selbst stammte, zu gewinnen und schrieb für sie jenes Werk,

---

72 Exkurs I Abschnitt 6 (auch zum Folgenden).

73 Odo, Vita s. Geraldi Aureliacensis comitis, Migne 133, 639 ff.; zum folgenden besonders lib. I c. 5–8 col. 645 ff. über Odo vgl. Hessel, HZ. 128, 18 f.

um zu beweisen, daß auch ein Laie und ritterlicher Herr ein heiliges Leben führen könne. Er hat dabei zwar noch mit starken Hemmungen zu kämpfen. Denn er bestreitet nicht, daß Krieg und *religio* an sich Gegensätze seien, und namentlich Blutvergießen erscheint auch ihm mit Heiligkeit nicht vereinbar. Sein Ritter Gerhard kämpft deshalb stets mit umgekehrten Waffen, so daß er nie jemand verwundet und nur durch göttliches Wunder immer siegreich ist. Das eigentliche Verdienst des Heiligen besteht außerdem nicht in frommen Rittertaten, sondern ganz nach Mönchsart in Askese und Caritas[74]; ja er ist überhaupt selbst ein halber Mönch, dem ganzen Kriegerleben von Natur abgeneigt, und bleibt nur zum Schein in der Welt leben. Einen heiligen Krieg kennt Odos Ethik also noch nicht. Dennoch aber enthalten seine Anschauungen zukunftskräftige Elemente jener neuen Konzeption, die auf Versittlichung des Ritterlebens hinausläuft. Obgleich er seinen Helden, den Grafen Gerhard, nicht etwa als gottgesalbten Herrscher auffaßt, sondern als einfachen Ritter, bezieht er doch die kriegerische Tätigkeit schon ganz auf ethische oder religiöse Zwecke. Er erkennt die praktische Notwendigkeit des Kämpfens an: nicht etwa bloß Rachsucht, Ehrgeiz und Eroberungsgier können zum Ergreifen der Waffen veranlassen, sondern auch die Fürsorge für die Armen und Schwachen, die gegen die Übergriffe der Mächtigen zu schützen sind. Nur in diesem Sinne läßt er den heiligen Gerhard kämpfen; er nennt es: für Gottes Sache kämpfen, und schließt daran die Mahnung: wer die Waffen ergreift, der suche dabei nach dem Beispiel des Heiligen nicht den eigenen Vorteil, sondern den allgemeinen. Damit ist die Einbeziehung des Kriegertums in die sittliche Zielsetzung der Kirche im Ansatz schon vollzogen.

Odo gehörte freilich zu den Großen, die ihrer Zeit vorauseilen. Die Vorstellung, daß ein Ritter als solcher die volle Heiligkeit erreichen könne, blieb nach ihm noch durch Generationen hindurch unerhört. Weniger gewagt war es, wenn Abbo von Fleury – auch er ein repräsentativer Vertreter des Cluniazensertums – ein halbes Jahrhundert später in seiner Vita des heiligen Edmund einen Laienfürsten zum Gegenstand einer Heiligenbiographie wählte; denn ein gesalbtes Haupt stand ja in engerer Beziehung zur Kirche als ein einfacher Ritter. Doch ist Abbos Werk, von dem wir in der Einleitung sprachen, noch mehr als das Odos ein Beispiel für die Gebrochenheit und Gegensätzlichkeit der

---

[74] *Disciplinatum vivendi modum et opera misericordiae* (Präfatio der Vita, Migne 133, 642).

kirchlichen Kriegsethik[75]. Auch finden sich aus jener Zeit manche Heiligenviten, die dem Gedanken eines frommen Rittertums noch keinerlei Verständnis entgegenbringen[76]. Charakteristisch ist auch Helgauds Lebensbeschreibung des Königs Robert des Frommen, die aus Fleury, dem Kloster Abbos, hervorgegangen und nach ihrer ganzen Art durchaus als hagiographisches Werk anzusehen ist, aber gegen Abbos Edmund-Vita einen weiteren Rückschritt darstellt[77]. Sie spricht absichtlich von Roberts kriegerischer Tätigkeit überhaupt nicht, sondern sieht die Tugenden ihres Helden in Beten, Demutsbezeugungen, Almosen, Kirchengründungen usw. und vermag ihn nur dadurch zu loben, daß sie ihm ein durchaus unritterliches Wesen nachsagt. Ungefähr Ähnliches gilt von solchen Heiligenviten, deren Helden als Klostergründer oder Asketen gefeiert werden, in ihrem Vorleben aber Ritter gewesen waren. In solchen Fällen wird die weltliche *militia* noch durchaus als Gegensatz zur kirchlichen Heiligkeit empfunden; öfters wird hervorgehoben, daß die späteren Heiligen zuerst schon *trotz* ihres Rittertums ein halbgeistliches Leben geführt hätten. Wo gerade dieser Zug aus Odos Gerhard-Vita wieder begegnet, da sucht man doch nach jener anderen Beurteilung, die die Kriegstätigkeit selbst einer kirchlich-sittlichen Zwecksetzung unterordnet, im allgemeinen vergeblich[78].

---

75 Vgl. über Abbo oben S. 41 f. Zu nennen wäre auch das Urteil Dudos von St. Quentin über den Herzog Richard von der Normandie, Migne 141, 751 ff. Dudo sieht in Richard durchaus den Fürsten, nicht einen einfachen Ritter, und preist ihn heilig wegen seiner Regententugenden, darunter auch der Heidenbekämpfung. Auch Dudo war ein Anhänger der mönchischen Reform (vgl. col. 752, 754); doch will sein Werk als Geschichtserzählung, nicht als Heiligenlegende gewertet sein.

76 So die Passio s. Venzeslai des Laurentius von Montecassino bei Dudik, Iter I 304ff.; vgl. Manitius II 304 ff.

77 Helgaldi epitoma vitae regis Rotberti Pii, RHF. X 98 ff., vgl. Manitius II 367 ff.; zum folgenden besonders c. 20 S. 108 und c. 32 S. 117.

78 Vgl. Adso, Vita s. Basoli c. 7, Migne 137, 647; Onulf und Everhelm, Vita b. Popponis c. 2, MG. SS. XI 295; Vita Gerardi abb. Broniensis c. 2 f. und 7, MG. SS. XV 656 und 658 (die Tugendschilderung ist hier stark von den Sebastiansakten abhängig); Vita s. Hugonis Aeduensis c. 2 § 7, AS. April II 763. Eine Ausnahme macht Alpert von Metz (wohl 1025), De diversitate temporum I c. 11 f., MG. SS IV 705 f. in seiner Erzählung über den heiligen Bischof Ansfried von Utrecht, der zuvor Graf und Kriegsmann war. Alpert läßt den Heiligen in seiner Laienzeit *ad reprimendam audaciam improborum* oder gegen die *hostes pauperum Christi et viduarum* kämpfen. Immerhin empfindet er die spätere Übernahme des Bischofsamtes durch Ansfried als starken Gegensatz; vgl. auch die Verse c. 13, die das noch mehr betonen.

Für die Beurteilung der Kriegsethik kommt es aber nicht nur auf das Heiligenideal an, sondern auch auf die Vorstellungen von den Wundertaten der glorifizierten Heiligen. Der Glaube, daß die Heiligen ihre Kirchen oder ihre Anhänger gegen Räubereien und kriegerische Angriffe wunderbar verteidigen, war gewiß nicht neu, begann aber etwa seit dem Ende des 10. Jahrhunderts eine größere Rolle zu spielen als vorher. Gerade diejenigen Hagiographen, die sich der Tradition verhältnismäßig unabhängig gegenüberstellten und in ihren Schilderungen eigene Wege gingen wie Aimoin und Andreas von Fleury[79] oder Bernard von Angers und sein Fortsetzer[80], räumten den Verteidigungswundern einen breiten Platz ein. Aber auch bei unbedeutenderen Vertretern der Heiligenliteratur bürgerte sich dieser Typ der Wundergeschichte mehr und mehr ein[81], und ebenso bei Chronisten, die nur gelegentlich der Wundertaten von Heiligen gedenken[82]. Dabei trat der pädagogische Gesichtspunkt manchmal deutlich zutage: die Ritter sollten aus den Wundergeschichten lernen, daß sie die Heiligen und ihren Besitz ebenso wie die Kleriker und Witwen nicht ungestraft verletzen dürften[83].

Freilich hielt sich dies im Prinzip noch ganz im Rahmen älterer Vorstellungen; auf ein spezielles Ritterpatronat darf man daraus noch nicht schließen, und auch eigentlich kriegerische Handlungen werden den Heiligen in jener Zeit kaum öfter nachgesagt als früher[84]. Es finden sich aber doch schon damals An-

79 Miracles de St. Benoît lib. II und III, vgl. Manitius II 239 ff., 331 ff.

80 Liber mirac. s. Fidis, vgl. Manitius II 461 f. (doch hat Manitius die Ausgabe von Bouillet übersehen und kennt deshalb nur einen Teil des Werkes).

81 Man findet ihn bei Letald von Micy (Miracula s. Maximini, Migne 137, 795 ff.), Adso von Montier-en-Der (Miracula s. Waldeberti, MG. SS. XV 1172 ff.), in den Miracula s. Pirmini (MG. SS. XV 31 ff.), bei Theoderich von Fleury (Illatio s. Benedicti bei a Bosco I 224 f.) und Arnold von St. Emmeram (Liber de s. Emmeramo, MG. SS. IV 550 ff); vgl. über diese Autoren Manitius II 426 ff., 306 ff. Dazu noch Miraculum s. Sebastiani, MG. SS. XV 772 f.; Pseudo-Odo, De reversione b. Martini, Migne 133, 823; Sermo de s. Congtantio c. 12, MG. SS. XXX. II 1018 f., und c. 10 S. 1022.

82 Vgl. z. B. Annales Quedlinburgenses a. 1007, MG. SS. III 79; Johannes Diac. in Cronache venez. S. 167; Raoul Glaber II c. 8 (16) S. 43.

83 Vgl. etwa Miracles de St. Benoît II c. 14 S. 116 f.: *aliis exemplum praebuit nec sanctos oportere contemni nec viduarum lacrymas debere esse despectui*; Arnold von St. Emmeram, MG. SS. IV 570: *aliquid huic opusculo inseratur, quo et invasores ecclesiasticarum rerum moneantur.*

84 Vgl. etwa Arnold von St. Emmeram MG. SS. IV 551; Andreas von Fleury, Miracles de St. Benoît V c. 10 S. 189; Miraculum s. Sebastiani, MG. SS. XV 772 f. Interessant ist, daß Bernard von Angers, Liber mirac. s. Fidis I c. 26 S. 68 als Beispiel für die Kriegstat eines Heiligen nichts aus dem Abendland vorzubringen hat, sondern die

sätze einer Fortbildung in der Richtung auf eine besondere kriegerische Heiligenverehrung. Aimoin von Fleury erklärte, daß der heilige Benedikt denen, die ihn glaubensvoll anriefen, „überall und besonders im Kriege" Hilfe leiste[85]. Darin klingt schon leise die Vorstellung eines besonderen Kriegspatronats an, wie es in der Kreuzzugszeit dem heiligen Georg zuerkannt wurde. Arnold von St. Emmeram erklärte vom Kaiser Arnulf von Kärnten, daß dieser sich den heiligen Emmeram zum Patron seines Lebens und seines Reiches erwählt habe, und hat dabei offenbar auch in erster Linie den Schutz im Kriege im Auge[86]. In besonderer Weise stand begreiflicherweise der Kirchenvogt für seine kriegerische Tätigkeit in einem Bundesverhältnis zum Heiligen seiner Kirche. So berichtet Theoderich von Fleury, daß bei einem Normanneneinfall der heilige Benedikt dem Grafen Gistolf, dem Vogt des Klosters Fleury, erschienen sei, seine Feigheit getadelt und ihn ermahnt habe, als starker Kriegsmann zu handeln: er, der Heilige, werde mit ihm sein, ihn schützen und zum Siege führen[87].

Man kann kaum behaupten, daß die angeführten Momente schon ein abgerundetes Bild ergäben: es sind vielfach nur schwache Keime, die lediglich wegen ihrer späteren starken Entwicklung Beachtung verdienen. Von einer ausgebildeten Ethik des heiligen Krieges und einem kirchlichen Rittertum, wie es im Kreuzzugszeitalter bestand, darf man offenbar für die Zeit bis zur Mitte des 11. Jahrhunderts noch nicht sprechen; nur als Ansätze dazu darf man die zusammengestellten Tatsachen und Äußerungen betrachten. Ein reicheres Quellenmaterial würde uns wahrscheinlich noch andere Momente ähnlicher Art zeigen. Doch schon die gemachten Beobachtungen sind von symptomatischer Bedeutung: sie erhellen die ersten Regungen derjenigen Kräfte, denen die Zukunft gehörte, und führen uns an die geschichtlichen Wurzeln der Kreuzzugsidee.

Damit haben wir den Hintergrund gewonnen, der uns die im vorhergehenden Kapitel dargestellte symbolgeschichtliche Entwicklung ideengeschichtlich verständlich macht: das Auftreten und die Verwendungsart der heiligen *Fahnen* in der Zeit um die Jahrtausendwende ist keineswegs ein isoliertes Faktum, sondern

bei Johannes Damacenus berichtete Tötung des Julian Apostata durch den heiligen Mercurius anführt.

85 Miracles de St. Benoît III c. 7 S. 147: *ubique et maxime in bello.* Andreas von Fleury nennt den heiligen Benedikt in einer Schlacht *primicerius certaminis,* ebd. V c. 15 S. 212 f.

86 MG. SS. IV 551.

87 Illatio s. Benedicti bei a Bosco I 225.

das Glied einer Kette gleichzeitiger Erscheinungen, die alle in dieselbe Richtung weisen und eine bestimmte Stufe im Werden des Kreuzzugsgedankens kennzeichnen. Wir können sogar sagen, daß die heilige Fahne als Symbol des heiligen Krieges das hervorstechendste Moment in jener ganzen Entwicklung ist; wir gaben ihr deshalb im Rahmen der vorliegenden Studien eine Sonderstellung. Aber gerade in ihrer Verknüpfung mit anderen Momenten liegt ihre Bedeutung.

Insbesondere gehört die Fahne eng zusammen mit einem andern kriegerischen Symbol: dem *Schlachtruf.* Der religiöse Kriegsruf an sich war keine Neuerung; schon im 9. und 10. Jahrhundert kam es in Deutschland vor, daß in der Schlacht „Kyrieleison" gerufen wurde[88]. Eine spezifische Bedeutung erhielt nun die Anrufung eines bestimmten Heiligen, den man zum besonderen Beschützer für eine Schlacht erwählt hatte: sie wurde geradezu zum Schlachtruf. Aimoin von Fleury erzählt uns von einer Schlacht, die zur Verteidigung der Besitzungen des heiligen Benedikt geschlagen wurde: der Propst von Saint-Benoît-du-Sault zog voran und rief den heiligen Benedikt an, und das gleiche taten die Krieger selbst, so daß rings die Täler und Wälder von dem Namen des Heiligen widerhallten[89]. Ähnliches erzählen auch die Miracula sanctae Fidis und Andreas von Fleury[90]. Am wichtigsten sind jedoch die oben schon wiedergegebenen Fälle, in denen gleichzeitig die Heiligenfahne geführt und eine Anrufung des Heiligen als Schlachtruf gebraucht wurde. Denn die Zusammengehörigkeit von Fahne und Schlachtruf wurde zur verbreiteten Sitte, ja man bezeichnete beides mit demselben Ausdruck als „Zeichen" (lateinisch *signum,* französisch *enseigne*)[91].

---

88 Vgl. im altdeutschen Ludwigslied, bereits oben S. 35. Liudprand, Antapodosis II c. 30 S. 51. Ebenso auch Thietmar IV c. 34 S. 126. Vgl. auch Weinhold, Sitzungsber. Berlin 1891, II 563.

89 Miracles de St. Benoît III c. 5 S. 139: *statuunt hostes praelio aggredi et praemisso praeposito (mon. Salensis), qui praevius ... b. Benedicti nomen celsius inclamaret, ipsi elata in excelsum voce Benedictum invocant monachorum patrem; Benedictum resonant tunc vallium concava respondentque Benedictum proximae silvae abdita.*

90 Liber mirac. s. Fidis IV c. 9 S. 183: *per invocationem sancte virginis.* (Ob der Ruf *bella bella* ebd. App. S. 288, vgl. auch Benzo, MG. SS. XI 620, als profaner Schlachtruf aufzufassen ist, bleibt undeutlich.) Miracles de St. Benoît V c. 15 S. 212 f.: *catervatim Benedictum sonare, Benedictum ore se boare, corde fortiter implorare ... certaminis primicerium Benedictum invocans patrem.*

91 Schon Vegetius unterscheidet die Feldzeichen als *signa muta* von den *signa vocalia;* unter den letzteren freilich versteht er nicht eigentlich den Schlachtruf, sondern eher, was wir heute als „Parole" bezeichnen (siehe Anthony v. Siegenfeld S. 409). Das Wort *enseigne* in seinem doppelten Sinne ist sehr häufig in der Chanson de Roland,

Das „Zeichen" war das sichtbare und gerufene Symbol, unter dem man in den Kampf zog; war es religiöser Natur, so war der Kampf dadurch geheiligt.

Überblicken wir von hier aus unsere gesamten Beobachtungen, so kann man die Frage stellen, wie sie sich auf die verschiedenen Länder verteilen. Dabei geht es um die Rollen des deutsch-italienischen Reichs einerseits, das im politischen Leben die Führung hatte, und Frankreichs anderseits, des nachmaligen Stammlandes der Kreuzzugsbewegung. Es zeigt sich, daß die wichtigeren Symptome etwa in der kirchlichen Ritterweihe und der Verwendung der Fahnen und Schlachtrufe zunächst nach Deutschland weisen, daß aber schon in der ersten Hälfte des 11. Jahrhunderts die Führung durchaus Frankreich zufällt, das dem Gedanken der Kirchenverteidigung, der kirchlichen Symbolik des Kriegerlebens und der wichtigen Verbindung mit dem Heiligenkult die entscheidende Fortentwicklung gibt. Diese Beobachtung wird davor zurückhalten, die tiefgehende und noch heute nachwirkende Differenzierung in der Stellung der Völker zum heiligen, für allgemeine Ideen geführten Kriege ausschließlich auf die Nationalcharaktere zurückzuführen. Die besondere Stellung Frankreichs in diesem Punkte hat sich geschichtlich herausgebildet und muß deshalb auch geschichtlich erklärt werden. In der Tat waren es historische Entwicklungen, mit denen die Ausbildung des christlichen Rittertums im Zusammenhang steht, und die uns vorwiegend auf französischen Boden führen: der durch die Verfassungsentwicklung bedingte Gottesfriede sowohl wie die großenteils mit dem Namen Clunys verknüpfte Kirchenreform. So schließt sich der Ring unserer Gedankengänge.

Als Ergebnis dieses Kapitels können wir drei Punkte herausstellen. Etwa seit dem Ende des 10. Jahrhunderts begann die Kirche erstens die Idee des heiligen Krieges vom Königtum auf das Rittertum zu übertragen. Dadurch wurde zweitens in ihrer eigenen Haltung eine relative Verschiebung bedingt, eine verstärkte Annäherung an den Krieg und Abschwächung der entgegenstehenden Bedenken. Drittens waren kirchlicherseits gerade die Vertreter der Reform in besonderem Maße Träger dieser Entwicklung.

Chançun de Guillame, Roman de Rou usw.; ebenso das Wort *signum* in den Quellen des ersten Kreuzzugs, das Wort „Zeichen" in der mittelhochdeutschen Dichtung (Seyler S.68).

Drittes Kapitel: Heidenkriege und erster Kreuzzugsplan

Wo die ethischen Forderungen an den Ritter, deren erstes Auftreten wir verfolgten, einen festen Inhalt hatten, da bestand dieser vor allem im Schutz der Kirche und im Eintreten für die Schwachen. Erst in zweiter Linie kam der Gedanke der Heidenbekämpfung hinzu. Wenn er dennoch, historisch gesehen, schließlich zum wichtigsten Teil der christlich-ritterlichen Bewegung geworden ist, so lag das nicht an einer aus der Logik der Idee kommenden Entwicklung, sondern am Gang der äußeren Ereignisse.

Schon in der späteren Karolingerzeit hatten die Heidenkämpfe unter den Faktoren, die auf die Ausbildung eines christlichen heiligen Krieges hinwirkten, eine bedeutende Rolle gespielt. Damals galt es, die Christenheit vor dem Ansturm der Normannen, Ungarn und Muslime zu schützen, und da diese faktisch defensive Stellung die Gerechtigkeit der christlichen Sache verbürgte, hat die Kirche nicht gezögert, den Heidenkrieg nachdrücklich zu ihrer eigenen Sache zu machen[1]. Im 9. und 10. Jahrhundert wurde ihm in mancher Beziehung eine grundsätzliche Sonderstellung eingeräumt. Gegenüber der alten Forderung, daß Büßende nicht die Waffen tragen dürften, wurde für den Fall des Heidenkrieges eine Ausnahme gemacht[2], und in der Liturgie wurde der Heidenkrieg besonders im 10. Jahrhundert vom sonstigen Krieg deutlich unterschieden[3].

---

1 S. oben S. 36 f.

2 Vgl. Nicolaus I. MG. Ep. VI 659 n. 139: *arma non sumat nisi contra paganos*. Entsprechend auch Pseudo-Nicolaus ebd. VI 688 n. 168; auch noch Burchard von Worms, Dekret XIX c. 5, Migne 140, 953.

3 Erdmann, MÖIG. XLVI 132 ff. Zu meinen dortigen Ausführungen habe ich auf Grund einer freundlichen Mitteilung von G. Tellenbach nachzutragen, daß auch im Sakramentar von St. Gatien bei Tours (Paris. lat. 9430 saec. IXex. –Xin. fol. 45'–46') drei Messen *pro paganis*, d. h. für den Heidenkrieg, stehen. Die erste (*Concede quaesumus Domine ... His Sacramentis ... Praesta quaesumus omnipotens ... Auxiliare quaesumus Domine ...*) bezieht sich ausdrücklich auf *Nortmannica calamitas*, die

Am Ende des 10. Jahrhunderts hat sich diese Auffassung bei Abbo von Fleury zu einer vollständigen Theorie verdichtet: er sagt, es sei der Lebenszweck der Ritter, daß sie sich nicht untereinander im Schoße der Kirche bekämpfen, sondern ihre Waffen gegen die Feinde der Kirche kehren[4].

Solange es sich bei den Heidenkriegen um wirkliche Verteidigungskämpfe handelte, blieben die religiösen Antriebe noch vermischt mit dem Bewußtsein, für Haus und Herd zu kämpfen. Im Lauf des 10. Jahrhunderts aber änderte sich die militärische Lage. Die Angriffskraft der Ungarn wurde gebrochen, die heidnischen Normannen wurden in Frankreich angesiedelt und christianisiert. Nunmehr gingen die christlichen Völker ihrerseits zum Angriff über, so die Deutschen gegen die Slaven und seit der Jahrtausendwende auch die Bewohner der italienischen Seestädte gegen die Muslime, gelegentlich schon unterstützt von den christlichen Normannen. Dieser Übergang von der Defensive zur Offensive mußte für den Gedanken des Heidenkrieges ein entscheidender Punkt sein. Sollte die Kirche die neuen ethischen Kräfte, die sie dem Rittertum in der Reformzeit zuzuführen vermochte, auch auf den aggressiven Heidenkrieg übertragen? Über die nach wie vor geltende augustinische Doktrin mit ihrer scharfen Unterscheidung zwischen Angriffs- und Verteidigungskrieg mußte sie sich dann irgendwie hinwegsetzen.

Manches könnte zu der Meinung veranlassen, daß man damals in der Tat die Heiden schlechthin wegen ihres Heidentums bekriegt habe. Das starke Gemeinschaftsbewußtsein der christlichen Welt hatte sein Gegenbild in einer schroffen Ablehnung alles Heidnischen; der augustinische Gegensatz von Gottesstaat und Teufelsstaat blieb dauernd lebendig und wurde gelegentlich kurzweg auf die sich

---

zweite ist die im Missal of Rob. of Juni. S. 268, die dritte (*Parce Domine parce … Sacrificia Domine tibi … Deus qui fideles tuos …*) nennt wieder die *gens Normannorum*. Die Texte hängen teilweise zusammen mit der *Missa ubi gens contra gentem consurgit* (vgl. MÖIG. XLVI 134 Anm. 3), die schon im Sakramentar von Gellone (Paris. lat. 12048, fol. 231–231') steht, jetzt gedruckt von Tellenbach, Heidelb. SB. 1934 Nr. 1, S. 70. Ferner weist mich Th. E. Mommsen freundlichst darauf hin, daß Davidsohn, Florenz I 100 aus einer Florentiner Handschrift des 10. Jahrhunderts (Laur. Aedil. 111, früher Dombibliothek) eine *missa contra paganos resistentes* zitiert und ihren Text in deutscher Übersetzung wiedergibt. Danach sind es die Gebete: *Omnipotens sempiterne Deus in cuius, Domine Deus qui ad hoc* und *Protector noster,* die auch in den Heidenkriegsmessen des Missale Romanum bzw. des Leofric-Missale stehen.

4 Abbo, Apologeticus, Migne 139, 464: *agonistae, contenti stipendiis militiae, non se collidunt in utero matris suae, verum omni sagacitate expugnant adversarios sanctae Dei ecclesiae.*

bekämpfenden Christen und Heiden bezogen[5]. Aber es geht zu weit, wenn man meint, die Kirche habe allgemein den Heidenkrieg zum Zweck der Ausrottung oder zwangsweisen Bekehrung des Heidentums gewünscht. Sie ist vielmehr in dieser Richtung nicht völlig über ihre alte zwiespältige Haltung hinausgekommen. Gerade die Zeit des Übergangs zur Offensive ist dafür an mehreren Stellen von Interesse; ich betrachte die verschiedenen Kriegsschauplätze gesondert[6] und führe die Untersuchung auch hier wie in den vorhergehenden Kapiteln bis zur Mitte des 11. Jahrhunderts.

Von den Kämpfen in *Spanien* läßt sich allerdings nicht behaupten, daß in jener Zeit schon ein Übergang von der Verteidigung zum Angriff erfolgt sei. Dort fällt die entscheidende Wendung, der Beginn der eigentlichen „Reconquista", erst in die Zeit um die Mitte des 11. Jahrhunderts[7]. Vorher waren die muslimischen Reiche auf der Halbinsel im allgemeinen durchaus überlegen, wie gerade um die Jahrtausendwende durch die Züge Almanzors noch einmal nachdrücklich bewiesen wurde, und soweit im 9. und 10. Jahrhundert die Christen vordrangen, handelte es sich mehr um Kolonisation menschenarmer Gebiete als um Eroberung. Auch die Feldzüge der fränkischen Könige nach Spanien hatten seit den Zeiten Ludwigs des Frommen aufgehört, und die schwachen französischen Könige waren genötigt, ihre spanische Mark ebenso wie das übrige christliche Spanien sich selbst zu überlassen. An Beziehungen über die Pyrenäen hinüber, gelegentlich verstärkt durch Heiratsverbindungen, fehlte es zwar nicht, und hie und da erhielten die Spanier von den Franzosen auch militärische Hilfe. Aber das führte lediglich zu unbedeutenden Einzelakten, die in der Überlieferung nur spärliche und unsichere Spuren hinterlassen haben; die wirklichen „Kreuzzüge" der französischen Ritter gegen die iberischen Muslime begannen erst im Jahre 1064[8].

---

5 So Bern von Reichenau, Vita s. Udalrici c. 14, Migne 142, 1195. Anderseits führt Bernheims integrale Verallgemeinerung der augustinischen Gedanken, die sein Schüler Lubeno dann auf die Slavenkriege angewandt hat, zu starken Übertreibungen.

6 Von England, für dessen Geschichte die Quellen in jener Zeit noch zu spärlich fließen, sehe ich ganz ab.

7 Menéndez Pidal, España I 85f., II 682f.

8 Boissonnade, Roland S. 3–22, und Annales de Bordeaux, Bull. Hisp. XXXVI 5 ff., der jedoch übertreibt, auch seine Quellen oft mißversteht; vgl. dagegen Menéndez Pidal II 678 ff. Hämel, Neue Jahrb. IV 39 f., tritt dafür ein, daß in Frankreich die Idee des Spanienkreuzzuges seit dem 9. Jahrhundert dauernd lebendig gewesen sei. Aber seine Beispiele aus dem 9. Jahrhundert beleuchten nur den typischen königlichen

Über den Charakter der iberischen Maurenkämpfe herrschen freilich bei uns immer noch romantische Vorstellungen, als wären sie schon im früheren Mittelalter fanatische Glaubenskämpfe und ein Ausfluß religiöser Intoleranz gewesen. Aber diese Vorstellung beruht auf einer vergrößernden Reprojizierung spätmittelalterlicher und sogar neuzeitlicher Verhältnisse in die Frühzeit. Gewiß war man sich des Glaubensgegensatzes bewußt und sprach gern davon; aber die Handlungen sahen recht anders aus. Die kämpfenden Fronten waren keineswegs immer mit den religiösen Parteien identisch, vielmehr waren Bündnisse zwischen Christen und Muslimen gegen die Glaubensgenossen der einen oder anderen Seite an der Tagesordnung. Daß die Christen in solchen Fällen beispielsweise nach erfochtenem Siege die Verfolgung auf die Muslime beschränkt, die christlichen Feinde aber ungeschoren gelassen hätten, das haben die Chronisten erst viel später erfunden[9]. Die Zeitgenossen berichten eher einmal das Gegenteil, daß nämlich die christlichen Könige sich bemühten, auch die muslimische Bevölkerung, ihre künftige Untertanenschaft, zu schonen[10]. Die Idee, zum Zwecke der Mission Krieg zu führen, hat in Spanien in jenen Jahrhunderten schwerlich überhaupt existiert. Die kulturellen Beziehungen zwischen Christen und Muslimen waren eng. Auch wenn wir absehen von den vielen Mozarabern, den unter maurischer Herrschaft lebenden Christen, so waren doch im 10. Jahrhundert auch die nordspanischen Könige und Grafen selbst häufig am Hof der Kalifen zu Cordoba anzutreffen, und für das 11. Jahrhundert hat man geradezu von engem Zusammenleben und beinahe „Fraternisieren" zwischen Christen und Muslimen sprechen können[11].

Von einem „Kreuzzuge" konnte unter diesen Umständen bei den christlichen Spaniern in jenen Zeiten noch nicht die Rede sein, obgleich ein Defensivkampf manchmal das Scheinbild des Glaubenskrieges vortäuschen konnte. Es sei dafür ein Beispiel aus der Zeit um die Jahrtausendwende angeführt. Im Jahre 1003 machte Abdelmelik, der Sohn Almanzors, einen Einfall in das christliche Katalonien und eroberte mehrere Orte in der Grafschaft Barcelona, bis ihm ein

Kreuzzug der Karolingerzeit, der später infolge der Schwäche der französischen Könige von selbst aufhören mußte; der spätere *ritterliche* Kreuzzug war etwas Neues, und er hat tatsächlich erst im 11. Jahrhundert eingesetzt.

9 S. Rodrigo von Toledo VI c. 10 (Hispaniae Illustr. II 98) über die Schlacht bei Atapuerca; die maßgebende Quelle über diese Schlacht, die Historia Silense S. 70 f., weiß nichts von der Unterscheidung.

10 Vgl. Ademar von Chabannes III c. 70 S. 195.

11 Menéndez Pidal I 78, 84f.

vereinigtes Christenheer unter Führung der Grafen Raimund Borell von Barcelona, Bernard von Besalú, Wifred von Cerdaña und Ermengaud von Urgel bei Torá entgegentrat[12]. Liest man die Schilderung dieser Schlacht in der etwa vier Jahrzehnte später abgefaßten Erzählung des Andreas von Fleury, so glaubt man sich mitten ins Kreuzzugszeitalter versetzt: die Muslime pflegen, so heißt es dort, wie neue Philister über die Christen herzufallen, aber diese sind unter Christi Führung immer siegreich; da die Ungläubigen nun mit 17 000 Mann eine große Übermacht haben, weist der Graf Bernard vor der Schlacht darauf hin, daß die Jungfrau Maria, der Erzengel Michael und der heilige Petrus je 5000 Feinde vernichten werden, so daß nur noch ein kleiner Rest für den menschlichen Kampf übrigbleiben werde[13]; schon oft habe Christus bewirkt, daß die Fahnen der Heiden rückwärts getragen werden mußten; in der Schlacht werden die Heiligen zur Hilfe angerufen; den Sieg verkündet unmittelbar danach die Jungfrau Maria selbst im fernen Apulien auf dem Monte Gargano. So empfand man bei dieser Verteidigungsschlacht. Sieben Jahre später aber verbündeten sich

12 Die Schlacht von Torá ist in die Annalen der spanischen Geschichte bisher noch nicht eingetragen, da die spanischen Historiker die Erzählung des Andreas von Fleury (Miracles de St. Benoît IV c. 10 S. 187 ff.) anscheinend übersehen haben. Andreas, der selbst in Katalonien war, ist für die katalanischen Ereignisse ein guter Zeuge, wie seine exakten Angaben von zahlreichen Einzelheiten, im vorliegenden Fall z. B. die Namen der vier Grafen, beweisen. Ein Jahr gibt er freilich nicht an, aber da die Namen der Grafen in die Jahre 992–1018 weisen, läßt sich m. E. mit Sicherheit sagen, daß nur die Kämpfe des Jahres 1003 gemeint sein können, um so mehr, als die Lage des *Thoranum castrum* (Torá, etwa 60 km südlich von Urgel) aufs beste zu den sonstigen Nachrichten paßt: die Muslime waren durch die südliche Grafschaft Barcelona hindurch vorgestoßen; bei Torá, damals zur Grafschaft Urgel gehörig, fand die erste, für die Muslime ungünstige Schlacht statt. Aus arabischen Quellen wissen wir von dem Tode einer besonders genannten, offenbar hochgestellten muslimischen Persönlichkeit bei diesem Feldzug; Andreas spricht vom Tode des Kalifen selbst bei Torá, was eine übertreibende Version derselben Tatsache sein dürfte. Nach dieser Schlacht wichen die Muslime seitlich in ihr eigenes Gebiet zurück, wo dann bei Albesa die zweite Schlacht stattfand, deren Ausgang ungewiß gewesen zu sein scheint, die aber offenbar den Feldzug dieses Jahres beendete. Ohne die Schlacht von Torá ist der Zusammenhang der Ereignisse in der Grafschaft Barcelona mit der Schlacht bei Albesa nicht zu verstehen. Vgl. im übrigen Ballesteros y Beretta, Historia II 353 und die in den Anmerkungen dazu angegebene (mir teilweise unzugängliche) Literatur.

13 Die Angabe der Patrone (Maria, Michael und Petrus) ist ein Zeugnis für die Zuverlässigkeit des Andreas: da er die ganze Erzählung in einer Sammlung von Wundern des heiligen Benedikt bringt, wäre er, wenn es sich um seine eigenen Ausmalungen handelte, nicht auf diese drei Heiligen verfallen.

die Helden von Torá mit einem Teil der „neuen Philister“ und zogen in deren Diensten bis nach Cordoba, um dort in innermuslimischen Kämpfen ihr Blut zu lassen[14]! Sobald es sich nicht mehr um die Verteidigung von Haus und Herd und damit der heimatlichen Kirche handelte, geriet der religiöse Gegensatz alsbald in Vergessenheit. Hier bestand also nach wie vor jene schon in unserer Einleitung gekennzeichnete Lage, in der man von heiligem Krieg nur mit starker Einschränkung sprechen kann.

Nicht ganz ebenso war die Lage an der Slavenfront im *Osten Deutschlands*, über die wir glücklicherweise wesentlich mehr wissen als über das alte Spanien. Die Ereignisse selbst sind geläufig: die Beendigung des Verteidigungskampfes gegen die Ungarn und das in breitem Umfang einsetzende Vordringen gegen die Slaven. Hier interessiert nur die Stellung der Kirche zu diesen Vorgängen und die Frage des heiligen Krieges. Man begegnet manchmal der Meinung, daß der Glaubensgegensatz den Charakter dieser Kriege entscheidend bestimmt habe[15]. Insbesondere die abschreckende Grausamkeit, mit der die Slavenkriege geführt wurden, wird gern damit erklärt, daß die Slaven als Heiden für das Bewußtsein der Christen rechtlos gewesen seien und „außerhalb der Weltordnung“ gestanden hätten. Anderseits fehlt es auch nicht an Stimmen, die dem widersprechen und nicht den Gegensatz der Religion, sondern den der Rasse und etwa noch der Kultur für ausschlaggebend halten[16].

Versuchen wir uns aus den Quellen der Ottonen- und beginnenden Salierzeit ein Bild zu machen. Wo sie uns einen Grund für die Bekämpfung der Heiden angeben, war es durchaus nicht einfach die Tatsache des Heidentums allein, sondern das besondere Verhalten der Feinde: gegen das „Wüten“ der Heiden sollen die Christen verteidigt, die „Rebellionen“ sollen niedergeworfen, der Friede soll hergestellt werden[17]. Als besonders authentisches Zeugnis kann der

---

14 Vgl. Ballesteros II 354.

15 Außer den schon genannten Arbeiten von Bernheim und Lubenow hebe ich noch hervor: Maschke, Deutscher Orden S. 3 f., 7 f.; Pfeil, Romidee S. 186f.; Mommsen, Ideengehalt S. 22 f., 33; Hirsch, MtIG. XLIV 9 ff.; Kirchberg, Kaiseridee.

16 Hauck III 89 spricht von „dem furchtbaren Charakter des Volkskrieges“; ebenso will Hugelmann, HJb. LI 17 das Nationalbewußtsein in den Vordergrund rücken, während Krabbo, Kehrfestschr. S. 253 neben Religion und Rasse auch den kulturellen Gegensatz betont.

17 Vgl. etwa: Widukind I c. 36 S. 44 und II c. 4 S. 59; Vita Mathildis c. 1, MG. SS. X 576 (*defendendae causa fidei, ut semper contra paganos solebat*); Hrotsvith, Gesta Ottonis

bekannte einzig erhaltene Brief Ottos I. gelten, der seinen Getreuen verbietet, mit den Redariern Frieden zu schließen, da diese oft die Treue gebrochen und den Deutschen Unbill zugefügt hätten; von Heidentum sagt er kein Wort[18]. Der Krieg ist also auch gegen Heiden in denselben Fällen gerecht, in denen er es gegen Christen wäre.

Oder läßt sich etwa beobachten, daß sich die Stellung der Deutschen zu einem slavischen Volke änderte, wenn es das Christentum annahm[19]? Die Chroniken lehren uns das Gegenteil. Es waren die christlichen Polen, von denen Thietmar von Merseburg sagte, dies Volk müsse wie ein Ochs gehütet und wie ein Esel geprügelt werden[20]. Bei einem Kampfe gegen diesen Feind feierten die Quedlinburger Annalen, ohne sich am christlichen Glauben des „übermütigen" Gegners zu stoßen, die Magdeburger Krieger, weil sie für Heimat und Brüder kämpften, als Jünger des Herrn, die für Christus stürben[21], und die Hildesheimer Annalen schildern ein grausames Gemetzel, das die Polen im Jahre 1028 in Sachsen anrichteten, und bezeichnen sie trotz ihres Christentums als Teufelsdiener[22]. Nicht die Religion, sondern die etwaige Zugehörigkeit zum Reich machte einen entscheidenden Unterschied aus. Slavische Stämme, die die kaiserliche Oberhoheit anerkannten, einerlei ob Christen oder Heiden, wurden bei ihren Fehden mit deutschen Fürsten vom

v. 118 f. (S. 206) und v. 127 f. (S. 208); aus älterer Zeit auch die Translatio s. Viti, Jaffe, Bibliot. I 6 (*gentem Saxonicam, quae olim contra Francos* rebellabat).

18 MG. DO. I 355.

19 Dies meint Mommsen, Ideengehalt S. 23, aber er stützt sich dabei nur auf die gleich zu besprechende Vermittlertätigkeit Ottos I. im Jahre 972. Wenn er außerdem auf die hinterlistige Ermordung von 30 Wendenfürsten durch den Markgrafen Gero verweist, so wird diese durch Widukind II c. 20 S. 72 ausdrücklich damit begründet, daß die Wenden ihrerseits den Markgrafen durch List hätten töten wollen, und die Hinrichtung der Gefangenen nach der Schlacht an der Raxa gründete sich auf deren vorhergegangenen Treubruch (Widukind II c. 52–55 S. 111 ff.). Es ist ferner m. E. für unser Gebiet nicht richtig, daß die Heiden als „Rebellen gegen Gott" galten, wohl aber oft, wenn die Umstände dem entsprachen, als Rebellen gegen das Reich. Vgl. dazu Hampe, Meister der Politik I 464, der mit Recht darauf hinweist, daß man gegen die heidnischen Gegner besonders dann mit großer Grausamkeit verfuhr, wenn man sie als Aufrührer betrachtete.

20 Thietmar IX c. 2 S. 240.

21 Annales Quedlinburgenses a. 1015, MG. SS. III 83 f.

22 Annales Hildesheimensis a. 1028 S. 35. – Alpert von Metz I c. 10, MG. SS. IV 705 bezeichnet christliche Normannen als *barbari;* vgl. sonst über dieses Wort Koepke-Dümmler, Otto I., S. 557 ff.

Kaiser zu gleichem Recht behandelt wie ihre Partner, ja der Kaiser bemühte sich in solchen Fällen zunächst meist um friedliche Vermittlung. So geschah es durch Otto I. im Jahr 972 bei einem Streit zwischen dem Markgrafen Hodo und dem christlichen Polenherzog Miseco[23], nicht minder aber durch Konrad II. im Jahr 1033 bei Kämpfen zwischen den Sachsen und den heidnischen Liutizen. Konrad suchte damals nur festzustellen, welche Partei den Frieden zuerst gebrochen habe; ein Zweikampf zwischen einem Sachsen und einem Liutizen hatte als Gottesurteil die Frage zu entscheiden, und wie Wipo uns erzählt, wurde der Christ, der nur auf seinen Glauben vertraute, besiegt von dem Heiden, der sich auf das Bewußtsein der Wahrheit verließ[24]. Man sieht, daß die Heiden in diesem Falle weder rechtlos waren noch „außerhalb der Weltordnung" standen.

Freilich führt gerade die Betonung der staatlichen Gesichtspunkte auf anderem Wege doch wieder in rein kirchliche Gedankengänge hinein. Denn wie man weiß, galt das Reich als solches als christlich, und die oberste Herrscheraufgabe war der Schutz der Kirche, somit also auch der Kampf gegen die benachbarten Heiden, soweit diese eine Gefahr für die Kirche bildeten. Diese Gedanken haben auch in der nachkarolingischen Zeit, die wir hier im Auge haben, nichts von ihrem Gewicht verloren; es genüge der Hinweis auf die deutschen Königskrönungsordines, in denen wir sie immer wieder finden[25]. Gerade für Deutschland erhielt diese kirchliche Bewertung des Heidenkrieges eine besondere Bedeutung, indem sie offenbar – neben anderen Momenten – mit zur ideellen Grundlage für das Kaisertum Ottos I. wurde: der siegreiche Bekämpfer der Ungarn und Slaven hatte sich damit der höchsten Krone der Erde würdig gezeigt[26]. Diese Gedankengänge waren zwar an sich nach Ursprung und Wesen rein defensiv. Aber es läßt sich in den Texten tatsächlich die Beobachtung machen, daß der Gedanke der Verteidigung, wenn auch noch oft hervortretend, doch nicht immer maßgebend blieb und daß die Formulierungen manchmal auch aggressiv

---

23 Unsere Quelle, Thietmar II c. 29 S. 37, bezeichnet hierbei den Miseco ausdrücklich als *imperatori fidelem tributumque solventem* und sagt nichts über seinen Glauben.

24 Wipo c. 33 S. 52.

25 Vgl. den Krönungsbericht Widukinds II. c. 1 S. 66: *eicias omnes Christi adversarios, barbaros et malos christianos ... ad firmissimam pacem omnium christianorum;* der in zweifacher Form überlieferte deutsche Ordo der zweiten Hälfte des 10. Jahrhunderts zuletzt bei Eichmann, HJb. XLV 527 ff. passim.

26 Vgl. Hirsch, MÖIG. XLIV 9 ff.; Erdmann ebd. XLVI 135 ff.

verstanden werden konnten[27]. Das entsprach ja auch der tatsächlichen Lage: wer dachte bei den immer wiederkehrenden Grenzkämpfen noch an die Frage der Kriegsschuld? Das Vorgehen etwa Ottos I. gegen die Slaven war tatsächlich aggressiv; dennoch wurde es nach den alten, auf dem Kirchenschutz beruhenden Kategorien beurteilt und demnach von der Kirche gebilligt und gestützt.

Damit scheint es, daß hier die Ausbildung eines auch aggressiven Glaubenskrieges vom Standpunkt des Herrschertums aus bejaht werden müßte. Aber eben die Beschränkung auf die Herrscheraufgaben ist das Entscheidende. Denn als das wesentliche Moment der neuen, zu den Kreuzzügen führenden Entwicklung hatten wir die Loslösung der Kriegsethik von der Person des Herrschers und die Übertragung der christlichen Aufgaben auf den Krieger oder das Heer erkannt: gerade diese Entwicklung müssen wir hier vermissen. Wir dürfen uns deshalb auch nicht wundern, wenn der königliche Heidenkrieg dem Staatsinteresse untergeordnet blieb und deshalb gelegentlich in sein Gegenteil umschlagen konnte; ein Bündnis des Kaisers mit den heidnischen Liutizen gegen die christlichen Polen, wie es unter Heinrich II. Wirklichkeit wurde, war in Deutschland ebensogut möglich wie entsprechende Vorgänge in Spanien.

Sein besonderes Gepräge hat der ostdeutsche Krieg aber durch ein anderes Moment erhalten, und zwar im Gegensatz zu Spanien: das Zusammentreffen von Heidenkrieg und Heiden*mission*. In den Zeiten engster Verbindung zwischen staatlicher und kirchlicher Autorität war es unvermeidlich, daß die Mission unter staatlicher Leitung stand und sich staatlicher Machtmittel bediente. Auch hatte ja trotz des unbestreitbaren inneren Gegensatzes zwischen Bekämpfung und Bekehrung schon das frühe Mittelalter eine Theorie des indirekten Missionskrieges gekannt: die kriegerische Unterwerfung sollte der nachfolgenden friedlichen Mission dienen[28]. Auf die Problematik solcher Bestrebungen wurde freilich schon oben hingewiesen; sie tritt gerade auf dem ostdeutschen

27 Ich verweise als maßgebend auf den deutschen Königskrönungsordo bei Eichmann, HJb. XLV 534: *sanctam Dei ecclesiam eiusque fideles propugnes ac protegas nec minus sub fide falsos quam christiani nominis hostes execres ac destruas*; ebd. S. 537: *Concedatque tibi contra omnes fidei christianae hostes visibiles atque invisibiles victoriam triumphalem*. Interessant sind auch die von Mommsen S. 27 ff. zusammengestellten Stellen. Wenn dabei vielfach das antike Ideal des über die übermütigen Feinde triumphierenden Kaisers mitspricht, so gehört das nicht mehr zu unserem Thema.

28 S. Einleitung S. 23 f. Ausgesprochen ist diese Theorie in der Translatio s. Viti, Jaffé, Bibl. I 6.

Schauplatz deutlich zutage, und man kann bezweifeln, ob jenes theoretische Verhältnis zwischen Krieg und Mission jemals verwirklicht worden ist. Auf der einen Seite bestand die Gefahr, daß die Mission dem Staatsinteresse geopfert wurde; so hat Heinrich II., als er sich mit den heidnischen Liutizen verbündete, ihre Religion bewußt geschont[29], und in den folgenden Jahrzehnten hat nach der Klage Adams von Bremen die Tributgier der sächsischen Großen die Slavenmission geradezu unterbunden[30]. Auf der andern Seite mußte die auf kriegerischer Unterwerfung aufbauende Mission von selbst zur Zwangstaufe führen; davon berichten uns die zeitgenössischen deutschen Quellen zwar nicht, aber den Ungarn[31] und später auch den Polen[32] wurde ein solches Verfahren nachgesagt, und die Erzählungen eines Realisten wie Thietmar von Merseburg zeigen uns, daß man auch deutscherseits nicht weit davon entfernt war[33]. Die Entwicklung, die in der Kreuzzugszeit zur öffentlichen Proklamation der Alternative „Ausrottung oder Bekehrung“ führte, bahnte sich bereits an.

---

29 Vgl. Hauck III 627ff.; Krabbo S. 258.

30 Adam II c. 71 S. 133 und III c. 23 S. 166.

31 Annales Hildesheimenses a. 1003 S. 29.

32 Gallus Anonymus I c. 6 S. 10 f., auch MG. SS. IX 428 (in diesem Teil um 1110 geschrieben) über Boleslav Chrobry (992–1025): *Quid est necesse victorias et triumphos de gentibus incredulis nominatim recitasse. quas est constans eum quasi sub pedibus conculcasse? ipse namque Selenciam, Pomoraniam et Prusiam usque adeo vel in perfidia resistentes contrivit vel conversas in fide solidavit, quod ecclesias ibi multas et episcopos ... ordinavit.* Also: Boleslav hat so gründlich die Widerstand leistenden Heiden vernichtet und die Bekehrten im Glauben befestigt, daß er viele Kirchen und Bistümer gründen konnte. (Die letzten Herausgeber haben die Worte *usque adeo* mißverstanden, wie ihre Interpunktion zeigt; richtig MG. SS. IX 428. Zu *conversas in fide solidavit* vgl. Paul von Bernried, Migne 148, 62: *conversos in fide solidasti*; das stilistische Vorbild – biblisch ist es nicht – habe ich nicht gefunden.) Holtzmann, Zeitschrift für Geschichte Schlesiens LII 25 denkt bei *contrivit* (wörtlich „zerieb“) an die geistliche Bedeutung (*corde contritus* = zerknirscht, also bekehren). Aber der vorhergehende Satz und die Anknüpfung mit *namque* zwingt zur Übersetzung „zerschmetterte“. Auch ist *conterere aliquem* = „bekehren“ m. W. überhaupt nicht nachzuweisen (vgl. Thesaurus); im Sinne von „zerknirschen“ verlangt es den Zusatz von *cor, mens* o. ä., während es in der Bedeutung „vernichten“ häufig ist, sowohl in der antiken Literatur wie in der Vulgata. Vgl. auch Chronicon s. Benigni (Migne 162, 187) über Karl Martell: *sic eos (Saracenos) contrivit, ut ... vix aliquis potuerit evadere*, und Hugo von Flavigny (MG. SS. VIII 342): *tanta clade omnia regna sibi vicina ... contrivit.* Die Stelle des Anonymus Gallus zeigt also schon die Alternative: Vernichtung oder Bekehrung.

33 Vgl. Hauck III 88; Krabbo, Kehrfestschr. S. 256.

Das ist der Boden, von dem aus eine der interessantesten Gestalten des damaligen Deutschland betrachtet werden will: Brun von Querfurt[34]. Er hatte seine geistige Prägung in Italien im Kreise der Asketen um Otto III. erhalten und ist dann, nach seinen Schriften zu schließen, wohl selbst das bedeutendste Glied dieses Kreises gewesen; er gehört also unter die kirchlichen Reformer seiner Zeit. Dem Beispiel des heiligen Adalbert folgend, vertauschte er im Jahre 1002 das Einsiedlerleben mit der Mission im Osten Europas und erlitt im Jahr 1009 in Preußen den Märtyrertod. Aber er war überzeugt, daß die missionarische Predigt nicht genügte, sondern daß die christlichen Könige, statt sich untereinander zu bekriegen, ihre gesamte Kriegführung in den Dienst der Heidenmission stellen müßten. Aus der ganzen Epoche vor den Kreuzzügen kennen wir niemand, der diesen Gedanken mit solcher Leidenschaft und Konsequenz vertreten hätte[35]. Er hat das berühmte Gleichniswort Jesu *compelle intrare,* das einst schon Augustin auf das Verhalten der Kirche zu den Ketzern – aber nur zu diesen, da sie grundsätzlich der Gewalt der Kirche unterständen – angewandt hatte, nunmehr ohne Scheu auf das Heidentum übertragen: der König sollte die Heiden durch Krieg zum Eintritt in die Kirche zwingen. Die schärfsten Vorwürfe machte er deshalb Heinrich II., der im Bunde mit den heidnischen Liutizen gegen den christlichen und missionseifrigen Polenkönig Krieg führte. Auch Otto II. erhielt seinen Tadel, weil er, statt an die Mehrung des Christentums zu denken, um bloßen Landgewinnes willen gegen die Franzosen Krieg geführt habe. Seit dem heiligen Kaiser Konstantin und seit dem frommen Vorbild Karl, so klagt er, haben nur noch wenige sich einen wahrhaft königlichen Namen erworben und die Heiden in die Kirche getrieben; statt dessen gibt es Herrscher, die christliche Völker verfolgen. Wir sehen, auch Brun hält sich noch an das Herrscheramt, denkt noch nicht an die Ritter; mit dieser Beschränkung aber hat er schlechthin den heiligen Krieg gegen die Heiden proklamiert. Sein Ziel hat er nirgends erreicht, aber er leitete die Schwierigkeiten, auf die er stieß, nur aus dem fehlenden guten Willen der Fürsten ab. Wir Heutigen freilich, belehrt durch die nachmalige jahrhundertelange Entwicklung gerade auf dem ostdeutschen Schauplatz, wo man später Bruns Programm ernsthaft zu verwirklichen suchte, können nicht mehr zweifeln, daß die Konflikte auch aus der Sache ka-

34 Vgl. Voigt, Brun v. Querfurt.

35 Die Hauptstellen: Vita quinque fratrum c. 9, MG. SS. XV 725; Vita s. Adalberti c. 10, MG. SS. IV 598 f.; Brief an Heinrich II. bei Giesebrecht II (5. Aufl.) 704 f.

men. Brun ist ein Vorläufer der ostdeutschen Nebenströmung der Kreuzzugsbewegung, die im 12. und 13. Jahrhundert hervortrat; auf der Entwicklungslinie zu den eigentlichen Kreuzzügen steht er nicht.

Recht verschieden hiervon ist das Bild, das uns der Heidenkrieg in *Italien* bietet. Dort hatte man sich seit dem 9. Jahrhundert gegen die Plünderungszüge der Mittelmeer-Muslime, die sich vor allem in Sizilien festsetzten, zu verteidigen, und etwa seit der Jahrtausendwende gingen die Seestädte selbst zum Angriff über. Mission war gegenüber diesem Feinde aussichtslos und wurde nicht betrieben; entscheidend war vielmehr die Tatsache, daß Muslime und Räuber ziemlich gleichbedeutende Begriffe wurden. Die *Agareni* totzuschlagen, gehörte darum einfach zur regulären Aufgabe des Herrschers[36]; die Christen von ihnen zu befreien, war für ihn ein frommes Werk nach Christi Beispiel[37]. Aber derselbe Chronist, der uns diese Anschauungen bezeugt und dementsprechend Beispiele schroffster und grundsätzlichster Feindschaft mitteilt[38], weiß doch auch wieder von wiederholten Bündnissen zwischen italienischen Christen und Muslimen zu berichten[39]. Auch erzählt er, daß der gerechte Gott den Salernitanern, als diese einmal ihr Muslimenbündnis treulos brachen, den Sieg eben wegen dieses Eidbruches verweigert habe[40]; auch hier ist also nichts von Rechtlosigkeit der Ungläubigen zu verspüren. Bündnisse zwischen Christen und Muslimen sind jedenfalls auch in Italien bis um die Jahrtausendwende etwas ganz Gewöhnliches gewesen[41].

Besondere Beachtung verdient dabei die Haltung der Normannen, die seit dem Jahr 1016 sich an den unteritalischen Kämpfen beteiligten. Über die Anfänge ihres Eingreifens ist am bekanntesten jene Erzählung des Amatus von Montecassino, daß 40 normannische Pilger auf der Heimkehr von Jerusalem zufällig Salerno berührt hätten, als diese Stadt gerade von den Muslimen be-

---

36 Chronicon Salernitanum (um 975) c. 107, MG. SS. III 520 f., über Kaiser Ludwig II.: *minutas civitates sui dominii pacifice subicit et quot (et quot ex quot) ex Agarenis repperiunt, denique trucidant.*

37 Ebd. c. 117, MG. SS. III 531.

38 Vgl. ebd. c. 99, MG. SS. III 517.

39 Ebd. c. 81 S. 508; c. 126 S. 536 f.; c. 139 S. 540 f.; c. 142 S. 542.

40 Ebd. c. 126 S. 537. Die Muslime sollen dabei ihrerseits die Trinität angerufen haben, um deren Wahrheit durch den Sieg über die Eidbrüchigen zu erkennen.

41 Vgl. Chronik von Montecassino I c. 25, MG. SS. VII 598; Lupus Protospatarius a. 997 ff., MG. SS. V 56; Chalandon, Domin. normande I 43 f.

lagert wurde, daß sie eine Herrschaft der Heiden über die Christen nicht mit hätten ansehen können, sich an der Abwehr beteiligt und nach dem Siege, zum Dortbleiben aufgefordert, zwar jede Belohnung für den aus Liebe zu Gott geführten Kampf abgelehnt, aber mit der Zeit zahlreiche Landsleute nach sich gezogen hätten[42]. Diese Erzählung sieht freilich ganz nach heiligem Krieg aus, zumal die Normannen nicht für ihre Heimat, sondern für eine fremde Stadt kämpften. Aber sie ist bekanntlich mit Vorsicht aufzunehmen[43]: der normannenfreundliche Mönch von Montecassino, der erst zwei Generationen später schrieb, hat die Auffassungen seiner Zeit in die Vergangenheit hineingetragen und die Geschichte so dargestellt, wie er sie sich wünschte. Sein Bericht ist auch schwer vereinbar mit dem des Zeitgenossen Rudolf Glaber, der in den Einzelheiten gewiß auch nicht zuverlässig ist, aber die Anschauungen seiner Zeit jedenfalls richtiger widerspiegelt. Er schreibt, daß die Normannen infolge heimischer Streitigkeiten nach Rom zum Papste gezogen seien und dieser sie zum Kampfe gegen die in Italien eingedrungenen Griechen ermuntert habe, da er, der Papst, zur Vertreibung der „Ausländer" außerstande sei[44]. Dabei fehlt sogar von seiten des Papstes jegliche Begründung des Kampfes gegen die christlichen, damals nicht einmal durch ein Schisma von den Lateinern getrennten Griechen. Und eben der Kampf gegen die Griechen, nicht gegen die Muslime, war der ursprüngliche Zweck der normannischen Übersiedlungen; das bezeugt uns nicht nur später Wilhelm von Apulien[45], sondern es wird auch durch die Tatsache bewiesen, daß die Normannen zuerst stets gegen die Griechen gekämpft und erst seit 1035 sich am Kriege gegen die sizilischen Muslime beteiligt haben[46]. Wir dürfen deshalb auch bei den Normannen zunächst ebensowenig wie bei den langobardisch-italienischen Einwohnern Unteritaliens die Religion als wesentliches Motiv des Heidenkrieges voraussetzen.

Eine andere Note erhielt aber der Kampf durch das Eingreifen der weiter nördlich gelegenen Seestädte. Interessant ist schon die Aktion der Venezianer

---

42 Aimé I c. 17–19 S. 18 f. Danach die Chronik von Montecassino II c. 37, MG. SS. VII 651 f.

43 Chalandon I 49 f.

44 Raoul Glaber III c. 1 S. 53. Das paßt auch gut zu der späteren Aktion des Papstes gegen die Griechen, s. unten Anm. 53. Vgl. ferner Ademar von Chabannes III c. 55 S. 178.

45 MG. SS. IX 241.

46 Chalandon I, Kap. II und III. Auch hier weicht Amatus ab; er läßt die Normannen schon unter Heinrich II. *defendre la foy et contrester contre li Sarrasin* (Aimé lib. I c. 30 S. 38 f.).

vom Jahre 1003, ihre Beteiligung an der Verteidigung Baris gegen die Muslime. Das plötzliche Erscheinen der venezianischen Flotte wirkte damals auf die Belagerten wie ein göttliches Wunder, und auch die Venezianer selbst haben dieses Ereignis in religiösem Lichte gesehen. Nur etwa fünf Jahre später schildert uns Johannes Diaconus den Kampf und schreibt, daß der Venezianer Doge Peter Orseolo „nicht aus irdischer, sondern aus Gottesfurcht" die Baresen von der Grausamkeit der Heiden befreit habe, daß er sich beim Kampfe die „siegbringende Fahne", also wohl die des heiligen Hermagoras, vorantragen ließ, und daß die Jungfrau Maria geholfen habe[47]. Vom Standpunkt der Venezianer aus, die keineswegs ihr Land zu verteidigen hatten, könnte man dies Unternehmen bereits als einen heiligen Krieg betrachten. Auch hier aber dürfen wir nicht das Moment des Heidenkrieges zu ausschließlich betonen. Darauf verweist gerade die Verwendung der uns schon bekannten Fahne des heiligen Hermagoras[48]. Denn sie war zuerst drei Jahre zuvor verliehen worden, nicht für einen Heidenkampf, sondern für einen Krieg gegen die christlichen Kroaten und Narentaner. Diese hatten die Dalmatiner durch ihre Überfälle in Not gebracht, und damit wurde die kirchliche Weihe für den an sich höchst profanen Eroberungskrieg der Venezianer begründet[49]; die Verwendung der Fahne im Heidenkrieg folgte erst später, und wir beobachten somit auch in diesem Einzelfall, daß die wichtige symbolische Form nicht aus dem Heidenkrieg entstanden ist.

Ziemlich gleichzeitig mit Venedig nahm auch Pisa den Seekampf gegen die Muslime auf; wir wissen von Unternehmungen der Pisaner seit dem Jahre 1005 durch das ganze 11. Jahrhundert hindurch, zunächst an der Küste Italiens, seit 1034 schon nach Afrika hin[50]. Leider sind die Quellen hier im allgemeinen so spärlich, daß wir kaum mehr als die nackten Tatsachen der Siege oder Niederlagen wissen. Nur über das Unternehmen des Jahres 1016, das sich gegen den balearischen Emir Mogehid richtete und zur Eroberung Sardiniens

---

47 Johannes Diac. S. 166 f.

48 Vgl. oben S. 54.

49 Johannes Diac. S. 155 ff. Kehr, Q. u. F. XIX 80, betrachtet die Fahnenverleihung durch den Patriarchen von Grado als einen Ausdruck der dalmatinischen Ansprüche des Gradeser Patriarchats. Aber dem steht entgegen, daß gleichzeitig auch der Bischof von Olivolo, der keinerlei Ansprüche auf Dalmatien geltend zu machen hatte, dem Dogen eine Siegesfahne verlieh.

50 Vgl. Schaube, Handelsgesch. S. 49 ff.; Hauptquelle sind die Annales Pisani des Bernardo Maragone.

führte, sind wir besser unterrichtet. Es hat die vorhergehenden an Bedeutung überragt, zumal sich auch die Genuesen daran beteiligten; vor allem hat Papst Benedikt VIII. tätig dabei mitgewirkt. Benedikt war ein kriegerischer Papst, den man mit Julius II. verglichen hat[51]; in den Jahren 1012–1014 bekämpfte er persönlich die Crescentier in der Sabina[52], und später hat er einen Kriegszug Heinrichs II. gegen die Griechen veranlaßt und begleitet[53]. Doch hat man dieser päpstlichen Kriegstätigkeit an sich in unserem Zusammenhang keine größere Bedeutung beizumessen, da Benedikt VIII. keineswegs ein Mann der Reform und ein Vorbild klerikalen Wandels war und sein ungeistliches Verhalten im Kriege nur den sittlichen Verfall der Kurie des 10. Jahrhunderts fortsetzt. Aber seine Rolle im Kampfe gegen Mogehid, wie Thietmar von Merseburg sie uns erzählt, hebt ihn darüber empor[54]. Als er hörte, daß die Muslime die Stadt Luni überfallen hätten und besetzt hielten, versammelte er „alle Leiter und Verteidiger der Kirche" und forderte sie auf, mit ihm die Feinde Christi anzugreifen und mit Gottes Hilfe zu töten; außerdem entsandte er eine Flotte, d. h. er trieb offenbar die Pisaner und Genuesen zum Seekriege an[55]. Mit den vom Papst aufgerufenen *rectores* und *defensores* der Kirche meint Thietmar vermutlich Bischöfe und Barone und denkt dabei offenbar schon an eine Vielheit von Kriegern. Im Unterschied etwa zu deutschen Verhältnissen, bei denen das Königtum maßgebend blieb, sehen wir hier den Gedanken des Heidenkrieges unter kirchlicher Führung auf eine breitere Grundlage gestellt: das Kreuzzugszeitalter kündigt sich an.

Gewiß, es handelte sich in diesem Falle noch um die Abwehr einer feindlichen Invasion. Doch auch die Idee des aggressiven heiligen Krieges ist in jener Lage schon aufgekommen. Dafür besitzen wir einen Beleg in dem glücklicherweise im vollen Text erhaltenen *Kreuzzugsaufruf Sergius' IV.*[56]

---

51 Hauck III 519.

52 Vehse, Q. u. F. XXI 143 ff.

53 Vgl. Chalandon I 60 ff. Benedikts Anwesenheit vor Troia berichtet Romuald von Salerno, MG. SS. XIX 403; vgl. auch die Nachricht Leos von Ostia II c. 42, MG. SS. VII 655 über die gemeinsame Ankunft von Papst und Kaiser in Montecassino.

54 Thietmar VIII c. 45 S. 219 f.

55 Die Vermutung von Schmitthenner, Söldnertum S. 44, es wären „zweifellos zum großen Teil geworbene Soldkrieger" gewesen, hat in den Quellen keine Grundlage.

56 Zum Folgenden Erdmann, Q. u. F. XXIII 1 ff., besonders 11 ff., dazu aus der älteren Literatur besonders Riant, Inventaire S. 38 ff., und Lair, Études I 1 ff.

Das heilige Grab spielte damals im Bewußtsein des Abendlandes schon eine große Rolle; die Zahl der Pilger, die namentlich aus Frankreich nach Jerusalem strömten, war bereits beträchtlich. Selbst der Gedanke, ob man den Christen in Palästina etwa mit den Waffen Hilfe bringen solle, tauchte in Frankreich gelegentlich auf; Gerbert spricht davon in einem von ihm verfaßten Aufruf zur Geldhilfe für die Kirche von Jerusalem, weist diese Idee freilich als undurchführbar ab. Um so größer war die Erregung, als der Kalif Hakem die Grabeskirche zu Jerusalem zerstörte (wahrscheinlich 1010). Wie uns zwei verschiedene französische Chronisten erzählen, warf man damals den Juden Frankreichs vor, sie hätten den Muslimen verleumderische Nachrichten von einem angeblich bevorstehenden Kriegszug der Christen in den Orient gemeldet, dadurch den Zorn des Kalifen hervorgerufen und die Zerstörung der Grabeskirche verschuldet. Man dachte also in Frankreich immer noch skeptisch über die Aussichten einer militärischen Expedition nach Jerusalem, aber der Gedanke eines solchen Kreuzzuges lag in der Luft. In Italien beschäftigte man sich mit der gleichen Idee, zog jedoch andere Schlußfolgerungen. Dort war man gewöhnt, mit den Muslimen an den eigenen Küsten zu kämpfen, und da man alle „Sarazenen" als einen und denselben Feind betrachtete, mußten sich die heimischen Kämpfe von selbst mit dem Kreuzzugsgedanken verknüpfen. So reifte damals im Kopf des Papstes Sergius IV. ein ernsthafter Kreuzzugsplan.

Die Initiative scheint zunächst nicht beim Papste, sondern bei den Bewohnern italienischer Seestädte, hauptsächlich wohl Pisas, gelegen zu haben. Sie begannen umfangreiche Rüstungen, um eine Flotte von angeblich 1000 Schiffen aufzubringen, und schrieben dem Papste, sie wollten übers Meer fahren, um das heilige Grab zu rächen. Daß die Fahrt ohne Etappen geradeswegs nach Syrien gehen sollte, ist kaum denkbar, da die Muslime noch die Herren des Mittelmeeres waren; vielleicht wollte man die „Rache für Jerusalem" überhaupt mehr in der Nähe nehmen, etwa in Sizilien, und ein entsprechender Plan mochte sogar schon bestehen, ehe noch die Nachricht von der Zerstörung der Grabeskirche gekommen war. Jedenfalls kann der Plan nicht völlig phantastisch gewesen, sondern muß auf dem Boden des Erreichbaren geblieben sein, denn außer den Bewohnern Toscanas, d. h. den Pisanern, beteiligten sich sogleich die Genuesen und Venezianer, so daß die drei wichtigsten Seestädte der Nordhälfte Italiens vereint waren. Auch Sergius IV. schloß sich an und beschloß, mit den Römern sogar persönlich die Überfahrt mitzumachen und zusammen mit den andern die „Agarener" totzuschlagen. Er erklärte es als seine Absicht, nach Syrien selbst zu fahren und dort das heilige Grab nicht nur zu rächen, sondern wiederherzustellen. Das schloß vorherige Unternehmungen auf dem Wege dorthin nicht aus und brauchte, wenn es auch zunächst phantastisch aussah, die Seestädte nicht abzuschrecken; denn wenn es an die Ausführung ging, so mußte sich von selbst ergeben, daß man an den Stützpunkten der Muslime im westlichen Mittelmeer nicht vorbeifahren und den maritimen Angriff nicht in Syrien beginnen konnte. Wenn der Papst seinerseits die Fahrt nach Palästina in den Vordergrund rückte, so mag das damit zusammenhängen, daß seine Werbungen über Italien hinausreichten. Jedenfalls nach Frankreich erging sein Aufruf, man solle kommen und sich beteiligen an dem geplanten Kreuzzug – er nennt ihn mit alttestamentlichem Ausdruck eine „Schlacht des Herrn" – oder wenigstens Gaben stiften für die Rüstungen.

Seine Kreuzzugs-Enzyklika, von der sich eine etwa zeitgenössische Kopie in einem französischen Kloster erhalten hat, gewährt uns in die Vorgeschichte des Kreuzzugsgedankens einen tieferen und unmittelbareren Einblick als irgendeine andere Quelle. In der Form ist sie zwar verunglückt, mißhandelt Logik und Grammatik in gleicher Weise und konnte jenseits der Alpen, wo man über bessere Schulung verfügte als in Rom, mit ihrem wirren Durcheinander von positiven Mitteilungen und erbaulichen Betrachtungen nur einen kläglichen Eindruck machen. Aber je unbeholfener und ungeschliffener, desto aufschlußreicher für uns. Sie beginnt mit einer Erinnerung an das Leiden Christi und an die vielen Pilger, die am heiligen Grab ihre Buße verrichtet haben; der gedankliche Ausgangspunkt ist also der gleiche wie auf der Höhe der Kreuzzugszeit. Nach dem Bericht über die Zerstörung des heiligen Grabes und über den geplanten Zug folgen immer neue Ausführungen über die Verdienstlichkeit dieses Krieges: der Kampf gelte den Feinden Gottes, es gehe nicht um ein armseliges Königreich, sondern um den ewigen Gott, ihn soll man verteidigen und dadurch das Himmelreich gewinnen. Die Gedanken über die Gewinnung des Seelenheils führen den Verfasser auf Abwege, die den Faden verlieren lassen; dazwischen blitzt ein Gedanke aus der apokryphen römischen Sagenwelt des Mittelalters auf: der Kampf um Jerusalem werde siegreich sein, so wie Titus und Vespasian siegreich waren, als sie Jerusalem zerstörten, um den Heiland zu rächen, und dafür, obwohl ungetauft, Kaiserkrone und Sündenvergebung erlangten. Diese im Munde eines Papstes sicherlich eigentümliche Anspielung zeigt den Gegensatz zur durchgebildeten Kreuzzugs-Propaganda Urbans II. Noch fehlte, um die Massen zu gewinnen, nicht nur die feste kirchenrechtliche Institution des

Kreuzzugsablasses, an deren Stelle wir nur die allgemeinen Heilsversprechungen finden, sondern vor allem auch das einigende Symbol, wie es später die Petersfahne und schließlich die Kreuznahme wurde; statt dessen äußerte sich der Wunsch nach populärer Wirkung und Darbietung plastischer Vorstellungen in einer kirchlich anfechtbaren Anknüpfung an halbheidnische Volkssagen, offenbar einer Improvisation, die das unreife Stadium in der Entwicklung der Kreuzzugsidee offenbart. Aber daß es der gleiche Stamm ist, an dem sich später die welthistorische Kreuzzugsbewegung ausbildete, das zeigt auch die überraschende Übereinstimmung in der Berührung des Friedensgedankens. Denn die Enzyklika proklamiert nicht nur den Kreuzzug, sondern auch einen allgemeinen Frieden: alle Kirchen, Länder und Personen sollen untereinander Frieden halten, weil Gott ein Gott des Friedens sei und weil durch Friede und Gebet aller Christen der Sieg für das heilige Grab errungen und das ewige Leben gewonnen werden solle. Unwillkürlich denkt man dabei daran, daß Urban II. auf dem Konzil von Clermont außer dem Kreuzzug auch als erster Papst einen allgemeinen Gottesfrieden verkündete, da die Tätigkeit der Ritter sich nach außen gegen die Ungläubigen richten sollte. Gewiß ist bei Sergius von der Institution des Gottesfriedens noch nicht die Rede, und seine Begründung ist auch nicht praktisch-politisch, daß nämlich der innere Friede den äußeren Krieg ermöglichen solle, sondern geistlich, daß die friedfertige Gesinnung Gottes Gnade erwirken werde. Aber der Zusammenhang mit der in Frankreich schon hervortretenden Friedensrichtung ist doch unverkennbar und bestätigt unsere bereits gewonnene Erkenntnis von der frühzeitigen Verbundenheit zwischen der *pax* und der neuen geistlichen Auffassung vom aktiven Kriegerberuf, die die Grundlage der Kreuzzugsbewegung wurde.

Der Plan Sergius' IV. ist ein Vorläufer, dessen Mißerfolg nur natürlich ist. Es steht fest, daß es zu einer Ausführung nicht gekommen ist. Die äußere Entscheidung wird dadurch gefallen sein, daß die Muslime, offenbar über die Vorbereitungen unterrichtet, dem Unternehmen zuvorkamen und die Stadt Pisa, deren Hafen den Mittelpunkt der Rüstungen bilden mußte, im Jahre 1011 zerstörten. Aber die Wirkung des Aufrufes in Frankreich kann überhaupt nicht groß gewesen sein, da der einzige Niederschlag, den der durch die Zerstörung des heiligen Grabes wachgewordene Kreuzzugsgedanke in den französischen Chroniken hinterlassen hat, jene schon erwähnten Nachrichten über den angeblichen Verrat der Juden und die anschließenden Judenverfolgungen sind, die doch gerade die allgemeine Ablehnung des Kreuzzugsplanes erkennen lassen. Noch war die

Zeit nicht erfüllt, und der Plan konnte eben nur infolge eines eigenartigen Zusammentreffens von Ereignissen entstehen. Zwei Punkte waren es vor allem, die die damalige Lage charakterisieren und die sie mit der Zeit Urbans II. gemeinsam hat: es waren Dinge geschehen, die dem an sich aggressiven Kreuzzugsgedanken den Schein der Defensive, der Abwehr heidnischer Unterdrückung gaben und damit die theologischen Bedenken gegen eine kirchliche Förderung des Krieges zum Schweigen brachten; und es bestand außerdem eine Lage, die nicht einem bestimmten Staat die Führung gab, sondern vielmehr den Papst zur Beteiligung veranlaßte, ohne den eine Kreuzzugsbewegung, die ihrem Wesen nach gesamtchristlich ist, nicht denkbar wäre. Der Kreuzzugsplan Sergius' IV. war gewiß ein Symptom einer allgemeinen Bewegung, noch mehr aber das Erzeugnis einer besonderen Konstellation.

Zusammenfassend sehen wir, daß die Kirche in ihrer Haltung zwar zwiespältig blieb, aber gelegentlich sowohl in Deutschland wie in Italien die Idee des heiligen Krieges gegen Heiden auch auf reine Angriffskämpfe zu übertragen begann und sich insofern dem Kreuzzugsgedanken auch von dieser Seite her näherte. Dabei wurde aber in Deutschland der Schritt vom Königtum zum Rittertum noch nicht vollzogen und die durch die Kreuzung mit der Missionsidee entstehenden Reibungen nicht überwunden; weiter kam man in Italien, wo bereits ein regelrechter Kreuzzugsplan entstehen konnte. Ein einheitliches Bild gewinnt man in jener Zeit freilich noch nicht. Es war immer wieder die besondere Lage, die den Charakter des Heidenkrieges bestimmte; von einem gleichmäßigen christlich-kriegerischen Expansionsdrang gegen das Heidentum ist noch keine Rede, und ein Zusammenhang mit dem frommen Rittertum, dessen Ausbildung uns im vorigen Kapitel beschäftigte und das zunächst eine vorwiegend innerkirchliche Richtung aufwies, ist nur gelegentlich zu beobachten. Daß ein solcher Zusammenhang durchgehend hergestellt wurde und dann auf einem eigentümlichen Umwege schließlich zum ersten Kreuzzug führte, das ist erst das Werk der Reformpäpste in der zweiten Hälfte des 11. Jahrhunderts.

Viertes Kapitel: Die Frühzeit des Reformpapsttums

Papst Leo IX. (1049–1054) kam aus dem Kreise der sogenannten lothringischen Reformer. Den Hauptvertreter dieser Gruppe, Bischof Waso von Lüttich, haben wir oben als einen Freund der neuen Kriegsethik kennengelernt, der die militärische Verteidigung seines Bistums selbst leitete und sich sogar schon eine kirchliche Sondertruppe schuf[1]. Auch von Leo selbst haben wir aus der Zeit, wo er noch Diakon im Bistum Toul war, entsprechende Nachrichten. Sein Biograph Wibert erzählt, daß er auf militärischem Gebiet so erfahren war, als ob das seine einzige Beschäftigung gewesen wäre. Er führte das Aufgebot seines Bistums in Italien, steckte das Lager ab und stellte die Wachen aus, verteilte Proviant und Löhnung, hielt dabei aber seine Priesterpflichten – die ihm auch das Waffentragen verboten – gewissenhaft ein; so gab er dem Kaiser, was des Kaisers, und Gott, was Gottes ist[2]. Ganz ähnlich schildert ein anderer Biograph seine spätere Tätigkeit als Bischof von Toul: die Plünderer des Kirchenguts wurden von ihm zunächst mehrfach im Guten gemahnt, dann aber ging er gewaltsam gegen sie vor und erschien so in den Augen der Zeitgenossen als ein kriegerischer Hirte; kam es dann zur Schlacht, so ergab er sich dem Gebet wie Moses bei den Kämpfen Josuas[3]. Dabei war er vor allem ein Kirchenmann, ein Eiferer für die Reform der Kirchenzucht und gegen die Simonie, der sich im tiefsten von religiösen Beweggründen leiten ließ; so schildern ihn seine Biographen, und seine Handlungsweise führt zum gleichen Schluß[4]. Eben darin liegt seine Bedeutung. Kriegerische Kirchenfürsten, auch Päpste, hatte es schon vorher in großer Zahl gegeben. Aber sie waren Kriegsmänner gewesen *trotz*, nicht *wegen* ihres geistlichen Amtes, und das wußten auch die Zeitgenossen; nur

---

1 Oben S. 76.

2 Wibert, Vita Leonis IX. bei Watterich, Vitae I 134 f. Vgl. über die verschiedenen Leo-Viten Bloch, Arch. f. Urkf. XI 180 ff.

3 Vita Leonis IX. bei Borgia, Memorie II 303 f.

4 Vgl. Bloch, Arch. f. Urkf. XI 186, 252 ff.

bei heidnischen Angriffen erkannte man Ausnahmen an. Leo IX. ist der erste Papst, der grundsätzlich seine Kriege aus der Religion herleitete, sie mit den Geboten der Kirche in Einklang brachte und den kriegerischen Geist des Heeres mit kirchlichem Sinn durchdrang.

Er war noch nicht lange Papst, als er von den Römern zu einem Kriege aufgerufen wurde[5]. Der abgesetzte Papst Benedikt IX. war zwar aus Rom endgültig vertrieben, saß aber in Tusculum, der Stammburg seines Hauses, und seine mächtigen Verwandten und Anhänger belästigten von dort, von Tivoli und anderen Burgen aus die Römer durch Raubzüge und Überfälle. Das römische Volk erschien vor dem Papst im Lateranensischen Palast und verlangte einen Rachefeldzug, einen jener Campagna-Kriege, wie man sie seit Jahrhunderten kannte. Leo aber belehrte sie, daß man nicht einfach loszuschlagen habe, sondern anders verfahren müsse: „Gott hat mich zum Hirten über sein ganzes Volk gesetzt; ich kam nicht zu töten, sondern lebendig zu machen, die Wahrheit zu lehren und den Irrtum auszurotten. Die Schrift lehrt uns, Böses nicht mit Bösem zu erwidern, sondern den Frieden zu suchen. Darum wollen wir eine Synode berufen: wer ihr gehorcht und den Irrtum ablegt, sei unser Freund; wer nicht gehorcht, werde als Ketzer bestraft."

Nicht also als Friedensbrecher sollten die Tusculaner verfolgt werden, sondern als Ketzer; der hergebrachte Krieg gegen die Campagna-Barone sollte diesmal, wenn die Gegner sich nicht unterwarfen, ein Religionskrieg sein. Zum Greifen deutlich tritt der Geist der neuen Zeit, die kriegerische Seite der Kirchenreform, vor unser Auge.

Die Synode trat schon im April 1049, zwei Monate nach Leos Weihe, im Lateran zusammen. Es war eine rechte Reformsynode, wie sie nun üblich wurden; hauptsächlich gegen simonistische Bischöfe wurden Beschlüsse gefaßt[6]. In diesem Rahmen wurde auch der Fall der Tusculaner vorgebracht: als Simonisten und Ketzer wurden Benedikt IX. und seine Anhänger vorgeladen. Natürlich blieben sie aus; alsbald beschloß die Synode, den Bann über sie zu verhängen und die römische Miliz zum Kriege gegen die *perfidi* aufzurufen. So wurden mehrere Burgen zerstört und verbrannt und die Umgegend von Tusculum ver-

---

5 Die Episode des Krieges gegen die Tusculaner findet sich in der von Poncelet veröffentlichten Leo-Vita des Bischofs von Cervia (vgl. Bloch a. a. O.), Anal. Bolland. XXV 277 ff. Die nachfolgende Erzählung schließt sich möglichst eng an die Quelle an.

6 Vgl. JL. I 530; Steindorff, Jahrb. II 76–80.

wüstet. Tusculum selbst wurde belagert, aber vergeblich: als der Papst im nächsten Frühjahr nach Benevent zog, mußte er die Belagerung wieder aufheben[7].

So wertvoll uns diese Ereignisse zur Charakteristik Leos IX. und seiner Handlungsweise sind, so gering blieb der Eindruck auf die Zeitgenossen. Eine einzige von den Viten des Papstes erzählt davon, während wir sonst höchstens eine vage Andeutung über die Kämpfe im Kirchenstaat finden[8]. Doch ist das kein Wunder, denn die Kämpfe waren von rein lokaler Bedeutung und führten zudem zu keinem durchschlagenden Erfolge. Um so größer ist der Widerhall, den Leos *Normannenkrieg* (1053) gefunden hat. Die wesentlichen Ereignisse sind bekannt: wie der Papst nach einem ersten vergeblichen Kriegsversuch über die Alpen zog, um die Hilfe des Kaisers zu erlangen, aber nur mit einer verhältnismäßig kleinen Truppe von deutschen Rittern zurückkehrte; wie er sich dann persönlich an die Spitze des durch zahlreiche Italiener vermehrten Heeres stellte, von den Normannen bei Cività völlig geschlagen und selbst gefangengenommen wurde. Doch sind es erst die Einzelheiten und die Äußerungen der Zeitgenossen, die das Ganze ins rechte Licht rücken.

Der Papst tat alles, um der Welt und seinen eigenen Leuten deutlich zu machen, daß es sich nicht um einen Eroberungskrieg handele, sondern um einen gerechten und notwendigen Verteidigungskrieg. Zu Beginn seines Pontifikats hatte sich die Stadt Benevent, eben um der Normannengefahr zu entgehen, unter die päpstliche Hoheit begeben und galt seitdem als zum Kirchenstaat gehörig. Leo hatte also seine Untertanen gegen die Kriegs- und Plunderzüge zu schützen, und dieser Gesichtspunkt wurde von päpstlicher Seite besonders betont; die Papstviten stellen es so dar, daß es Leos Hirtenpflicht gewesen wäre, gegen die tyrannische Unterdrückung aufzutreten[9]. Auch ging der Papst keineswegs sofort kriegerisch vor, sondern bemühte sich jahrelang um einen friedlichen Ausgleich. Erst als sich alles als vergeblich erwies, griff er zu den Waffen.

7 Poncelet, Anal. Boll. XXV 281: *extulit seditiones a Tusculano et Beneventum perrexit.* Es handelt sich dabei um die erste Reise des Papstes nach Benevent im Frühjahr 1050, nicht um die zweite im Frühjahr 1051, wie Poncelet annimmt.

8 Außer der Erzählung des Bischofs von Cervia ist auf eine Stelle in der Beneventaner Leo-Vita bei Borgia II 315 zu verweisen; vgl. auch Hermann von Reichenau a. 1050, MG. SS. V 129. In der Literatur fand ich die ganze Episode nur bei Messina, Benedetto IX S. 122 erwähnt, der die Nachricht grundlos verwirft.

9 Vgl. hierzu und zum folgenden die Vita bei Poncelet, Anal. Boll. XXV 280 ff.; Anonymus bei Borgia II 315 ff.; Wibert bei Watterich I 163; Bruno von Segni, MG. Libelli II 550.

Es ist eine feststehende Tatsache, daß die Normannen damals in der wildesten und rechtlosesten Weise in Unteritalien hausten. Man bezeichnete sie allgemein als *Agareni,* stellte sie also den muslimischen Räubern gleich, die Italien jahrhundertelang verheert hatten[10]. Leo hat diese Auffassung natürlich aufgegriffen und gepflegt, da damit die Gerechtigkeit seiner Sache allen kund wurde. An den byzantinischen Kaiser Konstantin Monomachos schrieb er (oder sein Beauftragter Humbert von Silva Candida) nach der Niederlage: die Normannen hätten in mehr als heidnischer Gottlosigkeit gegen die Kirchen gewütet, die Christen erschlagen, nichts Heiliges geachtet; es wäre seine Pflicht als Papst gewesen, die Schafe Christi zu befreien und dafür auch die Machtmittel der Obrigkeit einzusetzen; er erwarte, daß der östliche und der westliche Kaiser ihn gemeinsam unterstützen würden, die Kirche Christi zu verteidigen, und daß Konstantin so als Kämpfer vor Gott denselben Beinamen (Monomachos) erhalten werde, den er bei den Menschen trage; er selbst werde nicht abstehen von seinem Bemühen, die Christenheit zu befreien[11]. *Liberanda christianitas* – wörtlich dieselbe Formulierung brauchte später Urban II. zur Begründung des ersten Kreuzzugs!

Vor allem hat Leo in seinem eigenen Heere diese Gedanken verbreitet. Handelte es sich doch jetzt nicht nur um ein gewöhnliches stadtrömisches oder kirchenstaatliches Aufgebot, sondern der Kern des Heeres war von fern herbeigeholt, nur durch die päpstliche Autorität zusammengehalten. Ein in diesem Sinne „päpstliches Heer“ hatte es wohl überhaupt noch nicht gegeben. Wenn wir hören, daß der Papst vor der Schlacht einen Fahnenträger ernannte[12], so werden wir hier zum ersten Male von einer päpstlichen Fahne sprechen dürfen; denn die älteren Fahnen der stadtrömischen Milizen oder der einzelnen kirchenstaatlichen Barone verdienten einen solchen Namen keineswegs. Daß Leo dieser Fahne eine religiöse Weihe gegeben hat, ist sehr wahrscheinlich. Denn er hat schon bei der Werbung sich nicht auf ein Soldversprechen beschränkt, sondern die religiösen Motive betont[13]. Durch Hermann von Reichenau und

---

10 Vgl. Gay, Italie mérid. S. 152.

11 JL. 4333. Nach Michel, Humbert I 59 ff. ist Humbert von Silva Candida der Diktator dieses Briefs, der auch in dem Humbert-Corpus der Handschrift Bern 292 enthalten ist, vgl. Kehr, Q. u. F. XIX 99 f.; Michel, Röm. Quartalschr. XXXIX 375 f.

12 Amatus III c. 39 S. 132. Abweichend die Nachricht in der Chronik von Montecassino II c. 84, MG. SS. VII 686.

13 Schmitthenner, Söldnertum S. 25, stellt diesen Krieg als ein rein söldnerisches Unternehmen dar.

Amatus von Montecassino wissen wir, daß der Papst den deutschen Truppen „Straflosigkeit ihrer Verbrechen“, Erlaß der Bußstrafen und Absolution von ihren Sünden in Aussicht stellte[14]; er verkündete also einen Kreuzzugsablaß[15]. Nach der Schlacht hat er mit den gefallenen Deutschen geradezu einen Kult getrieben. Der Tod in der Schlacht bei Cività wurde als christliches Martyrium anerkannt und die Toten - oder wenigstens diejenigen, die dem Papste freiwillig zugezogen waren - den Heiligen zugezählt. Gerade dieser Gesichtspunkt wurde von allen Leo-Biographen hervorgehoben, offenbar weil er eine Neuheit darstellte und großen Eindruck machte[16]. Noch nach Jahrzehnten betrachtete man die Wundertaten, die diese heiligen Märtyrer vom Himmel herab vollbracht haben sollten, als ein verheißungsvolles Beispiel für künftige Vorkämpfer der Gerechtigkeit[17]. Das sittliche Handeln der Krieger war ja für die Kirchenreformer der Kern ihrer Stellung zum Kriege: Leo IX. bemühte sich ernsthaft um die Durchführung solcher Grundsätze.

Der Papst selbst wurde bekanntlich bald auch seinerseits für heilig gehalten. Bei seinen Biographen gründete sich dieser Glaube neben dem Kampf gegen die Simonie zum guten Teil auf die frommen Kriegstaten[18]. Freilich gab es auch ganz andere Stimmen. Offenbar war Leo sich dessen bewußt gewesen, daß sein Unternehmen vom geistlichen Standpunkt aus auch seine bedenklichen Seiten hatte. Denn in seinem Brief an den griechischen Kaiser behauptete er, er habe eigentlich nicht Krieg führen, sondern die Normannen nur durch seine militärische Begleitung zum Guten schrecken wollen. Jedenfalls hatte er, wenn er auch das - von ihm selbst erneuerte[19] - Verbot des Waffentragens für den Klerus formell nicht übertreten hatte, sich doch persönlich an dem Kriegszug beteiligt, und das war manchen als unrecht erschienen. Wir werden später von dem Tadel zu sprechen haben, den er von Petrus Damiani erfuhr. Selbst Bruno von Segni, der nach einem halben Jahrhundert die Taten Leos ganz im Sinne der Heiligen-

14 Hermann von Reichenau a. 1053, MG. SS. V 132: *ob impunitatem scelerum;* Amatus III c. 23 S. 123 und c. 40 S. 133 f.

15 Gottlob, Kreuzablaß S. 40 ff.; anders Paulus, Ablaß S. 69 f.

16 Leo-Vita bei Poncelet, Anal. Boll. XXV 286 ff., 289 ff., 294; Wibert bei Watterich I 165; Anonymus bei Borgia II 324 f.; Bruno von Segni, MG. Libelli II 550 f. Derselbe Zug sogar beim Anonymus Haserensis c. 37, MG. SS. VII 265.

17 Bonizo, MG. Libelli I 589, vgl. 620; vgl. unten Kap. VIII.

18 So besonders in der Vita des Bischofs von Cervia.

19 Konzil zu Reims 1049, Migne 143, 1437.

biographien darstellte und seine Ritter bereits nach Kreuzfahrerart als *milites Christi* feierte, konnte doch die Bemerkung nicht unterdrücken, daß der Papst besser nicht persönlich mitgezogen wäre[20]. Noch charakteristischer sind die Worte des Zeitgenossen Hermann von Reichenau. Er erklärt Leos Niederlage als göttliche Strafe dafür, daß er für zeitliche Dinge Krieg geführt und sich mit Übeltätern umgeben hätte, die ihm um Straferlasses willen folgten. Er war also insbesondere mit der Ablaßgewährung unzufrieden und hat diese seine Auffassung auch darin zum Ausdruck gebracht, daß er die Ritter, die um des Ablasses willen mit dem Papst nach Italien zogen, als Gesindel hinstellte, Verbrecher und Verbannte[21]. In Wirklichkeit war diese Auffassung schwerlich richtig, da alle andern Quellen mit größter Achtung von Leos deutschen Truppen sprechen[22]. Ein Beneventaner Autor hat geradezu ein Heldenlied auf sie gedichtet[23]:

> Pro dolor! heroes moriuntur in agmine fortes!
> ...
> Si de Germanis, quorum decus extat in armis,
> Noscere plus queris, finem perpende laboris.
> Nemo retro victus fugiendo suscipit ictus.
> ...
> Iste fuit finis, natalis et ultimus illis,
> Namque dies una celorum duxit ad alta.

Die Berichte stimmen darin überein, daß die Italiener im Heere Leos als erste flohen, daß die Deutschen danach noch tapfersten Widerstand leisteten und vollständig vernichtet wurden[24]. Eigentümlicherweise ist der erste päpstliche „Kreuzzug" gerade von Deutschen ausgekämpft worden und hat zu einer völligen Niederlage geführt, während nach einem Menschenalter der erfolgreiche Jerusalem-Kreuzzug als *gesta Dei per Francos* zu einer der größten Ruhmestaten der Franzosen wurde. Es ist, als ob das Schicksal den Kreuzzugsgedanken

20 MG. Libelli II 550.

21 MG. SS. V 132.

22 Bischof von Cervia bei Poncelet, Anal. Boll. XXV 284; *viros fortissimos et honoratos;* Bruno von Segni, MG. Libelli II 550: *illa tam nobili militia.* Dazu die Stellen über die Märtyrer.

23 Anonymus bei Borgia II 321.

24 S. die Stellen bei Poncelet S. 285 f. (mit den Noten).

schon damals nicht für das deutsche Volk, sondern nur für seine Gegner bestimmt hätte.

Ebenso eigenartig ist die historische Rolle der Normannen: gerade das Volk, gegen das sich zuerst der päpstliche Kreuzzug richtete, ist nach kurzer Frist zum hauptsächlichsten Träger des Kreuzzugsgedankens geworden. Wilde Rauflust und devote Kirchlichkeit scheinen sich in ihnen auf das sonderbarste gemischt zu haben. Zweifellos war ihre Furcht vor den Höllenstrafen ebenso echt wie ihr Verlangen nach Abenteuer und Beute, und einen Kampf „gegen Gott und die Heiligen" wollten sie nicht. Sie hätten die kriegerische Auseinandersetzung mit dem Papste in letzter Stunde lieber vermieden und sich ihm untergeordnet, wenn sie seine Anerkennung für ihre Eroberungen erhalten hätten[25]. Um so tieferen Eindruck mußte das Verhalten des Papstes auf sie machen, als er die Normannenbekämpfung als heilige Sache und seine Ritter als Märtyrer feierte. Wir werden zwar der Nachricht, daß die Normannen selbst auf den Gräbern der von ihnen erschlagenen Deutschen eine Kirche und einen Konvent gegründet hätten, keinen Glauben schenken[26]. Aber es steht fest, daß sie den besiegten und gefangenen Papst mit großer Unterwürfigkeit und Devotion behandelt und eine aggressive Ausnützung ihres Sieges vermieden haben. Es ist charakteristisch, daß die normannische Überlieferung, wie sie uns bei Amatus von Montecassino vorliegt, Leo IX. durchaus recht gibt und ihn wegen seines Vorgehens lobt[27]. So wenig die Normannen gewillt waren, ihre unteritalienischen Herrschaften aufzugeben, so stark war ihr Wunsch, dabei die Kirche auf ihrer Seite zu haben.

Das war jedoch undenkbar, solange sie bei ihren wahllosen Räubereien und Überfällen blieben; da mußte die Kirche erst ein großes Stück Erziehungsarbeit leisten. Das hatte Leo IX. bereits erkannt und sich, bevor er zu den Waffen griff, darum bemüht, freilich ohne Erfolg[28]. Mehr aber scheint bald von anderer Seite aus erreicht worden zu sein, nämlich durch die Abtei *Montecassino*. Dort hatten die Mönche schon vor Leo IX. in kleinerem Maßstabe ähnliche Erfahrungen

25 Aimé III c. 38 S. 133.

26 Wibert bei Watterich I 165; vgl. dagegen Otto von Freising Chronica VI c. 33 S. 301 über die Knochenhaufen.

27 Aimé III c. 15 ff. S. 115 ff.

28 Aimé III c. 17 S. 117; Anonymus bei Borgia II 315 ff.; Bischof von Cervia bei Poncelet S. 281.

mit den Normannen gemacht wie der Papst, nur mit dem Unterschied, daß sie siegreich geblieben waren[29]. Sie hatten frühzeitig auf dem Klostergebiet Gruppen von Normannen angesiedelt, die es mit den Waffen verteidigen sollten, und damit eine Zeitlang den gewünschten Zweck auch erreicht. Dann aber hatten die Normannen angefangen, ihrerseits zu Bedrängern zu werden, die Klosterleute zu plagen, den Klosterbesitz zu berauben; um sicher zu sein, bauten sie sich gegen den Willen des Abtes eine eigene Burg. Das endete damit, daß sich im Jahre 1045 die Klosterleute gegen die Normannen erhoben, sie in ihrer Burg belagerten und von dort verjagten. In der Montecassineser Überlieferung erscheint auch dieser Kampf ganz als ein heiliger Krieg, als eine Verteidigung gegen die Feinde Gottes; man erzählte sich, der heilige Benedikt als Patron des Klosters habe mitgeholfen, sei es, daß er in einer Vision erschienen sei, wie er mit einem Stock die Normannen vor sich hertrieb, sei es, daß er bei der Einnahme der Burg selbst mitgekämpft habe, sei es sogar, daß er dabei als Fahnenträger erschienen sei. Nach diesem Ereignis hatte das Kloster im wesentlichen Ruhe vor den Normannen; die Klosterchronik erzählt, daß der plötzliche Tod eines normannischen Grafen, der noch einen Plünderzug versuchte, seine Landsleute so erschreckt habe, daß sie keinen Einfall mehr wagten[30]. Den militärischen Schutz des Klosters übernahm für einige Zeit der langobardische Graf Atenulf von Aquino; er wurde vom Abt als *defensor* eingesetzt und erhielt dabei ein Pferd und Waffen mit einer schönen Fahne[31], ein Vorgang, der uns die heiligen Fahnen französischer Klöstervögte in Erinnerung bringt.

Für die Dauer aber war es doch das Gegebene, daß diese Rolle wieder von den Normannen als den kriegstüchtigeren übernommen wurde. Die entscheidende neuerliche Annäherung zwischen Montecassino und den Normannen vollzog sich unter dem Abt Desiderius, der seit dem Jahre 1058 das Kloster leitete. Unter den Mirakeln des heiligen Benedikt, die Desiderius selbst in seinen erhaltenen „Dialogen" schildert, spielen die Wunder zur Verteidigung des Klosters und Bestrafung der Räuber eine beträchtliche Rolle[32]; wir kommen damit in diesel-

---

[29] Das Folgende nach Desiderius, Dial. II c. 22, MG. SS. XXX. II 1138 f.; Aimé II c. 43 f. S. 97 f.; Chronik von Montecassino II c. 70–72, MG. SS. VII 678–680. Vgl. Heinemann, Normannen I 96 ff.; Chalandon, Domination I 108 f.

[30] Chronik von Montecassino II c. 75, MG. SS. VII 681.

[31] Ebd. II c. 74 S. 681.

[32] Desiderius, Dial. I c. 2 und 9–13, II c. 22, MG. SS. XXX. II 1118 f., 1122 ff., 1138 f.

be Gedankenwelt hinein, die wir früher bei den französischen Reformklöstern kennenlernten. Desiderius sagt ausdrücklich, seine Erzählungen sollten allen Räubern von Kirchengut eine Warnung sein[33]. Wir können sicher sein, daß er die gleichen Lehren auch in seinem persönlichen Umgang mit den normannischen Führern verkündet haben wird. Er unterhielt gute Beziehungen sowohl zu Robert Guiskard wie zu Richard von Aversa (später von Capua), und es gelang ihm, besonders den letzteren ganz in die Rolle des Klosterbeschützers zu bringen. Auf Grund der Autorität, die Desiderius genoß, übernahm es Richard freiwillig, alle Feinde Montecassinos und alle Bedränger des Klostergutes zu bekämpfen[34]. Der Abt brauchte sich damals keine eigenen Lehnsleute mehr zu halten und nicht mehr selbst Krieg zu führen. Während viele Äbte, so schreibt Amatus, zur Verteidigung des Kirchengutes mit Rittern und Waffen kämpften, besiegte Desiderius mit seinen Mönchen schon alle seine Feinde und verteidigte den Kirchenbesitz[35]. Richard versäumte nicht, auch seinerseits das Kloster zu beschenken, und man war überzeugt, daß es der heilige Benedikt sei, der ihm in seinen Kämpfen den Sieg gäbe[36].

Durch dieses Verhältnis, wie es schon am Ende der fünfziger Jahre bestand, wurde der Boden geebnet für das weltgeschichtliche *Bündnis zwischen den Normannen und der Kirche*, das neben anderem auch für die Fortbildung des Kreuzzugsgedankens von großer Bedeutung gewesen ist. Das Verhalten der Nachfolger Leos IX. gegenüber den Normannen war nicht einheitlich gewesen. Viktor II. (1055–1057) war nach dem Bericht der Montecassineser Chronik schon früher, als er noch Bischof von Eichstätt war, gegen die Normannenpolitik Leos IX. aufgetreten und hatte die Zurückziehung des kaiserlichen Heeres, das Leo begleiten sollte, durchgesetzt[37]. Schwer zu vereinigen ist damit die Angabe der Annales Romani, daß er als Papst genau ebenso wie sein Vorgänger kaiserliche Kriegshilfe gegen die Normannen erbeten habe[38]. Größeren Glauben verdienen vielmehr die Nachrichten des Amatus und der Augsburger Annalen, daß Vik-

33 Ebd. I c. 13 S. 1126.

34 Chronik von Montecassino III c. 15 S. 707 f.; Aimé IV c. 13 S. 165.

35 Aimé III c. 52 S. 150.

36 Aimé VI c. 25 S. 262, vgl. VII c. 22 S. 293.

37 Chronik von Montecassino II c. 81 S. 684 f.

38 Annales Romani, Liber Pontif. II 334 (MG. SS. V 470).

tor mit den Normannen Frieden geschlossen habe[39]. Demgegenüber lenkte sein Nachfolger Stephan IX. (1057–1058) in die normannen-feindlichen Bahnen Leos IX. zurück und bereitete einen Kriegszug vor, worüber er dann aber hinwegstarb[40]. Nach seinem Tode erfolgte unter Nicolaus II. (1058–1061) der entscheidende Umschwung. Es ist bekannt, daß die Kurie damals die Abwendung vom Kaisertum vollzog und im Zusammenhang damit Anlehnung im Süden suchte und fand, indem die Normannen Richard von Capua und Robert Guiskard sich im Jahre 1059 zu Melfi vom Papste belehnen ließen. Hier interessiert uns dieser Vorgang nicht in seiner politischen, sondern nur in seiner ideengeschichtlichen Bedeutung[41].

Normalerweise war der Lehnsmann zur Heerfahrt verpflichtet, wenn der Lehnsherr ihn dazu einberief. Das wagte man auf die neuen päpstlichen Vasallen noch nicht einfach zu übertragen, da der heilige Stuhl noch nicht als eine regulärerweise kriegführende Macht auftrat. Die Heerespflicht der Normannen wurde vielmehr auf besondere kirchliche Zwecke beschränkt, die im Lehnseid, dessen Wortlaut wir besitzen, deutlich festgelegt wurden[42]. Jeder der beiden Normannenführer schwor dem Papste: „Ich werde der heiligen römischen Kirche und dir nach Kräften gegen alle Menschen Beistand leisten, die Regalia und Besitzungen des heiligen Petrus zu behalten und zu erwerben, und ich werde dich unterstützen, das Papsttum sicher und ehrenvoll zu behalten“; für die Zukunft kam eine besondere Verpflichtung zur Hilfeleistung bei der Papstwahl hinzu.

39 Aimé III c. 47 S. 139; Annales August. MG. SS. III 127. Vgl. Meyer v. Knonau, Jahrb. I 25; Chalandon, Domination I 161 ff.

40 Vgl. Meyer v. Knonau, Jahrb. I 77 ff.

41 Vgl. über diese Vorgänge zuletzt Vehse, Q. u. F. XXII 101 ff.; Jordan, Arch. f. Urkf. XII 71 ff.; Kehr, Belehnungen S. 10 f., 22 ff.; It. pont. VIII 11 f. n. 14–16; auch unten Kap. VI.

42 Der Eid Robert Guiskards bei Deusdedit III c. 284 f. (156 f.) S. 393 und im Liber Censuum I 421 n. 162 f. In der Ausgabe des Deusdedit hat der Herausgeber irrig die Nachurkunde von 1080 als das „Original“ angesehen und daraufhin ganz verkehrt die Abweichungen der Urkunde von 1059 als angebliche Zusätze Deusdedits kursiv gesetzt. Vgl. Kehr, Belehnungen S. 21, 23. Den Eid Richards von Capua von 1059 besitzen wir nicht, wohl aber die Wiederholung unter Alexander II. (1061) bei Deusdedit III c. 288 (159) S. 395 (zu 1079) und Albinus, Liber Censuum II 93 n. 42 (zu 1062), die in allem Wesentlichen wörtlich mit dem Eid Robert Guiskards übereinstimmt. Unbegründet sind die Einwände von Manfroni, Atti d. Ist. Veneto LXVIII. II 298 ff. gegen den Ansatz des Eides zu 1059, vgl. dagegen auch Jordan, Arch. f. Urkf. XII 72 Anm. 1 und Kehr, Belehnungen a. a. O.

Die normannischen Lehnsdienst-Verpflichtungen gingen also in eine doppelte Richtung: Schutz des Kirchenstaats und Schutz der Papstwürde als solcher.

Unmittelbar akut war davon der zweite Teil. Denn noch hielt sich der Gegenpapst Benedikt X. in der Burg Galera. Ihn hat Richard von Capua mit einem normannischen Heere in der Tat noch im gleichen Jahre 1059 vertrieben[43]. Richards Waffen waren es auch, die zwei Jahre später die Inthronisation Alexanders II. ermöglichten[44]. Im Schisma des Cadalus, das nun folgte, hat er sich seinem Lehnsherrn allerdings versagt; immerhin haben andere Gruppen von Normannen auch damals auf seiten Alexanders mitgefochten[45]. Jedenfalls hatten nach dem Wesen des Lehnsverhältnisses, wie es 1059 begründet wurde und zunächst bestimmungsgemäß funktionierte, die päpstlichen Vasallen Heeresdienst zu leisten wie die Vasallen eines Königs, dieser Heeresdienst aber hatte eine spezifisch kirchliche Bestimmung und mußte deshalb einen gewissen Kreuzzugscharakter haben.

Diesen Sondercharakter können wir leider im allgemeinen aus den Quellen nicht näher belegen, da wir über jene Normannenkämpfe in päpstlichen Diensten meist nur spärliche chronikalische Nachrichten besitzen. Nur über die römischen Kämpfe im Schisma des Cadalus (1062 und 1063) wissen wir mehr. Benzo von Alba, der selbst in führender Stellung auf seiten des Cadalus an ihnen teilnahm, schildert sie uns ganz als heiligen Krieg: die Schar Gottes steht gegen die Diener des Satans, in den Lüften erscheinen die Apostel mit weißen Fahnen und kämpfen mit, ebenso die Heiligen Mauritius und Carpophorus[46]. Von der Gegenseite haben wir ähnliche Äußerungen im Gedicht des Rangerius von Lucca, der auf das alttestamentliche Beispiel der Richterin Deborah und auf den himmlischen Lohn für die Kriegstaten verweist[47]. Zwar war die traditionelle Ansicht, daß ein Kirchenfürst nicht zu Blutvergießen Anlaß geben solle, deswegen nicht beseitigt, vielmehr machte jeweils die eine Partei der andern entsprechende Vorwürfe[48]. Lampert von Hersfeld tadelt sogar beide gleichzeitig,

---

43 Vgl. Meyer v.Knonau, Jahrb. I 125f.; Heinemann I 177, 229; Chalandon I 167 f. Hyperkritisch Fliche, Moyen âge XXI 158 f.

44 Meyer von Knonau I 219 ff.; Heinemann I 231; Chalandon I 212 f.

45 Vgl. Heinemann I 242; Meyer von Knonau I 311.

46 Benzo II c. 9 u. 17 f., MG. SS. XI 616, 620 f.

47 Rangerius v. 204 u. 330, MG. SS. XXX. II 1161, 1164; auch v. 311 ff. S. 1163 f.

48 Annales Altahenses a. 1063 S. 61 f.; Vita Anselmi c. 19, MG. SS. XII 19; Petrus Damiani I ep. 21, Migne 144, 252; auch Benzo selbst, II c. 2, MG. SS. XI 613.

weil sie zu den Waffen gegriffen und Blut vergossen hätten[49]. Beförderung und Ablehnung der Idee des heiligen Krieges gingen immer noch durcheinander, ohne daß sich an dieser Stelle bestimmte Tendenzen zur Klärung des Gegensatzes nachweisen ließen. Aber es versteht sich, daß das Papsttum gegenüber seinen Lehnkriegern nur von einer Bejahung des heiligen Krieges ausgehen konnte.

Fragen wir ferner, wie weit die Normannen der übernommenen Verpflichtung zur Durchsetzung der päpstlichen Rechte im Kirchenstaat nachgekommen sind, so wissen wir darüber nahezu gar nichts, und es scheint, daß wenigstens in der ersten Zeit weder Richard von Capua noch Robert Guiskard irgend etwas in dieser Richtung getan haben. Wohl aber hören wir das von Richards Schwiegersohn, dem Normannen Wilhelm von Montreuil. Nach der Erzählung des Amatus von Montecassino überwarf sich Wilhelm im Jahre 1064 mit seinem Schwiegervater und begab sich daraufhin in den Dienst des Papstes: er wurde seinerseits päpstlicher Vasall und versprach, die Campagna und andere Gebiete, d. h. offenbar den ganzen südlichen Kirchenstaat, für den heiligen Stuhl zu verteidigen oder zu erwerben[50]. Er erhielt damit wohl die Stellung eines *procurator patrimonii sancti Petri,* wie wir sie aus einem kurialen Eidformular kennen[51]. Von besonderem Interesse sind die wesentlich jüngeren, aber glaubwürdigen Mitteilungen des Ordericus Vitalis über diesen Mann. Er schreibt nicht nur, Wilhelm sei Führer des römischen Heeres gewesen und habe die Campagna dem heiligen Petrus unterworfen – hierin also in wesentlicher Übereinstimmung mit Amatus –, sondern auch, er habe das *vexillum sancti Petri* geführt[52]. Die Petersfahne, die uns hier zum ersten Male begegnet, wird uns noch speziell beschäftigen. Auf Grund unserer früheren Beobachtungen über die Heiligenfahnen dürfen wir aber schon hier feststellen, daß die Verwendung eines solchen Symbols eine religiöse Weihe des zu führenden Krieges bedeuten mußte.

Sind auch die positiven Zeugnisse dafür, daß die normannischen Kämpfe in päpstlichen Diensten Kreuzzugscharakter trugen, nicht eben bedeutend, so müssen wir diesen doch als in der Sache liegend voraussetzen, da die Päpste

---

[49] Lampert a. 1064 S. 91.

[50] Aimé VI c. 1 S. 237, vgl. c. 7 S. 241. Unter *la Campaingne* versteht Amatus nicht etwa Campanien, sondern die Campagna, und zwar insbesondere die Gegend des Sacco-Tales. Zur Sache vgl. Chalandon I 219f.; Gesta ducum Normannorum c.23, MG. SS. XXVI 7.

[51] Deusdedit III c. 283 (155) S. 392; Liber Censuum I 421 n. 161. Vgl. Greg. Reg. I 18a, S. 30.

[52] Ordericus Vitalis lib. III c. 3 u. 5, Bd. II 56 u. 87.

nicht mehr wie früher bloß auf Grund ihrer landesherrlichen Stellung im Kirchenstaat Kriegsdienste von ihren Untertanen beanspruchten, sondern auch von Auswärtigen auf der Basis ihrer spezifisch päpstlichen Autorität. Die volle Bedeutung des Lehnsverhältnisses tritt aber erst dadurch ins Licht, daß außer dem Lehnsdienst für die Kurie auch die normannische Herrschaft in Unteritalien selbst einen gewissen christlichen Charakter bekam. Für die Normannen war der Zweck der Lehnsnahme eine Legitimierung ihrer durch keinerlei Rechtstitel gedeckten Herrschaft. Man kann fragen, woher der Papst das Recht zur lehnsrechtlichen Verfügung über Unteritalien nahm; denn wenn man von der Lage ausgeht, wie sie zuletzt unter Heinrich III. bestanden hatte, so war das päpstliche Vorgehen ein Einbruch in die kaiserlichen Rechte. Es wäre aber überflüssig, nach einer etwaigen Rechtsgrundlage in der konstantinischen oder den karolingischen Schenkungen zu suchen[53]. Vielmehr entspricht es durchaus der Sachlage, wenn das Papsttum seine Rechte unmittelbar aus der religiösen Sphäre herleitete. Der Wahrheit am nächsten kommt doch wohl die Auffassung des Amatus von Montecassino, der dem Robert Guiskard bei der Ablehnung der Oberhoheitsansprüche Heinrichs IV. unter anderem folgende Worte in den Mund legt[54]: „Um Gottes Hilfe und das Gebet der Heiligen Petrus und Paulus zu erwerben, denen alle Reiche der Welt unterworfen sind, habe ich mich ihrem Vikar, dem Papst, mit allem meinem eroberten Land unterworfen und es aus der Hand des Papstes empfangen, damit er mich durch Gottes Kraft vor der Bosheit der Sarazenen bewahre und ich den Übermut der Fremden besiegen könne. Der Allmächtige hat mir den Sieg gegeben und mir das Land unterstellt, deshalb muß ich ihm unterworfen sein für die Gnade des Sieges, und von ihm erkläre ich das Land zu haben." Damit waren in kühner Metamorphose Staatsrecht und Religion, Politik und Frömmigkeit gleichgesetzt. Was brauchte man bei solcher Motivierung noch spezielle Rechtstitel?

Diese sicherlich beiden Teilen konvenierende Doktrin stellte die gesamte Kriegstätigkeit der Normannen in das Licht eines Kreuzzugs. Es ist kein Zufall, daß hier insbesondere auch von der Bekämpfung der Muslime die Rede ist. Denn die Idee des Heidenkampfes hat offenbar schon bei den Abmachungen des Jahres 1059 eine Rolle gespielt. Das zeigt sich daran, daß Robert Guiskard den

53 Hier stimme ich den Darlegungen von Manfroni, Atti d. Ist. Veneto LXVIII. II 304, zu. Vgl. auch Kehr, Belehnungen S. 15.

54 Aimé VII c. 27 S. 299 f.

Lehnseid leistete mit dem Titel: „von Gottes und Sankt Peters Gnaden Herzog von Apulien und Calabrien und mit beider Hilfe künftig von Sizilien." Die Nennung *Siziliens* ist auffallend, denn die Insel war damals noch unangefochten in muslimischen Händen, und der Angriff der Normannen auf sie begann erst ein bis zwei Jahre später. Der Titel schloß also ein noch in der Zukunft schwebendes Eroberungsprogramm in sich, dessen erstmaliges Auftauchen gerade im Lehnseid offenbar damit zusammenhängt, daß nur in Sizilien ein heidnischer Gegner gegenüberstand, während Apulien und Calabrien den christlichen Griechen abgenommen wurden. Im Einklang damit stellen die normannischen Geschichtsschreiber das sizilische Unternehmen von vornherein als einen Kreuzzug dar. Sowohl Gaufried Malaterra wie Amatus von Montecassino beschäftigen sich ausdrücklich mit dem Beschluß zur Überfahrt und geben ihm eine religiöse Begründung[55]; Amatus stellt die Dinge überhaupt so dar, als wären die Normannen schon vorher in erster Linie um des Sarazenenkrieges willen nach Italien gekommen[56].

Natürlich kann man die Echtheit solcher Motive auch beim Sizilienkrieg anzweifeln. Der Skeptiker wird sich insbesondere darauf berufen, daß die muslimische Bevölkerung nach der Eroberung weder missioniert noch etwa vernichtet, sondern in Ruhe bei ihrem Glauben belassen wurde. Sogar bei den Eroberungskämpfen selbst hatten die Normannen zeitweise muslimische Hilfstruppen und einen muslimischen Unterführer[57]. Doch ist zu beachten, daß die Christianisierung der Bevölkerung niemals als das Ziel ausgegeben wurde. Vielmehr sollte es sich darum handeln, daß die auf der Insel wohnenden Christen nicht mehr in Knechtschaft lebten, das Christentum dort vielmehr die Herrschaft hätte und der christliche Kult mit gebührendem Glanze hergestellt würde[58]. Besonders betont wurde dabei, daß das Land früher christlich gewesen und die Muslime ihrerseits gewaltsame Eindringlinge wären[59]. Die Motivierung war also nicht

---

55 Gaufried Malaterra II c. 1 S. 29; Aimé V c. 7 S. 202 f.

56 Vgl. oben S. 106; dazu Aimé I c. 30 S. 38 f.

57 Nach dem Zeugnis Eadmers, Vita Anselmi II c. 46 (MG. SS. XIII 142) soll Roger von Sizilien es seinen sarazenischen Truppen sogar verboten haben, zum Christentum überzutreten.

58 Aimé V c. 12 S. 207; Gaufried Malaterra II c. 1 S. 29. Gaufried spricht hier auch insbesondere von den Einkünften der Insel, die Roger im Dienste Gottes verwenden würde. Vgl. ferner IV c. 7 S. 88 f.

59 Aimé V c. 9 S. 205.

wesentlich verschieden von der zum ersten Kreuzzug und darf deshalb in ihrer Tragweite bereits ähnlich beurteilt werden.

Es wäre selbstverständlich falsch, die religiösen Antriebe als allein ausschlaggebend anzusehen: der Angriff auf Sizilien wäre wohl auch erfolgt, wenn die Insel unter christlichen Herren gestanden hätte. Tatsache ist aber, daß die Normannen den sizilischen Krieg in so hohem Maße als Kreuzzug geführt haben, wie wir das in früherer Zeit von keinem anderen aggressiven Heidenkriege wissen. Wir hören zu wiederholten Malen, daß die Krieger vor der Schlacht beichteten und kommunizierten[60], daß die Ansprachen der Führer sich weitgehend in religiösen Gedankengängen hielten[61], daß die Beute nach dem Siege der Kirche dargebracht[62] oder daß an den eroberten Orten sogleich Kirchen gebaut oder feierliche Messen abgehalten wurden[63]. Am instruktivsten ist die ausführliche Schilderung, die uns Gaufried Malaterra von der Schlacht bei Cerami (1063) bietet[64]. Sie ist besonders berühmt dadurch, daß damals zum ersten Male der Ritter Sankt Georg, der nachmalige Patron der Kreuzfahrer, erschienen sein soll: die Normannen erblickten danach vor ihren Reihen den Heiligen in Gestalt eines strahlend bewaffneten Ritters auf weißem Pferde, in der Hand eine weiße Fahne mit glänzendem Kreuz. Zugleich erschien wunderbarerweise an der Lanze des normannischen Führers, des Grafen Roger, ebenfalls eine Fahne mit einem Kreuz; auch dies eigenartige Fahnenmotiv ist für die Symbolik des heiligen Krieges von Interesse. Ebenso bedeutsam sind Worte, die der Graf vor der Schlacht gesprochen haben soll: Christus werde sein Abzeichen, mit dem sie alle bezeichnet seien, nicht verlassen. Gemeint ist das Kreuz, das freilich als Abzeichen noch nicht materiell, sondern nur in der Bekreuzigung der Stirn seit der Taufe vorhanden war; aber es ist der Gedankengang, der zur Bezeichnung der Kleider mit dem Kreuz führte. Schließlich sind die Ereignisse nach der Schlacht von Bedeutung. Roger sandte, da er seinen Sieg dem heiligen Petrus zu verdanken meinte, zum Zeugnis des Sieges einen Teil der Beute an den Papst Alexander II.; dieser erwiderte, indem er den Kriegern die Absolution spendete und im

60 Aimé V c. 22 S. 214; Gaufried Malaterra II c. 33 S. 42; IV c. 2 S. 86; Wilhelm v. Apulien III v. 235 ff., MG. SS. IX 270.

61 Aimé V c. 12 S. 207; c. 18 S. 211; c. 22 S. 214; Gaufried Malaterra 11 c. 33 S. 43 f.

62 Aimé V c. 10 S. 206; Gaufried Malaterra II c. 6–7 S. 31; c. 33 S. 44.

63 Aimé VI c. 14 S. 250; c. 19 S. 256; Gaufried Malaterra III c. 19 S. 68 f.; Wilhelm v. Apulien III v. 332 ff., MG. SS. IX 272.

64 Gaufried Malaterra II c. 33 S. 42 ff.

Namen des heiligen Stuhls eine Fahne sandte, mit der sie im Vertrauen auf den Schutz des heiligen Petrus sicher die Muslime angreifen sollten. Er bekundete damit ein besonderes päpstliches Patronat über diesen Krieg. An die Stelle der geistlichen Rolle des Königtums oder der Landesverteidigung, die wir bei anderen Heidenkriegen beobachtet hatten und die der Ausbildung der eigentlichen Kreuzzugsidee hemmend im Wege stand, trat hier der Einsatz der päpstlichen Autorität. Damit tritt der Kreuzzugscharakter dieser Kämpfe klar hervor; die Idee des Heidenkrieges und die besonderen ethischen Antriebe der Reformzeit hatten sich gefunden.

Wir können somit dem normannisch-päpstlichen Bündnis von 1059 auch in der Entwicklung des Kreuzzugsgedankens eine entscheidende Bedeutung beimessen. Und doch dürfen wir es nicht einseitig in den Vordergrund rücken. Denn es waren damals nicht nur die unteritalischen Normannen, die in ihren Kriegen im Einverständnis mit der Kurie den Kreuzzugsgedanken aufnahmen; vielmehr läßt sich in den sechziger Jahren das gleiche auch in Frankreich beobachten, bei den dortigen Normannen sowohl wie bei anderen französischen Stämmen. Man kann in diesem Zusammenhang auf das Verhalten Wilhelms von der Normandie bei seinem Zuge nach England (1066) verweisen, wovon wir noch sprechen werden. Noch bedeutsamer ist der *Spanienkreuzzug* von 1064, der zur vorübergehenden Einnahme von Barbastro führte. Seit etwa der Mitte des Jahrhunderts waren die christlichen Spanier in verstärktem Maße im Vordringen gegen den Islam[65]. An diesen Kämpfen beteiligten sich auch Nichtspanier, die wir zuerst beim Krieg um Barbastro in größerer Zahl feststellen können. Den Eindruck, den jenes Unternehmen bei den Zeitgenossen hinterließ, zeigen uns am besten die übertreibenden Worte des Amatus von Montecassino[66]: „Damit die christlichen Glaubenspflichten erfüllt und der verruchte Wahnsinn der Sarazenen vernichtet würde, vereinigten sich durch Eingebung Gottes die Könige, Grafen und Fürsten in einem Willen und einem Plan. So wurde eine große Truppenmenge versammelt, ein starkes Ritterheer von Franzosen, Burgundern und anderen, und mit ihnen waren die tapferen Normannen. Sie zogen nach Spanien, um die Ritterschaft, die die Sarazenen zusammengebracht hatten, zu belagern und den Christen zu unterwerfen ... Und sie riefen die Hilfe Gottes an, darum war Gott gegenwärtig zur Unterstützung derer, die ihn gebeten hat-

---

65 Vgl. oben S. 97.

66 Aimé I c. 5 S. 11 f.

ten. So siegten die Gläubigen in der Schlacht, und ein großer Teil der Sarazenen wurde getötet; und sie dankten Gott für den Sieg, den er seinem Volk gab." In Wirklichkeit war freilich, wenn wir von den Spaniern absehen, kein einziger „König" an dem Unternehmen beteiligt, wohl aber Herzog Wilhelm von Aquitanien und bedeutende Kontingente aus verschiedenen Teilen Frankreichs[67]. Offenbar handelte es sich bereits wie beim ersten Kreuzzug um ein Heer von Freiwilligen, die um des heiligen Heidenkampfes willen zusammengeströmt waren. Interessant ist auch, daß zur gleichen Zeit (1064) die katalanischen Bischöfe und Fürsten einen Gottesfrieden verkündeten. Sie erklärten dabei ausdrücklich, daß sie im Begriffe wären, einen Kriegszug zu unternehmen, und bestimmten, daß unterdessen sowohl die Teilnehmer an dem Zuge wie die Daheimbleibenden untereinander Frieden halten sollten[68]. Diese für einen Gottesfrieden noch ungewöhnliche Bestimmung zeigt, daß hier schon ebenso wie 1095 in Clermont der Gottesfriede unter den Christen mit dem Kreuzzuge gegen die Heiden im Zusammenhang stand.

Auch das Papsttum war an diesem Kreuzzuge beteiligt[69]. Alexander II. hat im Jahre 1063, als sich die Ritter in Südfrankreich für das spanische Unternehmen sammelten, nicht nur in mehreren Dekretalen eine Belästigung der Juden durch die Spanienfahrer verboten[70], sondern auch in einem Schreiben an den *clerus Vulturnensis* einen Ablaß für die Teilnehmer am Zuge nach Spanien verkündet[71]. Es ist dies der erste päpstliche Kreuzablaß, dessen Wortlaut wir

---

67 Boissonnade, Roland S. 24 f. und Revue d. quest. hist. LX 271 ff., dessen Zitate allerdings mehrfach zu korrigieren sind. Nicht zu beweisen ist die Teilnahme von Italienern, vgl. unten Anm. 71 und 75.

68 Fita, Boletín XVII 389 ff., besonders S. 392 Art. 9.

69 In dieser Beziehung bietet Boissonnade, Roland S. 24, teilweise auch in Revue d. q. h. LX 271 ff., starke Übertreibungen, die Halphen, Essor S. 56 übernommen hat. Daß Alexander in Italien, Frankreich, Ostspanien usw. das Kreuz habe predigen lassen, ist Phantasie, und daß er Subsidien dafür erhoben habe, beruht auf einem Mißverständnis der Urkunde des Arnald Mir von 1068 (nicht 1067) bei Villanueva, Viage IX 260, in der nur von einem Schutzzins des Klosters Ager an die Kurie und von Geldgeschenken des Stifters an die Päpste Nicolaus und Alexander die Rede ist (vgl. Kehr, Spanien I 179).

70 JL. 4528, 4532, 4533.

71 JL. 4530, überliefert in der Collectio Britannica, s. Ewald, NA. V 338. Ewald S. 331 Anm. 1 deutet *Vulturnensis* auf Castel Volturno in Campanien, und das ist seitdem überall wiederholt worden. Aber dieser Ort – er hieß im Mittelalter *Castellum marin (ad Vulturnum)*, s. Alexander Telesinus II c. 64 bei Muratori, Scriptores V 632 – ist

besitzen[72]; er enthält genau wie später einen Erlaß der Bußstrafen, ist also ein Ablaß im eigentlichen Sinne, und wir dürfen wohl schließen, daß es sich in anderen etwa gleichzeitigen Fällen, insbesondere bei der von Alexander II. nach Sizilien gesandten „Absolution", bereits um das gleiche gehandelt hat[73]. Ein weiteres Eintreten des Papstes für diesen Zug läßt sich daraus erschließen, daß der arabische Chronist Ibn-Chaijan den Führer der fremden Kreuzfahrer beim Kampf um Barbastro als „Befehlshaber der Reiterei Roms" bezeichnet[74]. Wie der Chronist zu dieser Titulatur kommt, ist schwer zu sagen; am nächsten liegt die Annahme, daß es sich um den Träger einer vom Papst verliehenen Fahne handelte, wie wir sie bereits in denselben Jahren 1063 und 1064 in den Personen Rogers von Sizilien und Wilhelms von Montreuil kennengelernt haben[75] und weiterhin noch mehr kennenlernen werden. Danach würde Alexander II. einem der Kreuzzugsführer, also wohl dem Herzog Wilhelm von Aquitanien oder dem Normannenführer Robert Crespin, ein *vexillum sancti Petri* verliehen haben. Auch wenn diese Hypothese nicht zutrifft, haben wir doch aus den Worten Ibn-Chaijans zu schließen, daß zwischen Rom, also dem Papsttum,

ein kleines Castrum, dessen „Klerus" schwerlich mehr als einen Priester umfaßt haben dürfte und als Empfänger einer solchen Ablaßurkunde nicht in Frage kommt. *Vulturnensis* muß vielmehr ein Bistum bezeichnen. Man könnte an Volterra denken, für das die Formen *Vulternensis* und *Vulturnensis* vorkommen (s. MG. Const. I 545 Z. 18 und 572 Z. 16), oder an Volturara (ebd. *Vulturnensis),* aber wahrscheinlicher ist doch wohl, daß die Namensform entstellt und ein französisches Bistum gemeint ist. Vgl. jetzt auch Kehr, It. pont. VIII 236 f.

[72] Vgl. Paulus, Ablaß 1 195.

[73] S. oben S. 129, dazu auch Paulus a. a. O.

[74] Dozy, Recherches II 341, 350; Fita, Boletín XVII 405.

[75] Dozy, Recherches II 350 ff. hat die These aufgebracht, Wilhelm von Montreuil selbst sei als päpstlicher Anführer in Spanien gewesen, und das ist seitdem mehrfach wiederholt worden, obgleich sich diese Vorstellung mit dem, was wir aus Amatus von Montecassino über Wilhelm von Montreuil (der wohl überhaupt erst Ende 1064 oder 1065 in päpstliche Dienste trat, also nach der Einnahme von Barbastro) wissen, nicht vereinigen läßt und obgleich bereits Delarc (Aimé S. 248 f.) mit Recht Einspruch erhoben hat. Ebensogut wie auf Wilhelm von Montreuil könnte man dann auch auf Roger von Sizilien raten; denn es ist eine durchaus irrige Vorstellung, daß es jeweils nur einen Träger der Petersfahne gegeben habe. Anderseits legt Fita a. a. O. besonderes Gewicht darauf, daß Ordericus Vitalis (vgl. oben Anm. 52) Wilhelm von Montreuil *Romani exercitus princeps militiae* nennt; da könnte man aber ebensogut auf den Archidiakon Hildebrand verweisen, der nach Landulf von Mailand III c. 15 (MG. SS. VIII 83) zu jener Zeit *Romanam militiam sicut imperator regebat!*

und dem betreffenden Befehlshaber irgendwelche konkreten Beziehungen bestanden haben müssen.

Zu diesen schon früher bekannten Einzelheiten läßt sich neuerdings noch eine weitere hinzufügen: die Entsendung eines päpstlichen Legaten. Die Kurie hatte bis dahin zum eigentlichen Spanien (wozu Katalonien damals noch nicht gerechnet werden kann, da es stärker mit Frankreich zusammenhing) noch keine feststellbaren Beziehungen unterhalten. Diese setzen vielmehr erst ein mit der Entsendung des Kardinals Hugo Candidus, welche, wie wir jetzt wissen, ins Jahr 1063 fällt[76]. In demselben Jahre, in dem in Südfrankreich zu dem spanischen Unternehmen gerüstet wurde und der Papst seine darauf bezüglichen Schreiben erließ, begab sich auch der Legat zunächst nach Südfrankreich, um von dort nach Spanien weiterzuziehen. Es ist kaum zu bezweifeln, daß dazwischen ein Zusammenhang bestand[77]. Mag es auch vielleicht zu kühn sein, Hugo Candidus geradezu als Kreuzzugslegaten zu bezeichnen, so kann seine Sendung doch jedenfalls als ein neuer Beleg für das Interesse der Kurie am spanischen Zug gelten.

Halten wir die verschiedenen Tatsachen zusammen, die wir aus der ersten Hälfte der sechziger Jahre berichten konnten, so berechtigen sie uns, von einem besonderen Aufschwung der Idee des heiligen Krieges in jener Zeit zu sprechen[78]. Und noch an einem ganz anderen Punkte trat in jenen Jahren eine eigentümliche Ausbildung der Idee des kirchlichen Krieges und des christlichen Rittertums hervor: bei der halb kirchlichen, halb sozialen Volksbewegung in Mailand, die man als *Pataria* bezeichnete[79]. Es gehörte von vornherein zum Wesen dieser „religiösen Laienbewegung" gegen den beweibten und simonistischen Klerus, daß sie zur Durchsetzung ihrer kirchlichen Forderungen vor der Anwendung von Gewalt nicht zurückscheute[80]. Ein solches Recht hatte

76 Vgl. Kehr, Papsttum und Aragon S. 10 ff.; Lerner, Hugo Candidus S. 18 ff.; dazu vor allem jetzt Ramackers, Q. u. F. XXIII 22 ff.

77 Fita, Boletín XVII 406, nimmt außerdem an, daß die von den Gesta comitum Barchinonensium behauptete Teilnahme des Kardinals an der Gesetzgebung des Grafen von Barcelona auf den Gottesfrieden von 1064 zu beziehen sei. Das würde gut passen, bleibt aber leider ungewiß, da der Text des Gottesfriedens den Kardinal nicht nennt.

78 Man kann ferner daran erinnern, daß ins Jahr 1063 ein Angriff der Pisaner auf die sizilischen Muslime fällt, vgl. Heinemann I 210 f.

79 Vgl. über die Pataria zuletzt Brown, Archivio stor. lomb. LVIII 227 ff., der freilich nicht gerade in die Tiefe dringt; auch Whitney, Essays S. 143 ff.

80 G. Tellenbach, Besprechung der Arbeit von Brown in Q. u. F. XXIII 284.

man in älterer Zeit wohl der legitimen Obrigkeit zuerkannt, nicht aber einer tumultuarischen Volksbewegung, die noch dazu hauptsächlich von den unteren Schichten der städtischen Bevölkerung getragen war. Mit der Zeit verknüpfte sich nun mit diesem kirchlichen „Widerstandsrecht" eine religiöse Kriegsidee. Den Klerikern Landulf und Ariald, die zuerst (seit etwa 1057) allein die Leitung der Pataria innehatten, warf man vor, sie lieferten durch ihre Predigt dem Volk scharfe Schwerter[81]. Ariald sowohl wie später der Priester Liudprand haben in wiederholten Straßenkämpfen, mit dem Kreuze in der Hand, das Volk geführt[82]. Dabei soll Ariald den Grundsatz verkündet haben, der Christ dürfe für nichts das Schwert tragen außer für die Verteidigung des Glaubens[83].

Besonders trat diese Seite der Pataria hervor, als sie um 1064 in der Person des Erlembald einen ausgesprochen ritterlichen Führer erhielt. Erlembald war vornehmer Abkunft, zugleich aber durch Almosen und Demutsbezeugungen als frommer Mann bekannt. Er war zu jener Zeit gerade von einer Jerusalem-Wallfahrt zurückgekehrt und trug sich mit dem Gedanken, die Welt zu verlassen und Mönch zu werden[84]. Da wandte sich Ariald an ihn und bat ihn, davon abzustehen; er werde sich ein höheres Verdienst bei Gott erwerben, wenn er Laie bliebe und mit seinem Schwert für den katholischen Glauben und die Befreiung der Kirche kämpfte wie einst Mathathias und seine Söhne[85]. Ariald vertrat also die Idee des geistlichen Ritterums, der *nova militia,* wie sie zwei Generationen später durch Bernhard von Clairvaux gefeiert wurde, in der Zeit Alexanders II. aber noch etwas Neues war. Erlembald hatte Bedenken, die uns verständlich werden, wenn wir die Äußerungen der Gegenpartei hören. Selbst der maßvolle Arnulf hält ihm vor, daß er eine ihm nicht geziemende Aufgabe übernommen habe und als Laie in die kirchliche Sphäre eingebrochen sei[86]. Erlembald beschloß, sich bei frommen Männern Rats zu erholen, ob er auf die Worte Arialds

---

81 Landulf von Mailand III c. 1, MG. SS. VIII 73 f.

82 Andreas von Strumi c. 19, MG. SS. XXX. II 1064; Landulf III c. 30, ebd. VIII 97.

83 Andreas c. 19 S. 1063.

84 Andreas c. 15 S. 1059 f.; vgl. Landulf III c. 14 S. 82 f.

85 Andreas a. a. O. Die Darstellung Landulfs a. a. O., der erst um 1100 schreibt, braucht Formulierungen (*Dei et catholicae ecclesiae miles* im Gegensatz zum *saeculi miles*), die in diesem Zusammenhang späteren Datums sein werden, und steht offenbar schon unter dem Eindruck des ersten Kreuzzugs (*Liberasti sepulcrum Dei, libera igitur ecclesiam eius*).

86 Arnulf von Mailand III c. 16 f., MG. SS. VIII 21 f.

vertrauen dürfe. Er besuchte deswegen verschiedene Einsiedeleien und Klöster und zog zuletzt nach Rom. Überall, so wird erzählt, und jedenfalls in Rom gab man Ariald recht[87]; der Papst selbst erteilte Erlembald den strikten Befehl, nach Mailand zurückzukehren und Ariald zu folgen. Seitdem übernahm Erlembald die militärische Leitung der Pataria. Reichlich ein Jahrzehnt hindurch hat er in wiederholten Kämpfen seine Anhänger angeführt, um schließlich im Jahre 1075 als Märtyrer zu fallen[88]. Er wurde alsbald für heilig gehalten[89] und ist damit der erste ritterliche Heilige der Weltgeschichte. Was einstmals Odo von Cluny in seiner Vita Gerhards von Aurillac, noch zaghaft und widerspruchsvoll, vertreten hatte, das hat Erlembald zur Tat gemacht.

Bezeichnenderweise fehlte auch hier das Papsttum nicht. Es war bekanntlich schon frühzeitig mit der Pataria im Bunde, und dies Verhältnis verstärkte sich, als der Mailänder Anselm von Baggio, der bei manchen als Mitbegründer der Pataria galt, als Alexander II. den Papstthron bestieg. Wie schon erwähnt, hat er in der Laufbahn Erlembalds den Ausschlag gegeben. Alle drei Mailänder Berichterstatter erzählen davon, daß er dem Mailänder Ritter eine Siegesfahne, das *vexillum sancti Petri,* übergab[90]; dadurch wurde öffentlich kundgetan, daß das Papsttum auf seiner Seite war und seine Kämpfe als eine heilige Sache ansah. Zugleich trat Erlembald in ein besonderes Gehorsamsverhältnis zum Papst[91]; das gehörte wohl zu seiner geistlichen Ritterschaft. Später ist er nochmals in Rom gewesen und hat außerdem in wiederholtem schriftlichem Verkehr mit Alexander II. und Gregor VII. gestanden[92]. Nach seinem Tode ließ Gregor VII. auf

---

87 Andreas a. a. O.

88 Arnulf III c. 24, MG. SS. VIII 25; IV c. 10 S. 28; Andreas c. 20, ebd. XXX. II 1065; Landulf III c. 30, ebd. VIII 97; Bonizo, MG. Libelli I 597 ff., 604 f.

89 Schwäb. Annalist a. 1077, MG. SS. V 305 f.; Bonizo, MG. Libelli I 620.

90 Arnulf III c. 17, MG. SS. VIII 22, vgl. IV c. 10 S. 28; Andreas c. 15, ebd. XXX. II 1059, vgl. c. 20 S. 1065; Landulf III c. 15, ebd. VIII 83 f., vgl. c. 30 S. 97. Arnulf sowohl wie Landulf stoßen sich gerade an der Fahne als einem Zeugnis des päpstlichen Segens. Unkritisch Pellegrini, Arialdo ed Erlembaldo S. 191 ff.

91 Andreas a. a. 0.: *sub inevitabili imperio*; Landulf a. a. 0.: *sub quandam obedientiam et inauditam* (!); Annalist, SS. V 305: *pro oboedientia quam ipsi domnus papa Alexander pro huiusmodi inposuit.*

92 Arnulf III c. 17 u. 19 f., MG. SS. VIII 22 u. 23; Greg. Reg. I 25–28 S. 41 ff.

der Fastensynode von 1078 die am Grabe geschehenen Wunder bekanntgeben, und Urban II. hat 1095 eine feierliche Translation seines Leichnams veranlaßt[93].

Doch wir brauchen nicht vorzugreifen. Die Begründung der Stellung Erlembalds durch die Verleihung der Petersfahne fällt noch ungefähr ins Jahr 1064, also in dieselbe Zeit, in der wir auch sonst schon einen Aufschwung der Idee des heiligen Krieges konstatierten. Überall finden wir dabei die Kurie beteiligt, nicht nur bei den Kämpfen in Rom und im Kirchenstaat, sondern auch in Sizilien, in Spanien und Mailand. Es liegt also eine einheitliche *Haltung der Reformkurie* vor, bei Alexander II. und Nicolaus II. ebenso wie bei Leo IX. In verstärktem Maße wiederholt sich hier die Beobachtung, die wir schon für die vorhergehende Zeit gemacht hatten: daß es gerade die Männer der Kirchenreform waren, die den Gedanken des heiligen Krieges vertraten und zu verwirklichen suchten[94]. Die Tatsache eines inneren Zusammenhanges ist insbesondere im Falle der Pataria evident, aber auch bei der Normannenpolitik der Kurie unverkennbar: die Reform des Rittertums war ein Korrelat zur klerikalen und kirchenpolitischen Reform. Die heiligen Kriegsziele konnten dabei ganz verschiedene sein; neben den Heidenkrieg trat der innerkirchliche Kampf für religiös-sittliche Zwecke und kirchliche Parteiung, als dessen Sonderform es drittens seit Leo IX. den „hierarchischen" Krieg im unmittelbaren Dienst des Papsttums oder des Kirchenstaats gab. Das Papsttum hatte es in der Hand, welche dieser drei unter Alexander II. noch gleichmäßig hervortretenden Linien es entwickeln wollte.

Unsere Beobachtungen haben sich auf die Taten, nicht auf die theoretischen Äußerungen der Kurie gegründet. Wir wären berechtigt zu der Erwartung, daß sich ein Niederschlag der festgestellten Bestrebungen auch bei den damaligen kurialen Theoretikern finden müsse, vor allem also bei Petrus Damiani und Humbert von Silva Candida. Aber da erleben wir eine Enttäuschung.

Petrus Damiani war ein bewußter Gegner des heiligen Krieges[95]. In ausführlicher Darlegung setzt er auseinander, daß die Kirche sich nicht rächen dürfe, wenn sie gewaltsam bedrückt oder beraubt werde. Der Leiter einer Kirche dürfe

93 Schwäb. Annalist, MG. SS. V 305; Grabschrift bei Puricellus, De Arialdo S. 369 (Migne 143, 1500) und Pellegrini, Arialdo ed Erlembaldo S. 461.

94 Vgl. oben S. 76 f.

95 Vgl. über Petrus Damiani vor allem die eindringende Studie von Schubert, Festschr. K. Müller S. 83 ff., besonders S. 99 f. Weniger tief gehen Görris, Denkbeelden S. 26 ff. und Fliche, Réforme I 175 ff. Reynaud, Origines S. 78 hebt als ein Zeichen positiver Stellung Damianis zum Kriege hervor, daß er (opusc. VI c. 2, Migne 145, 368) Über-

nicht Krieg führen, auch wenn ihm Unrecht geschehe. Christus habe das Vorbild gegeben und die Apostel die Kirche gegründet durch Liebe und Geduld, ohne Rache zu nehmen, und die Märtyrer hätten sich widerstandslos hinrichten lassen. Heilige Männer töteten auch Ketzer und Heiden nicht, sondern ließen sich eher von ihnen töten. Niemals dürfe man das Schwert ergreifen für den Glauben und noch weniger für den Besitz der Kirche. „Wenn man dagegen einwendet, daß Papst Leo (IX.) sich häufig mit Kriegstätigkeit befaßt hat und dennoch heilig war, so meine ich, daß Petrus nicht deshalb Fürst der Apostel ist, weil er den Herrn verleugnet hat, noch David deshalb mit der Prophetengabe begnadet wurde, weil er in das Bett eines andern eindrang." Gregor der Große gegen die Langobarden und Ambrosius gegen die Arianer hätten nicht zu den Waffen gegriffen[96].

Diese eindeutige Stellungnahme war für jene Zeit eigentlich schon veraltet, läßt sich aber gerade bei Petrus Damiani gut verstehen. Petrus war, wie man mit Recht gesagt hat, im Grunde noch kein Mann der neuen Zeit[97]. Bezüglich der Stellung der Kirche in der Gesellschaft vertrat er ganz die traditionellen Anschauungen, die im Grunde schon in der Karolingerzeit galten. Die kirchliche Stellung des Königtums ist bei ihm noch unerschüttert; auf dem Zusammenwirken der zwei Schwerter, des weltlichen und des geistlichen, beruht für ihn das Heil der Kirche[98]. Der äußere Schutz der Kirche ist die Aufgabe der weltlichen Obrigkeit, und damit will Petrus Damiani Ernst gemacht sehen[99]; um so stärker hält er daran fest, daß die Geistlichen nicht in die Sphäre der weltlichen Gewalt eindringen dürfen[100]. Versagt der König, so gibt es kein Mittel als die Ermahnung und das Gebet; ein kirchliches Widerstandsrecht der unteren Glieder der Gesellschaft lehnt er ab[101]. An diesem Punkte ist er allerdings nicht konsequent gewesen: für die Mailänder Pataria ist auch er eingetreten und hat sie zum

läufer und Deserteure für *infames* erkläre. Aber Damiani verweist hierbei lediglich auf einen bekannten Grundsatz der älteren Kanonistik, vgl. oben S. 19 Anm. 4.

96 Petrus Damiani lib. IV ep. 9, Migne 144, 313–316.

97 Schubert S. 102.

98 Petrus Damiani VII ep. 3, Migne 144, 440 f.; VIII ep. 1 Sp. 461 ff.; Sermo 69 Sp. 899 f.; auch Migne 145, 819 ff., 825 ff. Zur Zwei-Schwerter-Theorie bei Damiani s. Leclerc, Recherches de se. rel. XXI 306 f.

99 Petrus Damiani VIII ep. 1, Migne 144, 463.

100 Petrus Damiani I ep. 15, Migne 144, 227; ep. 21 Sp. 252; Opusculum 22, Migne 145, 463 ff., 472.

101 Petrus Damiani Op. 30, Migne 145, 523 ff.

Kampf ermuntert[102]. Doch spielt diese einzelne Abweichung im Gesamtbereich seiner Gedanken kaum eine Rolle; seine Ablehnung des Kirchenkrieges entspricht vielmehr seiner Theorie von den zwei Schwertern, die mit der Kirchenreform noch nichts zu tun hatte.

Um so mehr wird man unter diesen Umständen bei *Humbert von Silva Candida* als dem Hauptvertreter der kirchenpolitischen Reform ein Eintreten für die Idee des heiligen Krieges voraussetzen. Denn Humberts Theorien unterschieden sich sehr erheblich von denen des Petrus Damiani[103]; er erkannte der weltlichen Gewalt wesentlich geringere Rechte gegenüber der Kirche zu[104] und sorgte sich nicht wie Petrus darum, daß die Kleriker weltliche Rechte beanspruchen, um so mehr aber um das Umgekehrte, um Einbrüche der Laien ins Kirchliche[105]. Er war nun in der Tat keinesfalls ein Gegner des Kirchenkrieges, wie ihn Leo IX. gegen die Normannen geführt hatte, denn er ist selbst der Autor des päpstlichen Schreibens an den byzantinischen Kaiser, in dem dieser Krieg gerechtfertigt und eine neue Bekämpfung der Normannen angekündigt wurde[106]. Charakteristisch ist ferner, daß Humbert mehrfach hervorhebt, daß die Ketzer noch schlimmer seien als die Heiden[107]. Das hätte gut zu einem Aufruf auch an die Laien zum bewaffneten Kampfe für die Grundsätze der Kirche gepaßt. Doch davon finden wir nichts. Einmal spricht Humbert von solchen Laien, die zwar den rechten Glauben haben und bei einem Glaubensstreit gegen Ketzer oder Heiden die Kirche mit Worten und weltlicher Gewalt verteidigen, im übrigen aber sich in ihren Werken nicht an den Glauben halten, den sie im Kriege verteidigen; solche Leute

102 Petrus Damiani V ep. 14, Migne 144, 367 ff.

103 Vgl. zuletzt Fliche, Réforme I 265 ff., Whitney, Cambridge Hist. Journal I 225 ff. und Essays S. 95 ff.; auch Michel, Humbert und Kerullarios.

104 Humbert spricht den Fürsten das Recht ab, Kirchen einzurichten (MG. Libelli I 217: *non ut ecclesias instituant).* Demgegenüber schrieb Petrus Damiani, daß die Würden der einzelnen Kirchen außer der von Gott selbst gegründeten römischen von Königen, Kaisern usw. eingerichtet seien (Op. 5, Migne 145, 91: *instituit;* vgl. Disceptatio synodalis, MG. Lib. I 78). Interessant ist, daß die späteren Kanonisten (Deusdedit I c. 167 [136] S. 106; Anselm I c. 63 S. 31; Bonizo IV c. 82 S. 146; Gratian D. 22 c. 1 bei F riedberg, Corpus I 73; vgl. JL. 4424; irrig Kehr, It. pont. VI. I 111 n. 13) diesen Text, den sie Nicolaus II. zuschrieben, übernommen haben, aber in verfälschter Form: hier sind es nicht mehr die Fürsten, sondern es ist die römische Kirche *(ipsa),* die die anderen Kirchen eingerichtet hat!

105 MG. Libelli I 216 f.

106 JL. 4333, s. oben Anm. 11.

107 MG. Libelli I 101, 118, 151, 179.

tadelt er hart, da ihre Seele tot sei[108]. Er schätzt also für die Laien den Wert des Glaubenskampfes nicht gerade hoch ein, und wir können nicht annehmen, daß er sich für diese Idee sonderlich eingesetzt habe.

Dieses Versagen eines repräsentativen Theoretikers, wie es Humbert war, gegenüber der aufsteigenden Kraft des heiligen Krieges bestätigt uns freilich nur, was wir schon früher sahen[109]: daß die Theorie des Kreuzzugsgedankens der tatsächlichen Ausbildung erst nachgefolgt ist. Während bezüglich der Investitur und des Verhältnisses von Regnum und Sacerdotium den literarischen Verfechtern der Primat zukommt, hat für den heiligen Krieg erst die durchschlagende Kraft, die dem Auftreten Gregors VII. innewohnte, auch den Theoretikern klargemacht, um was es sich handelte. Zudem hat Hildebrand-Gregor, schon ehe er Papst wurde, durch seine persönliche Art tiefgehend auf die Formung der päpstlichen Kreuzzugsidee eingewirkt; um ihn gruppiert sich, was wir in den nächsten vier Kapiteln zu sagen haben.

[108] MG. Libelli I 159 f.

[109] Oben S. 81.

Fünftes Kapitel: Hildebrand

Die katholische Kirche verehrt Gregor VII. als Heiligen. Die Kanonisation ist erst im 17. Jahrhundert erfolgt, aber den Glauben an seine Heiligkeit hatten bereits die zeitgenössischen Anhänger. Ein Jahrzehnt nach dem Tode des Papstes erzählt uns Rangerius von Lucca, daß die Gläubigen auf die Hilfe vertrauten, die ihnen Gregor vom Himmel herab leisten würde; der unter die Seligen aufgenommene Papst würde in der Schlacht die Truppe seiner Anhänger beschützen, vor Gott für sie kämpfen, so daß sie nicht auf ihre eigenen Waffen zu vertrauen brauchten, und ihnen den Erzengel Michael mit den himmlischen Heerscharen zu Hilfe senden[1]. Das ist, wie es scheint, das älteste eingehendere Zeugnis für den Glauben an ein himmlisches Patronat Gregors VII.[2] Ist es ein Zufall, daß es sich gerade auf den *Krieg* bezieht?

Die Urteile über die Gestalt Gregors VII. sind widerspruchsvoll im höchsten Maße: den einen ist er ein skrupelloser Machtpolitiker, den andern ein milder Seelenhirte. Der Gegensatz ist erklärlich, weil Haß und Gunst der Parteien ihn zu seinen Lebzeiten umgaben und im Grunde bis heute nicht zur Ruhe gekommen sind[3]. Doch auch seine eigene Natur war voller Spannungen: ein hochgesteigertes Verpflichtungsgefühl vor Gott und ein leidenschaftliches, zu Gewaltsamkeit neigendes Temperament standen einander gegenüber[4]. Die Streitfrage,

---

1 Rangerius, Vita Anselmi v. 6419–26, 6509–12, 6567–76, MG. SS. XXX. II 1290, 1292, 1293. Die Erzählung des Rangerius ist unhistorisch, da die Schlacht bei Sorbaria, von der er hier spricht, noch zu Gregors Lebzeiten stattfand; doch kommt es für uns nur auf die Auffassung des Rangerius an.

2 Bei Bonizo, MG. Libelli I 615, Bernold, MG. SS. V 399 und der Vita Anselmi c. 22, MG. SS. XII 20, finden wir nur kurze allgemeine Bemerkungen über Wundertaten Gregors.

3 Vgl. die Übersicht bei Wühr, Studien S. 4 ff.; über Wühr selbst meine Bemerkungen in DLZ. 1931, Sp. 1998 ff. Das neue Buch von Arquillière, St. Grégoire VII, gehört trotz häufiger Einzelpolemik gegen Fliche in die Reihe derer, die in Gregor vor allem den sanften Heiligen erblicken, dessen Gegner immer alle unrecht gehabt hätten.

4 Unter den Äußerungen der Zeitgenossen kenne ich keine, die die zwei Seelen in Gregors Brust so gut kennzeichnet wie die Worte eines Regensburger Briefes, der

wieweit seine Motive religiös oder politisch waren, ist kaum zu entscheiden, da beides für ihn ineinanderfloß: seine Politik war religiös, seine Religion politisch. Er war durchdrungen von der Überzeugung, daß die staatliche Vormachtstellung des Heiligen Stuhls für das Heil der Kirche notwendig sei und nur diesem Heile dienen solle. Aber eben *daß* er eine derartige Überzeugung hatte, ist ein Beweis dafür, wie tief der politische Instinkt in seiner Natur wurzelte.

Im Streit der Meinungen, ob Gregor mehr als Staatsmann oder als Priester zu werten sei, ist die Frage in den Hintergrund getreten, ob er nicht ebensosehr als *Kriegsmann* zu gelten hat[5]. Viele von den Zeitgenossen haben ihm das mit Entrüstung nachgesagt. Die Prüfung dieses Vorwurfs muß von einer Feststellung der Tatsachen ausgehen.

War Hildebrand schon an den Kriegstaten Leos IX. beteiligt? Der einzige Zeuge, der das ausdrücklich berichtet, der Kardinal Beno, ist gänzlich unglaubwürdig[6]. Es gibt freilich noch weitere Stimmen, die später, nachdem Hildebrand längst Papst geworden, ja schon gestorben war, behaupteten, er habe bereits unter Leo IX. eine bedeutende Rolle am päpstlichen Hofe gespielt[7]. Doch auch

---

vielleicht auf die Tage von Canossa anspielt: *Moveat pietatem vestram nobilis natura Gregorii, qui etiam, ut fertur, ingeniti furoris non meminit, si prostratos videt, contra quos dimicavit;* s. Erdmann, Ausgewählte Briefe S. 28. Diese Worte gewinnen dadurch noch an Interesse, daß sie sich anschließen an ein geläufiges Dictum über die Natur des Löwen, vgl. Lehmann, Ps.antike Liter. S. 7 und 94; Burdach-Piur, Rienzo-Briefe V 429f.

5 Kurze Bemerkungen in dieser Richtung finde ich bei Martens I 19 („eine kriegerische Natur"), May, Forsch. z. deut. Gesch. XXV 180 („der militärische Charakter des päpstlichen Regiments"), Mirbt, Publizistik S. 594 („die militärischen Neigungen Gregors zahlreich bezeugt"), Hauck III 756 („von Jugend auf lebhaftes Interesse am Waffenwesen"), Finke, Gerechter Krieg S. 19 („Er wird selbst, den Päpsten der Renaissance vorauseilend, zum Heerführer") und Haller, Meister d. Pol. I 515 („Man möchte sagen, er empfinde mehr militärisch als politisch, wie er ja auch als erster unter den Päpsten, ja in der ganzen Kirchengeschichte, irdische Waffen zu geistlichem Zweck gebraucht hat"). Bestritten wird Gregors kriegerische Natur von Hammler S. 20 ff., 51 ff., Fliche, Réforme I 380 N. 2, II 102 N. 3, und teilweise Wühr S. 6. Dagegen betont neuerdings Macdonald, Hildebrand, Gregors militärischen Geist sehr stark, z. B. S. 75 f.: „His own martial spirit, rightly or wrongly, never shrank from an appeal to the sword", und ähnlich öfter. Er hat diese Seite von Gregors Charakter richtig erkannt, geht aber im einzelnen in der Aufnahme fragwürdiger Publizistennachrichten zu weit, und seine Interpretation von Gregors Worten scheint mir nicht überall richtig.

6 Gesta Rom. c. Hildebr., MG. Libelli II 379.

7 Bonizo lib. VII, MG. Libelli I 601: *a diebus Leonis papae;* Vita Leonis IX. im Liber Pontif. II 275.

dies ist unerweislich. Die unzweifelhafte Ähnlichkeit zwischen Leos kriegerischem Vorgehen und manchen Maßnahmen Gregors VII. beweist noch nicht, daß dieser schon unter Leo seine Hand im Spiele gehabt habe; wohl aber ist es möglich, daß Leo ihm zum Vorbild geworden ist[8].

Wesentlich ernster zu nehmen ist eine andere Nachricht, wonach unter Nicolaus II. das Zustandekommen des Normannenbündnisses mit seiner eminent militärischen Bedeutung Hildebrand zuzuschreiben wäre. Die Annales Romani berichten nämlich, daß er im Auftrage des Papstes in Apulien gewesen sei und dort das Bündnis vermittelt habe, in dessen Verfolg alsbald ein normannisches Heer den Gegenpapst Benedikt verjagt und zur Abdankung gezwungen habe[9]. Es besteht kaum ein Grund, diese Nachricht zu verwerfen[10], zumal noch eine weitere Quelle die Vertreibung und Absetzung des Gegenpapstes als eine Tat des Achidiakons Hildebrand bezeichnet[11]. Doch wollen wir, um vorsichtig zu sein, auch dies Ereignis noch nicht unter die gesicherten Taten Hildebrands aufnehmen.

Auf sicheren Boden kommen wir in der Zeit *Alexanders II.* Daß unter diesem Papst der Archidiakon Hildebrand eine führende Stellung eingenommen hat, wird durch mannigfache Zeugnisse belegt; vielleicht das eindrucksvollste bieten die Bronzetüren von S. Paolo fuori le Mura, die, in Konstantinopel gegossen, Hildebrand sogar in der Datierung mitnennen: „im 1070. Jahre der Fleischwerdung des Herrn, zur Zeit des Papstes Alexander und des ehrwürdigen Mönchs und Archidiakons Hildebrand"[12]. Auch über seine einzelnen Taten in dieser Zeit besitzen wir ausreichende Nachrichten.

---

8 Vgl. Wühr S. 31.

9 Annales Romani, Liber Pontif. II 335.

10 Vgl. Caspar, HZ. 130, 29 gegen Fliche, Moyen âge XXI (1919) 158 ff.; auch Arquillière, Gréoire S. 53 ff.

11 Vita Bened. X., Liber Pontif. II 279. Hildebrands bedeutende Rolle geht auch hervor aus einem Bericht von der Synode zu Melfi (auf der die Belehnung der Normannen erfolgte) bei Pflugk-Harttung, Iter S. 419, in dem neben dem Papst und den Kardinälen nur Hildebrand als Urteiler genannt wird. Charakteristisch für Hildebrands damalige Denkweise ist ferner der Brief, den Gottfried von Anjou 1059 an ihn richtete, mit den Worten: *Gloriabaris ... Romam tuam fide atque armis semper fuisse invictam* (Sudendorf, Berengarius S. 218).

12 S. zuletzt Hofmeister, Hist. Viertjschr. XXVII 268 und 284. Es ist zu beachten, daß Hildebrand der stellvertretende Leiter von S. Paolo war, was jedoch in der Inschrift nicht zum Ausdruck kommt.

Unbestritten ist es, daß bei den römischen Kämpfen gegen Cadalus in den Jahren 1062 und 1063 Hildebrand die Hauptrolle gespielt hat[13]. Ausführlich wird das geschildert nicht nur durch Benzo von Alba, der damals persönlich auf der Gegenseite eine führende Stellung einnahm[14], sondern ebenso durch den Gregorianer Rangerius von Lucca[15]. Beide stimmen darin überein, daß Hildebrand die Seele des Kampfes war und daß er die Römer, sei es durch feurige Reden, sei es durch Soldzahlungen, zum Kampfe anspornte[16]. Gregor selbst rühmte sich später als Papst der damaligen Erfolge, wenn er an die süditalischen Bischöfe über das Cadalus-Schisma schrieb: „Ihr wißt, welche Ehren und Triumphe unser Gemeinwesen bei der Auskämpfung jenes Streites erlangt hat."[17]

Offenbar hing diese Rolle Hildebrands mit seiner Stellung als Archidiakon der römischen Kirche zusammen. Als solcher hatte er die Verwaltung des Kirchenstaates in seiner Hand, und davon ließ sich die militärische Verteidigung schwer trennen. Wenn Landulf von Mailand von ihm sagt, daß er damals „im Lateranpalast residierend, die römische Miliz wie ein Feldherr kommandierte"[18], so ist die Formulierung zwar polemisch zugespitzt, aber an der Sache muß etwas Richtiges sein. Wir können auch kaum zweifeln, daß er seine Hand im Spiele hatte, als in jenen Jahren der Normanne Wilhelm von Montreuil als päpstlicher Vasall mit der Verteidigung des südlichen Kirchenstaates beauftragt wurde[19]. Wenn die Behauptung der Gegner, daß Hildebrand sich frühzeitig mit

---

13 Fliche, Moyen âge XXI 201, gibt das bezüglich der diplomatischen Verhandlungen der Schismazeit zu; über Hildebrands Rolle in den römischen Kämpfen schweigt er. – Wahrscheinlich war Hildebrand schon bei Alexanders Inthronisation derjenige, der die normannische Kriegshilfe herbeirief, doch sind wir hierfür auf das Zeugnis der Gegner angewiesen, vgl. Meyer v. Knonau I 218 f. mit Anm. 38.

14 Benzo lib. II c. 8 f., 17 f., MG. SS. XI 615 f., 619 ff.

15 Rangerius v. 121 ff., MG. SS. XXX. II 1159 ff.

16 Im gleichen Sinne auch die Annales Romani, Liber Pontif. II 336 f.

17 Greg. Reg. VIII 5 S. 522: *quanto honore quantisque triumphis in exercitatione illius certaminis res publica nostra profecerit.* Die Deutung dieser Worte auf das Konzil von Mantua trifft nur auf Schwierigkeiten, während die auf die vorhergehenden römischen Kämpfe in jeder Beziehung paßt.

18 MG. SS. VIII 83: *residens in palatio militiam Romanam quasi Imperator regebat.* Vgl. ferner die Worte, die Bonizo, MG. Libelli I 601, dem Hugo Candidus bei der Wahl Hildebrands zum Papste in den Mund legt: *a diebus domni Leonis papae hic est Ildebrandus, qui s. Romanam ecclesiam exaltavit et* civitatem istam liberavit.

19 Vgl. oben S. 126.

einer Soldtruppe umgeben habe, zutrifft – wir werden davon noch sprechen –, so ist auch dies mit seiner Archidiakonsstellung leicht erklärbar.

Ein ausdrückliches Zeugnis besitzen wir über Hildebrands maßgebende Rolle bei der Gewinnung Erlembalds für die militärische Leitung der Pataria[20]. Wie Landulf von Mailand berichtet, wandte sich damals Ariald eigens an den Archidiakon Hildebrand; dieser trieb den Papst in der gewünschten Richtung vorwärts und wohnte auch der Verleihung der Petersfahne an Erlembald bei[21]. Bestätigt wird das durch die Angabe Arnulfs von Mailand, daß Hildebrand mit Erlembald mehrfach korrespondiert und ihn angeblich auch für die Gewinnung von Anhängern mit Geld ausgerüstet habe[22], noch mehr aber durch die erhaltenen Briefe, die Hildebrand später als Papst an Erlembald, den mannhaften Streiter Christi, der gegen die Feinde der Kirche den Kampf Gottes kämpfe, geschrieben hat[23]. Es ergibt sich also, daß an dem Aufschwung des kriegerischen Interesses der Kurie, den wir im vorigen Kapitel für die erste Hälfte der sechziger Jahre feststellten[24], Hildebrand stark beteiligt war. Nur beim päpstlichen Eintreten für den Heidenkrieg in Sizilien und Spanien hören wir nichts von ihm[25]; in denjenigen Fällen aber, wo es sich um Kämpfe innerhalb der Christenheit handelte, war er entweder der führende Geist oder mindestens ausführendes Organ. So ist es auch in den späteren Jahren Alexanders II. geblieben.

Besonders wichtig waren die Verhandlungen mit Wilhelm von der Normandie zur Einleitung des englischen Eroberungszuges (1066). Gregor selbst bezeugt uns, daß er damals für Wilhelms Unternehmen tätig gewesen ist, wenn er später an Wilhelm schreibt: „Du weißt, mit welchem Eifer ich dafür gearbeitet habe, daß du die königliche Würde erlangtest. Dafür wurde ich von manchen Brüdern geschmäht, die es tadelten, daß ich mich so sehr für ein solches Blutvergießen bemühte[26].“ Auf Hildebrand war es also zurückzuführen, daß Alexander II. vor dem Kriege zwischen Wilhelm und Harald öffentlich auf die Seite

---

20 Vgl. oben S. 135.

21 Landulf III c. 15, MG. SS. VIII 83 f.

22 Arnulf IV c. 2, ebd. S. 26.

23 Greg. Reg. I 25–26 S. 42 ff., dazu 27–28 S. 44 ff. Vgl. auch die später an andere Pataria-Führer geschriebenen Briefe Greg. Reg. III 15 S. 276 und IV 7 S. 305.

24 Oben S. 133.

25 Die Vermutung von Macdonald, Hildebrand S. 72, daß die Fahnenverleihung an Roger von Sizilien auf Hildebrand zurückgehe, ist unbeweisbar.

26 Greg. Reg. VII 23 S. 499 f.

des ersteren trat. Der Papst erkannte damals die normannischen Ansprüche auf England als berechtigt an und tat das durch die Verleihung der Fahne Sankt Peters an den Herzog öffentlich kund; es scheint, daß Harald auch exkommuniziert wurde[27]. Diese für Wilhelm höchst wertvolle Legitimierung seines Krieges und seiner künftigen Herrschaft stützte sich vor allem auf den Vorwurf des Meineides, den die Normannen gegen Harald erhoben. Sie erklärten ihre Sache für die gerechte[28] und drangen damit an der Kurie um so leichter durch, als sie eine wesentliche Verbesserung der englisch-römischen Beziehungen in Aussicht stellen konnten[29]. Unter diesen Umständen nahm Hildebrand den Vorwurf auf sich, er stütze ein blutiges Unternehmen durch die kirchliche Autorität; der englische Feldzug wurde durch die päpstliche Fahnenverleihung sogar zum heiligen Kriege erklärt[30].

Handelte es sich hier um einen fremden Krieg, bei dem das Papsttum nur seine Autorität in die Wagschale warf, so hatte es bald danach in eigener Sache zu kämpfen. Noch in demselben Jahr 1066 war Richard von Capua unter Verletzung seiner Lehnspflicht in den Kirchenstaat eingefallen. Im nächsten Jahre trat ihm in *auxilium sancti Petri* der Herzog Gottfried der Bärtige von Lothringen entgegen; zog er auch bald wieder ab, so erreichte er doch soviel, daß die päpstliche Herrschaft im Kirchenstaat intakt blieb[31]. Herbeigerufen aber hatte ihn, wie uns Bonizo glaubwürdig berichtet, der Archidiakon Hildebrand[32]. Seine Beteiligung an der damaligen Normannenpolitik der Kurie wird auch dadurch belegt, daß er unmittelbar danach den Papst auf einer süditalienischen Reise, die der neuen Konsolidierung der Verhältnisse dienen sollte, begleitete[33].

Ans Ende des Pontifikats Alexanders II. fällt schließlich ein Kriegsunternehmen, das sich nach Spanien richtete. Der Graf Ebolus von Roucy hatte wie

---

27 Böhmer, England S. 85.

28 Guillelmus Pictavensis, Migne 149, 1246: *iusta causa*, 1247: *iustam causam*. Wilhelmus Malmesbiriensis III c. 238, Bd. II 299: *iustam causam, iustitiam suscepti belli*. Auch bei Aimé I c. 3 S. 10 erscheint Harald als *maledit home*.

29 Böhmer, England S. 80 ff.

30 Zur Fahnenverleihung vgl. (außer Kap. I) unten S. 174 f.

31 Meyer v. Knonau I 542 ff., 552 ff.

32 Bonizo lib. VI, MG. Libelli I 599. Daß Bonizo hier Glauben verdient, nimmt auch Fliche, Moyen âge XXI 206 f. an. Vgl. den späteren eigenen Hinweis Gregors in einem Briefe an Gottfrieds Sohn, Gottfried den Buckligen, Greg. Reg. I 72 S. 104: *patrem tuum multa s. Romanae ecclesiae promisisse*.

33 Meyer v. Knonau I 556f.

manche anderen französischen Großen den Plan gefaßt, über die Pyrenäen zu ziehen und dort im Kampfe gegen die Muslime sein Glück zu versuchen. Er unternahm das aber nicht auf eigene Faust, sondern schloß mit der Kurie einen Vertrag, wonach er das Land, das er den Heiden abnehmen würde, nicht etwa den benachbarten spanischen Königen unterstellen, sondern selbst vom heiligen Petrus zu Lehen tragen sollte. So unternahm er seinen Zug „zu Ehren des heiligen Petrus“[34]. Wiederum war es Hildebrand, der den Vertrag mit Ebolus abschloß und die entsprechenden Weisungen an die Legaten ergehen ließ. Das berichtet er selbst in einem Schreiben, das er bald danach, bereits als Papst, noch in der gleichen Angelegenheit absandte[35]. In diesem und einem dazugehörigen Aufruf an die französischen Barone können wir zum erstenmal genauer feststellen, wie Hildebrand-Gregor über ein solches Kriegsunternehmen dachte. Wir sehen, daß er den Heidenkrieg als solchen noch nicht als ein sonderlich verdienstliches Werk betrachtete. Der spanische Krieg wurde in seinen Augen zu einer gerechten Sache *(militiae causam quam iustissimam sibi proponant)* erst durch die Absicht der Eroberer, die von Gregor behaupteten Rechte des hl. Petrus über Spanien nicht zu verletzen, und er scheute sich nicht, den befremdenden Grundsatz auszusprechen: wenn ihr euch nicht zur Wahrung der Rechte des hl. Petrus verpflichtet, wollen wir euch lieber verbieten, überhaupt nach Spanien zu ziehen. Wenn wir früher von den drei Richtungen sprachen, in denen der christliche heilige Krieg sich bewegen konnte: der Heidenkrieg, der innerchristliche Krieg für kirchlich-sittliche Zwecke und der hierarchische Krieg für die Rechte des Papsttums, so hat Gregor sich jedenfalls in diesem Einzelfalle mit aller Deutlichkeit für den letzten der drei Wege entschieden.

Wir sind damit an der Schwelle des weltgeschichtlichen Pontifikats Gregors VII. angelangt. Rückblickend können wir über die Zeit seines Archidiakonats sagen, daß er sich damals in einer Reihe von Fällen für kriegerische Unternehmungen eingesetzt und in der Regel seine Hand im Spiele gehabt hat, wenn die Kurie eine derartige Aktion ins Werk setzte. Natürlich aber waren das nicht seine einzigen Taten in jener Zeit; er hat auch auf kirchenpolitischem, disziplinärem und theologischem Gebiet mitgewirkt. Insbesondere müssen wir die

---

[34] Greg. Reg. I 7 S. 11: *ad honorem s. Petri.*

[35] Greg. Reg. I 6 S. 9 f.: *in litteris ... Alexandri et nostra quoque legatione ...; pactione quam nobiscum de terra Hyspaniae pepigit in scripto, quod sibi dedimus.*

Frage stellen, wieweit er sein Interesse etwa den *Finanzen* des Heiligen Stuhls zugewandt hat. Denn er steht vielfach im Rufe, ein großer Finanzmann gewesen zu sein[36], und diese Frage ist auch für die Beurteilung seiner militärischen Maßnahmen wichtig.

Zweifellos gehörte die Sorge für das wirtschaftliche Bestehen des Hl. Stuhls mit zu den Funktionen des Archidiakons. Aber das bedeutet nicht, daß dies der Kern seiner Tätigkeit gewesen wäre und daß man ihn, wie es mehrfach geschehen ist, als „Finanzminister" und „Schatzmeister" der Kurie bezeichnen könnte. Dies wäre ebenso einseitig, wie es die Bezeichnung „Kriegsminister" – etwa auf Grund der zitierten Worte Landulfs – sein würde. Wir wissen vielmehr nur sehr wenig über ein finanzpolitisches Wirken Hildebrands, und auch in seiner päpstlichen Zeit spielen Geldfragen bei ihm nur eine geringe Rolle[37]. Aus Anlaß des englischen Peterspfennigs spricht er selbst einmal in verächtlicher Weise davon, daß ihm an Geldern, die ihm ohne Ehrerbietung entrichtet würden, nicht gelegen sei[38]. Von den polemischen Behauptungen der Gegner über sei-

---

36 Tangl, NA. XXXI 165 („in allen Finanzfragen ungewöhnlich begabt"); Mirbt, Publizistik S. 598 f. („im Besitz großer Geldmittel", „diese Finanzpolitik ist durch das gregorianische System nahegelegt"); Schneider, Kirchengut S. 184, 190 ff., 205 f. („Besondere Fürsorge widmete Gregor den Einkünften des apostolischen Stuhls", „daß sich in der Geldwirtschaft Gregors schon der Anfang jener päpstlichen Finanzerei verkörperte, die einen so verhängnisvollen Krebsschaden des ganzen späten Mittelalters bildete"); Macdonald, Hildebrand S. 101 („No one knew better than Gregory the value of money and the power of finance ... laid the foundation for the financial system of the later popes"); Hampe, Hochmittelalter S. 94 („der sich auf diesem – finanziellen – Gebiet auf das gründlichste auskannte, die Patrimonien-Einkünfte durch Verpachtung steigerte und auch die Geldgeschäfte mit römisch-jüdischen Bankiers in seiner Hand hatte"). Vgl. auch Fabre, Étude S. 151 ff. („Reorganisation des finances pontificales par Hildebrand").

37 Alles Nähere bei Jordan, Q. u. F. XXV 65 ff.

38 Der Legat Hubert hatte offenbar sein längeres Verbleiben in England mit der Einsammlung des Peterspfennigs entschuldigt. Gregor weist diese Entschuldigung zurück und fügt hinzu: *Nam pecunias sine honore tributas quanti pretii habeam, tu ipse optime potuisti dudum perpendere* (Greg. Reg. VII 1 S. 459). Die Formulierung schließt sich an einen pseudo-augustinischen Kanon an, der in der Kanonessammlung Anselms von Lucca V 31 S. 243 überliefert ist: *Decimae sunt tributa egentium animarum ... Non igitur Dominus Deus premium postulat, sed honorem.* Dadurch tritt die entrüstete Abweisung noch besonders hervor. Schneider, Kirchengut S. 193, hat die Stelle mißverstanden. Interessant ist auch Greg. Reg. IX 5 S. 580, wo Gregor es ausdrücklich abweist, kirchentreue Ritter nur deshalb zu exkommunizieren, weil sie keine Zehnten zahlen.

ne Geldinteressen sind die meisten von geringem Gewicht[39]. Ernst zu nehmen sind nur diejenigen Vorwürfe, die sich nicht auf den Erwerb der Geldmittel, sondern auf ihre Verwendung beziehen. Daß Gregor gelegentlich das Mittel der Bestechung in den Dienst seiner Politik gestellt hat, ist möglich, aber auch nicht sicher beglaubigt. Denn Petrus Crassus, Wibert und Beno, die das behaupten, sind keine verläßlichen Zeugen[40], und Arnulf von Mailand, von dem man das eher sagen könnte, schwächt gerade diese Angabe durch ein *fertur* wesentlich ab[41]. Weiter verbreitet war die Beschuldigung, daß er für seine Wahl Gelder verteilt habe[42]. Das ist so direkt sicherlich auch nicht glaubhaft, sieht aber bei einem Teil der Quellen doch etwas anders aus. Es heißt nämlich mehrfach, er habe sich mit Geld eine kriegerische Gefolgschaft geschaffen, welche seine tumultuarische Wahl herbeigeführt habe[43]. In dieser Form kann an dem Vorwurf etwas Wahres sein, mindestens insofern als Hildebrand eine Soldtruppe gehabt habe. Denn das wird auch in anderen Streitschriften berichtet, ohne Zusammenhang mit der Papstwahl[44], und bei den Verteidigern Hildebrands suchen wir vergebens nach einem Dementi dieser sachlich durchaus nicht unglaubwürdigen Nachricht.

---

39 Vgl. Mirbt, Publizistik S. 598 Anm. 4–8.

40 Vgl. Mirbt, Publizistik S. 599 Anm. 7–9 (die Stelle bei Wido von Ferrara scheint der Schrift Wiberts zu entstammen). Wenn Lupus Protospatarius a. 1083 (MG. SS. V 61) berichtet, daß Robert Guiskard den Römern 30 000 Solidi gesandt habe, so macht Schneider, Kirchengut S. 186, daraus die Behauptung, Gregor seinerseits habe das Geld verteilt.

41 Arnulf IV c. 2, MG. SS. VIII 26; vgl. oben S. 144 und Wühr S. 8 f.

42 Mirbt, Publizistik S. 599 Anm. 1–6; ders., Wahl Gregors S. 13 f. 39 ff.

43 Nur so lassen sich die Worte des Absetzungsschreibens Heinrichs IV. (MG. Const. I 111 n. 62) verstehen: *Tu enim his gradibus ascendisti, scilicet astutia . . . pecuniam, pecunia favorem, favore ferrum, ferro sedem pacis adisti.* Noch deutlicher Wido von Ferrara, MG. Libelli I 553: *multum pecuniae per Romanos effuderit,* satellitium *sibi fecerit atque ita egerit, ut Alexandro nondum humato eligi quadam violentia omnium debuisset,* und vor allem das Brixener Dekret, MG. Const. I 119 n. 70: *ipsa nocte, qua funus Alexandri papae in basilica Salvatoris exequiarum officio fovebatur, portas Romanae urbis et pontes, turres ac triumphales arcus armatorum cuneis munivit, Lateranense palatium militia comparata hostiliter occupavit, clerum, ne auderet contradicere, cum nullus eum vellet eligere, gladiis* satellitum *evaginatis mortem minando perterruit et ... diu obsessam assiliit cathedram;* auch Gesta Rom. eccl., MG. Libelli II 380.

44 Wido von Ferrara, MG. Libelli I 554 Z. 16 ff. (wohl aus der Schrift Wiberts); Benzo II c. 8, MG. SS. XI 615; III c. 10 S. 626; VI c. 4 S. 662 Z. 14. Vgl. auch Schmitthenner, Söldnertum S. 51 ff.

Überhaupt ist dies der substantiellste Punkt der gegen Hildebrands Geldwirtschaft erhobenen Vorwürfe: daß er Kirchengelder für militärische Zwecke ausgegeben habe. Daß er das getan hat, läßt sich aus seiner päpstlichen Zeit in einem Einzelfalle urkundlich nachweisen: im Jahre 1082 hat er den Kirchenschatz von Canossa einschmelzen und nach Rom bringen lassen, damit er für den Kampf gegen Wibert verwandt werde[45]. Im gleichen Jahr beschloß eine römische Synode, an der Gregor nicht teilnahm, ein ausdrückliches Verbot jeder derartigen Verwendung von Kirchengut für die Bekämpfung Wiberts[46]; kein Zweifel, daß sich das gegen Gregor richtete. Denn alle, auch Gregor selbst, waren der Meinung, daß eine Veräußerung von Kirchengut für militärische Zwecke unrecht wäre[47]. Es ist also kein Wunder, daß bei den Publizisten die Anklagen gegen den Papst wegen solcher Handlungsweise nicht verstummten[48], und wir brauchen uns bei der Frage der Glaubwürdigkeit der einzelnen Zeugen nicht aufzuhalten, da das Faktum ohnehin feststeht.

Gregors Finanzwirtschaft führt uns also auch ihrerseits auf die Rolle, die das militärische Moment bei ihm gespielt hat[49]. Es gilt nun festzustellen, welche kriegerischen Unternehmungen er während seines *Pontifikats* ins Werk gesetzt oder doch geplant und versucht hat.

Gregor war noch nicht ein Jahr Papst, als er mit seinem Lehnsmann *Robert Guiskard* in Streit geriet. Sein Versuch, eine Begegnung herbeizuführen, bei der Robert ohne Frage ebenso wie Richard von Capua seinen Lehnseid erneuern sollte, war gescheitert[50]; offenbar bestanden schon damals Meinungsverschiedenheiten territorialer Art, wie sie 1080 offen ausgesprochen wurden. Gregor sah sich

---

45 Urkundliche Aufzeichnung im Donizo-Codex, Donizo ed. Simeoni S. 109.

46 JL. I S. 642 vor n. 5229; vgl. Hauck III 833 Anm. 4.

47 Greg. Reg. VI 5 S. 399.

48 Wenrich von Trier c. 2, MG. Libelli I 286; Wido von Ferrara ebda. S. 554 (die vielzitierte weitere Stelle über das Heer Gregors S. 534 gehört nicht hierher, da dort nicht gesagt ist, daß Gregor Geld dafür ausgab, vgl. unten S. 165 f.); Liber de unit. eccl., MG. Libelli II 212; Gesta Rom. eccl. ebda. S. 379. Vgl. auch Gerhoh von Reichersberg I c. 19, Libelli III 329; ferner Wido von Osnabrück, Libelli I 468, wo jedoch Gregor VII. selbst nicht genannt ist. Dazu Mirbt, Publizistik S. 593 und Schneider, Kirchengut S. 187 ff. Der gleiche Vorwurf wurde auch gegen Heinrich IV. erhoben, s. Vita Anselmi c. 19, MG. SS. XII 19.

49 Die Frage, ob Gregors Lehnspolitik finanzielle Wurzeln hatte, ist erst im 7. Kapitel zu erörtern.

50 Meyer v. Knonau II 278; Kehr, Belehnungen S. 25 f.

veranlaßt, die Normannen für Rebellen und die Freiheit der römischen Kirche für bedroht zu erklären[51]. Auf der Fastensynode des Jahres 1074 wurde Robert gebannt[52]. Aber damit begnügte der Papst sich nicht: ohne sich durch das unglückliche Beispiel Leos IX. schrecken zu lassen, traf er umfangreiche Vorbereitungen zu einem eigenen Feldzug gegen Robert. Seitens der Römer scheint er dabei keine besondere Unterstützung erfahren zu haben, wohl aber sagte Fürst Gisulf von Salerno, der bei Gregor eine besondere Vertrauensstellung einnahm, seine Hilfe zu, ebenso Beatrix und Mathilde von Tuscien und Mathildens Gemahl Gottfried von Lothringen[53]. Sogar aus Frankreich rief der Papst Hilfe herbei: er schrieb an den Grafen Wilhelm von Hochburgund, der sich einst zur Hilfeleistung bei Verteidigung des Kirchenstaates verpflichtet hatte, er möge sich rüsten, um nötigenfalls mit einem Heere herbeizukommen; dazu solle er auch die übrigen auffordern, die die gleiche Verpflichtung übernommen hatten; der hl. Petrus werde sie belohnen. Die Ähnlichkeit mit dem Verhalten Leos IX., der sich einst seine Kriegshilfe in Deutschland geholt hatte, geht noch weiter: auch Gregor versicherte in dem erwähnten Briefe, er wolle nicht etwa Christenblut vergießen, sondern die Gegner nur schrecken, damit sie ohne Kampf nachgäben[54]. Er hatte also nicht minder als Leo ein Empfinden für das Bedenkliche seines Vorgehens. Deshalb fügte er auch eine weitere Begründung der Rüstungen hinzu: nach Unterwerfung der Normannen wolle er das Heer „vielleicht“ nach Konstantinopel gegen die Türken führen. Denn gegen die rebellischen Normannen, so erklärte er am Schluß im Widerspruch zum Hauptinhalt seines Schreibens, genügten die Truppen, die er bereits hätte[55].

---

51 Greg. Reg. I 46 S. 70 f. Ebda. S. 123 Anm. 14 gibt Caspar als Grund für die Bannung Roberts dessen Vorstoß gegen Benevent an. Doch ist zu bedenken, daß die Schlacht bei Monte Sarchio erst am 7. Febr. 1074 stattfand (Meyer v. Knonau II 340), während Gregor bereits am 2. Febr. 1074 Vorbereitungen zum Normannenkrieg traf (Reg. I 46). Gegen die Auffassung von Chalandon, Domination I 235 ff., wonach bereits der Orientplan der Anlaß für Gregors Vorgehen gegen Robert Guiskard gewesen wäre, vgl. Fliche, Réforme II 136 Anm.

52 Meyer v. Knonau II 349.

53 Meyer v. Knonau II 416 f. Nach Bonizo lib. VII, MG. Libelli I 602, 604, soll auch Wibert von Ravenna sich damals zum Zug gegen die Normannen und zugleich gegen die Grafen von Bagnorea verpflichtet haben. Nach Aimé VI c. 12 S. 281 erwartete Gregor auch Hilfe von Richard von Capua.

54 Vgl. oben S. 119.

55 Greg. Reg. I 46 S. 70 f.

Trotz dieses halben Widerrufs bleibt kein Zweifel, daß der unmittelbare Zweck seines Appells der Normannenfeldzug war[56]. An diesem wollte er wie Leo IX. persönlich teilnehmen. Im Juni 1074 verließ er Rom und begab sich zunächst nordwärts, um in der Gegend von Viterbo mit den Truppen der toscanischen Gräfinnen zusammenzutreffen. Seine Briefe aus jenen Tagen tragen die selbstbewußte Datierung „aus dem Feldlager" *(Data in expeditione)* im Ciminischen Wald bzw. bei Fiano[57]; sind Papstbriefe sonst jemals so datiert worden? Aber das Ergebnis war noch kläglicher, als es einst unter Leo IX. gewesen war. Gottfried von Lothringen hatte sich schon vorher von dem Unternehmen zurückgezogen, unbekümmert um die heftigen Vorwürfe des Papstes[58]. Die Hilfe aus Frankreich blieb gleichfalls aus, und auch die toscanischen Truppen wurden durch einen in der Lombardei ausgebrochenen Aufstand zurückgehalten. Gisulf von Salerno aber hatte im Ciminischen Wald einen Zusammenstoß mit einem Kontingent der Pisaner, die gleichfalls für den Papst kämpfen wollten; er mußte heimlich nach Rom zurückkehren, und das Heer lief auseinander[59]. Nach diesen Erfahrungen hat Gregor zunächst keinen zweiten Kriegszug gegen die Normannen versucht. Seine Ziele nahmen alsbald eine andere Richtung: kaum war er von der Krankheit, die ihn nach dem Feldzuge ergriff, genesen, als er in scharfen Konflikt mit dem französischen König *Philipp I.* geriet[60]. Die Gründe waren mannigfaltig. Unter den zahlreichen Vorwürfen, die der Papst dem Könige machte, trat besonders die Behauptung hervor, daß Philipp wie ein Räuber Geld von Kaufleuten und Rompilgern erpresse und die Kirchen zugrunde richte. Im September 1074 forderte Gregor deshalb die Bischöfe Frankreichs auf, den König zum Einlenken zu veranlassen, andernfalls Bann und Interdikt

---

56 Nach Fliche, Réforme II 169 wäre der Orientplan der eigentliche Grund für Gregors Appell an Wilhelm von Burgund und der mutmaßliche Grund für Robert Guiskards Vorstoß gegen kirchenstaatliches Territorium gewesen; das ist mit dem Text des Briefes nicht zu vereinen.

57 Greg. Reg. I 84 u. 85 S. 120 u. 123.

58 Greg. Reg. I 72 S. 103 f.

59 Meyer v. Knonau II 418.

60 Schwarz, Zeitschr. f. Kirchengesch. XLII 275 ff. Wenn Gregor schon im April 1074 (Greg. Reg. I 75 S. 107) den französischen König darauf hingewiesen hatte, daß *virtus christianorum principum in eiusdem Regis (Dei) castris ad custodiam christianae militiae nobiscum convenire debeat,* so geht das nach üblichem Sprachgebrauch allgemein auf den königlichen Schutz der Kirche, nicht speziell auf den Orientplan, wie Schwarz annimmt.

verhängt werden sollten. Wenn diese geistlichen Strafen nichts hälfen, dann wolle der Papst dem König mit allen Mitteln sein Reich entreißen[61]. *Modis omnibus* - welche Mittel standen dem Papst zur Verfügung, wenn die geistlichen Waffen verbraucht waren? Darüber hat Gregor in der Folgezeit seine Gedanken klar zu erkennen gegeben: er begann, die weltlichen Vasallen des Königs aufzuwiegeln[62]. Im November 1074 schrieb er an den mächtigsten unter ihnen, Wilhelm VI. von Aquitanien, und forderte ihn auf, sich mit einigen anderen französischen Großen zusammenzutun und den König zur Rede zu stellen[63]. Wesentlich weiter ging er zwei Monate später, im Januar 1075, in einem Brief an Hugo von Cluny. „Wenn die Fürsten sich nicht darum kümmern, das Leben der Geistlichen zu schützen, dann müssen wir es tun, müssen beide Hände für die rechte benutzen und das Wüten der Gottlosen unterdrücken. Hilf mit und ermahne alle, die den hl. Petrus lieben, daß sie, wenn sie wahrhaft seine Söhne und Ritter sein wollen, die weltlichen Fürsten nicht mehr lieben als ihn ... Ich will klar wissen, wer jene wahrhaft Getreuen sind."[64] Der Sinn ist klar: wenn der Konflikt zwischen Papst und König zum Ausbruch käme, dann sollten die Vasallen des Königs von diesem abfallen und auf die Seite des Papstes treten; Hugo von Cluny sollte im voraus die päpstlich Gesinnten sammeln und dem Papst die Namen derer mitteilen, auf die er rechnen könne. Auf diese Weise also wollte Gregor dem König sein Reich nehmen. Seine Worte zeigen, daß er nicht nur eine Absetzung und Lösung der Treueide im Auge hatte, sondern daß er, wenn auch sicher nur vorübergehend, seine eigene Gewalt an die Stelle der königlichen setzen wollte. Nirgendwo sonst hat er so klar den Gedanken ausgesprochen, daß er selbst die Funktionen der weltlichen Fürsten übernehmen wolle, wenn diese versagten. Er wollte also im Notfall beide Schwerter selbst führen, das geistliche und das weltliche. Zwar spricht er im Anschluß an eine alttestamentliche Stelle (Richter 3, 15) nicht von beiden Schwertern, sondern von beiden Händen, aber der Sinn ist der gleiche; auch Petrus Damiani hatte jene Bibelstelle auf die Vereinigung weltlicher Gerichtsgewalt und geistlicher Ermahnung angewandt[65].

---

61 Greg. Reg. II 5 S. 130 ff.

62 Vgl. Brackmann, Sitzungsber. Berlin 1927 S. 397 f.

63 Greg. Reg. II 18 S. 150 f.

64 Greg. Reg. II 49 S. 190.

65 Petrus Damiani ep. VIII 1 an den Präfekten Cencius, Migne 144. 463: *modo forense litigium examine iustitiae dirimens, modo servata mensura tui ordinis in ecclesia salutiferae exhortationis verba depromens: modo in his, quae ad Deum pertinent, Moysis*

Es ist müßig zu fragen, ob Gregors Plan auf einen Krieg der Päpstlichen gegen den französischen König herausgekommen wäre; mindestens mit dieser Möglichkeit mußte der Papst rechnen. Zur Durchführung aber kam es überhaupt nicht. Offenbar war schon Wilhelm von Aquitanien nicht gewillt, gegen Philipp in Opposition zu treten, und noch weniger wird Hugo von Cluny bereit gewesen sein, einen Aufstand der Vasallen gegen den König zu organisieren: seine Anschauungen über Staat und Kirche waren völlig andere. So endete diese Phase des päpstlich-französischen Streits mit einem Rückzug Gregors; er begnügte sich auf der Fastensynode des Jahres 1073 mit einer Banndrohung.

Mit diesen beiden kriegerischen Projekten gegen Robert Guiskard und Philipp I. überschneidet sich in eigentümlicher Weise ein dritter Plan: Gregor wollte einen Zug in den *Orient* unternehmen zur Verteidigung des byzantinischen Reichs gegen die Türken. Wie dieser Gedanke in seinem Kopf entstanden ist, wissen wir nicht[66]; Tatsache ist, daß er ihn während des ganzen Jahres 1074 gehegt hat. Er tritt zuerst auf im Februar jenes Jahres in dem schon erwähnten Brief an Wilhelm von Hochburgund, hier freilich noch ganz vage als eine „vielleicht“ nach Unterwerfung der Normannen zu ergreifende Möglichkeit[67]. Deutlicher wird der Papst einen Monat später in einem Aufruf „an alle, die den christlichen Glauben verteidigen wollen“[68]. Das Heidenvolk dringe gewaltsam gegen das „christliche Imperium“ von Byzanz vor und metzele die Christen zu Tausenden nieder. Zu ihrer Befreiung müsse der Glaubensgenosse sein Leben geben. Der Papst treffe deshalb Vorbereitungen, um den Orientalen zu helfen, und rufe alle im Namen des hl. Petrus auf, das gleiche zu tun; die darüber gefaßten Beschlüsse sollten dem Papst durch Boten kundgetan werden.

Das ist der erste Kreuzzugsaufruf – denn diesen Ausdruck dürfen wir brauchen mit Rücksicht auf den weiteren Sinn, in dem wir das Wort „Kreuzzug“ fas-

---

vestigia sequere, modo in causarum negotiorumque saecularium calculis Aaron sacerdotis exempla propone. Esto itaque Benjamin, qui utraque manu utaris pro dextera. In ähnlicher Weise ep. V 14, Migne 144, 368, an die Pataria-Führer: *tanquam vere filii Benjamin … utraque manu solito fervore confligite.* Vgl. auch einen Brief der Hannoverschen Sammlung bei Sudendorf, Berengar S. 236: *Legitur in libro regum, quod quidam utraque manu pro dextra utebatur. Quod bene in libro regum legitur, quia hoc non est nisi regum, nisi spiritualiter regnantium.*

66 Holtzmann, Hist. Vjschr. XXII 173 hat die Meinung zurückgewiesen, daß Gregor durch Bitten des Kaisers Michael veranlaßt worden sei.

67 Greg. Reg. I 46 S. 70 f., s. oben S. 151.

68 Greg. Reg. I 49 S. 75 f.

sen –, den wir seit den Zeiten Sergius' IV. besitzen. Hatte er Aussicht auf Erfolg? Die Kreuzfahrer, die zwei Jahrzehnte später dem Rufe Urbans II. folgten, kamen hauptsächlich aus Frankreich, teilweise auch aus Italien. Nun fiel Italien damals für Gregor VII. ganz weg: im Süden stand Robert Guiskard feindlich gegen den Papst, im Norden wollte dieser seine Anhänger von den Pataria-Kämpfen sicherlich nicht abziehen; was übrigblieb und einem päpstlichen Appell zu folgen bereit war, wurde eben von Gregor gesammelt, um gegen Robert Guiskard zu kämpfen, und der Zusammenbruch dieses Unternehmens bedeutete für Gregor einen zu großen Prestige-Verlust, als daß er bald danach in Italien für ein neues Kriegsunternehmen hätte werben können. In Frankreich aber war gewiß schon der Boden für einen Kreuzzugsplan bereitet. Sind wir auch im allgemeinen über den Widerhall von Gregors Aufruf schlecht unterrichtet, so wissen wir doch von *einer* bejahenden Antwort, die er erhalten hat: es war der bedeutendste Fürst Frankreichs, Wilhelm von Aquitanien, der schon 1064 gegen die spanischen Muslime mitgekämpft hatte und sich nun wiederum zum „Dienst des hl. Petrus" bereit erklärte; er allein konnte fraglos schon ein sehr stattliches Kontingent stellen. Auf sein Angebot aber gab ihm der Papst am 10. September 1074 eine aufschiebende Antwort; er verwies auf ein Gerücht, wonach angeblich die orientalischen Christen einen Sieg über die Heiden errungen haben sollten[69]. Es ist erstaunlich, daß er sich durch solch ein falsches Gerücht von der weiteren Verfolgung seiner Pläne abhalten ließ. Aber das Dunkel lichtet sich bei Beachtung eines andern Briefs, den Gregor am gleichen Tage versandte: es ist jenes Schreiben an die französischen Bischöfe, das dem König die Absetzung androht[70]. Sollte nicht Gregor schon damals sich gesagt haben, daß er für die Aktion in Frankreich die Hilfe seiner dortigen Anhänger nicht entbehren, diese also nicht in den Orient schicken könne? Diese Vermutung wird zur Gewißheit durch den nächsten Brief an Wilhelm von Aquitanien. Er ist geschrieben am 13. November 1074, also zu einer Zeit, wo Gregor schon wissen mußte, daß jenes Siegesgerücht nicht zutraf. Aber er kommt hier nicht mehr auf den Orientplan zurück, sondern schreibt nur über das notwendige Vorgehen gegen den französischen König; es ist jener Brief, der die Großen Frankreichs zum gemeinsamen Auftreten gegen Philipp I. auffordert. Da kann kein Zweifel sein, was Gregor

---

[69] Greg. Reg. II 3 S. 128. über Wilhelms Verhältnis zum Papsttum vgl. Brackmann, Sitzungsber. Berlin 1927, 398 und Boissonnade, Revue d. quest. hist. LX 283 f.

[70] Greg. Reg. II 5 S. 130 ff.

von der weiteren Verfolgung seines Orientplanes bei seinen französischen Anhängern abgehalten hat: die Beugung Philipps I. unter den päpstlichen Willen war ihm wichtiger.

Dennoch hat der Orientplan bei Gregor noch eine Weile weiterbestanden und ganz phantastische Formen angenommen. Im Dezember 1074 versandte er noch einmal drei Briefe über seinen Plan. Sein Gedanke war nun, persönlich als Heerführer und Bischof *(dux et pontifex)* übers Meer zu fahren. Er trug Bedenken, das allen mitzuteilen, denn er fürchtete begreiflicherweise den Vorwurf der Leichtfertigkeit[71]. Begleiten aber sollten ihn, so grotesk es auch klingt, die alte Kaiserin Agnes und die Markgräfin Mathilde von Tuscien, während ausgerechnet Heinrich IV. gebeten wurde, die Sorge für die römische Kirche zu übernehmen[72]. Wüßten wir das alles nicht aus Gregors eigenen Briefen, so würden wir es vielleicht für den schlechten Witz eines boshaften Gegners halten. Dem Papst aber war es heiliger Ernst. Er schrieb einen neuen Aufruf an die Getreuen des hl. Petrus zur Kriegshilfe für das byzantinische Reich[73]. „Bisher habt ihr tapfer gekämpft für vergänglichen Lohn, kämpfet jetzt tapferer für jenes Lob und jenen Ruhm, der alle Wünsche übersteigt!" Vorerst sollten einige von denen, „die den christlichen Glauben verteidigen und dem himmlischen König dienen wollen", herkommen, um den Weg zu bereiten für die Überfahrt[74]. Der Aufruf war gerichtet hauptsächlich an die *ultramontani,* wobei Gregor mit Rücksicht auf das fast gleichzeitige Schreiben an Heinrich IV. wohl in erster Linie die Deutschen gemeint haben wird, obgleich er doch wissen mußte, wie stark man dort mit dem Sachsenaufstand beschäftigt und wie gering die Aussicht auf Stellung eines namhaften Heeres war. Nach der Ausschaltung der maßgebenden französischen Großen war der Kreuzzugsversuch hoffnungslos geworden. Das sah wohl auch Gregor bald ein, denn fünf Wochen später sprach er in seinen berühmten welt-

[71] JL. 4911: *erubesco quibusdam dicere, ne videar aliqua duci levitate.* Vom Vorwurf der *levitas* spricht Gregor auch in Reg. VII 3 S. 462, ebenfalls einem von ihm selbst diktierten Brief. Das ist eine weitere Stütze dafür, daß auch JL. 4911 päpstliches Eigendiktat ist; vgl. im übrigen Blaul, Arch. f. Urkf. IV 217 f. Die Echtheit des Briefes ist also von Riant, Inventaire S. 65 f. und auch von mir selbst, NA. XLIX 367 Anm. 1, zu unrecht angezweifelt worden.

[72] JL. 4911 und Greg. Reg. II 31 S. 166 f.

[73] Greg. Reg. II 37 S. 173.

[74] Ebd.: *ut cum eis viam ... preparemus omnibus, qui per nos ultra mare volunt transire.* Unter der Wegbereitung ist wohl die Auseinandersetzung mit Robert Guiskard zu verstehen

umspannenden Klageworten an Hugo von Cluny auch davon, wie die Christen im Orient in Massen getötet würden, offenbar ohne Hoffnung auf Abhilfe[75].

Gregors Pläne aber waren umfassend gewesen. In seinem Brief an Heinrich IV. erklärte er, zu dem Unternehmen treibe ihn hauptsächlich *(premaxime)* die Rücksicht auf die Kirchenspaltung an, da die orientalische Kirche die Glaubensentscheidung des hl. Petrus erwarte[76]. Wir dürfen es ihm aufs Wort glauben, daß dieser Plan, eine Union mit der orientalischen Kirche herbeizuführen und den römischen Primat dort zur Anerkennung zu bringen, sein Hauptmotiv gewesen ist; stand ihm doch auch bei den spanischen Heidenkämpfen das hierarchische Interesse obenan. Aber es wäre falsch, dem ganzen Projekt den Kreuzzugscharakter daraufhin abzusprechen. Die Krieger, die den päpstlichen Fahnen folgten, sollten nichts anderes tun als die an die Türken verlorenen Teile des byzantinischen Reichs wiedergewinnen: das war ein Kreuzzug. Wenn dieser Krieg noch insbesondere die politische Voraussetzung für die kirchliche Union bilden sollte, so änderten solche kirchenpolitischen Hintergedanken des Papstes nichts am Charakter der Heidenkämpfe. Wer vermag sicher zu sagen, ob nicht auch Urban II. beim ersten Kreuzzug ähnliche Hintergedanken gehabt hat?

Nebenher trat sogar schon der Gedanke an die Gewinnung des heiligen Grabes auf. Gregor schrieb an Heinrich IV., er glaube, ja behaupte[77], daß mehr als 50 000 Ritter sich bereits rüsteten, um unter seiner Führung gegen die Feinde Gottes aufzustehen und bis zum Grab des Herrn zu ziehen. Der Endpunkt der Eroberung sollte also hier schon Jerusalem sein. Es ist interessant, daß Gregor dies nicht als eigenen Gedanken ausspricht, sondern den Rittern in den Mund legt; offenbar spricht hier schon die Vorstellung mit, daß gerade dieses Ziel eine besonders große Anziehungskraft auf die Ritter ausübe[78]. Es ist natürlich keine Rede davon, daß Jerusalem für Gregor schon das Hauptziel des Zuges gewesen wäre, wie es das später im ersten Kreuzzug wurde. Vielmehr dachte der Papst fraglos in erster Linie an jene Teile Kleinasiens, die erst in den letzten Jahren an die Türken verlorengegangen waren und deren Bevölkerung noch als über-

---

75 Greg. Reg. II 49 S. 190. Die Verständigung zwischen Byzanz und den Normannen, mit der Brackmann, Sitzungsber. Berlin 1927 S. 399 f. das Aufgeben des Orientplans erklärt, erfolgte erst Ende 1075.

76 Greg. Reg. II 31 S. 166 f.

77 Ebd.: *ut reor, immo etiam omnino affirmo*; ähnlich JL. 4911: *credo.*

78 Ranke, Weltgesch. VIII 71.

wiegend christlich vorausgesetzt werden konnte. Aber wir sehen doch, wie nahe der Gedanke an das heilige Grab lag, sobald man einmal das Thema des Heidenkrieges im Orient anschlug. Wir werden darauf noch zurückkommen, wie denn auch die vielumstrittene Frage, ob Gregor mit seinem Kreuzzugsplan als Vorgänger Urbans II. gelten darf, erst beantwortet werden kann, wenn die Entstehungsgeschichte des ersten Kreuzzugs klargelegt ist.

Wenn Gregors Normannenkrieg in allem Wesentlichen auf das Vorbild Leos IX. zurückging, so war sein Orientplan durchaus original; wir dürfen ihn sicherlich auf die persönliche Eingebung des Papstes zurückführen[79]. Das Fehlschlagen beider Versuche und die Unmöglichkeit, die Drohungen gegen Frankreich auszuführen, scheinen Gregors kriegerischen Eifer abgekühlt zu haben: wir hören für mehrere Jahre von keinem derartigen Plan mehr. Auch als er im Frühjahr 1076 Heinrich IV. zum erstenmal bannte und absetzte, machte er keinen Versuch, den kriegerischen Widerstand gegen den deutschen König zu organisieren oder aktiv zu schüren; er begnügte sich mit der Lösung der Eide und verließ sich auf die bereits vorhandene Opposition. In den folgenden Jahren, nachdem Heinrich absolviert, aber Rudolf zum Gegenkönig gewählt war, drängten ihn die aufständischen Sachsen, die den Papst als ihren Führer ansahen und sich „Getreue des hl. Petrus" nannten[80], wiederholt zu einer kirchlichen Sanktionierung des Kampfes gegen Heinrich. Gregor widerstand diesen Bitten längere Zeit, begann aber auf den beiden *Synoden des Jahres 1078* allmählich die Erklärung eines Kirchenkrieges gegen den deutschen König vorzubereiten.

Die Fastensynode jenes Jahres beschloß die Entsendung von Legaten nach Deutschland, die dort den Frieden herstellen, d. h. den Streit zwischen Heinrich IV. und dem Gegenkönig entscheiden sollten. Wer ihnen Widerstand leiste, so erklärt der offizielle Text des Synodalbeschlusses, „den schlagen wir in die Fesseln des Anathems und binden ihn kraft apostolischer Gewalt nicht nur im Geiste, sondern auch im Körper und in allem Gedeihen dieses Lebens und nehmen ihm den Sieg seiner Waffen"[81]. Die Synode also gebietet über das Schlachtenglück und beschließt, daß Widerspenstige in Zukunft nicht mehr siegen dürfen! Man würde es für einen unglücklichen Augenblickseinfall hal-

---

79 Nach Blaul, Arch. f. Urkf. IV 226 hat Gregor alle den Orientplan betreffenden Briefe selbst verfaßt.

80 S. die Briefe an den Papst bei Bruno de bell. Saxon. c. 108 und 110 S. 77 und 80.

81 Greg. Reg. V 14a S. 371; vgl. Martens II 35 f.

ten, wenn Gregor nicht in seinen Briefen mehrfach auf diesen Beschluß zurückgekommen wäre. Er teilte ihn den Deutschen in einem eigenen Schreiben mit: „Auf der Synode ist beschlossen, daß wir uns gegen diejenige Partei, die den Frieden verweigert und nicht im Rechte ist, mit allen Mitteln erheben." Wer der Aktion der Legaten widersteht, der soll „in allen seinen Dingen die Rache des allmächtigen Gottes fühlen, in allen Schlachten keine Kräfte und in seinem ganzen Leben keinen Triumph haben"[82]. Ebenso heißt es in einem um einige Monate späteren Brief, daß laut Synodalbeschluß die Widerstrebenden durch das Anathem gebunden sind, so daß sie nicht siegen können, während der gerechte Teil von Gott und dem hl. Petrus den Sieg erwarten soll[83]. Die Herbstsynode des Jahres 1078 hat jenen Beschluß sogar wiederholt; das teilte Gregor wiederum den Deutschen ausdrücklich mit[84], und dem Herzog Welf von Bayern schrieb er bald darauf, daß das Schwert des hl. Petrus diejenigen verzehren würde, die der Ungerechtigkeit vertrauen, während Welf und die Seinen, wenn sie Gott anhingen, bald Sieg und Frieden erlangen würden[85]. Offenbar ist Gregor damals von dem Gedanken, er könne über Sieg und Niederlage verfügen, ganz durchdrungen gewesen, denn er erklärte das gleiche in den nächsten Tagen auch in einem andern Streit: dem Bischof von Gerona schrieb er, wenn die katalanischen Grafen Raimund und Berengar nicht Frieden hielten, dann werde er den schuldigen Teil bannen, so daß er nie mehr Sieg oder Glück haben könne, während der Gehorsame die unbesiegliche Hilfe des hl. Petrus erlangen solle[86].

Gegenüber Heinrich IV. waren das alles einstweilen Eventual-Erklärungen, die erst später in Kraft treten sollten. Um so interessanter ist die Beobachtung, daß Gregor auf den beiden Synoden des Jahres 1078 gleichzeitig weitere Schritte tat, um unter der Ritterschaft den Gedanken des heiligen Krieges im Dienste der Kirchenreform zu propagieren. Er ließ auf der Frühjahrssynode feierlich die Wunder verkünden, die an den Gräbern zweier Ritter geschehen seien, die als Vorkämpfer der Kirche galten und als solche den Tod gefunden hatten, des

---

82 Greg. Reg. V 15 S. 375 f.

83 Greg. Reg. VI 1 S. 390.

84 JL. 5106; über die Datierung (zum November 1078) s. Caspar, Greg. Reg. S. 419 Anm. 2 und S. 710.

85 Greg. Reg. VI 14 S. 418 f.

86 Greg. Reg. VI 16 S. 422.

Mailänder Patariaführers Erlembald und des römischen Präfekten Cencius[87]. Der Sinn dieser Proklamation, die uns noch beschäftigen wird, war natürlich ein Appell an die Ritterschaft, die dem Beispiel jener zwei vorbildlichen Männer nacheifern sollte. Mit anderen Mitteln schlug die Herbstsynode in die gleiche Kerbe. Sie nahm in ihren sechsten Kanon die alte Bestimmung auf, daß Büßer nicht die Waffen tragen dürften. Hiervon wurde seit zwei Jahrhunderten häufig eine Ausnahme gemacht: der Krieg gegen Heiden war auch dem Büßer erlaubt[88]. Die Synode Gregors VII. aber machte eine andere Ausnahme: erlaubt sollte der Waffengebrauch sein „zur Verteidigung der Gerechtigkeit nach dem Rate frommer Bischöfe“[89]. Hier ist also der Gedanke des Heidenkrieges verdrängt durch die Vorstellung eines innerchristlichen Kirchenkrieges unter bischöflicher Leitung. Worin die „Verteidigung der Gerechtigkeit“ bestand, ist klargestellt durch die gleichzeitigen Beschlüsse über Recht und Unrecht im deutschen Thronstreit. Die Bestimmung über die Büßer diente also zugleich der geistlichen Vorbereitung des künftigen Krieges um die deutsche Krone.

Wenn Gregor damals noch unentschieden ließ, ob der *Krieg gegen Heinrich IV.* oder gegen Rudolf geführt werden sollte, so begann er im nächsten Jahre, sich deutlicher zu erklären. Er schrieb an Rudolf, den er hier König nannte, während er Heinrich ohne Titel ließ, und die Sachsen, und ermahnte sie, im Kampfe nicht die Kräfte zu verlieren und an der päpstlichen Hilfe nicht zu zweifeln. Sie sollten für den Schutz der kirchlichen Wahrheit und die Verteidigung ihrer Freiheit sich und ihre Leiber nach dem Prophetenwort gleichsam als Mauer für das Haus Israel entgegenstellen[90]. Damit erklärte er sich bereits deutlich für die Partei des Gegenkönigs. Erst im Jahre 1080 aber tat er das aller Welt kund, als er Heinrich zum zweitenmal bannte und für abgesetzt erklärte. Damals hat er jene von den Synoden bedingt ausgesprochene Sentenz über Sieg und Niederlage mit aller Bestimmtheit auf Heinrich IV. angewandt: „Heinrich soll mit seinen Anhän-

---

87 Vgl. oben S. 135 f. und unten S. 198 f.

88 Vgl. oben S. 95 Anm. 2.

89 Greg. Reg. VI 5b S. 505: *arma deponat ulteriusque non ferat nisi consilio religiosorum episcoporum pro defendenda iustitia.* Vgl. auch VII 10 S. 472. (Bei Nicolaus I. hatte es geheißen: *arma non sumat nisi contra paganos.*) Vgl. Müller, Festschr. f. Weizsäcker S. 296 und Gottlob, Kreuzablaß S. 59 f.; von einem Fehdeverbot, wie Gottlob meint, ist nicht die Rede.

90 JL. 5108, vgl. Meyer v. Knon au III 185; Hauck III 818 Anm. 4. Der Widerspruch von Fliche, Réforme II 375 Anm. 2, ist nach dem Wortlaut des Schreibens nicht zu halten.

gern in allen Schlachten keine Kräfte und in seinem ganzen Leben keinen Sieg erlangen." Zugleich gab er dem Kampf gegen Heinrich noch eine neue kirchliche Sanktion: „Damit aber Rudolf das deutsche Reich regiere und verteidige, gewähren wir allen seinen Anhängern Absolution von allen ihren Sünden."[91]

War dies ein eigentlicher Ablaß, d. h. ein Erlaß von Bußstrafen, den man mit den Kreuzzugsablässen in eine Reihe stellen könnte, oder nur eine Segensspendung ohne kirchenrechtlichen Inhalt[92]? Sicher scheiden läßt sich das wahrscheinlich nicht, denn derartige Dinge pflegen bei Gregor fast immer ineinanderzufließen. Immerhin wird diese Absolution doch mehr in die Nähe eines wirklichen Ablasses gehören, denn sie erscheint unter den eigentlichen Synodalbeschlüssen, zusammen mit der Bannung und Absetzung Heinrichs, der Lösung der Eide, der Absprechung des Sieges und der Anerkennung des Gegenkönigs. Jedenfalls hat sie in den Kämpfen der folgenden Jahre eine gewisse Rolle gespielt. Wenrich von Trier beschwert sich bitter, daß Gregor diejenigen von Sünden freispräche, die angeblich für Christus einen Christen totschlügen[93]; Benzo von Alba klagt darüber, daß die gregorianischen Bischöfe in Oberitalien Pönitenzen auflegten, die nur darin beständen, daß man Heinrich, Wibert und ihren Anhängern zu entsagen habe[94]; und der Biograph Anselms von Lucca erzählt uns, daß er selbst in der Schlacht von Sorbaria von Anselm, dem Legaten Gregors, den Auftrag gehabt hat, den Kriegern den apostolischen Segen zu überbringen und sie zu belehren, mit welchen Zielen und Absichten sie den Kampf beginnen sollten, so daß sie zur Vergebung ihrer Sünden die Schlacht beständen[95].

---

91 Greg. Reg. VII 14a S. 486.

92 Als Ablaß aufgefaßt u. a. von Gottlob, Kreuzablaß S. 54 f. (wo zu korrigieren ist, daß Gregor nicht die Bischöfe, sondern die Apostel Petrus und Paulus anredet), während Paulus, Ablaß I 82 f. nur vom päpstlichen Segen spricht. Paulus S. 77 ff. bestreitet überhaupt, daß irgendwelche Ablässe bei Gregor vorgekommen seien, aber sein einziges Argument ist die Behauptung, daß gerade Gregor besonders streng gewesen sei; ebenso Wühr S. 9. Damit ist nichts zu beweisen, denn Gregor konnte, wo er es für angebracht hielt, auch von aller kanonischen Strenge absehen, vgl. vor allem seine Worte Reg. IX 5 S. 580.

93 Wenrich v. Trier c. 7, MG. Libelli I 296; wie der Zusammenhang zeigt, ist das Wort *ceciderit* hier von *caedere* herzuleiten, nicht von *cadere*.

94 Benzo I c. 21, MG. SS. XI 608.

95 Vita Anselmi c. 23, MG. SS. XII 20. Anselm hatte außerdem den Auftrag gegeben, diejenigen (vom Banne) zu absolvieren, die Verkehr mit Exkommunizierten gehabt hätten.

Dieses politische Operieren mit der kirchlichen Sündenvergebung – denn darauf läuft es heraus, ob man nun von Ablaß sprechen will oder nicht – ist bei Gregor um so bedeutsamer, als er in anderen Fällen durchaus die Erkenntnis gehabt hat, daß die allzu freigebige Absolution eines Heeres für die kirchliche Bußdisziplin höchst bedenklich war[96]. Als er im Jahre 1076 den Erzbischof von Acerenza beauftragte, die Normannen, die gegen die sizilischen Heiden kämpften, zu absolvieren, fügte er ausdrücklich und zweimal hinzu, daß sie deshalb die Buße nicht versäumen sollten[97]. Das Fehlen einer solchen Einschränkung für die Anhänger des deutschen Gegenkönigs ist kein Zufall. Wir konnten ja auch sonst mehrfach beobachten, daß Gregor den Wert des Heidenkampfes geringer achtete als den des innerkirchlichen Krieges für Hierarchie und Kirchenreform. So gestand er denn den Anhängern des deutschen Gegenkönigs zu, was er nicht einmal für seinen Orientplan in Aussicht gestellt hatte.

Nachdem dann der abermals gebannte König seinerseits zur Aufstellung eines Gegenpapstes geschritten war, hat Gregor auch die letzte Konsequenz aus seinem Standpunkt gezogen und den Versuch gemacht, den Rivalen *Wibert* selbst mit Heeresmacht zu vertreiben. Im Sommer 1080, als er auf Hilfe von den Normannen, aus der Gegend Roms und aus Toscana glaubte rechnen zu können, verkündete er seine Absicht, im Herbste gegen den Gegenpapst zu Felde zu ziehen, um die Ravennater Kirche zu befreien und dem hl. Petrus wiederzugeben; den Getreuen St. Peters stellte er baldige Beseitigung der Wirren und Wiederkehr des Friedens in Aussicht[98]. Freilich schlugen seine Hoffnungen wiederum fehl. Die erwarteten Truppen blieben aus, auch die Markgräfin Mathilde wurde durch die Niederlage, die ihr die Kaiserlichen bei Castel Volta beibrachten, an einem Zuge auf Ravenna verhindert[99]; wiederum konnte Gregor seine Absicht, sich an die Spitze eines Heeres zu stellen, nicht ausführen. Doch gab er die Hoff-

---

96 In der Mehrzahl der Fälle, wo Gregor Worte brauchte, die eine ablaßähnliche Deutung zulassen, handelt es sich nicht um Krieg; vgl. darüber außer Gottlob und Paulus auch Caspar, Greg. Reg. S. 412 Anm. 1.

97 Greg. Reg. III 11 S. 271 f. Ähnlich, aber weniger deutlich, in VIII 6 S. 524 f. für den Normannenkrieg gegen Byzanz. Nach Gottlob, Kreuzablaß S. 51 ff., meint Gregor mit der verlangten Pönitenz die Bußwerke, so daß ein eigentlicher Ablaß hier gerade ausgeschlossen wäre, während Paulus, Ablaß I 79 nur an die Reue und den Vorsatz zur Besserung denkt.

98 Greg. Reg. VIII 7 S. 525.

99 Meyer v. Knonau III 316 f.

nung noch nicht auf, sondern schmiedete zu Beginn des Jahres 1081 neue Pläne. Durch Vermittlung des Kardinalabts Desiderius von Montecassino wandte er sich an Robert Guiskard, der im Juni 1080 erneut den Lehnseid geschworen und sich zur Kriegshilfe verpflichtet hatte, und ließ ihm drei Fragen stellen: Ob er oder sein Sohn an einem Feldzuge, den der Papst möglicherweise nach Ostern würde unternehmen müssen, teilnehmen würden? Wie viele Ritter er andernfalls für die *familiaris militia b. Petri* stellen würde? Ob er schon vorher in der Fastenzeit, in der die Normannen sonst nicht zu kämpfen pflegten, Gott seinen Waffendienst zum Geschenk darbringen wolle, indem er mit dem Papste oder seinem Legaten in Heeresrüstung ins Land des hl. Petrus zöge, um die Guten zu bestärken und die Rebellen durch Schrecken oder Gewalt zur römischen Kirche zurückzurufen[100]? Man fragt sich staunend, ob der Gedanke des heiligen Kirchenkrieges je noch weiter ins Extrem getrieben worden ist. Die Treuga Dei hatte gewisse Zeiten als geheiligt festgesetzt, damit an ihnen die Waffen ruhen sollten; Gregor kehrte diesen Gedanken um und stellte es als einen frommen Gottesdienst hin, wenn man gerade in einer solchen Zeit zu den Waffen griffe, aber nicht für profane Zwecke, sondern im Dienste der Kirche und unter päpstlicher Leitung.

Den Plänen des Papstes blieb der Erfolg wieder versagt, denn *Robert Guiskard* ging damals mit anderen Plänen um: er war im Begriff, den byzantinischen Kaiser auf dem Balkan anzugreifen. Gregor war selbst im Sommer 1080 in einer Enzyklika an die süditalienischen Bischöfe für diesen Plan eingetreten, indem er bestimmte, daß die Getreuen des hl. Petrus dem Kaiser Michael von Byzanz, zu dessen Gunsten Robert Guiskard angeblich seinen Zug unternahm, beistehen sollten und aus seiner *militia* nicht wieder austreten dürften, wenn sie ihren Eintritt einmal beschlossen hätten; zugleich erhielten die Ritter, nach geleisteter Buße, eine Absolution für ihre Sünden[101]. Diese Enzyklika hat manche Ähnlichkeiten mit späteren päpstlichen Verfügungen über die Kreuzfahrer und das Kreuzgelübde. Jedenfalls hatte der Papst damit das normannische Balkanabenteuer kirchlich sanktioniert, wie er denn auch nach der Schlacht bei Durazzo

100 Greg. Reg. IX 4 S. 578. Bezüglich der Zweckbestimmung sind die Worte in Reg. IX 3 S. 574 zu vergleichen, wo es heißt, daß die Kampfeslust der toscanischen Ritter nachlasse, wenn sie keine Hilfe aus Deutschland bekämen, und daß Welf von Bayern und andere sich *pro suorum peccatorum absolutione* ganz dem päpstlichen Dienst widmen sollten, um die Italiener von Heinrich IV. zum Papst herüberzuziehen.

101 Greg. Reg. VIII 6 S. 524.

dem Sieger Robert Guiskard alsbald seine Glückwünsche ausgesprochen hat[102]. Er erkannte also zwei heilige Kriege gleichzeitig an und mußte es hinnehmen, wenn nur einer von beiden zur Ausführung kam.

Merkwürdigerweise ist dem Papste gerade damals, im Sommer 1080, wenn auch nur ganz flüchtig, noch ein dritter Kriegsplan durch den Kopf geschossen. Seine kriegerische Aktivität drängte sich eben, wenn wir von seiner vorpäpstlichen Zeit absehen, in zwei kurzen Zeiträumen zusammen, einerseits 1074–75, anderseits 1080–81. Im Jahre 1080 richtete sich sein Zorn nicht nur gegen Ravenna und Byzanz, sondern auch gegen Alfons VI. von *Kastilien*, der in seinem Reiche die simonistischen Umtriebe des Mönches Robert unterstützt und den päpstlichen Legaten ungebührlich behandelt haben sollte. Gregor beauftragte darauf Hugo von Cluny, dem Könige mit dem Zorn und der Rache des hl. Petrus zu drohen. Wenn Alfons seine Schuld nicht gutmache, dann würde der Papst alle Getreuen des hl. Petrus in Spanien gegen den König aufwiegeln (*ad confusionem suam sollicitare),* und wenn sie nicht gehorchten, persönlich nach Spanien ziehen, um gegen König Alfons als Feind der Christenheit mit Schärfe vorzugehen (*dura et aspera moliri*)[103]. Diese Worte können vernünftigerweise keinen andern Sinn haben als den einer Drohung mit einem eigenen Kriegszuge des Papstes nach Spanien. Daß der Zug nicht zur Ausführung kam, bedarf kaum der näheren Erklärung; schwerlich wird Hugo von Cluny die Drohung auch nur an Alfons übermittelt haben[104].

In den *letzten Jahren* seines Pontifikats hat Gregor aggressive Kriegspläne nicht mehr gehegt; er hatte sich in Rom selbst Heinrichs IV. zu erwehren. Niemand konnte jetzt noch daran Anstoß nehmen, wenn er in seinen Briefen die Welt zur Hilfe aufrief. „Bisher haben erst wenige von den unsern“, so schrieb er an die Getreuen des hl. Stuhls, „den Gottlosen bis aufs Blut widerstanden, ganz wenige für Christus den Tod erlitten. Denket daran, wie viele Ritter täglich um feilen Lohnes willen für ihre Herren sterben; was aber dulden oder tun wir für den höchsten König? Haltet euch vor Augen das Panier unseres Führers, des ewigen Königs, worüber er selbst sagt: In eurer Geduld werdet ihr eure Seelen besitzen. Laßt uns den Tod für die Gerechtigkeit nicht vermeiden, sondern

---

102 Greg. Reg. IX 17 S. 597.

103 Greg. Reg. VIII 2 S. 518; vgl. VIII 3 S. 520 die Drohung, *b. Petri gladium super te evaginare.*

104 Vgl. Martens II 33.

für die Liebe Gottes und die Verteidigung der Gerechtigkeit sogar erstreben."[105] Und in seiner ergreifenden letzten Enzyklika, schon nach der Einnahme Roms, kommt er noch einmal auf denselben Gedanken zurück und schließt mit dem Aufruf: „Helfet eurem Vater, dem hl. Petrus, und eurer Mutter, der römischen Kirche, wenn ihr durch sie Vergebung eurer Sünden, Segen und Gnade in diesem und jenem Leben erlangen wollt."[106] Es war der Ausklang seines Pontifikats, und er entbehrt nicht der Tragik: gerade jetzt, wo Gregor in reiner Verteidigung war, rächte sich das kriegerische Auftreten des Papsttums so schwer wie nie zuvor. Die normannischen Truppen, die zur Befreiung des Papstes nach Rom kamen, plünderten und verwüsteten die Ewige Stadt, so daß Gregor sie unter den Verwünschungen der Römer verlassen mußte. Es war vielleicht die furchtbarste Lehre, die das Papsttum je erhalten hat.

Eine Übersicht über die hier zusammengestellten Taten und Pläne des Papstes zeigt das Ergebnis: Hildebrand-Gregor hat zwar niemals einen Angriffskrieg tatsächlich durchgeführt – denn bei den römischen Kämpfen gegen Cadalus 1062–63 war er ebenso in der Defensive wie gegen Heinrich IV. 1081–84 –, aber er hat einerseits in mehreren Fällen die Kämpfe weltlicher Fürsten und Ritter durch den kirchlichen Segen sanktioniert und unterstützt und zu heiligen Kriegen gestempelt, anderseits immer wieder eigene Kriege geplant und versucht, an denen er persönlich teilnehmen wollte. Mißt man ihn an dem, was er *gewollt* hat, so war er wohl der *kriegerischste Papst*, der je auf Petri Stuhl gesessen hat. Er hat den Kreuzzugsgedanken propagiert wie niemand vor ihm, freilich in seiner engsten hierarchischen Form. Wenn damals der Welt der Anblick eines Papstes, der mit Heeresmacht gegen Christen zu Felde zog, erspart geblieben ist, so lag das nicht am Willen Gregors, sondern an der Tatsache, daß es kein ordentliches päpstliches Heer gab und daß alle Bemühungen, ein solches zu schaffen, vergeblich blieben. Davon ist im übernächsten Kapitel mehr zu sagen.

Unsere Feststellungen gründeten sich nicht auf polemische Behauptungen papstfeindlicher Streitschriften, sondern auf Quellen, die der Kritik standhalten, und an fast allen wesentlichen Punkten sogar auf Gregors eigene Briefe. Zum Schluß jedoch können wir mit dem nötigen Vorbehalt einige Publizistenstimmen zitieren, deren sachliche Glaubwürdigkeit nach unseren vorausgehenden Ausführungen beurteilt werden mag. Wenrich von Trier berichtet als einen Vor-

---

[105] Greg. Reg. IX 21 S. 602.

[106] JL. 5271.

wurf, der gegen Gregor erhoben würde: er habe sich um den Erwerb von Städten und Burgen bemüht, seine Leute mit Waffen und Pferden ausgerüstet und sei in ihrer Mitte in unmönchischem Aufzuge einhergeritten[107]. Einläßlicher spricht Wido von Ferrara über das gleiche Thema. Er übernimmt zunächst aus anderer Quelle den Vorwurf, daß Hildebrand sich schon von Kind auf für das Waffenhandwerk interessiert habe[108], um an anderer Stelle über Gregor in scheinbar lobender Weise zu erzählen: „Sobald er Papst geworden war, ließ er als sorgsamer Verwalter des Kirchenbesitzes alle Städte, Dörfer und Burgen bewachen und suchte die verlorenen wiederzugewinnen. Er schuf sich eine Truppe, nicht für irdischen Ruhm, sondern zur Erweiterung der römischen Kirche, die von den Normannen und den übrigen Nachbarn bedrängt war und fast vernichtet schien. So wurden die Eindringlinge in Schranken gehalten und die Ritter Hildebrands von allen Völkern ringsum bestaunt. In täglichen Kämpfen schlugen sie in wenigen Monaten die Feinde zurück, gewannen Burgen und Städte wieder und bezwangen die Rebellen; keiner war so kühn, daß er es wagte, die Güter des hl. Petrus zu berühren."[109] Beide Publizisten beziehen sich also auf Kämpfe im Kirchenstaat gegen die Nachbarn und gegen „Rebellen", d. h. offenbar gegen unbotmäßige Barone. Da der mißglückte Normannenkrieg von 1074 nicht gemeint sein kann, wissen wir über diese Kämpfe sonst nichts, und was sich zur indirekten Stütze beibringen läßt, ist nicht viel[110]. Wer will, mag also diese Angaben verwerfen; niemand aber wird bestreiten können, daß sie zu unserem gesicherten Wissen über die kriegerische Haltung Gregors VII. ausgezeichnet passen.

Ist es Zufall, daß das Waffenverbot für Kleriker in Gregors Briefen und Synodalbeschlüssen nicht vorkommt? Er hat selbst dem Erzbischof von Aquileja den Eid abgenommen, die römische Kirche auf Verlangen *per saecularem militiam* zu unterstützen[111]. Auch in seinen Anweisungen an Bischöfe und Legaten spielt

---

107 Wenrich c. 2, MG. Libelli I 286.

108 Wido lib. II, MG. Libelli I 554 Z. 7 f., wahrscheinlich aus der Schrift Wiberts.

109 Wido. I c. 2, MG. Libelli I 534. Vgl. Schneider, Kirchengut S. 182 f.

110 Vgl. oben S. 126 und 144 über Hildebrand und Wilhelm von Montreuil, ferner unten S. 207 f. über Gisulf von Salerno, dazu die oben Anm. 53 zitierte, durchaus glaubwürdige Nachricht Bonizos über beabsichtigte Kämpfe gegen die Grafen von Bagnorea. Über päpstliche Burgen *(firmissima s. Petri castella)* vgl. den schwäbischen Annalisten a. 1076, MG. SS. V 282, dazu auch unten S. 195 über die Burg Albinium; beachtlich auch Gregors Interesse für die Burgen in Korsika, Greg. Reg. VI 12 S. 415.

111 Greg. Reg. VI 17a S. 429. Vgl. unten S. 196 f.

die Anwendung von Waffengewalt gelegentlich eine Rolle. Die französischen Bischöfe sollten den Lancelin von Beauvais, der einen päpstlichen Getreuen gefangenhielt, „mit geistlichen und weltlichen Waffen“ zur Freilassung zwingen[112], und in der Mark Fermo sollten, laut einem päpstlichen Auftrag an Legaten und Bischöfe, Grafen und Getreue St. Peters dem Bischof von Pesaro „mit geistlicher und weltlicher Hilfe“ beistehen, die Inhaber von Kirchengut, wenn sie es nicht herausgäben, zu bekämpfen[113]. In allen diesen Fällen ist zwar sicher nicht gemeint, daß Bischöfe selbst die Waffen führen sollten, wohl aber daß sie die Kämpfe organisieren und leiten sollten[114].

In die gleiche Richtung führt uns, wie schon mehrfach von anderen bemerkt worden ist, auch Gregors Redeweise: er hat eine auffallende Vorliebe für Bilder und Vergleiche, die dem Kriegerleben entstammen[115]. Manche von ihnen begegnen auch anderwärts und fallen unter den Gregorbriefen nur durch ihre Häufigkeit auf[116]. Andere sind so charakteristisch für Gregor VII., daß man sie für die Unterscheidung der vom Papst selbst verfaßten Briefe von den bloßen Kanzleistücken benutzen kann. Das Bibelwort „Verflucht, wer seinem Schwerte das Blut mißgönnt“ ist sein Lieblingszitat; er überträgt es im Anschluß an Gregor I. auf die Pflicht zur geistlichen Ermahnung[117]. Ebenso liebt er den Vergleich zwischen den weltlichen Kriegern, die täglich ihr Leben aufs Spiel setzen, und den Dienern Gottes, die nicht geringere Opferbereitschaft zeigen sollen[118].

---

112 Greg. Reg. II 5 S. 133.

113 Greg. Reg. II 46 S. 186.

114 Das ist immerhin ein gewisser Unterschied gegenüber der Methode des „Appells an den weltlichen Arm“, wie wir sie etwa bei Alexander II. finden. Vgl. dessen Brief JL. 4537 an die Erzbischöfe von Reims und Sens mit der Weisung, den französischen König und die Fürsten um gewaltsame Vertreibung des unrechtmäßigen Bischofs Hildegar von Chartres zu bitten und andernfalls das Interdikt zu verhängen

115 Vgl. Hauck III 756; Hammler S. 51 ff.; Finke, Gerechter Krieg S. 19

116 Wühr S. 6 erklärt solche Wendungen für herkömmlichen Kanzleistil, aber sie sind sonst nicht entfernt so häufig. Aus dem Liber Diurnus weiß Wühr selbst ebda. Anm. 14 nur zwei Beispiele anzuführen (denn *vinculum* kann man nicht mitrechnen, da es mindestens ebenso der Gerichtssprache entstammt).

117 Vgl. Blaul, Arch. f. Urkf. IV 120, 132; Caspar, Greg. Reg. S. 15 Anm. 2; Wühr S. 90; M. Seidlmayer in Röm. Quartalsohr. XL (1932) 396 f.

118 Vgl. Blaul S. 225 nach Greg. Reg. III 4, III 18, VIII 44 (= IX 21) und ep. toll. 46 (JL. 5271); dazu auch Reg. I 43. Vgl. ferner die Feststellung Blauls S. 226, daß Gregor sämtliche Briefe, die seine „Lieblingsidee“, den Kreuzzugsplan von 1074, betreffen, selbst verfaßt hat.

Auch die theoretischen Äußerungen Gregors über Krieg und Frieden, die der Originalität entbehren und im Rahmen der frühmittelalterlichen Theoreme bleiben[119], stehen mit unseren Beobachtungen nicht in Widerspruch. Selbstverständlich sah Gregor im Frieden den wünschenswerten Zustand und trat überall dort, wo Papsttum und Kirchenreform nicht im Spiele waren, für eine Beilegung aller Streitigkeiten ein. Den Krieg betrachtete er natürlich als ein Übel und ließ ihn nur gelten als Mittel zur Herbeiführung eines Zustandes der Gerechtigkeit und des Friedens[120]. Aber dieser konventionelle Standpunkt hat noch niemals einen Kriegslustigen vom Ergreifen des Schwertes abgehalten. Im Falle Gregors bedeutete er nur, daß der Papst die kriegerische Praxis mit dem ethischen Ideal der Kirche in Einklang brachte und seinen Kriegen einen geistlichen Kreuzzugscharakter gab. Er beklagte das Blutvergießen, aber für seine kirchlichen Zwecke und für die Rechte des Papsttums fand er es jederzeit berechtigt. Je schärfer er solche Kriege, die nicht irgendwie Kreuzzüge waren, verurteilte, desto eifriger ist er für die Idee des kirchlich-päpstlichen Krieges eingetreten. Mehr als irgendein Früherer hat er die Hemmungen überwunden, die die Kirche einstmals von kriegerischer Predigt und kriegerischem Auftreten zurückgehalten hatten. Denn er war Kriegsmann ebensosehr wie Priester und Politiker, schon durch seinen Charakter dazu berufen, auch der ritterlichen Seite der Kirchenreform, also dem Kreuzzugsgedanken, zum allgemeinen Durchbruch zu verhelfen.

---

119 Vgl. Bernheim, Zeitanschauungen S. 203 ff.

120 Vgl. Hammler, Gregor VII., wo die entsprechenden Äußerungen ausführlich dargelegt sind und S. 64 sogar bewiesen ist, daß Gregor das Blutvergießen nicht als Selbstzweck erstrebt hat. So selbstverständlich dieses ist, so verfehlt ist es, auf Grund solcher Äußerungen bei Gregor von Friedfertigkeit zu sprechen.

Sechstes Kapitel: Vexillum sancti Petri

Ehe wir die besondere Prägung der kirchlichen Ritteridee durch Gregor VII. näher beleuchten, bedarf es nochmals, wie schon zu Beginn unserer Untersuchungen, eines symbolgeschichtlichen Umwegs über das Gebiet der Fahnen. In den vorhergehenden Kapiteln ist uns zu wiederholten Malen die „Fahne Sankt Peters" begegnet. Wir dürfen in ihr ein Symbol des päpstlichen Kreuzzugs sehen; sie führt uns die verschiedenen Seiten des päpstlichen Kreuzzugsgedankens in charakteristischer Weise vor Augen.

Über die Verleihung von heiligen Fahnen durch die Päpste haben wir vor der Zeit Heinrichs III. keine Nachrichten. Was man gelegentlich an dahingehenden Behauptungen findet, beruht auf Irrtum[1]. Es gilt zwar allgemein als selbstverständlich, daß die Päpste schon frühzeitig ebenso wie weltliche Herrscher eine Fahne „geführt" hätten. Aber alle dafür angeführten Belege sind hinfällig[2]. Offenbar bedienten sich römische und kirchenstaatliche Aufgebote in älterer Zeit noch keines päpstlichen Kriegssymbols, was mit unseren früheren Beobachtungen über die Stellung des Papsttums zum Kriege in Einklang steht. Die erste Nachricht über einen päpstlichen Fahnenträger und somit eine päpstliche Fahne trat uns beim Normannenkrieg Leos IX. (1053) entgegen[3]. Es ist nicht unmöglich, daß diese Fahne schon als *vexillum sancti Petri* galt; denn etwa in jener Zeit tritt die Petersfahne auf. Schon 1044 hatte Heinrich III. von Benedikt IX. die Entsendung einer Siegesfahne erbeten[4]; doch dürfen wir, da die Initiative nicht beim Papste lag, die Geschichte der päpstlichen Petersfahne noch kaum bei diesem Beispiel beginnen. Auch die Frage, was die bei der Normannenbeleh-

---

1 Vgl. Erdmann, Q. u. F. XXV 1 ff. Soweit in jenem Aufsatz, dessen erster Abschnitt sich streckenweise mit diesem Kapitel deckt, die Belege fehlen, werden sie hier angegeben.

2 Über die angeblich geführte Kreuzfahne vgl. Erdman n, Q. u. F. XXV 35, über die angebliche Schlüsselfahne Erdmann, Q. u. F. XXII 230 Anm. 1.

3 S. oben S. 118 f.

4 S. oben S. 55 f.

nung des Jahres 1059 gebrauchte Fahne bedeutete, sei hier noch vertagt. Vorangestellt seien vielmehr die sicheren Nachrichten, die wir über die Verwendung der Petersfahne in der ersten Hälfte der sechziger Jahre besitzen.

Am besten unterrichtet sind wir über die Fahne des Mailänder Ritters Erlembald, des militärischen Führers der Pataria. Noch zu seinen Lebzeiten, nämlich um 1070, schrieb über ihn der Mailänder Chronist Arnulf: „Erlembald rühmt sich, von Rom selbst die Kriegsfahne Sankt Peters *(bellicum sancti Petri vexillum)* erhalten zu haben gegen alle seine Gegner. Sie ist an einer Lanze befestigt und offenbart sich damit als ein Sinnbild des Menschenmordes. Aber es ist gottlos, etwas Derartiges von Petrus zu denken, auch daß er überhaupt ein anderes Panier *(vexillum)* gehabt habe als das, von dem der Herr im Evangelium spricht: Wer mir nachfolgen will, der verleugne sich selbst und nehme sein Kreuz auf sich." Arnulf fährt fort, daß niemand ein neues Evangelium predigen dürfe, daß er selbst zwar die römische Lehre anerkenne, daß aber das kirchliche Recht von einem Kirchenlehrer vertreten werden müsse, nicht von einem unerfahrenen Laien[5]. Und später nennt er nochmals die Fahne, „von der Erlembald sagt, sie sei Sankt Peters"[6]. In Wahrheit sollte diese Fahne natürlich nicht eine vom Apostel Petrus hinterlassene Reliquie sein, wohl aber war sie, wie wir schon sahen, vom Papste *Alexander II.* im Namen des heiligen Petrus dem Erlembald verliehen worden, als dieser ums Jahr 1064 in Rom war[7]. Andreas von Strumi schreibt im Jahre 1075 in seiner Biographie des heiligen Ariald, daß der Papst seinerzeit dem Erlembald im Namen des heiligen Petrus *(ex beati Petri parte)* eine prachtvolle Fahne gegeben habe, in deren Besitz Erlembald die Ketzer unterdrücken sollte[8]. In entsprechender Weise erzählt später Landulf, Ariald habe den Papst gebeten, dem Erlembald eine Siegesfahne *(vexillum victoriae)* zu geben, damit er mit größerer Sicherheit gegen die Rebellen kämpfen könne; der Papst habe ihm darauf mit seinem Segen und dem Gebot des Gehorsams eine Fahne gegeben[9]. Aus die-

5 MG. SS. VIII 22.

6 MG. SS. VIII 28.

7 Vgl. oben S. 135.

8 MG. SS. XXX. II 1059.

9 MG. SS. VIII 83 f. Galvaneus Flamme S. 625, der Erlembald als *vexillifer ecclesie* bezeichnet, schreibt erst im 14. Jahrhundert. Anderseits ist die Benennung *Romanae et unversalis ecclesiae vexillifer* doch nicht erst von den Bollandisten aufgebracht worden, wie ich Q. u. F. XXII 239 Anm. 4 angab, sondern steht schon in der jüngeren Ariald-Vita, gedruckt bei Puricellus, De Arialdo S. 141. Diese Vita, deren hand-

sen Zeugnissen geht deutlich hervor, was die Petersfahne zur Zeit Alexanders II. bedeutete: ein Siegeszeichen, das der Papst im Namen des Apostels einem seiner Anhänger für einen von der Kirche gebilligten Kampf verlieh. Sie war also ein Symbol des heiligen Krieges, des Kreuzzugs.

Die zweifelnden Worte Arnulfs, zu Lebzeiten Alexanders II. geschrieben, bestätigen uns, daß eine solche Fahne gerade in der Verbindung mit dem heiligen Petrus noch etwas relativ Neues war: so erklärt sich das ausführliche Räsonnement über die Unstatthaftigkeit dieses Symbols. Sie führen uns auch vor Augen, wie gerade durch das Fahnensymbol, durch die Gegenüberstellung von Kriegsfahne und Kreuz, die ganze Problematik des christlichen heiligen Krieges ins Bewußtsein trat. Mit scharfem Blick erkannte Arnulf in der Petersfahne den Ausdruck einer kriegerisch gewordenen Kirche, die sich darin von den Lehren Christi entfernte. Er ahnte auch, daß dies Symbol mit einer neuen Stellung der Kirche zum Laientum zusammenhänge.

Stellen wir zunächst diejenigen Nachrichten über die Petersfahne zusammen, die in dieselbe Richtung weisen. Ungefähr gleichzeitig mit Erlembald muß Wilhelm von Montreuil, der päpstliche Befehlshaber in der Campagna, das *vexillum sancti Petri* erhalten haben, wenn die Erzählung der Ordericus Vitalis darüber richtig ist[10]. Das gleiche gilt nach dem Bericht des Gaufried Malaterra vom Grafen Roger von Sizilien: ihm sandte der Papst nach dem großen Normannensieg über die Muslime im Jahre 1063 eine vom römischen Stuhl mit apostolischer Autorität übergebene Fahne, mit der er im Vertrauen auf den Schutz des heiligen Petrus gesichert die Muslime bekämpfen sollte[11]. Das war also genau das, was sonst als Fahne Sankt Peters bezeichnet wird. Ebenso würde es mit der gleichzeitigen päpstlichen Fahnensendung an die Barbastro-Krieger liegen, wenn unsere Vermutung richtig ist, daß einer ihrer Führer die Petersfahne geführt hat[12]. Zu diesen vier Fällen, die durchweg in die Jahre 1063–1064 fallen, kommt ein etwas jüngerer fünfter: nach der Chronik von Montecassino hat Papst Viktor III. das *vexillum*

schriftliche Überlieferung im 14. bis 15. Jahrhundert einsetzt, wird von Pellegrini, Archivio stor. lombardo 3. ser. XIV 224, auf Grund eines angeblichen Zitats bei Goffredo di Bussero schon vor 1260 angesetzt; falls das richtig ist, müßte doch der Wortlaut der fraglichen Stelle später umgearbeitet sein (vgl. auch die Worte *in publico consistorio).*

10 Vgl. oben S. 126.

11 Gaufredus Malaterra II c. 33 S. 45, vgl. oben S. 129.

12 Vgl. oben S. 132.

beati Petri apostoli den Bewohnern der italienischen Seestädte verliehen, als diese im Jahre 1087 ihren Zug nach Nordafrika unternahmen[13]. Auch hier handelte es sich offensichtlich um einen „Kreuzzug“, dessen Symbol die Fahne sein sollte.

Es ist also nur natürlich, daß die Päpste seit Urban II. vor allen Dingen den Jerusalem-*Kreuzfahrern* die Petersfahne verliehen haben. Irrig ist allerdings die Meinung, daß beim ersten Kreuzzug der päpstliche Legat Ademar von Puy die Petersfahne gehabt habe[14]; er hat vielmehr vom Papste wahrscheinlich ein Legatenkreuz erhalten[15]. Wohl aber hat, wenn wir recht berichtet sind, der Bruder des französischen Königs, Hugo von Vermandois, der seinen Weg nach dem Osten über Italien nahm, die goldene Fahne des heiligen Petrus (τήν χρυσήν τσύ άγίου Πέτρου σημαίαν) erhalten[16]. Ebenso hat Urbans Nachfolger Paschal II. dem Bohemund von Tarent, als dieser aus dem Heiligen Lande nach dem Westen gekommen war, um ein neues Heer zu sammeln, im Jahre 110 das *vexillum sancti Petri* verliehen und ihn zum Fahnenträger *(signifer)* des Christenheeres ernannt[17]. Anderseits hat Paschal aber auch den Pisanern, als diese im Jahre 1113 einen Zug gegen die balearischen Muslime unternahmen, eine römische oder päpst-

---

13 Chronik von Montecassino III c. 71, MG. SS. VII 751. Vgl. Kap. X im Anfang.

14 Die Meinung, daß Ademar eine päpstliche Fahne erhalten habe, geht darauf zurück, daß Fulcher I c. 22, 7 S. 254 erzählt, daß Kerboga vor Antiochien (28. Juni 1098) beim Heranrücken des Kreuzheeres die Fahne Ademars *(signum episcopi Podiensis)* von ferne erkannte, und ihm den Vers in den Mund legt: *Nam signum video magni procedere papae.* Aber schon Sybel, Kreuzzug S. 371, erkannte, daß mit dem *papa* (da das Wort hier offenbar im alten Sinne als „Bischof“ gebraucht ist) nur Ademar selbst, nicht Urban II. gemeint sein kann. Keinesfalls konnte Ademar damals noch eine ihm von Urban II. verliehene Fahne führen, denn er hatte bereits im Dezember 1097 seine ursprüngliche Fahne verloren, s. Gesta Francorum c. 14, 2 ed. Hagenmeyer S. 255 (ed. Bréhier S. 74), mit den dort angeführten Parallelstellen. Diese ursprüngliche Fahne Ademars ist sicherlich auch gemeint, wenn Raimund von Aguilers c. 7, Recueil Crois. Occ. III 247 davon spricht, daß die Türken das *vexillum b. semper virginis Mariae* erobert hatten; denn die Kathedrale zu Le Puy war der Jungfrau Maria geweiht. Danach hat Ademar die Fahne seiner Kathedralkirche geführt; das ist auch sachlich wahrscheinlicher als die Führung einer päpstlichen Fahne. Vgl. Erdmann, Q. u. F. XXV 39.

15 Das Chronicon monasterii s. Petri Aniciensis c. 424 bei Chevalier, Cartulaire St. Chaffre S. 164 spricht beim Zuge Ademars von *vexillo s. crucis, quam ferebant, praecedente ... elevatis aliis signis.* Über den Ausdruck *vexillum crucis* vgl. oben S. 44 f.; daß man darunter speziell auch ein Vortragekreuz verstand, ergibt sich aus den dort Anm. 10 angeführten Papsturkunden.

16 Anna Comnena, Alexias X c. 7. Die Nachricht ist nicht völlig unbedenklich.

17 Bartulf c. 65, Rec. hist. crois. occ. III 538.

liche Fahne *(Romana signa, sedis apostolicae vexillum)* verliehen[18]; nach dem Zusammenhang dürfen wir diese Fahne sicherlich auch als Petersfahne ansehen. Weniger sicher ist das beim nächsten Papst Gelasius II., der beim Verlassen Roms den Stephanus Norannus dort als Beschützer und Fahnenträger *(protector et vexillifer)* zurückließ[19]; ob wir aus dieser Angabe auf eine Verleihung der Petersfahne schließen dürfen, bleibt fraglich. Völlig deutlich aber ist dies bei Calixt II., der im Jahre 1122 dem Venezianer Dogen für einen Kreuzzug das *vexillum beati Petri* verlieh[20]. In der Folgezeit sind die Verleihungen offenbar seltener geworden. Das wird verständlich durch die Erwägung, wie stark das Papsttum beim zweiten Kreuzzug in den Hintergrund trat; an seiner Stelle hat damals Bernhard von Clairvaux am Altar des Speierer Doms dem deutschen König eine Fahne übergeben[21]. Unsicher ist die Nachricht, daß Clemens III. im Jahre 1188 dem Pisaner Erzbischof Hubald als päpstlichem Kreuzzugslegaten die Petersfahne verliehen und ihn zum Fahnenträger des Christenheeres ernannt habe[22]; falls sie richtig ist, hätten wir hier das einzige Beispiel einer Verleihung an einen Geistlichen. Sicher ist dagegen, daß Innocenz III. im Jahre 1199 dem Armenierkönig Leo für den Krieg gegen die Feinde des Kreuzes das *vexillum beati Petri* gesandt hat[23]. Schließlich läuft die Geschichte der Petersfahne in das päpstliche Amt des *vexillifer ecclesiae* aus, das seit Bonifaz VIII. begegnet und zunächst ebenfalls noch in Zusammenhang mit dem Kreuzzugsgedanken steht[24].

---

18 Liber Maiolichinus v. 74 f. S. 8; v. 1688 S. 68. Auch in diesem Falle erhielt der Erzbischof von Pisa als Geistlicher vom Papst nicht die Petersfahne, die vielmehr der Laie Atho trug, sondern ein Vortragekreuz (v. 74). Vgl. zu der Stelle auch Erdmann Q. u. F. XXV 18.

19 Liber Pontif. II 317.

20 MG. SS. XIV 73; Kehr, It. pont. VII. II 21 u. 39.

21 Vita Bernardi lib. VI, MG. SS. XXVI 126. Wahrscheinlich ahmte Bernhard die Erhebung der französischen Oriflamme nach, vgl. Meyer, HZ. 147, 286 Anm.

22 Die Nachricht steht im Pisaner „aliud fragmentum" bei Ughelli, Italia X. II 120. Nach Scheffer-Boichorst, Forsch. zur deutschen Geschichte X 519, lassen die Nachrichten in diesem Teil des Fragments in ihrer Genauigkeit einen Zeitgenossen vermuten; Kehr, It. pont. III 362 n. †*39 verwirft jedoch die Nachricht und zweifelt an der Echtheit der Quelle. Doch ist diese im 14. Jahrhundert von Michael de Vico benutzt worden (Scheffer-Boichorst S. 527), der auch die Nachricht über die Petersfahne übernahm, Muratori, Script. VI 191.

23 Innocenz III. lib. II ep. 254. 255, Migne 214, 814 f. (Potth. 909. 910).

24 Erdmann, Q. u. F. XXII 239. Angemerkt sei, daß in der „Destruction de Rome", einem französischen Epos des 13. Jahrhunderts, v. 817 f. von einem – legendären –

Wir dürfen somit die Petersfahne in eine Reihe stellen mit dem Kreuzeszeichen auf den Kleidern, das die Kreuzfahrer in der Gesamtheit annahmen; die Petersfahne war demgegenüber ein nicht für alle Einzelnen, sondern nur für bevorzugte Führer geltendes Symbol. Dazu kommt ein anderer Unterschied: die Kreuznahme kam erst auf dem Konzil von Clermont als Neuerung speziell für die Jerusalemfahrt auf; die Verleihung der Petersfahne aber ist um eine Generation älter. Hierin liegt bereits zum Teil die historische Bedeutung dieses Symbols: es führt in die Werdezeit des Kreuzzugsgedankens hinein und zeigt seine Verknüpfung mit älteren Entwicklungen.

So eindeutig aber, wie es bisher scheinen könnte, ist die Petersfahne nicht immer gewesen. Denn wir haben mehrere Fälle ihrer Vergebung übersprungen.

Wohl die berühmteste Fahnenverleihung ist die an *Wilhelm den Eroberer* für den Zug nach England (1066); wir haben bereits davon gesprochen[25]. Der Normannenherzog erhielt, so erzählt uns schon sein Zeitgenosse Wilhelm von Poitiers, die Fahne durch die Güte des Papstes gleichsam als Hilfe des heiligen Petrus, damit er mit Vertrauen und Sicherheit die Gegner angreife[26]. Zwei Generationen später schreibt Ordericus Vitalis, Alexander habe dem Eroberer das *vexillum sancti Petri apostoli* übersandt, durch dessen Verdienste Wilhelm vor aller Gefahr beschützt werden sollte[27]. Nach diesen Berichten sollte die Petersfahne also auch hier als ein Symbol des heiligen Krieges gelten, ebenso wie in den andern Fällen. Aber damit ist diesmal noch nicht alles gesagt. Schon die Auffassung Wilhelms von Malmesbury muß unsere Aufmerksamkeit erregen, denn dieser Chronist schreibt, Wilhelm der Eroberer habe die Fahne vom Papst *in omen regni* erhalten[28]; mit diesen Worten ist zwar einerseits der Gedanke der Siegverheißung angedeutet, anderseits schwingt deutlich die Vorstellung von der Fahne als königlichem Abzeichen mit. Sollte somit die damalige Fahnensendung zugleich auch den Charakter einer Insignien-Übergabe und einer Investitur haben? Diese Frage wird uns vor allem aufgedrängt durch das spätere Verhalten Gregors VII. Dieser hat bekanntlich von Wilhelm den Lehnseid ge-

Papste erzählt wird, er habe selbst in einer Sarazenenschlacht mitgekämpft und eine Fahne getragen, auf der das Bild St. Peters gemalt war, ed. Groeber, Romania II 28.

25 Oben S. 136 f. Vgl. auch Lange, Staatensystem S. 57 f.; Jordan, Arch. f. Urkf. XII 72 f.

26 Guillelmus Pictavensis, Migne 149, 1246.

27 Ordericus Vitalis III c. 11, Bd. II 123.

28 Guillelmus Malmesbiriensis lib. III c. 238, Bd. II 299.

fordert, was Wilhelm ablehnte, da er sich dazu nicht verpflichtet habe[29]. Man ist längst darauf aufmerksam geworden, daß die päpstliche Forderung, für die ein sicherer Rechtsgrund nicht bestand, vielleicht mit der Fahnenverleihung in Zusammenhang stand. Denn die Fahne gehörte zu den bekannten Belehnungssymbolen, insbesondere für „Fürsten"-Lehen. Man darf natürlich nicht übertreiben: es ist keineswegs so, daß die Fahnenverleihung den Sinn einer Investitur haben *mußte*, zumal die übrigen für eine Belehnung wesentlichen Akte, vor allem die Eidesleistung, im Jahre 1066 jedenfalls fehlten. Aber die Hauptsache ist, daß ihr offenbar von der einen Partei, wenn auch vermutlich erst nachträglich, eine solche lehnsrechtliche Deutung gegeben wurde, während die andere sie bestritt. Wir haben zu fragen, wie die Auffassung der Petersfahne als Belehnungssymbol überhaupt möglich wurde.

Bis zur Mitte des 12. Jahrhunderts war die Investitur mit der Fahne ein kaiserliches oder königliches Vorrecht, das zwar gelegentlich von anderen usurpiert werden mochte, aber seinen Rechtscharakter deswegen nicht änderte[30]. Daraus ergibt sich sogleich, was es bedeuten mußte, wenn die Päpste denselben Brauch annahmen, als sie begannen, selbst Lehnsherren zu werden. Bekanntlich hat Gregor VII. aus der konstantinischen Schenkung den Grundsatz übernommen, daß der Papst die kaiserlichen Insignien führe; nichts anderes bedeutet es, wenn das Papsttum damals auch begann, nach Kaiserart Lehnsfahnen zu vergeben.

Die ersten größeren Vasallen der Kurie[31], die unteritalienischen *Normannen*, waren zuvor Lehnsleute des Kaisers gewesen und von diesem mit einer Fahne investiert worden. Dann aber wünschten sie ihr Land vom Papst zu Lehen zu nehmen. Amatus erzählt, sie hätten schon im Jahre 1053 dem Papste Leo IX. die Lehnsfahne gebracht, die sie vom Kaiser erhalten hatten, mit der Bitte, der Papst möge sie seinerseits damit investieren[32]. Dieser ihr Wunsch ging damals freilich

---

29 Lanfranci ep. 7, Migne 150, 517 (Bd. 148, 748); Böhmer, Kirche und Staat S. 84 f., 134 ff.; Fabre, Étude S. 136 f.; Caspar, Greg. Reg. S. 501 Anm. 3; Brooke, Engl. Hist. Review XXVI 226 ff. und English Church S. 140 ff.; Fliche, Réforme II 345 ff.

30 Vgl. Erdmann, Sitzungsber. Berlin 1932, S. 885 ff.

31 Jordan, Arch. f. Urkf. XII 44 ff. (Von kleineren lehnsrechtlichen Verleihungen innerhalb des Kirchenstaats, ebd. S. 38 ff., sehe ich hier ab.) Vgl. ferner Kehr, Belehnungen, und oben S. 123 f.

32 Aimé III c. 39 S. 123; vgl. Chalandon I 136 f. Kehr, Belehnungen S. 7 f. Anm. 4 und S. 11 bezweifelt die Richtigkeit aller Angaben des Amatus über die kaiserliche Investitur der apulischen Normannen und hält nur Capua für ein Reichslehen (S. 15). Jedenfalls aber stand das gesamte Normannengebiet 1047 unter kaiserlicher Ober-

noch nicht in Erfüllung. Sechs Jahre später aber wurde das Lehnsverhältnis zwischen dem Papst und den Normannen tatsächlich begründet. Über die Formen, in denen die Investitur vollzogen wurde, haben wir nur das Zeugnis Romualds von Salerno: danach geschah die Belehnung *per vexillum*[33]. Romuald schreibt zwar erst gegen Ende des 12. Jahrhunderts, aber die sachliche Wahrscheinlichkeit spricht durchaus für die Richtigkeit seiner Angabe. Danach wäre die Belehnung in eben der Weise geschehen, in der die Normannen sie zuvor gewünscht hatten: der Papst wäre auch in der Verwendung der Symbole unmittelbar an die Stelle des Kaisers getreten, indem er selbst mit der kaiserlichen Fahne seine Vasallen investierte, und hätte auch damit ungewollt die Tatsache erkennen lassen, daß die Belehnung der Normannen ein Eingriff in die Rechte des Reichs war.

Bleiben bei dieser ersten päpstlichen Belehnung noch Zweifel bestehen, so wird die Sachlage ganz deutlich bei ihrer Wiederholung durch Gregor VII. im Jahre 1080. Damals leistete Robert Guiskard von neuem den Lehnseid und erhielt vom Papst eine Fahne[34].

---

hoheit, wie sich aus der Urfassung der Chronik von Montecassino II c. 78 (MG. SS. VII 683 mit Anm. 1 und m) ergibt: *imperator … Normannis … universam quam tunc tenebant terram firmavit … cunctamque Beneventanam terram Normannis auctoritate sua confirmans.* Vgl. auch Hermann von Reichenau a. 1047 (SS. V 126): *(imperator) duces Nordmannis, qui in illis partibus commorantur, … constituit.* Ebenso spielt Robert Guiskards Lehnseid vor dem Papste (1059) auf das Treuverhältnis zum Kaiser an: *nulli iurabo fidelitatem nisi salva fidelitate sanctae Romanae ecclesiae.* Noch im Jahre 1111 erkannten die apulischen Normannen neben der päpstlichen auch eine kaiserliche Herrschaft an, vgl. in dem von Holtzmann, NA. 50, 301 veröffentlichten Brief die Worte: *pertinent ad Romanam ecclesiam et regi esse subditi volunt usque ad voluntatem suam.* Die ursprüngliche kaiserliche Oberhoheit über die Normannen läßt sich also nicht aus der Geschichte streichen und ist auch für die Beurteilung des päpstlichen Vorgehens wesentlich.

33 Romuald von Salerno, MG. SS. XIX 406; auch die Erneuerung der Investitur durch Alexander II. (1062) erfolgte danach *per vexillum.* Kehr, Belehnungen S. 8, betont mit Recht, daß die Belehnungen von 1059 anderer Natur waren als die Verleihungen der Petersfahne durch Alexander II., nämlich richtige Belehnungen mit Fahnenlanzen. Ich weiche hier nur insofern ab, als ich in den Lehnsfahnen des 11. Jahrhunderts noch nicht „Embleme der Lehnsgebiete" erblicke, vgl. unten Anm. 38 über das erste Auftreten von Territorialfahnen. Kehr gibt S. 7 meine schon früher (Q. u. F. XXV 6) dargelegte Meinung nicht ganz richtig wieder: erst 1080 wurde von Gregor VII. die päpstliche Lehnsfahne, wie sie schon seit 1059 im Gebrauch war, mit der Petersfahne gleichgesetzt.

34 Amalfitaner Chronik, Muratori, Antiquitates I 214, c. 40; Romuald, MG. SS. XIX 408; Reg. Greg. VII. lib. VIII ep. 1 a–c, MG. Ep. sel. II 514 ff. Vgl. Kehr, Belehnungen S. 28f.

Daß es eine wirkliche Fahneninvestitur war, sagt uns diesmal außer Romuald noch ein weiterer Zeuge des 12. Jahrhunderts, nämlich Boso[35], und an der Richtigkeit dieser Darstellung ist nicht zu zweifeln. Denn auch in der Folgezeit sind die Belehnungen der Normannen durch die Päpste regelmäßig mit einer Fahne erfolgt[36]. Boso spricht schon bei Gregor VII. von einer päpstlichen Fahne *(per vexillum sedis apostolice investivit),* und wenngleich diese präzise Formulierung späteren Datums sein wird, so ist sie doch in der Sache ebenso berechtigt wie die im 12. Jahrhundert geläufige Bezeichnung des vom Kaiser gebrauchten Lehnssymbols als einer kaiserlichen Fahne[37]. Berühmt ist die Doppelbelehnung des Normannen Rainulf von Alife im Jahre 1137. Damals war der Kaiser Lothar anwesend und beanspruchte natürlich seinerseits das Recht, die Belehnung auszuüben. Er kam aber mit dem Papste Innocenz II. überein, daß beide gemeinsam den Normannen mit der Fahne investierten, indem der Papst den Fahnenstock am oberen, der Kaiser am unteren Ende anfaßte[38]. Dieser Akt erscheint uns

---

35 Liber Pontif. II 366.

36 Romuald a. 1090 (1089), 1115 (1114), 1118, 1120, 1128, 1139, 1156, MG. SS. XIX 412, 415–418, 423, 429. Vgl. die Fahnensendung Innocenz' III. an den Bulgarenkönig, Potth. 2141.

37 Von den Bezeichnungen, die Galbreath, Heraldry S. 5 für die mittelalterliche Papstfahne anführt, gehören dem hohen Mittelalter nur an: *vexillum s. Petri* und *vexillum sedis apostolicae.* Die Bezeichnung *signum magni papae* bezieht sich nicht auf eine Papstfahne, vgl. oben Anm. 14; *vexillum ecclesiae* tritt erst seit Bonifaz VIII. auf (Erdmann, Q. u. F. XXII 236 ff.), *vexillum Romanae et universalis ecclesiae* auch erst spät, s. oben Anm. 9, während sich der Name *vexillum sanctae crucis et ecclesiae* bei Philipp von Maizières (gest. 1405) in der Vita s. Petri Thomasii c. 4 (AS. 29. Jan. III 615) findet. Anderseits kann man für das hohe Mittelalter noch *signum Romanum* nennen, sowie für den Träger der Fahne die Bezeichnung *signifer papae* (bei Ordericus Vitalis, oben S. 126 Anm. 52).

38 Falco Benev., Muratori, Script. V 122; Otto Frising. chron. VII c. 20 S. 339; Romuald, MG. SS. XIX 422. Vgl. Caspar, Roger S. 203–206. Anders lag es zwei Jahre später, als Innocenz II. den König Roger mit Sizilien und seine Söhne Roger und Alfons mit Apulien und Capua belehnte und ihnen dabei je eine Fahne gab, vgl. Caspar S. 229; Kehr, Belehnungen S. 42. Die Annales Cavenses, MG. SS. III 192, die offenbar erst späteren Datums sind (zumal sie das Ereignis zu 1138 statt 1139 berichten), stellen den Vorgang fälschlich so dar, als habe Innocenz nur den Roger belehnt, aber mit drei Fahnen, die sich auf Sizilien, Apulien und Capua bezogen hätten. In dieser Form wurde die Investitur tatsächlich 1156 vollzogen, vgl. den Bericht des Augenzeugen Romuald, SS. XIX 429. Das ist überhaupt das älteste bekannte Beispiel für das Vorkommen von Territorialfahnen bei Belehnungen; das nächste ist die Investitur mit Bayern und Österreich durch Friedrich I. 1157. Bei der Belehnung Rainulfs von 1137

grotesk, ist aber für die mittelalterliche Symbolik wesentlich und überaus instruktiv. Daß das Papsttum einfach die kaiserlichen Rechte und Rechtsbräuche für sich in Anspruch nahm und daß das Kaisertum diesem Anspruch schließlich nachgab, kann nicht besser verdeutlicht werden als durch diesen Akt. Ebenso ist es wichtig, daß nicht etwa Kaiser und Papst jeder für sich mit je einer Fahne die Investitur übten, was ja auch denkbar gewesen wäre, sondern daß beide zusammen dieselbe Fahne überreichten: die lehnsherrliche Gewalt war eben nur eine. Die Lehnsfahne war also in diesem Falle sowohl kaiserliche wie päpstliche Fahne.

Entscheidend ist nun, daß unter Gregor VII. dieses eigenartige kaiserlich-päpstliche Symbol nichts anderes war als die *Petesfahne*. Denn bei der Belehnung Robert Guiskards durch Gregor (1080) sagen uns die Amalfitaner Chronik und Romuald von Salerno ausdrücklich, daß der Papst bei der Investitur dem Normannen das *vexillum sancti Petri* überreichte[39]. Mehr noch: der Zeitgenosse Wilhelm von Apulien sagt von dieser Fahne, daß Robert in der Schlacht auf sie vertraute[40]; er sah sie also genau so als Kreuzzugssymbol an, wie es die Petersfahne in anderen Fällen war. Unsere Quellen geben ihr also diesmal einen Doppelcharakter als religiöses und als rechtliches Symbol, und es besteht kein Grund, an der Richtigkeit dieser Auffassung zu zweifeln. Ein solches Schillern paßt zum Wesen des hochmittelalterlichen Papsttums und erklärt auch unsere

darf man also noch nicht von einer Lehnsfahne des Herzogtums Apulien sprechen. Etwas abweichend Jordan, Gött. gel. Anz. 1935 Nr. 4 S. 140 f.

39 Vgl. oben Anm. 34. Die Stelle gehört zu denen, die das Chronicon Amalfitanum mit Romuald von Salerno (hier jedoch mit Zusätzen) gemeinsam hat und die somit nach Hirse h, Annales S. 64 ff. auf eine gute Quelle aus dem Anfang des 12. Jahrhunderts zurückgehen. Kehr, Belehnungen S. 7 nimmt an, daß das Chronicon direkt Romualds Quelle sei; auch in diesem Falle besteht kein Grund, den Bericht sachlich beiseitezuschieben. Ein weiteres Quellenzeugnis bringt Kehr ebd. nach einer Mitteilung von H.-W. Klewitz bei: im Registrum des Petrus Diaconus steht eine Urkunde Robert Guiskards mit der Siegellegende *Vexillum Petri, quod dux gerit, ecce beati.* Ob die Urkunde echt ist, steht dahin, aber auch im Falle, daß Petrus Diaconus den Vers erfunden hat, war er doch jedenfalls seinerseits der Meinung, daß Robert als Herzog die Petersfahne geführt habe. Wir haben also in Boso, dem Chronicon Amalfitanum (bzw. Romuald), Petrus Diaconus und Wilhelm von Apulien nicht weniger als vier voneinander unabhängige Quellenzeugnisse dafür, daß Robert Guiskard eine päpstliche bzw. die Petersfahne gehabt hat.

40 Wilhelm von Apulien IV v. 408 ff. MG. SS. IX 287: *vexillo, quod sibi papa ad Petri dederat ... honorem, ... fidens.*

Beobachtungen im Falle Wilhelms des Eroberers. Das eine Mal gab der Papst einem Rechtssymbol eine religiöse Deutung, das andere Mal einem religiösen Symbol eine politische Wendung im Sinne päpstlicher Herrschaftsansprüche. Grade weil es sich um staatsrechtliche Einbrüche in fremde Sphären handelte, war die Gleichsetzung mit einem kirchlichen Weiheakt der gegebene Weg der gregorianischen Politik.

Die entscheidende Wendung fällt beide Male in die Zeit Gregors VII., dessen Interesse für die Petersfahne auch sonst deutlich ist. Wir können nicht geradezu behaupten, daß Hildebrand der Schöpfer des *vexillum sancti Petri* gewesen sei, wohl aber, daß er schon unter Alexander II. am Gebrauch dieses Symbols hervorragend beteiligt war, im Falle Erlembalds von Mailand, Wilhelms des Eroberers und wahrscheinlich auch Wilhelms von Montreuil[41]. Während seines eigenen Pontifikats scheint er sich zwar mit Neuverleihungen zurückgehalten zu haben, denn die Belehnung Robert Guiskards, die zudem eine Wiederholung darstellt, ist der einzige bekannte Fall[42]. Als im Jahre 1077 Michael von Serbien vom Papst ein *vexillum* erbat, mit dem er sicherlich die Petersfahne meinte, entweder im Sinne einer Belehnung oder doch eines päpstlichen Eintretens für seinen Krieg, lehnte Gregor ab[43]. Anderseits können wir darauf verweisen, daß gerade zur Zeit Gregors unter den päpstlichen Anhängern das Feldgeschrei „Sankt Peter“ nachzuweisen ist, und zwar bei den Sachsen im Jahre 1078, bei den Truppen der Markgräfin Mathilde im Jahre 1084[44]. Bedenken wir die enge Zusammengehörigkeit von Fahne und Schlachtruf[45], so scheint es mindestens im Falle der mathildischen Truppen als sehr denkbar, daß sie im Besitze einer Petersfahne waren, ohne daß wir weitere Nachricht davon haben.

---

41 Vgl. oben S. 126, 135 und 145.

42 Die Investitur des kroatischen Königs Demetrius Zwonimir mit Fahne, Schwert, Szepter und Krone (Deusdedit III c. 278 S. 383) gehört nicht unter die Verleihungen der Petersfahne. Angemerkt sei die wenig glaubwürdige Nachricht der Continuatio Aquicinctina Sigeberts von Gembloux, daß Hadrian IV. im Jahre 1159 dem Wilhelm von Sizilien die Petersfahne verliehen habe (MG. SS. VI 408); vgl. dagegen Wagner, Eberhard II. S.118 f.; Kehr, It. pont. VIII 49 n. 189 N.

43 Greg. Reg. V 12 S. 365; von Kehr, Sitzungsber. Berlin 1921 S. 366 als Belehnung aufgefaßt.

44 Bruno c. 97 S. 71: *velut suum salutavit socium dicens „Sancte Petre“, quod nomen Saxones pro symbolo tenebant omnes in ore.* Donizo II v. 351 ed. Simeoni S. 68: *Petre auxiliare tuis*! (Vgl. ebd. v. 364: *turba Petri.*)

45 Oben S. 92 f.

Die enge Beziehung zwischen Petersfahne und Kaiserfahne läßt sich noch auf anderem Wege verfolgen. Wenn der historisch richtige Zusammenhang darin bestand, daß die Päpste gewissermaßen die Kaiserfahne zu führen begannen, diese aber direkt vom heiligen Petrus herleiteten, so war schon nach wenigen Jahrzehnten die Petersfahne so eingebürgert, daß man den Zusammenhang umzukehren vermochte und glauben konnte, die Kaiserfahne ihrerseits stamme vom heiligen Petrus und komme aus Rom. Diese Vorstellung finden wir im französischen *Rolandsliede*, das wir wahrscheinlich noch zum Ende des 11. Jahrhunderts ansetzen dürfen. Dort heißt es von der *orie flambe*, der Fahne Karls des Großen[46]:

> *Seint-Piere fut, si aveit num Romaine.*
>
> „Sie war Sankt Peters und hieß Romaine."

Die Karlsfahne ist für den Dichter gleichbedeutend mit der französischen Königsfahne seiner eigenen Zeit. Dennoch setzt er sie mit der Petersfahne gleich, nimmt also an, sie wäre vom Papst verliehen. Es gibt verschiedene Möglichkeiten, diese zunächst überraschende Tatsache zu erklären. Vielleicht war die Nachricht von der tatsächlichen Fahnenverleihung durch Leo III. an Karl den Großen zur Kenntnis des Dichters gelangt, sei es durch eine literarische Tradition, die letztlich auf die fränkischen Reichsannalen zurückgehen würde, sei es durch das Lateranmosaik, das der Dichter selbst gesehen haben konnte, dessen Fahne allerdings nicht golden, sondern in der Grundfarbe wahrscheinlich blau war[47]. Bei dieser historischen Fahne hatte es sich zwar durchaus nicht um die

46 Chanson de Roland v. 3094; vgl. (auch zum folgenden) Erdmann, Sitzungsber. Berlin 1932 S. 889 ff. und Q. u. F. XXV 7 f.

47 Vgl. Erdmann, Sitzungsber. Berlin 1932 S. 871 und Q. u. F. XXV 14. – Nachträglich werde ich durch einen freundlichen Hinweis von Herrn Dr. Jordan noch auf eine andere Möglichkeit aufmerksam: Das am Ende des 11. Jahrhunderts in wibertinischen Kreisen gefälschte Investiturprivileg Leos VIII. (Privil. Mains, MG. Const. I 668) schreibt, daß Karl der Große bei seinem triumphalen Empfang in Rom 774 das *vexillum b. Petri apostoli* erhalten habe. Zu dieser Behauptung scheint die Erwähnung der *bandora* im Liber Pontif I 496 f. den Anlaß gegeben zu haben, zumal die Vorstellungen von Petersfahne und römischer Fahne sich frühzeitig zu vermischen begannen (vgl. Q. u. F. XXV 18). Jedenfalls kann jetzt an der Gleichsetzung von Karls *orie flambe Seint-Piere* mit dem *vexillum s. Petri* kein Zweifel mehr bestehen.

Petersfahne gehandelt, aber zur Zeit des Dichters würde ein solches Mißverständnis nahe gelegen haben. Anderseits konnte der Dichter auch leicht selbständig auf solche Gedanken kommen. Sicherlich galt die Fahne Sankt Peters, des Apostelfürsten, als die vornehmste und wunderkräftigste aller Fahnen: Grund genug, um sie bei Karl dem Großen vorauszusetzen.

Im übrigen läßt die Gleichsetzung der Petersfahne mit der Kaiserfahne einen Schluß auf ihr *Aussehen* zu. Dieses ist an sich nicht von sonderlicher Bedeutung und braucht keineswegs immer das gleiche gewesen zu sein, da den Fahnen damals der Abzeichencharakter noch fehlte[48]. Doch bestand natürlich schon in der Frühzeit die Möglichkeit, daß die symbolische Bedeutung einer Fahne sich in der Gestaltung des Fahnentuchs ausdrückte, daß Farben und Embleme in spezieller, sinnvoller Weise ausgesucht wurden, wie wir dies etwa bei der Mailänder Carroccio-Fahne beobachten konnten.

Leider wissen wir über die äußere Gestaltung der Petersfahne nicht viel, da die Angaben, die man darüber findet, meist auf Irrtum beruhen[49]. Die Petersfahne, die Alexander II. dem Erlembald übergab, soll ein weißes Banner mit rotem Kreuz gewesen sein[50]. Aber dieses Aussehen der Fahne wird nur erschlossen aus einem viel späteren Bilde, das dem inzwischen unter die Mailänder Heiligen erhobenen Erlembald die Mailänder Fahne, die das rote Kreuz auf weißem Grunde zeigt, in die Hand gibt[51]. Ein bloßes Mißverständnis ist es ferner, wenn man die von Viktor III. für den Mahedia-Feldzug von 1087 verliehene Petersfahne als ein Schlüsselbanner angesehen hat; davon sagt der zugrunde liegende Quellentext überhaupt nichts[52]. Weitere Verwirrung hat die Fahnenverleihung Paschals II.

48 Vgl. Erdman n, Sitzungsber. Berlin 1932 S. 878 ff. und Q. u. F. XXV 19 f.

49 Scheludko, Zeitschr. f. franz. Spr. L 13 schreibt ohne Quellenbeleg, die Petersfahne wäre rot mit Goldverzierungen gewesen; ich nehme an, daß es sich nur um einen Rückschluß aus der spätmittelalterlichen Oriflamme von Saint-Denis handelt.

50 Gregorovius, Rom IV 147; Whitney, Essays S. 151.

51 Die Bollandisten, AS. 27. Juni VII ^{3} 250, berichten von diesem Bilde, das sich zu ihrer Zeit in S. Babyla in Mailand befand, daß es das Familienwappen der Cotta enthielt. Danach kann es frühestens aus der zweiten Hälfte des 12. Jahrhunderts sein (wahrscheinlich noch viel jünger), also aus einer Zeit, in der die weiße Fahne mit rotem Kreuz bereits von den Mailändern geführt wurde.

52 Pecchiai, Pisa S. 69 und 82 behauptet, die Römer hätten beim Kampf um Mahedia ein *signum cum scarsellis,* alias eine Fahne mit Schlüsseln gehabt. Aber erstens sind *scarsellae* nicht Schlüssel, sondern Pilgerranzen, zweitens ist an der zugrunde liegenden Quellenstelle von einer Fahne überhaupt nicht die Rede. Es handelt sich um

für den balearischen Feldzug (1113) verursacht[53]. Denn spätmittelalterliche und moderne Geschichtsschreiber haben zu wiederholten Malen die späteren Pisaner Fahnen, die zu Zeiten schlichtrot waren, zu Zeiten ein stumpfendiges weißes Kreuz auf rotem Grunde zeigten, von dieser Verleihung hergeleitet und infolgedessen entweder behauptet, jene päpstliche Fahne wäre schlichtrot gewesen[54] oder sie hätte das weiße Kreuz auf rot gezeigt[55]. Aber weder das eine noch das andere hat einen Anhalt in den zeitgenössischen Quellen. In allen diesen Fällen wissen wir nichts davon, wie die Petersfahnen aussahen.

Nur einen einzigen Fall gibt es, wo wir scheinbar behaupten können, daß eine bestimmte Petersfahne mit einem Kreuz ausgestattet war; es ist das Banner, das Alexander II. im Jahre 1066 dem Normannenherzog Wilhelm für die Eroberung Englands verlieh. Denn auf der Tapete von Bayeux, die noch im letzten Viertel des 11. Jahrhunderts oder spätestens in der ersten Hälfte des 12. hergestellt ist, wird Wilhelm oder sein Heer auf dem englischen Feldzuge mehrfach mit einer Kreuzfahne dargestellt, und der Schluß liegt nahe, daß dies die vom Papst ver-

den Pisaner Rhythmus, zuletzt bei Schneider, Rhythmen S. 37 ff. Dort heißt es in V. 34, daß in der Schlacht der heilige Petrus die Genuesen und Pisaner stärkte, „denn er sah sein Abzeichen, Leute mit Pilgerranzen“ *(nam videbat signum sui, cum scarsellis populum;* das *signaculum s. Petri* ist sonst der Pilgerstab, vgl. Franz, Benedikt. II 275 f. Anm. 6). Das übersetzt Pecchiai: *„perchè il popolo (romano) vedesse la propria insegna colle chiavi".*

53 Kehr, It. pont. III 359 n. 25, vgl. oben S. 172 f. Nach dem Liber Maiolichinus v. 74 f. gab der Papst dem Pisaner Erzbischof ein (Vortrage-) Kreuz, während die Heerführer Fahnen erhielten. Daraus macht Pecchiai, Pisa S. 68 f. eine Fahne mit einem Kreuz und behauptet S. 59, das weiße Kreuz wäre ein Abzeichen der Kirche gewesen.

54 So die Annales rerum Pisanarum (Ughelli X Anecd. 101) und das daraus abgeleitete Breviarium Pisanae historiae (Muratori, Script. VI 169). Aber die Annales sind ein frühestens 1267 verfertigter Auszug aus den Annalen Maragones mit einigen Zusätzen, vgl. Scheffer-Boichorst, Forsch. z. deutsch. Gesch. XI 520 (wo Z. 18 der Druckfehler 1276 in 1267 zu verbessern ist). Der Passus über die Fahne, der bei Maragone nicht steht und mit *Et nota quod* anfängt, ist ein solcher Zusatz, dessen Quellenwert um so geringer ist, als er fälschlich zu 1118 (1119 calc. Pis.) statt zu 1113 (1114) geraten ist. Im Regest bei Kehr I. c. ist also das Wort *vermilium* zu streichen; auch gehört die Verleihung der Fahne bereits ins Jahr 1113, die Entsendung des Kardinals Boso erst zu 1114, und die Annales rerum Pisanarum sind mit dem von Muratori gedruckten Breviarium Pisanae historiae nicht identisch.

55 So die oft wiederholte Angabe des Costantino Gaetani, der das Ereignis außerdem zu 1118 setzt, s. Kehr, It. pont. III 359 n. t 27. Crollalanza, Giorn. arald. III 19 läßt in Übereinstimmung mit der Pisaner Lokalliteratur die Verleihung des weißen Kreuzes an die Pisaner schon durch Benedikt VIII. erfolgt sein, vgl. Erdmann, Q. u F. XXV 3.

liehene Petersfahne gewesen sei. Leider aber gelingt es auch hier nicht, auf festen Boden zu kommen. Zunächst läßt sich nicht sicher feststellen, ob der Künstler immer dieselbe Fahne gemeint hat, denn die Form des Tuches und des Kreuzes sowie die Zahl der Zungen ist recht verschieden, ebenso auch die Farben, die hauptsächlich zwischen gelbbraun, rot, blau und weiß hin- und herwechseln[56]. Ebenso unsicher ist die Zuschreibung, d. h. ob und wo die Hauptfahne Wilhelms gemeint ist. Wenn die einen sich vor allem auf eine Fahne über dem Schiffsmast bei Wilhelms Überfahrt berufen haben, so meinen die andern, daß gerade hier überhaupt keine Fahne, sondern eine Laterne dargestellt sei[57]. Anderseits hat man als Petersfahne nur das durch seine Größe auffallende Banner ansehen wollen, das der neben Wilhelm reitende Ritter in der Erkennungsszene hält[58]. Gerade dies kann man wiederum in Zweifel ziehen, da der Fahnenträger hier in der Beischrift als Eustachius von Boulogne bezeichnet ist und in der normannischen Überlieferung sonst niemals Eustachius, sondern andere Personen als Hauptfahnenträger in der Schlacht bei Hastings bezeichnet werden. Wenn jedoch die Annahme richtig ist, daß dieses und nur dieses Banner die Petersfahne darstellt, so ergibt sich, daß Wilhelms eigene Fahne, die er natürlich schon vor der Entfaltung der Petersfahne gehabt hat, nach Ansicht des Künstlers ebenfalls schon ein Kreuz gezeigt haben müßte, und damit verliert die ganze Beweisführung ihren Wert. Jedenfalls erscheint auf einem Bilde, das Ereignisse aus früherer Zeit, noch lange vor dem englischen Feldzuge und demnach auch vor

56 S. die photographische Wiedergabe bei Levé, Tapisserie, Bild 18, 44, 51, 53, 56 (vgl. Titelbild), 64. Farbige Wiedergabe in den Vet. Monumenta VI T. 4, 9, 11 (vgl. 17), 12, 15; dazu auch Perrin, Flags T. 1 Bild 3. Der Grund ist stets weiß, das Kreuz dreimal gelb oder goldbraun (davon einmal mit runden Platten in den vier Quadranten), einmal rot, einmal weiß mit strichförmiger Umrandung, einmal nur strichförmig. Die Farbe des Randes bzw. der einzelnen Randstreifen wechselt zwischen blau, gelbbraun und rot, die der Zipfel (dreimal 3, davon einmal mit großen Bäuschen, einmal 4, einmal 5, einmal gar keine) zwischen blau, rot, weiß und grün. Nach Levé wäre auch auf Bild 52 und 55 die Kreuzfahne Wilhelms abgebildet (auf Bild 52 sogar helles Kreuz auf dunklem Grunde), doch sieht die Fahne in den Vet. Mon. hier anders aus; die Unterschiede gehen wohl auf die verschiedenen Restaurierungen zurück.

57 Zuletzt Perrin, Flags S. 15, dem ich hier freilich nicht beitreten kann.

58 S. Perrin S. 14, dazu Taf. I Abb. 3. Übrigens läßt sich die besondere Größe dieser Fahne damit erklären, daß der Künstler hier auf dem Mittelstreifen, der sonst allein den eigentlichen Bilderzyklus enthält, ein Fahnentuch aus Platzgründen nicht mehr unterbringen konnte und es ausnahmsweise in den oberen Ornamentstreifen verlegen mußte, wodurch sich von selbst eine Vergrößerung des Formats ergab.

der Verleihung der Petersfahne darstellt, ebenfalls schon eine Kreuzfahne in der Hand des Herzogs, und gerade bei der Einschiffung nach England, faktisch also unmittelbar nach Erhalt der Petersfahne, trägt Wilhelm an der Spitze seiner Ritter eine andere Fahne, die das Kreuz nicht enthält, während er auf den weiteren Bildern von diesem Zuge wieder eine Kreuzfahne hat[59]. Ferner vermissen wir auf dem ganzen Bilderzyklus jede Anspielung auf die päpstliche Fahnenverleihung. Unter diesen Umständen müssen wir die Annahme, daß hier überhaupt irgendwo die Petersfahne dargestellt sei, als höchst unsicher bezeichnen, und am wenigsten können wir auf die schwankende Form und Farbe des Kreuzes und des Fahnentuches Gewicht legen.

Natürlich würde das Kreuz als Emblem gut zur Petersfahne als religiösem Symbol des heiligen Krieges passen; eine „Kreuzfahne" brachte die Vereinigung von *vexillum bellicum* und *vexillum crucis* zum Ausdruck und überbrückte damit sinngemäß den Gegensatz, an dem sich noch Arnulf von Mailand stieß. Es wäre deshalb gut denkbar, daß nicht nur die Fahne Wilhelms des Eroberers, sondern auch andere zur Zeit Alexanders II. verliehene Petersfahnen solche Kreuzfahnen gewesen sein mögen. Doch auch wenn dies richtig ist, braucht es nicht immer so geblieben zu sein. Zur Zeit Gregors VII. und in gewissem Maße auch in der Folgezeit kann jedenfalls ein kennzeichnender Unterschied zwischen der Petersfahne und der Kaiserfahne nicht bestanden haben; besonders bei der Doppelbelehnung des Normannen Rainulf ist das evident. Das französische Rolandslied gibt uns dazu wenigstens die Hauptfarbe an: die Kaiserfahne Karl des Großen, die zugleich die Petersfahne sein sollte, wird darin als golden *(orie)* bezeichnet[60]. Das bestätigt sich für das Ende des 11. Jahrhunderts aus weiteren Zeugnissen. Denn damals wird einerseits die Kaiserfahne noch von zwei

59 So nach Levé zu Bild 18 und 43. Freilich ist die Deutung auf Wilhelm nicht immer gesichert; man käme jedoch sonst zu der Annahme, daß auch andere Personen eine Kreuzfahne führten, womit man erst recht den Boden unter den Füßen verliert.

60 Vgl. oben S. 180. Nachträglich finde ich noch ein wichtiges Quellenzeugnis für die Sage von der goldenen Karlsfahne: schon die Chronik des Benedikt von S. Andrea (Ende des 10. Jahrhunderts) schreibt, daß Karl der Große bei seiner angeblichen Pilgerfahrt nach Jerusalem das hl. Grab mit Gold und Edelsteinen geschmückt und auch ein *vexillum aureum mire magnitudinis* dort aufgestellt habe (MG. SS. III 710 und Chronicon di Benedetto ed. Zucchetti S. 114). Der Zusammenhang beweist, daß eine wertvolle Fahne aus wirklichem Goldstoff gemeint ist.

weiteren Quellen als golden beschrieben[61], anderseits wird die von Urban II. dem Hugo von Vermandois für den ersten Kreuzzug verliehene Petersfahne von Anna Comnena ebenfalls golden genannt[62]. Diese allseitige Übereinstimmung läßt keinen Zweifel daran, daß am Ende des 11. Jahrhunderts die goldene Farbe für die Kaiserfahne und ebenso für die Petersfahne bevorzugt wurde. Zwar können wir, da wir kein Bild besitzen, nicht sicher behaupten, daß es sich auf beiden Seiten immer um ein bildloses, vollkommen aus Goldstoff bestehendes Fahnentuch gehandelt habe[63]; das Tuch mochte wohl auch figurenbestickt sein, mußte sich dann aber durch reichliche Verwendung von Goldfäden auszeichnen, so daß man die Goldfarbe als hervorstechendstes Merkmal ansehen konnte.

Im ganzen ergibt sich eine eigentümlich schwankende Rolle des *vexillum sancti Petri:* zunächst ein kriegerisch-religiöses Symbol ohne Rechtsbedeutung, konnte es daneben seit Gregor VII. auch staatsrechtliche Ansprüche des Papsttums vertreten und mit der Kaiserfahne gleichgesetzt werden. Gerade dadurch ist es der treffendste Ausdruck der *militia sancti Petri,* jener eigentümlichen Umbiegung, die die Kreuzzugsbewegung durch Gregor VII. noch vor ihrer vollständigen Ausbildung erfuhr.

---

61 Aimé III c. 31 S. 87: *gonfanon d'or;* Chronik von Montecassino III c. 74, MG. SS. VII 754: *fano imperialis totus aureus.* Vgl. Erdmann, Sitzungsber. Berlin 1932 S. 870 und Q. u. F. XXV 22 f.

62 S. oben Anm. 16.

63 Darauf scheinen aber die Worte des Montecassineser Schatzverzeichnisses (oben Anm. 61) hinzuweisen.

Siebentes Kapitel: Militia sancti Petri

Die tiefe Kluft, die in alter Zeit zwischen Frömmigkeit und Kriegertum bestand, hatte sich auch im Begriff der *militia Christi* ausgeprägt: die „Ritterschaft Christi" war unkriegerisch und stand im Gegensatz zur *militia saecularis*[1]. Sie bestand in Gebet und Askese, in guten Werken und geistlicher Wirksamkeit oder auch im Martyrium für den Glauben; mit dem Waffenhandwerk vertrug sie sich nicht. Die tatsächliche Überbrückung der Kluft durch die Idee des christlichen Rittertums machte sich in der fest gewordenen Sprache der Begriffe nur langsam geltend. In der Zeit Gregors VII. hatte der Begriff der *militia Christi (Dei, coelestis* usw.) im allgemeinen noch den alten spirituell-übertragenen Sinn[2]. So bei Petrus Damiani, der viel mit dieser traditionellen Metapher operiert und einen eigenen Sermon über die Askese als das *certamen spirituale* des *miles Christi* geschrieben hat[3]. Den Klerikern, die sich in höfischen Dienst begaben, wirft er Desertion von der *militia spiritualis* vor[4]. Doch findet sich bei ihm einmal eine gewisse Vermischung dieser Begriffswelt mit eigentlich kriegerischen Gedanken, und zwar im Hinblick auf die Mailänder Pataria: ihre Führer, sowohl Kleriker wie Laien, begrüßt er, weil sie mit unbesiegtem Glauben für die Kirche gegen die Feinde der kirchlichen Disziplin kämpften[5]. Hier waren offenbar in

---

1 S. oben S. 25 f.

2 Vgl. etwa die *Oda excitativa militibus Christi* des Alfanus von Salerno, Migne 147, 1248 f., und die Gegenüberstellung von *terrena militia* und *milites Christi* bei Wilhelm von Jumiges, Migne 149, 781. Gozechin von Mainz, Migne 143, 895 f., unterscheidet *in christianae militiae castris* zweierlei Kampf, äußerlich gegen Satansjünger, innerlich gegen den Geist der Bosheit. Dabei handelt es sich nur um den Unterschied zwischen Weltklerus und Mönchtum, und mit dem äußeren Kampf ist demnach das kirchliche Wirken in der Welt im Gegensatz zur Weltflucht gemeint.

3 Sermo 74, Migne 144, 919 ff. Vgl. dazu neben vielen anderen Stellen Ep. VI 23 col. 407 und 412, und Opusc. 2, Migne 145, 41. Dazu Mende, Petrus Dam. S. 17 f.

4 Opusc. 22, Migne 145, 463.

5 Ep. V 14, Migne 144, 367 f.: *Rodulpho, Vitali et Arialdo atque Erlembaldo et caeteris pro castris Christi invicta fide certantibus ... adversus hostes ecclesiasticae discipli-*

gleicher Weise Kämpfe mit weltlichen und mit geistlichen Waffen gemeint, wie es gerade mit Bezug auf die Pataria nahelag[6]. Nur noch ein kleiner Schritt, und der bewaffnete Kampf für die Kirche wurde auch begrifflich anerkannt als *militia Christi,* als Gottesdienst.

Diesen Schritt hat Gregor VII. vollzogen[7]. Er hat auf der einen Seite in herkömmlicher Weise unter *christiana militia* die Kirche oder die Christenheit verstanden[8] und besonders von Bischöfen als *milites Christi* gesprochen[9]. Durchaus im Sinne der alten Gedankenwelt hat er mit Vorliebe die Diener Christi mit den weltlichen *milites* verglichen, deren Opferbereitschaft und Todesmut vorbildlich sein müsse[10]. Anderseits aber teilte er die asketische Auffassung von der *militia Christi* nicht. Im Gegenteil: er sah im *bellum Christi* gerade die aktive kirchliche Wirksamkeit in der Welt im Gegensatz zur Einsamkeit des Klosters[11]; den Mailänder Bischofsstreit z. B. betrachtete er als ein *certamen Christi*[12]. Darüber hinaus hat er auch die mit dem Schwert kämpfenden Diener der Kirche als Streiter Christi oder Gottes gefeiert, so den ritterlichen Pataria-Führer, den *strenuissimus Christi miles* Erlembald, und die Kämpfer des geplanten Kreuzzugs[13]. Er nahm also den „Kriegsdienst Christi" manchmal wörtlich, manchmal im übertragenen Sinn; in anderen Fällen bleibt die Deutung unklar, so etwa wenn er nach dem Tage von Canossa an

nae indeficientis animi viribus dimicare ... quam violenter videlicet arma corripiant, quam robuste manus manibus conserant, quam denique infatigabili contra diabolum eiusque satellites animositate confligant.

6 Vgl. auch Alexander II. an die Cremonesen, JL. 6437.

7 Im folgenden werden in hohem Maße gerade diejenigen Gregorbriefe herangezogen, bei denen die Forschung eigenes Diktat des Papstes annimmt. Ein greifbarer Unterschied zwischen ihnen und den mutmaßlichen Kanzleistücken ergibt sich aber in unserem Zusammenhang nicht, ganz abgesehen von der vielfach zweifelhaften Abgrenzung. Ich mache deshalb nicht den Versuch, den persönlichen Anteil Gregors genau festzustellen, und lege überall die Gesamtheit der Briefe zugrunde; daß der Papst in allem Wesentlichen selbst bestimmend war, steht ohnehin fest.

8 Greg. Reg. I 75 S. 107: *ad custodiam christianae militiae*; vgl. auch I 76 S. 108: *fortiores in militia Christi et fraternis negotiis.*

9 Greg. Reg. I 43 S. 67; II 5 S. 133; IX 18 S. 598.

10 Vgl. Blaul, Arch. f. Urkf. IV 225, dazu noch Reg. I 43 S. 64 und IX 21 S. 602.

11 Greg. Reg. VI 17 S. 423.

12 Greg. Reg. I 12 S. 20.

13 Greg. Reg. I 27 S. 45; II 37 S. 173: *qui christianam fidem vultis defendere et coelesti regi militare.*

die deutschen Fürsten schreibt, er habe gemeinsame Sache mit ihnen *in agone christianae militiae*[14].

Dieses Schwanken zwischen wörtlichem und übertragenem Sinn ist gerade bei den dem Kriegerleben entnommenen Ausdrücken charakteristisch für die Sprache der Gregorbriefe. Das „Schwert des Anathems" war ein geläufiges Bild der Kirchensprache; unter dem *gladius s. Petri* verstand man kirchliche Strafen wie die Exkommunikation oder Deposition. So braucht auch Gregor diesen Ausdruck[15]. Daneben aber verwendet er ihn in Fällen, wo es sich offenbar um wirkliche Kriegführung handelt. Das „Schwert des hl. Petrus" sollte im deutschen Thronkampf die Gegner des Papstes verzehren[16]; es sollte gegen den kastilischen König aus der Scheide gezogen werden, damals als der Papst mit einem Kriegszug nach Spanien drohte[17]. Ähnlich steht es mit einem gregorianischen Lieblingsausdruck, der „Verteidigung" des christlichen Glaubens[18]. An vielen Stellen ist sie nicht militärisch gemeint, erscheint auch insbesondere als Pflicht der Bischöfe[19]; in anderen Fällen ist unzweifelhaft an einen wirklichen Waffengang gedacht, so z. B. in den beiden Kreuzzugsaufrufen[20]; am häufigsten ist die Festlegung auf eine bestimmte Interpretation überhaupt unmöglich[21].

Die Erkenntnis dieses schillernden Charakters der gregorianischen Ausdrucksweise ist überhaupt die erste Voraussetzung für ihr richtiges Verständnis. Gerade in den wichtigsten Begriffen darf man nicht bestimmte, theologisch oder juristisch faßbare Termini sehen; Versuche in dieser Richtung sind stets zum Scheitern verurteilt[22]. So steht es auch mit demjenigen Begriff, der für uns der zentralste ist, der *„Ritterschaft des hl. Petrus"* (*militia s. Petri*).

---

14 Greg. Reg. IV 12 S. 312. Ebenso unklar auch Reg. III 15 S. 277 bezüglich der Tätigkeit der Patariaführer *ad confortandos Christi milites.*

15 Greg. Reg. II 76 S. 239; V 5 S. 354; VI 26 S. 439; VII 4 S. 464; JL. 5147 (Jaffé, Bibl. II 560).

16 Greg. Reg. VI 14 S. 418, vgl. oben S. 154. Vgl. Reg. VIII 5 S.522: *apostolice ultionis gladius.*

17 Greg. Reg. VIII 3 S. 520; vgl. Reg. VIII 2 S. 518 und oben S. 164.

18 Vgl. Blaul, Arch. f. Urkf. IV 142 f.

19 Greg. Reg. IV 3 S. 300: *fidem christianam, ut decet episcopos, defenditis.*

20 Greg. Reg. I 49 S. 75 und II 37 S. 173.

21 Vgl. Greg. Reg. im Register unter *defensio.*

22 Nicht zu halten ist es, wenn Schmid, Arch. f. Urkf. XI 140 f. einen begrifflichen Unterschied zwischen *filius s. Petri* und *filius Romanae ecclesiae* feststellen will; das scheitert z. B. an der Bezeichnung Berengars von Tours als *filius Romanae ecclesiae* in JL. 5103.

Im wesentlichen ist dieser Begriff erst durch Gregor VII. in Aufnahme gekommen. Ganz neu erfunden freilich hat er ihn nicht: schon sein großes Vorbild Gregor I. hat ihn gebraucht, aber nur im übertragenen Sinn des klerikalen „Dienstes", nicht etwa des Waffenführens[23]. Auf der andern Seite kam es vor, daß man die Vasallen eines Bistums als *milites* des betreffenden Heiligen bezeichnete, so etwa in Mainz von *milites s. Martini,* in Magdeburg von *milites Mauriciani* sprach[24]. Dies beruhte darauf, daß das Wort *miles* zu einem Terminus für einen Lehnsmann geworden war. Bei Gregor VII. gehen beide Bedeutungen durcheinander. Vom neu zu wählenden deutschen König forderte er die Verpflichtung, beim ersten Zusammentreffen mit dem Papst durch formelle Eidesleistung ein *miles* des hl. Petrus und des Papstes zu werden[25]; über die lehnsrechtliche Bedeutung dieser Worte kann kein Zweifel bestehen. Anderseits läßt er die französischen Ritter ermahnen: „Die, die den hl. Petrus lieben, wenn sie wahrhaft seine Söhne und *milites* sein wollen, sollen die weltlichen Fürsten nicht lieber haben als ihn."[26] Hier ist es ebenso klar, daß von Vasallität keine Rede, sondern nur an fromme Ergebenheit gedacht ist. In der Mitte steht ein dritter Fall: als der Papst Anfang 1081 an einen Feldzug gegen Wibert von Ravenna dachte, ließ er bei Robert Guiskard anfragen, ob dieser ihm dazu Ritter schicken wolle, *ut in familiari militia b. Petri sint*[27]. Robert war Lehnsmann des Papstes, aber in seinem Brief fordert dieser ihn nicht zu regulärem Lehnsdienst, sondern ruft zu einer freiwilligen Leistung auf. Daß ein *miles s. Petri* nicht ein päpstlicher Vasall zu sein braucht, bestätigt uns einer der leidenschaftlichsten Anhänger Gregors, der schwäbische Chronist Bernold. Er sieht in dieser Bezeichnung einen Ehrentitel, den er in seinen Nachrufen

---

[23] JE. 1102, MG. Ep. I 54, an den römischen Subdiakon Petrus, den Rektor des sizilischen Patrimoniums: *tunc vere b. Petri apostoli miles eris, si in causis eius veritatis custodiam ... tenueris.* Dazu auch JE. 1235 und Caspar, Papstgeschichte II 409. Vgl. das Epitaph Bonifaz' II., zuletzt bei Schneider-Holtzmann, Epitaphien S. 12: *Sedis apostolicae primaevis miles ab annis.*

[24] Thietmar IV c. 2 S. 65; Annales Quedlinburg. a. 1015, MG. SS. 84. Biscaro, Arch. stor. lomb. LV 351, kennt für die Mailänder erzbischöflichen Vasallen die Bezeichnung *militia s. Ambrosii.*

[25] Greg. Reg. IX 3 S. 576: der künftige König soll sich verpflichten: *eo die, quando illum (papam) primitus videro, fideliter per manus meas miles s. Petri et illius efficiar.*

[26] Greg. Reg. II 49 S. 190: *eos monendo et exhortando, qui b. Petrum diligunt, ut, si vere illius volunt esse filii et milites, non habeant illo cariores seculares principes.*

[27] Greg. Reg. IX 4 S. 578; vgl. oben S. 162 f.

einer Reihe von Grafen und Rittern beilegt, die sich im Kampfe gegen die Anhänger Heinrichs IV. hervorgetan haben[28]; unter den Lebenden zeichnet er die Markgräfin Mathilde und ihren Gatten Welf durch diesen Titel aus[29]. Er meint damit nichts anderes als mit den Worten „Vorkämpfer in der Sache des hl. Petrus", die er ebenfalls mehrfach in seinen Nachrufen verwendet[30]. Im Unterschiede zu Gregor VII. liegt ihm eine Vermischung mit der eigentlichen Vasallität fern; den päpstlichen Lehnsmann Robert Guiskard unterscheidet er durch den präzisen Ausdruck *iuratus miles domni papae* deutlich von den frommen „Rittern St. Peters"[31].

In den Briefen Gregors finden wir den Begriff des *miles s. Petri* nur an den angeführten drei Stellen. Meistens spricht der Papst nicht von den „Rittern", sondern von den „Getreuen" des hl. Petrus *(fideles s. Petri).* Dieser Ausdruck umfaßt gegebenenfalls auch Kleriker und bezeichnet häufig die gesamte Anhängerschaft Gregors[32]. Die päpstlichen Aufrufe sind vielfach an „alle Getreuen des hl. Petrus" gerichtet; das bedeutet nichts anderes als der ebenfalls vorkommende Ausdruck „alle, die den hl. Petrus lieben"[33]. Die Bezeichnung als Getreue des hl. Petrus hat sich dann für die Parteigänger Gregors eingebürgert. Die sächsischen Gegner Heinrichs IV. nannten sich selbst 1077 und 1078 in ihren Briefen an den Papst *b. Petri fideles et sui*[34], und in der Chronik Bernolds spielen die Getreuen

---

28 MG. SS. V 434 über den römischen Stadtpräfekten Cencius: *indefessus miles s. Petri contra scismaticos;* S. 446 über den Grafen Bertold: *s. Petri fidelissimus miles contra scismaticos strenuissime dimicans;* S. 447 über Hezilo, den Vogt der Reichenau: *fidelissimus miles s. Petri;* S. 449 über Graf Hugo von Egisheim: *indefessus miles s. Petri;* S. 454 über Graf Kuno von Wölflingen: *strenuissimus miles s. Petri.*

29 MG. SS. V 443: *fidelissimam s. Petri militem;* S. 456: *milites s. Petri.* Mathilde heißt sonst auch *filia s. Petri* (S. 455, 465).

30 MG. SS. V 436 über Rudolf von Rheinfelden: *in servitio s. Petri occubuit ... indefessus propugnator s. ecclesiae*; S. 454 über Graf Friedrich von Mömpelgard: *sub habitu saeculari more s. Sebastiani strenuissimus miles Christi* (vgl. zum heil. Sebastian oben S. 26) ... *catholicae pacis indefessus propugnator ... in fidelitate s. Petri contra scismaticos certavit*; S. 465 über Graf Udalrich von Bregenz: *in causa s. Petri contra scismaticos propugnator ferventissimus*; S. 467 über Graf Liutold: *in causa s. Petri contra scismaticorum pravitatem propugnator indefessus.*

31 MG. SS. V 440.

32 Greg. Reg. im Register unter *fidelis;* vgl. Fliche, Réforme II 334 ff.

33 Greg. Reg. VIII 14 S. 534, ähnlich JL. 5001, 5271. Auch im Brieftext Reg. II 49 S. 190.

34 Bruno c. 108 und 110 S. 77 und 80.

des hl. Petrus eine große Rolle[35]. Auf der andern Seite ist dieser Ausdruck von derselben schillernden Zweideutigkeit wie das Wort „Ritter", hat bald lehnsrechtlichen, bald nur moralischen Sinn. Denn auch *fidelis* kann in der Sprache des 11. Jahrhunderts einen Vasallen bezeichnen, genau wie *miles*. Das Versprechen *„fidelis ero"* bildet den Kern der von Gregor geforderten Lehnseide[36]. Die Begriffe Fidelität und Vasallität decken sich zwar nicht, aber der Sprachgebrauch war fließend[37]. Wenn Gregor Wilhelm dem Eroberer als einem *fideli s. Petri et nostro* schreibt[38], wenn er seinen Vasallen Sancho von Aragon lobt, daß er dem hl. Petrus *fidelis* wäre[39], oder wenn er vom deutschen Gegenkönig sagt, daß er *ad fidelitatem* der Apostel Petrus und Paulus gewählt sei[40], so läßt sich ein lehnsrechtlicher Sinn solcher Worte ebenso leicht behaupten wie bestreiten. Insofern handelt es sich also um einen synonymen Ausdruck zum *miles s. Petri*[41], und er wird trotz seiner weiteren Bedeutung besonders gern dort gebraucht, wo es sich um wirkliche Kämpfe handelt[42].

Zu den Ausdrücken *miles s. Petri* und *fidelis s. Petri* muß man weiter den Begriff des *servitium s. Petri* stellen[43]. Der Ausdruck *servitium* kommt im Gregor-Register sehr häufig in ganz allgemeiner Bedeutung vor, entsprechend unserem „Dienst"[44]. Daneben aber wird er auch im technischen Sinne des militärischen Lehnsdienstes gebraucht, so wenn es in einem Schutzmandat für das Kloster Aurillac heißt, daß der Vicecomes Berengar von Sarlat, der als Vasall zur *defensio* des Klosters verpflichtet wäre, diesem das *debitum servitium et fidelitatem* verweigere[45]. Entsprechend liegt es dort, wo es sich ausdrücklich um den Dienst

---

35 MG. SS. V 435, 442–447 passim, 450, 457, 461. Vgl. auch die *fidelitas s. Petri* ebd. S. 444 (zweimal), 446.

36 Greg. Reg. I 21a S. 35; VIII la S. 514; IX 3 S. 575.

37 Literatur bei Holtzmann, Kaiser als Marschall S. 40 Anm. 1.

38 Greg. Reg. VII 23 S. 500. In demselben Brief möglicherweise eine Anspielung auf die Lehnseid-Forderung S. 501 Anm. 3.

39 Greg. Reg. I 63 S. 92.

40 Greg. Reg. VII 14a S. 486.

41 Sowohl in Greg. Reg. II 49 S. 190 wie in Reg. IX 3 S. 575 f. erscheint *fidelis* in nächster Nähe von *miles s. Petri*.

42 Greg. Reg. I 46 S. 70; II 37 S. 173; II 46 S. 186; II 49 S. 190; II 54 S. 199; VIII 2 S. 518; VIII 6 S. 524; VIII 7 S. 525; VIII 14 S. 535; IX 21 S. 606.

43 Vgl. Jordan, Revue histor. 136, 76 f.

44 Greg. Reg. im Register unter *servitium;* Fliche, Réforme II 354 f. 338 ff.

45 Greg. Reg. VII 19 S. 494.

des Papstes oder des hl. Petrus handelt. Auch hier ist das Wort *servitium* in der Mehrzahl der Fälle im allgemeinen Sinn des „Dienstes“ gemeint, so etwa bei den Bischöfen, die auf Verlangen des Papstes nach Rom kommen oder eine Legation übernehmen sollen[46]. Darüber hinaus erwartet Gregor auch von Laien, daß sie dem hl. Petrus dienen, und der Dienst ist hier meist ein Synonym für die Ergebenheit oder den Gehorsam[47]. Es gibt aber Stellen, an denen das *servitium s. Petri* von seiten weltlicher Großer in einem bestimmten, genau faßbaren Sinne erscheint. Wenn Gregor den Grafen Wilhelm von Hochburgund auffordert, mit einem Heere *in servitio s. Petri* zu erscheinen, wenn er gegenüber Herzog Wilhelm von Aquitanien die Beteiligung am geplanten Orientfeldzug als *servitium s. Petri* bezeichnete, wenn er den Bayernherzog Welf zum *servitium s. Petri* aufrufen wollte, damit die italienischen Ritter im Kampfe gegen Heinrich IV. Unterstützung erhielten, und wenn er wünschte, daß ihm Ritter des Bischofs von Trient *ad servitium s. Petri* geschickt würden, so meinte er damit unmißverständlich die Heeresfolge[48].

Alle diese Begriffe werden charakterisiert durch ein Schillern zwischen religiöser Symbolik und militärisch-lehnsrechtlicher Verwendung zugunsten der päpstlichen Machtstellung. Die Gregorbriefe zeigen durch die Wahl ihrer Ausdrücke eine Denkweise, in der es für das Verhältnis der Gläubigen zum Papsttum keine feste Grenze gab zwischen frommer Ergebenheit und Verpflichtung zu militärischem Lehnsdienst. Verhältnismäßig am klarsten – und dadurch am wichtigsten – ist der Begriff der *militia s. Petri*. Denn die *milites s. Petri*, ob nun päpstliche Lehnsleute oder nur fromme Anhänger, sind doch stets Laien und Krieger, wirkliche Ritter oder Fürsten, nicht geistliche Diener einer Idee, die nur

---

46 Vgl. Greg. Reg. I 5 S. 84 und I 62 S. 91.

47 Vgl. etwa Greg. Reg. VI 29 S. 441 (an den Ungarnkönig): *ad serviendum b. Petro ... et ad oboediendum nobis*; Reg. IX 11 S. 589: *Romani ... dei et nostro servitio parati*; Reg. V 4 S. 351 f. (von den Korsikanern): *nichil servitii, nichil fidelitatis, nichil penitus subiectionis aut oboedientie b. Petro exhibentes*. Entsprechend auch gegenüber den Bischöfen, Reg. IV 14 S. 318: *oboedientiam vel servitium exhibeatis*.

48 S. die einzelnen Stellen unten S. 196, 199 ff., oben S. 151 f., 155. Vgl. auch unten S. 196 über die Vergebung der kirchenstaatlichen Burg Albinium *(milites ... pro utilitate et servitio s. Petri)* und das allgemein vom Lande des hl. Petrus zu leistende *servitium*. Auch wenn in Greg. Reg. VIII 10 S. 529 davon gesprochen wird, es seien dem Papste für die Vergebung Sardiniens *maxima servitia ... fuisse promissa*, so pflegt man das wohl mit Recht mit den Kriegshilfe-Versprechungen Gottfrieds von Lothringen (Reg. I 72 S. 103: *milites quos ad honorem et subsidium s. Petri te ducturum nobis promisisti*) in Zusammenhang zu bringen. Vgl. ferner Exkurs IV.

mit dem Worte oder in der Seele kämpfen. Damit ist ein bedeutsamer Schritt der Entwicklung vollzogen. Die *militia s. Petri* unterscheidet sich insofern von der *militia Christi,* als diese ihren alten übertragen-geistlichen Sinn immer behielt und deshalb doppeldeutig wurde, als mit Gregor VII. die wörtlich-militärische Bedeutung hinzukam. Dazu kommt der Hauptunterschied zwischen den zwei Begriffen: hier der Dienst Christi im allgemeinen, dort der des Papsttums im besonderen. Die Herausstellung der „Ritterschaft des hl. Petrus", der „Treue zum hl. Petrus" und des „Dienstes des hl. Petrus" durch Gregor VII. ist der Ausdruck einer hierarchischen, auf die Rechte des Papsttums gerichteten Tendenz, die wir schon in seiner Stellung zum heiligen Kriege beobachtet haben: der fromme Eifer des Rittertums sollte nicht nur allgemein auf christliche Ziele, sondern speziell auf die Unterstützung des Papstes gerichtet sein. Es springt in die Augen, daß das *vexillum s. Petri* unmittelbar in den gleichen Zusammenhang gehört. Als Gregor VII. im Jahre 1080 dem Robert Guiskard die Petersfahne übergab, da sollte das gleichzeitig ein Ausdruck frommer Kreuzzugsgesinnung und ein lehnsrechtliches Zeichen päpstlicher Hoheitsrechte sein[49]. Durch diese Verleihung wurde Robert, wie der Kardinal Boso treffend schreibt, ein *specialis b. Petri miles*[50]. Das Verhältnis zum hl. Petrus war in den Augen des Papstes auch in diesem Falle ein doppeltes: Robert sollte nicht nur päpstlicher Lehnsmann sein, sondern auch als frommer Schützling des hl. Petrus dessen siegbringende Fürsorge genießen[51].

Bei Gregor VII. vereinigen sich somit verschiedene Anzeichen für eine eigenartige Verbindung zwischen spiritueller Ethik und Militärmacht. Volle Klarheit darüber kann aber nur gewonnen werden durch eine genauere Analyse der Taten und Worte Gregors, insbesondere seiner Beziehungen zu den waffenführenden Fürsten und Rittern. Es geht vor allem um die Frage: *wie kam Gregor zu Soldaten* für seine wirklichen oder geplanten Kriege? Dies war und blieb bei allen seinen Kriegsgedanken der springende Punkt; hatten doch seine Vor-

---

49 Oben S. 178 f.

50 Liber Pontif. ed. Duchesne II 366. Bei Bosos Quelle Bonizo, MG. Libelli I 612, heißt es: *eius (papae) proprius factus miles.* Die Begriffe *miles s. Petri* und *miles (homo) papae* wurden häufig gleichgesetzt; ein Unterschied bestand insofern, als der erstere doppeldeutig war, während der letztere nur im lehnsrechtlichen Sinne verstanden werden konnte. Vgl. Holtzmann, Kaiser als Marschall S. 40 Anm. 1 auf Grund des Kaiserkrönungsordos von 1209.

51 Greg. Reg. IX 17 S. 597 f.

gänger regulärerweise keine Heere zur Verfügung gehabt. Im Prinzip kamen fünf Wege für eine päpstliche Heereswerbung in Betracht: kirchenstaatliches Aufgebot, Heranziehung der kirchlichen Hierarchie, Söldner, Freiwillige und Lehnstruppen. Das vorhildebrandinische Papsttum hat manchmal, in seltenen Einzelfällen, den einen oder anderen Weg beschritten; Gregor VII. hat sie alle fünf auf einmal versucht!

Als Herr des Kirchenstaates hatte er nach bisheriger Gewohnheit die Kräfte Roms und der Campagna bestenfalls für heimische Verteidigungskämpfe zur Verfügung, nicht aber für auswärtige Kriege. Denn der Versuch Silvesters II., das Lehnswesen im Kirchenstaat heimisch zu machen, hatte sich noch nicht durchführen lassen[52]. In der Zeit Nicolaus' II. bestanden die Verpflichtungen kirchenstaatlicher Burginsassen in einem Zins, der Gerichtspflicht, dem Fodrum und der Unterstützung päpstlicher Boten[53]. Gregor VII. aber machte den Versuch, solche Pflichten in einer der lehnsrechtlichen Heerfahrt und Hoffahrt entsprechenden Weise zu erweitern: bei der Vergebung der kirchenstaatlichen Burg Albinium bestimmte er, daß die Insassen außer zum Zins und zur Gerichtsteilnahme auch zur *expeditio* und zum *colloquium* verpflichtet sein sollten, wie es die Sitte treuer *milites* sei, sowie außerdem zur Unterstützung der Ritter, die der Papst gegebenenfalls *ad utilitatem et servitium s. Petri* in die Burg legen würde; dafür fielen Fodrum und Unterstützung der päpstlichen Boten fort[54]. Da dies das einzige aus der Zeit Gregors bekannte Beispiel einer Burgleihe ist, können wir schwer etwas Allgemeines über Gregors Politik auf diesem Gebiet behaupten, aber wahrscheinlich war sie in anderen Fällen nicht viel anders. Durch die Frühjahrssynode von 1079 ließ er Strafen verhängen über alle diejenigen, die Eigenbesitz des hl. Petrus innehätten, ohne davon das schuldige *servitium* zu leisten[55]; diesen vieldeutigen Ausdruck darf man hier wohl im Sinne der Verpflichtungen Albiniums interpretieren. Davon aber, daß Gregor solche Ansprüche im Kirchenstaat durchgesetzt hätte, kann keine Rede sein[56]. Niemals

52 Vgl. Jordan, Arch. f. Urkf. XII 38 ff.

53 Kehr, It. pont. II 72 n. 1.; Vehse, Q. u. F. XXI 173 (vgl. 153 f.). Dazu Jordan S. 46.

54 Deusdedit III c. 201 S. 361; Liber censuum I 349. Charakteristisch ist, daß die Ritter unterstützt werden sollten *pro amore b. Petri,* also aus religiösen Gründen.

55 Greg. Reg. VI 5b S. 405.

56 Vgl. Jordan, Arch. f. Urkf. XII 47 ff. Für die Zeit Urbans II. ist anzumerken, daß die Bürger von Velletri zum Kriegsdienst verpflichtet waren, aber nur in der Campagna und Marittima, s. Kehr, It. pont. II 104 n. 2. Für Frosinone hat nicht erst Innocenz III.

hat ihm ein kirchenstaatliches Kontingent tatsächlich Heeresfolge geleistet. Als er im Jahre 1080 seinen Zug auf Ravenna plante, kündigte er an, daß außer den Normannen und den Fürsten Tusciens auch die *circa Urbem longe lateque* den Kampf für die römische Kirche versprochen hätten[57]. Diese Worte lassen nicht erkennen, ob die Zusage auf einer Verpflichtung zur Heeresfolge beruhen sollte oder auf freiem Willensentschluß; jedenfalls sind ihr Taten nicht gefolgt.

Noch weniger hatte Gregor als Haupt der Gesamtkirche Ansprüche auf militärische Leistungen. Es ist sehr bemerkenswert, daß er trotzdem gelegentlich auswärtige Bischöfe zur Stellung von Truppen heranzuziehen versuchte. Den Bischof von Trient forderte er 1076 auf, ihm nach Kräften eine Anzahl Ritter *ad servitium b. Petri* zu schicken[58]. Das gleiche wünschte er zwei Jahre später vom Erzbischof Manasse von Reims, verzichtete freilich bald darauf unter der Bedingung, daß Manasse die lothringischen Ansprüche der Markgräfin Mathilde unterstütze[59]. Man möchte derartige Anforderungen für Ausnahmen halten, die jeweils durch besondere Umstände veranlaßt waren. Aber es lag doch Methode darin, wie uns das veränderte Formular für den Bischofseid zeigt. Zur Zeit Alexanders II. schworen die Bischöfe, die zur Weihe oder zum Empfang des Palliums nach Rom kamen, dem Papst die Treue in einer dem Lehnseid schon sehr ähnlichen Form, ferner die Unterstützung der Legaten, den Besuch der Synoden und die jährliche Visitatio Liminum[60]. Aus dem Beispiel des ins Register eingetragenen Eides des Erzbischofs von Aquileja ersehen wir, daß Gregor VII. diesen Eid im Kerne beibehalten, aber charakteristisch abgeändert hat: die Visitatio Liminum fiel fort, dafür kam unter anderem der Satz hinzu: „Ich werde die römische Kirche auf Aufforderung getreulich *per saecularem militiam* unterstützen.“[61] In dieser Hinzufügung, für einen päpstlichen Bischofseid doch wohl

militärische Dienste festgesetzt (Jordan S. 43 f.), sondern *expeditio* und *guerra et pax ad mandatum curie facienda* werden von ihm bereits als alte Gewohnheiten genannt (Liber censuum I 340). Vgl. auch Jordans Bemerkung in den Gött. gel. Anz. 1935 Nr. 4 S. 139 Anm. 1.

57 Greg. Reg. VIII 7 S. 525.

58 JL. 4997 (Jaffé, Bibl. V 110).

59 Brief Manasses an Gregor bei Hugo von Flavigny, MG. SS. VIII 420.

60 *Iuramentum episcoporum, qui in Romana ecclesia consecrantur* usw. bei Deusdedit IV c. 423 (162) S. 599.

61 Greg. Reg. VI 17 S. 428 f. Der Eid wurde als Formular für das *iuramentum archiepiscoporum* in die Zinsbücher des Albinus und Cencius eingetragen, Liber censuum I 415 n. 145, vgl. II 93 n. 37. Die Umarbeitung aus dem älteren Formular ist deutlich zu

einzigartig in der gesamten Kirchengeschichte, haben wir den ganzen Gregor. Doch es liegt auf der Hand, daß der Papst eine solche Forderung bei der Masse der Bischöfe nicht durchdrücken und auf diese Weise höchstens hin und wieder ein kleines Kontingent erhalten, nicht aber ein Heer aufstellen konnte.

Größere Bedeutung hatten für Gregor offenbar die Soldtruppen. Daß er für seine Kriege Geld gebraucht, also Truppen besoldet hat, wurde schon früher berührt[62]. Genaueres läßt sich schwer sagen, denn der Papst und seine Anhänger lassen sich niemals näher darüber aus, offenbar weil das Halten von Söldnern, das im Abendland erst im 11. Jahrhundert größeren Umfang annahm, bei vielen noch als anstößig galt[63]. Auf diese Art der Truppenwerbung können wir deshalb nicht näher eingehen, brauchen es auch nicht, da es in unserem Zusammenhang vor allem auf *Freiwillige und Lehnstruppen* ankommt.

Bei allen seinen Kriegsplänen hat Gregor auf freiwilligen Zuzug gerechnet; er versprach dafür himmlischen Lohn. An Wilhelm von Hochburgund schrieb er, als er ihn zum Normannen- und Orientkriege herbeirief: „Die Apostelfürsten Petrus und Paulus werden, wie wir glauben, dich und alle, die sich an diesem Feldzuge mühen, mit doppelter, ja vielfacher Belohnung beschenken“[64]. Ähnlich im zweiten Kreuzzugsaufruf: „Für augenblickliche Mühe könnt ihr ewigen Lohn erlangen“[65]. Und in seinem letzten Aufruf nach dem Verlust Roms: „Bringt Hilfe, wenn ihr Sündenvergebung, Segen und Gnade in diesem und jenem Leben erhalten wollt“[66]. Insbesondere die Sündenvergebung stellt er auch sonst mehrfach in Aussicht oder betrachtet sie als das erstrebte Ziel seiner Helfer. „Wer von euch für die Verteidigung der Gerechtigkeit stirbt, der möge durch die Bitten der Apostel Petrus und Paulus von allen Sünden frei werden“, schrieb er an die Piacentiner, die für einen neuen Bischof kämpften[67]. Gegen Wibert

---

erkennen: der Satz *Consilium vero* ist umgestellt und hat nun kein Subjekt mehr; die Schlußworte *licentia remanserit* werden erst durch einen Vergleich mit der Vorlage verständlich.

62 S. oben S. 150; Schmitthenner, Söldnertum S. 51

63 Vgl. auch Hugo von Flavigny, MG. SS. VIII 342 (ohne Zusammenhang mit Gregor): *militibus, quos soldarios vocari mos optinuit, ... causa quaestus ... genus infestum et improbum.*

64 Greg. Reg. I 46 S. 71.

65 Greg. Reg. II 37 S. 173.

66 JL. 5271 (Jaffé, Bibl. II 574 f.).

67 Greg. Reg. II 54 S. 199.

erwartete er aus Deutschland Hilfe von Dynasten, die sich „aus Liebe zum hl. Petrus, zur Vergebung ihrer Sünden“ in den Dienst des Apostels stellen würden[68]. Dazu kommen seine verschiedenen ablaßähnlichen Versprechungen, von denen wir schon hörten[69]. Wo er nicht ausdrücklich geistlichen Lohn verspricht, da appelliert er doch an die Frömmigkeit; der christliche Glaube und die Liebe zum hl. Petrus machen den Kampf für die Kirche zur sittlichen Aufgabe der Ritter[70]. Robert Guiskard, obwohl päpstlicher Lehnsmann, soll darüber hinaus Gott seinen Kriegsdienst als freiwilliges Geschenk darbringen; auch wenn er nichts versprochen hätte, müßte er *ex iure christianitatis* der bedrängten römischen Kirche Hilfe bringen[71].

Dies alles bedeutet, daß Gregor sich den allgemeinen Kreuzzugsgedanken, die ethische Idee des christlichen Rittertums, in hohem Maße zu eigen gemacht hatte. Das deutlichste Zeichen dafür war, daß er die kultische Verehrung zweier Männer förderte, die als fromme Ritter im Kampf für die Kirche umgekommen waren: Erlembalds von Mailand, des mehrfach genannten militärischen Führers der Pataria, der im Jahre 1075 im Kampfe fiel, und des römischen Stadtpräfekten Cencius. Der letztere war bereits dem Petrus Damiani bekannt als ein besonders frommer Mann, der sogar über dem stetigen Gebet seine Richterpflichten versäumte[72].

Gregor VII. bezeichnete ihn als seinen *familiaris,* der von Jugend auf mit ihm zusammen erzogen sei[73]. Cencius wollte Mönch werden, aber der Papst verbot es ihm; er zeigte sich dann als ein „unermüdlicher Ritter St. Peters gegen die Schismatiker“[74]. Im Sommer 1077 wurde er in Rom von den Gegnern des Papstes erschlagen. Die Römer bestatteten ihn mit großen Ehren und glaubten bald an Wunder, die an seinem Grabe geschehen seien. Er und Erlembald wurden in

---

68 Greg. Reg. IX 3 S. 574.

69 Oben S. 160 f. und 163.

70 Vgl. z. B. Greg. Reg. I 7 S. 12; I 49 S. 75; JL. 5108 (Jaffé Bibl. II 553).

71 Greg. Reg. IX 4 S. 578 und IX 17 S. 598.

72 Petrus Damiani, Ep. VIII 1 u. 2, Migne 144, 461 ff.

73 Greg. Reg. III 21 S. 288: *duo familiares nostri Albericus et Cincius.* Daß es sich um den Präfekten handelt, wie schon Jaffé anmerkte, ist aus der Tatsache der Gesandtschaft an den mauretanischen König zu erschließen. Caspar ebd. Anm. 1 bezweifelt es, verwechselt jedoch den Stadtpräfekten Cencius Johannis mit Cencius Stephani, dem bekannten Gegner Gregors; vgl. über beide Bonizo, MG. Libelli I 603.

74 Schwäb. Annalist ad 1077, MG. SS. V 304 f.; Bernold ad 1077, ebd. 434.

gleicher Weise als Märtyrer angesehen. Den entscheidenden Schritt tat Gregor, indem er auf der Frühjahrssynode von 1078 die Wunder, die an den Gräbern der beiden Männer geschehen seien, öffentlich verkünden ließ[75]. Das war noch nicht eigentlich eine Kanonisation, hatte aber praktisch-propagandistisch eine ähnliche Wirkung. Cencius und Erlembald galten seitdem als die großen Vorbilder kirchlichen Rittertums. Der schwäbische Annalist und Bonizo von Sutri knüpfen beide an den Bericht über die Wunder in ganz ähnlichen Worten die Mahnung, alle „Streiter Gottes" sollten in ähnlicher Weise den Kampf gegen die Ketzer führen[76].

Aber Erlembald und Cencius hatten nicht nur für christliche Zwecke schlechthin gekämpft, sondern in einem besonderen Gehorsamsverhältnis zum Papste gestanden. Ähnliches finden wir überall bei Gregor VII.: er propagierte einen spezifisch päpstlichen Kreuzzugsgedanken. Im fünften Kapitel berichteten wir über eine Reihe von Fällen, wo er, nur auf religiösen Gedankengängen fußend, Truppen für bestimmte päpstliche Kriege zu gewinnen suchte. Wichtiger noch sind die Bemühungen, in ähnlicher Weise Fürsten und Ritter auf die Dauer zu militärischen Leistungen für das Papsttum zu verpflichten.

Das hatte schon unter Alexander II. begonnen, höchstwahrscheinlich unter dem Einfluß des Archidiakons Hildebrand. Damals haben vor dem Papst und einer großen kirchlichen Versammlung die Grafen Wilhelm von Hochburgund, Raimund von Saint-Gilles, Amadeus von Savoyen und andere „Getreue St. Peters" mit erhobenen Händen den Eid geleistet, auf Verlangen jederzeit ihre Kraft für die Verteidigung der *res s. Petri* zur Verfügung zu stellen[77]. Da Gregor VII. später, als er auf dies Versprechen zurückgriff, nur himmlischen Lohn in Aussicht stellte, war offenbar eine päpstliche Gegenleistung sonst nicht ausgemacht. Die Grafen haben keineswegs etwa ihre Gebiete vom Papst zu Lehen genommen; sie übernahmen auch ohne das die Pflicht zur Heeresfolge, als ob der Papst ihr Lehnsherr wäre. Mindestens Gregor hat ihr Versprechen als einen Akt der Devotion aufgefaßt, und einen andern Grund dafür vermögen auch wir heute nicht

75 Schwäb. Annalist a. a. O.; Bonizo, MG. Libelli I 611; Meyer von Knonau, Jahrb. III 81 f., 111.

76 Schwäb. Annalist. MG. SS. V 306; Bonizo, MG. Libelli I 620.

77 Greg. Reg. I 46 S. 70. Caspar ebd. Anm. 2 schließt aus dem Wortlaut mit Recht, daß der Eid auf einer Synode geleistet sei. Heinemann, Normannen I 389 f., nimmt. an, er fiele in die Zeit des Konflikts mit den Normannen (1067); vgl. auch Holtzmann, Hist. Vierteljahrschr. XXII 196 f.

anzugeben; wir dürfen vielmehr daran erinnern, daß Raimund von Saint-Gilles beim ersten Kreuzzug, den er als einziger von den drei Grafen noch erlebte, wiederum der erste war, der dem päpstlichen Appell folgte[78].

Abweichend war der Fall des Königs Sancho von Aragon. Dieser hat im Jahr 1068 ein wirkliches Lehnsverhältnis zum hl. Stuhl begründet, indem er sich und sein Land dem hl. Petrus tradierte und sich verpflichtete, ihm zu „dienen“[79]. Dieser Lehnsdienst konnte in nichts anderem bestehen als in der Heeresfolge, glich also der Verpflichtung der genannten französischen Grafen. Ob Sancho vom Papst je zum Lehnsdienst aufgefordert worden ist, wissen wir nicht; es steht nur fest, daß er ihn nie geleistet, aber seine Verpflichtung anerkannt und erst zwanzig Jahre später durch einen Zins ersetzt hat. Eine direkte Gegenleistung hat auch er vom Papsttum nicht erhalten. Freilich ist es möglich, daß bei ihm politische Motive mitgespielt haben, insbesondere der Wunsch, die Selbständigkeit seiner Herrschaft gegen Ansprüche der stärkeren Nachbarn zu sichern. Aber jedenfalls gab sich auch seine Kommendation als eine freiwillige Tat frommer Devotion, die himmlischen Lohnes gewärtig sein konnte[80].

Wiederum anders ist das Bild, das die Bemühungen Gregors VII. beim dänischen König bieten. Sven II. hatte sich unter Alexander II. um das *patrocinium* des hl. Petrus bemüht, einen Peterspfennig gezahlt und sich als „Getreuer“ des Apostelfürsten gezeigt, ohne doch ein zu Lehnsdiensten verpflichteter Vasall zu sein[81]. Gelegentlich einer Legatensendung im Januar 1075 richtete aber Gregor ohne Umschweife an ihn die Anfrage: „Außerdem wünschen wir Botschaft von dir, welche Hoffnung wir auf dich setzen können, wenn die heilige römische Mutterkirche gegen die Unfrommen und die Feinde Gottes deine Hilfe durch Ritter und das weltliche Schwert braucht“[82]. Auch hier also erhoffte Gregor zunächst eine generelle Zusage von Hilfeleistung im Bedarfsfalle, ohne eine praktische Gegenleistung zu bieten; er betrachtete eben die Kriegshilfe für das

78 Vgl. Holtzmann S. 195 ff.

79 S. Exkurs IV, auch zum folgenden.

80 Nach Kehr, Papsttum und Aragon S. 13, war sie „nur ein Akt kirchlicher Devotion und ganz persönlicher Hingabe“, „spontane Erklärungen religiöser Gefühle“; doch sei im engen Anschluß an Rom auch ein „Schutz- und Sicherheitsbedürfnis“ zum Ausdruck gekommen.

81 JL. 4495; Greg. Reg. II 75 S. 238 und V 10 S. 361.

82 Greg. Reg. II 51 S. 194. Gregor wußte nicht, daß Sven damals schon seit dreiviertel Jahren tot war.

Papsttum als eine religiöse Aufgabe, die keiner weiteren Begründung bedürfe. Er fügte aber hinzu: „Wenn du uns, wie ein Bischof deines Landes berichtet, einen deiner Söhne mit einer Anzahl treuer Ritter zum Kriegsdienst für den apostolischen Hof senden willst, so wollen wir ihn zum Fürsten und Verteidiger des Christentums in einer gewissen reichen Provinz am Meere machen, die jetzt im Besitze schmutziger und feiger Ketzer ist." Für diesen Königssohn sollte es sich also nicht mehr um bloßes Bereitsein für den Fall der Anforderung handeln, sondern um Präsenz mit einer Truppe im päpstlichen Dienst. Im Unterschiede zu den bisher angeführten Fällen sollte er deshalb vom Papst eine Belohnung erhalten, wahrscheinlich Dalmatien. Auch ohne daß Gregor von Belohnung spräche, ist sofort das Grundschema des Lehnswesens zu erkennen: Landhingabe als Gegenleistung für Kriegsdienst. In diesem Papstbrief ist also von frommer Christenpflicht und weltlich entlohntem Berufskriegertum nebeneinander die Rede, ohne daß doch im Kriegsziel ein sachlicher Unterschied bestände.

Ähnlich stellt sich die Abrede zwischen dem Papst und Gottfried von Lothringen dar. Gottfried versprach, dem Papst *ad honorem et subsidium s. Petri* ein Kontingent von Rittern zuzuführen, wofür ihm Gregor eine Zusage betreffend Sardinien gab[83]; wahrscheinlich sollte der Herzog die Hälfte der Insel, die der Papst als Ganzes für den Kirchenstaat in Anspruch nahm, als Lehen erhalten[84]. Diese *pactio* wurde aber von Gregor durchaus als eine religiös-moralische Angelegenheit betrachtet. Gottfried sollte versprochen haben, „dem hl. Petrus von Herzen anzuhängen", wofür Gregor ihm „in wahrer Liebe viel schulden" und als „seinem liebsten Sohn ein guter Vater" sein würde. Als Gottfried die Truppen zum festgesetzten Termin nicht stellte, beklagte der Papst das mit den Worten des Psalmisten als einen Abfall vom Guten und erinnerte Gottfried an seinen verstorbenen Vater, der der römischen Kirche ebenfalls sein Versprechen nicht gehalten habe und deshalb keinen Anlaß zur Freude gebe[85].

Noch deutlicher weisen die Pläne des Papstes mit Welf IV. von Bayern in die gleiche Richtung. Dieser hatte schon zu Lebzeiten der Kaiserin Agnes, also vor 1077, mit Gregor vereinbart, daß er dem hl. Petrus Fidelität leisten würde, wofür ihm die Nachfolge im Lehen seines Vaters, des Markgrafen Albert-Azzo II. von

---

[83] Greg. Reg. I 72 S. 103 f.

[84] Greg. Reg. VIII 10 S. 529.

[85] Greg. Reg. I 72 S. 103 f.; vgl. auch oben S. 146 f. über die *pactio* mit Ebolus von Roucy.

Este, gewährt wurde. Auch hier ging es also um ein reguläres Lehnsverhältnis. Im Jahre 1081, als Gregor in Deutschland Bundesgenossen für die Truppen der Mathilde von Tuscien suchte und deshalb Welf „in den Schoß des hl. Petrus setzen“ und besonders „zum Dienst des hl. Petrus aufrufen“ wollte, ließ er ihn zur Ausführung seiner Zusage mahnen[86]. Gleichzeitig aber sollten noch andere deutsche Dynasten gesucht werden, die zu dem gleichen bereit wären „aus Liebe zum hl. Petrus, zur Vergebung ihrer Sünden“. Lehnsdienst und Frömmigkeit liefen also zusammen: das war *militia s. Petri.*

Die enge Verbindung zwischen päpstlicher Truppenwerbung und Lehnshoheit, die schon in mehreren Fällen hervortrat, nötigt zu einer Aufrollung der Frage der gregorianischen *Lehnspolitik*, des sogenannten „Hierokratismus“. Unübersehbar viel ist über diese Politik schon geschrieben worden, und dennoch kann man wegen ihrer Vielgestaltigkeit schwer ein klares Bild von ihr gewinnen. Denn in den Ansprüchen Gregors gegenüber weltlichen Fürsten und Rittern gibt es kaum zwei Fälle, die sich gleichen. Nur Eines haben sie alle miteinander gemein: daß sie dem Papsttum einen Zuwachs an Macht und Einfluß brachten oder bringen sollten. Die Frage, ob der Gewinn von politischer Macht für Gregor Selbstzweck oder nur ein Mittel war, ist unfruchtbar und überflüssig; es genügt, daß dieser Zug ein integrierender Bestandteil seines Regiments war. Wir brauchen uns darum auch nicht den Kopf zu zerbrechen über Sinn und Bedeutung der *fidelitas* und *oboedientia*, die der Papst ziemlich allgemein forderte, zumal mit solchen Begriffen bei Gregor, wie wir schon sahen, niemals ein eindeutiges Resultat zu erlangen ist. Wir tun vielmehr gut, die allgemein-politische und staatsrechtliche Seite des Problems im Hintergrunde zu lassen und einfach zu fragen, welche praktischen Folgerungen der Papst aus der Lehnsherrschaft zog, welche tatsächlichen Leistungen er von seinen wirklichen oder angeblichen Vasallen und sonstigen Untergebenen außerhalb des Kirchenstaates forderte. Man spricht von den finanziellen Vorteilen, die das Papsttum durch die Lehnshoheit gehabt habe[87], und von der Förderung der Kirchenreform, während die

[86] Greg. Reg. IX 3 S. 574. Wir ersehen aus diesem Brief, daß die Ritter der Gräfin Mathilde schon den weiteren Widerstand gegen Heinrich IV. verweigerten, wenn sie keine Hilfe aus Deutschland bekämen; durch Welf, den Sohn Azzos, hoffte der Papst die Italiener wieder auf seine Seite ziehen zu können. Es ist also klar, daß es sich um Kriegshilfe handeln sollte.

[87] Schneider, Kirchengut S. 196 ff.; Fliche, Réforme II 350; Hampe, Hochmittelalter S. 93 f. Vgl. auch Exkurs IV.

militärische Seite der Vasallität in den bisherigen Erörterungen auffallend in den Hintergrund getreten ist.

An sich war überall die erste Pflicht des Vasallen der Kriegsdienst, die Heerfahrt, nicht etwa eine Geldzahlung. Demgegenüber sind für den Bereich des Papsttums von vornherein zwei Einschränkungen zu machen. Erstens haben keineswegs alle Fälle, in denen Gregor von weltlichen Staaten eine Unterstellung unter das Papsttum oder gewisse Leistungen verlangt hat, einen lehnsrechtlichen Charakter; das gilt insbesondere dort, wo er nur einen Zins, einen Peterspfennig, erhalten oder beansprucht hat. Zweitens hat die Kurie seit Silvester II. die lehnsrechtliche Landleihe mit einem älteren Modus der Vergabung gegen Zins kombiniert, offenbar auf Grund der Anschauung, daß in der Zinszahlung eine Anerkennung des Eigentums liege[88]. Auf diese Weise ist mit der Zeit der Begriff des „Lehnszinses" entstanden, den es außerhalb der kurialen Lehnsverhältnisse anscheinend nicht gegeben hat. Die Bedeutung der Geldzahlung für die gregorianische Lehnshoheit ist deshalb nicht leicht zu erfassen.

Nicolaus II. hatte bei der Verleihung der Mitra an den Böhmenherzog Spitignev einen Zins ausbedungen; Gregor VII. hat daran nichts geändert[89]. Wenn der Papst aus Frankreich einen Peterspfennig beanspruchte, so war er der Meinung, das sei altes Herkommen; denn er stützte sich auf eine angebliche Urkunde Karls des Großen, an deren Echtheit er ohne Frage glaubte[90]. Auch sonst ist die Tradition von einem gallischen Peterspfennig schon lange vor Gregor nachzuweisen[91]. Dänemark zahlte einen Peterspfennig mindestens seit der Zeit Alexanders II.; Gregor seinerseits ging darüber weit hinaus, als er den dänischen König zu militärischen Leistungen heranzuziehen versuchte[92]. Gegenüber England, das seit alters einen Peterspfennig zahlte, hat ebenfalls erst Gregor den

---

88 Jordan, Arch. f. Urkf. XII 39 f.

89 Greg. Reg. II 7 S. 135 f. mit den Anmerkungen Caspars. Von einem polnischen Peterspfennig, wie er um die Jahrtausendwende festgesetzt war, hören wir unter Gregor VII. nichts, vielmehr spricht dieser in Reg. II 73 S. 234 ausdrücklich von freiwillig *(gratuita devotione)* dargebrachten *oblationes* des Polenkönigs; vgl. Maschke, Peterspfennig S. 23 f., der allerdings *gratuitus* irrig mit „dankbar" übersetzt und deshalb nicht zur Klarheit kommt.

90 Greg. Reg. VIII 23 S. 566, vgl. Exkurs IV.

91 Chronicon Novaliciense I fragm. 4 (Monumenta Novalic. II 107 f.). Diese Nachricht ist bisher m. W. unbeachtet geblieben.

92 Vgl. oben S. 200.

vergeblichen Versuch gemacht, ein Lehnsverhältnis herzustellen[93]. Die nichtlehnsrechtlichen Zinsverhältnisse bestanden also schon vorher oder fußten auf alten Urkunden oder Traditionen. Gregor hat in zwei Fällen eine ältere Zinsverpflichtung durch das Hinzutreten einer Lehnshulde oder freiwilliger militärischer Leistungen zu erweitern versucht, in keinem Falle aber von sich aus ein reines Zinsverhältnis neu begründet.

Um so stärker hat er sich bemüht, die Fürsten durch lehnsrechtliche Bande an das Papsttum zu fesseln. Wir gehen nicht auf alle Einzelfälle ein, da wir mehrfach, nämlich für Ungarn, Rußland, Sachsen, Spanien, Sardinien und Korsika, nicht genügend über die geforderten Vasallenleistungen Bescheid wissen[94]. In einem Teil der übrigen Fälle sollte ein Lehnszins gezahlt werden. Die Normannen Unteritaliens, die seit 1059 päpstliche Lehnsleute waren, wahrscheinlich von Anfang an unter starker Mitwirkung Hildebrands, zahlten eine *pensio*[95]. Demetrius-Zwonimir von Dalmatien und Kroatien, der im Jahre 1076 von päpstlichen Legaten gekrönt und investiert wurde, versprach ein *tributum*[96]. Graf Bernard von Besalú setzte, als er sich im Jahre 1077 als *peculiaris miles s. Petri* bekannte, einen *census* fest[97]. Graf Peter von Melgueil tradierte im Jahre 1085 die Grafschaft Substantion der römischen Kirche und verpflichtete sich ebenfalls zur Zahlung eines *census*[98]. Dem stehen andere Fälle gegeniiber, in denen wir nichts von einem Lehnszins hören. Graf Bertrand von der Provence schwor dem Papst im Jahre 1081 Fidelität und tradierte ihm sein Land, aber ohne Zins[99]. Vom deutschen König verlangte Gregor im gleichen Jahr einen Lehnseid mit verschiedenen Verpflichtungen, auch ohne Lehnszins[100]. Dazu kommen die schon

---

93 Oben S. 174 f.

94 Das Material ist zuletzt zusammengestellt bei Wühr, Studien S. 52 ff.; dazu kommt noch der allgemein übersehene Anspruch auf Schutzherrschaft über die Bretagne in JL. 5072 (Cartulaire de Quimperlé S. 257), vgl. Poquet de Haut-Jussé, Bretagne S. 25 f.; doch ist dabei weder von Vasallität noch von bestimmten Pflichten die Rede.

95 Vgl. oben S. 123 ff. und Jordan, Arch. f. Urkf. XII 71 f.; Kehr, Belehnungen S. 12 f.

96 Deusdedit III c. 278 S. 383.

97 España Sagr. XLIII 480, vgl. Kehr, Papsttum und katal. Prinz. S. 35.

98 Gallia christ. VI Instr. 349 f.

99 Greg. Reg. IX 12a S. 590.

100 Greg. Reg. IX 3 S. 575 f. Die Erwähnung der Länder und des Zinses, die Konstantin und Karl der Große dem hl. Petrus geschenkt hätten, bezieht sich auf die bekannten Teile der Kaiserprivilegien für die römische Kirche und steht demnach in keinem Zusammenhang mit dem Lehnsverhältnis.

erwähnten Fälle des Königs von Aragon, des dänischen Prinzen, der Herzoge Gottfried von Lothringen und Welf von Bayern, in denen uns ebenfalls nichts von einem Zins berichtet wird.

Wenn in den vier letzten Fällen die Leistungen der Belehnten im Kriegsdienst bestehen sollten, so müssen wir hierzu die Verpflichtungen der Normannen stellen, die außer ihrem Zins auch die kriegerische *defensio* des Papsttums übernahmen. Gregor scheint gerade hierin den wichtigeren Teil gesehen zu haben, denn er spricht in seinen Briefen wiederholt davon, daß die Normannen die Kriegshilfe beschworen haben, nicht vom Zins[101]. Richtig ist freilich, daß bei den übrigen Vasallen von Kriegsdiensten nicht gesprochen wird. Die Gesamtheit unserer Beobachtungen berechtigt aber zu der Behauptung, daß für Gregor militärische Vasallenpflichten mindestens die gleiche Bedeutung hatten wie finanzielle.

Daneben hat man mit Recht darauf hingewiesen, daß Gregor mit seiner Lehnspolitik auch kirchliche Zwecke verfolgt hat[102]. Wir beschränken uns hier auf das, was sich unmittelbar aus den Lehnseiden entnehmen läßt. Die Normannen versprachen die Übergabe ihrer Eigenkirchen an das Papsttum und die Unterstützung der Papstwahl[103]. Demetrius-Zwonimir gelobte den Schutz der Kirche und Kirchenzehnten, Sorge für die Sitten der Kleriker und für kanonische Ehen, ferner Übergabe des Klosters Urana[104]. Die Grafen von Besalú, von der Provence und von Melgueil verzichteten in verschiedener Form auf ihre Eigenkirchenrechte[105]. Der deutsche König sollte bezüglich der Investitur und der päpstlichen Eigenkirchen mit dem Papst ein Abkommen schließen[106]. Man kann sagen, daß der Papst in allen uns genügend klar erkennbaren Fällen, wo er eine Lehnsoberhoheit geltend machte, entweder kirchliche Konzessionen oder Kriegsdienste beanspruchte, außerdem mehrfach noch einen Zins.

---

101 Greg. Reg. VIII 7 S. 525: *sicut iurati sunt, ad defensionem* usw.; IX 11 S. 589: *adiutorium, sicut iuramento fidelitatis nobis promisit*; IX 17 S. 598: *memento quod sibi promisisti* usw.

102 Besonders Wühr, Studien S. 48, der jedoch zu stark verallgemeinert und im einzelnen vieles entstellt, vgl. DLZ. 1931, 1998.

103 Deusdedit III c. 285 (157) S. 394; c. 288 (159) S. 396. Greg. Reg. I 21a S. 36 und VIII 1a S. 515. Vgl. Kehr, Belehnungen S. 13.

104 Deusdedit III c. 278 S. 384.

105 España Sagrada XLIII 481; Greg. Reg. IX 12a S. 591 (vgl. 29a S. 615); Gallia christ. VI Instr. 350.

106 Greg. Reg. IX 3 S. 576.

So wenig also Gregors Hierokratismus in seinen Bemühungen um Gewinnung von Streitkräften die einzige Wurzel hatte, so eng war er doch damit verknüpft. Die Lehnshoheit über weltliche Fürsten sollte unter anderem dazu dienen, ein *päpstliches Heer* zustande zu bringen. Es ist keine Übertreibung: Gregor VII. strebte danach, das Papsttum zu einer Militärmacht zu machen. Das mag ihm nur Mittel zum Zweck gewesen sein (wer will das entscheiden?) – aber als Mittel jedenfalls wollte er es. Alle denkbaren Wege zur Erreichung dieses Zieles hat er versucht. Die Unterstellung ganzer Länder unter die Kurie gehörte dazu, ebenso an anderen Orten die Auflösung des staatlichen Gefüges durch Abspenstigmachung der Vasallen von ihren Lehnsherren und direkte Bindung der Ritter an den hl. Petrus. Das bekannte Bündnis des Papsttums mit den Dynasten ist nur eine Seite dieses Vorgangs, die zugleich wieder auf unseren Ausgangspunkt zurückweist[107]. Dem gleichen Zwecke sollte nach Gregors Meinung die Idee des christlichen Rittertums dienen; es war darum logisch und unvermeidlich, daß sie sich mit der päpstlichen Lehnsidee verschmolz und die Gestalt der eigentümlichen *militia s. Petri* annahm, um deren Verständnis wir uns hier bemüht haben.

Es bedarf keines Beweises, daß Gregors Heerespolitik im ganzen erfolglos geblieben ist. Die weitere Entwicklung der Kreuzzugsidee wurde bedingt durch die *Haltung der Außenwelt* zu Gregors Plänen.

Die wenigen, die als *milites s. Petri* eine allgemeine Verpflichtung zum Kriegsdienst für die Kurie übernahmen – ein Teil lehnte die päpstliche Forderung überhaupt ab –, haben den Papst, wenn es an die Ausführung ging, fast alle im Stich gelassen. Gregors Appell an Gottfried von Lothringen, an Wilhelm von Hochburgund und an dessen Eidgenossen zum Normannenkrieg von 1074 war vergebens. Anderseits hat Wilhelm von Aquitanien, der damals zum Orientfeldzug tatsächlich bereit war, niemals eine generelle Verpflichtung zum Kampf für das Papsttum übernommen. Von den Taten, die Ebolus von Roucy auf Grund seines Paktes mit der Kurie in Spanien vollbracht hat, ist uns nichts berichtet; viel kann es nicht gewesen sein. Von den Vasallen Gregors hat Robert Guiskard dem päpstlichen Rufe zur Kriegshilfe tatsächlich einmal Folge geleistet, aber auch er hat dem Papst in der Hauptsache Enttäuschungen bereitet. Nach langjähriger Widersetzlichkeit, die den Papst zur Bannung und zu Kriegsrüstungen veranlaßte, fand er sich schließlich im Jahre 1080 zur erneuten Lehnsnahme bereit, hat dann aber seinen Lehnsherrn noch jahrelang vergebens warten und

[107] Vgl. oben S. 63 f.

bitten lassen, und als er schließlich im Jahre 1084 kam, hatte das Auftreten seines Heeres in Rom für den Papst eine verhängnisvolle Wirkung. Gregor hat nicht mehr Gelegenheit gehabt, aus diesen Ereignissen die Folgerung zu ziehen; für seine Nachfolger aber mußte gerade die Erfahrung mit dem normannischen Lehnsmanne eine Warnung sein, daß der beschrittene Weg der Militarisierung das Papsttum an den Abgrund führte.

Einen einzelnen *miles s. Petri* freilich hat es gegeben, der den Wünschen und Ansprüchen Gregors während seines ganzen Pontifikats vollständig entsprach und rastlos für ihn Krieg geführt hat. Das aber war eine Frau, die Gräfin Mathilde von Tuscien. Dieser eigentümliche Sachverhalt, der doch wohl nicht ganz zufällig, sondern ein Zeichen für die Überspanntheit der gregorianischen Ideen ist, hat schon den Zeitgenossen zu denken gegeben. Die falschen Gerüchte über die Beziehungen Gregors zu Mathilde konnten nur aufkommen, weil die Rolle der Großen Gräfin tatsächlich unnatürlich war. Selbst Bonizo von Sutri, der seinen *Liber ad amicum* mit einem Preis der Mathilde als eines Vorbildes des heiligen Krieges beschloß, hat in einer späteren Schrift harte Worte gegen die kommandoführenden Frauen gebraucht und damit offenbar die Mathilde gemeint[108]. Sonst ist sie für die Gregorianer natürlich die große Heldin, oft mit Deborah und Jael verglichen[109]. Insbesondere daß sie eine *vita militaris* führte und diese mit höchster Frömmigkeit vereinigte, wurde gerühmt[110]. Dabei hat sie bekanntlich auch ihre Ländereien der römischen Kirche geschenkt und vom Papste gleichsam zu Lehen genommen[111]. Den Ehrentitel eines *miles s. Petri,* den Bernold ihr gibt, hatte sie also in dem doppelten Sinne verdient, in dem Gregor selbst ihn gebraucht hat[112].

Viel weniger klar ist die Rolle des Fürsten Gisulf von Salerno. Er genoß ohne Frage die päpstliche Gunst in besonderem Maße; er gehörte zu den wenigen, die eine Wahlanzeige Gregors erhielten, und war der einzige Laie, den er mit

---

108 MG. Libelli I 620; Bonizo de vita VII 29 S. 249; vgl. Fournier, BÉCh. LXXVI 294 f. Vgl. auch Liber de unitate, Libelli II 263.

109 Vita Anselmi c. 11, MG. SS. XII 16; Rangerius v. 3589, SS. XXX. II 1232; Paul v. Bernried c. 59, Watterich I 506; Bonizo, MG. Libelli I 620; Donizo ed. Simeoni S. 80 (vgl. auch 64, 101 und mehrfach). Das Zitat Anselms, MG. Libelli I 527, verweist auf Judith.

110 Vita Anselmi c. 7, MG. SS. XII 15, vgl. c. 21 S. 20.

111 Vgl. zuletzt Jordan, Arch. f. Urkf. XII 48.

112 Vgl. oben S. 191 Anm. 29.

einer Legation betraute[113]. Im Jahre 1074 war er mit im päpstlichen Heer, das den Normannenkrieg führen sollte[114]. Nach dem Bericht des Amatus war Gisulf schon in Salerno dem Papste in allem gehorsam, so daß er ohne den Willen Gregors kein Bündnis schloß, und wurde nach dem Verlust Salernos (1077) an die Spitze des Kirchenstaates gestellt und zum geheimen Ratgeber des Papstes gemacht[115]. Wir können diese Nachrichten nicht kontrollieren, und da Gisulf in den Äußerungen aus dem gregorianischen Lager sonst nicht als ein vorbildlicher Papstdiener genannt wird, müssen wir mißtrauisch sein; auch was wir bei Amatus selbst von seinem grausamen Willkürregiment in Salerno hören, paßt wenig zum Bilde des frommen Ritters. Daß er tatsächlich für Gregor gefochten hat, werden wir wahrscheinlich ebenso beurteilen dürfen wie die Haltung der römischen Anhänger des Papstes: das Vorhandensein lokaler Kämpfe und Parteiungen war hier offenbar das Primäre, die Rücksicht auf Papst und Kirche trat dahinter wohl weit zurück.

Am schwierigsten ist die Frage, welche Bedeutung die Idee des heiligen Kirchenkrieges in Deutschland in den Kämpfen Heinrichs IV. und seiner Gegner gehabt hat. Man wird nicht bestreiten können, daß die päpstlichen Bestrebungen, der Bekämpfung Heinrichs einen Kreuzzugscharakter zu geben, ein gewisses Echo gefunden haben. Nach Brunos Darstellung ließen die sächsischen Bischöfe in der Schlacht an der Grune die Krieger den 82. Psalm singen, der ein Gebet um Vernichtung der Feinde Gottes ist[116]. Noch mehr stellt Bernold die Schlacht bei Pleichfeld als einen heiligen Kampf dar, bei dem die „Getreuen St. Peters“ als Zeichen ihres Gottvertrauens ein hohes Kreuz als Fahnenwagen mitgeführt hätten[117]; auch feiert er häufig die Verdienste einzelner deutscher „Ritter St. Peters“[118]. Aber zu einheitlichen Vorstellungen in dieser Richtung konnte es nicht kommen, besonders weil auch die Gegenseite ähnliche kirchliche Gedankengänge für sich in Anspruch nahm. Heinrich IV. erklärte, daß seine sächsischen Gegner wegen ihrer Verbrechen nicht als Christen angesehen werden

---

[113] Greg. Reg. I 2 S. 4 und VIII 23 S. 566, vgl. dazu Holtzmann, NA. L 274 f.

[114] Oben S. 151.

[115] Aimé VIII c. 7 und 30, S. 325 und 354.

[116] Bruno c. 122 S. 94.

[117] MG. SS. V 444 f. Vgl. Erdmann, Sitzungsb. Berlin 1932 S. 896 f.

[118] Vgl. oben S. 190 f.

könnten[119], und bat den Papst, die sächsischen Bischöfe als eidbrüchige Bürgerkrieg-Stifter abzusetzen[120]. Die erwähnte Darstellung Brunos von der Schlacht an der Grune weiß auch zu erzählen, daß die Kaiserlichen ihrerseits, als sie den Sieg schon gewonnen glaubten, Te Deum und Kyrieleison sangen[121]. So mußte eine allgemeine Verwirrung die Folge sein. Auch wußte ja jedermann, daß es sich um einen Fürstenkampf gegen die Königsgewalt handelte, der älter war als der Konflikt mit der Kirche. Der schwäbische Annalist verrät seine Unsicherheit im Urteil, wenn er zu den Jahren 1077 und 1078 einerseits den Gegenkönig Rudolf und den Herzog Berchtold als Verteidiger der christlichen Religion bezeichnet, anderseits vom Papste sagt, daß er sich mit kirchlichen Maßnahmen zurückgehalten habe, damit zuerst der Bürgerkrieg der Fürsten beendigt werde[122]. Noch charakteristischer ist seine Erzählung, daß damals der französische König und andere Ausländer dem Gegenkönig „um Gottes und St. Peters willen" Hilfe gegen Heinrich IV. versprochen hätten „zur Verteidigung der heiligen Kirche und des ganzen Reichs der Deutschen"[123]. Hier klingt im Hinblick auf die Rolle des französischen Königs im innerdeutschen Kampfe eine Note an, die seitdem nur zu bekannt geworden ist und ein langes und trübes Kapitel der deutschen Geschichte füllt. Eine solche Lage konnte keinen geeigneten Boden für das Gedeihen einer Kreuzzugsidee darstellen.

Gregor VII. rechnete nicht mit den Menschen, wie sie waren. Dennoch stieß er mit seiner Idee der *militia s. Petri* keineswegs ins Leere, sondern rief durch Anknüpfung an eine starke Zeitströmung eine weitreichende Bewegung hervor. Denn er hatte auf seiner Seite die Idee des heiligen Krieges, der die Zukunft gehörte. Niemand vor ihm hatte sie in solchem Maße durch seine persönliche Haltung vertreten, ja auf die Spitze getrieben[124]. Aber er suchte sie nicht allgemein

119 Bruno c. 33 S. 23.

120 Bruno c. 64 S. 40.

121 Bruno c. 122 S. 94 f.

122 MG. SS. V 300, 309, 313.

123 Ebd. S. 311. Zu der Behauptung, daß der Kampf gegen Heinrich IV. auch im Interesse des Reichs läge, vgl. auch Gregor VII. selbst an die deutschen Fürsten (JL. 5108): *pro defendenda vestrae nobilitatis libertate.*

124 Was Gfrörer, Gregorius VII. Bd. IV 209 f. über die Bedeutung Gregors für die Ausbildung des christlichen Rittertums sagt, ist zwar schief, aber immerhin eine Teilwahrheit; die Zurückweisung durch Roth v. Schreckenstein, Ritterwürde S. 127 ff., 257 ff. geht ihrerseits zu weit.

im Dienste der Gesamtheit zu verwirklichen, sondern speziell vor den Wagen des Papsttums zu spannen[125]. Man kann die Tragweite der Veränderung, die die Idee des christlichen Rittertums dabei erfuhr, kaum groß genug veranschlagen, da auch die Stellung des Papsttums dabei grundlegend verändert wurde. Wir hatten für die sechziger Jahre des 11. Jahrhunderts einen Entwicklungshöhepunkt des Kreuzzugsgedankens festgestellt, auf den scheinbar eine Unterbrechung von mehreren Jahrzehnten gefolgt ist. In Wahrheit hat Gregor die Idee des kirchlichen Krieges weiter emporgetrieben, aber durch die papalistische Verengung ihr vorübergehend eine andere Richtung gegeben. Seine *militia s. Petri* ist auf dem Wege zur Ausbildung des Kreuzzugsgedankens nicht nur das markanteste historische Phänomen, sondern zugleich der Stein des Anstoßes gewesen, durch den eine Krise herbeigeführt wurde. Es ist kein Wunder, daß die ersten selbständigen theoretischen Darlegungen über das Ethos des Krieges die Gestalt eines Streites um Gregor VII. angenommen haben.

125 Auch den Gottesfrieden hat Gregor nicht gefördert. Die gegenteilige Angabe bei Huberti, Gottesfrieden S. 393 f. beruht auf den angeblichen Konzilsakten JL. 5260, die zweifellos apokryph sind, vgl. Caspar, Greg. Reg. S. 374 Anm. über Nicolaus' II. und Alexanders II. Stellung zum Gottesfrieden vgl. Fliche, Philippe S. 501; Görris, Denkbeelden S. 232 ff.

Achtes Kapitel: Für und wider den Krieg der Kirche

Seit dem Aufkommen des Gottesfriedens hatte die Kirche begonnen, sich nicht mehr allein auf den Staat als Ganzes zu stützen, sondern in ein unmittelbares Verhältnis zu den Rittern zu treten. Dagegen hatte sich vorerst nur vereinzelter Widerspruch gemeldet; die Stellung der Kirche zum Kriege wurde, von gelegentlichen Bemerkungen abgesehen, noch nicht als prinzipielles Problem ins Auge gefaßt[1]. Gregor VII. aber suchte das Band mit der Ritterschaft so eng zu knüpfen, daß die Staatsgewalt selbst in Gefahr geriet; ja er schickte die Ritter in einen Krieg der Kirche gegen den Staat. Diese Haltung rief eine grundsätzliche Opposition auf den Plan, und die entstehende Diskussion beschränkte sich nun nicht mehr auf den Aufruhr gegen den Staat, sondern faßte die kirchliche Kriegführung an sich ins Auge. Es war die Zeit, wo die Geister erwachten und die ersten selbständigen Gedanken sich regten. Auch über die Frage des Krieges hat man damals ernsthaft nachgedacht und sie in der Streitschriftenliteratur zu einem der Themata des Investiturstreits gemacht. Das ist bisher kaum beachtet worden, offenbar weil dies Problem von den bevorzugten Gebieten des Staats- und Kirchenrechtes ab und in den Bereich der Ethik hineinführt[2]. Für die geschichtliche Entwicklung aber ist es deshalb nicht minder wichtig; auch dieser

---

1 Die Schrift des Magister Rufinus *de bono pacis,* die bei Migne 150, 1593 ff. zum Jahr 1056 eingereiht und von Görris, Denkbeelden S. 33 f., 244 ff. unter die Literatur des 11. Jahrhunderts gestellt ist, gehört in Wahrheit in die zweite Hälfte des 12. Jahrhunderts, vgl. Fuchs, Augustin S. 224 ff.; Morin, Atti Pont. Accad. 3. Ser. II 124.

2 In dem maßgebenden Buch von Mirbt, Publizistik, ist S. 456–461 die Frage der Anwendung äußerer Gewalt gegen Häretiker im wesentlichen zutreffend behandelt, der offenkundige Zusammenhang mit dem allgemeinen Kriegsproblem aber nur kurz gestreift (S. 460 f.), der mit der Eidlösung (S. 229 ff.) und mit dem kriegerischen Charakter Gregors (S. 593 f.) überhaupt kaum erkannt. Noch weniger geht Voosen, Papauté auf das Kriegsproblem ein. Wie wenig die Tragweite dieser Dinge bisher klar geworden ist, zeigen etwa die Bemerkungen bei Hauck (unt. S. 239 Anm. 149) und Görris (s. Exkurs II).

theoretische Streit ist eine bedeutsame Etappe in der Entstehungsgeschichte der Kreuzzüge.

Es war die Handlungsweise Gregors VII., die unmittelbar die theoretischen Erörterungen über den Krieg auslöste. Dies Thema wurde von der kaiserlichen Seite zuerst berührt, denn die Auseinandersetzungen traten auf als eine grundsätzliche *Kritik an Gregor* und seinen Taten. Doch kam man erst allmählich zur Klarheit darüber, um was es sich handelte. Das den Streit eröffnende Wormser Absetzungsdekret von 1076 sagt dem Papste nur allgemein nach, daß er den Frieden gestört habe und unter der Religion die Gewaltsamkeit verstecke, bleibt aber im Vorwurf der Aufwiegelung der Unteren gegen die Oberen noch auf dem kirchlichen Gebiet[3]. Nur im Hinblick auf die Papstwahl wird durch die Behauptung, daß Gregor sich durch das Eisen den Weg zum Thron des Friedens gebahnt habe, auf die päpstliche Soldtruppe angespielt[4]. Es ist charakteristisch, daß man später den Tadel gegen Gregors Kriegstätigkeit schon in dies Ursprungsstadium zurückprojizierte. Im Text des Codex Udalrici ist die Stelle über die Gewaltsamkeit im Absetzungsdekret dahin abgeändert, daß der Papst statt der Lehre des hl. Petrus die Gewalt des Krieges predige[5]. Ähnlich legt Rangerius (um 1096) dem Könige schon beim Beginn des Kampfes die Anklage in den Mund, daß Gregor Krieg führe und sich Truppen halte[6].

Tatsächlich kam dieser Vorwurf erst allmählich zur Geltung, und zwar auf Grund der päpstlichen Haltung im deutschen Thronkampf seit dem Ende der siebziger Jahre. Die Lösung der Treueide und das Versprechen geistlichen Lohnes für die Gegner Heinrichs IV. im Frühjahr 1080 rief leidenschaftliche Proteste hervor. Das Haupt der Christenheit sät Zwietracht in der Kirche, so klagte man aller Orten. Erzbischof Egilbert von Trier bezeichnete in einem Rundschreiben vom Sommer 1080 Gregor als den Fahnenträger, durch dessen Schuld die Welt in Blut getaucht werde, während Christus seinen *milites* den Stempel des Friedens und der Liebe aufgedrückt habe; der gottlose Papst hetze die einen

---

[3] MG. Const. I 110 f. n. 62; zum zeitlichen Ansatz s. Hampe, HZ. 138, 315 ff.

[4] Vgl. oben S. 149 Anm. 43.

[5] Jaffé, Bibl. V 102 Anm. s (vgl. MG. Const. I 111 Anm. w): *alius in solium b. Petri ascendat, qui nullam violentiam belli, sed b. Petri sanam doceat doctrinam.* Der ursprüngliche Text lautete: *qui nulla violentiam religione palliet, sed* usw.

[6] Rangerius, Vita Anselmi v. 2284, MG. SS. XXX. II 1205: *Litibus et bellis saeviciaeque vacat*; v. 2333 f. S. 1206: *Sed pugnat, sed miliciam conducit et Urbem Dissipat et nobis iura paterna negat.* Vgl. auch v. 2325: *Nobis militiam, nobis diadema relinquat.*

gegen den König, die anderen rufe er auf zu einem Kriege, den er selbst gegen alle Welt führen wolle[7]. Gleichzeitig kündigte Huzmann von Speier die Neuwahl eines Papstes an, der nicht Zwietracht und Kriege, sondern Frieden in der Kirche erstrebe[8]. Und unmittelbar darauf brachte das Brixener Absetzungsdekret unter einer Flut von leidenschaftlichen Anklagen auch die Beschuldigung vor: Gregor, der schon bei seiner Wahl durch eine gekaufte Truppe den römischen Klerus eingeschüchtert habe, bringe das christliche Imperium in Verwirrung, trachte dem König Heinrich nach dem Leben, säe Streit unter Friedfertigen und trete ein für Eidbruch und Mord[9]. Wie man sieht, wird hier dem Papst die kriegerische Haltung noch nicht als solche, sondern wegen der Sprengung der alten Staats- und Gesellschaftsordnung zum Vorwurf gemacht. Beides hing tatsächlich aufs engste zusammen; päpstlicher Militarismus und hierokratische Politik bedingten sich gegenseitig. Man hielt deshalb beiden Bestrebungen gemeinsam die Theorie von der Trennung der zwei Schwerter und dem göttlichen Beruf des Königtums entgegen und operierte vor allem mit dem altkirchlichen Begriff der *pax,* der nicht nur Frieden im eigentlichen Sinn, sondern auch die harmonische, gottgewollte Weltordnung im allgemeinen bedeuten konnte[10].

Sehr bald aber begann in der Publizistik ein geistiger Klärungsprozeß, in dem die einzelnen Elemente gedanklich geschieden wurden. An der Spitze steht hier die Schrift des Trierer Scholastikus Wenrich (1080–81). Er handelt ausführlich über die Befugnisse des Königtums und das Unrecht der Eidlösung, stellt aber die Vorwürfe gegen den päpstlichen Krieg selbständig daneben. Er wendet sich an den Papst selbst: „Man sagt, daß ihr Laien zum Blutvergießen ermuntert, die doch nur eine Entschuldigung für ihre Sünden suchen und irgendeine von euch gegebene Erlaubnis zum Anlaß nehmen, ja als Vorschrift mißbrauchen. Ihr sollt den Totschlag, wenn er aus irgendwelchen bestimmten Gründen geschähe, für unbedenklich erklären; der hl. Petrus sei mit Gewalt zu verteidigen *(res b. Petri defendendas manu esse),* und wer dabei fiele, dem verspráchet ihr zuverlässig Freiheit von allen Sünden. Denn ihr würdet Rechenschaft ablegen für den, der einen Christen für Christus zu töten sich nicht scheute. So sollt ihr allen Hörern unablässig predigen, so daß es heute sogar Bischöfe gibt, die unter anderen Er-

[7] Aufruf Egilberts von 1080 im Codex Udalrici, Jaffé, Bibl. V 128 n. 161.

[8] MG. Const. I 118 n. 69.

[9] MG. Const. I 119 n. 70.

[10] Vgl. Bernheim, Zeitanschauungen S. 29 ff.; Fuchs, Augustin S. 182 ff., 218 ff.

mahnungen auch diese von euch gehört zu haben bekennen"[11]. Die Behauptungen über den Papst, die Wenrich hier wiedergibt, sind im allgemeinen zutreffend und lassen sich in der Hauptsache aus Gregors eigenen Briefen und Kundgebungen belegen. Wenrich hat das Wesentliche erkannt: es ist der Krieg um der Kirche willen, den er generell ablehnt, während Gregor ihn propagiert. So klar aber Wenrich den Standpunkt des Gegners ins Auge faßt, so gering ist seine Einsicht in die Gründe der eigenen Ablehnung. Denn er fährt an der angeführten Stelle fort: „Da hierbei die innere Unmöglichkeit *(rei inconvenientia)* aus der Sache selbst hervorgeht, so erklären die Gegner, daß sie sich nicht erst mit Disputieren Mühe geben wollen, sondern es dem Urteil jedes Verständigen überlassen, wie schlecht das alles paßt zum bischöflichen und apostolischen, ja überhaupt dem christlichen Ideal *(perfectio)*." Er weiß also nur, *daß* er mit anderen Gegnern des Papstes die gregorianische Kriegslehre verurteilt, macht sich aber noch nicht viele Gedanken über das Warum. Die verschiedenen Seiten des Problems traten erst stufenweise ins Bewußtsein.

In den folgenden Jahren regten sich Stimmen ähnlicher Art. Wir sehen ab von gelegentlichen Klagen über die durch Gregor hervorgerufenen Kriege[12] und fassen gleich die Schrift des Ravennater Juristen *Petrus Crassus* (abgeschlossen 1084) ins Auge. Hier wird Gregor der grundsätzliche Vorwurf gemacht, daß er das Schwert führe, das ihm nicht zukomme[13]. Ebenso werden seine Anhänger angegriffen, die nach ihrer Behauptung den Papst verteidigen um Gottes willen. Petrus Crassus findet darin gleich Wenrich einen Widerspruch: Gott wolle den Frieden, Gregor aber führe Krieg gegen den Frieden; wolle man ihn um Gottes willen verteidigen, so wäre das nichts anderes als Gott um Gottes willen beleidigen[14]. Das klingt nicht übel, ist aber doch noch bloße Rhetorik. Petrus Crassus will nämlich vor allem darauf hinaus, daß der Streit zwischen Regnum und Sacerdotium nicht durch den Krieg entschieden werden dürfe, sondern durch ein kanonisches Gericht, eine Synode. Denn im

---

11 MG. Libelli I 296. An anderer Stelle (S. 286) berichtet Wenrich auch über die Vorwürfe gegen Gregors kriegerisches Auftreten im Kirchenstaat, ohne jedoch selbst dazu Stellung zu nehmen; vgl. oben S. 165 f.

12 Dicta cuiusdam, MG. Libelli I 459 f.; Wido von Osnabrück, ebd. 468.

13 MG. Libelli I 439: *gaudet habere regiam in militia potestatem Ildebrandus monachus*; 442: *Quid tu ergo in apostolorum principis sedes sede, qui pro praedicatione gladium ad percutiendum evaginatum manu tenes?*

14 Ebd. 437.

Kriege bestehe für beide Seiten die gleiche Gefahr, im gerichtlichen Streit aber treffe den Schuldigen die Strafe. Deswegen hätte man Gregor schon vor ein Gericht stellen sollen, ehe er es lernte, mit Geld Truppen aufzustellen und mit weltlichen Waffen zu kämpfen[15]. Wie man sieht, ist diese Denkweise nicht gerade geeignet, das ethische Problem des kirchlichen Kreuzzugsgedankens aus der Tiefe zu erfassen. Von Bedeutung waren solche Äußerungen nur dadurch, daß sie überhaupt grundsätzlichen Widerspruch gegen das kriegerische Auftreten Gregors geltend machten, die Frage auf das Gebiet der Theorie herüberzogen und die prinzipielle Frontstellung der kaiserlichen Partei gegen einen Krieg der Kirche festlegten.

Daraus ergab sich die Notwendigkeit für die Gregorianer, die kriegerische Haltung des Papstes und seiner Anhänger auch theoretisch zu rechtfertigen. Die Schrift Wenrichs von Trier rief eine Erwiderung des leidenschaftlichen Gregorianers *Manegold von Lautenbach* hervor (um 1085). Als ein eigenartiger Denker von bedeutendem Niveau packt Manegold auch das Kriegsproblem grundsätzlich an, beschränkt sich nicht wie Wenrich auf einen bloßen Protest, sondern bringt Argumente. Er stellt folgenden Satz unter Beweis: „Wer nicht aus persönlicher Rache oder Habgier, sondern als Helfer katholischer Fürsten, in öffentlichem Kampf für das Vaterland, die Gerechtigkeit oder den apostolischen Stuhl oder in Ausübung gerichtlicher Funktionen einen Heinricianer tötet, begeht nichts Unrechtes“[16]. Sehen wir von der Frage der gerichtlichen Exekution ab, deren Erwähnung an dieser Stelle auf der bekannten mittelalterliehen Vermengung von Krieg und Gericht beruht, so haben wir eine Definition des erlaubten Krieges vor uns[17]. Sie enthält zum Teil traditionelle Elemente: daß es ein öffentlicher Krieg für das Vaterland unter Führung eines legitimen Fürsten sein und um eine gerechte Sache gehen müsse. Neu aber ist – außer der durch die kirchenpolitische Lage bedingten Formulierung: „katholische“ Fürsten – die Gleichstellung des Kampfes für den apostolischen Stuhl mit dem fürs Vaterland, während vom Königtum nicht die Rede ist. Das trifft genau die Meinung Gregors, hängt freilich auch zusammen mit Manegolds revolutionärer Theorie,

---

15 Ebd. 438.

16 MG. Libelli I 377.

17 In der Kapitelüberschrift (ebd. 376) heißt es kürzer: *qui excommunicatos non pro privata iniuria, sed ecclesiam defendendo interficiunt.* Ähnlich später (S. 379): *non pro privata inimicicia, sed ecclesiastica defensione atque vindicta.*

daß der König nur ein absetzbarer Beamter des Volkes, der Papst allein ein bedingungsloser Gebieter sei[18].

Es ging vor allem um die These, daß die „Heinricianer" als Gebannte zu bekriegen seien. Manegold begründet dies auf verschiedenen Wegen. Verbrecher müssen getötet werden, wenn man sie nicht anders bezwingen kann; also sind auch die Heinricianer zu verfolgen, denn sie sind eidbrüchig und Vatermörder, sie treiben zu Götzendienst und Glaubensabfall, sie spalten die Kirche und töten damit Christus, lästern ihn und verachten den hl. Petrus, sie kämpfen nur, um für ihre Verbrechen nicht die heilsame Strafe zu erleiden, und fehlen nicht aus Unwissenheit, sondern aus Mißgunst und bösem Willen[19]. Hier wird also mit der regulären Strafgewalt gegen die Bösen argumentiert, deren Bekämpfung als ein gutes Werk wie Almosen gelten konnte[20]. Dieses Argument war theoretisch nicht anzufechten, um so mehr aber in seinen tatsächlichen Behauptungen. Manegold ergänzt darum seine Beweisführung durch einen Vergleich der Heinricianer mit den Heiden. „Wer bei der Verteidigung der Kirche die Heiden, die sie verwüsten, tötet oder irgendwie bedrängt, hat bekanntlich keine Schuld, sondern verdient Lob und Ehre. Da jene (die Heinricianer) verabscheuungswürdiger sind als offene Heiden, ist der, der einen von ihnen zur Verteidigung der Gerechtigkeit tötet, noch weniger schuldig, als wer einen Heiden tötet"[21]. Wiederum erkennt man den echten Jünger Gregors VII.: auch dieser fand ja immer die innerkirchlichen Gegner schlimmer als die Heiden[22]. Die Schwierigkeit liegt aber diesmal bei der Frage, wie es denn mit dem Recht auf Tötung der Heiden stand; denn ein solches bestand, wie wir früher sahen, keineswegs generell[23]. Manegold erklärt es einfach für bekannt, und seine Formulierung entsprach in der Tat insofern der herrschenden Lehre, als er von Verteidigung der Kirche gegen heidnische Angriffe redet. Er verschweigt aber, daß in diesem Falle die heidnische Religion der Angreifer nichts bedeutete, da es nur auf die Verteidigung der Kirche ankam, und daß demnach die These, daß der Heinri-

---

18 Vgl. Mirbt, Publizistik S. 227 f.; Hauck, Kirchengeschichte III 852 f.

19 MG. Libelli I 377, 379, 382 f.

20 Ebd. 380. (Der Passus Z. 28–35 ist ebenfalls Zitat aus Augustin, De serm. Dom. in monte I 20, 64, Migne 34, 1262.)

21 Ebd. 381.

22 Vgl. oben Kap. V.

23 Vgl. oben S. 24.

cianismus noch schlimmer sei als Heidentum, hier gegenstandslos war. Noch deutlicher tritt das an einer anderen Stelle hervor, wo Manegold ähnlich argumentiert. Er verweist zur Begründung des Kampfes gegen Heinrich auf die Makkabäer und andere alttestamentliche Beispiele und fährt fort, daß auch in christlicher Zeit viele Kriege katholischer Fürsten gegen die Feindseligkeiten der Heiden stattgefunden hätten. „Diese Taten sind Gott so angenehm, daß einige, die in solchem Streit getötet wurden, durch Zeichen und Wunder bewährt, von der katholischen Kirche als Märtyrer angesehen werden; so der hl. König Oswald, der gegen die Barbaren für Vaterland und Glauben kämpfte und vom Mercierkönig Penda getötet wurde“[24]. Manegold verweilt hierbei nicht länger, sondern behauptet wieder, daß diese Dinge „bekannt sind“. In Wahrheit aber waren sie höchst problematisch. König Oswald galt in der Tat als heilig, aber doch vor allem deshalb, weil er heilig gelebt und bei seinem Volk das Christentum verbreitet hatte[25]. Weitere Beispiele im Sinne Manegolds wären nicht leicht zu finden gewesen[26]. Gewiß waren die Anschauungen über den Heidenkrieg seit langem im Fluß, und die Mehrzahl der Menschen des ausgehenden 11. Jahrhunderts werden Manegold zugestimmt haben, wenn er seine Bewertung des Heidenkrieges als selbstverständlich betrachtete. Aber eine doktrinäre Begründung hätte ihn gerade an diesem Punkte in Schwierigkeiten gebracht. Es ist also kein Zufall, daß er gerade an diesen Stellen sich zweimal mit einem „bekanntlich“ begnügt, was sonst wenig seine Art ist.

Der Schwerpunkt seiner Beweisführung liegt jedenfalls auf einem anderen Gebiet, nämlich in dem Satz, daß gegen Schismatiker und Exkommunizierte weltliche Gewalt angewandt werden müsse. Hierfür unternimmt er einen regelrechten theologischen Beweis durch Anführung von Autoritäten aus altkirchlichen Konzilien und Kirchenvätern[27]. Die Texte, die er anführt, haben freilich im Grunde eine andere Lage im Auge, nämlich die Disziplinargewalt über aufsässige Kleriker und die staatliche Polizeigewalt über ihre Untertanen, also nicht einen Kampf gegen die Staatsmacht selbst oder zwischen verschiedenen Fürsten. Aber er konnte immerhin auf das Vorgehen römischer Kaiser gegen Ketzer und Schismatiker zurückgreifen, das von den Kirchenvätern gebilligt

24 MG. Libelli I 399.

25 Beda Hist. eccl. III c. 1–13.

26 Über Abbos Edmund-Vita s. oben S. 41 f.

27 MG. Libelli I 369–376.

worden war. Insbesondere aus den Worten Augustins gegen die Donatisten ließ sich in der Tat belegen, daß staatliche Maßnahmen gegen die Schismatiker keine Verfolgung, sondern eine gerechte *disciplina* seien. Das Wesentliche also ist, daß Manegold die Donatistengesetze ausdrücklich auf die „Heinricianer" anwenden will[28]. Daraus ergaben sich dann die weitestgehenden Konsequenzen, z. B. daß den Gegnern der gesamte Besitz fortzunehmen sei.

Theologisch ließ sich diese ganze Lehre halten, da Augustin den Boden bereitet hatte. Aber mit den populären Stimmungen mußte sie unvereinbar bleiben; die Lage war von der altchristlichen doch gar zu verschieden. Auch ließ sich auf diesem Wege weder die eigene Kriegstätigkeit des Papsttums noch die tatsächliche Frontstellung gegen das Königtum begründen. Das sachlich wesentlichste Resultat liegt deshalb darin, daß endlich einmal die Lehre, daß der Totschlag auch im gerechten Kriege nicht frei von Schuld sei, grundsätzlich und ausdrücklich über Bord geworfen wurde[29]. Wir erwähnten oben Manegolds Worte über die Tötung von Heiden und können seine Behauptung über die Exkommunizierten daneben stellen: „Es ist, wie ich glaube, schon seit alters Gewohnheit der Kirche geworden, daß die, die einen Gebannten töten, nicht als Mörder gelten noch nach den Gesetzen über den Mord bestraft werden. Denn wer in ungeheuerlichem Verbrechen den Menschen auszieht und Antichrist wird, ist mit Recht auch bei der Tötung nicht als Mensch anzusehen"[30]. Die Worte „wie ich glaube" entsprechen genau dem vorhin genannten „bekanntlich": sie verschleiern die Tatsache, daß es sich gerade um ein Novum handelte, das sich in dieser Form nicht belegen ließ. An diesen Punkten zeigen sich die Schwächen von Manegolds Argumentierung, zugleich aber auch seine Bedeutung für die Fortbildung der Theorie.

Weniger extrem in den Einzelbehauptungen war die Schrift des *Bernhard von Konstanz*, die in die gleiche Zeit fällt (1085). Auch Bernhard geht in den Worten, die vom Kriege handeln, von gegnerischen Vorwürfen aus, die er zurückweisen will. Man verlangte von den Bischöfen, daß sie sich nicht wehrten, sondern nach dem Worte der Bergpredigt, wenn geschlagen, die andere Backe hinhielten[31]; dem Papste aber und seinen Anhängern gab man die Schuld

---

28 Ebd. 373, 374.

29 Vgl. oben S. 81 f.

30 MG. Libelli I 376. Die Anwendung auf die Heinricianer S. 377 und 379.

31 Ebd. 482.

an den Mord- und Raubtaten des deutschen Krieges[32]. Bernhard geht insofern noch den gleichen Weg wie Manegold, als auch er eine Augustin-Stelle anführt, die zwischen gerechter und ungerechter Verfolgung unterscheidet[33]. Im übrigen aber sieht er die Dinge stärker aus der Situation des Augenblicks heraus an. Nachdem die Kirche einmal den Kampf gegen Heinrich IV. aufgenommen und einen Gegenkönig eingesetzt habe, müsse sie auch die kriegerische Durchfechtung des Gegensatzes unterstützen. „Wer würde uns (die Bischöfe, in deren Namen Bernhard schreibt) auch nur als Menschen ansehen, wenn wir einen Mann (den Gegenkönig Hermann), der der Gerechtigkeit ergeben ist und dem wir in der tobenden Bosheit dieser Tage das Kreuz Sachsens und das Martyrium der Kirchenverteidigung mit Zustimmung des Papstes auferlegt haben, jetzt nicht schützen und das kanonische Gesetz aufgeben wollten“[34]? Die Gegner wären es, die mit Mord, Raub, Brand und Verfolgung die Kirche verheerten[35]; der Gegenkönig wehre sich nur „im Eifer für die Gerechtigkeit gegen die Gegner der Kirche, nicht willens mit denen Frieden zu haben, die die Einheit des kirchlichen Friedens zerreiben“[36]. Wenn die Bischöfe nach der Vorschrift der Bergpredigt den Angreifern keinen Widerstand leisteten, dann würde das kanonische Gesetz untergehen und Satan wieder die Herrschaft erlangen, die ihm einst Christus entrissen hatte[37]. Das ist alles höchst untheoretisch und geht am Kern der gegnerischen Kritik vorbei. Bernhard macht auch nicht wie Manegold den Versuch, die neue kirchliche Praxis durch eine neue Theorie über das Verhältnis von Regnum und Sacerdotium zu unterbauen. Er hält vielmehr ausdrücklich an den Funktionen des Königtums zur Verteidigung der Kirche fest. „Es kommt unserm Herrn Könige als dem Verteidiger der Kirche zu, die Kühnheit der Gegner mit dem sichtbaren Schwert zu unterdrücken“[38]. Aber dann beginnt er doch den Kreis der berufenen Kirchenverteidiger allmählich zu erweitern, indem er nach einem Hinweis auf die von Gott inspirierten Kämpfe des Konstantin und des Theodosius erklärt: „Es ist Sache der Köni-

32 Ebd. 509.

33 Ebd. 513 oben.

34 Ebd. 509 unten.

35 Ebd. 509 oben.

36 Ebd. 510. Zur Formulierung vgl. Fuchs, Augustin S. 220 ff.

37 Ebd. 482 oben, vgl. 483 oben.

38 Ebd. 482 oben.

ge und der anderen, die jetzt im Reich des Christentums und der kirchlichen Majestät herrschen, gegen die Exkommunizierten und die öffentlichen Feinde der Kirche das Schwert der Verfolgung zu ziehen; denn nicht diejenigen sind Verbrecher, die um der Gerechtigkeit willen Verfolgung ausüben, sondern die durch Schutz der Ungerechtigkeit Verfolgung verdienen"[39]. Noch weiter wird der Rahmen in der Fortsetzung: „Damit das kirchliche Gesetz gerettet wird, erachten wir es für notwendig, daß alle Glieder der Kirche, Laien und Geistliche, die einen mit dem fleischlichen, die andern mit dem geistlichen Schwert, sich erheben und als Mauer vor das Haus Israel stellen, im Streite stehen am Tage des Herrn"[40]. Das ist also schon ein Appell an die Gesamtheit, ohne daß ein Ausgleich mit der traditionellen Lehre vom Beruf des Königtums auch nur versucht wäre.

Weniger noch als Bernhard hat *Bernold von St. Blasien* das Problem aus der Tiefe heraus zu erfassen vermocht. Er stellt klagend fest, daß die Kirche gegen die Feindschaft der Gebannten schon oft kriegerischer Hilfe bedürfe und nicht ohne Blutvergießen von der Tyrannei jener befreit werden könne[41]. Ob die Kirche selbst sich hierbei recht oder unrecht verhalte, fragt er überhaupt nicht, sondern interessiert sich nur für die Schwierigkeit, wie für den einzelnen Krieger die Tötung eines Gebannten bei der Kirchenverteidigung zu beurteilen sei. Hierbei kommt er zu einer recht gewundenen Schlußfolgerung. Einerseits betont er, daß der Krieger in solchem Falle nicht für sich, sondern zur Verteidigung der Kirche und aus Gehorsam gegen Gott kämpfe und deshalb nicht als Mörder verurteilt werden dürfe, gibt aber anderseits zu, daß eine solche Tat kaum jemals ohne Schuld begangen werde. Darum erklärt er: „Wir wollen nicht alle, die Gebannte töten, völlig freisprechen, aber sie auch nicht so hart beurteilen, wie es den Gegnern gefallen würde"[42]. Dies war ein Kompromiß zwischen der Neuerung, wie sie Manegold vertrat, und der älteren Lehre, wie sie etwa bei Burchard von Worms zu finden war. Eine ähnliche Lösung hat sich bald darauf auch in der offiziellen Kirchenlehre durchgesetzt: Urban II. entschied, daß diejenigen, die einen Gebannten im Eifer für die Kirche töten, nicht als Mörder zu betrachten seien, aber doch durch eine gewisse Pönitenz Gott versöhnen sollten

39 Ebd. 482 unten.

40 Ebd. 483 oben, vgl. Ezech. 13, 5.

41 MG. Libelli II 98.

42 Ebd. Vgl. Greulich, HJB. 55, 46 ff.

für den Fall, daß etwa eine gewisse *duplicitas,* also ein niedriges Nebenmotiv, bei ihrer Tat mit untergelaufen sei[43].

So wichtig diese Bestimmungen für die Praxis waren, so weit lagen sie doch ab vom Grundproblem. Die prinzipiellen Vorwürfe gegen das kriegerische Papsttum wurden damit in keiner Weise entkräftet. In dieser Richtung haben vielmehr zwei italienische Kanonisten die entscheidende Gedankenarbeit geleistet, Anselm von Lucca und Bonizo von Sutri.

Die Gestalt des Bischofs *Anselm von Lucca* ist besonders dadurch von Bedeutung, daß er in seinem Lebenswerk Theorie und Praxis vereinigt hat und dadurch ein Bild von seltener Geschlossenheit gewährt. Unter den Anhängern Gregors VII. ist wohl niemand dem großen Vorbild des Papstes so nahe gekommen wie Anselm, der auch von Gregor selbst als möglicher Nachfolger ins Auge gefaßt wurde. „Vor allem war sein Bestreben, seinen heiligsten Lehrer, den Papst Gregor, in allen Stücken nachzuahmen, so daß er in nichts von jenem unterschieden sein wollte", schreibt sein ältester Biograph[44]. Schon unmittelbar nach Anselms Tode hielt man ihn für heilig und glaubte an Wunder an seinem Grabe zu Mantua, genau so wie bei seinem Meister Gregor, „nicht nur deshalb, weil er ein frommes Leben führte, sondern weil er (dem Papste) zuverlässigen Gehorsam erwiesen hat, mit vollkommenem Hasse die Partei der Gebannten hassend und die katholische Einheit liebend und verteidigend"[45]. Die Wirkung der Wunder bestand denn auch unter anderem darin, daß in Mantua „viele aus den Bistümern Brescia und Verona und anderen Gegenden (d. h. aus der gegenpäpstlichen Obedienz) sich zum Herrn bekehrten, dem Teufel und seinen Anhängern entsagten und gelobten, lieber ihr Blut zu vergießen als von diesem Gelübde zu weichen"[46]. Noch deutlicher schreibt Bernold von St. Blasien, daß die Wunder Anselms die Getreuen des hl. Petrus im Widerstand gegen Heinrich IV. bestärkten[47]. Der Bischof von Lucca hatte also vor allem den Eindruck eines Kämpfers für die Sache Gregors hinterlassen; man verglich ihn mit David im Kampf gegen

[43] JL. 5536. Vgl. Ruinart bei Migne 151, 74; Döllinger-Friedrich, Papsttum S. 395 f. Anm. 82.

[44] Vita Anselmi c. 31, MG. SS. XII 22.

[45] Ebd. c. 23 S. 23; vgl. Ps. 138, 22.

[46] Ebd. c. 54 S. 28.

[47] MG. SS. V 445. Vgl. Kittel, Brackmannfestschr. S. 247: „Anselm ist so etwas geworden wie der Heilige der kirchlichen Reformpartei."

Goliath[48]. In der Tat hatte er sich während der letzten Jahre seines Lebens, aus seinem Bistum vertrieben, ganz der Bekämpfung der Kaiserlichen gewidmet, sowohl in der geistigen Propaganda wie in der Organisation des eigentlichen Krieges. Seit ihn Gregor VII. etwa 1081 zum päpstlichen Vikar für die Lombardei und zum geistlichen Berater der Markgräfin Mathilde gemacht hatte, wurde er die Seele des Widerstandes gegen die Wibertiner in Oberitalien[49]. Insbesondere am Hofe der Mathilde suchte er beständig die Kriegsstimmung zu schüren. Die poetische Anselm-Vita des Rangerius schildert uns, wie Anselm die Krieger der Mathilde unterwies und antrieb, daß sie dem Judas Makkabäus glichen[50], wie er die Bewohner von Moriana durch den Hinweis auf die kriegsgewaltigen Heiligen, denen er die Burg geweiht hatte, im Kampf bestärkte[51], wie er in der Schlacht von Sorbaria den Geist der Truppen durch Ermahnungen und Gebet hochhielt[52], wie er überhaupt bei der Markgräfin für Heer und Kirche gleichzeitig sorgte[53]. Dabei beschränkte er seine Aktion nicht auf Oberitalien, sondern suchte die ganze Welt gegen Heinrich IV. in Bewegung zu setzen. Bernold von St. Blasien erzählt uns, daß Anselm nach dem Tode Gregors die Getreuen des hl. Petrus gegen die Tyrannei Heinrichs IV. gewaltig aufgestachelt habe[54]. Wir besitzen noch einen Brief Anselms an Wilhelm den Eroberer, in dem der Bischof den König ermahnt, nach Rom zu kommen, um die geschändete römische Kirche aus den Händen der Fremden zu befreien[55]. Sogar in einem Psalmenkommentar, den er damals verfaßte, brachte er Ausführungen gegen Heinrich IV. an, der damals den Papst in Rom belagerte und damit, wie Anselm sagte, Christus zum zweitenmal kreuzigte[56].

---

48 Rangerius v. 37–46, MG. SS. XXX. II 1157 f.

49 Vita Anselmi c. 12, 20 und 21, MG. SS. XII 12, 19, 20; Liber c. Wibertum, MG. Libelli I 527. Rangerius v. 3565 ff. MG. SS. XXX. II 1232.

50 Rangerius v. 3659 ff. MG. SS. XXX. II 1234.

51 Ebd. v. 4927 ff. S. 1260 (vgl. v. 4879 ff., 4945 f.).

52 Ebd. v. 6511 ff., 6565 f., S. 1292, 1293. Vgl. dazu Vita Anselmi c. 23, MG. SS. XII 20.

53 Ebd. v. 6729 ff., S. 1296. Dazu v. 3581 f., S. 1232, wo sogar der Ausdruck *Christi militia* in militärischem Sinne verstanden werden muß.

54 MG. SS. V 445.

55 Zuletzt bei Erdmann, Ausgewählte Briefe S. 30 ff., vgl. S. 7 f.

56 Fragmente bei Paul v. Bernried c. 112 (103), Watterich, Vitae I 541 (Migne 148, 96). Ganz ähnlich in Anselms Brief an Hermann von Metz (1085), Sudendorf, Registrum I 58 ff. n. 19; vgl. auch den Brief an den Abt Poncius von Frassinoro bei Hugo v. Flavigny, MG. SS. VIII 443 f., am Schluß.

Auch sonst steht Anselms schriftstellerische Tätigkeit an verschiedenen Punkten in engem Zusammenhang mit seinem kriegspolitischen Wirken. Sein Hauptwerk ist eine Kanonessammlung (zwischen 1081 und 1086), die in der Geschichte des Kirchenrechts eine neue Ära eröffnet hat[57]. Er hat darin unter anderem als erster unter den Kanonisten das Problem des kirchlichen Zwanges und des Krieges eingehend berücksichtigt. Anselm ist es gewesen, der auf diesem Gebiet die Lehren Augustins in weitestem Umfang wieder ausgegraben und in maßgeblicher Auswahl zum zweiten Male zum Fundament der katholischen Kriegstheorie gemacht hat. Denn in den vorhergehenden Jahrhunderten hat man Augustin zwar immer benutzt und auch manche seiner Sätze über den Krieg herangezogen, war aber von einem augustinischen System auf diesem Gebiete weit entfernt[58]. Unabhängig von Anselm hat zwar gleichzeitig Manegold von Lautenbach die Schriften Augustins in ähnlicher Weise ausgebeutet, aber Anselm ging in systematischer Klarheit und Konsequenz weit über ihn hinaus. Er zog außerdem noch Papstbriefe Pelagius' I.[59] und Gregors I. heran und daneben sogar die kaiserlichen Ketzeredikte des justinianischen Rechts[60]. Durch seine Auswahl der Texte und die hinzugefügten Lemmata (Überschriften) ergibt sich ein wohlausgeführtes Ideengebäude.

Der praktische Ausgangspunkt war das gewaltsame Vorgehen gegen die Gegner des Papstes. Anselm bringt dafür Textstücke, die von der Unterdrückung

57 Fournier-Le Bras, Collections II 25–37; Döllinger-Friedrich, Papsttum S. 41. Von den 13 Büchern der Sammlung kommen für uns das 12. und 13. in Betracht. Die Anselm-Ausgabe von Thaner reicht aber nur bis zum Anfang des 11. Buchs. Für den Rest verfügt man zwar über das von Mai veröffentlichte Kapitelverzeichnis (abgedruckt bei Migne 149, 485 ff.) und über die Konkordanz der mit Gratian übereinstimmenden Stücke bei Friedberg, Corpus I Proleg. S. XLIX ff., doch haben beide nicht die ursprüngliche Redaktion zugrunde gelegt. Die Zitate im folgenden beruhen deshalb auf der Handschrift Vat. lat. 1363, die die Redaktion A enthält; die Kapitelzahlen nach der Zählung Mais sind gegebenenfalls in Klammern angegeben. Görris, Denkbeelden S. 15 ff. kannte nur das Kapitelverzeichnis bei Migne und ist deshalb unzureichend.

58 Es lassen sich lediglich die im 9. Jahrhundert zusammengestellten 24 Kapitel über den Staat anführen, s. Laehr-Erdmann, NA. 50, 120 ff. Sie sind in Hincmars Fürstenspiegel benutzt, aber sonst ohne Wirkung geblieben. Anselm hat sie trotz auffallender Übereinstimmungen nicht benutzt.

59 Vgl. Caspar, Papstgeschichte II 297 f.

60 Anselm XII 68–72 (66–70 bei Migne 149, 532 ff.) aus dem Codex Justinians: I 5, 5; I 5, 2–4; I 1, 2.

der Ketzer handeln, und wendet sie auch in seinen Lemmata ausdrücklich auf die *haeretici* an[61]. Andere Stellen beziehen sich auf die *scismatici* und werden von ihm auch so verwandt[62]. Zweimal aber spricht er von der Unterdrückung der Gebannten *(excommunicati)* bzw. der Beschlagnahme ihres Eigentums[63]. Die betreffenden Augustin-Stellen gehen auf die Donatisten und haben mit dem Kirchenbann an sich nichts zu tun; Anselms Auswertung stellt hier also eine Verdrehung dar, die um so bedeutsamer ist, als gerade die Bezugnahme auf die Gebannten praktisch im Investiturstreit das Wichtigste war. Die Exekutive wird auch von Anselm selbstverständlich dem Staate zugewiesen, aber er spricht doch auch davon, daß die Kirche die Verfolgung ausüben könne[64]. Denn ein Vorgehen gegen die Bösen sei keine eigentliche Verfolgung, sondern eine Äußerung der Liebe[65]. Daß das alles trotz der aktuellen Spitze theoretisch gut fundiert und durchdacht war, kann man schon daraus ersehen, daß das spätere System des kirchlichen Zwanges eben aus diesen Partien der Anselmschen Sammlung erwachsen ist[66].

Die überragende Bedeutung Anselms zeigt sich aber weiter noch darin, daß er bei diesen Bestimmungen über kirchlichen Zwang nicht stehengeblieben ist, sondern erkannt hat, daß sie durch allgemeinere Grundsätze über Krieg und Kriegertum ergänzt werden müßten, wenn sie der kirchlichen Lehre einen festen Boden bieten sollten. Er geht aus von dem augustinischen Gedanken, daß man auch im Kriege das Heil des Feindes im Auge haben könne, daß der Kriegs-

---

61 Anselm XII 53: *De hereticis per seculares potestates coercendis* (aus Augustin, vgl. Gratian C. 23 q. 4 c. 39); dazu die kaiserlichen Edikte, s. die vorige Anmerkung. Wichtig ist ferner XIII 28 (24 bei Migne 149, 534; in Vat. lat. 1363 ohne Lemma) aus Gregor I., vgl. Gratian C. 23 q. 4 c. 48.

62 Anselm VI 182 (ed. Thaner S. 352); XII 44–46 (45–47 bei Migne 149, 532) aus Pelagius I., vgl. Gratian C. 23 q. 5 c. 42–45. Dazu XII 56 (56 auch bei Migne 149, 532) aus Augustin (Migne 35, 1436 f.), nur teilweise bei Gratian D. 8 c. 1; XII 60 (59 bei Migne 149, 532) aus Augustin, vgl. Gratian C. 23 q. 4 c. 24.

63 Anselm XII 54 (aus Augustin, vgl. Gratian C. 23 q. 4 c. 37): *Ut excommunicati cohibeantur a saecularibus*; XII 57 (aus Augustin, vgl. Gratian C. 23 q. 7 c. 3): *Ut catholici res possideant excommunicatorum usque ad conversionem eorum.*

64 Anselm XIII 14–16 (so auch bei Migne 149, 533): *Quod ecclesia persecutionem possit facere. – De eadem re. – De eadem re.* Alles aus Augustin, vgl. Gratian C. 23 q. 4 c. 42 (mit § 1) u. 43.

65 Anselm XII 44 (45, vgl. oben Anm. 62); XIII 1–2 (so auch Migne 149, 533) aus Augustin, vgl. Gratian C. 23 q. 4 c. 44 u. c. 51 § 1.

66 Vgl. Döllinger-Friedrich, Papsttum S. 58.

wille zwar an sich verwerflich sei und ein Krieg deshalb nur im Falle der Notwendigkeit geführt werden dürfe, daß aber dann auch die Waffen dem Zweck des Friedens dienen könnten[67]. Daraus ergeben sich die zwei entscheidenden Schlußfolgerungen. Erstens können auch Krieger gerechte und heilige Männer sein, ja es gibt sogar ein spezielles Ethos des Soldaten, das im Aufgehen für das Wohl der Allgemeinheit besteht[68]. Zweitens können auch Kirchenmänner – als Beispiel diente Gregor I. – gegebenenfalls den Krieg betreiben, zum Kampfe mahnen und den Befehl zur Verfolgung der Feinde und zum Beutemachen geben[69]. Das alles war in keiner Weise revolutionär, es bedeutete nur den Sieg einer schon längst vorhandenen und seit einem Jahrhundert immer stärker gewordenen Tendenz, zeigte aber zum erstenmal das Bewußtwerden einer lange verhüllten Denkweise und war in der Wirkung ein ideeller Durchbruch. Nicht mit Unrecht hat man von Anselm gesagt, daß er auf dem Gebiet der Theorie ein Vorläufer der Kreuzzüge gewesen ist[70].

Den Heidenkampf freilich streift Anselm nur in einem einzigen Kanon, ohne irgendwie Gewicht auf ihn zu legen[71]. Dazu war seine theoretische Arbeit zu eng mit den kirchenpolitischen Zielen Gregors VII. verknüpft. Nicht ohne Grund bezeichnet sein Biograph die Kanonessammlung als einen *Apologeticus* zur kanonischen Verteidigung der Grundsätze und Taten Gregors und beschließt die Aufzählung von Anselms Schriften mit der Feststellung, daß dieser die Ketzer und Schismatiker bekehrt oder beschämt habe[72]. Zudem besitzen wir von Anselm selbst eine Streitschrift, die eine unmittelbare Auswertung des in der

[67] Anselm XIII 3: *Quod bella cum benevolentia sunt agenda*; XIII 4: *Quod militantes etiam possunt esse iusti, et quod hostem deprimere necessitas, non voluntas debet*; beides aus Augustin, vgl. Gratian C. 23 q. 1 c. 2 u. 3. Die Lehre, daß auch im Kriege die *pietas* herrschen solle, hat ihre Spuren sogar in der poetischen Anselm-Vita des Rangerius hinterlassen, v. 3665 ff. und 4005 f., MG. SS. XXX. II 1234 und 1240.

[68] Anselm XIII 3–4, s. vor. Anm.; XIII 5: *De eadem re,* Pseudo-Augustin ep. 13 (Migne 33, 1098; nicht bei Gratian, wohl aber – in anderer Begrenzung – in den 24 Kapiteln, Laehr-Erdmann, NA. 50, 122 c. 9); XIII 9: *De habenda oboedientia,* aus Gregor I., vgl. Gratian C. 23 q. 1 c. 7.

[69] Anselm XIII 6: *De persequendo hostes,* aus Gregor I., vgl. Gratian C. 23 q. 8 c. 17; XIII 7: *De eadem re,* Gregor I. JE. 1187 (nicht bei Gratian); XIII 8: *De praedando hostes,* Gregor I., vgl. Gratian C. 23 q. 8 c. 18.

[70] Fournier-Le Bras, Collections II 37.

[71] Anselm XIII 29 (25 bei Migne 149, 534; ohne Lemma in Vat. lat. 1363) aus Gregor I., vgl. Gratian C. 23 q. 4 c. 49.

[72] Vita Anselmi c. 21 und 26, MG. SS. XII 20 und 21.

Kanonessammlung aufgestellten Waffenarsenals für den aktuellen Kampf darstellt. Es ist der *Liber contra Wibertum,* der sich gegen eine später zu nennende Schrift des Gegenpapstes wendet (1085–86). Fast die Hälfte dieser Schrift beschäftigt sich mit dem Vorwurf des Blutvergießens, der gegen Gregor erhoben wurde. Anselm beschränkt sich nicht darauf, diesen Vorwurf auf die Gegenseite zurückzuwerfen[73], sondern bringt eine theologische Beweisführung zur Reinigung Gregors, unter Anführung einer langen Reihe von kirchlichen Texten, die fast sämtlich aus seiner Kanonessammlung stammen[74]. Er legt dar, daß es eine heilige Verfolgung gebe, die die Kirche gegen die Abtrünnigen ausübe, und die nicht in eine Reihe gestellt werden dürfe mit der ungerechten Verfolgung, die sich gegen die Kirche selbst richte; wenn man aus den Kirchenvätern anderes herauslese, dann verstehe man sie nicht richtig[75]. Dabei will er in seiner subtilen Denkweise keineswegs einem unbekümmerten Dreinschlagen das Wort reden. Er verwirft die Rache, die Freude am Untergang des Gegners und die Bereicherung am feindlichen Gut; er gibt auch zu, daß es dem Christen im Hinblick auf die Vollkommenheit und auf das Ideal der Kirche sogar verboten sei, für die Gerechtigkeit zu den Waffen zu greifen. Aber das gelte nur, soweit es sich um das eigene Recht handele, und nicht dort, wo es um den Schutz der Kirche, deren Einheit von den Schismatikern zerrissen werde, und um das Wohl der Gesamtheit gehe[76]. Das Verbot des Kämpfens bestehe deshalb nur *adversus catholicos,* nicht aber gegenüber Ketzern und Schismatikern[77]. Ein Kampf wie der der Gräfin Mathilde für Ruhm und Erhöhung der Kirche sei nicht eitel, sondern erwerbe einen Schatz im Himmel[78]. Es ist die am höchsten stehende theoretische Rechtfertigung, die die gregorianische Kriegspraxis in jener Zeit erfahren hat, und in allem Wesentlichen die Grundlage der späteren scholastischen Kriegstheorie.

---

[73] MG. Libelli I 526 oben.

[74] Die Zitate ebd. 523 Z. 1 bis 525 Z. 12 entsprechen in verkürzter Form den Kapiteln der Kanonessammlung: XIII 14. 15. 16. 18. 3. 5. 4 XII 55. 44. 45 (dann S. 524 Z. 28–35 zwei andere Stücke), XIII 17. 6. 8.

[75] Ebd. 522 unten, 525 Z. 14 f.

[76] Ebd. 525 f. Vgl. Mirbt, Publizistik S. 460 f.

[77] Ebd. 522 Z. 39 f., wo die Worte „*adversus catholicos*" in Anführungsstriche zu setzen sind.

[78] Ebd. 527.

An Tiefe der Gedankenführung Anselm nicht ganz ebenbürtig, aber an Eigenart und Schlagkraft ihm noch überlegen war sein Landsmann *Bonizo von Sutri*. Sein Leben gleicht dem Anselms insofern, als auch er aus seinem Bistum vertrieben wurde und sich dann in der Verbannung auf die Schriftstellerei legte[79]; auch von ihm besitzen wir unter anderem eine Streitschrift und ein umfassendes kanonisches Handbuch[80]. An politischer Bedeutung freilich hat er Anselm in seinem Handeln nicht erreicht; das hing vermutlich mit seiner extremen und undiplomatischen Denk- und Redeweise zusammen.

Bonizos *Liber ad amicum* (wahrscheinlich 1085–86) ist wohl die berühmteste Streitschrift des Investiturstreits und jedem Historiker des Mittelalters geläufig. Fragt man aber nach dem Thema dieser Schrift, so erhält man heute in der Regel auch von Fachleuten keine oder eine falsche Antwort. Dabei gibt Bonizo gleich zu Beginn seine Absicht mit klaren Worten an: er will die zwei Fragen beantworten, warum sich die Kirche damals in solcher Bedrängnis befände und ob es dem Christen erlaubt wäre, für den Glauben mit den Waffen zu kämpfen[81]. Die zweite Frage ist am Schluß des Werkes sogar zum einzigen Thema geworden[82]. Bonizo handelt also ausdrücklich über das Kriegsproblem, dessen hohe Bedeutung für die päpstliche und antipäpstliche Polemik der Zeit schon aus der Existenz dieses einen Werkes hervorgeht. Seine Darlegungen sind auch für uns um so wertvoller, als er sich nicht auf grundsätzliche Erklärungen beschränkt, sondern historische Beispiele gibt und gleichsam die ganze Kirchengeschichte bis auf seine eigene Zeit unter diesem Gesichtspunkt durchgeht.

Schon aus altkirchlicher Zeit führt Bonizo Beispiele eines Waffenkampfes für den christlichen Glauben an. Von den Päpsten der vorkonstantinischen Zeit, die großenteils als Märtyrer galten, weiß Bonizo zwar nur Kriege gegen den Teufel zu berichten, die nicht wohl als Waffengänge angesehen werden können[83]. Dann aber kommen bessere Beispiele, bei denen es sich, wenn auch nicht eigentlich um den Krieg, so doch um Gewaltanwendung um der Religion willen handelt. Den Präfekten Hermogenes, der den Bischof Paulus von

---

79 Vgl. zuletzt die Einleitung von Perels zu Bonizo de vita S. XII ff.

80 Der dritte der großen gregorianischen Kanonisten, Kardinal Deusdedit, ist für uns ohne Bedeutung, da er auf das Kriegsthema kaum eingeht und darüber keine bestimmten Ansichten äußert. Vgl. Görris, Denkbeelden S. 18 f.

81 MG. Libelli I 571.

82 Ebd. 618 ff.

83 Ebd. 573 oben.

Konstantinopel gefangensetzen wollte, habe das katholische Volk im Eifer für die Wahrheit und das göttliche Gesetz so heftig bekämpft, daß es ihn mit seinem ganzen Hause verbrannt habe. Die Einwohner von Alexandria hätten den Arianern voller Glaubenseifer wahre Schlachten geliefert. Die Mailänder hätten dem Kaiser Konstantinus, der einige Bischöfe gefangennehmen wollte, mit den Waffen widerstanden und die Bischöfe mit Gewalt befreit[84]. Alle diese Beispiele, so behauptet er, hätten in der katholischen Kirche Lob und Billigung gefunden, obgleich seine Quelle, die Historia Tripartita, stellenweise ausdrücklich das Gegenteil sagt[85]. Bonizo erzählt weiter von dem passiven oder aktiven Widerstand, den Julian Apostata bei der versuchten Restitution des Heidentums auch bei Männern *militaris ordinis* wie Jovian und Valentinian gefunden habe[86]. Auch betont er, daß der hl. Ambrosius sich durch das Volk mit den Waffen vor der drohenden Vertreibung habe verteidigen lassen[87], und verweist schließlich auf die bekannten Aufforderungen Augustins zur Verfolgung der Donatisten[88].

Hiermit hört die Reihe der historischen Beispiele für einen Glaubenskrieg vorerst auf, da die nachfolgenden Beispiele sich allgemeiner auf das Verhältnis zwischen Staat und Kirche beziehen. Charakteristischerweise nimmt Bonizo sein Hauptthema erst wieder auf, als er in der geschichtlichen Übersicht bereits in der Zeit Leos IX. angelangt ist; wir können darin gewissermaßen eine Bestätigung unserer Einschätzung der Rolle des Reformpapsttums erblicken. Überhaupt gehen nun seine Darlegungen unseren Auseinandersetzungen seit dem vierten Kapitel großenteils parallel. Er preist Leo IX., der nicht nur für das Land der Kirche, sondern auch zum Schutz der Christen gegen die Gewalttaten der Normannen zum Schwert gegriffen habe; seine Mitstreiter hätten für die Gerechtigkeit den Tod gefunden und seien auf Grund der geschehenen Mirakel unter die Heiligen aufgenommen, allen künftigen Kämpfern für die Gerechtig-

84 Ebd. 574. Bonizo kommt am Schluß seines Werkes (S. 619 unten) auf diese Beispiele zurück und fügt hinzu, daß Cyrill von Alexandria den Mönch Amonius, der den Präfekten Orestes mit einem Stein getroffen habe und dafür selbst gesteinigt worden sei, unter die Märtyrer gezählt habe.

85 Ebd. 574 Anm. 6.

86 Ebd. 574 unten.

87 Ebd. 576 oben.

88 Ebenda.

keit damit eine lebendige Hoffnung gebend[89]. Wiederholt spricht er von Erlembald, dem *miles Dei,* der in den Patariakämpfen gleich Judas Makkabäus das Heer Gottes angeführt habe und an dessen Grabe viele Wunder geschähen[90]. Ähnliches sagt er von dem römischen Präfekten Cencius[91]. Verhältnismäßig zurückhaltend äußert er sich über die Kämpfe Gregors VII., weil diese ja gerade der Gegenstand der feindlichen Kritik waren. Er will ihn offenbar sogar als besonders friedliebend hinstellen, wenn er wiederholt behauptet, daß der Papst den deutschen Gegenkönigen geboten habe, nicht miteinander zu kämpfen, sondern die Entscheidung auf einem Konzil zu suchen, und daß Heinrich IV. durch seine angebliche Weigerung den Grund zur zweiten Bannung gegeben habe[92]. Immerhin erzählt er von Gregors Vorbereitung zum Normannenkrieg von 1074 und nimmt dabei mit deutlich erkennbarer Absicht Gelegenheit zu der Bemerkung, daß damals auch Wibert von Ravenna, der nachmalige Gegenpapst, dem Papste einen Feldzug gegen die Normannen und gegen die Grafen von Bagnorea versprochen habe[93]. Am Schluß seines Werkes faßt er die für das Kriegsthema wichtigen Einzelbeispiele nochmals zusammen, neben den altchristlichen besonders die von Gott durch Wunder belohnten Streiter Leos IX. sowie Erlembald und Cencius, um zu der Mahnung hinüberzuleiten: „Also mögen die glorreichen *milites Dei* für Wahrheit und Gerechtigkeit streiten und mit wahrhaftem Sinn gegen die Ketzerei kämpfen"[94]. Er verweist dabei noch auf das Beispiel der Gräfin Mathilde, der *filia b. Petri*[95], die mit mannhaftem Geist zu sterben bereit sei und mit allen Kräften die Ketzerei bekämpfe; sie werde ihren Gegner, also Heinrich IV., besiegen wie Jael den Sisara, während Bonizo, seinem bischöflichen Amt entsprechend, beten wolle, damit die Ketzerei im Feuer untergehe[96].

---

89 Ebd. 589.

90 Ebd. 597–599. 604 f.

91 Ebd. 611, vgl. 603.

92 Ebd. 611 f., 618 (Z. 4 ist hinter *renuisset* ein Komma zu setzen).

93 Ebd. 602, 604.

94 Ebd. 619 f.

95 Vgl. dazu auch ebd. 599, wo der Zug gegen die Normannen (1067) als das erste der vielen dem hl. Petrus erwiesenen *servitia* bezeichnet ist, durch die Mathilde den Namen einer *filia b. Petri* erworben habe.

96 Ebd. 620 (wo Anm. 7 falsch ist, da mit Rücksicht auf die Feminin-Formen *incensa* und *suffossa* nur *haeresis* als Subjekt ergänzt werden kann).

Hinter dieser klaren und eindrucksvollen historischen Darstellung tritt die wesentlich kürzere theoretische Beweisführung bei Bonizo an Bedeutung zurück. Jeder Christ, so erklärt er, hat die Pflicht, die Ketzereien in der seinem Stande entsprechenden Weise zu bekämpfen[97]; also die Kleriker mit geistlichen Mitteln, die Ritter mit den Waffen. Selbstverständlich ist das auch die Pflicht des Fürsten, aber keineswegs nur die seine; von diesem veralteten Standpunkt ist Bonizo schon weit entfernt. Er betont durch Anführung biblischer und patristischer Stellen, daß die Krieger keineswegs vom Heile ausgeschlossen wären und daß auch die heiligsten Kirchenmänner den Krieg nicht gescheut hätten[98]. Hierbei stimmen seine Zitate großenteils mit Anselms Sammlung überein und sind vermutlich bereits aus dieser entnommen[99]. Aber Bonizo vergröbert Anselms Werk, indem er die augustinische Lehre von der auch dem Feinde gegenüber zu bewahrenden Liebesgesinnung nahezu vollständig übergeht[100] und dem großen Kirchenvater die Worte in den Mund legt, daß diejenigen selig seien, die um der Gerechtigkeit willen Verfolgung ausüben[101]. Im übrigen kommt es ihm noch mehr als Anselm nur auf die praktische Schlußfolgerung im aktuellen Kampfe an: „Wenn es jemals einem Christen erlaubt war, für irgendeine Sache die Waffen zu brauchen, dann ist es jetzt erlaubt, gegen die Wibertiner in jeder Weise Krieg zu führen." „Wenn man es durfte für den irdischen König, dann nicht für den himmlischen? Wenn für den Staat, dann nicht für die Gerechtigkeit? Wenn gegen die Barbaren, dann nicht gegen die Ketzer?"[102] Er führt den gregorianischen Unterschied in der Stellung zu Nichtchristen und zu Christen sogar bis zu einer sonst nicht ausgesprochenen Konsequenz: „Erleiden wir Verfolgung von denen, die draußen sind, haben wir sie durch Duldung zu überwinden; wenn aber von denen, die drinnen sind, haben wir sie zuerst mit

---

97 Ebd. 573: *haereseos novitates, contra quas omni christiano pugnandum pro officii sui consideratione nulli dubium est.* Vgl. S. 618; Quelle ist Gregor I., JE. 1859.

98 Ebd. 618 f.

99 Vgl. ebd. 630 f. Doch sind die Hieronymus-Stellen S. 618, die ich bei Anselm nicht fand, wohl eigene Lesefrüchte Bonizos, vgl. Bonizo de vita ed. Perels S. XXXIII mit Anm. 4.

100 Er hat nur den Satz (S. 619 oben): *Hostem pugnantem necessitas perimat, non voluntas,* der in dieser abrupten Form kaum verständlich ist.

101 Ebd. Tatsächlich gehen Augustins Formulierungen (ep. 185 §§ 9–11) lange nicht so weit.

102 Ebd. 618.

evangelischer Sichel abzuschneiden und dann mit allen Kräften und Waffen zu bekriegen“[103]. Mit anderen Worten: kein Waffengebrauch gegen Heiden, aber gegen Schismatiker und Ketzer!

Dieses leidenschaftliche Plädoyer für die Idee des Ketzerkreuzzugs, das in ausdrücklichen Worten den Gedanken eines Petrus Damiani widerspricht, findet eine eigenartige Entsprechung in Bonizos zweitem Hauptwerk, dem *Liber de vita christiana*. Dieses Handbuch des kirchlichen Lebens, das wir wahrscheinlich zwischen 1090 und 1095 anzusetzen haben, besteht zum größten Teil aus einer Zusammenstellung kanonistischer Autoritäten, geht aber über eine reine Kanonessammlung dadurch hinaus, daß Bonizo im allgemeinen die angeführten Texte in den Rahmen eigener Auslassungen einspannt[104]. Das gilt insbesondere von dem hochinteressanten siebenten Buch, in dem Bonizo von der weltlichen Obrigkeit handelt. Er beginnt natürlich mit dem Königtum, über das er sich in längeren, hier nicht zu untersuchenden Ausführungen ergeht und eine Reihe von Kanones anführt. Dann geht er zum Amt des Richters über, rückt eine ältere, aber von ihm umgestaltete römische Richterliste ein[105] und gibt nach einigen Worten über schlechtes Gericht die Aufgabe der Richter an: „Sie sind der Kirche zur Unterstützung gegeben, damit diejenigen, die die Bischöfe nicht um der Kirchenzucht willen verehren, wenigstens durch die Furcht und das Schwert der Richter gezwungen zur Einheit des Friedens zurückkehren“[106]. Auf diesen Satz, der die weltliche Justiz kurzweg in eine Dienerin der Bischöfe verwandelt, ohne ihre Abhängigkeit von Staat und Königtum auch nur zu erwähnen, und demnach Gewaltanwendung um der Religion willen fordert, kommt es ihm eigentlich an. Denn die elf Väterstellen, die er folgen läßt, beschäftigen sich durchweg mit dem Thema, daß die Kirche mit Hilfe der weltlichen Gewalt Verfolgung ausüben könne, insbesondere gegen Schismatiker. Sie stimmen sämtlich, z. T. sogar in den Lemmata, mit Anselm überein, und wenn nicht alles täuscht, hat Bonizo sie aus der Sammlung Anselms übernommen[107]; die Abzweckung auf die Kampflage im Investiturstreit ist ebenfalls bei beiden die gleiche.

---

[103] Ebd. 572.

[104] Bonizo de vita ed. Perels S. XXII f., wo die frühere Literatur angeführt ist.

[105] Vgl. Schramm, Ztschr. Savignyst. Germ. XLIX 218 ff.

[106] Bonizo de vita VII 16 S. 242 f.

[107] Vgl. die Kanones-Konkordanz bei Bonizo de vita S. 384; auch VII 19 ist ein Stück aus Anselm XIII 17. Allerdings gilt es (vgl. Perels, NA. XXXIX 85 und 94; Einleitung zu Bonizo de vita S. XXXI; Fournier-Le Bras, Collections II 144) als fraglich, ob Bonizo

Dann aber folgt ein originaler Beitrag Bonizos. Nach den Königen und Richtern spricht er drittens über die Ritter, die *milites.* Auf die Anführung von Autoritäten verzichtet er hier ganz und sagt nur in einigen Sätzen seine eigene Meinung. Seine Worte haben bisher, soviel mir bekannt, noch nirgendwo Beachtung gefunden[108], verdienen sie aber in hohem Maße. Denn der Kernsatz dieses Kapitels ist nichts anderes als ein christlicher *Gebote-Kodex für den Ritter.* Um das Ethos des christlichen Rittertums verständlich zu machen, hat die Wissenschaft sogar schon den Versuch gemacht, es künstlich in Form einer Gebotetafel zusammenzufassen[109]. Da das natürlich ein heikles Unternehmen ist, hat man sich dann lieber an einige Texte des 12. Jahrhunderts gehalten, die über die Pflichten des Ritters sprechen, wie den Policraticus des Johann von Salisbury[110]. Alle diese Texte werden aber an Alter und Bedeutung übertroffen durch die Worte Bonizos. Da sie aus den Jahren unmittelbar vor dem ersten Kreuzzug stammen, also aus der Zeit, wo das christliche Rittertum seinen höchsten Elan nahm, und von einem Manne, der im Zentrum des kirchlichen Lebens stand, erfordern sie unsere genaueste Aufmerksamkeit. Bonizo schreibt[111]: „Es ist die besondere Sache der Ritter,

1. ihren Herren ergeben zu sein,
2. nicht nach Beute zu streben,
3. zum Schutz des Lebens ihrer Herren das eigene Leben nicht zu schonen,
4. für das Wohl der Respublica bis zum Tode zu kämpfen,
5. Schismatiker und Ketzer zu bekriegen,

neben einer verlorenen Quelle Anselms auch dessen Sammlung selbst benutzt hat. Für die Partie VII 17–27 halte ich das aber für unbedingt wahrscheinlich. Andernfalls müßte man das Verdienst der kanonistischen Begründung der gregorianischen Kriegstheorie großenteils Anselm absprechen. Die endgültige Entscheidung erfordert freilich den Textvergleich mit dem noch ungedruckten Teil der Anselm-Sammlung.

108 Vgl. Schramm, Ztschr. Savignyst. Germ. XLIX 225 („außer Bibelstellen nicht viel Tatsächliches“).

109 Gautier, Chevalerie S. 33.

110 Vgl. Ehrismann, Ztschr. f. deut. Alt. LVI 144.

111 Bonizo de vita VII 28 S. 248 f.: *His (militibus) proprium est dominis deferre, prede non iniare, pro vita dominorum suorum tuenda sue vite non parcere et pro statu rei publice usque ad mortem decertare, scismaticos et hereticos debellare, pauperes quoque et viduas et orphanos defensare, fidem promissam non violare nec omnino dominis suis periurare.* Ähnlich, aber kürzer, auch II 43 S. 56.

6. Arme, Witwen und Waisen zu verteidigen,
7. die gelobte Treue nicht zu brechen und ihren Herren nicht meineidig zu werden."

Da eine logische Gliederung fehlt, legen wir eine historische Reihenfolge zugrunde. Da kommt zuerst das Beuteverbot (2.), das im Frühmittelalter überhaupt die einzige kirchliche Sondervorschrift für den Krieger zu sein pflegte[112]; der inzwischen erreichte Fortschritt zeigt sich schon darin, daß es bei Bonizo nur noch eines von sieben Geboten ist. Ein weiterer Satz führt auf das altrömische Soldatentum als Wurzel. Denken wir an die bekannte Horazstelle vom Tod fürs Vaterland und etwa an das Wort Gregors I., wo er als Römer zu Soldaten spricht, daß es der höchste Ruhm des Soldaten sei, dem Nutzen der Respublica gehorsam zu sein[113], so werden wir diese Ideale in Bonizos Wort vom Tod für die Respublica (4.) wiedererkennen. Doch tritt der Gedanke des militärischen Gehorsams bei ihm zurück. Nur in veränderter Form findet er sich in der Forderung der Ergebenheit *(deferre)* gegenüber dem Herrn (1.). Diese führt aber, zusammen mit dem Einsatz für das Leben des Herrn (3.) und dem Halten der Treue und des Treueides (7.) bereits auf die germanische Gefolgschaftsidee und ihren Ausbau im Lehnswesen. Wir sehen also, daß die weltliche Kriegerethik sowohl römischen wie germanischen Ursprungs von Bonizo bereits anerkannt und als kirchliche Forderung aufgenommen ist. Eine früher unbekannte positive Berufsethik des Kriegers hat hier zum erstenmal bewußte Gestalt angenommen; die Kirche hat nicht nur tatsächlich, sondern auch grundsätzlich ihren Frieden mit dem Kriegerberuf geschlossen. Weiterhin verfehlt Bonizo nicht, spezielle christliche Zwecke des Waffenkampfes aufzustellen. Hier erscheint das Gebot des Schutzes der Schwachen (6.), das wir insbesondere aus der liturgischen Ritterweihe kennen und in dem wir eine Übertragung der kirchlichen Königsaufgaben auf den Ritter erkannt haben[114]. Auch diese grundlegende Verschiebung

[112] Vgl. oben S. 29 f.

[113] Reg. II 34, MG. Ep. I 130: *Summa militiae laus inter alia bona merita haec est, oboedientiam sanctae rei publicae utilitatibus exhibere, quoque sibi utiliter imperatum fuerit, obtemperare.* Herr Prof. Caspar weist mich darauf hin, daß Gregor I. in diesem an die *milites* von Neapel gerichteten Brief die diesen geläufige militärische Sprache spreche. Dazu gehöre auch das sonst von Gregor gemiedene *sancta res publica*; es handele sich also durchaus um ein Römerwort und nicht um etwas spezifisch Geistliches oder Kirchliches.

[114] Vgl. oben S. 86.

kommt also in Bonizos Geboten zum Ausdruck. Sie stellen einen erstaunlich klaren Niederschlag einer tausendjährigen Entwicklung dar; das Kreuzzugszeitalter ging seiner Reife entgegen.

Nur eines scheint noch zu fehlen: die Idee des Heidenkrieges, die man gerade damals mit besonderer Prägnanz in einem solchen Kodex der Ritterethik glaubt erwarten zu können. Statt dessen fordert Bonizo den Kampf gegen Schismatiker und Ketzer (5.). Er betont gerade diesen Gedanken an anderer Stelle noch mehr. Die Bischöfe, so schreibt er, wenn sie auch nicht selbst in den Krieg mitziehen dürfen, sollen doch die Könige, Richter und Ritter ermahnen, die Schismatiker und Gebannten mit den Waffen zu verfolgen. „Denn wenn das nicht wäre, würde der Kriegerstand in der Christenschar überflüssig sein"[115]. Einseitiger kann man kaum sein - und das am Vorabend des Kreuzzugs! Aber was dem oberflächlichen Betrachter unverständlich erscheinen möchte, kann uns nicht mehr überraschen. Denn wir fanden die gleiche Denkweise nicht nur eben in Bonizos *Liber ad amicum*, sondern früher im Ansatze sogar bei Gregor VII. selbst. Auch hierin also zeigt Bonizo sich lediglich als ein extremer Gregorianer. Auf der Hand aber liegt der Gegensatz zu Urban II., der bald danach die christlichen Ritterscharen zum Sarazenenkampf in den Orient schickte[116]: die innere Bedeutung von Urbans Tat rückt auf diese Weise erst in die rechte Beleuchtung.

Vorerst jedoch bleiben wir bei dem Streit der Meinungen. Der große Aufschwung der gregorianischen Kriegstheorie fällt etwa in die Mitte der achtziger Jahre. Seit der gleichen Zeit läßt sich in der Lehre der Gegner, die zwar schon vorher die Diskussion eröffnet hatten, aber noch auf primitiverem Niveau geblieben waren, ein wesentlicher Fortschritt feststellen.

Von hoher Bedeutung muß eine Schrift gewesen sein, die der Gegenpapst *Wibert* selbst verfaßt hat (um 1085). Sie ist nicht erhalten, aber wir besitzen in den Schriften Anselms von Lucca und Widos von Ferrara eine Reihe von Hinweisen und wörtlichen Zitaten daraus, die eine gewisse Rekonstruktion des Werkes, soweit es an diese Stelle gehört, gestatten[117]. Wibert wollte darlegen, daß

---

[115] Bonizo de vita II 43 S. 56. Vgl. auch den kürzeren Hinweis auf die Anrufung von Waffenhilfe X 79 S. 336.

[116] Nach Fournier, MCh.LXXVI 290 ff., hätte auch sonst mehrfach ein Gegensatz zwischen Urban II. und Bonizo bestanden. Doch scheint mir seine Beweisführung anfechtbar; vgl. auch Perels, Bonizo S. XV Anm. 3.

[117] Vgl. Panzer, Wido S. 10 ff., 57 ff.

sein Gegner Gregor das Papsttum verwirkt habe, denn er habe sich befleckt mit Mord, Sakrileg und Meineid. Die Behauptung des Mordes stützte sich natürlich auf Gregors kriegerische Tätigkeit. Wie so viele andere schrieb Wibert die Schuld am Blutvergießen in Deutschland Gregor zu und erklärte, daß noch nie ein Christ soviel Kriege verursacht, soviel Menschen getötet habe[118]. Mit scharfem Blick verwies er einfach auf Gregors Charakter: von klein auf habe dieser sich dem Kriegswesen zugewandt und dementsprechend später den Frieden aus der Welt verbannt.

Insbesondere sollte Gregor schon frühzeitig viel Geld zusammengebracht und sich damit ein kriegerisches Gefolge geschaffen haben unter dem Vorwand, die römische Kirche zu verteidigen und zu befreien[119]. Es sei aber nicht Sache geistlicher Männer, den König zu verfolgen. „Christlich ist, zu lehren, nicht Krieg zu stiften, das Unrecht gleichmütig zu dulden, nicht es zu rächen. Nichts von jenem tat Christus, nichts irgendeiner der Heiligen[120].“ Hier findet sich also zum erstenmal der Ansatz einer Beweisführung gegen den Kirchenkrieg. An anderer Stelle führt Wibert das näher aus durch Anführung von Väterstellen. Hieronymus hatte gesagt, daß die Kirche gleich der Taube sich nicht gegen den Raub wehre. Papst Johann VIII. hatte erklärt, daß der Bischof nicht Krieg führen, sondern die Landesverteidigung der weltlichen Gewalt überlassen solle. Dann werden die uns bekannten, von Wibert irrig dem Hieronymus zugeschriebenen Worte des Petrus Damiani zitiert, daß der Christ nicht einmal für den Glauben, geschweige denn für vergänglichen Kirchenbesitz Krieg führen dürfe. Auch das Schwertverbot Christi an Petrus, der dem Malchus das Ohr abhieb, wird angeführt und ein Tadel des Papstes Innotenz’ I. gegen die Idumäer und Damascener, die den Priestern das Waffenführen gestatteten. Und dann kommt ein feierliches Wort des Ambrosius, der den Krieg von sich weist, die geistigen Waffen vor die körperlichen stellt und den Frieden als sein Ziel bezeichnet[121]. Hier geht allerdings der allgemeine Gedanke, daß die Kirche keine kriegerische Gewalt anwende, durcheinander mit dem speziellen und auch von der Gegenseite anerkannten Waffenverbot für Kleriker. Trotzdem ist es eine gewichtige Argumentierung, deren Eindruck man sich schwer entziehen konnte. Hat doch selbst Anselm von

118 Bei Wido, MG. Libelli I 541 Z. 14 f., 545 Z. 25 ff.; Panzer S. 59, 60.

119 Ebd. 554 Z. 7 ff.; Panzer S. 58.

120 Ebd. 541 Z. 15 ff.; Panzer S. 60.

121 Ebd. 554 Z. 22 ff.; Panzer S. 58 f.

Lucca in seiner Gegenschrift nur eine schwache Antwort darauf gewußt: er stellte eine Anzahl anderer Väterworte dagegen, die die Gegenmeinung vertraten, und schloß aus dem Widerspruch, Wibert könne die von ihm angeführten Autoritäten nicht richtig verstanden haben[122]. In Wahrheit war Wiberts Beweis um nichts schlechter als der Anselms und hatte eine mindestens ebenso gute, ja eigentlich viel bessere christliche Tradition für sich. Mit völliger Konsequenz hat Wibert auch in der Praxis erklärt, daß seine Waffe gegen die Feinde Christi die Synoden wären, während er die blutigen Methoden der Gegner verdammt[123].

Doch er ging noch wesentlich weiter. In durchaus treffender Weise zog er das Prozeßverbot heran, das Paulus den Korinthern gegenüber ausgesprochen hatte, und schloß daraus, daß man nicht einmal für das Recht kämpfen oder streiten dürfe[124]. Damit rührte er an die Grundlage der herrschenden Kriegsethik. Er kam bis zu den erstaunlichen Sätzen: „Was wird er (Gregor) im Gerichte sagen, wenn das Blut der vielen Erschlagenen wider ihn schreit: ‚Räche, Herr, unser Blut! Denn wir gaben unser Leben für unsere Herren, weil wir die *fides* nicht brechen wollten, die wir in Deinem Namen gelobten. *Ob dieser Krieg gerecht war oder ungerecht*, so haben wir doch deshalb gekämpft, weil wir Deine *fides* nicht verraten wollten‘[125]!“ Hier ist die Idee des *bellum iustum*, die seit Augustin unbestritten geherrscht hatte, mit klaren Worten beiseitegeschoben und durch etwas anderes ersetzt. Das Wort *fides* kann bekanntlich sowohl die Treue wie den religiösen Glauben bedeuten. Hier handelt es sich um die Treue des Gefolgsmanns gegen seinen Kriegsherrn; Wibert verdeutlicht das an anderer Stelle: „Bisher wurden die Krieger von Banden des Eides gehalten, duldeten kein Unrecht gegen ihre Herren ... und es schien gleich einem Sakrileg, wenn sie etwas gegen die Vasallenpflicht *(honor)* unternahmen. Jetzt aber werden (von Gregor) die Ritter gegen ihre Herren aufgebracht ...[126].“ An der zuerst zitierten Stelle aber ist die Treue des Kriegsmanns als *fides zu* Gott bezeichnet und verschmilzt mit dem Glauben. Wenn es irgendwo im Mittelalter Ansätze zu einem germanischen Christentum gegeben hat, dann ist es in diesen Sätzen zu fassen. Daß

---

122 Anselm, MG. Libelli I 525 Z. 14.

123 Wibert, ebd. 622, 625, 626.

124 Anselm, ebd. 522 Z. 39 und 525 Z. 22. Zu Anselms Erwiderung vgl. oben S. 225 f.

125 Bei Wido, MG. Libelli I 545 Z. 32 ff. (Panzer S. 59): *Bellum istud iustum fuerit vel iniustum, nos ea intentione pugnavimus, ne proditores tuae fidei videremur.*

126 Ebd. 539 Z. 38 ff.; Panzer S. 61.

das militärische Treue-Verhältnis, in die religiöse Sphäre erhoben, die alte Idee des gerechten Kriegsgrundes verdrängte, das mochte vielleicht dem Evangelium und der menschlichen Natur in der Tiefe ebenso gut oder ebenso schlecht entsprechen wie die traditionelle Lehre, war aber schlechterdings revolutionär und ein aussichtsloser Versuch, die Entwicklung von zwei Drittel Jahrtausenden zurückzudrehen. Wibert steht denn auch mit dieser Lehre völlig allein; alle anderen Theoretiker, Freunde oder Gegner Gregors, haben daran festgehalten, daß es auf die Gerechtigkeit ihrer Sache entscheidend ankäme.

Wiberts Schrift zeigt zwar, wie sich die gedankliche Arbeit auch auf kaiserlicher Seite vertiefte, kann aber nicht als Ausdruck typischer und durchschnittlicher Meinungen gelten. Viel eher geht das bei den zwei Büchern seines Anhängers *Wido von Ferrara* (1086). Dieser benutzt sowohl die Schrift Wiberts wie die Gegenschrift Anselms von Lucca und stellt mit ihrer Hilfe die Argumente für und gegen Gregor zusammen. Anselms Tiefsinn vereinfacht sich bei Wido zu der hausbackenen Lehre, daß heilige Männer den Gegnern nicht für sich selbst widerstehen dürften, wohl aber zum Schutze der Gerechtigkeit[127]. Im Unterschied zu Wibert akzeptiert Wido diesen Standpunkt, erklärt aber den vom Papst unterstützten Kampf des Gegenkönigs gegen Heinrich IV. für nicht gerecht, sondern verdammenswert[128]. Dazu kommen die unvermeidlichen persönlichen Vorwürfe gegen Gregors kriegerische Art, deren Richtigkeit von allen Römern bezeugt werden könne[129]. Wido bringt diese Dinge zwar zunächst in lobender Form vor als ein Argument zugunsten Gregors, der darin seine Fürsorge für das Gut des hl. Petrus bewiesen habe[130]. Doch ist dies wohl nur als Folie für die später darauf gegründeten Vorwürfe gemeint. Insbesondere greift er Gregor deswegen an, weil er auch Geld für solche Zwecke ausgegeben habe, sei es zur Schaffung einer persönlichen Gefolgschaft, sei es zur Unterstützung des deutschen Gegenkönigs; das sei ein Sakrileg, da das Kirchengeld den Armen gehöre[131]. In der grundsätzlichen Frage, ob für kirchliche Zwecke überhaupt Zwang und Waffengewalt angewandt werden sollen, stellt Wido die patristischen Argu-

[127] Wido, MG. Libelli I 547 Z. 10f. Vgl. dagegen Anselm ebd. 525 Z. 22 ff.

[128] Ebd. 556.

[129] Ebd. 554, unter Benutzung von Sätzen Wiberts.

[130] Ebd. 534.

[131] Ebd. 553, 555 f. Im wesentlichen dürfte auch dieses Argument schon von Wibert stammen, vgl. Panzer S. 61 f.

mente Anselms einerseits und Wiberts anderseits zusammen und stimmt zunächst beiden zu[132]. Schließlich entscheidet er sich gegen den Zwang, indem er Stellen aus Ambrosius und Gregor von Nazianz für den Vorrang der Freiwilligkeit anführt[133]. Er zeigt in der Ausführung seiner Gedanken wenig Tiefe und Eigenart, sachlich aber war seine Lehre solide und vernünftig und konnte in weitestem Kreise auf Zustimmung rechnen.

Etwas später als in Italien kamen auch in Deutschland die Verteidiger des Kaisers zur theoretischen Klarheit über ihre Grundsätze. Den Höhepunkt bildet hier unbestrittenermaßen der *Liber de unitate ecclesiae conservanda* eines unbekannten *Hersfelder Mönchs* (1090–93). Auch diese Schrift spart nicht mit persönlichen Vorwürfen gegen Gregor als den Urheber der Zwietracht[134]. Aber es finden sich in ihr auch weniger scharfe Worte, die den Papst, da er tot sei, schonen wollen[135]. Hauptanlaß der Schrift ist jedenfalls nicht mehr das persönliche Verhalten Gregors VII., sondern das Blutvergießen in Deutschland. Der Verfasser sucht nach einem Wege, um die Einheit der Kirche wiederzugewinnen. Voller Begeisterung begrüßt er den Gedanken, den Zwist nicht mehr mit den Schwertern, sondern mit Büchern auszufechten; denn dann werde sich die gerechte Sache alsbald zeigen und kein Blut mehr fließen[136]. Die gerechte Sache aber sei die Heinrichs IV., der sich dem Papste gegenüber in der Verteidigung befinde[137]. Gewiß sei auch der Gegenkönig Rudolf gleichermaßen der Meinung gewesen, einen gerechten Kampf zu führen, weil er sich gegen Heinrichs Königsrecht auf den päpstlichen Gehorsam berufen habe[138]. Gerade hiergegen richtet aber der Hersfelder Mönch die ganze Wucht seiner Argumente: das Recht des Königs zur Führung des Schwerts beruhe auf göttlicher Einsetzung; bei der Kirche aber, die in der Gemeinschaft der Gläubigen durch den Geist des Friedens und der Liebe bestehe, widerspreche es ihrem Wesen, ein anderes als das geistliche Schwert zu führen[139]. Der Widerstand gegen die Obrigkeit und damit gegen

132 Ebd. 541 f., 546 f., 554 f.

133 Ebd. 562 f.

134 MG. Libelli II 193, 212, 217; auch die bekannten Vorwürfe wegen Beraubung der Kirche durch Soldzahlungen finden sich hier wieder.

135 Ebd. 185.

136 Ebd. 234.

137 Ebd. 214.

138 Ebd. 222.

139 Ebd. 187, 213, 222, 224.

Gottes Ordnung sei Ketzerei[140]. Der Autor greift auf die Bergpredigt zurück, auf das *beati pacifici* und *diligite inimicos vestros,* und wendet sich mit Entrüstung gegen die Behauptung gregorianischer Bischöfe, daß diejenigen selig seien, die für die päpstliche Partei Kämpfe, Aufstände und Morde verübten[141]. „Sie sagen, es sei Sache des Glaubens und der Gläubigen in der Kirche, diejenigen zu töten und zu verfolgen, die mit dem gebannten König Heinrich verkehren oder ihm anhängen und davon nach den Bemühungen der päpstlichen Partei nicht abgehen[142].“ Wer sich aber dafür auf Worte der Kirchenväter berufe, verdrehe sie[143]. Die gregorianischen Bischöfe seien keine Kirchenhirten mehr, sondern Heerführer[144]; das wird an den Beispielen Hartwigs von Magdeburg, Burkards von Halberstadt und Gebhards von Salzburg näher belegt[145]. Diese Bischöfe seien Mörder des Leibes und der Seele und freuten sich am Blutvergießen[146]. Sie wollten mit dem Schwerte zwingen zu einer Partei-Verschwörung. Das aber sei schlimmer, als durch Schläge Glauben zu fordern, was Gregor I. abgelehnt habe[147]. Jeden Glaubenszwang also lehnt der Autor ab und kommt besonders auf sein Friedensthema zurück. Nur als Petrus noch nicht wußte, was Gottes ist, habe er das Schwert getragen; auf Christi Weisung hin habe er es einstecken müssen[148].

Man hat gemeint, für solche Lehren sei die Zeit noch nicht reif gewesen[149]. Aber unterschieden sie sich im Kern von denen Widos von Ferrara? Beide kamen darauf hinaus, daß sie die Lehre vom gerechten Verteidigungskriege vollkommen anerkannten, daß sie es aber ablehnten, daß die Kirche um des Glaubens willen Zwang ausübe, selbst das Schwert führe oder zum Angriff gegen den Staat übergehe. Es ist nichts in ihren Worten, was nicht in der kirchlichen Tradition verwurzelt gewesen wäre. Wenn sie mit Augustin nur teilweise übereinstimmten, so konnte sich dafür der Hersfelder Mönch in weitem Maße auf

140 Ebd. 237.

141 Ebd. 219 f.

142 Ebd. 222.

143 Ebd. 223.

144 Ebd. 234.

145 Ebd. 249, 251, 253, 262 über Hartwig, S. 257 über Burkard, S. 258 über Gebhard.

146 Ebd. 213, 253.

147 Ebd. 222.

148 Ebd. 224.

149 Hauck, Kirchengeschichte III 856.

Cyprian berufen. Und hatten nicht Fulbert von Chartres und Petrus Damiani das gleiche gelehrt[150]? Gewiß, die Gedanken waren selbständiger und klarer, die Gegensätze bewußter geworden. Aber um eine Neuerung handelte es sich bei diesen Autoren nicht; eher schon auf der Gegenseite, wo man die Lehre vom Glaubenszwang gegen den Staat zu wenden begann und dementsprechend zur Ausführung nicht mehr das Königtum selbst, sondern die nachfolgenden Stände, insonderheit die Ritter aufrief.

Alle bisher besprochenen Schriften liegen zeitlich noch vor dem ersten Kreuzzug. Nur zur sachlichen Abrundung des Bildes und zur möglichst vielseitigen Aufzeigung der gedanklichen Möglichkeiten der Zeit sei noch ein Werk angefügt, das einige Jahre später geschrieben ist, die Schrift des *Sigebert von Gembloux* gegen Papst Paschal II. (1103). Der Papst hatte den Grafen Robert von Flandern, der im Kampfe gegen die kaiserlichen Anhänger des schismatischen Bischofs von Cambrai stand, brieflich wegen dieses gerechten Kampfes als eines Gott wohlgefälligen Opfers belobt und zur beständigen Verfolgung der Exkommunizierten und Anhänger Heinrichs IV. ermahnt, insbesondere zum Vorgehen gegen die gebannten Pseudokleriker in Lüttich, und zwar zur Vergebung seiner Sünden, damit er durch solche Mühen und Triumphe ins himmlische Jerusalem gelangen könne[151]. Sigebert antwortet darauf im Namen der Lütticher Kirche und schreibt eigens über die Frage des kirchlichen Krieges, d. h. ob die Kirche sich der Waffengewalt gegen ihre Gegner bedienen solle. Er ist entsetzt, daß der Papst das Schwert des Todes führen wolle, daß der Friedensprediger in die Kirche Krieg bringe[152]. Er beruft sich auf Gregor I. und andere, um zu beweisen, daß der Papst nicht das Kriegsschwert gegen Exkommunizierte und Sünder führen dürfe[153]. Gegen Heinrich dürfte man, selbst wenn er Ketzer wäre, nicht mit Waffen kämpfen, sondern nur mit dem Gebet, und selbst wenn der Lütticher Kirchenbesitz verwüstet werden müßte, so dürfte das nur durch ein königliches oder kaiserliches Edikt geschehen; Paschal aber schicke dazu Robert von Flandern als seinen Waffenträger[154]. Auffallenderweise erklärt Sigebert, daß zur Verteidigung einer Stadt oder Kirche gegen Angriffe der Barbaren oder Got-

150 Vgl. oben S. 79 f. und 136 f.

151 MG. Libelli II 451 f.; JL. 5889 (zu 1102; tatsächlich wohl 1103).

152 Ebd. 452–454, 460 f.

153 Ebd. 455, 461.

154 Ebd. 460, 461.

tesfeinde (also der Heiden) die Kanones auch den Klerikern die Waffen gestatteten[155]; eine falsche Behauptung, für die er natürlich keine Belege hat. Niemals aber, so fährt er fort, wäre der Kampf gegen eine Kirche gestattet. Der päpstliche Krieg *(apostolicum bellum)*, um den es sich hier handele, sei verbunden mit Beraubung der Armen, mit den Tränen von Witwen und Waisen, mit der Bedrückung von Kirchen; er könne also nicht ein Gott angenehmes Opfer sein[156]. Die Schale seiner Entrüstung gießt Sigebert zum Schluß darüber aus, daß der Papst diesen Krieg dem Grafen und seinen Rittern zur Vergebung ihrer Sünden und zur Erlangung des Himmelreichs befahl. Er faßt das auf als noch mehr als einen Ablaß, nämlich als eine Lossprechung von den Sünden ohne Beichte und Buße, als einen Mißbrauch der Lösegewalt, für den es in der Vergangenheit kein Beispiel gebe. Nur Gregor VII. habe diese kanonische Neuerung eingeführt, indem er der Markgräfin Mathilde zur Vergebung ihrer Sünden den Kampf gegen Heinrich befahl[157]. Ob das mit Recht geschehen sei, bezweifelt Sigebert, und er apostrophiert die römische Kirche: „Welch ein Fenster der Bosheit hast du dadurch den Menschen geöffnet[158]!"

Im einzelnen finden wir also in den Lehren der kaiserlichen Theoretiker manche Abstufung, ebenso wie bei den päpstlichen. Grundlegend aber bleibt die eine Feststellung, die merkwürdigerweise in der bisherigen Forschung unterblieben ist: Soweit sich die Publizisten mit dem prinzipiellen Problem des Krieges beschäftigen – und das ist in erheblichem Maße der Fall –, sind alle Gregorianer *für einen Krieg der Kirche*, für die Anwendung von Waffengewalt um der Religion willen, während alle Kaiserlichen *dagegen* sind. Diese Beobachtung bestätigt sich auch in denjenigen Schriften, die auf das Kriegsthema nur nebenher eingehen. In den Streitbriefen Walrams von Naumburg und Herrands von Halberstadt (1094–95) bricht der kaiserlich gesinnte Walram in den Vorwurf aus: wer zu Blutvergießen auffordert, ist ein *vir sanguinum* und hat teil am Teufel[159]. Sein gregorianischer Gegner aber erklärt: wir hassen aus Frömmigkeit die

155 Ebd. 454.

156 Ebd. 463.

157 Einen solchen Gregorbrief besitzen wir nicht, aber er mag sehr wohl existiert haben. Die Worte *in peccatorum remissionem iniungimus* waren in Wahrheit in Papstbriefen nicht selten und hatten durchaus nicht den präzisen Sinn, den Sigebert ihnen beilegt, vgl. Paulus, Ablaß I 120 ff.

158 MG. Libelli II 464.

159 MG. Libelli II 286.

Feinde Gottes und der Kirche und können mit ihnen keinen Frieden haben, wie auch Christus nicht den Frieden, sondern das Schwert gebracht hat, um den Frieden des Teufels zu vernichten[160]. Auch die Anklageschrift, die der Kardinal Beno und seine Genossen gegen Gregor und seine Nachfolger richteten, lehnt den Kirchenkrieg ab, indem sie die Geschichte von der thebäischen Legion als Beispiel dagegen verwendet[161]. Eine scheinbare Ausnahme bildet nur Benzo von Alba. Er tritt leidenschaftlich für Heinrich IV. ein, schildert aber die römischen Kämpfe im Schisma des Cadalus auch auf der eigenen Seite als einen gottwohlgefälligen heiligen Krieg gegen die Diener des Teufels[162]. Es ist jedoch zu bedenken, daß Benzo diesen Teil seiner Schrift schon in den sechziger Jahren des 11. Jahrhunderts geschrieben hat, also vor dem Ausbruch des Streites um Gregor VII. Er bietet also nur einen neuen Beleg dafür, daß die Scheidung der Geister auch bezüglich des Kriegsproblems erst durch das Auftreten Gregors herbeigeführt worden ist. Beide Geistesrichtungen, sowohl für wie gegen den kirchlichen Krieg, waren in den Möglichkeiten der Zeit und der kirchlichen Tradition gegeben; Gregor aber bewirkte erst das scharfe Auseinanderfallen und damit zugleich die allgemeine Klärung über die gedanklichen Grundlagen.

Dazu tritt eine zweite Beobachtung allgemeinerer Art: der heilige Krieg, um den man sich damals stritt, sollte durchweg ein Krieg gegen Christen sein zur Reinigung der Kirche im Innern. Vom Kampf gegen die Heiden ist höchstens ganz nebenher einmal die Rede, sei es als Beispiel, sei es als Gegensatz[163]. Der eigentliche Kirchenkrieg sollte sich richten gegen Ketzer und Schismatiker, Gebannte und innerkirchliche Rebellen. Es ist nicht wahr, daß die Idee des Ketzerkreuzzugs, wie man so oft gemeint hat, erst eine Entartung des palästinensischen Kreuzzugs bedeute. Im Gegenteil, sie war schon vorher da. So wie einstmals in der Spätantike die Kirche den bewaffneten Angriff auf Ketzer schon früher vertreten hat als den auf Heiden[164], so geschah es im 11. Jahrhundert noch einmal. Damit erklärt sich zugleich die Opposition, die sich gegen den so verstandenen heiligen Krieg wandte und in der Geschichte des

---

160 Ebd. 289.

161 Ebd. 382 f.; dazu S. 405 ein Aufruf an den *miles Christi* zum Kampf mit *dem gladius verbi Dei* (also nur mit geistigen Waffen) gegen die Verfolger des Glaubens.

162 Vgl oben S. 125 mit Anm. 46.

163 Vgl. oben S. 216 f. und 240 f. über Manegold und Sigebert.

164 Oben S. 22 und 23.

Kreuzzugsgedankens, der sich bis dahin seit hundert Jahren gradlinig entwickelt hatte, eine Krise bezeichnet. Die Idee eines päpstlichen Ketzerkreuzzugs gegen christliche Fürsten konnte im 11. Jahrhundert weder die Massen der Ritter fortreißen noch fand sie die Unterstützung des Gesamtklerus. Sie blieb ein Zankapfel zwischen den Parteien und bedurfte einer vollkommenen Wendung, um zur historisch bewegenden Kraft zu werden.

Um die Möglichkeiten der Lösung klarer zu sehen, ziehen wir noch einen Zeugen zu Rate, den Bischof *Ivo von Chartres* mit seinen zwei Kanonessammlungen, die von der Forschung um 1094, also kurz vor dem ersten Kreuzzug angesetzt werden[165]. Im eigentlichen Investiturstreit hat Ivo eine vermittelnde Richtung vertreten, die die schließliche Lösung vorbereitete[166]. Dem entspricht auch seine Haltung gegenüber dem Kriegsproblem: wir können ihn auf keiner der streitenden Parteien unterbringen. Er vereinigt vielmehr widerstrebende Tendenzen verschiedener Epochen. Aus der Sammlung Burchards von Worms, die in Ivos „Decretum" fast vollständig übergegangen ist, hat er sogar den antiquierten Satz herübergenommen, daß die Tötung eines Feindes auch im gerechten Kriege gebüßt werden müsse[167]. Aber daneben hat er eine Reihe von augustinischen Texten über die Rechtmäßigkeit des Kriegerhandwerks[168]. So bringt er den Satz, daß die Desertion im Kriege mit dem Kirchenbanne belegt sei, indem er dem diesbezüglichen Kanon von Arles durch eine energische Textänderung nachhilft[169]. Außerdem beschäftigt er sich eingehend mit dem Thema des gerechten Krieges[170]. Auf die Streitfragen seiner Zeit geht er ein mit einigen Texten über den Krieg um der Kirche willen und die gewaltsame Verfolgung der Schismati-

---

165 Vgl. Fournier-Le Bras, Collections II 55–114; Görris, Denkheelden S. 19–24. Ich beschränke mich hier auf das Decretum und die Panormia (beide bei Migne 161) und lasse die ungedruckte Collectio Tripartita, deren Zusammenhang mit Ivo nicht so gesichert ist, beiseite.

166 Hauck, Kirchengeschichte III 914 f.; Fournier-Le Bras II 111 f.

167 Decr. X 152 (nicht in der Panormia). Dazu die Äußerungen gegen den Krieg in Ivos ep. 20 u. 44, Migne 162, 33 u. 53 f.

168 Decr. X 1 (Pan. VIII 1), X 98 (VIII 35), X 110 (VIII 44), X 125 (VIII 60).

169 Decr. X 122 (nicht in der Pan.): *qui arma proiciunt in praelio* (Urtext: *in pace*). Vgl. oben S. 19 Anm. 4 und Görris, Denkbeelden S. 21 Anm. 7.

170 Decr. X 93 (Pan. VIII 37), X 105 (Pan. –), X 107 (Pan. VIII 42), X 109 (VIII 43), X 116 (VIII 54).

ker[171]. Hierbei und an manchen anderen Stellen berührt er sich mit Anselm von Lucca, also mit den Lehren der gregorianischen Partei[172]; bringt er doch auch die Dekretale Urbans II. über die Tötung der Gebannten[173]. Daneben zeigt sich aber bei ihm ein andersartiges Element. Er betont nicht nur, daß die Verteidigung des Vaterlandes ein gerechter Kriegsgrund sei[174], sondern beschäftigt sich auch ausdrücklich mit dem Heidenkrieg. Er bringt eine Dekretale Alexanders II., die den Kampf gegen die Sarazenen billigt, da sie die Christen verfolgen[175], und eine andere Leos IV., in der der Papst von eigenen Kriegsmaßnahmen gegen die Sarazenen spricht[176]. Aus einem weiteren Brief desselben Papstes zieht er den Schluß, daß alle diejenigen das Himmelreich erlangen würden, die im Kampf für die Verteidigung des Christentums gegen die heidnischen Feinde des Glaubens ihr Leben lassen[177].

Mit diesen Sätzen wies Ivo in die Zukunft, und zwar in eine unmittelbar vor der Tür stehende Zukunft. Der durch Gregor VII. entstandene Streit hatte den Gedanken des Heidenkrieges nur vorübergehend in den Hintergrund gedrängt. Gregors Versuch, die siegreich vordringende Kreuzzugsidee unmittelbar in den Dienst des Papsttums zu stellen, schlug fehl. Es liegt dabei ähnlich wie bei einem Teil seiner anderen Versuche, die Gewalt des Papsttums auszudehnen: er war in Positionen vorgestoßen, die bald seinen eigenen Anhängern als unhaltbar erschienen und deshalb schließlich von ihnen aufgegeben wurden[178]. Ebenso erwies sich in der Ritterbewegung der Drang nach außen als der stärkere und wurde durch die gregorianische Propaganda der *militia s. Petri* nur aufgehalten, nicht beseitigt.

---

171 Decr. X 59 (Pan. –, vgl. Anselm v. Lucca XIII 14), X 90 (Pan. –, vgl. Anselm XIII 6), X 95 (Pan. VIII 36, vgl. Anselm XII 44), X 99 (Pan. –, vgl. Anselm XII 53).

172 Fournier-Le Bras, Collections 11 69 ff. nennen Anselm nicht unter den Quellen Ivos; ich lasse das dahingestellt.

173 Decr. X 54 (Pan. VIII 11), vgl. oben S. 220.

174 Decr. X 97 (Pan. VIII 34), vgl. X 93 (Pan. VIII 37).

175 Decr. 54 (Pan. VIII 11), vgl. oben S. 220.

176 Decr. X 83 (Pan. VIII 27). Doch betont Ivo, daß Kleriker auch gegen Heiden nicht selbst die Waffen führen dürfen, Decr. X 34, X 45.

177 Decr. X 87 (Pan. VIII 30).

178 Vgl. Caspar, HZ. 130, 19 f., 27.

Neuntes Kapitel: Fortbildung des populären Kreuzzugsgedankens

Neben der hierarchischen Kreuzzugsidee Gregors VII., die keine gesammelte Aktion, sondern nur allgemeinen Zwist erzeugte, führte der populäre Kreuzzug sein Eigenleben weiter[1].

Die äußeren Bedingungen für die Kreuzzugsbewegung waren in der zweiten Hälfte des 11. Jahrhunderts in hohem Maße gegeben. Das zeigt sich am besten an einer Parallelerscheinung, die damals in wachsendem Maße hervortrat: dem freien *Söldnertum*[2]. Während Byzanz seit dem Altertum ein entwickeltes Söldnerwesen gehabt hatte, war es im Abendland bis zur Mitte des 11. Jahrhunderts noch verhältnismäßig selten gewesen, daß Ritter oder Volkskrieger außerhalb des regulären Lehnsverbandes fremden Herren ihre Dienste gegen Sold zur Verfügung stellten. Dann aber wird das eine häufige Erscheinung: ein Zeichen für den vorhandenen Kräfteüberschuß. Die Zusammengehörigkeit und Polarität zwischen Söldner- und Kreuzfahrertum liegt auf der Hand. Auf der einen Seite der klingende Lohn, auf der andern der Appell der Kirche und die Aussicht auf himmlische Vergeltung. Man darf deshalb nicht bei allen denjenigen Unternehmungen, die über das heimische Lehnskriegertum hinausgriffen, einen

1 Die Unterscheidung zwischen hierarchischem und populärem Kreuzzug beruht auf Ranke, Weltgesch. VIII 71. Sie wurde aufgenommen von Volk, Kreuzzugsidee, der auch einige brauchbare Hinweise gibt.

2 Das Folgende nach Schmitthenner, Söldnertum, dessen Aufstellungen allerdings, da nicht auf eigener Quellenforschung beruhend, im einzelnen der Korrektur bedürfen. An wichtigen Quellenzeugnissen läßt sich hinzufügen: das Wort *soldarius* bei Hugo von Flavigny MG. SS. VIII 342 und in einem Brief aus Lobbes SS. XXI 313; die Deutschen (νέμιτζοι) unter den byzantinischen Söldnern in einer Urkunde des Alexios von 1088 (Dölger, Reg. 1150, vgl. Neumann, Byz. Ztschr. III 374); das Projekt Benzos von Alba, das Lehnssystem mit Hilfe einer Reichssteuer durch ein Söldnerheer zu ersetzen, vgl. Lehmgrübner, Benzo S. 122–125.

söldnerischen Charakter vermuten[3]. Vielmehr erhält jene Zeit gerade durch das Vorhandensein des Kreuzfahrertums neben dem Söldnertum ihr Gepräge. Der Kreuzfahrer ist ein Freiwilliger, und wenn man einen solchen heerestechnisch vielleicht dem Söldner gleichzustellen hat, so muß man ihn doch für die Erkenntnis der historisch bewegenden Kräfte von jenem unterscheiden. Auf der andern Seite wäre es historisch und psychologisch falsch, in Söldnertum und kreuzfahrendem Rittertum nur ein Entweder-Oder zu erblicken. Schon damals kam es vielmehr vor, daß Truppen gleichzeitig mit Geld und mit idealen Gütern geworben wurden. Die Deutschen, mit denen Leo IX. seinen Normannenkreuzzug führte, waren nicht nur wegen der Ablässe, sondern zum Teil um des Gelderwerbs willen zu den Fahnen geströmt[4]. In den römischen Schismakämpfen der sechziger Jahre, die in hohem Maße als heilige Kriege geführt wurden, spielte die Geldverteilung keine geringere Rolle, und zwar auf beiden Seiten[5]. Bei dem Plane eines Jerusalem-Kreuzzuges, den Benzo von Alba damals für Heinrich IV. aufstellte – wir werden davon noch hören –, sollten die erforderlichen Truppen mit byzantinischem Gelde geworben werden[6]. Von Gregor VII. haben wir schon gesehen, daß seine Truppenwerbungen gleichermaßen auf der Soldzahlung wie auf dem Kreuzzugsgedanken beruhten. Schließlich ist nicht zu übersehen, daß auch beim ersten Kreuzzug, dessen Truppen gewiß nicht als Söldner gelten können, die Entlohnung mit irdischen Reichtümern nicht ganz gefehlt hat, teils in Gestalt der großen Geschenke des griechischen Kaisers an die Kreuzzugsführer, teils in unmittelbaren Soldversprechen innerhalb des Heeres[7]. Der Kreuzzugsgedanke hat also den natürlichen menschlichen Eigennutz nicht beseitigt[8], aber

---

3 So Schmitthenner, Söldnertum S. 44 (Sardinien-Krieg Benedikts VIII.), S. 51 (angebliches Söldnerbündnis desselben mit den Normannen), S. 55 („späterhin brauchte Rom oft die söldnerische normannische Unterstützung", insbesondere Wilhelm von Montreuil), S. 56 (Orientplan Gregors VII.), S.25 (Beatrix und Mathilde von Tuscien), S.20 (Gregors Aufforderung an den Bischof von Trient), S. 68 (Schlacht bei Pleichfeld). In allen diesen Fällen wissen wir nichts von einem Soldverhältnis.

4 Hermann v. Reichenau a. 1053, MG. SS. V 132, vgl. oben S. 118 f.

5 Vgl. oben S. 125 und 144; Schmitthenner S. 52 ff.

6 Benzo II c. 12, MG. SS. XI 617, vgl. Erdmann, Zeitschr. f. K.G. LI 403 ff. und unten S. 270.

7 Vgl. Röhricht, Erst. Kreuzzug S. 65, 69, 81 Anm. 3, 88, 157 f., 164.

8 Doch war auch der Gedanke, daß das wahre Gottesstreitertum durch die Annahme irdischen Lohnes entwertet würde, nicht unbekannt; siehe die sog. Descriptio bei Rauschen, Legende S. 110.

eine solche Vermischung hebt das Wesen der christlichen Ritter- und Kreuzzugsidee nicht auf und ändert nichts an ihrer selbständigen Entwicklung.

Wir hatten diese bis etwa zur Mitte des 11. Jahrhunderts verfolgt und viele einzelne Anzeichen gefunden, aber noch kein System und keine konsequente Durchführung. Das ist im Grunde auch in der zweiten Hälfte des Jahrhunderts noch nicht anders gewesen. Wenn wir in der Streitschriftenliteratur bei aller Meinungsverschiedenheit doch eine fortschreitende Klärung der theoretischen Vorstellungen und eine gewisse Gemeinsamkeit der gedanklichen Grundlage beobachten konnten, so finden wir bei anderen Schriftstellern, die die Kriegsfrage nur beiläufig berühren und ihr naiver gegenüberstehen, eine weitgehende Verwirrung. Auf der einen Seite hat beispielsweise kein Geringerer als Anselm von Canterbury sich noch im Sinne einer grundsätzlichen Ablehnung des Krieges schlechthin als unsittlich geäußert[9]. Auf der andern Seite kam es noch vor, daß sogar Bischöfe wegen ihrer Kriegstaten gegen den Reichsfeind kirchlich gepriesen wurden[10], obgleich die Kirchendoktrin selbstverständlich die persönliche Heranziehung der Bischöfe und Äbte zum Reichskriegsdienst verwarf[11]. Das kirchliche Ritterideal war selbst in seinem Grundgedanken, der Weihe des Schwertes für kirchliche Zwecke, noch keineswegs Gemeingut aller denkenden Menschen geworden, und der Gegensatz zwischen weltlicher und geistlicher *militia,* dessen innere Überwindung wir vor allem bei den Päpsten und den Theoretikern aufzeigen konnten, bestand an anderen Stellen in alter Schärfe fort[12]. Die Frage, worin die Frömmigkeit eines Ritters bestehen sollte, ob in guten Werken außerhalb des Kriegerberufs oder in kriegerischer Tätigkeit für die Kirche, wurde nach wie vor verschieden beantwortet[13]. Dabei blieb der Gedanke des ritterlichen Kirchendienstes keineswegs auf den unmittelbaren Umkreis der päpstlichen Wirksamkeit beschränkt. Um das Kloster La Sauve bei Bordeaux

[9] Anselm ep. II 19, Migne 158, 1168: *iniquitas est cruenta bellorum confusio* usw. Vgl. ferner Anselms Bescheid an Diego von Compostela ep. IV 19, Migne 159, 212.

[10] Besonders interessant ist die naive Vermischung ganz heterogener Gedankengänge bei Rupert v. Deutz, Chron. s. Laurentii c. 29, MG. SS. VIII 272. Vgl. auch Laurentius von Lüttich, SS. X 494–495.

[11] Schwäb. Annalist a. 1077, MG. SS. V 301. Das alte Verbot des Waffendienstes für Kleriker wurde erneuert auf der Synode von Tours 1060, Migne 142, 1412 can. 7.

[12] Außer dem angeführten Anselmbrief vgl. etwa Sigebert, Vita Wicberti c. 2 u. 3, MG. SS. VIII 509 und oben S. 187.

[13] Eine eigenartige Vermischung beider Gesichtspunkte zeigt die 1058 aufgezeichnete Vie de Bouchard S. 5, 6, 9, 26.

bildete sich unter dem Abt Gerhard (1079–95) eine Gemeinschaft von zehn Dynasten, die ihre Schwerter in der Klosterkirche weihen ließen und sich eidlich verpflichteten, Gewalttaten gegen die Mönche zu rächen, das Klostergut zu verteidigen und die ankommenden Pilger zu schützen[14]. Diese Vereinigung erinnert nicht nur an die gregorianische *militia s. Petri,* sondern auch schon an die Anfänge des Templerordens und stellt ein Bindeglied zwischen älteren Gottesfriedenseinungen und späterem Ordensrittertum dar. Freilich waren das einstweilen vereinzelte Erscheinungen, da die Tendenzen noch mannigfaltig durcheinandergingen, und wir müssen deshalb auf die Zeichnung eines Gesamtbildes hier ebenso verzichten wie früher. Notwendig ist jedoch die Herausarbeitung einiger Einzelzüge, die für die Zukunftsentwicklung Bedeutung hatten.

Für die Ausprägung des religiösen Kriegsgedankens spielten als Vorbilder zunächst alttestamentliche Gestalten eine Rolle, so Josua, Gideon, David und Judas Makkabäus; bekanntlich ist in der ganzen christlichen Geschichte das Alte Testament gerade nach dieser Richtung hin von starker Wirkung gewesen. Noch wichtiger wurden aber für das Hochmittelalter die *Heiligen*, denen man ein spezielles Kriegs- und Ritterpatronat zuzuschreiben begann. Darin kam am deutlichsten die kirchliche Heiligung des Waffenhandwerks zum Ausdruck. Wir haben früher festgestellt, daß das Abendland im älteren Mittelalter ein solches Ritterpatronat nicht kannte[15]. Erst später lassen sich Ansätze in dieser Richtung auffinden, und zwar zunächst bei solchen Heiligen, die im Leben Soldaten gewesen waren wie Mauritius und Sebastian. Schon im Kölner Pontificale (wohl Anfang des 11. Jahrhunderts) wird bei der Ritterweihe auf die Verdienste der heiligen Märtyrer und Soldaten Mauritius, Sebastian und Georg angespielt[16]. Dann läßt Benzo von Alba bei den römischen Schismakämpfen (1062–63) den heiligen Mauritius erscheinen und für die Sache des Cadalus mitkämpfen[17]. In anderer Weise vergleicht Bernold den Grafen Friedrich von Mömpelgard mit dem heiligen Sebastian und biegt dabei die ältere Vorstellung von diesem stark um: in den Sebastiansakten erschien das Christentum des Heiligen durchaus im Gegensatz zu seinem Soldatentum, Bernold aber lobt den Grafen Friedrich, weil

---

14 Cirot de la Ville I 297 ff., 497 f.

15 Oben S. 26 f., vgl. S. 90.

16 Vgl. Exkurs I Nr. 6 (Franz, Benediktionen II 297).

17 Benzo II c. 18, MG. SS. XI 620f., vgl. oben S. 125. Außer Mauritius sollen noch die Apostel und Carpophorus erschienen sein.

er gerade durch sein Kriegertum ein tapferer Streiter Christi und Vorkämpfer der Kirche gewesen sei[18]. Ein anderes Moment, das in der gleichen Richtung wirksam werden konnte, lag in der Ausbildung der Länderpatronate. Als Patron Frankreichs galt schon im 11. Jahrhundert der heilige Dionys[19]; er ist zwar nie zum Ritterheiligen geworden, hat aber besonders durch die Rolle, die die Dionysius-Fahne in den französischen Kriegen spielte, mit der Zeit doch die Rolle des Kriegsbeschützers erhalten[20]. Für Deutschland kann man damit im 11. Jahrhundert in gewisser Weise den heiligen Mauritius und die Mauritiuslanze vergleichen[21], für Ungarn vorübergehend die heiligen Martin und Georg[22]. Besonders wichtig wurde der heilige Jakobus, „Santiago", als Beschützer Spaniens, bekanntlich später auch Patron des größten spanischen Ritterordens. Der Glaube an das kriegerische Wirken Santiagos fand seinen Ausdruck vor allem in der Legende von der Maurenschlacht zu Clavijo, in der der Heilige beritten mit strahlender weißer Fahne erschienen sein und die Christen zum Siege geführt haben sollte[23]. Allerdings finden wir diese Rolle Santiagos als kriegerischen Ritterpatrons fest ausgebildet erst im 12. Jahrhundert; es ist noch nicht klargelegt, ob sie in die Zeit vor dem ersten Kreuzzug zurückreicht[24].

---

18 Bernold a. 1902, MG. SS. V 454; vgl. oben S. 26.

19 Nach Lot, Romania LIII 340, ginge diese Vorstellung schon ins 9. Jahrhundert zurück. Aber für die ältere Zeit können wir nur sagen, daß Dionysius zu den großen gallischen Heiligen gehörte. Lots unmittelbare Belege sind sogar erst aus dem 12. Jahrhundert, weisen freilich auf eine schon länger bestehende Gewohnheit. Aus dem 11. Jahrhundert sind die beiden Regensburger Translationsberichte zu nennen, der ältere (von 1049) in MG. SS. XXX. II 823 ff., der jüngere, (vor 1064, vgl. Rietschel, NA. XXIX 641 ff.) in SS. XI 351 ff.

20 Vgl. Erdmann, Sitzungsber. Berlin 1932 S. 892 ff.

21 Vgl. Hofmeister, Hl. Lanze, und Erdmann, MÖIG. XLVI 135 f. Anm. 1. In Regensburger Texten des 11. Jahrhunderts (Arnold von St. Emmeram, MG. SS. IV 551; Translationsberichte siehe oben Anm. 19) spielt der hl. Emmeram die Rolle eines kriegerischen Landespatrons.

22 Vita Stephani c. 6 u. 8, MG. SS. XI 232, 233; vgl. auch Meinhard von Bamberg, Erdmann, NA. XLIX 406.

23 Vgl. López Ferreiro, Historia II 73 ff., der noch die Echtheit der Clavijo-Urkunde verteidigt.

24 Die Geschichte des Kults des kriegerischen Jakobus in Spanien ist noch ein dankbares Feld der Forschung; die span. Kirchengeschichten (etwa de la Fuente III 130 ff., 230, 291 ff., 458 ff.) und auch das materialreiche, aber kritiklose Werk von López Ferreiro können nur als Ausgangspunkte angesehen werden.

Der Hauptweg, auf dem sich die Ritterpatronate der Kreuzzugszeit herausgebildet haben, ist jedenfalls ein anderer gewesen: die im östlichen Christentum herrschenden Vorstellungen sind auch für den Westen maßgebend geworden. Die griechische Kirche kannte ja schon seit langem siegbringende Kriegsheilige, so Demetrius, Theodor, Sergius und Georg[25]. Mindestens seit dem 10. Jahrhundert wurden im byzantinischen Heer die Soldatenheiligen verehrt und auf den Kriegsfahnen abgebildet[26]. Eine Reihe von Abbildungen dieser Heiligen, meist in Soldatentracht, besitzen wir noch heute; wir sehen darauf vor allem Georg, Theodor – den die Legende verdoppelt hatte und als Theodor den Heerführer und Theodor den Rekruten gesondert verehrte – und Demetrius, daneben auch Prokop, Merkurius, Eustratius und andere[27]. Es waren ausgesprochen byzantinische Heilige, die im Westen, wenn wir von Georg zunächst absehen, entweder unbekannt waren oder nur in Italien eine lokale Bedeutung hatten. Es ist darum wichtig, daß als abendländische Heerespatrone von einer gewissen Zeit an dieselben griechischen Heiligen auftreten[28]. Das läßt sich gut verfolgen an den sogenannten „Laudes", den liturgischen Heilrufen für die kirchlichen und weltlichen Herrscher, die meist auch einen besonderen Heiligenanruf für die Richter und das Heer oder für das Heer allein enthalten[29]. In den älteren lateinischen Laudestexten – wir besitzen sie seit dem achten Jahrhundert – finden sich dabei keine speziellen Kriegspatrone, sondern es werden für das Heer einfach solche Heilige genannt, deren Kult als populär gelten konnte[30]. Später

25 Vgl. oben S. 20.

26 Constantinus Porph. de cer. I 481 über die Fahnen der μάρτυρες στρατηλάται; Codinus de off. S. 47 f.

27 Delehaye, Saints milit. S. 3 ff. Dazu Neumann, Weltstellung S. 36 f.

28 Interessant ist, daß schon Bernard von Angers (zweites Jahrzehnt des 11. Jahrhunderts) als Beispiel für die Kriegstat eines Heiligen die Tötung des Julian Apostata durch den hl. Merkur nennt (Liber mirac. s. Fidis I c. 26 S. 68); doch ist dies offenbar Bücherweisheit aus Johannes Damascenus, vgl. Delehaye, Saints milit. S. 98 f.

29 Vgl. Prost, Caractère S. 167 ff.; Heldmann, Kaisertum S. 284 ff.; Leclercq, Dictionn. d'arch. VIII 1898 ff.; Schramm, Arch. f. Urkf. XI 313 f.

30 Genannt seien folgende Laudes-Texte, jeweils mit den für das Heer angerufenen Heiligen: 1. von 783–792 (Einhard ed. Holder-Egger, Appendix S. 47): Remigius (der Heilige von Reims). 2. von 796–800 (Liber Pontif. II 37): Hilarius, Martin, Mauritius, Dionys, Crispin und Crispinian, Gereon (die Heiligen von Poitiers, Tours, St. Maurice, St. Denis, Soissons, Köln). 3. von 824–827 (Höfler, Päpste I 286 rechte Spalte): Andreas (Apostel). 4. von 858–867 (Prost, Caractère S. 176): Hilarius, Martin, Mauritius, Dionys, Alban, Crispin und Crispinian, Gereon (vgl. Nr. 2; Alban wurde in

aber treten spezielle Soldatenheilige auf, und zwar die griechischen: in einem aus dem burgundischen Königreich stammenden Laudestext werden für die Richter und das Heer der Christen die Heiligen Georg, Theodor und Merkur angerufen[31], und die Laudes für die Kaiserkrönung bieten als Heilige für das Heer ebenfalls Theodor oder Merkur[32]. Daß die Übernahme der griechischen Heerespatrone im Westen[33] schon vor dem ersten Kreuzzug erfolgt sei, läßt sich hiernach bei der Schwierigkeit, diese Laudestexte zu datieren, zwar noch nicht sicher behaupten. Aber es ist wahrscheinlich. Denn gerade beim ersten Kreuzzug soll die himmlische Schlachtenhilfe der heiligen Georg, Theodor, Demetrius und Merkur eine große Rolle gespielt haben, und die zahlreichen lateinischen

Mainz verehrt). 5. von etwa 880 (Prost, S. 238): Hilarius, Martin, Mauritius, Dionys, Gereon (vgl. Nr. 2). 6. von 1000–1002 (Prost S.181): Silvester, Gregor, Leo, Ambrosius (Heilige von Rom und Mailand). 7. 11. Jahrhundert (Höfler I 287 linke Spalte): Johannes, Philippus, Dionys, Mauritius, Hilarius, Martin, Perpetuus, Paulinus (vgl. Nr. 2; Perpetuus wurde in Utrecht verehrt, mit Paulinus ist wohl der von Trier gemeint, dazu die Apostel Johannes und Philippus). In Nr. 1, 2, 4, 5 geschieht die Anrufung für Richter und Heer der Franken, in Nr. 3 nur für das Heer der Franken, in Nr. 6 und 7 für Richter und Heer der Christen.

31 Du Cange s. v. *Laus* (und Prost S. 179) nach einer Handschrift der Kirche von Arles. Die Benediktiner-Ausgabe des Du Cange bemerkt dazu, daß „similes litaniae" in einem Codex aus St. Martial zu Limoges ständen (jetzt in Paris, Bibliotèque Nationale, ms. latin 1240, fol. 65–65 v). Nach Prost S. 177 f. ist der Text von Limoges ungedruckt, wird aber auch von Martène zitiert und gehört in die Jahre 923–936; Prosts Schluß, daß der Text von Arles in etwa die gleiche Zeit gehöre, ist unberechtigt. Nach der Herkunft der Handschrift und den Heiligennamen (für den Bischof: Ferreolus, Antidius und Desideratus, alle drei von Besançon; für den König: Mauritius, Sigismund und Viktor, davon die zwei ersten allgemein burgundisch, der dritte von Marseille oder Solothurn) ist Entstehung im vereinigten burgundischen Königreich, also nach 933, wahrscheinlich; eine untere Grenze läßt sich aber danach kaum angeben, da die burgundische Königswürde ja auch nach der Vereinigung mit dem Reich bestehen blieb.

32 Ordo des Codex Gemundensis (saec. XII?), MG. LL. II 78 f. (auch in Vat. lat. 7114 saec. XIII–XIV, Eichmann, Quellensammlung I 60): *Exercitui Francorum, Romanorum et Teutonicorum vitam et victoriam … sancte Theodore.* (Eichmann setzt diesen Text ins 9. Jahrhundert, vgl. auch Zeitschr. Savst. R.G. Kan.Abt. II 11; doch dürfte er wesentlich jünger sein.) Die Laudes des Ordo Cencius II (Schramm, Arch. f. Urkf. XI 384) nennen alle angerufenen Heiligen in einer Reihe; da aber bei den Heilrufen das Heer an letzter Stelle steht und der letzte der angerufenen Heiligen gerade Merkur ist, besteht kein Zweifel, daß seine Nennung sich auf das Heer bezieht.

33 Deutlich erkennbar auch bei Ordericus Vitalis VI c. 2 (Bd. III 4), wo als heilige Rittervorbilder der alten Zeit neben den Abendländern Sebastian und Mauritius die Griechen Demetrius, Georg, Theodor und Eustachius genannt werden.

Berichterstatter nennen diese Namen mit einer solchen Selbstverständlichkeit, daß sie offenbar die Rolle der speziellen Kriegspatrone bei ihren abendländischen Lesern als bekannt vorausgesetzt haben[34].

Eine Sonderstellung unter den Kriegsheiligen nimmt *Georg* ein. Auch er war ein orientalischer, genauer palästinensischer Heiliger, genoß freilich schon seit dem Beginn des Mittelalters auch im Abendlande eine allgemeine Verehrung, aber nicht als Kriegspatron, sondern als Märtyrer für den Glauben, ja als der größte und wunderbarste unter den christlichen Bekennern, der dreimal nach tödlicher Marterung auferstanden sein und unglaubliche Wunder verrichtet haben sollte[35]. Daß er nach der Legende zuvor Soldat gewesen war, spielte für seinen Kult im Westen zunächst eine ebenso geringe Rolle wie bei Sebastian, Mauritius oder Martin[36]. Anders aber im griechischen Osten. Dort war der triumphierende Großmärtyrer der oberste der Soldatenheiligen und wurde schon im 7. Jahrhundert als Vorkämpfer des Reichs gefeiert[37]. Zur gleichen Zeit erzählte man in Konstantinopel auch schon eine Legende über den Schutz, den St. Georg einem Reiter im Kriege gewährt habe[38]. Im folgenden Jahrhundert wurden die kriegerischen Georgslegenden von den Griechen weiter ausgestaltet. Die berühmteste von ihnen, die Erzählung vom Drachenkampf, ist allerdings nicht vor dem 12. Jahrhundert nachzuweisen[39]. Aber es gibt andere griechische Georgswunder, die handschriftlich aus dem 11. Jahrhundert belegt und

---

34 Vgl. die Quellen bei Röhricht, Erst. Kreuzzug S. 93 Anm. 1, 127 Anm. 1, 143 f. Anm. 5, 149 Anm. 4. Verhältnismäßig selten werden auch Mauritius und Blasius genannt.

35 Siehe die Literatur bei Künstle, Heilige, S. 263 ff.

36 Es genüge der Hinweis auf das deutsche Georgslied des 9. Jahrhunderts, vgl. Ehrismann, Literaturgesch. I 212 ff. Auch der Georgssermon des Petrus Damiani (Migne 144, 567 ff.) feiert nur den Märtyrer und betont den Unterschied zwischen seinem vorherigen Soldatentum und der nachmaligen *christiana militia*, nämlich dem Martyrium.

37 Arkadios v. Cypern bei Krumbacher, Georg S. 79: τῆς βασιλείας ὁ πρόμαχος, vgl. S. 206 f.

38 Arculfus III c. 4 bei Tobler-Molinier S. 195 ff.

39 Aufhauser, Drachenwunder S. 237 ff. Dazu bei Johannes Monachus ed. Huber S. 124 ff. zwei weitere lateinische Übersetzungen des griechischen Drachenwunders in Handschriften saec. XII. Der Herausgeber vermutet S. XXXI, daß die Übersetzung auf Johannes Monachus zurückgeht. In diesem Falle würde sie bereits dem Ende des 11. Jahrhunderts angehören, vgl. Hofmeister, H. Vierteljahrschr. XXVII 225 ff. über den Übersetzer Johannes. Doch sehe ich zu der Gleichsetzung keinen Grund.

mutmaßlich im 9.–10. Jahrhundert entstanden sind. In ihnen wiederholt sich das Motiv der wunderbaren Hilfe, die der als Krieger und Reiter erscheinende Heilige insbesondere gegen die Heiden geleistet haben sollte, sei es durch Errettung von Gefangenen, sei es durch Verteidigung seines Bildes gegen heidnische Zerstörungslust[40]. Unter Konstantin Monomachos (1042–55) erscheint Georg besonders als Patron des Reichskriegs gegen die Heiden: eine byzantinische Fahne jener Zeit bildete den heiligen Georg ab und daneben den Kaiser, wie er beritten die Barbaren verfolgte[41], und eine Predigt, die damals von Johannes Euchaites auf den heiligen Georg gehalten wurde, bezog sich ausdrücklich auf den Sieg über die wilden Skythen, d. h. die Petschenegen[42].

Es ist allbekannt, daß „Ritter St. Georg" in der Kreuzzugszeit und noch lange nachher auch im Abendland eine ähnliche Rolle gespielt hat als himmlischer Kriegshelfer und Patron der christlichen Ritter. Das ist uns schon für den ersten Kreuzzug sicher belegt. Wir erwähnten bereits, daß er in Gemeinschaft mit Demetrius, Theodor und Merkur den Kreuzfahrern als Schlachtenhelfer erschienen sein soll. Er galt speziell als „Fahnenträger" des Kreuzfahrerheeres und soll sich als solcher in der Vision eines Kreuzzugsteilnehmers selbst bezeichnet haben[43]. Die besondere Verehrung, die das Kreuzheer ihm entgegenbrachte, kam zum Ausdruck in einer Bistumsgründung in Ramleh, wo der Heilige begraben liegen sollte[44]. Schwieriger ist die Frage zu beantworten, wieweit Georg schon vor dem ersten Kreuzzug bei den Lateinern diese Stellung als besonderer Kriegsheiliger gehabt hat. Kriegerische Georgsbilder haben wir im Westen aus jener Zeit noch ebensowenig wie Nachrichten über eine Georgsfahne oder Ähnliches[45]. Auch die Erzählungen über Erscheinungen des Reiterheiligen in abend-

---

40 Aufhauser S. 2 ff., 28.

41 Epigramm des Psellos, Migne, Patr. Graeca 122, 531.

42 Krumbacher, Georg, S. 213.

43 Raimund v. Aguilers c. 32, Recueil Occ. III 290. Vielleicht klingt hier die in Byzanz übliche Bezeichnung Georgs als τροπαιοφόρος an.

44 Röhricht, Erst. Kreuzzug S. 182.

45 Die ältere Vita Stephani (wohl Ende des 11. Jahrhunderts) läßt den Ungarnkönig einen Sieg erfechten *protegente gloriosissimae crucis signaculo, patrocinantibus Dei genetricis ac perpetuae virginis Mariae meritis, sub vexillo Deo dilecti pontificis Martini sanctique martyris Georii* (MG. SS. XI 232); doch ist das wohl bildlich gemeint, vgl. oben Anm. 22.

ländischen Schlachten des 11. Jahrhunderts gehören einer späteren Zeit an[46]. Die älteste steht bei Gaufried Malaterra: die Mitwirkung Georgs in der Sarazenenschlacht bei Cerami (1063)[47]; doch auch Gaufried schreibt erst nach dem ersten Kreuzzug, und die Entstehung dieses Motivs schon in älterer Zeit läßt sich nicht ohne weiteres behaupten. Doch gibt es eine Legende, deren frühere Entstehung sicher ist. Eine römische Legendensammlung weiß zu berichten, daß ein Küster von S. Giorgio in Velabro an der Küste bei Born von den Sarazenen gefangen und nach Palermo gebracht worden sei, aber der heilige Georg sei auf weißem Pferde erschienen und habe ihn zurückgebracht[48]. Da die Sarazenen zur Zeit des ersten Kreuzzugs keine Raubzüge nach der römischen Küste mehr unternehmen konnten, sondern schon ganz aus dem Tyrrhenischen Meer vertrieben waren (insbesondere Palermo verloren sie 1072), muß diese Erzählung in einer früheren Zeit entstanden sein. Georg erscheint in ihr zwar noch nicht als eigentlicher Ritterpatron und Schlachtenhelfer, aber doch schon nach Art der früheren byzantinischen Legenden als Reiter und Beschützer vor den Heiden. Seine nachmalige Rolle ist also mindestens im Ansatz schon vorgebildet, und der Vorgang der Übertragung des kriegerischen Georgsbildes von den Griechen zu den Lateinern hat begonnen.

Wir wissen nicht, auf welchem Wege sich diese Wanderung vollzogen hat; man könnte an die Normannen und andere Söldner denken, die im byzantinischen Heere dienten. Doch kommt darauf wenig an, wie denn überhaupt die Herkunft dieser Motive für uns nicht das Entscheidende ist. Wesentlich ist vielmehr, daß das Abendland für solche Vorstellungen reif geworden war und daß

---

46 Günter, Legendenstudien S. 109 f., verzeichnet als älteste Georgserscheinung die in der Slavenschlacht von 1004; doch steht dies erst in Adalberts Vita Heinrichs II. (c. 4, MG. SS. IV 793), die ins 12. Jahrhundert gehört. Viel später noch ist die Legende vom Erscheinen des hl. Georg in der Maurenschlacht von Alcoraz (1096, vgl. Boissonnade, Roland S. 37; Menéndez Pidal II 563); sie findet sich erst in der Chronica Pinnatensis (Historia de Aragon ed. Embun S. 59) des 14. Jahrhunderts, vgl. Zurita, Annales I 32. (Die Behauptung einer gleichzeitigen Erscheinung des hl. Victorian beruht auf vergröbernder Auslegung der Worte des Rodrigo von Toledo VI c. 1, [Schott], Hisp. Illustr. II 94.)

47 Gaufried Malaterra II c. 33 S. 44, vgl. oben S. 129.

48 Aufhauser, Drachenwunder S. 178 f.; Poncelet, Catal. hag. Rom. S. 59. Die älteste Handschrift, die diese Erzählung enthält (Rom, Lateran A 79), wird von beiden ins 11.–12. Jahrhundert gesetzt.

sie dort nunmehr Boden zu fassen vermochten; darin zeigt sich die fortschreitende populäre Wirkung der Idee des heiligen Krieges.

Die Anfänge der kriegerischen Heiligenkults sind noch unter einem anderen Aspekt von hoher Bedeutung: durch die Verknüpfung zwischen geistlicher Legende und *Ritterdichtung.* Eine ganze Reihe von sagenhaften Kriegergestalten der Vorzeit sind gleichzeitig als epische Helden und als kirchliche Heilige verehrt worden[49]. Mindestens seit dem Anfang des 12. Jahrhunderts sind die Heldenerzählungen selbst auch in die geistliche Literatur übergegangen und erscheinen dort in erbaulicher Form[50]; umgekehrt weisen die Ritterepen des 12. Jahrhunderts vielfach geistliche Züge auf.

Diese Verbindung von Kriegsruhm und Heiligkeit reicht in ihren Anfängen schon in die Zeit vor den Kreuzzügen zurück. Die Brücke wurde zunächst in mehreren Fällen gebildet durch die Erzählung, daß die Helden sich in ihrem späteren Leben bekehrt hätten und ins Kloster gegangen wären. Dieses erbauliche Thema ist natürlich schon alt, zumal die Berichte in manchen Fällen auf historischen Tatsachen beruhten. Aber in der älteren Zeit waren die Klosterlegenden in solchen Fällen weit davon entfernt, die vorhergehenden Kriegstaten ihrer Helden zu feiern, sondern betonten nur den Gegensatz zwischen dem weltlichen und dem geistlichen Habitus. So liegt es z. B. mit der ältesten Erzählung von der Bekehrung Wilhelms von Gellone, jenes Grafen aus der Umgebung Karls des Großen, der sein Leben als Mönch beschloß[51]. Erst später änderte sich das Bild: man begann, die sagenhaften Berichte über Wilhelms Taten im spanischen Heidenkriege mit der Gestalt des frommen Klostergründers zu verschmelzen. So weiß die *Vita s. Wilhelmi* zu erzählen, daß Wilhelm vor seinem Klosterleben in Südfrankreich als Triumphator und Fahnenträger Christi die Muslime bekämpft, mit seinem Schwerte das Volk Gottes errettet und das christliche Imperium ausgedehnt habe[52]. Durch solche Schilderung fällt ein heller Schein der Heiligkeit auch auf die Kriegstaten. Allerdings scheint auch diese Vita erst ins

49 Bédier, Légendes IV 403–433; ders., Roland comment. S. 9 f., 12 ff.

50 Z. B. die *Vita nobilissimi comitis Girardi de Rossellon,* ed. Meyer in Romania VII 178 ff. Zur Datierung vgl. zuletzt Lot, Romania LII 259 f. Weiterhin genügt der Hinweis auf Pseudo-Turpin, vgl. Bédier, Légendes III 42 ff.

51 Ardo, Vita Bened. Anian. c. 30, MG. SS. XV 211–213.

52 Vita s. Wilhelmi c. 5 u. 7, A. S. 28. Mai VI 802. Im übrigen hält diese Vita noch durchaus an der Gegenüberstellung von *militia Dei* und *saecularis* fest.

12. Jahrhundert zu gehören (um 1122)[53]. Aber wir haben andere Bekehrungsgeschichten ähnlicher Art, die bestimmt älter sind. Jedenfalls vor 1084, ja vielleicht schon im 10. Jahrhundert verfaßt ist die *Conversio Othgerii militis,* die uns die Bekehrung Otgers, eines anderen Kriegers aus der Heroenzeit, an dessen Namen sich ebenfalls Rittersagen knüpften, im Kloster Saint-Faron schildert und dabei seinen Kriegsruhm stark hervorhebt[54]. Ein Epitaph Otgers und seines Gefährten Benedikt, wohl um die Mitte des 11. Jahrhunderts verfaßt, betont sogar, daß diese zwei Männer in beiderlei Heeren, also dem weltlichen und dem geistlichen, die ersten gewesen wären, tapfere Mannen des Kaisers und tapfere Glieder Gottes[55]. Eine solche Parallelisierung militärischer und mönchischer Großtaten bringt die kirchlich-kriegerische Grundstimmung scharf zum Ausdruck. Ebenso instruktiv ist ein Abschnitt der Chronik von Novalese, die noch aus der ersten Hälfte des 11. Jahrhunderts stammt. Sie erzählt von Walther von Aquitanien, dem bekannten Helden von Ekkehards Dichtung, daß er später in Novalese Mönch geworden sei, und bezeichnet das als eine *conversio militiae,* nämlich eine Umwandlung der weltlichen Ritterschaft in die geistliche[56]. Dabei zitiert sie ein Gedicht, das auch wieder den „doppelten Kampf" Walthers mit hohen Worten feiert[57], und berichtet über Kriegstaten, die er noch als Mönch vollbracht haben soll. So habe er sich einmal auf Weisung des Abtes seine Kleider von Räubern fortnehmen lassen, als diese ihm aber auch die *femoralia* nehmen wollten, habe er sie alle erschlagen und sei mit großer Beute heimgekehrt, wofür er freilich habe Pönitenz leisten müssen[58]. Ferner soll er dreimal die einbrechenden Heiden besiegt haben, auch die das Klostergebiet verwüstenden Reiter des Königs Desiderius, und danach aus Siegesfreude eine Marmorsäule mit dem Schwert zerhauen haben, die noch gezeigt würde[59]. Aufs deutlichste mischt sich hier die Klosterlegende mit Motiven, die wir aus der französischen

---

53 Vgl. Bédier, Légendes I 118.

54 Mabillon, Acta saec. IV. I 662–64; dazu Bédier, Légendes II 305 ff.

55 Mabillon a. a. O. S. 664: *Ite pares animae per quaelibet agmina primae, Fortes Caesarei, fortia membra Dei, Fortes athletae, per saecula cuncta valete.* Zur Datierung vgl. Bédier, Légendes II 307.

56 Chronicon Novalic. II c. 12, Monumenta Novalic. II 156.

57 Ebd. c. 7 S. 135.

58 Ebd. c. 11 S. 153 ff.

59 Ebd. c. 11 S. 155 f.

Ritterdichtung genau kennen[60]. Man fing also in den Klöstern an, die Heldengestalten für sich in Anspruch zu nehmen und ihre Taten positiver zu bewerten als in früherer Zeit. Der Typ der Konversionsgeschichte schließt freilich noch eine gewisse Aufrechterhaltung des Gegensatzes zwischen weltlichem und klösterlichem Kämpfertum und eine Kritik am blutigen Kriegerberuf in sich. Aber ganz von selbst stellte sich der Gedanke einer Zusammengehörigkeit von heiligem Leben und heldenhaftem Kriegertum ein, insbesondere im Hinblick auf Heidenkämpfe.

Das alles spielte sich noch im Bereich der klerikalen Vorstellungswelt ab. Wichtiger aber wurden die Rückwirkungen solcher Gedanken bei der eigentlichen Ritterdichtung. Die Rolle der Kleriker bei der Entstehung der Ritterepen wird in ihrer Bedeutung verschieden eingeschätzt, aber hinwegdenken läßt sich das christliche Moment auf keinen Fall[61]. Im 10. Jahrhundert hatten die kirchlichen Kampfesmotive noch gefehlt, so etwa in Ekkehards Waltharias, obgleich gerade dieses Werk bestimmt von einem Geistlichen herrührt; wenn der Dichter die Habsucht als Kampfesgrund tadelt, so kennt er doch kein anderes Kriegerethos als das altgermanische, das Streben nach Messen der eigenen Kräfte mit denen des Gegners und die Rache für den Erschlagenen[62]. Recht anders liegt es schon im altfranzösischen Wilhelmslied, das wir wohl am Ende des 11. Jahrhunderts ansetzen können[63]. Darin läßt der Dichter den Ritter Vivien das Gelübde tun, niemals zurückzuweichen, und vor der Schlacht beten, Gott möge ihn dies Gelübde erfüllen lassen, ja er vergleicht sogar den Schlachtentod mit dem Opfertod Christi[64]. Das ist denkbar, weil die Feinde Muslime sind und der religiöse Gegensatz stark empfunden wird[65]. Freilich erscheint die Religion hier nur als persönliche Angelegenheit und noch nicht als eigentliches Kampfesmotiv.

---

60 Vgl. Rajna, Romania XXIII 36 ff.; Bédier, Légendes II 160 ff.

61 Nach Bédier (Légendes u. Roland comment.) verdanken die Chansons de geste ihre Entstehung im 11. Jahrhundert einem Zusammenwirken der Mönche und Spielleute. Doch ist diese Theorie durch die Arbeiten von Lot, Romania LII–LIV, Fawtier, Roland, und Pauphilet, Romania LIX, stark erschüttert.

62 Vgl. besonders die Worte Hagens, Waltharius v. 1276–78, Ekkehard ed. Strecker S. 66.

63 Vgl. zuletzt Lot, Romania LIII 449 ff.

64 Chançun de Guillelme v. 802 –826.

65 Vgl. v. 1198 ff., wo der verwundete Ritter Guischart davon spricht, daß er nach Cordova gehen und vom Christentum abfallen wolle, aber von Wilhelm dafür heftig gescholten wird.

Weiter fortgeschritten in der ethischen Motivierung des Kampfes ist das französische Rolandslied, das ungefähr der gleichen Epoche angehört. Es ist oft betont worden, daß es Kreuzzugsgeist atmet, und umstritten ist nur die Frage, ob es kurz vor oder kurz nach dem ersten Kreuzzug anzusetzen ist[66]. „Ohne den ersten Kreuzzug wäre das Rolandslied unmöglich“, behaupten die einen; „ohne das Rolandslied wäre der Kreuzzug unverständlich“, versichern die andern[67]. Der Gedanke des Heidenkrieges nimmt im Liede eine beherrschende Stellung ein: der Kampf ist ein Gottesurteil, und die Christen haben recht, die Heiden unrecht, deshalb siegen die Christen[68]. Im eroberten Cordova läßt Karl alle Heiden, die sich nicht zum Christentum bekehren, töten. Der Kaiser steht überall unter dem direkten Wirken Gottes, der ihm durch Wunder hilft und ihm durch seinen Erzengel den Auftrag zum Kampf für die Christen zukommen läßt. Doch ist es im wesentlichen nur die Person des Herrschers, die so stark in christlichem Licht gezeigt wird[69]. Bei den übrigen Kriegern liegt es anders: das spezifische Ideal des christlichen Ritters fehlt noch. Rolands Kampfesmahnungen stellen klar zwei Gedanken heraus: Vasallentreue und Kriegsruhm[70]. Daneben spricht er auch seinerseits einmal aus, daß die Heiden unrecht, die Christen recht haben[71]. Wenn solche Worte in seinem Munde wohl auch hauptsächlich eine Siegverheißung sein sollen, so bleibt doch dieser Grundgedanke für alle maßgebend. Ganz als Kreuzzug erscheint der Kampf in den Worten des Erzbischofs Turpin, der die Krieger zum Kampf für den König und für die Christenheit aufruft. „Bekennet eure Sünden, bittet Gott um Gnade: ich werde euch lossprechen, um eure Seelen zu heilen. Wenn ihr sterbt, werdet ihr heilige Märtyrer sein und euern Platz im obersten Paradiese haben.“ Als die Franken sich darauf zur Erde werfen, segnet sie der Erzbischof und befiehlt ihnen als Bußleistung Schwerthiebe[72]. Hier finden wir also den Gedanken des Kreuzablasses, wenn auch in volkstüm-

---

66 Vgl. die neuere Literatur oben Anm. 61, dazu Boissonnade, Roland, Tavernier, Vorgeschichte und Faral, Roland. Bédier, Boissonnade, Tavernier und Faral setzen das Lied nach, Lot und Fawtier vor dem ersten Kreuzzug an. Ich neige zur letzteren Meinung.

67 Vgl. Paris, Romania XXXI 410.

68 Vgl. Weiß, HJb. I 114 ff. (besonders 116 f.), auch zum folgenden.

69 Vgl. Pauphilet, Romania LIX 184 ff.

70 Chanson de Roland v. 1008–16, 1053–58, 1088–92, 1113–23, 1456–66.

71 Ebd. v. 1015.

72 Ebd. v. 1126–38; vgl. v. 1515–23 (1472–80).

lich vergröberter Form, und wir können deshalb mit Bestimmtheit sagen, daß das Lied nicht älter sein kann als die Zeit Alexanders II.[73]. Wenn demgegenüber das persönliche Ritterideal Rolands noch von altertümlicher Art ist[74], so mag auch das mit dem populären Charakter des Liedes erklärt werden. So zeigt es uns denn vor allem die ausschlaggebende Bedeutung, die der Heidenkampf nach wie vor als volkstümliche Form des heiligen Krieges hatte.

Eine eigenartige Ausprägung populärer Ritterideen finden wir noch an einem ganz anderen Punkte. Aus der trümmerhaften literarischen Überlieferung *Italiens* ist ein Gedicht zutage gekommen, das als „Ermahnung an die Großen des Reichs" einen Aufruf zum Kriege darstellt[75]. Es ist verfaßt von einem italienischen Anhänger des deutschen Königs und stammt jedenfalls aus der Jugendzeit Heinrichs IV., wahrscheinlich aus der Zeit der römischen Cadalus-Kämpfe von 1062–63[76]. Der Dichter apostrophiert zunächst die Römer, Italiener und Normannen und fordert sie auf, dem jungen Könige nach Gottes Willen und heiligem Recht die Treue zu halten und seine Feinde zu bekriegen, insbesondere „den Herzog"

---

73 Die Ausführungen Taverniers, Vorgeschichte S. 84–88, 98–100, daß dieser und andere ähnliche Gedanken des Liedes vor dem ersten Kreuzzug unmöglich gewesen seien, beruhen auf mangelnder Kenntnis der Tatsachen und werden durch das ganze vorliegende Buch widerlegt.

74 Vgl. auch Luchaire bei Lavisse II. II 392.

75 *Exhortatio ad proceres regni*, Dümmler, NA. I 177, vgl. Schramm, Renovatio I 257; Menéndez Pidal, España I 247. In v. 5 f. (*Subdite Nortmanni iam colla ferocia regi, Imperio adsocii bella parate duci*) ist *Nortmanni* nicht Genitiv Singularis, sondern Vokativ Pluralis entsprechend den *Romani* und *Itali* in den vorhergehenden Versen. Denn erstens ist *colla* Plural, zweitens paßt der Ausdruck *imperio adsocii* nur auf die Normannen, nicht auf die vorher genannten Römer und Italiener; auch die weitere Aufforderung zum Sarazenenkampf ist offenbar besonders an die Normannen gerichtet. – Nachträglich werde ich durch Herrn cand. phil. G. Radke auf Momente aufmerksam, die diese Argumentierung entkräften und es wahrscheinlich machen, daß der Dichter nur Römer und Italiener anredet und die Normannen als erste der zu bekämpfenden Gegner nennt. Dann ergibt sich in der Tat eine erstaunliche Ähnlichkeit mit dem – ebenfalls 1063 aufgestellten – ersten Kreuzzugsplan Benzos von Alba (vgl Erdmann, Zeitschr. f. K.G. LI 403 f., auch unten S. 270), der von Heinrich IV. erwartete, daß er zuerst Normannen und Heiden besiegen und dann zusammen mit dem byzantinischen Kaiser eine eschatologische Jerusalemfahrt unternehmen werde. In Erwartung einer Publikation der Darlegungen Radkes habe ich die obigen Ausführungen unverändert gelassen.

76 Dafür spricht der Aufruf zum Kampf gegen den *dux*, wobei nur Gottfried von Lothringen gemeint sein kann, und der Hinweis auf ein Bündnis mit den Griechen (v. 13: *Grecia iuncta aderit*).

(Gottfried von Lothringen). Danach aber sollen die Angeredeten gegen die Sarazenen und „Hunnen“ (offenbar Ungarn oder Balkanvölker) kämpfen und Italien vor den Heiden sichern. Im Anschluß daran malt der Dichter einen kommenden Idealzustand, bei dem Rom im Verein mit Griechenland alle Völker beherrschen werde; Caesar, Augustus und Karl der Große würden auferstehen und nach den alten Gesetzen den Weltkreis erneuern, zugleich aber würde unter den Schlüsseln Petri die Gerechtigkeit herrschen. Vorbedingung dazu sei, daß die Angeredeten die Treue und das Recht wahren; darum klingt das Gedicht aus in ein Lob der *militia aequa*. Der Dichter unterstellt also das Rittertum einer höheren Idee und proklamiert eine Art heiligen Krieges, gegen die Gegner Roms sowohl wie gegen die Heiden. Von hierarchischen Zielsetzungen ist er weit entfernt. Seine Eigenart liegt vielmehr darin, daß er unbekümmert christliche Gedankengänge mit dem sogenannten Romgedanken vermengt. Man kann ihn darin mit Benzo von Alba vergleichen, mit dem er auch in der politischen Stellung übereinstimmt; es wäre nicht undenkbar, daß Benzo selbst der Dichter ist. Man wird dieser besonderen Prägung des Ritterschaftgedankens schwerlich eine sehr weitgehende Wirkung zuschreiben, kann aber ein Zeichen für seine weite Verbreitung darin sehen, daß er auch in so unerwarteter Gedankenverbindung auftaucht.

In diesem Gedicht sowohl wie auch vorher in den Heiligenerzählungen und Ritterdichtungen ist uns immer wieder der *Heidenkrieg* entgegengetreten. Es bedarf ohnehin kaum eines Beweises mehr dafür, daß im Bereich der populären Kreuzzugsidee der Heidenkrieg die wichtigste Rolle spielte. Charakteristisch dafür sind auch die von Lampert geschilderten Vorwürfe der aufständischen Sachsen gegen Heinrich IV.: man warf dem Könige vor, daß er als ein Verfolger der Kirche gleichsam ein Heide *(barbarus)* sei und sogar den heidnischen Slaven erlaubt habe, über die christlichen Sachsen herzufallen[77]. Die Idee des ritterlichen Heidenkreuzzugs hatte bis zur Mitte des Jahrhunderts noch einen problematischen Charakter gehabt, war dann aber vom Reformpapsttum aufgenommen worden und hatte unter seiner Ägide schon in der ersten Hälfte der sechziger Jahre einen ersten Höhepunkt erreicht. In der Folgezeit hatte die Kurie sich für diese Tendenz weniger eingesetzt und den innerkirchlichen Kreuzzug bevorzugt. Aber der populäre Heidenkriegsgedanke hat deshalb nicht aufgehört, in den tatsächlichen Kämpfen an den Außenfronten der abendländischen Christenheit auch im Zeitalter Gregors VII. eine Rolle zu spielen.

---

[77] Lampert a. 1073 u. 1076 S. 152 u. 277 f. Vgl. auch Otloh, Libellus c. 1, Migne 146, 246.

Das bedeutsamste Ereignis in dieser Richtung war zunächst der Barbastrokreuzzug vom Jahre 1064 gewesen[78]. Es hat sich in den folgenden Jahrzehnten in einer Reihe ähnlicher Unternehmungen fortgesetzt[79]. Wir kennen schon den spanischen Zug, den Ebolus von Roucy im Einverständnis mit Gregor VII. begann[80]. In der Zeit dieses Papstes folgten Unternehmungen Hugos I. von Burgund und Wilhelms VI. von Aquitanien zur Unterstützung des aragonesischen Königs. Weitere Kreuzfahrerscharen, besonders aus Frankreich, haben in der Schlacht von Zallaca oder Sagrajos (1086) gegen die Almoraviden mitgefochten. Die schwere Niederlage, die die Christen dort erlitten, brachte einen neuen Aufschwung der Idee des Spanienkreuzzuges. Alfons VI. von Kastilien sandte nach Frankreich, um neue Hilfe zu erlangen, und soll gedroht haben, daß er andernfalls mit den Muslimen ein Bündnis schließen und den christlichen Glauben aufgeben würde[81]. Daraufhin kamen im folgenden Jahre aus verschiedenen Teilen Frankreichs bedeutende Kontingente von Rittern unter hochgestellten Anführern nach Spanien. Dauernde Erfolge wurden zwar auch bei dieser Gelegenheit nicht errungen, aber die bloße Tatsache einer namhaften Beteiligung der französischen Ritterschaft am spanischen Maurenkampfe war von hoher Bedeutung, zumal in den vorhergehenden und nachfolgenden Jahren noch wiederholt kleinere Abteilungen von Franzosen in Spanien mitgekämpft haben. Denn für diese Ritter behielt der Maurenkampf den Kreuzzugscharakter, den er schon beim Barbastrokrieg gehabt hatte. Ebolus von Roucy hatte vor seinem Aufbruch seine Eroberungen dem Papste gelobt. Hugo von Burgund hat später seine kirchliche Gesinnung dadurch bewiesen, daß er seine Herzogswürde niederlegte und ins Kloster Cluny eintrat. Wilhelm von Aquitanien ist derselbe, der sich im Jahre 1074 zum Orientkreuzzug Gregors VII. zur Verfügung gestellt hatte und als einer der ergebensten Anhänger dieses Papstes galt. Für das Unternehmen von 1087 schließlich genügt der Hinweis, daß einer der Führer der französischen Ritter Raimund von Saint-Gilles war, der zehn Jahre später durch den ersten Kreuzzug berühmt wurde. Daß der große Orient-

[78] Oben S. 130 ff.

[79] Vgl. zum Folgenden Boissonnade, Roland S. 28 ff., dessen Aufstellungen allerdings nur zum Teil der Nachprüfung standhalten; auch Menéndez Pidal, España S. 370 Anm. 2, S. 563 Anm. 3, S. 679 ff.

[80] Oben S. 146 f.

[81] Fragm. histor. Franc., RHF. XII 2; Hugo v. Fleury, MG. SS. IX 390.

kreuzzug durch ein inneres Band mit den vorhergehenden spanischen Kriegen verbunden war, haben die Zeitgenossen sehr wohl gefühlt[82]; wir werden später sehen, daß auch Urban II. selbst im Maurenkrieg ein Parallelunternehmen zum ersten Kreuzzug erblickte. Der spanische Krieg war also das Feld, auf dem das französische Rittertum schon vorher seine Kreuzzugsgesinnung betätigte. Das beleuchtet scharf den Mißerfolg Gregors VII. bei seinen Bemühungen um Truppen für den päpstlichen Krieg: ein Überschuß an kriegerischen Kräften war vorhanden, und am Willen zum frommen Kreuzzug fehlte es nicht; nur die spezielle Richtung, in die Gregor die Ritterkämpfe drängen wollte, fand keinen Anklang.

Dies alles gilt freilich nur von den Franzosen, die nach Spanien zogen, nicht von den Spaniern selbst. Um die Mitte des Jahrhunderts hatte zwar in Spanien, zunächst unabhängig von den französischen Kreuzfahrern, eine neue Epoche des christlichen Vordringens gegen die islamischen Königreiche eingesetzt, aber diese Kämpfe hatten einen ganz anderen Charakter. Es war geradezu die Regel, daß die christlichen Könige auch gegeneinander Krieg führten; die maurischen Könige untereinander machten es nicht anders, und da man beständig Bündnisse hinüber und herüber schloß, kam es vor, daß auf beiden Seiten Christen und Muslime Schulter an Schulter kämpften. Auch bei den Kämpfen von Graus (1063), bei denen Ramiro I. von Aragon von einem fanatisierten Muslim getötet wurde und die den Anlaß zum Barbastrokrieg gaben, waren die Kastilianer verbündet mit dem maurischen König von Saragossa[83]. König Alfons VI. von Kastilien, der sich erhebliche maurische Gebiete tributpflichtig machen konnte, bezeichnete sich in arabischen Urkunden sogar als „Kaiser beider Religionen“[84]. Die Erneuerung des heiligen Krieges durch die Almoraviden hatte zwar auch bei ihm eine gewisse Gegenwirkung zur Folge, insofern als sein Hilferuf nach Frankreich offenbar den Charakter eines Appells an die christliche Solidarität hatte. Aber wenn er gerade bei dieser Gelegenheit mit einem Übertritt zum Islam gedroht haben soll, so zeigt dieses Gerücht, daß man in ihm keinen

---

82 Vgl. im gefälschten Alexiosbrief bei Hagenmeyer, Kreuzzugsbriefe S.133: *sicut Galiciam et cetera Occidentalium regna anno praeterito a iugo paganorum aliquantulum liberaverunt, ita et nunc ob salutem animarum suarum regnum Graecorum liberare temptent.* Dazu die Worte über Guillelmus Carpentarius in den Gesta Franc. c. 15, 2 ed. Hagenmeyer S. 260 ed. Bréhier S. 78.

83 Menéndez Pidal, España I 143 ff.; Boissonnade, Revue quest. hist. 117 (1932) 266 f.

84 Menéndez Pidal I 347.

sicheren Vorkämpfer des Christentums erblickte. Als typische Gestalt jener Zeit können wir den gefeiertsten Helden Spaniens ansehen, den „Cid" Rodrigo Diaz. Er hat bekanntlich einen großen Teil seiner Kriegstaten auf maurischer Seite vollbracht. Der Dichter, der noch zu Rodrigos Lebzeiten seine Taten in einem lateinischen Liede besang, machte keinen Unterschied zwischen seinen Siegen über Christen und Mauren, sondern feierte sie gleichermaßen als von Gott verliehen[85]. Nach der Einnahme von Valencia hat Rodrigo zunächst Christen und Muslime auf gleichem Fuße behandelt; erst allmählich veranlaßte ihn die intransigente Haltung der Almoraviden zu einer weniger toleranten Politik[86]. Selbstverständlich waren sich die spanischen Herrscher des religiösen Gegensatzes immer bewußt[87]; aber als Kreuzzüge haben sie auch damals ihre Kriege noch nicht geführt.

Noch weniger kann in Deutschland in den Jahrzehnten, die dem ersten Kreuzzuge vorangingen, von Heidenkreuzzügen die Rede sein. Denn einerseits war hier das Königtum in der Zeit Heinrichs IV. zu sehr in inneren Streit verwickelt, als daß es Angriffskriege nach dem heidnischen Nordosten hätte durchführen können; anderseits hat sich der Gedanke des spezifischen Ritterkreuzzugs in Deutschland erst später durchgesetzt. Die französische Entwicklung hatte auf diesem Gebiet die deutsche längst überholt. Das zeigte sich in der überwiegend ablehnenden Haltung beim ersten Kreuzzug; Ekkehard von Aura erzählt uns, daß man in Deutschland die durchziehenden Kreuzfahrer zuerst als Toren verlachte[88]. Noch niemals vorher war ein Unterschied im kollektiven Handeln des deutschen und französischen Volkes so deutlich in Erscheinung getreten. Man kann ihn insofern auf die Volkscharaktere zurückführen, als die Romanen be-

---

85 Carmen v. 90, Menéndez Pidal II 892: *quod Deus illi vincere permisit.*

86 Menéndez Pidal II 559.

87 Für Rodrigo Diaz vgl. seine Urkunde für den Bischof von Valencia, Menéndez Pidal II 877: *(Deus) Rudericum Campidoctorem obprobrii servorum suorum suscitavit ultorem et christianae religionis propagatorem.* Ähnliche Wendungen finden wir in den Konsekrationsakten der Kathedrale Barcelona von 1058 bei Mas, Notes XIII. I 192 ff., z. B. über Raimund Berengar: *factus est propugnator et murus christiani populi,* oder über die Einsetzung eines Festes des heiligen Kreuzes, damit Christus *sicut regi Constantino, sic nobis de barbaris per crucis triumphum det victoriam.* Dieselben Akten aber berufen sich ganz harmlos auf die Urkunden der maurischen Herrscher Mogeid und Ali, die die Kirchen von Mallorca, Denia und Orihuela dem Bistum Barcelona unterstellt haben!

88 MG. SS. VI 214, auch Ekkehard Hieros. c. 9 S. 109 ff.

weglicher sind und von zündenden Parolen rascher beherrscht werden als die Deutschen[89]. Vielleicht hat sich damals auch schon die besondere Art deutscher Frömmigkeit geltend gemacht, die geneigt ist, die „Werke" wie Wallfahrt und Heidenkampf unter religiösem Gesichtspunkt geringer einzuschätzen. So klingen wenigstens schon die Worte, die der Bamberger Scholastikus Meinhard an seinen Bischof Gunther richtete, als dieser 1063 nach Jerusalem aufbrechen wollte: Meinhard tat das irdische Jerusalem ab als „das Reich des Vatermörders Herodes, die Provinz des Gottesmörders Pilatus, das Vaterland des Verräters Judas" und feierte nicht die Pilgerschaft selbst als frommes Werk, sondern mahnte zur Erneuerung des geistlichen Lebens anläßlich der Wallfahrt[90]. Wie der spätmittelalterliche Mißbrauch des Ablasses gerade in Deutschland auf eine Gegenbewegung stieß, so mag hier schon früher die Verkündung der Kreuzzugsablässe verhältnismäßig geringen Widerhall gefunden haben. Dazu kam die Stellung zum heiligen Kriege überhaupt. Die Lehren der kaiserlichen Publizisten kamen im Kerne, wenn auch meist unausgesprochen, schon darauf heraus, daß Krieg und Kriegertum ihre eigene Ehre und eigene Ethik hätten und daß anderseits die Religion durch die Anwendung weltlicher Gewalt entweiht würde; ein Religionskrieg wurde also sowohl um des Krieges wie um der Religion willen abgelehnt. Auch darin liegt vielleicht schon eine typisch deutsche Haltung. Gewiß ist in der Folgezeit der Kreuzzugsgedanke auch in Deutschland durchgedrungen, hat hier aber immer eine spezifische Problematik behalten, und es hat wenig Segen auf ihm geruht. Aber Gründe solcher Art sind keinesfalls allein ausschlaggebend gewesen. Es darf vielmehr nicht vergessen werden, daß die abweichende Entwicklung in Deutschland und Frankreich besondere historische Ursachen hat. Sie lagen zunächst in den Verfassungsverhältnissen und in der Geschichte der Kirchenreform[91]; dazu kam, wie schon Ekkehard von Aura mit Recht hervorhob, das kirchliche Schisma, der Investiturstreit. Dieser hatte in Deutschland nicht nur die Autorität des Papstes, der zum Kreuzzug aufrief, bei vielen in Frage gestellt, sondern auch den Gedanken des heiligen Krieges kompromittiert, der gegen den deutschen König gewandt worden war und

[89] Die Ausführungen Reynauds, Origines I 516, der die Gründe in einem „réalisme utilitaire" der Deutschen finden will, bedürfen keiner Widerlegung.

[90] Brief Meinhards bei Erdmann, NA. XLIX 415. Über ältere Stimmen gegen Überschätzung der Wallfahrten s. Röhricht, Raumers hist. Taschb. 1875, 327 f.

[91] Oben S. 93.

dadurch an Popularität verlieren mußte. Der Kreuzzugsgedanke war nicht nur ein Stück der romanischen Kirchenreform – was bereits in gewisser Weise die Haltung Deutschlands bestimmte –, sondern außerdem den Deutschen speziell verleidet worden durch die Umprägung bei Gregor VII. Erst der tatsächliche Erfolg des ersten Kreuzzugs, der die Pläne Gregors vergessen machte, hat über diese Lage hinweggeführt.

Frankreich war aber doch nicht das einzige Land, in dem die Idee des Heidenkreuzzugs schon vorher Fuß gefaßt hatte: Italien trat daneben. Wir haben schon früher von dem Kreuzzugscharakter gesprochen, den die Normannen ihren sizilischen Eroberungen gaben[92]. An diesen Kämpfen haben sich vorübergehend auch die Pisaner beteiligt, indem sie 1063 einen Angriff auf den Hafen von Palermo versuchten[93]. Überhaupt haben die Pisaner den in der ersten Hälfte des Jahrhunderts aufgenommenen Seekrieg gegen die Muslime[94] auch nachher von Zeit zu Zeit durch neue Unternehmungen fortgesetzt. Sie griffen im Verein mit den Genuesen in den spanischen Kampf ein, indem sie 1092 mit Alfons VI. von Kastilien einen kombinierten Angriff auf Valencia vereinbarten, der dann tatsächlich, da sie nicht rechtzeitig eintrafen, auf Tortosa geleitet wurde, freilich vergebens[95]. Ihre bedeutendste Tat in jener Zeit war aber der Zug, den sie im Jahre 1087 mit Genuesen, Römern und Amalfitanern nach Afrika unternahmen[96]. Vielleicht hing auch dieses Unternehmen mit dem spanischen Krieg zusammen, denn es erfolgte gleichzeitig mit dem versuchten Gegenschlag gegen das Vordringen der afrikanischen Almoraviden auf der Pyrenäenhalbinsel. Jedenfalls wurde es ganz als Kreuzzug ausgeführt. Papst Viktor III. verlieh den Ausziehenden die Fahne St. Peters und einen Ablaß[97]. Nach errungenem Siege und Einnahme der Stadt Mehdia verwendeten die Pisaner die Beuteschätze zur Verschönerung ihrer Kathedrale und zur Erbauung einer Kirche des heiligen Sixtus, an dessen Festtag sie die Hauptschlacht gewonnen hatten[98]. In lebhaften Farben schildert uns ein rhythmisches Gedicht, das bald nachher in Pisa entstand, die-

---

92 Oben S. 129 f.

93 Heinemann, Normannen I 210 f.

94 Vgl. oben S. 108 f.

95 Menéndez Pidal I 441, 444f., II 792, 795.

96 Vgl. zuletzt Hofmeister, H. Vierteljahrschr. XXVII 269 f.

97 Chronik v. Montecassino III c. 71, MG. SS. VII 751. Vgl. unten S. 277 f.

98 Annales Pisani a. 1088 ed. Lupo Gentile S. 7.

sen Krieg[99]. Da erscheint das ganze Unternehmen als ein Kampf Christi gegen die Feinde Gottes; der Kampfesgrund ist die Befreiung vieler christlicher Gefangenen; in der Schlacht bläst Michael seine Posaune wie beim Kampf mit dem Drachen, und Petrus erscheint mit Kreuz und Schwert; die Krieger beichten und kommunizieren vor dem Kampfe, ein getöteter Graf wird als Märtyrer gefeiert; zahlreich sind die alttestamentlichen Vergleiche, mit Gideon und Judas Makkabäus, mit der Einnahme Jerichos, mit David und Goliath, mit der Erschlagung der Scharen Sanheribs durch den Engel und mit der Befreiung Israels aus Ägypten; daneben fehlt es auch nicht an weltlichen Gedankengängen, an Vergleichen mit den Kämpfen Roms gegen Karthago und an Äußerungen eines neuen Pisaner Patriotismus. Von besonderem Interesse ist die Nachricht, daß man den besiegten Emir schwören ließ, er trage das Land künftighin vom heiligen Petrus zu Lehen und werde nach Rom einen Tribut zahlen[100]. Zweifellos lag darin eine Nachwirkung der gregorianischen Auffassung von den Rechten des heiligen Petrus. Aber es wäre falsch, das ganze Unternehmen unter diesem Gesichtspunkt zu betrachten und deshalb unter die „hierarchischen" Kreuzzüge einzureihen; denn die Unterstellung unter den heiligen Petrus war zunächst nicht beabsichtigt, sondern nur eine Verlegenheitslösung[101]. Gerade der Pisaner Rhythmus ist vielmehr im ganzen wohl das klarste Dokument der populären Kreuzzugsidee jener Zeit, dem man auch aus den Tagen des ersten Orientkreuzzugs nicht viel an die Seite zu stellen hat. Man muß ihn neben Äußerungen der kirchenpoliti-

---

99 Gedruckt u. a. bei Schneider, Rhythmen S. 34 ff. Unzugänglich blieb mir die in den Annales Pisani ed. Lupo Gentile S. 7 Anm. 1 zitierte kommentierte Neuausgabe von Biagi (1930). Naumann, Festg. Ehrismann S. 86 meint, daß der Dichter „eine vermutlich kaufmännische Angelegenheit in einen Kreuzzug umstilisiert". Die Chronik von Montecassino beweist aber, daß die „Stilisierung" als Kreuzzug nicht erst vom Dichter stammt, sondern schon von den Führern des Unternehmens.

100 V. 60 (Schneider S. 40): *Terram iurat sancti Petri esse sine dubio, Et ab eo tenet eam iam absque colludio; Unde semper mittet Romam tributa et praemia, Auri puri et argenti nunc mandat insignia.* Bestätigt durch Bernold a. 1088, MG. SS. V 447: *Affricanum regem ... apostolicae sedi tributarium fecerunt.*

101 Nach der Einnahme Mehdias gewannen die Pisaner die Erkenntnis, daß sie selbst es auf die Dauer nicht halten konnten. Gaufried Malaterra IV c. 3 ed. Pontieri S. 86 f. berichtet uns, daß sie die Stadt dem Grafen Roger von Sizilien anboten, der jedoch ablehnte. Erst danach entschlossen sie sich, den Emir im Besitz Mehdias zu lassen und ihn (außer einer sofortigen Zahlung an die Pisaner) für die Zukunft nur zu einem Romtribut zu verpflichten – von dem vorauszusehen war, daß er niemals gezahlt werden würde.

schen Ritteridee halten, etwa neben Bonizos Gebote-Kodex, um die ganze Tragweite der Spaltung zu ermessen.

Eine Sonderstellung nehmen die Kämpfe im Orient ein. Lange vor den Kreuzzügen haben die byzantinischen Kaiser in ihren Heeren auch Abendländer gegen Araber und Türken kämpfen lassen. Um 1040 hat sich dort der nachmalige norwegische König Harald Hardrada einen Namen gemacht[102]. In den folgenden Jahrzehnten haben besonders Normannen im Kampf gegen die Türken eine Rolle gespielt, angeführt von berühmten Condottieri wie Hervé, Robert Crespin und Ursel von Bailleul[103]. Gegen Ende des Jahrhunderts bildeten unter den byzantinischen Hilfsvölkern neben den Normannen auch die Deutschen eine reguläre Erscheinung[104]. Es wäre allerdings falsch, in diesen Söldnertruppen schon Kreuzfahrer zu sehen, denen es auf den Heidenkrieg angekommen wäre[105]. Denn sie haben regelmäßig, sobald die Gelegenheit günstig schien, die Sache ihrer Auftraggeber verlassen und die christlichen Byzantiner ebenso eifrig bekämpft wie die Türken, ja wiederholt sich mit den letzteren verbündet. Dennoch besteht ein deutlicher Zusammenhang zwischen diesen Kämpfen und den späteren Kreuzzügen. Der Kreuzzugsplan Gregors VII. kam praktisch darauf heraus, dem byzantinischen Kaiser Hilfstruppen gegen die Türken zu verschaffen, und der unmittelbare Anstoß zum ersten Kreuzzug wurde dadurch gegeben, daß Kaiser Alexios sich im Westen um Soldtruppen bemühte.

Zudem verband sich der orientalische Krieg leicht mit einer Wallfahrt nach *Jerusalem*. Dorthin soll Harald Hardrada im Laufe seiner byzantinischen Jahre gezogen sein, und auch später wiederholte sich Ähnliches. Der Graf von Flandern, Robert der Friese, befand sich im Jahre 1089 auf der Rückreise aus Jerusalem, als er in Byzanz vom Kaiser Alexios zur Stellung eines Hilfskontingents für den Türkenkrieg überredet wurde[106]. Das hellste Schlaglicht auf diese

---

102 Vgl. Schlumberger, Epopée III 228 ff., 248, auch Riant, Scandinaves S.123 f.

103 Schlumberger, Revue hist. XVI 289ff.; Brandileone, Rivista stor. ital. I 227 ff.; auch Hirsch, Forsch. deut. Gesch. VIII 232 ff. und Neumann, Weltstellung S. 115 ff.

104 Urkunde des Alexios von 1088, Dölger, Reg. 1150; vgl. auch die Nachrichten über Robert den Friesen (Anm. 106).

105 Auch Amatus von Montecassino stellt die Taten des Robert Crespin und Ursel von Bailleul im Orient nicht in diesem Lichte dar (Aimé I c. 8–15, S. 13–18), während er unmittelbar vorher und nachher die Normannenkämpfe in Spanien und Unteritalien als Kreuzzüge feiert.

106 Anna Comnena VII c. 6, vgl. dazu unten S. 291. Nach Lampert a. 1071 S. 122 soll Robert schon viel früher einmal, um das normannische Hilfskorps in Konstan-

Verhältnisse wirft ein Brief, den Anselm von Canterbury, damals noch Abt von Bec (1079–1093), an einen Ritter Wilhelm schrieb[107]. Dieser wollte in die Ferne ziehen und seinen Bruder unterstützen, der im Byzantinerreich kämpfte, Anselm aber suchte ihn davon abzuhalten: „Laß fahren das irdische Jerusalem und die Schätze von Konstantinopel und Babylon, die mit blutigen Händen geraubt werden sollen ..." Der Ritter hatte also die Absicht, in byzantinischen und arabischen Landen zu kämpfen und zugleich auch Jerusalem aufzusuchen. Von solchen Plänen bis zum Beschluß, Jerusalem selbst zu erobern, war nicht mehr ein großer Schritt!

Allerdings handelte es sich dabei nur um ein äußeres Zusammentreffen, das einfach geographische Gründe hatte. Aber es kommen mancherlei parallele Beobachtungen hinzu. Der Gedanke eines abendländischen Kriegszugs auf Jerusalem war im 11. Jahrhundert nichts Unerhörtes. Wir erinnern uns, daß er schon bei Gerbert auftaucht, freilich um als unmöglich beiseitegeschoben zu werden; daß er nach der Zerstörung des heiligen Grabes unter Sergius IV. sogar in einem regelrechten Kreuzzugsaufruf seinen Niederschlag findet, wenngleich auch damals die ablehnenden Stimmen nicht fehlen; daß er dann bei Gregor VII. im Zusammenhang mit dem kleinasiatischen Kreuzzugsplan beiläufig erwähnt wird[108]. Diese kühne Idee war aber keineswegs nur der päpstlichen Politik eigentümlich; wir finden sie vielmehr auch an einer andern Stelle, nämlich im Bereich der *Kaisersage.*

Im 11. Jahrhundert war Karl der Große schon in die Rolle des Idealkaisers der Vergangenheit hineingewachsen, dem man gern andichtete, was als großartig und erstrebenswert erschien[109]. Insbesondere galt er als der große Vorkämpfer für das Christentum, und zwar nicht bloß im eigenen Lande, sondern auch in der Ferne. „Der fromme Karl, der für das Vaterland und die Kirche den Tod nicht fürchtete, zog um die ganze Erde und bekämpfte die Feinde Gottes, und wen er nicht mit Worten Christus unterwerfen konnte, den unterwarf er mit dem

tinopel zu erreichen, sich unter die Jerusalem-Pilger gemischt haben (vgl. dazu Verlinden, Revue belge X 97 ff.).

107 Anselm II ep. 19, Migne 158, 1167 ff. Dieser bedeutsame Brief ist, soweit mir bekannt, bisher unbeachtet geblieben.

108 Vgl. oben S. 109 ff., 157 f.

109 Zum Folgenden vgl. Hoffmann, Karl, S. 97 ff.

Schwert", so schrieb der Presbyter Jocundus von Maastricht[110]. Nun fand man in der authentischen Geschichtsüberlieferung Nachrichten über Gesandtschaften, die Karl nach Jerusalem gesandt und von dort empfangen, über Geschenke, die er dem heiligen Grabe gemacht, und über ein Protektorat, das er über die heiligen Stätten ausgeübt habe. Daraus wurde in der vergrößernden Perspektive der Späteren der Glaube, daß der Kaiser „das Reich bis Jerusalem ausgedehnt habe"[111]. Die Altaicher Annalen legen dem Patriarchen von Jerusalem bei seiner Gesandtschaft an Karl bereits die Absicht unter, die Stadt dem Kaiser zu öffnen „zur Befreiung des Christenvolkes" – und nehmen damit schon ziemlich wörtlich das Hauptschlagwort der Kreuzzugsaufrufe Urbans II. vorweg[112]. In einem sich daneben entwickelnden Sagenzweig wurde aus Karls Gesandtschaft nach Jerusalem eine eigene Reise des Kaisers. Diese Erzählung erscheint schon im 10. Jahrhundert in der Chronik Benedikts von S. Andrea; Karl soll hier mit einer großen Schar von Franken, Sachsen, Bayern usw. nach Jerusalem, Alexandria und Konstantinopel hinübergefahren sein, die Kirchen beschenkt und von dort Reliquien mitgebracht haben, freilich nicht als Eroberer, sondern im friedlichen Einverständnis mit dem Khalifen Harun[113]. Diese verschiedenen Erzählungsmotive liefen begreiflicherweise zusammen und ergaben dann die Vorstellung von einem Kreuzzug Karls des Großen. Tatsächlich besitzen wir darüber einen eingehenden lateinischen Bericht, der von der Forschung im allgemeinen noch vor dem ersten Kreuzzug angesetzt wird[114]. Da heißt es, daß der Patriarch von Jerusa-

---

110 Translatio s. Servatii (80er Jahre des 11. Jahrhunderts), MG. SS. XII 96. Vgl. auch Miracula s. Genulfi (Mitte des 11. Jahrhunderts), SS. XV. II 1206.

111 Ann. Elnon. (bis 1061) a. 771, MG. SS. V 18.

112 Ann. Altah. a. 800 (in diesem Teil um 1032 oder früher geschrieben) S. 4. Dasselbe Motiv findet sich weiter ausgesponnen in den aus Simeon von Durham rekonstruierten Northumbrischen Annalen, MG. SS. XIII 156. Es handelt sich dabei wohl ebenso wie in den Altaicher Annalen nur um eine späte Ausschmückung der Nachricht der fränkischen Reichsannalen, vgl. Pauli, Forsch. z. deut. Gesch. XII 164, 165 f.

113 MG. SS. III 710 f. (auch Chronicon di Benedetto ed. Zucchetti S. 112 ff.). In diese Richtung gehört auch das spätere altfranzösische Gedicht von der Karlsreise.

114 Die sog. Descriptio, gedruckt bei Rauschen, Legende S. 103 ff., vgl. ders. HJb. XV 257 ff. und Hoffmann, Karl S. 112 ff. (zu dessen Literaturangaben noch Riant, Inventaire S. 9 ff. hinzuzufügen ist). Hoffmanns Auffassung vom friedlichen Charakter dieser Jerusalemfahrt widerspricht dem Texte der Descriptio, deren Angabe (S. 119 Z. 4), daß Karl auf einem weißen Maultier geritten sei, sich erst auf den Schlußteil der Fahrt bezieht, wo der Kaiser aus Konstantinopel (S. 118 Z. 3) die Reliquien heimbrachte. Ganz gesichert erscheint mir der Ansatz der Descriptio vor dem ersten

lem von den Heiden vertrieben worden sei und in einem Brief, der besonders die Schändung des heiligen Grabes betonte, die Hilfe des Kaisers Karl erbeten habe; auf diese Nachricht hin hätten die fränkischen Krieger selbst zu einem Kriegszuge gedrängt und Karl habe ein großes Heer zum Heidenkampf gesammelt, sei damit über Konstantinopel nach Jerusalem gezogen und habe nach Verjagung der Heiden den Patriarchen und das Christenvolk wieder eingesetzt; der Griechenkaiser habe ihn mit Schätzen belohnen wollen, aber Karl habe das abgelehnt und nur Reliquien angenommen, die er nach Aachen gebracht habe.

Solche Wege ging die Phantasie nicht nur im Hinblick auf den großen Kaiser der Vergangenheit, sondern auch für den geweissagten Kaiser der Zukunft[115]. Schon lange war die sibyllinische Weissagung verbreitet, der letzte Kaiser vor dem Weltende werde die Heiden besiegen und bekehren, die beiden Reichshälften wieder vereinigen, zuletzt nach Jerusalem ziehen, dort seine Krone niederlegen und das Reich in die Hand Gottes legen; danach werde die Herrschaft des Antichrist beginnen. Der Zug nach Jerusalem sollte zunächst nach dieser Prophetie noch nicht ein Kreuzzug sein, aber es kam vor, daß die Erzählung in dieser Richtung umgeändert wurde. Zwei Äußerungen des italienischen Bischofs Benzo von Alba deuten diese Weissagung auf Heinrich IV. und erwarten von diesem, daß er den Zug nach Jerusalem unternehmen werde, aber nicht, um dort die Krone niederzulegen, sondern umgekehrt, um sie zu gewinnen. Der Kaiser sollte im Hinblick auf das bevorstehende Weltende die christliche Freiheit wiederherstellen, nachdem er mit seinem Heere Gegner und Heiden besiegt hätte, und sollte das heilige Grab besuchen, das dann in der von Jesaias prophezeiten Glorie dastehen werde[116]. Das ist ein regelrechter Kreuzzugsplan, der um so wichtiger ist, als er die eschatologische Prophezeiung in aktuelle Politik umsetzt. Benzo verknüpft seine Idee zugleich mit den Karlsüberlieferungen: die Fahne, die der Patriarch von Jerusalem einst Karl dem Großen geschickt hatte, sollte eine Weissagung sein auf Heinrich IV., der bei dem geplanten Kreuzzug der Bannerträger der christlichen Religion sein werde[117].

Kreuzzug allerdings nicht; die These von Bédier, Légendes IV 125 ff. 139, der an die Jahre 1110–1124 denkt, ist auch erwägenswert.

115 Zum Folgenden Erdmann, Zeitschr. f. K.G. LI 384 ff.

116 Benzo I c. 15 u. II c. 12, MG. SS. XI 605 u. 617, dazu Erdmann, Zeitschr. f. K.G. LI 403 ff.

117 Benzo I c. 17 S. 606.

Es ist nicht leicht, die bewegende Kraft solcher Sagen und Prophetien richtig einzuschätzen. Wir werden kaum fehlgehen, wenn wir sie beim ersten Kreuzzug nur als ein verhältnismäßig unbedeutendes Nebenmotiv betrachten. Aber gänzlich beiseiteschieben dürfen wir sie nicht. Denn es steht fest, daß viele Zeitgenossen den Kreuzzug, als er stattfand, im Lichte der Kaisersagen gesehen haben. Man führte die Heidenkriege Karls des Großen als Vorbild an, man erzählte, daß die Straße, auf der man nach Konstantinopel zog, einst von Karl für sein Heer angelegt worden sei, ja manche glaubten sogar, Karl selbst sei auferstanden für die Kreuzfahrt[118]. Die Einnahme Jerusalems wurde zur Weissagung über die Jerusalemfahrt des Endkaisers in Beziehung gesetzt, indem man den Wortlaut des prophetischen Textes änderte und nicht mehr den Kaiser, sondern das „Reich“ und das „Volk“ den Zug vollführen ließ[119]. Die Brücken, die von diesen Spekulationen zum Kreuzzugsgedanken führten, sind also tatsächlich begangen worden, und es gab auch einige Stimmen, die die Jerusalemfahrt überhaupt mit dem bevorstehenden Weltende in Zusammenhang brachten[120].

Die scheinbare Sonderbarkeit dieser Gedankengänge erklärt sich durch die einzigartige Stellung, die die Stadt Jerusalem in der mittelalterlichen Vorstellung einnahm. Man darf allerdings nicht glauben, daß das 11. Jahrhundert schon einen Enthusiasmus für das „Heilige Land“ gehabt habe, denn dieser Begriff war überhaupt noch nicht geprägt[121]. Wohl galt Palästina als das „Land der Ver-

118 Robertus monachus I c. 1 u. 5, Recueil Occ. III 727 u. 732; Gesta Franc. c. 2, 1 ed. Hagenmeyer S. 109 ed. Bréhier S. 4; Ekkehard Chron. MG. SS. VI 215 (auch Ekkehard Hierosol. c. 11, 2 ed. Hagenmeyer S. 120 f.).

119 S. die Veränderung der Adso-Interpolation, Erdmann, Zeitschr. f. K.G. LI 412. Den ursprünglichen Text dieser Interpolation (ebd. S. 411) habe ich dort noch vor dem ersten Kreuzzug angesetzt. Da das aber unsicher bleibt (vgl. ebd. S. 412 Anm. 69), gehe ich hier nicht weiter darauf ein.

120 Ekkehard Chron. MG. SS. VI 212 (Ekkehard Hierosol. c. 2, 1 ed. Hagenmeyer, S. 55 f.); Guibert II c. 4, Recueil Occ. IV 138 f. Vgl. auch den Hinweis auf die sibyllinischen Weissagungen in den Gesta Franc. c. 22, 8 ed. Hagenmeyer S. 327 f. ed. Bréhier S. 122.

121 In den Quellen des 11. Jahrhunderts habe ich nach dem Begriff *Terra Sancta* vergebens gesucht. Bei Tobler-Molinier, Itinera, finde ich ihn nur bei Theodosius *de Terra Sancta,* aber auch dort nur in der Oberschrift S. 63, die spätere Zutat ist, und in c. 40, das ein Zusatz aus der Nach-Kreuzzugszeit ist. Er fehlt auch in den Kreuzzugsbriefen und bei den ältesten Kreuzzugsschriftstellern (Gesta Franc. und Raimund v. Aguilers), tritt aber nach 1100 bei mehreren Kreuzzugsschriftstellern auf (Fulcher, Ekkehard, Guibert, Balderich usw.).

heißung" *(terra repromissionis),* aber diese Bezeichnung bezog sich nur auf die alten Israeliten, nicht auf die Christen, und spielte dementsprechend nur eine geringe Rolle; erst durch den Kreuzzug und die Begründung des Königreichs Jerusalem ist Palästina auch zum heiligen Lande der Christen geworden. Vorher kannte man – neben dem allgemeinen Begriff der „heiligen Stätten" *(loca sancta),* der geographisch nicht festgelegt war[122] – nur die „heilige Stadt" *(civitas sancta).* Diese aber, Jerusalem, erhielt ihre besondere Bedeutung nicht bloß daraus, daß dort Christus gelitten hatte und sein Grab verehrt wurde, sondern auch aus der mystischen Vorstellung vom himmlischen Jerusalem, die auf Grund von Paulus und der Apokalypse in der christlichen Literatur herrschte[123]. Von daher fiel immer auch auf das irdische Jerusalem ein himmlischer Schimmer des Unwirklichen, und damit war dieser Ort schon von selbst aus der alltäglichen Welt herausgehoben. Für ihn konnten deshalb Prophetien und Sagen eine tatsächliche Wirkungskraft erhalten, die anderswo nicht denkbar gewesen wäre.

Auf verschiedene Weisen war also der Boden bereitet, auf dem der allgemeine Kreuzzugs- und Heidenkriegsgedanke die spezielle Form des Jerusalem-Kreuzzugs annehmen konnte; ja diese selbst war an einigen Stellen schon vorhanden. Es bleibt nur die Frage zu beantworten, welche Bedeutung dafür die althergebrachten *Wallfahrten* gehabt haben. Es ist bekannt, daß die Pilgerfahrten nach Jerusalem schon lange vor den Kreuzzügen weit verbreitet waren und besonders im 11. Jahrhundert einen großen Umfang angenommen hatten[124]. Es bedarf auch keines Beweises, daß zwischen diesen friedlichen Wallfahrten und den Kriegszügen nach Jerusalem zum mindesten ein äußerer Zusammenhang besteht. Schon der Kreuzzugsaufruf Sergius' IV. knüpft ausdrücklich an die Pilgerfahrten an, und in manchen Ausdeutungen der Kaisersage vermischt sich, wie wir sahen, die Eroberung Jerusalems und Unterwerfung der Heiden mit dem Besuch des heiligen Grabes und dem Erwerb von Reliquien. Auf der andern Seite darf der Gegensatz zwischen Pilgerschaft und Kreuzfahrertum nicht unter-

122 So rechnet z. B. Beda auch Alexandria und Konstantinopel zu den *loca sancta* (Itinera ed. Geyer S. 301 ff.). Anderseits wird dieser Begriff überhaupt auf alle geweihten Stätten, d. h. Kirchen, angewandt, so z. B. auch bei Fulcher I 1, 2 S. 121.

123 Ekkehard Hierosol. c. 34, 3 ed. Hagenmeyer S. 301 ff. Vgl. Röhricht, Raumers hist. Taschb. 1875, 376 Anm. 76. Auch Benzo, der den Jerusalem-Kreuzzug befürwortete, spricht ähnlich vom himmlischen Jerusalem (V c. 6, MG. SS. XI 652: *Hierosolimam petamus).*

124 Immer noch brauchbar, wenn auch nicht frei von Fehlern, ist Röhricht, Raumers hist. Taschb. 1875, 323 ff.; auch Reynaud, Origines I 86 und Bréhier, Croisades S. 42 ff.

schätzt werden. Vor allem galt die Vorschrift, daß der Pilger keine Waffen tragen dürfe. Was das bedeutete, erkennen wir am besten an dem größten Pilgerzug des 11. Jahrhunderts, in dem man schon einen Übergang zu den Kreuzzügen hat sehen wollen: an dem Zug der 7000 oder gar 12 000 Wallfahrer, die im Jahre 1064 den Erzbischof von Mainz und die Bischöfe von Bamberg, Regensburg und Utrecht nach Jerusalem begleiteten[125]. Das Gebot der Waffenlosigkeit wurde auch bei diesem Zuge gewissenhaft eingehalten[126]. Als die Pilger in Palästina von Räubern überfallen wurden, lehnte ein Teil von ihnen aus religiösen Gründen die Verteidigung gegen Raub und Mißhandlung ab[127]. Die andern wehrten sich, so gut es ging; doch halten fast alle Chronisten es für notwendig, sie gegen den Vorwurf in Schutz zu nehmen, daß sie überhaupt nicht hätten kämpfen dürfen[128]. Charakteristisch für die Lage ist, daß es die muslimischen Behörden selber waren, die die Pilger schließlich vor dem Ansturm der Räuber retteten; denn sie fürchteten nach der ausdrücklichen Versicherung der Altaicher Annalen, daß in Zukunft die Pilgerströme ausbleiben und sie dadurch einen empfindlichen Einnahmeausfall erleiden würden[129]. So lehrt uns denn gerade dieses Unternehmen die tiefe Kluft, die damals noch zwischen Wallfahrt und heiligem Krieg bestand.

Ist es aber ein Zufall, daß dieser größte Pilgerzug in dieselben Jahre fällt, in denen wir einen ersten Aufschwung der Idee des Heidenkreuzzugs feststellten, und insbesondere gleichzeitig ist mit dem ersten großen Spanien-Kreuzzug der französischen Ritter? Zufall auch, daß drei Jahrzehnte vorher, als nach dem Zeugnis des Rudolf Glaber die Wellen der Gottesfriedensbewegung am höchsten gingen, nach der gleichen Quelle auch die Begeisterung für die Palästinafahrt eine besondere Höhe erreichte[130]? Hat es nichts zu bedeuten, daß Erlembald von Mailand, der erste heilige Ritter des Okzidents, gerade von ei-

---

[125] Zu dieser Wallfahrt vgl. zuletzt Joranson, Pilgrimage S. 3 ff. über die Vorbereitung des Zuges erfahren wir Neues durch zwei Briefe Meinhards von Bamberg Nr. 23 und 25, Erdmann, NA. XLIX 345, 414, 418.

[126] Joranson S. 14 f., 22 u. 40.

[127] Lampert a. 1065 S. 94: *Plerique christianorum religiosum putantes manu sibi auxilium ferre et salutem suam, quam peregre proficiscentes Deo devoverant, armis corporalibus tueri*; vgl. Joranson S. 21.

[128] Joranson S. 41.

[129] Annales Altahenses a. 1065 S. 68.

[130] Raoul Glaber IV c. 5 u. 6 S. 103 ff.

ner Jerusalemfahrt heimgekehrt war, als er vom Papst zum Vorkämpfer für die Kirchenreform bestimmt wurde[131]? Hat es auch keinen tieferen Grund, wenn Amatus von Montecassino die ersten Normannen, die Salerno von den Muslimen befreit haben sollten und die er ganz als uneigennützige Kreuzfahrer zeichnet, auf dem Rückwege von einer Jerusalem-Wallfahrt nach Italien gelangt sein läßt[132]?

Ein innerer Zusammenhang zwischen diesen Erscheinungen wird sich wohl kaum bezweifeln lassen[133]. Wir sehen ab von der naheliegenden Erwägung, daß Wallfahrt und Kreuzzug in gleicher Weise dem Wandertrieb entgegenkamen und dem Bedürfnis entspringen konnten, schwierigen Verhältnissen der Heimat zu entgehen; denn damit läßt sich höchstens ein Teil unserer Beobachtungen erklären. Hier kommt es vielmehr darauf an, daß Wallfahrt und Kreuzzug sich entsprachen als Formen einer Laienfrömmigkeit, wie sie das damalige Rittertum charakterisierte. Beide sind ein Ausdruck dafür, daß das kirchliche Lebensideal über den Kreis der Kleriker und Mönche hinausgriff und die Laienwelt nachdrücklich erfaßte. Beide führten insbesondere den Ritter aus dem alltäglichen, profanen Waffenhandwerk heraus und unterstellten sein Tun einer geistlichen Idee. Infolgedessen wurden die Wallfahrten von denselben cluniazensischen Reformmännern befördert, die auch für den Gottesfrieden eintraten; Odilo von Cluny hat in mehreren Fällen Jerusalemfahrer unterstützt, und Richard von St. Vannes hat selbst einen Zug von 700 Pilgern nach Palästina begleitet[134]. Für die Mönche galten zwar große Wallfahrten oft als ungeeignet oder gar schädlich; nicht so aber für Laien. Charakteristischerweise sind mehrere Laien, die sich

---

131 Oben S. 134.

132 Oben S. 106 f.

133 Doch darf man nicht so weit gehen wie Hatem, Poèmes S. 47 ff., 58 ff., der Zusammenhänge findet zwischen dem Normannenkrieg in Sizilien und den Wallfahrten nach dem Monte Gargano (an der Adriaküste! und von der von Wilhelm von Apulien erzählten Wallfahrt bis zum normannischen Angriff auf Sizilien verging fast ein halbes Jahrhundert!), ebenso zwischen den spanischen Kreuzzügen und den Wallfahrten nach Santiago de Compostela (im äußersten Nordwesten Spaniens!), wofür er ebenfalls fürs 11. Jahrhundert keinerlei Beleg beizubringen vermag. Die These, daß die Wallfahrten von den Cluniazensern deshalb gefordert worden seien, um zum heiligen Kriege zu treiben, hängt in der Luft. Es ist eine unhistorische Vergröberung solcher inneren Zusammenhänge, wenn man aus ihnen bewußte Absichten konstruiert.

134 Pignot, Cluny II 158 f.; Sackur, Cluniacenser II 231 ff., auch zum Folgenden.

später der Reformbewegung anschlossen, der nachmalige Abt Poppo von Stablo und Graf Friedrich von Verdun, vorher nach Jerusalem gepilgert. Der Cluniazensermönch Rudolf Glaber, der uns diese Wallfahrt schildert, will darin zwar ein Zeichen des von Osten kommenden Antichrist sehen, der auch die Erwählten in Versuchung führen würde, lobt aber den frommen Eifer der Gläubigen, der von Gott belohnt werden würde[135].

Unter dem Gesichtspunkt der Ritterethik bleibt freilich die Wallfahrt hinter dem Kreuzzug weit zurück. Denn sie bedeutete ein vorübergehendes Aufgeben des Waffenhandwerks, da der Pilger für die Zeit seiner Wanderung aufhörte, ein Krieger zu sein. Die populäre Form des Kreuzzugsgedankens fällt in der Frühzeit keineswegs zusammen mit der Wallfahrtsidee, sondern bezieht sich auf den Heidenkrieg. Erst Papst Urban II. hat beide in einer Synthese vereinigt, indem er zugleich die hierarchische Verengung des Kreuzzugsgedankens aufgab. Sein Pontifikat bezeichnet die Lösung der Spannungen und die Zusammenfassung von Kräften, die zuvor schon manche Parallelität und vielfache Berührungen gezeigt, aber noch kein gemeinsames Bett gefunden hatten[136].

---

135 Raoul Glaber III c. 6 S. 109.

136 Erst nach Vollendung des Drucks kommt mir Heisig, Geschichtsmetaphysik des Rolandsliedes, Zeitschr. f. roman. Philol. LV (1935) 1–87 zu Gesicht, dessen Darlegungen sich mehrfach mit dem Gegenstande der vorliegenden Arbeit berühren und insbesondere beachtliche Zusammenhänge der Heidenkriegsidee mit eschatologischen Vorstellungen aufdecken, die gut zu den Ergebnissen dieses Kapitels passen. Dankenswert ist auch sein Hinweis S. 13 ff. auf die Spanier Eulogius und Alvaro im 9. Jahrhundert; doch muß man ihr Auftreten in die Gesamtentwicklung einordnen und darf nicht um ihretwillen einen allgemeinen Primat Spaniens in der Entwicklung der Kreuzzugsidee annehmen. Hinsichtlich Clunys vertritt Heisig die oben S. 71 ff., unten S. 278 Anm. 4 zurückgewiesenen Lehren und vermehrt sie noch durch Verwechslung des Hugo Candidus mit Abt Hugo von Cluny (S. 28).

Zehntes Kapitel: Urban II. und der Kreuzzug

Die Bewegung des christlichen Rittertums und des heiligen Krieges, die schon vor dem Ende des 11. Jahrhunderts zu so großer Kraft und Breite herangewachsen war, stand noch im Zeichen der Antinomie zwischen hierarchischer und populärer Zwecksetzung: Kampf für das Papsttum gegen dessen christliche Gegner – oder Kampf für die gesamte Christenheit gegen die äußeren Feinde? *Militia sancti Petri* – oder Heidenkrieg? Aber dieser Gegensatz war kein reines Entweder-Oder. Selbst dem Hauptverkünder der *militia sancti Petri*, Gregor VII., war die Idee des Heidenkreuzzugs in seinen ersten Pontifikatsjahren nicht völlig fremd. Sein Nachfolger *Viktor III.*, dessen Haltung ohnehin wenig klare Linien zeigt, hat noch deutlicher beide Tendenzen nebeneinander vertreten. Das läßt sich schon aus den wenigen Nachrichten entnehmen, die wir über seine politische Wirksamkeit besitzen. Wir hören in der Hauptquelle für seinen Pontifikat, der Chronik von Montecassino, daß Viktor nach dem Tode Gregors die Normannen, die lombardischen Italiener und überhaupt alle, die er erreichen konnte, zum *servitium Romanae ecclesiae* aufgerufen hat, worunter er ganz im Sinne Gregors die Befreiung Roms von der gegenpäpstlichen Herrschaft verstand, und daß sich dadurch Richard von Capua zu wiederholten Unternehmungen auf Rom bewegen ließ, die schließlich mit Gottes Hilfe zu einem Erfolge führten[1]. Danach aber erzählt die gleiche Quelle, daß Viktor fast alle Völker Italiens zum Kriege gegen die Sarazenen Afrikas aufrief, ihnen dafür die Petersfahne verlieh und Sündenvergebung versprach, worauf sie unter Christi Führung nach Afrika fuhren[2]. Dabei handelt es sich um den Zug gegen Mehdia

1 Chronik v. Montecassino III c. 65 u. 68, MG. SS. VII 748 u. 749 f. Nach Smidt, Brackmannfestschr. S. 293 ff., besonders S. 315, gehen die Angaben dieser Chronik aus der Zeit Viktors III. nicht auf den unzuverlässigen Petrus Diaconus, sondern auf den guten Chronisten Guido zurück.

2 Ebd. c. 71 S. 751. Fliche, Revue d. cours et conf. XXIV 1410 bestreitet den Anteil Viktors III. am Mehdia-Feldzug, aber seine Einwände beruhen auf eigenen Irrtümern, z. B. auf der Meinung, der Feldzug habe 1088 stattgefunden.

von 1087, den wir schon oben kennenlernten[3]. Wir können also die beiden von Viktor III. veranlaßten Unternehmungen als Beispiele für den hierarchischen und den populären Kreuzzug nebeneinanderstellen.

Nach Viktors kurzem Pontifikat wurde Urban II. der Träger des päpstlichen Reformgedankens. Als Franzose entstammte er dem Lande, das seit geraumer Zeit der hauptsächlichste Herd der Kreuzzugsbestrebungen geworden war, und als Cluniazenser gehörte er dem Orden an, der seit einem Jahrhundert die engste innere Fühlung mit der christlichen Ritterbewegung besaß[4]. So war er prädestiniert dafür, den Kreuzzugsgedanken auf die Höhe zu führen.

Gleich Viktor III. hat auch Urban II. sich nicht sogleich auf eine bestimmte Richtung der Kriegspolitik festgelegt. In seinen Erklärungen gab er sich schlechthin als ein Jünger Gregors und Fortsetzer seiner Politik, und seine Aufrufe machen auf den ersten Blick in der Tat den Eindruck, als ob kein Unterschied zwischen beiden Päpsten bestünde. Schon seine nach Deutschland gesandte Wahlanzeige bekennt sich nicht nur in ausdrücklichen Worten zum Vorbild Gregors, sondern ist auch ganz in gregorianischer Weise abgefaßt[5]. Adressaten sind neben einigen Bischöfen und Fürsten alle „Getreuen Sankt Peters“; sie werden aufgefordert, der römischen Kirche auf jede mögliche Weise zu helfen, als tapfere Streiter Gottes „sich als Mauer vor das Haus Israel zu stellen“ und „in der Schlacht zu stehen am Tage des Herrn“ (Ez. 13, 5). Auch später hat Urban seine Anhänger draußen im Lande zur Fortführung des Kampfes aufgefordert, hat sie durch die erforderlichen kirchlichen Maßnahmen gestützt und allgemein die Meinung bestärkt, daß er den unter Gregor begonnenen Streit durchkämpfen wolle[6].

Aber eine gewisse Nuancierung trat doch von vornherein hervor. Schon die Kampfesworte der Wahlanzeige lassen die Möglichkeit einer rein geistlichen, übertragenen Deutung nach der traditionellen Bildersprache der Kirche zu, während Gregor in seinen Aufrufen unumwunden von körperlichem Waffen-

---

3 Oben S. 265.

4 Über den mittelbaren inneren Zusammenhang zwischen dem Cluniazensertum und der Kreuzzugsidee vgl. oben S. 71 f. Falsch freilich ist die in der französischen Literatur weit verbreitete Auffassung, daß Cluny unmittelbar die Kreuzzüge organisiert habe. Vgl. dagegen Fliche, Revue hist. egl. France XIII 300 Anm. 57 und Europe S. 551 Anm. 12, sowie unten Anm. 73.

5 JL. 5348.

6 Vgl. Hauck, Kirchengesch. III 877 f.

gebrauch gesprochen hatte[7]. Ähnlich liegt es in späteren Schreiben Urbans, die zum Teil mit ihren scheinbar kriegerischen Worten deutlich im Rahmen der geistlichen Symbolik bleiben[8]. Eine von ihm getroffene bußrechtliche Entscheidung trat nicht mit schroffer Einseitigkeit für das Recht der Tötung von Gebannten ein, sondern trug den entgegenstehenden Bedenken durch ein gewisses Kompromiß Rechnung[9]. Auch wird es schwerlich Zufall sein, daß wir ablaßartige Verheißungen für den Schismakrieg, wie sie Gregor verkündet hatte, von Urban nicht mehr kennen. Er hat offenbar in diesen heiklen Fragen eine größere Zurückhaltung geübt.

Vor allem aber unterschied er sich dadurch, daß er das Papsttum selbst nach Möglichkeit aus dem unmittelbaren Kriege heraushielt. Zwar konnte er es nicht ändern, daß sich die stadtrömischen Parteien, deren eine für ihn eintrat, mit den Waffen bekriegten. Aber er trat nicht selbst als Führer oder Anstifter solcher Kämpfe auf und vermehrte sie nicht. Am weitesten ging er noch im Anfang. Als seine Anhänger im Sommer 1089 durch eine regelrechte Schlacht zum erstenmal in Rom die Oberhand gewannen und ihm die Abhaltung der Krönungsmesse in Sankt Peter und die Krönungsprozession durch die Stadt ermöglichten, hat er diesen Erfolg noch in einer Art von Siegesbulletin der Welt verkündet[10].

Als aber seine damalige Hoffnung auf endgültige Verdrängung der römischen Wibertiner zerrann, diese vielmehr einen großen Teil der Stadt im Besitz behielten und die Kämpfe fortsetzen konnten, hat Urban sich in der Folgezeit sorgfältig zurückgehalten. In den Jahren 1091 und 1092 kehrte er zum Weihnachtsfest aus Süditalien in den Kirchenstaat zurück, versuchte aber keinen Einzug in Rom, der sich nicht ohne Blutvergießen hätte bewerkstelligen lassen, sondern blieb draußen vor den Toren[11]. Erst Ende 1093 konnte er wieder in der Stadt

---

7 Z. B. kommt die angeführte Ezechiel-Stelle auch im Gregor-Brief JL. 5108 vor, ist dort aber durch den Zusatz *corpora vestra* verdeutlicht. Vgl. oben S. 160 f.

8 Vgl. die *athletae Dei* in JL. 5538 und das *vexillum catholicae fidei* in JL. 5662.

9 Vgl. oben S. 220 f. mit Anm. 43. Auch die Dekretale JL. 5743, von der ein Teil sich auf den Gehorsam im Kriege bezieht, bleibt in allgemeinen, unverfänglichen Wendungen.

10 Urbans Enzyklika, Kehr, Arch. Soc. Rom. XXIII 277 f. Urban spricht hier von den *milites nostri cum castellanis;* letztere sind die nichtritterlichen Insassen kirchenstaatlicher Burgen, erstere also die ritterlichen Anhänger Urbans aus dem Kirchenstaat oder aus Rom selbst. Die Urkunde ist übrigens wichtig für die Geschichte der päpstlichen Krönungsprozession; nur um diese, nicht um einen Einzug in Rom handelt es sich, zumal Urban sich schon seit Ende Oktober 1088 in Rom befand.

11 Bernold ad 1092 u. 1093, MG. SS. V 453, 455.

selbst Wohnung nehmen, ohne aber gegen die dort noch zahlreich vorhandenen Wibertiner etwas zu unternehmen; denn er wollte, wie Bernold sagt, „lieber eine zeitlang Unrecht ertragen, als unter die römischen Bürger durch Waffengewalt Unruhe tragen“[12]. Urban trug also den Vorwürfen, wie man sie gegen Gregor VII. erhoben hatte, Rechnung und stellte seine Taktik um: er beschloß, seine innerkirchlichen Gegner, statt mit den Waffen, lieber mit dem Golde zu bekriegen.

Schon im Jahre 1089 hatte er seine Reise durch Unteritalien zu öffentlichen Geldsammlungen für die Wiedergewinnung Roms benutzt, damals freilich vergebens, denn auf dem Rückwege nach Rom soll ihn der normannische Graf Jordan von Capua mitsamt seinen Schätzen abgefangen haben[13]. Aber Urban setzte seine Bemühungen fort. Ob er seine neuen unteritalienischen Reisen in den nächsten Jahren in der gleichen Weise benutzt hat, wissen wir zwar nicht. Doch deutete er selbst seine Absichten ziemlich unverblümt an in zwei Schreiben, die er im November 1093 nach Südfrankreich sandte[14]. Er sprach darin von dem Druck, unter dem die römische Kirche leide, und von seiner Hoffnung, daß die „Freiheit des apostolischen Stuhls“ bald wiederhergestellt werde. Hierfür erbat er aber keine kriegerische, sondern geldliche Hilfe; die Gläubigen sollten freiwillige Gaben spenden für die römische Kirche oder doch wenigstens den schuldigen Zins an den lateranensischen Palast entrichten. Diesen Plan, die Wibertiner mit Geld zu sich herüberzuziehen, hat Urban bald darauf auch ausführen können. Im Frühjahr 1094 erbot sich Ferruccio, der wibertinische *custos* des Lateranpalastes, zur Übergabe dieses entscheidenden Gebäudes und der zugehörigen Festungsbauten gegen eine große Geldsumme. Die Kardinäle legten zusammen, was sie aufbringen konnten; da es nicht reichte, bemühte der Papst sich anderweitig um Geld, so wandte er sich unter Tränen an den gerade in Rom

---

12 Bernold ad 1094, ebd. S. 457.

13 So nach dem Bericht des griechischen Metropoliten Basileios von Reggio, ed. Holtzmann, Byz. Ztschr. XXVIII 66 (wo Z. 4 das Wort μου in αὐτοῦ zu emendieren ist). Allerdings bezieht Holtzmann ebd. S. 56 diese Erzählung nicht auf Urban, sondern auf den neuernannten Erzbischof von Reggio; aber die Angabe, daß der Betreffende ganz (Unter-) Italien durchzogen und Weihen erteilt habe, und der Zusammenhang der Erzählung im Rahmen des ganzen Berichts (s. unten S. 289 f.) weisen mit Sicherheit auf den Papst. Vgl. auch Kehr, Q. u. F. XXV 310. Basileios behauptet ferner, daß Urban damals auch durch die Erteilung der Weihen Geld erworben habe, ebenso durch die Vergebung des Erzbistums Reggio; vgl. dazu Holtzmann S. 54 f.

14 JL. 5494, 5495.

anwesenden reichen Abt Gottfried von Vendôme. Dieser verpfändete alles, was er hatte; so kam das Geld zusammen, und der Palast ging in die Hände des Papstes über, ohne daß Blut vergossen wurde[15].

Ebenso unkriegerisch blieb Urbans Verhalten auch später, besonders bei seiner Rückkehr nach Rom im Dezember 1096. Während seiner zweijährigen Abwesenheit in Oberitalien und Frankreich hatten die Wibertiner noch immer einen Teil von Rom in ihrem Besitz behalten. Unterdessen aber hatte der Papst in Frankreich die Ritterheere zum Aufbruch in den Orient in Bewegung gesetzt[16]. Während er selbst sich langsam der ewigen Stadt wieder näherte, holte ihn in Lucca ein großes Kreuzfahrerheer ein und erbat seinen Segen[17]. Wie leicht konnte der Papst sich an die Spitze dieses Heeres stellen, das ohnehin über Rom marschieren mußte, und seine dortigen Gegner mit dem Schwerte niederwerfen! Hätte Gregor VII., der im Jahre 1074 ausdrücklich den kirchenstaatlichen Krieg mit seinem Orientplan verband, einer solchen Versuchung widerstanden? Aber Urban ließ die Kreuzfahrer weiterziehen, damit sie ohne ihn als friedliche Pilger Rom passierten. In der Peterskirche wurden sie von den Wibertinern mit Steinen beworfen, da man sie als Anhänger Urbans kannte; aber mit bloßen Klagen und Rachegebeten zogen sie weiter[18]. Erst nachher setzte sich Urban in Bewegung, ohne Kreuzfahrerhilfe[19]. Bis vor die Stadt wurde sein friedlicher Zug von der Markgräfin Mathilde geleitet; dann verabschiedete er sich von ihr und zog feierlich in Rom ein, wobei ihn viele Bürger ehrenvoll empfingen, während ein kleinerer Teil der Stadt immer noch wibertinisch blieb[20]. Zu Kämpfen kam

---

15 So nach den Briefen Gottfrieds von Vendôme, die Meyer v. Knonau, Jahrb. IV 422 Anm. 9 zusammenstellt; den eigenen Anteil dabei hat Gottfried wohl etwas übertrieben.

16 Keiner Widerlegung bedarf die Erzählung des Wilhelm von Malmesbury IV c. 344 (Bd. II 390), wonach Urban nach dem Rat Bohemunds von Tarent den Kreuzzug hervorgerufen haben soll, *ut in tanto tumultu omnium provinciarum facile obaeratis auxiliaribus et Urbanus Romam et Boamundus Illyricum et Macedoniam pervaderent.*

17 Fulcher I 7, 1 ed. Hagenmeyer S. 164.

18 Fulcher I 7, 2 S. 165 f.

19 Erst viel später berichtet Otto von Freising (Chronik VII c. 6 S. 315) und die ihm folgende Historia pontificum von Zwettl (Migne 213, 1034; vgl. Rost, Historia S. 129), daß Urban damals Hilfe von Kreuzfahrern gehabt habe. Riant, Revue quest. hist. XXXIV 248, der die Historia von Zwettl für eine originale Quelle hielt, hat die Nachricht akzeptiert. Aber Otto wird durch Urbans Brief JL. 5678 widerlegt; offenbar hat er seine Quelle (Ekkehard, MG. SS. VI 213 Z. 36 f.) mißverstanden.

20 So nach JL. 5678 und Donizo II v. 822 ff. S. 83, vgl. Meyer v. Knonau IV 472 Anm. 9. Ein Widerspruch zwischen beiden Berichten besteht nicht, da Donizo nicht angibt,

es also damals nicht, und das ist anscheinend auch in der Folgezeit nicht geschehen; die Übergabe der Engelsburg an Urban im Jahre 1098 soll wiederum durch Geld erkauft worden sein[21].

Ohne Frage hat Urban es absichtlich vermieden, seine Stellung in Rom auf fremde Waffenhilfe zu gründen. In seinem Siegesbericht von 1089 hob er bereits ausdrücklich hervor, daß der Erfolg seiner Getreuen ohne Hilfe von seiten der Normannen errungen war[22]. Auch sonst hat er normannische Hilfe im Kirchenstaat niemals erhalten und offenbar – im Unterschiede zu Gregor VII. – auch niemals erbeten. Zu solchem Verzicht hatte er freilich allen Grund nach der Erfahrung, die Gregor am Ende seines Pontifikats mit dem Hilfezug Robert Guiskards nach Rom gemacht hatte. So scheint denn Urban auf außerkirchlichem Gebiet von seinen normannischen Vasallen keine anderen Leistungen mehr verlangt zu haben als Geldzahlungen; diese freilich waren ihm um so wichtiger und notwendiger, je mehr er in der Bekämpfung seiner römischen Gegner die goldenen Waffen den eisernen vorzog[23]. Die Verlegung des Schwergewichts vom militärischen auf das finanzielle Gebiet ist unter Urban II. im Verhältnis des Papstes zu seinen Vasallen auch sonst festzustellen. Wir haben keine Nachricht, daß Urban einen der *milites s. Petri* aus Gregors VII. Zeit noch zu kriegerischen Diensten für das Papsttum aufgefordert habe. Wohl aber wissen wir, daß damals der König von Aragon seine – allerdings illusorische – Verpflichtung zum Lehnsdienst in das Versprechen eines hohen Zinses umgewandelt und daß Urban dies erfreut angenommen hat[24]. Das einzige unter Urban II. neu hinzugekommene weltliche Abhängigkeitsverhältnis, das wir kennen, nämlich die Unterstellung Tarragonas und

wo die Verabschiedung des Papstes von Mathilde erfolgte.

21 So Otto v. Freising, Chron. VII c. 6 S. 315, wonach Urban das Geld wieder von den Normannen in Unteritalien bekommen haben soll; vgl. Meyer v. Knonau V 46.

22 Ed. Kehr, Arch. Soc. Rom. XXIII 278: *sie omni Nortmannorum ope.*

23 Über Urbans Finanzen vgl. zuletzt Jordan, Q. u. F. XXV 69 f., auch Holtzmann, Byz. Ztschr. XXVIII 55. Hinzu kommt noch die oben angeführte Nachricht des Basileios-Briefes, ferner JL. 5406 (an Anselm von Bec über die Einsammlung des Peterspfennigs) und JL. 5678 (an Hugo von Lyon mit den vermutlich auf Geldwünsche bezüglichen Worten: *neque inter hec matri vestrae Romanae ecclesiae subvenire attentius negligatis);* vgl. auch Klewitz, Q. u. F. XXV 135 Anm. 4. Mit Urban II. beginnt auch die Geschichte der päpstlichen Kammer (Jordan S. 94 ff.); er, nicht Gregor VII., ist der Begründer des päpstlichen Fiskalismus.

24 Vgl. Exkurs IV.

der Grafschaft Barcelona unter das Papsttum, hatte ebenfalls neben der staatsrechtlichen Bedeutung nur noch einen finanziellen, keinen militärischen Sinn[25]. Von einem schroffen Bruch mit der Politik Gregors VII., unter dem es solche Verhältnisse auch schon gab, kann nirgends gesprochen werden, wohl aber von einem stillschweigenden Abbau der *militia s. Petri,* so wie Gregor sie verstanden hatte. Urban II. zog damit die Konsequenz aus der Tatsache, daß Gregors Evangelium vom innerkirchlichen und päpstlichen Krieg sich in der Kirche nicht hatte durchsetzen können, vielmehr mindestens ebensoviel Opposition wie Zustimmung gefunden hatte.

Aber das ist nur die eine Seite seiner Kriegspolitik. Viel wichtiger war die andere: er hat den *nach außen* gerichteten kriegerischen Drang der Ritterschaft konsequent unterstützt und verstärkt.

Auch hier keine ausdrückliche Desavouierung Gregors, kein Bruch in der Entwicklung. Urban dachte nicht daran, den Heidenkrieg etwa in seinen Kundgebungen ausdrücklich höher zu bewerten als den innerkirchlichen, hierarchischen Kreuzzug. Die Erhebung Pisas zum Erzbistum (1092) wurde von ihm vor allem damit begründet, daß die Pisaner und ihr Bischof im Sturm der Schismakämpfe die Freiheit der römischen Kirche unterstützt und dafür eine Belohnung verdient hätten, damit sie ihr um so getreuer würden; zugleich berief er sich auf die Fürbitte der Gräfin Mathilde, die sich für den apostolischen Stuhl den äußersten Gefahren ausgesetzt habe. Nur ganz nebenher verwies er dabei auch auf den erfolgreichen Zug der Pisaner gegen Mehdia: Gott habe ihnen bereits durch Triumphe über die Sarazenen und durch das Steigen ihrer Besitztümer seine Gnade erwiesen, weswegen auch der Papst die Stadt erhöhen wolle[26]. Stärker schon hob er die Bedeutung des Heidenkampfs bei einem seiner bedeutendsten Anhänger, dem normannischen Grafen Roger von Sizilien, hervor. Insbesondere in dem einzigartigen sizilischen Legationsprivileg (1098) betonte der Papst die zahlreichen Siege des Grafen und die Ausdehnung der Kirche im Sarazenenlande, freilich daneben auch seine besondere Devotion zum heiligen Stuhl[27]. Für das enge Verhältnis, das Urban mit Roger verband, mag sehr wohl die Tatsache eine Rolle gespielt haben, daß der Graf, der die Eroberung Siziliens

[25] S. die Urkunden Liber censuum I 467 u. 468, dazu Kehr, Katal. Prinzipat S. 48 f.

[26] JL. 5466, Kehr, It. pont. III 321 n. 9.

[27] JL. 5706. Vgl. auch die Privilegien für Syrakus und Agrigent, JL. 5497 u. 5710, sowie allgemein über Urbans Verhältnis zu Roger Klewitz, Q. u. F. XXV 129–140.

bis 1090 beendigte, der erfolgreichste Sarazenensieger und damit Erweiterer des christlichen Gebietes war[28].

Allein die italienischen Kämpfe gegen die Mittelmeer-Sarazenen standen zu Urbans Zeit nicht mehr im Mittelpunkt des Interesses. Wichtiger war, was im Westen und Osten geschah, in Spanien und im Byzantinerreich.

In *Spanien* hatte das Christentum durch die Niederlage von Zallaca (1086) und die Begründung der Almoraviden-Herrschaft einen Rückschlag erlitten. Kriegerische Ereignisse von einschneidender Bedeutung sind dort in den nächsten Jahren zwar nicht mehr erfolgt; um so wichtiger aber war die Kleinarbeit in den Grenzgebieten. Urban II. hat sich besonders für die alte Metropole Tarragona interessiert, die damals an der Maurengrenze lag und deren Wiederaufbau – der Ort scheint nahezu unbevölkert gewesen zu sein – gleichermaßen für die Landesverteidigung wie für die kirchliche Organisation von Bedeutung war; außerdem war die Stadt dem Papsttum zu eigen gegeben. Im Sommer 1089 beschloß Urban die grundsätzliche Wiedererrichtung des Erzbistums Tarragona[29]; zugleich suchte er die Bemühungen des Landesherrn, des Grafen von Barcelona, um den Wiederaufbau der Stadt zu unterstützen. Er mahnte deshalb nicht nur den Erzbischof von Toledo zu Bemühungen in dieser Richtung[30], sondern erließ auch an die Katalanen einen Aufruf, der in seinen Einzelheiten sehr bedeutsam ist. „Wir ermahnen und beschwören euch im Herrn, daß ihr euch mit allen Kräften bemüht, die Lage der Stadt Tarragona so weit wiederherzustellen, daß dort ein Bischofssitz bestehen kann. Zur Pönitenz und zur Sündenvergebung beauftragen wir euch, mit eurer Macht und euren Reichtümern an der Wiederherstellung jener Kirche mit Eifer tätig zu sein. Denen aber, die im Geiste der Buße und Frömmigkeit nach Jerusalem oder anderswohin pilgern wollen, raten wir, die gesamten Reisemühen und Kosten lieber für die Wiederherstellung der Kirche von Tarragona zu verwenden, damit mit Gottes Hilfe dort ein Bischofs-

[28] Hampe, Kaisergeschichte S. 68, führt dazu aus: „Urban hatte als Flüchtling bei den Normannen Unteritaliens gesehen, zu welchen Ergebnissen ein zielbewußtes Vorgehen gegen den Islam führen konnte ... Dort hat sich nun in Urbans Kopfe die Idee Gregors VII. zu einem klaren Angriffsplan gegen den Islam im Osten verdichtet.“ Zu einer solchen unmittelbaren Verknüpfung des Kreuzzugsplanes mit den unteritalienischen Sarazenenkämpfen fehlt meines Wissens die Quellenbasis, aber daß ein innerer Zusammenhang zwischen beiden bestand, hat schon Ranke, Weltgesch. VIII 65 (vgl. auch 76 f.) mit Recht angenommen.

[29] Vgl. Kehr, Katal. Prinzipat S. 44.

[30] JL. 5406a; zur Datierung Kehr a. a. O. S. 44 Anm. 4.

sitz sicher bestehen kann und die Stadt selbst als Mauer und Bollwerk der Christenheit den Sarazenenvölkern entgegengestellt wird. Wir versprechen ihnen aus Gottes Gnade dieselbe Indulgenz, die sie erwerben würden, wenn sie jene lange Reise ausführten[31]." Die Wichtigkeit dieses Ablasses tritt dadurch hervor, daß der Graf Berengar von Barcelona sich ausdrücklich auf ihn bezog, als er im nächsten Jahre im Verein mit den Großen seines Landes seine Maßnahmen zum Wiederaufbau Tarragonas urkundlich festlegte[32]. Im Jahre 1091 ist auch Urban selbst in einem Schreiben an den Grafen Ermengaud von Urgel auf seine frühere Mahnung zurückgekommen und hat ihm den Wiederaufbau Tarragonas nochmals „zur Pönitenz und Vergebung der Sünden" anbefohlen[33]. Der unmittelbare Zusammenhang dieser Aufforderungen mit dem späteren Kreuzzugsablaß springt in die Augen. Gewiß sollte es sich bei der Wiederherstellung Tarragonas nicht um einen Kriegszug handeln, aber der Aufenthalt in dieser Stadt sollte doch auf der einen Seite der Verteidigung gegen die Maurengefahr dienen; wenn der Papst auf der andern Seite besonders die Kosten hervorhebt, so war auch das kein Gegensatz zur Idee des Kreuzzugs, der ja ebenfalls bis zu einem gewissen Grade Geldsache war und von manchen als solche betrachtet wurde[34]. Einen Ablaß für den Maurenkrieg hatte zwar schon Alexander II. verliehen[35]. Neu aber war bei Urban II. die Verbindung mit dem jerusalemitanischen Wallfahrtsgedanken. Daß die Wallfahrt ein verdienstliches Bußwerk sei und Vergebung der Sünden erwirke, war dem Bewußtsein der Zeitgenossen geläufig; Urban II. aber, den die Wallfahrt als Selbstzweck wohl ebensowenig interessierte wie die Stadt Jerusalem, versuchte die Wallfahrtsidee nutzbar zu machen und zu einem Instrument der christlichen Expansion umzuprägen.

Wie nahe diese Bemühungen Urbans um die Wiederherstellung Tarragonas schon dem Kreuzzugsgedanken standen, hat sich in der Folgezeit gezeigt. An sich hatte er bei den angeführten Briefen aus den Jahren 1089 und 1091 zum Vergleich natürlich noch nicht den eigentlichen Kreuzzug, sondern die fried-

---

31 JL. 5401. Der Aufruf wurde von Riant, Inventaire S. 68 ff. und Loewenfeld in den Regesten für falsch oder interpoliert erklärt, aber ohne Grund, wie Kehr a. a. O. S. 44 Anm. 2 feststellte. Die Überlieferung ist jetzt durch die Rekonstruktion der Tarragoneser Chartulare bei Kehr, Spanien I 200 ff. klargestellt.

32 Villanueva, Viage VI 326 n. 39, vgl. Kehr, Katal. Prinzipat S. 48.

33 Kehr, Spanien I 286 n. 22.

34 Vgl. Gesta Franc. I 2 ed. Hagenmeyer S. 104 ed. Bréhier S. 4.

35 Vgl. oben S. 131 f.

liche Pilgerfahrt nach Jerusalem herangezogen. Als aber die Kreuzfahrt selbst beschlossen war, blieb seine Stellung zu den spanischen Kämpfen unverändert[36]. Er hat in seinen späteren Jahren (1096–99) nochmals einen Aufruf für Tarragona an eine Anzahl Grafen und Ritter Kataloniens erlassen, der erst neuerdings entdeckt und anscheinend noch nicht weiter beachtet worden ist, der aber für die Geschichte des Kreuzzugsgedankens eines der wichtigsten Zeugnisse darstellt[37]. Wir setzen ihn in vollständiger Übersetzung hierher:

„Für Stadt und Kirche von Tarragona bitten wir euch dringend und befehlen euch zur Vergebung eurer Sünden, auf jede Weise ihre Wiederherstellung durchzusetzen. Denn ihr wißt, welch eine Verteidigung des Christenvolkes und Abwehr der Sarazenen es bedeutet, wenn diese berühmte Stadt mit Gottes Hilfe wieder emporkommt. Wenn also die Ritter der übrigen Länder einstimmig beschlossen haben, der Kirche Asiens zu Hilfe zu kommen und ihre Brüder von der Tyrannei der Sarazenen zu befreien, so stehet auch ihr – dazu mahnen wir euch – eurer Nachbarkirche in ausdauernden Mühen bei gegen den Ansturm der Sarazenen! Wer auf diesem Feldzug aus Liebe zu Gott und seinen Brüdern fällt, der zweifle nicht, daß er den Erlaß seiner Sünden und das ewige Leben nach Gottes gnädigem Erbarmen finden wird. Wenn also einer von euch den Zug nach Asien beschlossen hat, der soll vielmehr hier seinen frommen Drang betätigen. Denn es ist kein Verdienst, die Christen an einem Orte von den Sarazenen zu befreien, sie am andern der sarazenischen Tyrannei und Bedrückung auszuliefern. Der allmächtige Gott möge euer Herz zu brüderlicher Liebe anspornen und eurer Tapferkeit den Sieg geben über eure Feinde."

Es gibt wohl kein Dokument des 11. Jahrhunderts, das die christliche Idee des Heidenkampfes reiner und klarer zum Ausdruck brächte. Ob in Asien oder Spanien, immer handelt es sich um den Schutz der christlichen Brüder vor heid-

---

36 Die von Pflugk-Harttung, Acta II 167 veröffentlichten und zu einer päpstlichen Synode von 1097–99 gesetzten Konzilsakten, die unter anderem von einer einjährigen Buße in Jerusalem oder in Spanien sprechen, gehören erst nach 1139, da sie schon auf das dritte Laterankonzil Bezug nehmen.

37 Kehr, Spanien I 287 n. 23. Kehr setzte den undatierten Aufruf vermutungsweise in die Jahre 1089–91; aber der Inhalt bezieht sich bereits unmißverständlich auf das Konzil von Clermont und den Auszug der europäischen Ritter zum Orientkreuzzug, nicht zur friedlichen Wallfahrt. Da der Papst in dem Aufruf sogar für möglich hält, daß einige Katalanen mit nach Asien ziehen wollen, ist 1096 das frühest mögliche Datum; denkbar wäre 1099, gleichzeitig mit der Heimsendung Bernhards von Toledo (s. nächste Anm.).

nischer Tyrannei; der göttlichen Sündenvergebung können die Krieger hier wie da sicher sein. Der Schutz Tarragonas wird auch als ein Feldzug *(expeditio)* bezeichnet und demnach als ein „Kreuzzug" angesehen; der Papst hat sich den populären Kreuzzugsgedanken vollkommen zu eigen gemacht. Urban hat daraus auch die praktische Konsequenz gezogen, daß er den Erzbischof Bernhard von Toledo, der im Frühjahr 1099 in Rom erschien und von dort nach Syrien weiterfahren wollte, um sich dem Kreuzheer anzuschließen, kurzerhand heimsandte: er wollte nicht, daß die Spanier die Kirche ihres eigenen Landes geringer achteten als die im Orient[38].

Dieses bedeutende Interesse des Papstes für den Krieg in Spanien hat bei einigen Zeitgenossen die Vorstellung erweckt, daß Maurenkrieg und Orientkreuzzug für Urban in der Zwecksetzung eine unmittelbare Einheit gebildet hätten. Danach sollte der Kreuzzug als ein Stoß ins Herz der muhammedanischen Welt den Zweck haben, dem Gesamt-Vordringen des Islam, das für die Abendländer besonders in Spanien fühlbar geworden war, durch einen christlichen Gegenangriff ein Ende zu machen[39]. Daran mag vielleicht etwas Richtiges sein, aber man darf diese Auffassung nicht so weit vergröbern, daß man annimmt, es wäre dem Papst im Grunde überhaupt nur auf den spanischen Kriegsschauplatz angekommen und der Orientkreuzzug habe eine Diversion sein sollen, um in Spanien Luft zu schaffen[40]. Eine solche Idee wäre militärisch und geographisch unsinnig gewesen; Urban II. wußte sehr wohl, daß ein Sieg im Orient auf die Lage in Spanien keinen Einfluß haben konnte, weil es sich um verschiedene Völker und Reiche handelte. Im Mai 1098 schrieb er im Hinblick auf die Erfolge in Nicäa und Doryläum einerseits, in

---

[38] Rodrigo v. Toledo lib. VI c. 27 (Schott, Hisp. III. II 107). Der zeitliche Ansatz ergibt sich daraus, daß wir Bernhards Aufenthalt in Rom kennen: im Mai 1099, s. JL. 5801 und MG. Libelli II 423, 424. Der Ansatz bei Riant, Inventaire S. 128 ff. und JL. 5674 zu Dezember 1096 ist also falsch, auch deshalb, weil Bernhard ja noch im Juli 1096 bei Urban in Frankreich gewesen, danach aber nach Toledo zurückgekehrt war; hätte er schon damals die Kreuzzugsabsicht gehabt, so wäre sie ihm doch wohl sofort von Urban verboten worden. Später hat man (unter Verfälschung eines Briefs Paschals II. JL. 5863, vgl. Riant a. a. O.) diese Heimsendung vermengt mit dem Auftrag zur Wiederherstellung Tarragonas, den Rodrigo IV c. 11 S. 74 berichtet; bei diesem Auftrag aber handelt es sich um den inzwischen veröffentlichten Urbanbrief JL. 5406a von 1089.

[39] Guibert II c. 1, Recueil IV 135; Guillelmus Malmesbir. IV c. 347 (Bd. II 395).

[40] So Riant, Inventaire S. 103 (vgl. S. 70); Paulot, Urbain S. 290f.; Hatem, Poèmes S. 75.

Aragon anderseits: „Gott hat in unseren Tagen die Leiden des christlichen Volkes erleichtert und den Glauben triumphieren lassen; in Asien hat er die Türken, in Europa die Mauren durch die christlichen Kräfte besiegt und Städte, die einstmals berühmt waren, dem Kult des Christentums wiedergegeben[41].“ Er betrachtete die beiden Kriege also als parallele Unternehmungen, die zwar unter geistlichem Gesichtspunkt eine Einheit bildeten, militärisch aber je für sich bestanden.

Zudem waren Urbans Bemühungen um militärische Hilfeleistung für die orientalische Kirche, d. h. zunächst für das *byzantinische* Reich, schon ebenso alt wie seine spanischen Bestrebungen. Sie verknüpfen sich, wie das nicht anders sein konnte, aufs engste mit den Versuchen einer Union mit der griechischen Kirche.

Über die Unionsverhandlungen des Jahres 1089 sind wir heute verhältnismäßig gut unterrichtet, da durch eine überraschende Entdeckung wichtige griechische Akten darüber zutage gekommen sind[42]. So besitzen wir jetzt den offiziellen Verhandlungsbericht einer byzantinischen Synode, die sich im September 1089 mit den Beziehungen zum Papste beschäftigte. Urban II. hatte durch eine Gesandtschaft nach Konstantinopel den griechischen Kaiser von dem Banne, den wohl Gregor VII. verhängt hatte, lösen lassen[43]; zugleich hatte er den Antrag gestellt, seinen Namen wieder in die Konstantinopeler Diptychen aufzunehmen, und hatte über Bedrückung der lateinischen Christen in Konstantinopel Klage geführt. Die Synode bestritt eine solche Bedrückung, erklärte sich aber auf Veranlassung des Kaisers Alexios zur Aufnahme des Papstnamens in die Diptychen bereit, sobald Urban sein Empfehlungsschreiben mit dem Glaubensbekenntnis einsenden würde, und lud ihn für die weiteren Unionsverhandlungen zu einer neuen Synode nach Konstantinopel ein. Diese Einladung wurde dem Papst direkt durch ein Chrysobull des Kaisers Alexius übermittelt[44]; die Synodalakten selbst aber mit einem Schreiben des Patriarchen gingen zunächst

---

41 JL. 5703 (Privileg für Huesca).

42 Holtzmann, Byz. Ztschr. XXVIII 38 ff. Es handelt sich offenbar um ein Dossier des Basileios von Reggio: Nr. 2 und 3 sind die Konstantinopeler Akten, die Basileios als Unterhändler dem Papst überbringen sollte und im Dezember 1089 erhielt; Nr. 1 der Brief Wiberts an Basileios (Januar 1090), Nr. 4 der Bericht des Basileios an den Patriarchen (etwa Februar 1090).

43 Bernold a. 1089, MG. SS. V 450; vgl. Holtzmann, H. Vjsdir. XXII 176, 186.

44 Gaufried Malaterra IV c. 13 S. 92.

an den griechischen Metropoliten Basileios von Reggio, der für die nächsten Unterhandlungen zum Vermittler ausersehen war[45]. Basileios, der von seinem Sitz seit langem vertrieben war und sich gerade in Durazzo aufhielt, bekam die Akten am Ende des Jahres 1089[46]. Er hatte aber kurz vorher auf der Synode von Melfi einen heftigen Zusammenstoß mit Urban II. gehabt und wollte von diesem nichts mehr wissen. Er schrieb darum kurz entschlossen an den Gegenpapst Wibert, damals in Ravenna, und machte ihm von dem ganzen Plane Mitteilung. Wibert reagierte sofort durch Briefe an den Patriarchen von Konstantinopel und an Basileios, in denen er seine Bereitschaft versicherte, seinerseits die Union abzuschließen; den Basileios bat er, mit den für Urban bestimmten Synodalakten doch lieber nach Ravenna zu kommen oder sie ihm zuzusenden[47]. So weit ging Basileios freilich nicht. Aber er schrieb nun seinerseits an den Patriarchen und machte unter schweren Vorwürfen gegen Urban II. den Vorschlag, ob er nicht lieber an Heinrich IV. und Wibert delegiert werden solle: vorerst aber erklärte er sich außerstande, überhaupt eine Gesandtschaft zu übernehmen, da er durch seine Vertreibung aus Reggio aller Mittel entblößt sei und zuvor ein

---

45 Vgl. den Schluß des Briefes des Patriarchen, Holtzmann, Byz. Ztschr. XXVIII 64. Zweiter Vermittler sollte der Erzbischof Romanos von Rossano sein, doch hatte dieser sich gleichzeitig seinerseits Urban II. unterworfen (ebd. S. 67) und schied deshalb aus. So erklärt es sich, daß die Akten zuerst nach Rossano gingen und von dort dem Basileios von Reggio durch Kleriker von Rossano überbracht wurden.

46 In seinem Brief an den Patriarchen (Holtzmann, Byz. Ztschr. XXVIII 64) sagt Basileios, daß er das Schreiben des Patriarchen mit dem Auftrag zu den Unionsverhandlungen am letztvergangenen 28. Dezember erhalten habe. Holtzmann S. 48 f. nimmt dafür das Jahr 1088 an. Aber der Hauptinhalt des Basileiosbriefes, der nach seinen sachlichen Angaben keinesfalls vor Ende 1089 geschrieben sein kann, besteht gerade in einer vorläufigen Ablehnung des Auftrages, zu Urban zu reisen, und das war unmöglich, wenn Basileios schon vor der Synode von Melfi (September 1089), auf der er tatsächlich mit Urban zusammentraf, den Auftrag erhalten hatte. Auch zeigt Basileios' Bericht über diese Synode, in dem er über die Unionsfrage kein Wort sagt, daß er den Auftrag zur Zeit der Synode noch nicht hatte. Also hat er ihn erst am 28. Dezember 1089 erhalten, und es handelt sich um ein Begleitschreiben zu den Synodalakten vom September 1089.

47 Erhalten ist nur der Brief Wiberts an Basileios, Holtzmann S. 59; er gehört zweifelsohne in den Januar 1090. Wir entnehmen daraus, daß Basileios den Wibert gebeten hatte, sich für ihn beim Herzog Roger von Apulien zu verwenden, daß aber Wibert das ablehnte. Über den Brief Wiberts an den Patriarchen hören wir im Schreiben des Basileios (ebd. S. 66), daß darin ein Frühjahrsfeldzug Heinrichs IV. gegen die Normannen angekündigt wurde.

anderes Erzbistum, etwa Leukas, erhalten müsse[48]. Über den weiteren Fortgang der Verhandlung haben wir keine direkte Nachricht mehr. Aber wir können als sicher annehmen, daß der Patriarch, der sich schon vorher nicht sehr für den Unionsplan erwärmt hatte, das Unternehmen weiter versanden ließ und daß Urban den Synodalbescheid vom September 1089 nie erhalten hat. Die Angabe des Gaufried Malaterra, daß die Durchführung des Unionsplanes durch Urbans römische Gegner, also Wibert und seine Anhänger, verhindert worden sei, trifft offenbar in der Hauptsache das Richtige[49].

Der Kaiser Alexios seinerseits hat aber noch weiterhin gute Beziehungen zu Urban II. unterhalten. Er war es schon gewesen, der bei den widerstrebenden Synodalen den für Urban günstigen Beschluß durchgedrückt hatte. Die dringende Notlage, in die er durch den Krieg mit Petschenegen und Türken geraten war, veranlaßte ihn zu weitestgehendem Entgegenkommen gegenüber den Abendländern[50]. Denn er bemühte sich um militärische Hilfe aus dem Westen, die er damals auch tatsächlich erhalten hat, so vom Grafen Robert von Flandern[51]. Auch mit dem Papst selbst muß er darüber verhandelt haben; wir wissen aus Anna Comnena, daß Alexios im Frühjahr 1091 Hilfstruppen „aus Rom" erwartete[52]. Diese konnten ihm nur vom Papst versprochen worden sein, mit dem Alexios auch damals noch in direkter Verbindung stand[53]. Urban II. hat also in der vorhergehenden Zeit geglaubt, daß er dem Byzantinerreich abendländische Kriegshilfe verschaffen könne, und offenbar dadurch die Chancen für die

48 Dieser Bericht des Basileios, Holtzmann S. 64 ff., ist also etwa in den Februar 1090 zu datieren.

49 Gaufried Malaterra IV c. 13 S. 93. Vgl. Leib, Rome S. 22 ff. Holtzmann, H. Vjschr. XXII 189 Anm. 1 tritt dafür ein, daß Wiberts Unionsbemühungen schon vor denen Urbans stattgefunden hätten, da im Wibertbrief an Basileios erst die Wahl Urbans mitgeteilt werde; doch berührt der Brief sie ausdrücklich als etwas schon Bekanntes und betont nur die daraus entstandenen Wirren.

50 Holzman n, Byz. Ztschr. XXVIII 51 f.

51 Vgl. zuletzt Chalandon, Alexis S. 117 f., 125, 326 ff.; Pirenne, Revue instr. Belg. 50, 219 ff.; Dölger, Reg. n. 1152; Holtzmann, Byz. Ztschr. XXVIII 51 Anm. 4. Auch der Brief Anselms von Canterbury (noch als Abt von Bec, 1078–93) an einen Wilhelm, dessen Bruder im Orient kämpfte (Ep. II 19, Migne 158, 1167 ff.), gehört wohl in jene Jahre, vgl. oben S. 267 f.

52 Anna Comnena VIII c. 5, vgl. Chalandon, Alexis S. 129–132.

53 Bernold a. 1091, MG. SS. V 450.

Union zu verbessern gesucht: das war eine genaue Wiederaufnahme des von Gregor VII. gehegten Orientplanes.

Leider haben wir keine Nachrichten darüber, welche Schritte der Papst im einzelnen zur Mobilisierung von Truppen unternommen hat; nur tastende Vermutungen sind möglich. Anna spricht von „Söldnern“, doch kommt darauf wenig an, da zwischen Soldtruppen und freiwilligen Kreuzfahrern kein grundsätzlicher Unterschied bestand; sind doch auch die Kreuzfahrer von 1096 von Alexios vertragsgemäß mit reichen Geschenken belohnt worden[54]. Ritter für einen Orientkreuzzug waren damals natürlich nicht in Rom selbst, wohl aber, wie das Ergebnis des ersten Kreuzzugs lehrt, in Frankreich und bei den unteritalienischen Normannen zu gewinnen. Da muß es zunächst auffallen, daß Urban im Juli 1089, also zu der Zeit, wo er seine Unionsgesandtschaft nach Byzanz abordnete oder gerade abgeordnet hatte, seine Absicht verkündet hat, baldigst „zum Nutzen der Kirche“ über die Alpen zu reisen[55]. Den Plan einer solchen Papstreise, wie sie seit den Zeiten Leos IX. nicht mehr vorgekommen war, hat Urban II. festgehalten[56], und als er ihn schließlich im Jahre 1095 ausführte, war sie nach seinem eigenen Zeugnis veranlaßt durch die Not der orientalischen Kirche, zu deren Befreiung der Papst die französischen Ritter aufrief[57]. Ist nicht die Vermutung erlaubt, daß der Papst schon im Jahre 1089, als er zum ersten Male von der Reise sprach, die gleiche Absicht hatte und auf diese Weise dem Verlangen des Alexios genügen wollte? Tatsächlich freilich hat Urban seine Pläne geändert und ist im Sommer 1089 vielmehr nach Unteritalien gereist, um im September in Melfi ein Konzil abzuhalten und den Herzog Roger Bursa mit Apulien zu belehnen[58]. Das geschah nach dem Vorbild der Belehnungen Robert Guiskards, der zuletzt von Gregor VII. als Lehnsfahne das *vexillum s. Petri* erhalten hatte, um es als heiliges Siegesbanner mit dem päpstlichen Segen im Kampfe gegen Byzanz zu führen[59]. Hatte Urban die Absicht, die Belehnung in gleicher Weise mit einer Erteilung des päpstlichen Segens für ein anschließendes Kriegsunternehmen zu verbinden,

---

54 Vgl. Chalandon, Alexis S. 164 und Cambridge Med. Hist. IV 335; oben S. 246.

55 JL. 5403.

56 Im Jahre 1091 sprach er ebenfalls von dieser Absicht, Kehr, Spanien I 288 n. 24.

57 JL. 5608, vgl. unten S. 295.

58 Kehr, Belehnungen S. 31.

59 Vgl. oben S. 176, 178, 194, auch 163.

diesmal aber nicht gegen, sondern für Byzanz gegen dessen heidnische Feinde? Zur Stützung dieser Hypothese läßt sich anführen, daß Urban gleichzeitig in Melfi zum erstenmal einen Gottesfrieden beschließen ließ, wie er ihn nachher in Clermont in engem Zusammenhang mit dem Kreuzzug verkündet hat[60]. Auch die weiteren Ereignisse weisen in die gleiche Richtung. Urban verbrachte den Oktober 1089 in den apulischen Hafenstädten Bari, Trani und Brindisi und hat offenbar schon dort den Bescheid des Kaisers Alexios erhalten, der ihn auf Grund der Konstantinopeler Synodalbeschlüsse des Vormonats zu einer Unionssynode einlud. Darauf faßte der Papst den auf den ersten Blick überraschenden Beschluß, schleunigst nach Sizilien zu reisen und dort den Grafen Roger um seine Meinung zu befragen[61]. Das erklärt sich am leichtesten damit, daß Roger Urban nach Byzanz begleiten und, um dem päpstlichen Auftreten größeres Gewicht zu geben, am Kriege gegen die Petschenegen und Türken teilnehmen sollte.

Das sind freilich alles nur Vermutungen, und da uns direkte Nachrichten fehlen, ist darüber nicht hinauszukommen. Nur soviel läßt sich wohl behaupten, daß der Papst während der Verhandlungen von 1089–91 dem griechischen Kaiser lateinische Hilfstruppen in Aussicht gestellt und daß es sich insofern um ein Vorspiel zu den großen Ereignissen von 1095 gehandelt hat, um ein Zwischenglied zwischen dem Orientplan Gregors VII. und dem ersten Kreuzzug.

Denn daß auch die eigentliche *Kreuzzugspropaganda* von 1095–96 durch byzantinische Hilfebitten eingeleitet wurde, kann heute nicht mehr bezweifelt wer-

---

[60] Lupus Protospat. a. 1089, MG. SS. V 62.

[61] Gaufried Malaterra IV c. 13 S. 92. Man hat lange darüber gestritten, ob diese Reise zu 1088 oder 1089 gehört, vgl. zuletzt Holtzmann, HVjschr. XXII 187 und Byz. Ztschr. XXVIII 47 Anm. 4. Auf Grund der jetzt bekannten Synodalakten vom September 1089, die mit Gaufried Malaterra sachlich so ausgezeichnet übereinstimmen (sogar in der Angabe der Frist von 18 Monaten, vgl. Holtzmann, Byz. Ztschr. XXVIII 50 Anm. 4), kann kaum ein Zweifel mehr sein, daß Urban die Reise nach Erhalt der kaiserlichen Antwort angetreten hat, also Ende 1089. Gaufried Malaterra berichtet sie allerdings schon zu 1088, aber seine Chronologie ist auch unmittelbar vorher falsch: in c. 10–11 berichtet er Ereignisse von 1088–89 zu 1086–87, in c. 3 den Mehdia-Feldzug (1087) zu 1085. Auch Gaufrieds Angabe, daß Urban von Terracina aus aufgebrochen sei, ist kein entscheidender Gegengrund: Gaufried konnte leicht wissen, daß Urban in Terracina gewählt war und sich zunächst dort aufgehalten hatte, und dadurch zu dem Irrtum verleitet werden, daß der Papst auch seine Sizilienreise von dort aus unternommen habe.

den[62]. Die Nachricht Bernolds über das Konzil von Piacenza (März 1095) hat allen Anfechtungen siegreich widerstanden[63]. „Zu dieser Synode kam eine Gesandtschaft des Kaisers von Konstantinopel, welcher den Herrn Papst und alle Gläubigen Christi inständig bat, Hilfe zu bringen gegen die Heiden zur Verteidigung der heiligen Kirche, die in jenen Gegenden schon beinahe vernichtet war von den Heiden, die sie bis vor die Mauern der Stadt Konstantinopel erobert hatten. Zu dieser Hilfeleistung rief der Herr Papst viele auf, daß sie eidlich versprachen, mit Gottes Willen dorthin zu ziehen und dem Kaiser gegen die Heiden nach Kräften getreueste Hilfe zu bringen." Sicherlich hat Alexios auch damals die Absicht gehabt, die Hilfstruppen als Söldner zu entlohnen; daß er im übrigen die religiösen Motive der Kirchenverteidigung hervorhob, war in einer Gesandtschaft an den Papst nur natürlich, und daß der Papst seinerseits diesen Gedanken besonders unterstrich, war selbstverständlich. Ob auch damals der kirchliche Unionsgedanke eine Rolle gespielt hat, wissen wir leider nicht, und Vermutungen sind nach der positiven wie der negativen Seite hin gleich zwecklos[64]. Nur soviel ist sicher, daß Urban den Gedanken der Union keineswegs aufgegeben hatte. Im Frühjahr oder Sommer 1098, als er von der Rückeroberung Kleinasiens durch die verbündeten Kreuzfahrer und Byzantiner jedenfalls Nachricht hatte, glaubte er offenbar den psychologischen Moment gekommen und berief für den 1. Oktober nach Bari ein Konzil, das sich mit den zwischen Lateinern und Griechen strittigen Fragen beschäftigte[65]. Zugleich bemühte er sich, neue Ritterscharen zum Aufbruch nach dem Orient zu veranlassen; es ging das Gerücht, er plane selbst die Überfahrt nach Jerusalem[66]. Aber durch die Beschlüsse von Bari waren die Schwierigkeiten noch lange nicht beseitigt. Im April 1099 versammelte Urban ein neues Konzil in St. Peter, auf dem nochmals über Union und Kreuzzug verhandelt wurde[67]. Damals hat der Papst

[62] Vgl. Munro, Amer. Hist. Review XXVII 731 ff.; Holtzmann, HVjschr. XXII 190 ff. (besonders S. 191 f. über die Glaubwürdigkeit Bernolds); Fliche, Revue hist. égl. France XIII 290 ff.

[63] Bernold a. 1095, MG. SS. V 462.

[64] Die Idee von Norden, Papsttum S. 48 ff., daß Urban damals den Unionsgedanken um der Waffenhilfe wegen preisgegeben habe, ist ganz abwegig. Den entgegengesetzten Gedanken, daß Urban den Kreuzzug im Interesse der kirchlichen Einheit unternommen habe, vertritt Leib, Rome S. 319 f. und Études CCXII 672 f.

[65] Riant, Inventaire S. 186 f.; Norden, Papsttum S. 65 f.; Leib, Rome S. 287 ff.

[66] Brief der Lucchesen bei Hagenmeyer, Kreuzzugsbriefe S. 167.

[67] Riant, Inventaire S. 192 f.; Norden, Papsttum S. 66; Leib, Rome S. 296 f.

tatsächlich die Überfahrt versprochen, wohl nach Antiochien oder nach Byzanz[68]. Offenbar hatte er inzwischen von den schweren Zerwürfnissen zwischen Kreuzfahrern und Byzantinern erfahren, auch den Brief der Kreuzfahrer erhalten, die ihn hauptsächlich wegen der Auseinandersetzungen mit den Griechen zum Kommen einluden[69], und wollte alles einsetzen, um die Idee der Einheit innerhalb der Christenheit zu retten. Wäre er nicht bald darauf gestorben, so hätte er vielleicht damals die zehn Jahre vorher geplante Unionssynode zu Konstantinopel zustande gebracht[70].

Von hier aus erscheint das gesamte Kreuzzugsunternehmen als eine bloße Fortsetzung der bisherigen Orientpolitik der Päpste. Aber wir haben noch nicht von dem speziellen Ziel des ersten Kreuzzugs gesprochen, von *Jerusalem*. Dafür müssen wir zunächst dem Gang der Ereignisse kurz nachgehen.

Nach dem Konzil von Piacenza blieb Urban noch einige Wochen in der Konzilsstadt, dann reiste er über Cremona, Mailand und Asti nach Frankreich, wo er

---

68 Das erfahren wir aus dem neugefundenen Brief Bohemunds von Tarent an Paschal II. (Sommer 1108), Holtzmann, NA. 50, 280 f. Bohemund lag damals vor Durazzo im Kampfe mit dem Kaiser Alexios und forderte Paschal auf, nach Beschlußfassung auf dem bevorstehenden Konzil ebenfalls hinüberzufahren, um die Fahrt nach Jerusalem zu erleichtern, den Streit zwischen Bohemund und Alexios zu entscheiden und das Schisma zu beseitigen. Der Papst sollte also im Osten die Union bewerkstelligen und, wie Bohemund schrieb, das ausführen, was Urban II. *in concilio apud beatum ... celebrato* in Gegenwart des nachmaligen Papstes Paschal versprochen, aber *morte superveniente* nicht mehr ausgeführt hatte. Da Bohemund sich auf den Briefempfänger selbst als Zeugen beruft, muß seine Angabe als zuverlässig gelten. Die Lücke hinter *beatum* ergänzt Holtzmann durch *[Nicolaum]* und deutet die Stelle auf das Konzil von Bari, vgl. ebd. S. 272 Anm. 4. Aber die Bezeichnung der Stadt Bari lediglich durch *apud b. Nicolaum* ist für ein päpstliches Konzil wenig wahrscheinlich; viel näher liegt die Ergänzung *[P.]*, (d. h. *Petrum)* und Deutung auf das Konzil von St. Peter, das ja dieselben Verhandlungsgegenstände hatte wie das von Bari und das letzte vor Urbans Tode war. Der zeitliche Ansatz des von Holtzmann in den September 1106 gesetzten Bohemund-Briefes ergibt sich zunächst aus den Worten *transfretaretis et ... ad nos usque accederetis* (demnach schreibt Bohemund bereits aus dem Osten, Oktober 1107 bis Oktober 1108) und aus dem Hinweis auf das *concilium in proximo convocatum* (Lateransynode vom Oktober 1108), also Sommer 1108; aus Bohemunds damals bereits schlechter militärischer Lage erklärt sich seine Bereitwilligkeit, den Streit mit Alexios einer päpstlichen Entscheidung zu unterwerfen. Im ersten Teil des Briefes ist zu lesen: *Nunc autem, quoniam Dei exercitum* (so Hs.) *ammonicione b. Petri congregatum (congregatur* Hs.) *nullatenus dimittere potui, proprios legatos vestro conspectui destinare curavi.*

69 Hagenmeyer, Kreuzzugsbriefe S. 164 f.

70 Anders Holtzmann, NA. 50, 272 f.

seit August 1095 nachzuweisen ist. Er selbst hat bald danach erklärt, daß er nach Frankreich gezogen sei aus Sorge um das Unglück der orientalischen Kirchen[71]. Danach war bereits der Kreuzzugsplan der Grund zur französischen Reise, und diese Angabe wird bestätigt durch die von Urban eingeschlagene Marschroute[72]. Seine eigentlichen Reiseziele in der Zeit vor dem Konzil von Clermont waren Le-Puy und Saint-Gilles; ersteres der Sitz des Bischofs Ademar, der von Urban zum Kreuzzugslegaten bestimmt wurde, letzteres die Residenz des Grafen Raimund, der die Führung des südfranzösischen Kreuzheeres übernahm[73]. Es ist nicht zu bezweifeln, daß diese Zickzackreise des Papstes bereits im Zeichen des Kreuzzugsplanes stand, der bald darauf, im November 1095, auf dem Konzil von Clermont feierlich verkündet wurde. Auch hatte der Papst schon bei der Einberufung des Konzils, die im August von Le-Puy aus erfolgte, die Bestimmung getroffen, daß neben den Klerikern auch Laien, neben den Bischöfen und Äbten auch die Großen des Landes zum Besuch aufgefordert werden sollten[74]. Unter diesen Umständen liegt der innere Zusammenhang zwischen der gleich nach dem Konzil von Piacenza beginnenden Reise nach Frankreich und der Kreuzpredigt von Clermont deutlich zutage. Mochten im einzelnen Verschiebungen der Verfahrensweise stattfinden, so spricht doch der sorgfältige Aufbau des päpstlichen Handelns klar dafür, daß es sich von Anfang bis Ende um ein einheitliches Unternehmen und einen festen Plan gehandelt hat.

Zudem hängen die Aufrufe von Piacenza und Clermont auch sachlich aufs engste zusammen[75]. In Piacenza proklamierte der Papst den Kampf zur Bewahrung der Kirche vor der Vernichtung durch die Heiden, die bis vor die Mauern von Konstantinopel vorgedrungen waren. Das bedeutet nicht, daß man nur Konstantinopel verteidigen wollte, das in jenem Augenblick nicht unmittelbar

---

71 JL. 5608 (Hagenmeyer, Kreuzzugsbriefe S. 136).

72 Vgl. zum Folgenden Holtzmann, HVjschr. XXII 194 ff. und Fliche a. a. O. S. 294 ff., der darin seine ältere Auffassung (Philippe I S. 510) korrigiert.

73 Unmittelbar vor Clermont hat Urban außerdem auch sein Stammkloster Cluny aufgesucht. Hatem, Poèmes S. 67 ff. 71 Anm. 193 schließt daraus mit Recht, daß der Papst mit dem Abt Hugo über den Kreuzzugsplan gesprochen haben wird; aber deswegen bei Hugo einen Anteil an der Initiative zu suchen, ist um so weniger begründet, als wir über eine tatsächliche Rolle Clunys bei der Propaganda oder Durchführung des ersten Kreuzzugs keinerlei Nachricht haben.

74 Brief des Erzbischofs Raynald von Reims, Migne 150, 1388.

75 Zum Folgenden vgl. Exkurs V, wo die Belege zu finden sind. Dazu jetzt auch Cartellieri, Machtpolitik S. 20 ff.

bedroht war. Vielmehr ging die Absicht offenbar dahin, zum Gegenangriff vorzugehen und zunächst in Kleinasien die Grenzen der christlichen Herrschaft wieder vorzuschieben und die dort noch zahlreich vorhandenen Christen von der Türkenherrschaft zu befreien. Wie weit nach Osten und Süden der Krieg dabei vorgetragen werden sollte, wird uns nicht berichtet; auch in Syrien und Palästina gab es ja christliche Kirchen, auch diese Länder hatten einst zum Byzantinerreich gehört. Es ist durchaus möglich, daß man auch in Piacenza schon Jerusalem unter den Orten genannt hat, an denen die christliche Kirche vor der Vernichtung bewahrt werden müsse, so wie vorher schon Gregor VII. bei seinem Orientplane beiläufig das heilige Grab erwähnt hatte. Demgegenüber hat in Clermont eine grundsätzliche Änderung nicht stattgefunden. Von Hilfeleistung für das byzantinische Reich wurde allerdings, soweit wir wissen, nicht mehr unmittelbar gesprochen, offenbar weil dieser Gedanke im Westen nicht sonderlich populär war. Dafür aber lautete das Kriegsziel schlechthin: Befreiung der orientalischen Kirchen – und das kam de facto auf das gleiche hinaus. Denn wenn man mit diesem Ziel zu kämpfen begann, dann konnten die Dinge nicht viel anders laufen, als sie tatsächlich gelaufen sind: man mußte zuvörderst im Bunde mit dem byzantinischen Kaiser Kleinasien zurückerobern. Als Anlaß nannte der Papst das Wüten der Türken gegen die unterworfenen Kirchen im Orient, darunter insbesondere in der Stadt Jerusalem. Damit blieb er durchaus im Rahmen des ursprünglichen Planes. Es handelt sich nur um eine gewisse Verschiebung des Akzents. Aber auch diese darf nicht überschätzt werden, denn wenn nicht alles täuscht, hat Urban auch in Frankreich bei seiner Kreuzzugspropaganda Jerusalem nicht allzusehr in den Vordergrund gerückt.

Jedenfalls sah er das Ziel des Kreuzzugs noch nicht in der „Befreiung des heiligen Grabes“, wie die bald auftretende Parole lautete. „Ein Unternehmen, mystisch in seinen Zwecken ..., ein Kreuzzug einzig zum Besten des heiligen Grabes und der Seligkeit der Kämpfenden“[76] – daran dachte Urban II. durchaus nicht. Sein Programm hieß vielmehr „Befreiung der orientalischen Kirche“ oder „Befreiung der Christenheit“. Nicht auf eine einzelne Örtlichkeit kam es dem Papste an, sondern auf die Menschen, die sich zum christlichen Glauben bekannten, und auf die kirchlichen Institutionen. Das in seiner Propaganda an die Spitze gestellte Motiv war also dasselbe, das wir zuvor im Tarragona-Aufruf fanden: die Idee der Gemeinschaft der gesamten Christenheit gegen die Heiden.

[76] Sybel, Kreuzzug S. 169.

Die Verhältnisse in Byzanz oder in Jerusalem waren demgegenüber Einzelheiten von sekundärer Bedeutung.

Dazu kam aber ein Moment von ganz anderer Art: der Papst hatte den Gedanken, diesen orientalischen Feldzug gleichzeitig als eine *Wallfahrt* gelten zu lassen. Wir wissen aus dem spanischen Beispiel, daß Urban schon vorher versucht hatte, den populären, aber sachlich unfruchtbaren Wallfahrtsgedanken für den Heidenkampf fruchtbar zu machen[77]. Damals freilich konnte es sich nur um ein Als-Ob handeln: der Krieg in Spanien sollte dieselben geistlichen Indulgenzen bringen, wie wenn er eine Wallfahrt nach Jerusalem wäre. Jetzt aber bot sich die viel eindrucksvollere Möglichkeit, den neuen Krieg für eine wirkliche Wallfahrt zum heiligen Grabe zu erklären. Nur ein Hindernis stand dem im Wege: die Auffassung, daß Pilger nicht bewaffnet sein dürften; ritterlicher Kampf und Wallfahrt hatten sich ausgeschlossen. Diese Vorstellung nun hat Urban II. entschlossen über Bord geworfen. Er ließ in Clermont einen vollständigen Ablaß beschließen für jeden, der „zur Befreiung der Kirche Gottes nach Jerusalem zieht". Dabei war nicht der Ablaß als solcher das entscheidend Neue (denn daß die Jerusalemfahrt von allen anderen Bußwerken befreie, entsprach bereits der herrschenden Meinung), sondern die Festsetzung des militärischen Zwecks für die Bußfahrt. Es war nunmehr kirchenrechtlich anerkannt, daß die Pilger Waffen tragen und unterwegs Krieg führen dürften und trotzdem des geistlichen Gewinnes ihrer Pilgerfahrt nicht verlustig gingen. Zum ersten Male wurde in Clermont die Idee der bewaffneten Wallfahrt proklamiert. Die Zeitgenossen haben die Bedeutung dieses Schrittes sehr wohl erkannt; eine Reihe von Quellen definiert den Kreuzzug kurzweg dahin, daß man „mit den Waffen nach Jerusalem zog"[78]. Dementsprechend kam für die priesterliche Benediktion der aufbrechenden Pilger ein „neuer Ritus" auf: nicht nur Stab und Tasche, die alten Abzeichen der Wallfahrer, sondern zugleich das Schwert wurde gesegnet[79].

---

[77] Vgl. oben S. 284 f.

[78] Frutolf a. 1096, MG. SS. VI 208: *turmae armata manu Hierosolimam tendere coeperunt*; Lupus Protospat. a. 1095, SS. V 62: *coeperunt Galliae populi pergere, immo totius Italiae, ad sepulchrum Domini cum armis*; Hugo v. Flavigny, SS. VIII 474: *Anno ipso confirmata est via christianorum euntium cum armis in Hierusalem*; Fulcher, Vorrede ed. Hagenmeyer S. 116: *cum armis Iherusalem peregrinati sunt.*

[79] Ekkehard Hierosol. c. 10, 7 ed. Hagenmeyer S. 118: *currentibus ad ecclesias populis novo ritu gladios cum fustibus et capsellis sacerdotalis benedictio dispertivit.* Über die älteren Benediktionen für Pilger s. Franz, Benediktionen II 272 ff. (wo jedoch S. 273

Das war nicht nur ein „neuer Weg der Buße"[80], sondern vor allem ein weiterer hochbedeutsamer Schritt auf dem Wege der kirchlichen Rezeption des Waffenhandwerks. Offenbar war es diese Idee der bewaffneten Wallfahrt, die bei den Menschen des 11. Jahrhunderts die meiste zündende Kraft besaß und auf der der gewaltige, die Erwartungen Urbans wohl weit übertreffende Erfolg des Kreuzzugsappells beruhte.

Die Herausstellung Jerusalems war also für den Papst einfach ein Mittel der Heereswerbung. Um dieses Zweckes willen sah er sich veranlaßt, Jerusalem als Marschziel zu bezeichnen – aber das Kriegsziel war und blieb die Befreiung der orientalischen Kirche in ihrer Gesamtheit. Urban war offenbar der Meinung, daß diese verschiedenartig gesteckten Ziele nebeneinander bestehen könnten, und bis zu einem gewissen Grade hat er recht behalten, wie der Verlauf des ersten Kreuzzugs gezeigt hat. Daneben freilich mußte sich doch in den populären Vorstellungen mit einer gewissen Notwendigkeit eine Vereinfachung und Zusammenfassung herausbilden, indem man die Eroberung Jerusalems und die Befreiung des heiligen Grabes, unabhängig vom Schicksal des übrigen Orients, als das eigentliche Kriegsziel zu betrachten begann. Diese aller militärischen Vernunft ins Gesicht schlagende, „mystische" Zwecksetzung, deren Ursprung wir also nicht unmittelbar beim Papst suchen dürfen, ist schon während der Periode des ersten Kreuzzugs hier und da aufgetreten; das schließliche Ergebnis war später der Kampf für das „Heilige Land". Aber zur Erfassung der Entstehungsgeschichte der Kreuzzüge tragen diese Tendenzen nichts mehr bei; sie werden nur verständlich als eine nicht vorhergesehene Einwirkung des Mittels auf den Zweck.

Der Kreuzzugsgedanke Urbans II. ist also keineswegs aus seiner Sorge für das heilige Grab und für das Pilgertum herausgewachsen. Das Ältere und Primäre war vielmehr bei ihm die Idee des kirchlich-ritterlichen Heidenkrieges, und erst im Laufe seiner Wirksamkeit hierfür kam der Wallfahrtsgedanke als ein Akzidenz hinzu. Dadurch ist der Weg bestimmt, der für das Verständnis der Entstehung des Kreuzzugsgedankens eingeschlagen werden muß und der in diesem Buch beschritten ist. Erst nach dem Konzil von Clermont haben sich

die Ekkehard-Stelle mißverstanden ist). Die vorhandenen Benediktionstexte speziell für Kreuzfahrten scheinen alle erst relativ spät zu sein; vgl. auch Franz II 302 ff.

80 Ekkehard c. 35, 1 S. 304: *nova poenitentiae via,* dazu die treffende Anm. 5 des Herausgebers.

entgegen den päpstlichen Intentionen die Gewichte verlagert. Wir dürfen uns heute von der dadurch bedingten Verschiebung der Perspektive befreien und den Ursprung der Kreuzzugsbewegung nicht mehr so ausschließlich im Lichte der nachmaligen Entwicklung sehen.

Auch läßt sich danach die vielumstrittene Frage beantworten, ob Gregor VII. mit seinem Orientplan von 1074 als ein Vorläufer Urbans II. und als Vater des Kreuzzugsgedankens gelten könne[81]. Schon Urbans Biograph im Liber Pontificalis behauptet, daß der Papst mit dem Kreuzzug eine Idee Gregors ausgeführt habe[82]. Dieses alleinstehende Zeugnis hat freilich geringen Wert, da es erst aus dem 12. Jahrhundert stammt und offenbar selbst aus dem Gregorregister erschlossen ist. Tatsache ist aber, daß Urbans militärisches Kriegsziel sich deckt mit demjenigen Gregors: unbeschadet kirchenpolitischer Hintergedanken des einen wie des andern handelte es sich für beide um die Befreiung der orientalischen Christen von der Greuelherrschaft der Türken und nur innerhalb dieses Programmes auch noch um Jerusalem und das heilige Grab[83]. Insofern war der Kreuzzugsgedanke Urbans II. in der Tat schon bei Gregor VII. vorhanden. Bei diesem aber fehlte noch völlig die weitere Idee der bewaffneten Wallfahrt, die dem Unternehmen Urbans den großen Erfolg brachte und die Richtung der weiteren Entwicklung bestimmte. An ihrer Stelle hatte Gregor es mit der speziellen Bindung der Ritter an die Kurie versucht. Beide glichen sich darin, daß sie die Idee des christlichen Ritterkampfes gegen die Heiden, also den allgemeinen Kreuzzugsgedanken, mit Nachdruck aufgriffen und jeweils um ein neues Element bereicherten, um unmittelbar zündend zu wirken. Gregors *militia s. Petri* hat jedoch nicht gezündet, sondern das Feuer beinahe erstickt, erst Urbans Wallfahrt zum heiligen Grabe entfachte es zur hellen Flamme.

Trotz dieser neuen Gedankenverbindung ist der innere Zusammenhang mit der vorhergehenden Entwicklung der Ritteridee nicht zu verkennen. Wie in

81 S. die Literatur bei Röhricht, Erst. Kreuzzug S. 13 Anm. 5 und Holtzmann, HVjschr. XXII 167 Anm. 6. Dazu Stevenson in Cambridge Med. Hist. V 271 und Hampe, Hochmittelalter S. 93. Über Gregors Orientplan vgl. oben S. 154 ff.

82 Liber Pontificalis II 293.

83 Dazu eine Einzelheit: Gregor VII. (Reg. I 49 S. 75) schreibt, daß die Heiden schon fast *usque ad muros Constantinopolitane civitatis* alles verwüstet hätten. Wörtlich ebenso Bernold über das Konzil von Piacenza (MG. SS. V 462): *usque ad muros Constantinopolitanae civitatis.* Ähnlich (bis zum *brachium s. Georgii*) Fulcher I c. 3, 3 S. 133 über Urbans Rede in Clermont; vgl. Guibert I c. 5, Recueil IV 131; Narratio Floriacensis ebd. V 356; auch der falsche Alexiosbrief c. 13 bei Hagenmeyer, Kreuzzugsbriefe S. 133.

einem Sammelbecken läuft hier fast alles zusammen, was sich zuvor an charakteristischen Einzelzügen des *allgemeinen Kreuzzugsgedankens* ergeben hatte.

Obenan steht die unmittelbare Stellung der Ritterschaft zur Kirche. Von einer Verpflichtung des Königtums, der Staatsgewalt als solcher, zum Heidenkampf ist nirgends mehr die Rede; es war gerade wesentlich für den ersten Kreuzzug, daß er als ausgesprochenes Ritterunternehmen ohne Kaiser und Könige stattfand. Zum Führer des Zuges *(itineris ac laboris dux)* bestimmte der Papst seinen Legaten, den Bischof Ademar von Puy[84]. Dieser sollte also keineswegs bloß geistliche Funktionen ausüben, sondern gewissermaßen die politische Gesamtführung haben; das militärische Kommando war zunächst wohl dem Grafen Raimund von Saint-Gilles zugedacht. Dieser Plan ist nicht ganz so zur Geltung gekommen, weil sich neben dem südfranzösischen Heere Raimunds und Ademars noch andere selbständige Armeen bildeten, was vom Papste schwerlich vorhergesehen war[85]. Aber Urbans Idee zielte fraglos auf ein Ritterheer unter geistlicher Führung, bei Ausschaltung der Staatsoberhäupter; ein Gedanke, dessen Werdegang wir schon durch ein Jahrhundert verfolgen konnten.

Es war ein völliges Mißverständnis der päpstlichen Absichten, als sich auch Kleriker und Mönche in größerer Anzahl an dem Zuge beteiligen wollten, offenbar irregeführt durch den propagandistisch herausgestellten Wallfahrtsgedanken[86]. Urban stellte das richtig und ließ die Kleriker nur insoweit teilnehmen, als sie mit der Erlaubnis ihrer Bischöfe die Seelsorge im Heere wahrzunehmen hatten[87]. Den Mönchen, die sich der *militia spiritualis* gelobt hatten, verbot er nicht nur das Waffentragen, sondern den ganzen Zug, indem er zur Erklärung bemerkte: „Wir haben zu diesem Feldzug den Sinn der *milites* angespornt, die die Wildheit der Sarazenen beugen und den Christen die frühere Freiheit wiedergeben können“[88].

---

84 JL. 5608 (Hagenmeyer, Kreuzzugsbriefe S. 136).

85 Fliche, Revue hist. égl. France XIII 302 ff.; über Raimund auch Chalandon, Croisade S. 46 ff.

86 Vgl. Bernold a. 1096, MG. SS. V 464 über die *apostatae;* Balderich I c. 8, Recueil Occ. IV 17; dazu Gottlob, Kreuzablaß S. 84.

87 Kehr, It, pont. V 248 n. 14 (Hagenmeyer, Kreuzzugsbriefe S. 137 f., ebd. S. 216 Anm. 17 mißverstanden). Auch die Heimsendung des Erzbischofs von Toledo (oben Anm. 38) gehört vielleicht in diesen Zusammenhang.

88 Kehr, It. pont. III 89 n. 8 (Gött. Nachr. 1901, 312). Vgl. auch die Briefe Anselms von Canterbury, Migne 159, 165 (Ep. III 130) und bei Schmitt, Revue bénéd. XLIII 236 f.

Schon darin zeigt sich der eigentliche Sinn des Zuges: die Ritter sollten ihr Schwert einem christlichen Zweck weihen. Die Kreuzzugsschriftsteller wandeln dies Thema mannigfaltig ab. Gerechte Kriegsgründe, so schreibt Guibert von Nogent, habe es auch schon früher gegeben, im Kampfe für Freiheit und Gemeinwohl, gegen die Heiden und zum Schutze der Kirche. „Aber weil diese fromme Absicht allenthalben nachläßt und die Habsucht die Herzen beherrscht, hat Gott in unserer Zeit die heiligen Kriege eingesetzt, damit der Ritterstand und das unbeständige Volk, die nach heidnischer Art gegenseitig ihr Blut vergossen, einen neuen Weg hätten, das Heil zu gewinnen. Sie brauchen nicht das Mönchsleben zu wählen und nach einem Ordensgelübde die Welt zu verlassen, sondern können in gewohnter Freiheit und Laienkleidung durch ihren eigenen Beruf Gottes Gnade erlangen“[89]. Ähnliches erzählt Radulf von Caen über Tancred: Früher habe der Gegensatz zwischen der *militia saecularis* und den Geboten des Evangeliums Tancreds Tatkraft gelähmt; aber nachdem Urban allen Heidenkämpfern Sündenvergebung versprochen habe, da habe sich seine Kraft verdoppelt. „Früher war sein Sinn gespalten und schwankte zwischen dem Evangelium und der Welt. Als aber das Waffenhandwerk zum Dienste Christi hinübergeleitet wurde, da entflammte ihn der doppelte Kampfesgrund über alles glaubliche Maß hinaus[90].“ Das sind klare und klassische Formulierungen der christlichen Ritterschaftsidee, wie sie von der kirchlichen Reformbewegung schon lange geschaffen und gefördert worden war.

Es ist kein Zweifel, daß ähnlich auch die eigenen Gedankengänge des Papstes waren. Das tritt klar zutage in der Zusammenfügung von Kreuzzug und Gottesfriede. Bekanntlich hat Urban auf dem Konzil von Clermont neben dem Kreuzzug auch einen allgemeinen Gottesfrieden proklamiert[91]. Er hat sogar die spezielle Zusammengehörigkeit zum öffentlichen Ausdruck gebracht durch die Bestimmung, daß die Person und das Gut des Kreuzfahrers bis zu seiner Rückkehr unter kirchlichem Gottesfriedensschutz stehen sollten[92]. Daß

89 Guibert I c. 1, Recueil Occ. IV 124.

90 Radulf c. 1, ebd. III 605 f.

91 Vgl. Hefele-Leclercq, Conciles V. I 400, 424; Huberti, Gottesfrieden S. 395 ff.

92 Vgl. die verschiedenen Auszüge aus den Canones von Clermont bei Pflugk-Harttung, Acta II 161 c. 2: *quicumque ibit (Hierosolymam) per nomen penitentiae, tam ipse quam res eius semper sint in treuga Domini*, und Mansi XX 902 c. 8: *in eorum bonis usque ad reditum pax continua promulgata*. Dazu Riant, Inventaire S. 115 und Gottlob, Kreuzablaß S. 142 ff.

Kreuzzug und Friedensidee überhaupt nur verschiedene Äußerungen desselben Gedankens waren, das haben schon die Zeitgenossen klar erkannt. Fulcher von Chartres gibt für Urbans Kreuzpredigt einen doppelten Grund an: einerseits die Fehden der Christen untereinander, anderseits das Vordringen der Türken in Kleinasien[93]; er spricht auch selbst von der Notwendigkeit, daß die Christen die Kämpfe, die sie untereinander gewöhnt waren, gegen die Heiden wandten[94]. Den Papst läßt er deshalb in einem Atem die Ermahnungen zu Gottesfrieden und Kreuzzug als die besonderen Aufgaben des Augenblicks aussprechen[95] und legt ihm die Worte in den Mund: „Zum Kampfe gegen die Ungläubigen, dessen Anfang lohnend und dessen Ende der Triumph ist, mögen die Ritter schreiten, die vorher mißbräuchlich gegen Gläubige private Fehden zu führen pflegten[96]." Ganz entsprechend die andern Zeugen. Bei Balderich von Dol begründet Urban seinen Kreuzzugsaufruf: „... damit ihr die mörderischen Hände vom Bruderblut zurückhaltet und für die Glaubensgenossen euch den fremden Völkern entgegenstellt ... Es ist schrecklich, wenn ihr gegen Christen die räuberische Hand ausstreckt; weniger schlimm ist es, gegen die Sarazenen das Schwert zu schwingen; ein unvergleichliches gutes Werk der Liebe ist es, für die Brüder (im Orient) das Leben zu geben[97]." Bei Guibert von Nogent heißt es: „Bisher habt ihr unerlaubte Kriege geführt, euch gegenseitig gemordet ... Jetzt schlagen wir euch Kämpfe vor, die ruhmreiches Martyrium bringen[98]." Und bei Robert von Saint-Remi: „Ihr beißt euch und streitet miteinander, führt Krieg und tötet euch durch gegenseitige Wunden. Lasset also den Haß aufhören unter euch, den Streit schweigen, die Waffen ruhen ... Ziehet zum heiligen Grab[99]!" Dieselbe Gedankenfolge tritt auch bei Gaufried Malaterra in der Schilderung der Kreuznahme Bohemunds von Tarent hervor: viele normannische Ritter, die unter der Führung Rogers von Apulien und seines Oheims Roger von Sizilien Amalfi belagerten, geloben angesichts der französischen Kreuzfahrerzüge mit Bohemund, christliches Gebiet so lange nicht mehr zu bekriegen, als sie nicht

93 Fulcher I c. 1, 2 ed. Hagenmeyer S. 120 f.

94 Ebd. I c. 5, 11 S. 152.

95 Ebd. I c. 3, 2 S. 132; vgl. c. 2, 14 S. 129 f.

96 Ebd. I c. 3, 7 S. 136.

97 Balderich I c. 4, Recueil Occ. IV 15.

98 Guibert II c. 4, ebd. S. 138.

99 Robert I c. 1, ebd. III 728. Auch Wilhelm v. Malmesbury IV c. 347 (Bd. II 396) läßt den Papst diesen Gedanken aussprechen.

den Heidenkampf aufgenommen hätten, und bewirken so die Aufgabe der Belagerung[100].

Diese Verbindung zwischen innerem Frieden und gottgewolltem Kampfe ist nichts weiter als eine ausdrückliche Bestätigung der Gedankengänge, die sich schon für die Anfänge des Gottesfriedens aufdrängten und die auch im Barbastrokrieg von 1064 hervortraten[101]. Es war das Ideal des christlichen Rittertums, wie es seit einem Jahrhundert mit wachsender Klarheit und Schärfe erkannt und verkündet wurde. Hören wir wieder die Worte, die Fulcher dem Papst in den Mund legt: „Jetzt sollen Streiter Christi *(Christi milites)* werden, die früher Räuber waren, jetzt mit Recht gegen die Barbaren kämpfen, die früher gegen Brüder und Verwandte fochten, jetzt ewigen Lohn erlangen, die früher für wenige Groschen Söldner waren, jetzt für doppelte Ehre kämpfen, die früher zum Schaden des Leibes und der Seele sich mühten[102]." Nicht minder deutlich bei Balderich von Dol: „Ihr seid stolz, zerfleischt eure Brüder und streitet miteinander. Der Kampf, der die Herde des Erlösers zerreißt, ist nicht die *militia Christi.* Die heilige Kirche hat die Ritterschaft sich vorbehalten für die Unterstützung der ihrigen, aber ihr verkehrt sie in Bosheit ... ihr Bedrücker der Waisen und Witwen, ihr Mörder, ihr Tempelschänder, ihr Rechtsbrecher, die ihr Räuberlohn suchet für vergossenes Christenblut ... Wollt ihr eure Seelen retten, so legt entweder das Kriegshandwerk nieder oder geht als *Christi milites* kühn voran und eilet zur Verteidigung der orientalischen Kirche[103]."

Diese Stellen bringen nicht nur den sittlichen Gehalt des Kreuzzugsgedankens in drastischen Worten zum Ausdruck, sondern bezeichnen auch in der Verwendung des Begriffs der *militia Christi* einen Entwicklungsabschluß. Wir haben früher beobachtet, daß bereits Gregor VII. angefangen hatte, diesen Begriff nicht mehr ausschließlich im alten geistlich-asketischen Sinn zu brauchen, sondern ihn auch auf ritterliche Vorkämpfer der Kirche anzuwenden[104]. Diese Bedeutung hat am Ende des Jahrhunderts allgemeine Geltung gewonnen: auf dem ersten Kreuzzug wurde *miles Christi* oder *miles Dei* geradezu zum Termi-

---

[100] Gaufried Malaterra IV c. 24 ed. Pontieri S. 102; vgl. Lupus Protospat. a. 1096, MG. SS. V 62; Chronik v. Montecassino IV c. 11, SS. VII 766; Geste Franc. c. 4, 1 ed. Hagenmeyer S. 152, ed. Bréhier S. 18 f.

[101] Vgl. oben S. 66 ff., 130 f.

[102] Fulcher I c. 3, 7 S. 136.

[103] Balderich I c. 4, Recueil Occ. IV 14.

[104] Oben S. 188 f.

nus für den Kreuzfahrer[105]. Der Kreuzzug war ein ritterlicher Gottesdienst, den man als die wahre Aufgabe des Kriegerstandes der profanen *militia* gegenüberstellte[106]. Als *athleta Christi* wurde jetzt nicht mehr der Glaubenszeuge oder asketische Heilige, sondern der tapfere Kreuzzugsheld gefeiert[107]. Das Kreuzheer als Ganzes hieß darum *exercitus Dei, militia Christi, militia Christiana* oder ähnlich[108]. Hinter diesen Ausdrücken tritt die Bezeichnung als Pilger (*peregrini, Hierosolymitani)* wesentlich in den Hintergrund[109]. So kann man auch begriffsgeschichtlich beobachten, daß die Episode der papalistischen *militia s.*

---

105 Brief Stephans von Chartres v. 1098, Hagenmeyer, Kreuzzugsbrief S. 150: *cum multis Christi militibus;* Brief Bohemunds ebd. S. 162: *cum multis Christo militantibus;* ferner *milites Christi* und *milites Dei* häufig in den Gesta Francorum des Anonymus, s. Einleitung Hagenmeyers S. 22.

106 Außer den oben angeführten Stellen aus Fulcher und Balderich vgl. Guibert II c. 5, Recueil Occ. IV 140: *veluti cingulum militiae, vel potius militaturis Deo, ... crucis figuram ... assui fecit;* Sigebert a. 1096, MG. SS. VI 367: *quanto quisque hactenus ad exercendam mundi militiam erat pronior, tanto nunc ad exercendam ultro Dei militiam fit promptior.* Dazu Gesta Franc. c. 17, 5 (ed. Hagenmeyer S. 271, ed. Bréhier S. 84): *hoc bellum non est carnale, sed spirituale.*

107 Gesta Franc. c. 12, 5 u. 17, 5 ed. Hagenmeyer S. 247 u. 271, ed. Bréhier S. 68 u. 84.

108 Brief Stephans v. Chartres (1097), Hagenmeyer, Kreuzzugsbriefe S. 138 f.: *Dei exercitus;* Brief Anselms v. Ripemont (1097) ebd. S. 144: *exercitus Domini;* (den Brief ebd. S. 146 ff., darin zweimal *militia Domini,* halte ich für ein späteres „Exzitatorium"); Brief Stephans (1098) ebd. S. 149 f.: *Christi exercitus, Dei exercitus;* Brief Anselms (1098) ebd. S. 157: *exercitus Domini;* Brief Daimberts v. Pisa und der Kreuzzugsführer (1099) ebd. S. 168: *Dei exercitus;* Paschal II. (1099 u. 1100) ebd. S. 175 u. 178: *militia christiana;* Raimund v. St. Gilles nennt sich in einer Urkunde v. 1103 (Cartulaire St. Victor II 151 n. 802): *princeps ... milicie christiane in Jerosolimitano itinere;* ebenso Bohemund 1108 (Holtzmann, NA. 50, 280): *christiane milicie servus* (dazu später *Dei exercitus*); in den Gesta Franc. häufig *militia Christi,* vgl. Einleitung Hagenmeyers S. 22. Zu anderen Kreuzzugsquellen s. Ekkehard, Hierosol. S. 42 Anm. 4, S. 49 Anm. 43.

109 *Peregrini* kommt zuerst vor im Brief des Alexios an Oderisius v. Montecassino bei Hagenmeyer, Kreuzzugsbriefe S. 141 (Dölger, Reg. n. 1207), den wir aber nur im unzuverlässigen Text des Petrus diac. besitzen; dann in dem Aufruf ebd. S. 154 (1097, nicht 1098, freilich wohl im Abendland entstanden); im Brief Anselms v. Ripemont (1098) ebd. S. 160; Raimund v. Aguilers c. 2, Recueil Occ. III 238; Gesta Franc. c. 4, 3 ed. Hagenmeyer S. 157, ed. Bréhier S. 20 Anm. e (dazu Balderich v. Dol I c. 16, Recueil IV 22: *Peregrini pro Deo sumus, Christi milites sumus);* ferner mehrere andere Stellen in den Gesta, s. das Register der Ausgabe Hagenmeyers (besonders c. 30, 6 ed. Hagenmeyer S. 387, ed. Bréhier S. 162: *Christi milites peregrini).* Zum Ausdruck *Hierosolymitani* vgl. Hagenmeyer, Kreuzzugsbriefe S. 343, dazu Ekkehards „Hierosolymita".

Petri vorüber und die allgemeine Entwicklung der Ritteridee des 11. Jahrhunderts zum endgültigen Durchbruch gelangt war.

Auf der andern Seite scheint doch auch die Anknüpfung an das Petrussystem der vorhergehenden Zeit nicht gefehlt zu haben: durch die Verleihung der Petersfahne. Man würde erwarten, daß Urban sie dem Grafen Raimund von Saint-Gilles übergeben hätte, doch fehlte dazu vielleicht die Gelegenheit. An seiner Stelle hat, wie berichtet wird, der Bruder des französischen Königs, Hugo von Vermandois, „die goldene Fahne St. Peters" erhalten[110]. Hugo war der erste, der mit einem Kreuzheer Italien durchzog, um sich in Bari einzuschiffen; er ist wohl im September 1096 in Oberitalien mit Urban II. zusammengetroffen. Daß er ein besonderes Gehorsamsverhältnis mit dem Papste eingegangen wäre, wird nicht berichtet, ist auch nicht anzunehmen; denn von dem doppelten Sinn, den die Führung der Petersfahne haben konnte, trat bei Urban natürlich nur die allgemeine Kreuzzugssymbolik hervor. Eine hervorragende Rolle hat die Fahne während des Kreuzzuges nicht gespielt, da Stellung und Schicksal ihres Trägers dazu nicht angetan waren; die abendländischen Erzähler erwähnen sie nicht. Aber man hat doch in der Folgezeit noch daran festgehalten, daß Kreuzzugsführer die Petersfahne erhielten[111]. Unter dem Gesichtspunkt dieser Fahnensitte erscheint der erste Kreuzzug in keiner Weise als eine Epoche, sondern als ein Glied einer gleichmäßig fortlaufenden Kette.

In einem Heere wie der Kreuzfahrertruppe, der die einheitliche Führung fehlte, wurde natürlich das sichtbare „Zeichen" eines einzelnen Führers, die Fahne, an Bedeutung weit übertroffen durch das gerufene „Zeichen" des gesamten Heeres, den Schlachtruf. Bekanntlich sind die Kreuzfahrer mit dem Rufe „Gott will es" *(Deus le volt)* ins Feld gezogen[112]. Diese Parole, deren Eindruckskraft man sich nicht entziehen kann, war neu geprägt, aber ihrem Wesen nach schon seit langem nichts Neues mehr: haben wir doch die religiösen Schlachtrufe schon seit der Jahrtausendwende kennengelernt[113].

Dazu kommt schließlich als Wichtigstes der Kreuzzugsablaß. Der betreffende Kanon des Konzils von Clermont setzte den Ablaß fest in der kanonisch korrek-

---

110 Anna Comnena X c. 7: ἀναλαβόμενος ἀπό Ῥώμης τήν χρυσῆν τοῦ ἁγίου Πέτρου σημαίαν. Daß die Verleihung in Rom erfolgt wäre, ist jedenfalls ein Irrtum.

111 Vgl. oben S. 172 f.

112 Gesta Franc. c. 4, 1 ed. Hagenmeyer S. 151, ed. Bréhier S. 18; Fulcher I c. 17, 5 S. 233; dazu andere Belegstellen, vgl. Hagenmeyer in der Ausgabe des Ekkehard S. 90 u. 234 f.

113 Oben S. 92 f.

ten Form, die nicht von einem Nachlaß der Sünden sprach, sondern nur vom Erlaß der Pönitenz, der kirchlichen Bußstrafen[114]. Aber diese Unterscheidung war für die Welt bedeutungslos. Kein einziger der zeitgenössischen Berichterstatter hat sich an die offizielle Formulierung gehalten[115]. Wirksam war vielmehr der allgemeine Glaube an die Sündenvergebung und die Errettung der Seele durch die Kreuzfahrt. Auch Urban selbst hat den Kreuzzug kurzweg „zur Vergebung der Sünden" anbefohlen[116]. Dies alles ist uns jedoch ebenfalls von früher her bekannt aus den Zeiten Leos IX., Alexanders II., Gregors VII. und Viktors III.; sowohl der eigentliche Ablaß wie das allgemeinere Versprechen von Sündenvergebung hatten schon wiederholt die Entwicklung des Kreuzzugsgedankens gekennzeichnet. Wir finden ferner beim ersten Kreuzzug die Vorstellung, daß die Sündenvergebung speziell denjenigen zuteil werde, die auf dem Zuge stürben[117]. Darüber hinaus wurde der Tod auf der Kreuzfahrt als Martyrium betrachtet[118] oder doch als sicherer Eintritt ins Paradies[119]. So sagt es das Kreuzzugslied, das wir aus jener Zeit besitzen[120]:

Illuc quicumque tenderit,
Mortuus ibi fuerit,
Caeli bona receperit
Et cum sanctis permanserit,

---

[114] Mansi XX 815 c. 2: *iter illud pro omni poenitentia reputetur.* Entsprechend auch Urbans Brief an die Bolognesen, Kehr, It. pont. V 248 n. 14 (Hagenmeyer, Kreuzzugsbriefe S. 137).

[115] S. das Material bei Gottlob, Kreuzablaß S. 67 ff.; gerade der S. 71 als einziger für die offizielle Theorie zitierte Fulco ist nicht mehr Zeitgenosse, vgl. Recueil Occ. V S. CXLV. Dazu noch Bartulf c. 1, ebd. III 493.

[116] JL. 5608 (Hagenmeyer, Kreuzzugsbriefe S. 136): *pro remissione omnium peccatorum iniunximus*; Brief an die Katalanen, Kehr, Spanien I 287 f.: *in peccatorum remissionem precipimus ... peccatorum profecto suorum indulgentiam.*

[117] Fulcher I c. 3, 5 S. 135 (die Bemerkungen hiergegen bei Gottlob, Kreuzablaß S. 68, beruhen auf einer falschen Lesart, *comparata* statt *comperta).*

[118] Gesta Franc. c. 8, 9 u. 18, 4 ed. Hagenmeyer S. 193 u. 280, ed. Bréhier S. 42 u. 90; Hugo v. Fleury, MG. SS. IX 393; Fulcher, Prolog S. 117.

[119] Briefe von 1097 bei Hagenmeyer, Kreuzzugsbriefe S. 150 und 154; vgl. auch Balderich I c. 4, Recueil Occ. IV 15.

[120] Dreves, Analecta hymn. XLV. II 78.

und so hat es Urban II. selbst verkündet in seinem Aufruf an die Katalanen[121]. Auch diese Lehre hatte schon eine lange Tradition; wir brauchen nur an die Briefe Leos IV. und Johanns VIII. zu erinnern, aus denen kurz zuvor noch Ivo von Chartres den allgemeinen Grundsatz entnommen hatte, daß der Tod im Sarazenenkampf ins Himmelreich führe[122].

Wir haben damit eine Reihe von Momenten berührt, die den Kreuzzug aus der Reihe profaner Kriege heraushoben. Überall stellten wir die Anknüpfung an die ältere Zeit fest, wohl mit manchen Ergänzungen und Bereicherungen, gleichsam als Abschluß einer Entwicklung, aber nirgends einen Sprung oder einen Neuanfang. Dazu kommt freilich noch das wichtigste äußere Zeichen, die *Kreuznahme*, die dem ganzen Unternehmen den Namen gegeben hat. Die Kreuzfahrer haben auf ihren Kleidern Kreuze aus farbigem Tuch aufgenäht[123]; es wird allgemein berichtet, daß das schon durch den Papst auf dem Konzil von Clermont veranlaßt worden sei[124]. Dieses Zeichen bedeutete zweifellos eine Neuerung. Zwar kann man historisch anknüpfen an die ältere Sitte des „Bekreuzigens"[125]. Aber das war nur eine flüchtige Geste, während jetzt ein dauerndes materielles Abzeichen an die Stelle trat. Es muß auf die Menschen jener Zeit einen tiefen Eindruck gemacht haben, denn die zeitgenössischen Quellen beschäftigen sich viel damit. Auch ist es in der mittelalterlichen Geschichte das erste Beispiel dafür, daß eine Laienschar für ihre Kleidung ein sichtbares Abzeichen angenommen hat, und man braucht sich nur die nachmalige Ausdehnung

---

121 S. oben S. 286.

122 Vgl. oben S. 37 und 244.

123 Röhricht, Erst. Kreuzzug S. 30 Anm. 1; Erdmann, Q. u. F. XXV 37 ff.; auf den Fahnen wurde das Kreuz erst in späterer Zeit angebracht.

124 S. die Belege bei Gottlob, Kreuzablaß S. 83 Anm. 3 und Hagenmeyer in der Ausgabe Fulchers S. 141 Anm. 12.

125 Der Ausdruck *signo crucis muniri*, der geläufig war für die Bekreuzigung (vgl. Erdmann, Q. u. F. XXV 35 Anm. 1), wurde nun, wie es scheint, auch für das Tragen des Kreuzfahrerkreuzes gebraucht; man kann oft nicht entscheiden, in welchem Sinne er gemeint ist (ebenso *signo crucis armari).* In den Gesta Franc. wird er von Hagenmeyer S. 22 durchweg auf das Kreuzfahrerkreuz gedeutet, schwerlich mit Recht; an der Stelle c. 13, 6 ed. Hagenmeyer S. 252, ed. Braier S. 72 kommen jedenfalls beide Bedeutungen zusammen, wie durch *undique* einerseits, *baiulabat* anderseits gezeigt wird. So wohl auch Sigebert a. 1096, MG. SS. VI 367: *virtute et signo sanctae crucis signati et armati.*

dieser Sitte bis auf den heutigen Tag zu vergegenwärtigen, um die einschneidende Bedeutung dieses Einfalls zu erfassen.

Das gilt insbesondere unter kriegsgeschichtlichem Gesichtspunkt: es war das erste „Heerzeichen", das einer ganzen Armee gemeinsam war und ihre Geschlossenheit zum äußeren Ausdruck brachte, also der erste Schritt in der Richtung auf eine „Uniform"[126]. Dazu paßt die Deutung, die dem Kreuze von den Zeitgenossen oft gegeben wurde: es galt als ein Symbol der religiösen *militia* und des göttlichen Sieges[127]. Wenn das Kreuz in älterer Zeit als Siegessymbol Christi im Gegensatz zu den kriegerischen Feldzeichen empfunden wurde[128], so brachte es nunmehr in der Verwendung als Kriegerzeichen die Vereinigung von himmlischem und weltlichem Kriegsdienst zum Ausdruck. Daneben findet sich jedoch eine andere Deutung: Das Kreuz sollte nach dem Herrenwort: „der nehme sein Kreuz auf sich und folge mir" ein Symbol sein für die Nachfolge Christi[129]. Hierbei geht der gedankliche Zusammenhang mit Krieg und Rittertum verloren; dafür aber befinden wir uns in der Gedankenwelt der Wallfahrten, die man herkömmlich mit dem Kreuztragen und der Nachfolge Christi in Zusammenhang brachte[130]. Nun hängt die Kreuznahme überhaupt mit dem Wallfahrtscharakter des Kreuzzugs eng zusammen. Denn sie war das Zeichen

---

126 Die Geschichte der Heerzeichen muß noch geschrieben werden; die Ausführungen von Siegenfeld, Landeswappen S. 1–60, geben die Anregung, aber noch nicht die Lösung; vgl. Erdmann, Sitzungsber. Berlin 1932 S. 880 ff.

127 Fulcher I c. 4, 4 S. 141 (über die Kreuznahme): *sane pugnatores Dei merito victoriae signo insigniri et muniri debebant*; Ekkehard c. 6, 6 S. 101: *insignitum caelestis militiae stigmate exercitum* (vgl. ebd. c. 6, 4 S. 94: *crucifer exercitus ... credens in hoc, iuxta visionem Magno quondam Constantino revelatam, ab inimicis crucis Christi se triumphaturum*); Guibert II c. 5, Recueil Occ. IV 140: *Signum ... veluti cingulum militiae vel potius militaturis Deo ... crucis figuram.*

128 Vgl. oben S. 45.

129 Gesta Franc. c. 1, 1 u. 1, 3 ed. Hagenmeyer S. 101 u. 105, ed. Bréhier S. 2 u. 4; Ekkehard, Hierosol. c. 6, 2 S. 91; Balderich I c. 5, Recueil Occ. IV 16; Robert I c. 2, ebd. III 729 f.

130 Vgl. Sergius IV. JL. 3972: *Nonnulli ... eundem locum, quem ipse propriis tetigit pedibus, usque actenus querentes ... Jesu Christi non cessabant sequi vestigia ... suam tantummodo crucem tollentes, quatenus discipuli fierent et ... post Jhesu viam calcarent cum sola cruce.* Ekkehard, Hierosol. c. 35, 5 f. S. 307 f. über die Leiden der Pilger: *calicem Christi bibisse cernuntur, inter orationum, pro quibus peregrinabantur, vota. Quapropter cessent, necesse est, quidam . . . crucem post Christum, quamvis in angaria cum Symone, portantibus inproperare.*

für das Kreuzzugsgelübde[131], und die Sitte, daß der einzelne sich durch ein Gelübde zum Aufbruch verpflichtete, stammt fraglos aus dem Wallfahrtswesen. Darin liegt die Erklärung für die Tatsache, daß die Kreuznahme gegenüber der vorherigen Entwicklung der christlichen Ritteridee etwas Neues war: sie beruht auf der Vereinigung von heiligem Krieg und Wallfahrt, wie sie erst Urban geschaffen hat.

Diese Vereinigung ist auch für den Ablaß von Bedeutung gewesen. Dieser hatte zwar, wie wir gesehen haben, schon eine Tradition im Bereich des ritterlichen Kreuzzugsgedankens, aber seine besondere Popularität beim ersten Kreuzzug beruhte doch wohl darauf, daß er sich mit den volkstümlichen Vorstellungen von der büßerischen Verdienstlichkeit der Jerusalem-Wallfahrt begegnete. Dementsprechend trat er mit dem Augenblick des Kreuzgelübdes und der Kreuznahme in Kraft, wodurch seine praktische Wirkung besonders gesteigert wurde[132]. Die Rolle der Wallfahrtsidee beim Erfolg des Palästina-Kreuzzugs darf also nicht unterschätzt werden. Aber sie gibt sich deutlich zu erkennen als ein hinzutretendes Moment, das nicht hinwegtäuschen kann über den genuinen Werdegang der allgemeinen Kreuzzugsidee, des christlichen Rittertums und heiligen Krieges. Das Ergebnis ist hier das gleiche wie bei der militärisch-politischen Zwecksetzung: der Kreuzzug Urbans II. stellt nicht einen Anfang dar, sondern einen Höhepunkt der Entwicklung.

Für die unmittelbare Beurteilung der Haltung des Papstes wäre es viel wert, wenn wir eine eigentliche Kreuzzugsenzyklika von ihm besäßen. Aber die vier erhaltenen Schreiben, in denen Urban vom Kreuzzug spricht, sind anderer Art. Sein Brief an die Flandrer ist weniger ein Aufruf als eine kurze Benachrichtigung von der Ernennung des Legaten und vom Termin zum Aufbruch[133]. Das Rundschreiben an die Katalanen verfolgt den Zweck, vom Orient-Kreuzzug gerade abzuhalten[134]. Der Brief an die Bologneser spricht zwar die Päpstliche Befriedigung über die frommen Kreuzzugsabsichten aus, setzt aber auf der andern Seite gewisse Einschränkungen für die Beteiligung fest[135]. Vollends das Schrei-

131 Fulcher I c. 4, 4 S. 140 f.: *cruces ..., quas ... iussu praedicti papae post votum eundi super humeros suos peregrini consuebant.*

132 Vgl. Gottlob, Kreuzablaß S. 82 ff., 149.

133 JL. 5608 (Hagenmeyer, Kreuzzugsbriefe S. 136).

134 Kehr, Spanien I 287; vgl. oben S. 286 f.

135 Kehr, It. pont. V 248 n. 14 (Hagenmeyer, Kreuzzugsbriefe S. 137).

ben an die Mönche von Vallombrosa handelt nur von Kreuzzugsverboten[136]. Wir sind also nicht in der Lage, einen Vergleich mit den Kreuzzugsenzykliken Sergius' IV. und Gregors VII. durchzuführen und die Kontinuität oder den erreichten Fortschritt zu beobachten. Als wesentlich hervorzuheben ist aber aus allen Äußerungen Urbans ein Punkt: die durchgängig *defensive* Formulierung des Kriegsziels. Der Papst blieb hierbei korrekt im Rahmen der hergebrachten Doktrin. Die christlichen Brüder oder die Kirchen sollten von der Tyrannei und Bedrückung durch die Heiden befreit werden, so hieß es bei ihm immer wieder. Darin liegt, wie schon bemerkt, nichts anderes als die Idee einer gemeinsamen Front des Christentums gegen die Heiden. Aber dieser Gedanke hat Urban nicht dazu verleitet, die Bekämpfung der Heiden zum Selbstzweck zu machen. Die ethisch-religiöse Berechtigung des Kreuzzugs lag für ihn im Vorhandensein altchristlicher Gemeinden im Orient, die unter der türkischen Herrschaft zu leiden hatten, während der Gedanke, die Muslime etwa durch Krieg zu bekehren, ihm fernlag. Es ist verständlich, daß die populären Vorstellungen hier und da weiter gingen[137]. Man sprach während des Kreuzzugs gelegentlich davon, dieser Krieg solle den christlichen Glauben „erhöhen" *(exaltare)* und „ausbreiten" *(dilatare)*[138]. Die Frage des Übertritts der Muslime zum Christentum wurde mehrfach diskutiert[139]; es wird sogar berichtet, daß ein einzelner Kreuzfahrertrupp nach Eroberung einer syrischen Burg diejenigen Heiden habe leben lassen, die sich

---

[136] Kehr, It. pont. III 89 n. 8 (Gött. Nachr. 1901 S. 313).

[137] So sind auch die Judenverfolgungen durch die Kreuzfahrer zu verstehen. Sie waren auf der einen Seite ein Produkt der Aufregung und Disziplinlosigkeit, zumal die offizielle Kirche dagegen auftrat und die geordneten Ritterheere sich nicht daran beteiligten. Aber es war doch kein Zufall, daß beim Kreuzzugsplan von 1009 und beim Barbastrokrieg von 1064 schon ähnliche Erscheinungen aufgetreten waren. Die Idee der Sammlung der Christen gegen die Nichtchristen konnte ein solches populäres Mißverständnis leicht erzeugen.

[138] Brief Bohemunds und der Kreuzfahrer von 1098 bei Hagenmeyer, Kreuzzugsbriefe S. 162: *christiana fide exaltata,* S. 164: *christianum nomen exaltare,* S. 165: *christianum nomen super omne nomen exaltatum;* Gesta Franc. c. 33, 4 ed. Hagenmeyer S. 405, ed. Bréhier S. 174: *obsecrantes Deum, ut suum defenderet populum et christianitatem exaltaret ac paganismum deponeret*; Brief Daimberts und der Kreuzfahrer von 1099, Hagenmeyer, Kreuzzugsbriefe S. 171 f.: *regnum Christi et ecclesiae a mari usque ad mare usquequaque dilataret*; Annales August. a. 1099, MG. SS. III 135: *religio christiana per provintias dilatatur, barbari omnes aut extincti aut fugati sunt.*

[139] Hagenmeyer, Kreuzzugsbriefe S. 305 ff.

zum Christentum bekehrten, die übrigen getötet habe[140]. Damit geriet man in die Bahnen des reinen Glaubenskrieges und verließ den Boden der anerkannten Kirchenlehre. Aber eine notwendige Voraussetzung des Kreuzzugs war das keineswegs, und soweit wir die Haltung Urbans II. kennen, hat er sich eine solche Blöße nicht gegeben. Darin jedenfalls unterscheiden sich seine Äußerungen von den unbesonnenen Worten im Kreuzzugsaufruf Sergius' IV., ja auch von einzelnen Erklärungen späterer Päpste[141]; Urban II. ist unter allen Kreuzzugspäpsten nicht nur der erfolgreichste, sondern zugleich der maßvollste gewesen.

Das gilt auch gegenüber der Frage, wieweit er mit der Kreuzzugspolitik hierarchische Pläne verfolgte und auf diesem Wege die Macht des päpstlichen Stuhles steigern wollte. Der Kreuzzug zeigte den Papst in einer Lage, die nach älterer Anschauung eher dem Kaiser zugekommen wäre. Das war mit Rücksicht auf den Konflikt mit Heinrich IV. politisch wichtig: der Erfolg des päpstlichen Kreuzzugsappells war eine Niederlage des deutschen Königs. Die mittelbare Bedeutung des Kreuzzugs für die hierarchische Papstidee ist damit deutlich. Fraglich ist aber, ob in dieser Richtung auch direkte Absichten bestanden, ob Urban etwa im Orient einen päpstlichen Kirchenstaat gründen wollte, aufbauend auf der Theorie, daß das Heidenland dem heiligen Petrus gehöre[142]. Diese Vorstellung hat auf dem ersten Kreuzzug in der Tat eine gewisse Rolle gespielt, und zwar insbesondere im Hinblick auf die Stadt Antiochia, die als das ursprüngliche Bistum des Apostels Petrus und deshalb als *hereditas b. Petri* galt[143]. Nach ihrer Einnahme schrieben die Kreuzfahrer unter Bohemunds Vorantritt an den Papst und forderten ihn auf, herüberzukommen in seine Stadt und von der antiochenischen *cathedra Petri* Besitz zu ergreifen[144]. Nicht Urban II. selbst hat also

---

140 Gesta Franc. c. 30, 6 ed. Hagenmeyer S. 387, ed. Bréhier S. 164.

141 Schon Paschal II. schreibt an die Kreuzfahrer in einem Brief von 1100, JL. 5835 (Hagenmeyer, Kreuzzugsbriefe S. 178): *manus vestras, quas (Deus) hostium suorum sanguine consecravit.*

142 Vgl. oben S. 266.

143 Vgl. den Brief Anselms v. Ripemont bei Hagenmeyer, Kreuzzugsbriefe S. 160: *ab hereditate b. Petri;* Raimund v. Aguilers c. 11, Recueil Occ. III 258: *quod haec terra iuris b. Petri sit,* ebd. 259: *civitatis, quia iuris erat b. Petri et christianorum.* Vgl. auch Gesta Franc. c. 11, 7 und 28, 2 f. ed. Hagenmeyer S. 238, 364, 365, ed. Bréhier S. 64 und 148. Später bei Caffaro erscheint auch Cäsarea, eine andere Stätte des Wirkens des Apostels Petrus, als Eigentum des Apostels, Annali Genovesi ed. Belgrano I 10. Anders Hansen, Kirchenstaat S. 46 Anm. 2.

144 Hagenmeyer, Kreuzzugsbriefe S. 164.

diesen Gedanken propagiert, sondern die Kreuzfahrer haben den Papst darum gebeten. Wir haben keine Nachrichten, daß Urban irgendwelche Ansprüche auf die umkämpften Gebiete erhoben habe[145]. Im Gegenteil, wir wissen, daß er schon in Clermont bestimmt hatte, daß die Kirchen der eroberten Gebiete der Herrschaft der Eroberer unterstehen sollten[146]. Auch Paschal II. hat in seinem Schreiben an die Kreuzfahrer nach der Eroberung Jerusalems nichts von territorialen Ansprüchen durchblicken lassen[147]. Sie waren auf päpstlicher Seite offenbar nie vorhanden gewesen; Forderungen, wie sie Gregor VII. in Spanien erhoben hatte, lagen Urban II. fern[148].

Weniger einfach ist die Frage zu beantworten, wieweit Urban eine Art von päpstlicher Befehlsgewalt über das Kreuzfahrerheer erstrebt hat. Dieser Gedanke ist nicht völlig von der Hand zu weisen, schon mit Rücksicht auf die Oberleitung, die Urban seinem Legaten zugedacht hatte. Nach dessen Tode in Antiochia forderten auch die Kreuzfahrer den Papst auf, da er der *inceptor* des Zuges wäre, den Krieg, *„quod tuum proprium est"*, selbst zu beendigen, und versprachen ihm ihren Gehorsam[149]. Entsprechend schrieb später (1100) Paschal II. an die Kreuzfahrer, da sie durch Urban, den Vikar des heiligen Petrus, ihren Zug begonnen und im Apostelfürsten das Fundament ihres Werkes gehabt hätten, sollten sie diesen auch bis ans Ende im Glauben und Gehorsam als ihr Haupt ansehen[150]. Wenn wir auch von Urban selbst solche Äußerungen nicht besitzen, so ist es doch möglich, daß er Ähnliches gesagt hat. Besonders charakteristisch ist die Erzählung im Liber Pontificalis, daß die Kreuzfahrer *sub b. Petro militaverunt,* nachdem Urban, der ursprünglich selbst nach dem Orient habe mitziehen wollen, sie mit seinem Segen entlassen habe[151]. Wenn wir hier sogar das gregoriani-

---

145 Vgl. Duncalf in Essays Munro S. 155.

146 Pflugk-Harttung, Acta II 205 n. 247; vgl. Fulcher III c. 24, 15 S. 740.

147 Hagenmeyer, Kreuzzugsbriefe S. 178 f.

148 Nicht zustimmen kann ich der Darstellung bei Hansen, Kirchenstaat, der S. 12 ff. bei der Einnahme Jerusalems hierokratische Tendenzen finden will und S. 45 f. päpstliche Ansprüche auf Palästina voraussetzt. Die nachmaligen kirchenstaatlichen Ansprüche des Patriarchen Daimbert wurden nicht im Namen des Papsttums erhoben, sondern zugunsten des Patriarchats Jerusalem.

149 Hagenmeyer, Kreuzzugsbriefe S. 164 f.

150 Ebd. S. 179.

151 Liber Pontif. II 293: *sub eo principe et beato P. militaverunt*. Das Wort *eo* müßte sich auf Urban beziehen, aber es ist wohl in *Deo* zu verbessern, vgl. die Fortsetzung: *Victoria itaque facta, Deo et beato P. eiusque vicario totus mundus laudes reddere cepit.*

sche Stichwort der *militia s. Petri* wiederfinden, so paßt das gut zu der Angabe derselben Quelle, daß Urban mit seinem Kreuzzug nur einen Plan Gregors VII. ausgeführt habe. Diese Darstellung ist einseitig, aber es ist doch richtig, daß Urban an Gregors *militia s. Petri* angeknüpft hat. Das ergibt sich schon daraus, daß er gerade den Raimund von St. Gilles im voraus für den Kreuzzug gewann, denn dieser war päpstlicher Lehnsmann und der einzig Überlebende jenes Kreises von französischen Großen, die einstmals die Verteidigung des heiligen Petrus gelobt hatten und von Gregor VII. zum Normannen- und Türkenkriege aufgefordert worden waren[152]. Darin zeigt sich also erneut Urbans Abhängigkeit von den Gedanken Gregors. In einer Beziehung aber war er seinem großen Vorgänger überlegen: in der Fähigkeit zur Beschränkung. Gregor hatte nicht nur die Bewegung des christlichen Rittertums direkt für das Papsttum zu nutzen versucht, sondern darüber hinaus alles gleichzeitig gewollt und damit seine eigenen Pläne verdorben; Urban stellte seine Politik nach anfänglichem Schwanken nur noch auf den Heidenkrieg ein und ermöglichte dadurch einen großen Erfolg.

Im Zusammenhang damit steht ein weiterer Unterschied: wenn Urban an Gregors *militia s. Petri* anknüpfte, so machte er daraus etwas anderes. Wir können sein Verhältnis zu den Kreuzfahrern nur aus dem Echo bei der Mit- und Nachwelt erschließen, aber die angeführten Äußerungen zeigen bereits zur Genüge, daß er keine rechtliche Bindung der Ritter an eine päpstliche Obergewalt beansprucht hat. Das Papsttum hat unzweifelhaft durch den Kreuzzug an moralischer Autorität gewonnen; das lag schon von selbst in der Idee des kirchlichen Rittertums. Aber Urban hat es verschmäht, diesen Gewinn in direkte staatliche Macht umzuwechseln und sein Verhältnis zu den Rittern aus der religiösen Sphäre in die rechtliche hinüberzuspielen. Das scheidet ihn grundsätzlich von Gregor, für den das Schillern zwischen Frömmigkeit und Vasallität, zwischen Sacerdotium und Militärmacht, charakteristisch geblieben war.

Kein Zweifel: Urban II. wußte, daß die politische Macht des Papsttums mit seiner priesterlichen Autorität stand und fiel, daß alle hierarchischen Pläne zum Scheitern verurteilt waren, wenn ihnen die populäre Grundlage fehlte, daß aber die Stellung des Papsttums ins Unermeßliche wachsen und auf die Dauer auch die weltlichen Gewalten übertreffen mußte, wenn der allgemeine Glaube an seine innere Kraft und göttliche Berufung fest war. Den militärpolitischen Wegen seines Vorgängers folgte er darum nur so weit, als sie nicht der Kritik unterla-

[152] Vgl. Holtzmann, HVjschr. XXII 196.

gen, und begnügte sich damit, sich an die Spitze der populären Bewegung seiner Zeit zu stellen, auch ohne daß sie ihm unmittelbaren Vorteil brachte. Seine Größe liegt in diesem scheinbaren Verzicht und in der unvergleichlichen Geschicklichkeit, mit der er der Stimmung seiner Zeitgenossen entgegenzukommen, die verschiedenartigen Strömungen zu sammeln und die schlagkräftigen Parolen zu prägen verstand. So konnte es kommen, daß die Kreuzzugsbewegung mit einer Wucht zum Durchbruch kam, die die Zeitgenossen ebenso erstaunt hat wie den modernen Betrachter. Gregor VII. hatte den Strom des Kreuzzugsgedankens, der schon in den sechziger Jahren große Stärke erreicht hatte, in ein gesondertes und gar zu enges Bett abzuleiten gesucht und ihn damit tatsächlich nur aufgestaut. Urban II. verstand es, an der rechten Stelle den Damm zu öffnen und noch andere Wasser mit dem großen Strom zu vereinigen.

Der Durchbruch der Ritterbewegung im ersten Kreuzzug zeigt jenes Ineinander von historischer Kontinuität und Revolution, wie es den bewegenden Ereignissen der Weltgeschichte eigen ist.

Exkurse

Exkurs I: Benediktionen für Kriegszeiten, für Waffen und Ritter

Während für das frühe Mittelalter unter den liturgischen Texten die Meßorationen, wie sie in den Sakramentaren vorliegen, die wichtigste Gattung darstellen, treten sie etwa vom 9. Jahrhundert an für die allgemeinhistorische Forschung an Bedeutung zurück, weil man von nun an nur noch selten neue Orationen erdachte, vielmehr meist die alten beibehielt und sie nur durch wechselnde Anordnung und Komposition variierte. Anders liegt es bei den Benediktionen, die ihre Ausbildung überwiegend erst seit dem 9. Jahrhundert erhielten und in der Folgezeit noch in großer Zahl neu entworfen wurden. Sie sind deshalb auch für unser Thema von Bedeutung und von uns in den ersten Kapiteln mehrfach herangezogen worden. Da das große Werk von Franz über die Benediktionen leider gerade an den für uns wichtigen Punkten versagt – Franz kennt von den unten aufgeführten Texten und Textgruppen lediglich die Abschnitte 6 und 7 –, so stelle ich hier zusammen, was mir an Benediktionen für Kriegszeiten, für Krieger und Waffen aus der Zeit vor den Kreuzzügen bekannt ist. Daß auch meine Kenntnis lückenhaft ist, versteht sich bei dem unübersehbaren Reichtum von liturgischen Handschriften, die noch ungedruckt in unseren Bibliotheken schlummern, von selbst. Hinsichtlich der Begriffsbestimmung „Benediktion" halte ich mich, obgleich die liturgische Bedeutung keineswegs immer die gleiche ist, an die Quellen selbst und nehme in erster Linie diejenigen Texte auf, die entweder in der Überschrift als *benedictio* bezeichnet werden oder im Text ein *benedic* usw. enthalten.

1. *Benedictio in tempore belli.* Die älteste Kriegsbenediktion ist gedruckt in der Mauriner-Ausgabe der Werke Gregors des Großen nach einem Sakramentar von Saint-Thierry bei Reims vom Ende des 10. Jahrhunderts[1]. Sie steht aber auch schon in den Handschriften Paris. lat. 12048 f. 166 (Sakramentar

[1] Gregorii Opera III 644, danach Migne 78, 624; die Handschrift heute Reims 214 (418–452), vgl. Loriquet, Catalogue I 189 ff.; Schramm, Zeitschr. Savign. Kan. XXIII 192; Tellenbach, Sitzungsber. Heidelberg 1934, Nr. 1, S. 51.

von Gellone) aus der zweiten Hälfte des 8. Jahrhunderts[2] und Clm 6430 f.34 (Freisinger Benediktionale) aus dem 9. Jahrhundert. Danach hat sie folgenden Wortlaut[3]:

Benedictio in tempore belli.
Populi tui, quaesumus, omnipotens Deus, propitiare peccatis et totius hostilitatis a nobis errores[a)] *averte*[b)].
Ut Romani (sive Francorum) nominis[c)] *secura libertas in tua devotione semper exultet et tibi subdito famulatu deserviat*[d)].
Elide omnium adversarioram nostrorum superbiam et virtute dexterae tuae prosterne hostium contumaciam[d)].
Fidelem hunc populum potentiae tuae muniat invicta defensio, ut pio semper tibi devotus affectu et ab infestis liberetur inimicis et in tua iugiter gratis perseveret[e)]. *Quod ipse praestare.*

[a)] *terrores* T. [b)] folgt Amen F. [c)] *Romani sibi* (!) *Francorum nomen* (!) G, *Romani nominis sive Francorum* F, *Christiani nominis* T. [d)] folgt Amen FT. [e)] folgt Amen T.

Der Text stammt im wesentlichen aus zwei Kriegsmessen des gelasianischen Sakramentars[4]. Dort hieß es natürlich nur *Romani nominis;* im Frankenreich setzte man zunächst, wie in anderen ähnlichen Texten, die Worte *sive Francorum* hinzu, die in den Handschriften an verschiedenen Stellen eingerückt wurden; erst später ersetzte man *Romani* durch *Christiani.*

2. *Oratio super militantes.* In einem Fuldaer Sakramentar und in dem ursprünglich wohl aus Lothringen stammenden Leofric-Missale, beide aus dem 10. Jahrhundert, steht die nachfolgende Segensoration für Ritter[5]:

---

2 Es wird zuletzt von Wilmart, Revue Bénéd. XLII 222 zu 770–780 gesetzt.

3 Von den Varianten gebe ich nur die wichtigeren unter Fortlassung der Orthographica und gleichgültiger Schreibfehler. G = Sakramentar von Gellone, F = Freisinger Benediktionale, T = Sakramentar von Saint-Thierry (nach dem zitierten Druck).

4 Wilson, Gelas. Sacram. S. 276 u. 273. Vgl. Tellenbach S. 61 n.17.

5 Sacramentarium Fuldense S. 224 (F); Leofric-Missale S. 230 (L). Vgl. Schramm, Zeitschr. Savign. Kan. XXIII 158,

Oratio super militantes.

Deus perpetuitatis auctor, dux virtutum omnium cunctorumque hostium victor, benedic hos famulos tuos tibi sua capita inclinantes, effunde super eos gratiam firmam et in militia, in qua probati consistunt, prolixa sanitate[a] *et prospera*[b] *felicitate*[b] *eos*[c] *conserva, et ubicumque vel*[c] *pro*[c] *quibuscumque*[c] *auxilium tuum invocaverint, cito adsis*[d], *protegas et defendas.*

[a] folgt *eos* F. [b] *prosperitate* L. [c] fehlt F. [d] *assis* F.

Dasselbe Gebet steht ferner im Königskrönungsordo des sogenannten Egbert-Pontifikale[6], aber auf den König bezogen, also ohne Überschrift und im Singular. Da die Worte über die *militia* auf den König nicht so gut passen wie auf den Ritter, halte ich mit Schramm die Form *super militantes* für die ursprüngliche. Aus dem Egbert-Ordo ist dieses Gebet dann mit mehr oder weniger starken Abweichungen in den lombardischen Krönungsordo[7], in die früher nach Ethelred und Ratold benannten Ordines und in manche von deren Ableitungen übergegangen.

3. Pontifikale von Sens. Eine Gruppe von zwei Benediktionen (*Benedictio quando ad bellum contra hostes proficiscitur. Item benedictio quando contra paganos pugnandum est*), die aus einem Pontifikale von Sens stammen und wahrscheinlich ins 10. Jahrhundert gehören, habe ich in MÖIG. XLVI (1932) 141 mitgeteilt.

4. *Benedictio in tempore belli (sive contra Danos).* In einer Gruppe von englischen Benediktionalien und Pontifikalien seit dem 10. Jahrhundert findet sich eine formal sehr sorgfältig durchgearbeitete Kriegsbenediktion, die sich auf den Heidenkrieg bezieht und dementsprechend in einer Handschrift auch den Zusatz hat: *sive contra Danos.* Gedruckt ist sie aus dem Benedictionale Roberti vom Ende des 10. Jahrhunderts, dem Benediktionale von Canterbury aus der ersten Hälfte des 11. Jahrhunderts und dem Pontifikale von Magdalen College aus dem 12. Jahrhundert[8]. Nach Angabe Woolleys steht sie ferner im sogen. Pontifikale Dunstans aus dem 10. Jahrhundert, einer Handschrift des Britischen Museums

6 Schramm S. 218 Anm. 2.

7 Magistretti, Monumenta, Pontif. S. 119; vgl. Eichmann, HJb. XLVI 523.

8 Benedictional of Robert S. 56; Canterbury Benedictional S. 127; Pontifical of Magdal. Coll. S. 51.

Cotton Tib. B V111 aus dem 12.–13. Jahrhundert und dem Missale von Westminster aus dem 14. Jahrhundert[9].

5. *Benedictio armorum*. Das nach Egbert von York (732–766) benannte Pontifikale liegt in einer Handschrift des 10. oder beginnenden 11. Jahrhunderts (Paris. lat. 10575) vor, die aus der Ausgabe von Greenwell bekannt ist[10]. Mit der Mehrzahl der Forscher nehme ich an, daß dies Pontifikale, wenn es überhaupt auf Egbert zurückgeht, jedenfalls spätere Erweiterungen hat. Der Ordo für die Bischofsmesse z. B. wird von Eichmann erst im 10. Jahrhundert, der Krönungsordo von Schramm ums Jahr 960 angesetzt[11]. Das gleiche hat m. E. von der in der Handschrift stehenden *Benedictio armorum* zu gelten.

6. *Schwert- und Fahnensegen*. Der Text des oft als „Ritterweihe" bezeichneten Schwertsegens steht in einer Anzahl Handschriften des römisch-deutschen Pontifikale des 10. Jahrhunderts. Dieses ist wahrscheinlich in Mainz entstanden und seit der Zeit Ottos III. nachweisbar; es entstammt jedenfalls der zweiten Hälfte des 10. Jahrhunderts[12]. Schwert- und Fahnensegen stehen in einem sehr erheblichen Teil der Handschriften dieses Pontifikales, darunter auch in denen, die als getreuestes Abbild des Archetyps gelten[13]; wir können sie also möglicherweise - doch ist dies noch zu prüfen - als ursprünglichen Bestandteil dieses Pontifikales ansehen. Der Schwertsegen ist gedruckt von Gautier aus der Handschrift Rom Vallicell. D 5 saec. XI in., die in Montecassino nach einer aus der Zeit Ottos III. stammenden Vorlage geschrieben ist, von Franz aus der Handschrift Clm 6425, die in Freising unter Bischof Egilbert (1006–1039) ent-

---

9 Canterbury Benedictional S. 163.

10 Pontifical of Egbert S. 131. Zu den drei Schlußgebeten vgl. Wilson, Gelas. Sacram. S. 273, 274, 275.

11 Eichmann, Königs- und Bischofsweihe S. 26; Schramm, Forsch. und Fortschr. IX 424 und Zeitschr. Sav. Kan. XXIII 151 ff. Vgl. auch Woolley, Coronation Rites S. 58. Anders Hirsch, MÖIG. XLIV 13 Anm. 52; dagegen Erdmann, MÖIG. XLVI 139 Anm. 1.

12 Vgl. Andrieu, Revue d. sc. rel. III 149 ff. und vor allem ders., Ordines I 494 ff.; dazu meine Besprechung, Q. u. F. XXIII 282 f.; Schramm, Zeitschr. Sav. Kan. XXIV 216 ff.

13 Nach Andrieu, Ordines, steht der Schwertsegen in den Handschriften Montecassino 451, Rom Vallicell. D 5, Wien 1817, Clm 6425, Wolfenbüttel 4099, Bamberg lit. 53 und lit. 54, Eichstätt Gundekarianum, Paris. lat. 1231. Dazu käme noch eine von Gerbert, Monumenta II 125 vermerkte Rheinauer Handschrift saec. XI–XII (hier als *Benedictio ensis novi)*, sowie aus dem 12. Jahrhundert die von Franz, Benediktionen II 293 Anm. 2 vermerkten Handschriften Clm 3909 und Rituale von St. Florian.

standen ist, und von Gerbert nach der Handschrift Wien 1817 saec. XII[14]. Nach der römischen Handschrift (R) und den Drucken von Franz (F) und Gerbert (G) hat er folgenden Wortlaut[15].

Benedictio ensis noviter succincti[a)].
Exaudi, quaesumus[b)], *Domine*[b)], *preces nostras et hunc ensem, quo hic famulus tuus N. se circumcingi desiderat, maiestatis tuae dextera benedicere dignare, quatinus defensio atque protectio possit esse*[c)] *ecclesiarum, viduarum, orphanorum, omniumque Deo*[c)] *servientium contra sevitiam paganorum, aliisque*[d)] *insidiantibus sit pavor, ferror et formido*[e)].
Alia[f)]. *Famulum tuum N.*[g)], *quaesumus, Domine, pietatis tuae custodia muniat, ut hunc ensem, quem te inspirante desiderat suscipere, te adiuvante illesunt castodiat. Per*[g)].
Alia[h)]. *Benedic, Domine sancte pater omnipotens*[g)], *per invocationem sancti nominis tui*[i)] *et per advenium filii tui domini nostri Jesu Christi atque*[k)] *per donum spiritus*[l)] *paracliti hunc ensem, ut is*[m)], *qui hodierna die tua pietate eo precingitur, visibiles inimicos sub pedibus conculcet victoriaque per omnia potitus semper maneat inlesus. Per*[g)].
Tunc[n)] *cantetur*[n)] *antiphona*[o)]. *Speciosus forma pre*[p)] *filiis hominum, diffusa est gratia in labiis tuis*[p)]. *Accingere gladio tuo super femur tuum*[q)], *potentissime*[q)].
Alia[r)]. *Omnipotens sempiterne Deus, qui famulum tuum N.*[s)] *eminenti mucrone circumcingi iussisti, fac illum contra cuncta adversantia ita celestibus armari presidiis*[g)], *quo*[t)] *nullis hic*[u)] *et in evum tempestatibus bellorum turbetur. Per*[g)].

[a)] *Consecratio ensis* F; *Benedictio ensis* G. [b)] *Domine quaesumus* F. [c)] fehlt G. [d)] folgt *sibi* F. [e)] folgt *Per* R. [f)] folgt *oratio* R. [g)] fehlt F. [h)] folgt *oratio* R; *Item benedictio* G. [i)] fehlt G. [k)] et F. [l)] folgt *sancti* G. [m)] *his* RG. [n)] fehlt F; *Sequitur* G. [o)] folgt *iste* R. [p)] *pre – tuis* fehlt R; folgt V. F. [q)] fehlt R. [r)] *Oratio* R. [s)] *illum* F. [t)] *quae* G. [u)] *hoc* G.

---

14 Gautier, Chevalerie S. 298 Anm. 1; Franz, Benediktionen II 293; Gerbert, Monumenta II 111 (danach Migne 138, 1121); auch bei Franz, Rituale von St. Florian S. 109.

15 Vgl. das Facsimile im Archivio paleog. ital. II tab. 73.

Für den Textvergleich halte ich mich hier nur an das, was in dieser römischen Handschrift als einem passenden Vertreter der ganzen Gruppe steht. Sie enthält (f. 54') wie andere ihresgleichen den deutschen Königskrönungsordo[16] und in diesem die Formel *Accipe gladium* mit den Worten: *sanctam Dei ecclesiam eiusque fideles propugnes ac protegas ... christiani nominis hostes execres ac destruas, viduas ac pupillos clementer adiuves ac defendas.* Dem entspricht inhaltlich genau die Stelle im obigen Schwertsegen (1. Absatz): *quatinus defensio* usw.[17]. Beide Formeln verwenden auch das Psalmwort: *Accingere gladio tuo super femur tuum, potentissime* (Ps. 44, 4). Ferner enthält die römische Handschrift (f. 58') die schon aus dem gelasianischen Sakramentar bekannte Königsmesse, erweitert als *missa pro imperatore*, darin die Stelle: *pretende ... arma celestia, ut pax ecclesiarum nulla turbetur tempestate bellorum.* Damit berühren sich die Schlußworte das Schwertsegens wörtlich.

Meist in denselben Handschriften wie der Schwertsegen ist auch der mit ihm zusammengehörige Fahnensegen überliefert[18]; in der römischen Handschrift geht er jenem unmittelbar vorher[19] und hat folgenden Wortlaut:

> *Benedictio vexilli bellici.*
>
> *Omnipotens sempiterne Deus, qui es cunctorum benedictio et triumphantium fortitudo, respice propitius ad preces humilitatis nostre et hoc vexillum, quod bellico usui praeparatum est, celesti benedictione sanctifica, ut contra adversarias et rebelles nationes sit validum tuoque munimine circumseptum, sitque inimicis christiani populi terribile atque in te*

---

16 Schramm, Zeitschr. Sav. Kan. XXIV 309 ff. (bzw. 325 ff.), die Formel *Accipe gladium* ebd. S. 317; dort auch Nachweis der entsprechenden Stellen im Text Widukinds. Das Gedankengut selbst ist noch wesentlich älter, und zwar gerade im Hinblick auf die Königspflichten. Selbst wenn also Krönungsordo und Schwertsegen im Pontifikale denselben Verfasser haben sollten, so ist gedanklich doch jedenfalls der Schwertsegen sekundär gegenüber dem Krönungsordo, nicht umgekehrt.

17 Vgl. auch schon das (im übrigen gänzlich verfehlte) Buch von Tòth, Attilas Schwert S. 123.

18 Gedruckt bei Gautier, Chevalerie S. 298 Anm. 1, bei Gerbert II 110 (vgl. S. 125; danach Migne 138, 1121; dieser aus der Handschrift Wien 1817 genommene Text stimmt mit dem unsrigen völlig überein, nur in der Überschrift fehlt das Wort *bellici*) und als Bestandteil der Kölner Formel (s. unten) bei Hittorp und zuletzt bei Franz, Benediktionen II 295 (vgl. S. 297).

19 Bei Andrieu, Ordines I 178 ist er irrtümlich übersprungen.

confidentibus solidamentum et victorie certa fiducia. Tu es enim, Deus, qui conteris bella et celestis presidii sperantibus in te prestas auxilium. Per.

Zum Textvergleich: in den deutschen Königskrönungsordo (s. oben) ist das Gebet *Prospice omnipotens* aufgenommen[20], darin die Worte: *ut sit fortissimus triumphator hostium ad opprimendas rebelles et paganas nationes, sitque suis inimicis satis terribilis.* Damit berührt sich wörtlich im Fahnensegen die Stelle: *ut contra adversarias* usw. Ebenso steht in diesem Krönungsordo das Gebet *Deus qui es iustorum*[21] mit den Worten: *qui conteris bella et propugnator es in te sperantium;* vgl. damit den Schlußsatz des Fahnensegens.

Schwert- und Fahnensegen sind komponiert zu einem *ordo ad armandum ecclesiae defensorem vel alium militem* in der Handschrift Köln 141, gedruckt von Hittorp[22]. Die Handschrift wurde von Wattenbach und Andrieu ins 11., von Waitz ins 10. Jahrhundert gesetzt[23]; innere Gründe sprechen für die Richtigkeit des Ansatzes von Wattenbach-Andrieu. Die Meinung von Erben, daß dieser Text die ursprüngliche Form des Schwertsegens darstelle, ist von Schramm mit Recht zurückgewiesen worden und kommt nach den Darlegungen von Andrieu nicht mehr in Betracht[24]. In anderen Fällen hat man den Schwertsegen als solchen zu einer eigentlichen Ritterweihe ausgestaltet, so in der *benedictio militaris super ensem* der Handschrift Einsiedeln 113 saec. XI[25] und vor allem in der römischen *benedictio novi militis,* die noch heute im Pontifikale Romanum steht. Ferner tritt im 11. Jahrhundert im burgundischen Gebiet, später auch in England eine andere *benedictio ensis* auf, die ausdrücklich das Lemma hat: *Cum*

20 Schramm, Zeitschr. Sav. Kan. XXIV 328 (überarbeitete Fassung des Krönungsordos); über das frühere Vorkommen dieses Gebets s. ebd. S. 325.

21 Schramm a. a. O. S. 315 f. Das Gebet lehnt sich seinerseits an eine *oratio tempore belli* des gelasianischen Sakramentars (Wilson S. 272 f.) an.

22 Hittorp, De div. off. S. 158, danach Franz, Benediktionen II 295. Vgl. dazu Erben, Schwertleite S. 122 Anm. 125; Andrieu, Ordines I 112.

23 Vgl. neuerdings das Facsimile bei Tòth, Attilas Schwert S. 110; dazu Ladner, MÖIG. XLV 189.

24 Erben, Schwertleite S. 123; Schramm, Arch. f. Urkf. XI 348 Anm. 8; Andrieu, Ordines I 509.

25 Vgl. Franz, Benediktionen II 293 Anm. 2 (wo die Nummer der Handschrift verdruckt zu sein scheint) und S. 297 Anm. 4.

quis iuvenis cupit se inprimis accingi gladio[26]. Eine weitere Ritterweiheformel finden wir in englischen Handschriften vom 12. Jahrhundert ab[27].

6a. *Fahnensegen.* Eine weitere Formel[28] für den Fahnensegen steht im Sakramentar Ratolds von Corbie, Paris. lat. 12052 saec. X ex. fol. 29' (R), dessen Alter durch Ratolds Todesjahr (986) sichergestellt ist[29], sowie in der Handschrift Brüssel II 1013 saec. XIII fol. 142 (B).

> *Benedictio vexilli.*
> *Inclina, domine Jesu*[a] *salvator omnium et redemptor, aures tuae pietatis ad praeces nostrae humilitatis et per intervendum beati Michaelis archangeli tui omniumque*[b] *caelestium virtutum praesta nobis auxilium dexterae tuae, ut sicut benedixisti Abraham adversus quinque reges triumphantem atque David regem in tui nominis laude triumphales congressus exercentem, ita benedicere et sanctificare digneris vexillum hoc, quod ob*[c] *defensionem sanctae ecclesiae contra hostilem rabiem defertur, quatinus in nomine tuo fideles et defensores populi Dei illud sequentes per virtulem sanclae crucis triumphum et victoriam se ex hostibus adquisisse laetentur. Qui cum patre et*[d] *spiritu*[d] *sancto*[d].
>
> [a] fehlt B [b] *omnium* B. [c] *ad* B. [d] fehlt B.

Diese Formel ist in den erwähnten Ritterordo der Handschrift Köln 141 mit aufgenommen, aber unter Fortfall der Überschrift und Abänderung der Worte *vexillum hoc* in *hunc* (scil. *militem*), so daß hier der Fahnensegen in einen Rittersegen umgewandelt ist.

---

26 Andrieu, Ordines I 356 und 445 nach den Handschriften Vitry 36 und Wolfenbüttel 4099; gedruckt bei Martène, De ritibus II 667, danach Franz, Bened. II 294; Pontifical of Magdal. Coll. S. 255 nach der Handschrift Cotton Tib. B VIII des Britischen Museums.

27 Pontifical of Magdal. Coll. S. 207 ff.

28 Sie wurde in der Pariser Handschrift aufgefunden durch G. Tellenbach, dessen Freundlichkeit ich auch die Abschrift verdanke. Nur der Schirmteil der Formel findet sich gedruckt bei Delalande, Concilia S. 357.

29 Die Literatur über die Handschrift s. zuletzt bei Schramm, Zeitschr. Savign. Kan. XXIII 235 ff.

7. Oratio pro exercitu. Wenn Schwert- und Fahnensegen nicht mit Bestimmtheit als ein Urbestandteil des römisch-deutschen Pontifikale gelten können, so ist das noch weniger sicher bei zwei weiteren Texten, die sich im wesentlichen nur in der Bamberg-Eichstätter Gruppe dieser Pontifikalien finden[30]. Jedenfalls aber treten auch sie schon zu Beginn des 11. Jahrhunderts auf. Beide sind gedruckt von Franz aus dem Eichstätter Gundekarianum[31]. Der erste von ihnen, der zwar nicht als Benediktion bezeichnet ist, aber doch inhaltlich auf der gleichen Ebene steht, folgt hier nach der schon genannten Freisinger Handschrift Clm 6425 f. 259 (F) und dem Druck von Franz (G):

> *Oratio pro exercitu.*
> *Prebe, Domine, misericordiae tuae opem exercitui nostro et sub aeris claritate presta eis optatum proficiscendi auxilium, et sicut Israheli properanti ex Egypto securitatis tribuisti*[a] *munimen, ita populo tuo in prelium pergenti lucis auctorem dirige angelum, qui eos die noctuque ab omni adversitate defendat. Sit eis itinerandi*[b] *sine labore profectus, ubique providus eventus, meatus sine formidine, conversatio sine fastidio, moderata fragilitas sine metu, fortitudo sine terrore, copia rerum et preliandi recta voluntas, et cum tuo angelo duce victor extiterit, non suis tribuat viribus, sed ipsi victori Christo, filio tuo, gratias referat de triumpho, qui humilitate suae passionis de morte mortisque principe in cruce triumphavit*[c].
>
> [a] *prebuisti* G. [b] *iterandi* F. [c] folgt *qui t.* F.

Der Text beruht auf einer sehr ähnlichen *Missa in profectione hostium euntibus in proelium*, die im Sakramentar von Gellone steht und daraus von G. Tellenbach veröffentlicht ist[32].

---

30 Nach Andrieu, Ordines I stehen beide in den Handschriften Bamberg lit. 53 und lit. 54, Eichstätt Gundekarianum und Clm 6425 (vgl. über diese Gruppe S. 532 ff. und 540 f.), ferner (als *Benedictio exercitus* und *Benedictio in cipitate)* in Wolfenbüttel 4099.

31 Franz, Benediktionen II 301.

32 Tellenbach, Sitzungsber. Heidelberg 1934, Nr. 1 S. 68.

Der zweite Text, laut der Überschrift *(Benedictio civitatis contra gentiles)* eine Benediktion, ist für uns weniger wichtig und sei hier übergangen[33].

8. Zum Schluß sei hier noch ein Text mitgeteilt, der zwar keine Benediktion, sondern eine Meßoration ist und auch chronologisch aus dem hier gespannten Rahmen herausfällt, der aber den religiösen Gehalt des eigentlichen Kreuzzugsgedankens, so wie ihn die offizielle Kirchenlehre meist darstellte, in schöner Weise zum Ausdruck bringt. Er steht als Nachtrag von einer Hand des 12. oder 13. Jahrhunderts in der vatikanischen Handschrift Pal. lat. 496 (f. 61'), einem Würzburger Missale des 12. Jahrhunderts:

> *Deus, qui ad exhibenda nostre redemptionis misteria terram promissionis elegisti, libera eam, quesumus, ab instantia paganorum, ui gentium incredulitate confersa populus in te confidens de tue virtutis potentia glorietur.*

Exkurs II:
Zur Überlieferung der Gottesfriedens-Konzilien

Die letzte und bisher beste Behandlung des Gottesfriedens ist die Arbeit von G. C. W. Görris S. J. (1912). Als abschließend kann sie aber noch nicht gelten. Vor allem wird sie der Mannigfaltigkeit des Geschehens und den oft auch innerhalb der Kirche hervortretenden Gegensätzlichkeiten nicht gerecht und neigt dazu, alles in ein gleichbleibendes juristisches Schema zu fassen. Die These, daß die Fehde an sich im 11. Jahrhundert *immer* als erlaubt gegolten und daß die Friedensbewegung *niemals* ein generelles Fehdeverbot erstrebt habe, hat den Verfasser mehrfach zu Gewaltsamkeiten in der Quelleninterpretation genötigt und läßt sich nicht aufrechterhalten. Vollends den großen geistigen Kampf um die Kriegsethik Gregors VII. tut Görris damit ab, daß er die Theorie der Kanonisten gregorianischer Observanz darstellt und dann anmerkt, daß er „de afwijkende meeningen van enkele ketterijen" beiseite lasse[34]!

---

[33] Vgl. dazu zuletzt Erdmann, MÖIG. XLVI 134. – Eine *Oratio pro exercitu christiano* aus späterer Zeit steht im cod. Casin. 127, s. Bibliotheca Casinensis III 169 und Florileg. III 134. Der Text ist der des Karfreitagsgebets für den Kaiser, in dem lediglich das Wort *imperium* durch *exercitum* ersetzt ist.

[34] Görris, Denkbeelden S. 24 Anm. 1.

In der Zusammenstellung des Materials hat Görris sein Verdienst nicht gesucht. Dafür ist, abgesehen von den wenigen Gottesfriedenskonzilien, die Weiland in den 1. Band der Constitutiones (Appendix III: *Scripta treugae Dei et pacis)* aufgenommen hat, noch immer das Buch von L. Huberti (1892) heranzuziehen, das trotz aller kritischen Unfähigkeit nicht ohne Wert ist. Für die Erlangung gesicherter Ergebnisse wäre aber eine erneute kritische Sichtung und möglichst vollständige Zusammentragung der Überlieferung unentbehrlich. Einiges Material dazu sei hier mitgeteilt.

Synode von Charroux (um 989)[35]. Den Codex Engolismensis, aus dem der Text stammt, fand ich in der Vatikanischen Bibliothek, Reg. lat. 1127 f. 161'. Die Varianten sind im allgemeinen unbedeutend, doch ergibt sich, daß die umständlich datierte Überschrift, die der Text in den Konziliensammlungen trägt, nicht in der Handschrift steht, sondern Zutat der Herausgeber ist. Das lag freilich ohnehin schon ziemlich auf der Hand, aber merkwürdigerweise hat sich selbst Weiland noch darüber getäuscht, obgleich er sich selbst beim Konzil von Poitiers, wo die Dinge genau ebenso liegen, ganz klar darüber war[36]. Für die Datierung bleiben deshalb nur die Bischofsnamen; aus den Listen bei Gams, die für einen genauen Ansatz nicht ausreichen, ergibt sich nur soviel, daß die übliche Datierung um 989 ungefähr richtig sein muß.

Synode von Poitiers (nach 1000)[37]. Auch dieser Konzilstext entstammt dem Codex von Angoulême Reg. lat. 1127 f. 161. Von den Varianten ist hervorzuheben, daß es im ersten Kanon heißen muß: *principes et episcopos, qui concilios* (nicht *concilium) instituerunt.* Die Datierung kann auch hier nur nach den Bischofsnamen erfolgen, die nach Gams ungefähr in das erste Jahrzehnt des 11. Jahrhunderts führen.

Synode von Limoges (1031)[38]. Die Akten sind unvollständig und geben, wie Görris S. 152 richtig festgestellt hat, den Inhalt der damals geschlossenen Pax überhaupt nicht wieder. Zur Ergänzung sind die verschiedenen Predigten bei Migne 141, 115 bis 124 und Sackur II 479–487 heranzuziehen. Wenn in diesen ein früheres Konzil von Limoges erwähnt wird, so ist das offenbar das auch in

---

35 Mansi, Coll. cont. XIX 90.

36 Weiland, Zeitschr. d. Savst. RG. Germ. XV 155.

37 Mansi XIX 267.

38 Mansi XIX 507 ff.

Ademars Chronik[39] genannte aus der Zeit des Abtes Gosfred von Saint-Martial (991–998). Görris S. 137 weist die Einzelangaben des Predigers von 1031 über dieses ältere Konzil mit Recht als unzuverlässig zurück; aber über die Auffassung, die 1031 unter den Konzilsbesuchern herrschte, müssen die Predigten als Quelle ersten Ranges anerkannt werden.

Aufruf des Raimbald von Arles, Odilo von Cluny usw. an die Italiener (1037–1041?)[40]. P. Kehr fand ihn auf den zwei Vorsatzblättern einer Handschrift saec. XI des Dekrets Burchards von Worms in Parma, Biblioteca Palatina Ms. Parm. 3777. Der Aufruf ist dort vereinigt mit den Fragmenten Const. I 116 f. n. 67, 68 (aus dieser Handschrift gedruckt). Die letzteren gehören nun offenbar nicht zu 1077, sondern zur Paveser Synode von 1046[41]. Die gemeinsame Überlieferung spricht dafür, daß auch der Raimbald-Aufruf mit derselben Synode zusammenhängt, d. h. daß die Verkündigung des italienischen Gottesfriedens Const. I 598 n. 420 ebenfalls auf die Paveser Synode fällt, an der ja Raimbald sogar persönlich teilnahm.

Synode von Soissons. Die nachstehend abgedruckten Synodalakten sind m. W. noch nicht bekannt. Sie stehen in der Handschrift Paris. lat. 17527, auf die mich vor Jahren G. Laehr hinwies. In der Handschrift, die sonst im 10. Jahrhundert geschrieben ist und die Kanonessammlung Reginos enthält, stehen auf f. 206' bis 207' die Akten von einer Hand des 11. oder beginnenden 12. Jahrhunderts nachgetragen. Zur Datierung der Synode gibt einen unmittelbaren Anhalt nur die Initiale M. für den Erzbischof von Reims, die auf Manasses I. (1069–1080) oder Manasses II. (1096 bis 1106) weist.

> *(1) Statutum est a domno M. venerabili Dei gratis Remensium archiepiscopo ceterisque suffraganeis suis et omni connentu in concilio Suessionis celebrato et cum excommunicatione confirmatum, ut ab omnibus trevia Dei teneatur et a IIII a feria ante adventum Domini usque in octavis epyphanie omnes dies custodiantur et a IIII ª feria ante LXX usque in octavis pasche, a IIII ª feria quoque ante rogationes usque in octavis pentecostes. (2) Si quis autem treviam Dei infregerit, nullus eum clericus aut monacus suscipiat, postquam hoc resciverit. Quod si quis eum scienter receperit, excommunicationi subiaceat*

[39] MG. SS. IV 132 (ed. Chavanon S. 158).

[40] Gedruckt zuletzt MG. Const. I 596 n. 419 nach Martène, Thesaurus I 161 (der ex ms. Talverae druckt).

[41] Vgl. Breßlau, ISIG. DH. III. 176 und Kehr, Vier Kapitel S. 50 Anm. 1.

nec ei episcopus absque licentia archiepiscopi misericordiam fatiat. (3) Excommunicatum autem ab episcopo suo nullus alius suscipiat nec cum illo communionem ullam habeat. Quod qui fecerit, sicut [.. .] excommunicatus habeatur. (4) Si quis vero treviam Dei infregerit, nolint ceteri expectare licentiam episcopi sui, sed postquam hoc resciverint, omnes ab illo sicut excommunicato a sanctis patribus et a sacrilego custodiant. (5) Et quia plerumque contingit, quod monachi excommunicatos defunctos suscipiunt, decretum est, ut, si aliquos de susceptis excommunicatos rescitum fuerit, ab ecclesia et atrio inhumati abiciantur. (6) In pace vero sint omnibus diebus ecclesie et atria, clerici et monachi, femine et peregrini et qui cum eis fuerint. (7) Mercatoribus quoque nullus molestiam inferat, ni quod ab eis tantum debitas consuetudines exigat. (8) Precepta apostolicaque facta de coniugatis clericis et laicis altaria tenentibus similiter facta sunt et confirmata; (9) et interdicta, ut nullus clericus aut laicus christianus usuras accipiat. (10) Et si quis res alicuius in vadimonio suscepit et iam inde capitale suum habet, res ipsas reddat et non plus accipiat. Quod si nondum habet ex toto, res ipsas teneat, donec capitale suum habeat, et non amplius accipiat. (11) Preterea sicut autoritas precipit, mandatum est, ut si quis per annum integrum excommunicationi subiacuerit, non amplius in testimonio aut in lege aliqua recipiatur. (12) Et si quis terram in vvera habuerit, non nisi de illa terra per treviam Dei ultionem accipiat. (13) Nulla secularis potestas a clericis aut atriis custumiam accipiat. (14) Nulus clericus arma ferat. (15) Ecclesia privilegiis apostolica autoritate firmatis carentes, quicquid huiusmodi ecclesie debent episcopo eiusque ministris, persolvant. (16) Si quis aliquem rapuerit per treviam Dei aut in ecclesia vel atrio et eum iurare compulerit, quod ipsum inde ab episcopo suo absolvi fatiat, pro sacramento illo non absolvatur.

Exkurs III: Die Satire Adalberos von Laon

Für die Beurteilung der Stellung der Cluniazenser zum Kriege ist, wie im zweiten Kapitel ausgeführt, das richtige Verständnis des *carmen ad Rotbertum regem* des Bischofs Adalbero von Laon, das in der Form eines Dialogs zwischen dem französischen König Robert dem Frommen und dem Bischof Adalbero geschrieben ist, von einiger Wichtigkeit[42]. Die Interpretation des Gedichts stößt jedoch auf erhebliche Schwierigkeiten, die durch die Ausführungen von Sackur und Hückel erst zum Teil behoben sind[43].

Auszugehen ist von der Gliederung des Gedichts. Die Einleitung (V. 1–32) und der Schluß (V. 363–436) können ausgeschieden werden, da die erstere sachlich unbedeutend, der letztere nicht nur sehr dunkel, sondern auch inhaltlich von dem Hauptteil deutlich verschieden ist; er bringt praktische Vorschläge für die Regierung Frankreichs, die noch dazu durch den Zusatz: das alles wird geschehen, wenn die Loire in Calabrien und der Tigris in Spanien fließt, vom Dichter selbst in ein zweifelhaftes Licht gesetzt werden.

Das verbleibende große Mittelstück zerfällt wiederum in zwei Teile; V. 33–181 geben eine satirische Schilderung von den Umwälzungen, die durch ein angebliches neues Gesetz in der ganzen Gesellschaft herbeigeführt sind, und deren Beschreibung in einer grotesken Erzählung von den kriegführenden Cluniazensern gipfelt; V. 182–362 liefern dazu (nach einer kurzen Wechselrede, die die Überleitung darstellt) den theoretischen Kommentar. Am Schluß dieses Kommentars (V. 350–362) spricht der Bischof geradezu aus, seine Erzählung sei zwar erfunden und so niemals geschehen, sie habe aber geschehen können und sei nicht ein einfaches Märchen, sondern eine „Digression", die ihren guten Sinn habe[44]. Eben diesen Sinn zu erfassen, geben die theoretischen Lehren die Handhabe.

Die Theoreme beginnen mit einer allegorischen Beschreibung des himmlischen Jerusalem, das in gewohnter Weise als *visio pacis* (V. 203) bezeichnet wird. Nach Berufung auf Augustin, Dionysius Areopagita und Gregor den Großen geht Adalbero mit Hilfe des Satzes, daß der *ordo terrenus* nach dem Vorbild des *ordo supernus* eingerichtet sein müsse (V. 228 f.), zur Entwicklung von Grundsätzen über den *status ecclesiae* (V. 239) über. Dieser sei durch zwei Gesetze bestimmt (V. 240), das göttliche und das menschliche. Der *lex divina* (V. 242 ff.) untersteht der Klerus, der in sich keinerlei Teilung aufweist. Er ist von allem Erdenschmutz befreit und hat keine Arbeit zu leisten, besonders da die ganze

42 Vgl. über Adalbero (gest. 1030) Manitius II 525 ff.

43 Sackur, Cluniacenser II 94 ff.; Hückel, Poèmes S. 87 ff., ebd. S. 129 ff. die Edition, nach der im folgenden zitiert wird. Von einer Polemik gegen beide Autoren sehe ich im allgemeinen ab und hebe nur die Hauptpunkte hervor.

44 Dem entspricht, daß einer der Glossatoren, die die Handschrift mit Bemerkungen versehen haben, zu V. 33 ff. an den Rand geschrieben *hat: Narratio per digressionem.*

Menschheit ihm untergeben ist; er soll vielmehr nur Gott dienen, d. h. den Glauben durch rechte Lehre und Predigt wahren, die Sakramente verwalten, wachen, fasten und beten. Die *lex humana* (V. 278 ff.) beherrscht die Laien, die aber in zwei scharfgeschiedene Teile zerfallen: die Herren, d. h. Fürsten und Ritter, und die Knechte, deren Los in den schwärzesten Farben geschildert wird. Es ergibt sich so eine Dreiteilung der Stände: die einen beten, die andern kämpfen, die dritten arbeiten (V. 297 f., vgl. V. 277).

Diese Theoreme, die nichts anderes als die traditionelle Kirchenlehre sein wollen und es großenteils auch sind, erhalten ihre rechte Beleuchtung erst, wenn man sie gegen die Lehren hält, die damals etwa Abbo von Fleury in seinem Apologeticus vertrat[45]. Auch Abbo statuiert eine Dreiteilung der *ordines,* aber nicht Knechte, Herren und Kleriker, sondern Laien, Kleriker und Mönche. Er ordnet sie sogar ausdrücklich als *bonus, melior, optimus* übereinander; der Vorrang der Mönche vor dem Weltklerus ist der Kern dieser Theorie. Blickt man von hier aus auf Adalberos Ständeteilung zurück, so ist kaum zu verkennen, daß Adalbero geradezu gegen die abbonische Lehre polemisiert: er betont zweimal (V. 243, 275), daß es innerhalb des Klerus keine Scheidung mehr gäbe und das auffallende Verweilen bei dem geplagten Leben der Knechte (V. 288 ff.) erklärt sich entsprechend damit, daß er die Notwendigkeit einer Zweiteilung innerhalb der Laien hervorheben will. Die Sonderstellung des Mönchtums aber soll beseitigt werden: denn wenn der Klerus nur einen Körper darstellt, so sind die Mönche bloß ein unselbständiges Glied des Ganzen.

Daneben aber steckt in Adalberos Lehre von der Kirche noch eine zweite Spitze, die sich zwar nicht gegen Abbos Theorien, aber doch auch gegen das Mönchtum richtet. Er legt ausführlich dar, daß der Klerus sich mit keiner weltlichen Arbeit befassen dürfe (V. 246 ff.). Nun ist die Landarbeit gewiß erst später von den Cisterziensern zum System erhoben, aber der Grundsatz *ora et labora* ist doch im Abendland seit Benedikt ein Grundpfeiler des Mönchtums gewesen. Die Cluniazenser, die auf die wirtschaftliche und rechtliche Selbständigkeit der Klöster so großes Gewicht legten, konnten ihn noch weniger als die älteren Mönche entbehren; ihr wachsender Besitz nötigte sie, sich selbst um die Verwaltung der Güter zu kümmern, und unter Robert dem Frommen schuf die Besetzung wichtiger Ämter mit Mönchen vermehrte Berührungspunkte mit der Welt. Dem hält Adalbero den Grundsatz entgegen, daß der Klerus nur Gott zu

[45] Migne 139, 463 f.

dienen habe; er solle beten und seine geistlichen Aufgaben erfüllen, während das Regieren und Kriegführen einerseits, das Arbeiten andrerseits, Sache der Laien wäre. Unwillkürlich fühlt man sich dabei erinnert an den berühmten Brief Karls des Großen, der dem Papste Leo III. die Rolle des betenden Moses zuweist[46]. Die Vorstellung, daß die Kirche selbst sich in staatsähnlicher Weise organisieren und damit ein Machtfaktor innerhalb der Gesellschaft werden solle, wird von Adalbero zurückgewiesen.

Haben wir hiermit das Bild von dem nach Adalbero normalen *ordo* der Gesellschaft, so läßt sich begreifen, worin er die im ersten Teil seines Gedichts gegeißelte *transformatio ordinis* erblickt, die durch das angebliche Gesetz der „Crotoniaten", unter denen man wohl die Cluniazenser verstehen darf, herbeigeführt wurde. Er klagt, man wolle die Bauern mit der Krone schmücken, die „Hüter des Rechts", also Fürsten und Grafen, ins Kloster schicken, die Bischöfe hinter dem Pfluge gehen lassen, dafür Hirten und Schiffer zu Bischöfen machen (V. 37–44). Das ist also eine allgemeine Umkehrung der Gesellschaftsordnung. Aber ebenso wie im theoretischen Teil hat er es auch hier besonders auf die Stellung des Mönchtums abgesehen: am Schluß der Einzelausführungen, die er zu dem umstürzenden Gesetz macht, nennt er als letztes die angebliche Vorschrift[47], daß die Mönche heiraten und kriegführen sollten (V. 79), und illustriert das durch eine längere groteske Erzählung (V. 80–169).

Diese Erzählung, die den Abt Odilo von Cluny und die Cluniazenser ausdrücklich nennt und allerhand scheinbar präzise Angaben über sie macht, hat immer schon das meiste Interesse auf sich gezogen und ist ohne Frage auch wirklich das Kernstück der Satire. Der Dichter läßt darüber keinen Zweifel: als in der fingierten Wechselrede zwischen ihm und einem Mönch der letztere unerwartet den Namen Odilos von Cluny nennt, wirft er ein, daß das κατά τό σιωπώμευου geschähe (V. 116), d. h. daß hier ein Gegenstand, der bisher verschwiegen worden war, ohne weiteres als bekannt vorausgesetzt werde[48]. Das zeigt, daß er schon vorher die

---

46 MG. Ep. IV 137 n. 93.

47 Der große Caesar, von dem dies Gebot ausgehen soll, darf wohl als identisch mit dem *rex Oydelo* angesehen werden.

48 Hückel, der hier an das mönchische Schweigegebot dachte, hat die Stelle ganz mißverstanden. Wie der Thesaurus linguae Graecae s. v. σιωπάω zeigt, war die Wendung κατά τό σιωπώμευου bei den Grammatikern gebräuchlich. Ihre Bedeutung ergibt sich aus dem Scholion zu Thukydides III 22, 7, welches darauf hinweist, daß Thukydides an dieser Stelle die Tatsache, daß in der Schlacht eine bestimmte Heeresabtei-

Cluniazenser im Auge gehabt hat, ohne sie noch zu nennen, und nun – natürlich absichtlich, um den Effekt zu erhöhen – mit einem Mal den Vorhang aufzieht. Der Inhalt der Erzählung ist kurz folgender: Adalbero schickt, um Näheres über die neuen Gesetze zu erfahren, einen Mönch an einen zunächst nicht genannten großen Meister (nämlich Abt Odilo von Cluny). Der Mönch kommt zurück, völlig verwandelt: er trägt kriegerische Kleidung und Bewaffnung, ruft nach Weib und Kind und erklärt, er sei jetzt Mönch auf neue Art, denn er leiste Kriegsdienst für den König Odilo von Cluny. Er berichtet weiter von einem Sarazenenkrieg der Cluniazenser, der aber bisher unglücklich ausgegangen sei; im Namen Odiles, des *princeps militiae,* fordert er nun Adalbero auf, sich dem nächsten Zuge anzuschließen. Als der Bischof ihn darauf als wahnsinnig gefangensetzen will, entweicht er an den glänzenden Hof, d. h. offenbar an den des „Königs" Odilo.

Man hat bisher diese Erzählung in erster Linie als ein – natürlich satirisches – Bild von den Sitten der Cluniazenser aufgefaßt und dementsprechend schon in den Einzel-Anspielungen den Sinn des Ganzen zu finden geglaubt: der übertriebene Gehorsam, die Neuerungen in der Kleidung, der große Aufwand des Abts, die Beziehungen zum Papsttum[49] und das rasche Ergriffenwerden einzelner Klöster von der cluniazensischen Reform sollten darin verspottet werden. Es wird richtig sein, daß Dinge wie diese bei der Farbengebung im einzelnen eine Rolle gespielt haben; aber das Wesentliche kann in ihnen nicht liegen, da es sich dabei um Vorgänge innerhalb des Mönchtums handelt, ohne Zusammenhang mit der Verwirrung der Stände, von der das Gedicht vorher und nachher spricht. Der eigentliche Sinn kann nach dem Zusammenhang nur der sein, daß die Mönche in die Beschäftigungen und Verhältnisse anderer Stände eindringen und von dem, was dem Klerus zukommt, abweichen[50]. Diese Deutung stellt sich sogleich als richtig heraus: Heiraten und Kriegführen galt seit alters als Inbegriff

lung in der Reserve behalten worden war, als bekannt voraussetzt, obgleich er noch nicht davon gesprochen hat.

49 Sackurs Einfall, daß der Sarazenenkrieg überhaupt einen Romzug Odilos bedeuten solle, läßt sich nach dem Text unmöglich aufrechterhalten. Rom wird nur einmal im Vorbeigehen (V. 131: *Hic Romam petiit monachis orare salutem)* erwähnt, und da die Erzählung vorher und nachher im Präsens geführt wird, muß man die Romfahrt als etwas Vergangenes betrachten. Wie sollte überhaupt die zum Zweck des Gebets unternommene Pilgerfahrt nach Rom identisch sein mit der ausführlich beschriebenen Schlacht gegen die Sarazenen?

50 Dies hat Hückel S. 105 richtig erkannt, ohne aber daraus die Konsequenzen zu ziehen.

des Weltlebens, Mönchtum und Waffenhandwerk waren Gegensätze schlechthin[51], und die Schilderung Odilos als eines Königs und Truppenführers ist das genaue Gegenstück zu dem vorher aufgestellten Satz, daß die Fürsten zu Mönchen gemacht würden.

Von hier aus erledigt sich auch ohne Schwierigkeit die Frage, ob Adalbero ernsthaft den Vorwurf erheben wollte, die Cluniazenser betätigten sich kriegerisch. Im theoretischen Teil ist davon, daß die Kleriker nicht Krieg führen dürften, überhaupt nicht die Rede, offenbar weil das ohnehin selbstverständlich war und von niemand bestritten wurde. Die burlesken Schilderungen des kriegerischen Aufzugs der Cluniazenser (V. 101–106, 136–144) zeigen deutlich, wo der Dichter hinauswill: gerade das ritterliche Auftreten gab ihm besser als irgend eine andere weltliche Beschäftigung die Gelegenheit zum Spott. Mehr darf man hinter dieser ganzen Schilderung nicht suchen. – Das Gedicht ist zuerst im Jahre 1663 von Adrien Valois aus der einzigen vorhandenen Handschrift (jetzt Paris, Bibl.Nat. ms. lat. 14192 f. 32'–43) ediert worden[52]. Dieser Druck wurde im Recueil des historiens de la France und danach von Migne wiederholt[53], ist aber in vielen Punkten so fehlerhaft und willkürlich, daß man ihn jetzt nicht mehr benutzen kann, nachdem im Jahre 1901 G. A. Hückel eine Neuedition veranstaltet und den Text weitgehend verbessert hat. Vor allem hat Hückel die Willkürlichkeiten beseitigt, die sich Valois bei der Aufteilung des Dialogs auf die beiden Interlokutoren gestattet hatte und die teilweise das Verständnis geradezu unmöglich machten.

Als endgültig ist freilich auch die Ausgabe Hückels noch nicht zu betrachten, denn sie enthält immer noch eine erhebliche Anzahl von Fehlern. Neben 30–40 eigentlichen Textfehlern (falschen Lesungen, Wortauslassungen, unmöglichen Konjekturen) fällt besonders die Behandlung der zahlreichen und tiefgreifenden in der Handschrift vorliegenden Korrekturen ins Gewicht. Der ursprüngliche Text ist nämlich von mindestens drei verschiedenen Händen, die ebenso wie die des Textschreibers ins 11. Jahrhundert gehören dürften,

---

51 Vgl. den Brief Leos I. JL. 544: *qui relicta singularitatis professione ad militiam vel ad nuptias devolutus est;* Konzil von Verneuil (844) c. 4, MG. LL. I 384; Raoul Glaber III c. 4 S. 64; Fulbert von Chartres ep. 18, Migne 141, 218: *profanae vitae et armatae militiae mancipatus;* Lampert S. 162: *et coniugium et miliciae cingulum et omnem prorsus saeculi usum.* Dazu Guilhiermoz, Origines S. 444 Anm. 20, 448 Anm. 31.

52 Valois, Carmen panegyricum.

53 RHF. X 65 ff.; daraus (mit vielen Fehlern) Migne 141, 772 ff.

verbessert worden. Die Änderungen, die sehr häufig ganze Verse betreffen, suchen vor allem prosodische und grammatische Fehler zu beseitigen und das Gedicht verständlicher zu machen. Sie charakterisieren sich damit als Schularbeit und gehören offenbar eng zusammen mit den der gleichen Zeit entstammenden Randglossen, die die logische Gliederung des Gedichts erläutern. Hückel (S. 125 f.) war nun der Meinung, daß der Schreiber unserer Handschrift die Korrekturen in seiner Vorlage, dem mutmaßlichen Autograph, bereits vorfand und absichtlich sowohl den ursprünglichen wie den korrigierten Text abgeschrieben, also sozusagen eine kritische Ausgabe veranstaltet habe. Diese Ansicht, die an sich schon mehr als unwahrscheinlich ist, wird gänzlich ausgeschlossen durch die Tatsache, daß die Korrekturen nicht vom Textschreiber, sondern von *mehreren* andern Händen ausgeführt sind. Sie hat Hückel aber dazu verführt, überall die korrigierte Lesung vorzuziehen und die ursprüngliche nachlässig zu behandeln, d. h. manchmal überhaupt nicht anzuführen oder auch mit der korrigierten zu vermengen. In Wirklichkeit kann kein Zweifel darüber sein, daß der ursprüngliche Text trotz der formalen Mängel vorzuziehen ist und einer künftigen Neuausgabe zugrunde zu legen wäre. Da eine solche wohl nicht so bald zu erwarten ist, seien im folgenden die Textfehler (mit Ausnahme der rein orthographischen) und die wichtigeren Korrektur-Varianten nach einer in meinem Besitz befindlichen Photographie aufgeführt. Zu bemerken ist dabei aber, daß an einigen Stellen der ursprüngliche Text ausradiert oder ausgewischt worden ist und daß sich dies auf der Photographie nicht überall sicher erkennen ließ.

V. 21 ff. Hier wie überall im folgenden sind die Beischriften *Rex* bzw. *Presul* nicht vom Textschreiber, sondern von späteren Händen (keineswegs immer denselben) am Rande hinzugefügt. Sie sind also nicht authentisch, und es wäre namentlich in dem recht dunklen Schlußteil des Gedichtes denkbar, daß sie anders zu setzen wären. – V. 51. Die Hs. bietet *iubet,* Hückel emendiert *iubent,* aber diese Lesung ist metrisch unmöglich und ganz überflüssig, da das Variieren zwischen Singular und Plural z. B. auch V. 78 f. vorkommt. – V. 52 ff. Die Transposition der Verse 52–59 ist erst spätere Korrektur, ihr ursprünglich richtiger Platz ist hinter V. 67. – V. 63. Ursprünglich *pauco,* korrigiert in *parvo,* nicht umgekehrt. – V. 69. Hinter *procurator* ist radiert, *Ut* ist nachträglich hinzugefügt. – V. 73. Die Hs. bietet *reges,* Hückel emendiert *regis;* aber das ist wiederum metrisch unmöglich und inhaltlich überflüssig, da der Sinn, wenn man hinter *iugali* einen Punkt und hinter *heredipetae* ein Komma setzt, mindestens ebensogut ist wie der des Textes bei Hückel. – V. 83–85 sind späterer Einschub. – V. 88 und 110. Beide Male steht nicht *C*, sondern *G* da, und auch dies ist nachträglicher Zusatz. (Es soll übrigens *Guiliermus* bedeuten, denn derselbe Korrektor hat zu V. 166 an den Rand geschrieben: *Guilier-(mus)*. Daß der ursprüngliche Dichter *Cluniacum* gemeint hat, ist trotzdem möglich, aber bloße Hypothese.) – V. 89. *sollers* scheint auf Rasur zu stehen. – V. 92. *cautum* ebenso. – V. 98. Hinter *tenus* schiebe *est* ein. – V. 102. *forceps et malleus* wohl auf Rasur. – V. 106. Statt *contortis* ursprünglich *cum tortis*. – V. 121. Statt *manu* lies *manibus*. – V. 137. Ursprünglich *trilicemque loricam*, korrigiert in *loricamque trilicem*. – V. 142. Statt *praecipit* lies *praecepit;* ursprünglich stand *Et senium* statt *Atque senum* da. – V. 146. Ursprünglich *ferroque tribus*, korrigiert *ferro ternis*. – V. 159. *conseptus* scheint korrigiert aus *non septus*. – V. 160 ist nachträglicher Einschub von anderer Hand. (Dieser Einschub bedeutet sogar ein arges Mißverständnis der Grundgedanken des Dichters. Denn Adalbero lehnt ja als Kleriker das Waffenhandwerk und die Landarbeit in gleicher Weise ab; es kann ihm also nicht das eine an Stelle des anderen empfohlen werden.) – V. 162. Hinter *maris* ist *bibulas* einzuschieben. – V. 164. Am Rande: *P(resul)*, V. 166: *Guilier(mus)* (vgl. oben), V. 168: *P(resul)*, V. 170 (von anderer Hand): *P(resul)*. – V. 170. Statt *Crede revera* lies *Credere vera*, wie das Metrum verlangt und auch in der Hs. abgeteilt ist. („Hieraus merkte ich, daß ich die Wahrheit, nichts Falsches geglaubt hatte.") – V. 170: *nec* ist korrigiert in *non*. – V. 171 ist späterer Einschub. – V. 178: *rastros* steht auf Rasur. – V. 179: Ursprüngliche Lesung *contendunt*, nicht *contemnunt; quaerunt ist* zuletzt nochmals in *cedunt* korrigiert. – V. 183: Die Hs. bietet *prome*, Hückel emendiert *promet*, aber es ist natürlich *pro me* zu lesen. – V. 189: Auch *non tedeat hoc ist* nicht die ursprüngliche Lesung, vielmehr ist vor *non* ein Wort ausradiert und *hoc* später hineinkorrigiert. – V. 199: *longum ist* Korrektur über Rasur. – V. 211: Die Hs. bietet keineswegs *sperat*, sondern *spirat*. – V. 217: *presul* ist Nachtrag; statt *sunt* lies *sint*. – V. 219: Lies *Ariopagita*. – V. 225: Statt *recipit* lies *recepit*. – V. 230: *sub lege* scheint auf Rasur zu stehen. – V. 231 ist ausgewischt und soll als getilgt gelten (aber erst nachträglich). – V. 232: *ordine rexit* steht auf Rasur. – V. 236 war ursprünglich nicht vorhanden, die von Hückel gegebene erste Lesung war ebenfalls schon nachgetragen. Der Platz des Verses ist vom Korrektor deutlich angegeben: *vor*, nicht nach V. 235. – V. 238: Ursprüngliche Lesung: *Qualiter, a quis et quales*. – V. 240: Lies *est aptare necesse*, nicht *necesse est aptare*. – V.

243: Statt *Forma* lies *Format.* – V. 247: Statt *nec* lies *non.* – V. 248: Statt *infamulantur* lies *hi famulantur.* – V. 249: *caupones necne* anscheinend auf Rasur. – V. 257: Ursprünglich *expertos servili conditione* (soll heißen: *expertes servilis conditionis).* – V. 268: Statt *quos* ursprünglich *quo.* – V. 271: Ursprünglich *meritis,* nicht *moritis.* – V. 282: *quales constringit nulla ist* korrigiert in *quos constringit non ulla.* – V. 286: Hinter *parili* schiebe *sic* ein. – V. 289: Lies *signis abaci,* nicht *abaci signis; statt verbis* scheint zu allererst *virbis* dagestanden zu haben. – V. 291: Statt *vestes* lies *vestis.* – V. 297: Statt *Triplex ergo* lies *Tripertita.* – V. 302 stand ursprünglich hinter V. 305. – V. 303: *Sic lex* ist korrigiert in *Dum lex.* – V. 304 ist späterer Einschub. – V. 309: Ursprünglich *Talia,* nicht *Talis.* – V. 314: Statt *sunt* lies *sint.* – V. 316: Statt *fac* lies *scio.* – V. 325: Nach *hominum* schiebe *quoque* ein. – V. 326: Hinter *est* schiebe ein zweites *est* ein. – V. 340 ist späterer Einschub, dafür V. 341 getilgt. – V. 342: *Unam ist* korrigiert in *Passio;* Note d ist falsch. – V. 343: Statt *Corporum* lies *Corporis et;* Note e ist falsch. – V. 343 und 344 sind späterer Einschub. – V. 347: Ursprüngliche Lesung: *quod et altera postulat horum.* – V. 364 f.: Die beiden in Note *g* angegebenen Verse standen an Stelle von V. 363–364, nicht von 364–365; das Wort vor *praecessit* war vielleicht *Ratio;* statt *sapienter* hatte auch der ursprüngliche Text *sapientes.* – V. 370: Statt *demonstra* lies *demonstratum, statt parentem* lies *potentem; deliberet* ist korrigiert aus *deliberat.* – V. 373–379: Ursprünglich standen an dieser Stelle nur die Verse 377–379, die aber ausgewischt sind. Dafür stehen am Schluß der Hs. von anderer Hand zunächst V. 373, 377–379, daneben V. 37–376. Ob die von Hückel gedruckte Anordnung vom Korrektor beabsichtigt war, ist wenigstens nach der Photographie nicht zu entscheiden. – V. 373: Statt *sequentur* lies *sequemur.* – V. 374: Statt *sic* lies *sit.* – V. 375: Statt *deliberationis* lies *delibero, finis.* – V. 378: Statt *demonstratius* lies *demonstrativo.* – V. 384–386 sind späterer Einschub an Stelle zweier ausradierter Verse. – V. 392–394 sind späterer Einschub an Stelle eines ausradierten Verses; vor diesem stand *Rex,* scheint aber ebenfalls ausradiert zu sein. Da das von Hückel gedruckte *Rex* vor V. 395 nicht vorhanden ist, bleibt unsicher, wem die nachfolgenden Verse zugeschrieben werden sollen. – V. 412: *pax* scheint auf Rasur zu stehen; *post* ist korrigiert aus *pax.* – V. 427: Statt *Excipiat* lies *Excipiar* (infolgedessen ist nach *emolumentum* ein Punkt zu setzen); *fidelis* scheint korrigiert in *fideles.* – V. 428: *proferre* steht auf Rasur. – V. 433: Statt *veniant* lies *veniunt.*

Exkurs IV: Gregor VII. als Lehnsherr Aragons

Über die Frage, wie und wann das Reich Aragon ein Lehen der römischen Kirche wurde, hat früher Unklarheit geherrscht. Eine Urkunde Gregors VII. für das aragonesische Bistum Jaca gibt an, daß schon König Ramiro I. von Aragon (1035–1063) sich und sein Königreich dem hl. Petrus tributär gemacht habe[54], und diese Angabe hat man früher meist zugrunde gelegt. Jetzt ist aber durch eine Untersuchung P. Kehrs sichergestellt: nicht Ramiro, sondern erst sein Sohn Sancho (1063–1094) hat das Lehnsverhältnis zum hl. Stuhl begründet, und zwar bei einer Romreise im Jahre 1068[55]. Wir können auf diesem Resultat, das keinem Zweifel mehr unterliegt, aufbauen, und im folgenden auf den Spuren Kehrs versuchen, den Charakter des Lehnsverhältnisses, wie es damals zwischen Aragon und dem hl. Stuhl bestand, und zugleich den Sinn jener Urkunde Gregors näher zu bestimmen.

I. Über die Lehnsnahme von 1068 besitzen wir zwei Zeugnisse. Das eine ist eine Urkunde Alexanders II. aus dem Jahre 1071, die nur allgemein angibt, daß Sancho *protinus semetipsum apostolice dignitati commisit ac subdidit*[56]. Aufschlußreicher ist das zweite, ein späterer Brief Sanchos an Papst Urban II., der auszugsweise in die päpstlichen Register eingetragen wurde und uns so durch Vermittlung der Britischen Sammlung erhalten ist[57]. Darin schreibt Sancho, er habe seinerzeit in Rom sich und sein Reich dem hl. Petrus tradiert *(in dei et b. Petri potestate tradidi)* und sei verpflichtet, ihm zu dienen (*ut sibi servirem ... sicut deberem*), was er auch gewollt, aber nicht ausgeführt habe *(in mente habui ... opere non complevi)*. Worin der schuldige „Dienst“ bestehen sollte, sagt er nicht; Kehr nimmt an, daß damit ein Zins gemeint sei[58].

Diese Deutung des Wortes *servire* muß jedoch auffallen. Sollen wir vielleicht annehmen, etwa im Anschluß an die spätmittelalterlichen „Servitien“ der Bi-

54 JL. 5098, letzter Druck nach dem Original bei Kehr, Sitzungsber. Berlin 1928 S. 215 ff.

55 Kehr S. 196–223.

56 JL. 4691, vgl. Kehr S. 207.

57 Gedruckt zuletzt von Kehr S. 218.

58 Kehr S. 207 unten.

schöfe, daß zur Zeit Gregors VII. *servitium* ein päpstlicher Terminus für einen Zins gewesen wäre? Das Gregor-Register lehrt uns das Gegenteil. Wir haben über den Begriff *servitium* bei Gregor schon gesprochen und seine teils allgemein-religiöse, teils militärisch-lehnsrechtliche Bedeutung dargelegt[59]. Wichtig ist insbesondere noch das Primatsprivileg für das Erzbistum Lyon: dort werden *Geld*zahlung und *Dienst*leistung in begrifflicher Schärfe unterschieden, wobei das Wort *servitium* geradezu der Definition des Unterschiedes dient[60]. Wenn Gregor gegenüber einem Laien von *servitium* spricht, dann handelt es sich entweder allgemein um Dienst, um Gehorsam und Ergebenheit, oder speziell um Heeresfolge; niemals aber läßt sich das Wort in der Bedeutung eines Zinses nachweisen[61]. Es gibt im Gregorregister nur eine einzige Stelle, die infolge unklarer Fassung eine solche Deutung immerhin als möglich erscheinen läßt; gerade dort aber stammt das Wort aus einer Vorurkunde, läßt sich also für die Bestimmung des gregorianischen Sprachgebrauches nicht verwenden[62]. Zum gleichen Ergebnis führt uns im Falle Aragons auch der Brief Sanchos an Urban II. Dort heißt es nämlich in der Fortsetzung, daß Sancho im vorhergehenden

---

59 Vgl. oben S. 192 f.

60 Greg. Reg. VI 34 S. 448: *nullo interveniente munere ... videlicet a manu, ab obsequio et a lingua; a manu, ut nullum pretium ... tribuatur; ab obsequio, ut nichil inde servitii faciat ...; a lingua, ut ... (nullus) preces effundat.*

61 Für einen Zins braucht das Gregorregister das Wort *census,* siehe das Register der Edition.

62 Es handelt sich um die berühmte Behauptung (Greg. Reg. VIII 23 S. 566 f.), daß Karl der Große jährlich 1200 Pfund eingesammelt habe *ad servitium apostolice sedis.* Vorurkunde ist die falsche Urkunde Karls des Großen DKar. 254. Darin soll der Kaiser die Kleriker der Salvatorskirche zu Rom zu dem „Dienste" (dafür zweimal das Wort *servitium)* verpflichtet haben, daß sie die in Rom sterbenden fränkischen Pilger begrüben, und er soll ihnen dafür *(pro qua causa)* als Belohnung *(remunerari)* die 1200 Pfund versprochen haben, die er angeblich in seinen Ländern sammeln wollte. Die Geldzahlung war also nicht ihrerseits das *servitium,* sondern sie war die Bezahlung für die in Rom zu leistenden Dienste. Das ist demnach auch im Gregorbrief die ursprüngliche Bedeutung der Worte, daß Karl das Geld „für den Dienst des hl. Stuhls" gesammelt habe: es sollten damit die Diener des hl. Stuhls bezahlt werden. Freilich hat Gregor bekanntlich den Sachverhalt verschleiert, indem er von der Salvatorskirche, d. h. der römischen Frankenschule, überhaupt schwieg, und aus der Geldsammlung für diese Kirche ein Recht des hl. Stuhls machte; dadurch ist auch die Mißverständlichkeit entstanden, als wäre der Kaiser selbst der Diener des hl. Stuhls und die Geldsammlung sein Dienst. Jedenfalls aber ist die Wahl des Wortes *servitium* durch die Vorurkunde bedingt.

Jahre (also 1087–88, rund zwanzig Jahre nach der ersten Lehnnahme und zwei bis drei Jahre nach dem Tode Gregors VII.) auf einem Kriegszuge gelobt habe, dem hl. Petrus einen *Zins (tributum, censum)* von 500 Mankusen zu zahlen, während seine Ritter je eine Mankuse versprachen[63]. Dieser Zins war nach dem Brief unzweifelhaft etwas Neues; erst durch sein Gelübde übernahm der König die Zahlungsverpflichtung, und es ist danach ausgeschlossen, daß der Zins von 500 Mankusen schon vorher im Jahre 1068 ausgemacht worden wäre. Das Zinsgelübde war also nicht eine Erfüllung, sondern offenbar eine *Ablösung* der älteren Dienstverpflichtung. Bestätigt wird das durch die Antwort Urbans II. auf diesen Brief. Der Papst spricht darin seine Freude darüber aus, daß Sancho sich und seine Untertanen der römischen Kirche tributpflichtig gemacht habe *(Romane ecclesie tributarios feceris)*[64]. Er braucht diesen Ausdruck auf Grund von Sanchos neuerlichem Versprechen: bis dahin war somit Aragon, obschon päpstliches Lehen, doch noch nicht der römischen Kirche *tributär* gewesen. Lehnsabhängigkeit und Zinspflicht waren eben zweierlei.

Es ist kaum ein Zweifel möglich, daß die Vasallendienste, zu denen sich Sancho im Jahre 1068 verpflichtet hatte, militärischer Natur waren wie normaler Lehnsdienst überhaupt. Wir dürfen ohne Zögern die Dienstverpflichtung des aragonesischen Königs als ähnlich voraussetzen wie die Wilhelms von Hochburgund[65]. Damit erklärt sich zugleich, warum er seiner Lehnspflicht zwanzig Jahre lang nicht nachgekommen ist und sie schließlich durch einen Zins ersetzte: bei seinen häufigen Kämpfen mit den benachbarten Muslimen war er in der Tat nicht leicht in der Lage, einer päpstlichen Aufforderung zu einem Zuge nach Italien nachzukommen.

II. Soweit ist alles klar. Das Problem liegt erst bei dem schon erwähnten Privileg Gregors VII. für den Bischof Garcia von Jaca. Die Urkunde ist im Original erhalten und unzweifelhaft echt[66]. Da ihr leider die Datierung fehlt, können wir das Ausstellungsjahr nicht sicher angeben[67]; aber da sie von Gregor VII. stammt, fällt sie jedenfalls in die Zwischenzeit zwischen der ersten Lehnsübergabe Aragons an Rom und der späteren Festsetzung einer Zinspflicht. Ihre Interpretation bereitet große

63 Der Text bei Kehr S. 218.

64 Kehr S. 219.

65 Vgl. oben S. 200.

66 Kehr S. 200.

67 Kehr S. 214 vermutet 1084/85.

Schwierigkeiten. Zunächst fallen die bei der Ausstellung vorgekommenen Verstöße auf. Das Fehlen der Datierung besagt zwar nicht viel, doch ist auch der Text nicht überall in Ordnung[68]. Insbesondere heißt es, daß der König Ramiro von Aragon sich und sein Land *prius in Ispaniam* dem hl. Petrus tributär gemacht habe; das gibt keinen faßbaren Sinn und ist entweder eine liederliche Formulierung oder – was wahrscheinlicher ist – ein Schreibfehler für *primus in Ispania.* Dies ist für uns mißlich, da wir gerade an der entscheidenden Stelle einen emendierten Text zugrunde legen und demnach bei der Interpretation ein entsprechendes Moment der Unsicherheit in Rechnung stellen müssen. Aber als Verstoß der Kanzlei wiegt auch dieses Versehen noch nicht schwer. Ein arger Fehler aber ist es, daß die Urkunde von dem König Ramiro, dem Vater des Urkunden-Empfängers Garcia von Jaca, so spricht, als lebe er noch und als liege eine Petition von ihm selbst vor: *petitiones tuas ac gloriosi regis Rainimiri patris tui, frater Garsia, paterno affectu suscepimus ... sicut prefatus rex tecum humiliter postulavit.* Und das, nachdem Ramiro bereits seit mindestens zwölf Jahren gestorben und längst sein Sohn und Nachfolger Sancho, also der Bruder des Bischofs Garcia, in Rom gewesen war! Dazu kommt die inhaltliche Schwierigkeit: die Urkunde behauptet, daß Ramiro sich und sein Land dem hl. Petrus tributär gemacht habe: *Ipse namque christianissimus rex, pater tuus nobis carissimus, cum filiis suis... beato clavigero Petro se et regnum suum prius in Ispaniam tributarium fecit.* Zweierlei ist hiergegen zu sagen: erstens hat nicht Ramiro das Abhängigkeitsverhältnis Aragons vom hl. Stuhl begründet, sondern erst sein Sohn Sancho, und zweitens war Aragon damals dem hl. Stuhl überhaupt nicht „tributär", sondern zu Lehnsdiensten verpflichtet.

Den Weg zur Lösung dieser Schwierigkeit hat Kehr gezeigt durch den Nachweis der Vorurkunde, auf der das Privileg Gregors beruht. Es ist eine Synodalurkunde für das Bistum Jaca aus dem Jahre 1063, in der König Ramiro wirklich einen Zehnt an den hl. Petrus festsetzt, aber an den hl. Petrus von Jaca, d. h. an die dortige Kathedrale. Die Urkunde Ramiros trifft Bestimmungen für das Bistum Jaca und fügt hinzu: *Donamus etiam et concedimus deo et beato piscatori omnem decimam nostri iuris auri argenti frumenti seu vini sive de cunctis rebus, quas nobis tributarii sponte aut coacte exsolvunt ... infra prefixos terminos;* es folgen weitere königliche Einkünfte, von denen bestimmte Anteile *supradicte (Iaccensi) ecclesie et episcopo* abgetreten werden; das Ganze dann zusammengefaßt in dem Satze: *Hec omnia superius instituta sive descripta donamus deo et b.*

68 So auch in dem Satze *Omnes quoque decimas,* der anscheinend eine Textlücke enthält.

Petro ad restaurationem suprascripti episcopatus[69]. Hierauf beruht demnach der oben abgedruckte Satz der Gregor-Urkunde über den Tribut Ramiros an den hl. Petrus. Freilich mußte die päpstliche Urkunde von jedem unbefangenen Leser dahin verstanden werden, daß es sich um einen Tribut an die Peterskirche zu Rom handele, nicht an die zu Jaca. Dieser Eindruck wird noch verstärkt durch die Fortsetzung des Textes, die dahin lautet, daß Ramiro als erster in seinem Reich die römischen Gesetze und Gewohnheiten angenommen habe. Es liegt also eine Verschiebung vom hl. Petrus von Jaca auf den hl. Petrus von Rom vor. Nach Kehrs Meinung wäre der Urheber dieser Verschiebung der Urkunden-Empfänger selbst, der Bischof Garcia von Jaca. Der Sinn der Behauptung, daß Ramiro „als erster in Spanien“ sein Land dem hl. Petrus tributär gemacht habe, soll nämlich darin liegen, daß das Verdienst der Lehensübergabe Aragons an den hl. Stuhl dem König Sancho abgesprochen werden sollte, da es bereits seinem Vater zukäme. Dies habe der Bischof Garcia dem Papste erzählt, da er mit seinem Bruder Sancho verfeindet gewesen wäre, und in diesem Sinne habe er an der Kurie jene Synodal-Urkunde seines Vaters Ramiro interpretiert; die päpstliche Kanzlei aber habe, wegen stürmischer Zeitläufe zu einer Nachprüfung nicht imstande, diese Behauptungen leichtgläubig akzeptiert[70].

Gegen diese Erklärung sprechen jedoch schwere Bedenken:

1. Wenn der fragliche Satz diesen Sinn haben soll, dann müßte man statt der Worte „in Spanien“ vielmehr „in Aragon“ erwarten; „in Spanien“ hat keinen Sinn, wenn es sich nur um die aragonesischen Könige, den Vater und den Sohn, handelte, sondern nur dann, wenn neben Aragon noch an ein anderes spanisches Land gedacht war.
2. Bischof Garcia hätte auf diese Weise sich selbst geschädigt, indem er die Abgaben der Ramiro-Urkunde nicht als eine Dotation seines Bistums, sondern als einen Lehnszins an den Papst hinstellte.
3. Die Nachprüfung gerade dieses Punktes konnte der Kurie keinerlei Schwierigkeiten bereiten, denn aus der Urkunde Ramiros, die jedenfalls an der Kurie vorgelegt und von der päpstlichen Kanzlei als Vorurkunde benutzt wurde, ging klar hervor, daß es sich um einen Zins an Jaca, nicht an Rom handelte.

[69] Die Urkunde Ramiros bei Sangorrín, Libro de la cadena S. 43 ff.; früher bei Mansi XIX 931 (weitere Drucke bei Kehr S. 204 Anm. 3).

[70] Kehr S. 214 f.

4. Der Irrtum der Urkunde in der Behandlung Ramiros als des lebenden Königs bleibt auf diese Weise überhaupt unerklärt; denn daß auch dies auf unwahre Behauptungen des Urkunden-Empfängers zurückginge, kommt natürlich nicht in Frage.

Wenn ich aus diesen Gründen die Deutung Kehrs nicht für annehmbar halte, so möchte ich doch gleich bekennen, daß die Gewinnung einer befriedigenden Erklärung auch auf anderem Wege äußerst schwierig ist. Um Klarheit zu gewinnen, versuchen wir die Lösung auf zwei verschiedenen Wegen.

III. Auszugehen ist von den Worten, daß Ramiro „als erster in Spanien" sein Land dem hl. Petrus tributär gemacht habe. Dieser Hinweis enthält sichtlich eine Anspielung darauf, daß jener lobenswerte Akt in den andern spanischen Ländern entweder erst später oder noch gar nicht vollzogen sei. Auf dieses Entweder-Oder kommt es an. Meinte Gregor, daß ein anderes spanisches Land sich zwar auch dem hl. Petrus tributär gemacht habe, aber erst später als Ramiro? Oder wollte er andeuten, daß sonst aus Spanien eine Tributzahlung zwar erfolgen müßte, aber bisher noch ausstände? Je nach der Beantwortung dieser Frage ergibt sich die Möglichkeit einer Gesamterklärung.

Da Navarra seit 1076 mit Aragon vereinigt war und Katalonien meist noch nicht zu Spanien gezählt wurde, kommt im Grunde nur ein einziges spanisches Reich neben Aragon in Betracht: Leon-Kastilien. Aber hat von dort ein Zins an den hl. Petrus überhaupt jemals in Frage gestanden[71]? Hierauf gibt es eine überraschende Antwort, die anscheinend das Rätsel mit einem Schlage zu lösen vermag: der König von Kastilien zahlte zwar keinen Zins an den hl. Petrus von Rom, wohl aber an den hl. Petrus von Cluny. Schon Fernando I. (1035–1065) hat ihn eingeführt, und sein Sohn Alfons VI. (1065–1109) ihn im Jahre 1077 verdoppelt[72]. Uns mag ein solcher Zins befremdlich erscheinen, aber doch nur wegen unserer hartnäckigen Gewohnheit, den Kern solcher Vorgänge auf staatsrechtlichem Gebiet zu suchen und demnach in einem Zins allemal ein Zeichen

[71] Über Gregors VII. bekanntes Pastoralschreiben an die Spanier, in dem er das Eigentumsrecht des hl. Petrus an Spanien behauptet, s. unten S. 345.

[72] Bruel, Recueil IV 627 n. 3509 vom 10. Juli 1077, dazu der Brief an Hugo von Cluny ebd. S. 551 n. 3441 (zur Datierung vgl. Schmid, Arch. f. Urkf. X 193 Anm. 1). Die Patrone Clunys, die auch nach dem Wortlaut der Urkunde und des Briefes die Schenkung erhalten, sind dieselben wie die Roms, nämlich Petrus und Paulus; an beiden Orten galt natürlich Petrus als der Hauptheilige.

staatlicher Unterordnung zu sehen. Das ist aber eine petitio principii, die der mittelalterlichen Denkweise nicht gerecht wird. Gerade für das Verhältnis der Spanier zum Kloster Cluny kann man auf die Erzählung des Rudolf Glaber verweisen, wonach um 1033 in „Afrika", d. h. in Wirklichkeit offenbar in Spanien, die Bevölkerung vor einem Kampf gegen die Muslime die gesamte Beute dem Kloster Cluny, das von ihnen besonders verehrt wurde, gelobt und nach dem Siege auch dargebracht habe[73]. Dies Gelübde hatte sichtlich keinerlei staatsrechtlichen Sinn, sondern sollte nur die Hilfe des Schutzheiligen von Cluny und etwa noch das Gebet der Mönche für den Sieg gewinnen; nicht anders stand es mit dem späteren Versprechen eines regelmäßigen Zinses. Aber soviel ist freilich richtig, daß eine solche Verpflichtung die Beziehungen zwischen dem kastilischen Reiche und dem Kloster Cluny festigen und dauerhaft gestalten mußte.

Gerade dieses aber mußte Gregor VII. höchst unerwünscht sein. Wir wissen, daß Clunys Einfluß in jener Zeit in Leon-Kastilien so stark war, daß er geradezu zu einer Gefahr für Rom wurde. Gregor VII. hat deshalb auf der Halbinsel zeitweise eine ausgesprochen clunyfeindliche Politik getrieben[74]. Es ist begreiflich, wenn der Zins an Cluny ihm ein Dorn im Auge war. Aber dagegen einschreiten konnte er nicht; denn war nicht auch dieser Zins ein Zeichen der Verehrung des Apostelfürsten und demnach zu loben? Der Papst mußte dazu schweigen und konnte höchstens in einer gelegentlichen Seitenbemerkung seiner Mißstimmung Luft machen.

Sollte es eine solche Bemerkung sein, die sich in das Privileg für Jaca eingeschlichen hat? Aus der Urkunde des Königs Ramiro, die der Bischof von Jaca vorlegte, konnte Gregor ersehen, daß in Aragon eine dritte Art von Peterszins bestand, der weder nach Rom noch nach Cluny ging, sondern nur eine königliche Dotation des Landesbistums darstellte. Eine solche Dotation mußte er begrüßen, denn selbstverständlich sah er jegliche Zahlung an die Kirche gern, soweit nicht etwa besondere Gründe dagegen sprachen wie im Falle des Zinses an Cluny. Er konnte darum den frommen König Ramiro loben und mochte leicht einen Seitenblick auf das Verhalten des kastilischen Nachbarn werfen. Beide hatten ihr Land dem hl. Petrus tributär gemacht, und zwar Ramiro in einer Weise, die dem Papste erwünscht war, was vom kastilischen Peterszins nicht galt. Damit erhalten die Worte *b. Petro tributarius* einen klaren Sinn. Denn ein Tribut

---

[73] Raoul Glaber IV c. 7 S. 109 f.; dazu Sackur, NA. XIV 405.

[74] Schmid, Arch. f. Urkf. X 193 f.

an den hl. Petrus, das war dasjenige Moment, das die Zahlungsverpflichtungen des aragonesischen Königs an Jaca und des kastilischen an Cluny gemeinsam hatten, und die versteckte Anspielung, die in den Worten *in Ispania(m)* liegt, scheint auf die Lage zu passen wie der Punkt aufs i. Wenn Gregor darauf hinweisen wollte, daß, noch ehe der kastilische König dem hl. Petrus (von Cluny) seinen Zins gelobte, bereits der König von Aragon dem hl. Petrus (von Jaca) eine regelmäßige Zahlung versprochen habe, wie hätte er das besser ausdrücken sollen als so, daß der aragonesische König als erster in Spanien sich und sein Land *b. Petro tributarium* gemacht habe?

Diese Erklärung hat etwas Bestechendes, aber sie ist keineswegs unbedenklich. Eine Vermengung der aragonesischen Lehnsabhängigkeit von Rom mit der Zinspflicht an Jaca läge gar nicht vor; der Verfasser der päpstlichen Urkunde hätte bei seinen Worten über den hl. Petrus nur an die Rechte der Kirchen von Jaca und Cluny, nicht an die des Papsttums gedacht. Das ist zwar nicht geradezu unmöglich[75], klingt aber doch wenig wahrscheinlich, und jedenfalls wäre der Urkundentext dann durchaus irreführend ausgefallen. Es kommt hinzu, daß wir nicht genau wissen, ob das Zinsversprechen Fernandos I. zeitlich wirklich erst später fällt als die Urkunde Ramiros für Jaca (1063) – die Regierungszeit Fernandos I. fällt jedenfalls zum allergrößten Teil vorher –, und auch Gregor VII. konnte das wohl schwerlich so ohne weiteres angeben[76]. Und schließlich bleibt immer noch der merkwürdige Irrtum übrig in der Art, wie über den längst gestorbenen König Ramiro gesprochen wird, als lebe er noch. Auch an dieser Erklärung wage ich deshalb nicht festzuhalten.

---

75 Es gilt, den mittelalterlichen Anschauungen Rechnung zu tragen, für die der hl. Petrus in ganz anderer Weise eine Realität war, als der moderne Mensch voraussetzt. Ob eine Leistung oder Zahlung an die Peterskirche zu Rom, zu Cluny oder zu Jaca ging, so war es doch immer der Heilige in Person, dem man sie darbrachte und dadurch ein Zeichen frommer Devotion erwies. Auch für Gregor VII. war der hl. Petrus nicht bloß ein Deckname für die politischen Bestrebungen des Papsttums. Vgl. die (allerdings wenig ergiebige) ungedruckte Greifswalder Dissertation von F. Heyn, Der Petrusglaube Gregors VII. (1921). Interessant ist Reg. I 79 S. 113, wo Anno von Köln wegen seines seltenen Verkehrs mit Rom getadelt wird: er liebe *honorem b. Petri non in totum, sed in partem, Colonie et non Rome.*

76 Selbst wenn er es wußte und wenn es wirklich nach 1063 fiel: hätte er, um den aragonesischen Peterszins an Jaca gegenüber dem kastilischen an Cluny zu loben, beim ersteren gerade den früheren Zeitpunkt betont? Hätte es nicht näher gelegen, ihn etwa als reichlicher oder als vernünftiger zu bezeichnen?

IV. Versuchen wir es auf anderem Wege. Wenn der König von Aragon „als erster in Spanien" einen Tribut an den hl. Petrus festgesetzt hatte, so konnte das auch bedeuten, daß er einstweilen noch der einzige war, daß die Kurie aber sein Beispiel als ein nachahmenswertes Vorbild für die übrigen Spanier ansah. In diesem Falle konnte es sich nur um eine Zahlung an den hl. Stuhl handeln, wie man ja nach dem Wortlaut der Urkunde ohnehin zunächst annehmen wird. Die allgemeine Erwartung eines Romzinses aus allen spanischen Ländern paßt aufs beste zu den Eigentumsansprüchen, die Gregor bekanntlich auf ganz Spanien erhoben hat. Allerdings spricht er in seinem Pastoralschreiben an die Spanier nicht von einem Zins, sondern von einem Dienst, der früher von Spanien her die Kurie geleistet worden wäre *(servitium, quod b. Petro inde solebat fieri)*[77]. Aber mit Rücksicht auf die Verbindung von Lehnsdienst und Zins bei anderen päpstlichen Vasallen ist es sehr möglich, daß Gregor eines Tages auch ein *tributum* von den Spaniern beanspruchte. Der Hinweis auf die übrigen Spanier ist also verständlich; die Frage ist nur, wie Gregor zu seiner Behauptung über den Romzins Ramiros kommen konnte.

Hier ist nun zunächst der sonderbare Irrtum zu berücksichtigen, daß die Urkunde Ramiro als lebend behandelt. Da eine Petition von ihm erwähnt wird, ist der Sachverhalt folgender: Bischof Garcia legte an der Kurie sowohl die Urkunde seines Vaters, des verstorbenen Königs Ramiro, vor, da er ihren Inhalt vom Papst bestätigt sehen wollte, wie auch ein Empfehlungsschreiben seines Bruders, des regierenden Königs Sancho, der für die Wünsche Garcias eintrat; der Verfasser der Gregorurkunde aber merkte nicht, daß es sich um zwei verschiedene Könige handelte, sondern glaubte, der Vater Ramiro wäre identisch mit dem regierenden Könige. Damit erklärt sich auch das Prädikat *nobis carissimus,* das Ramiro in der Urkunde erhält. In Wahrheit war er der Kurie sicherlich kaum bekannt gewesen, da die eigentlichen Beziehungen zwischen Rom und Aragon erst nach seinem Tode mit der Legation des Hugo Candidus einsetzten. Wohl aber war sein Sohn Sancho dort bekannt, da er selbst im Jahre 1068 Rom besucht hatte und mit dem Papst in wiederholtem Briefverkehr stand, wobei er auf Grund seiner kirchlichen Haltung häufig lobende Prädikate erhielt[78]. Er also, nicht sein Vater, war gemeint. Auf die gleiche Weise erklärt sich auch die Behauptung der Urkunde, daß Ramiro in seinem Königreich den „toledani-

[77] Greg. Reg. IV 28 S. 346.

[78] Vgl. Kehr, Papsttum u. Navarra u. Aragon S. 20 ff.

schen Aberglauben" verworfen und das Gesetz und die Gewohnheiten Roms angenommen, d. h. die römische Liturgie eingeführt habe[79]. Auch dies war in Wirklichkeit erst die Leistung Sanchos[80]. Die Vermengung der beiden Könige in einer päpstlichen Urkunde mag uns noch so unwahrscheinlich klingen, sie ist doch Tatsache. Dabei liegt es auf der Hand, daß eine bewußte Absicht nicht bestehen konnte, sondern daß es sich nur um ein Versehen handeln kann. Soweit das päpstliche Privileg seine Angaben nicht aus der vom Bischof Garcia vorgelegten Urkunde Ramiros entnimmt und sich somit wirklich auf diesen König bezieht, meint es offenbar bei seinen Behauptungen gar nicht ihn, sondern den lebenden König Sancho.

Das gilt auch von den Worten *se et regnum suum b. clavigero Petro ... tributarium fecit,* und damit ist die eine von den beiden sachlichen Unrichtigkeiten aufgeklärt. Denn eben Sancho hatte ja auch das Abhängigkeitsverhältnis von Rom begründet. Die Schwierigkeit liegt nur noch darin, daß von einer „Tributpflicht" gesprochen wird, während tatsächlich die Verpflichtung Aragons zu jener Zeit noch anderer Art gewesen sein muß; hat doch Urban II. später mit Bezug auf Sanchos zweite Verpflichtung (von 1087/88) noch genau denselben Ausdruck gebraucht: *tributarios feceris.* Wie ist es möglich, daß die Gregor-Urkunde trotzdem schon ihrerseits von Tribut redet? War diese Behauptung einfach aus der Luft gegriffen? Das ist wenig wahrscheinlich. Oder stützte sie sich auf Unterlagen, die wir nicht mehr kennen? Das ist schon eher möglich, aber es bliebe doch der Widerspruch zur späteren Korrespondenz zwischen Sancho und Urban II. Am nächsten liegt nach wie vor die von Kehr gegebene Erklärung, wonach auch dieser Passus, ebenso wie die nachfolgende Beschreibung der Gren-

---

79 Die Urkunde sagt, daß Ramiro *primus in regno suo quasi alter Moises abiecta Toletane illusionis superstitione legem ac consuetudines Romanas recepit.* Dieser Satz weist zunächst nicht auf das liturgische Gebiet, sondern erweckt die Vorstellung von einer disziplinären und sogar dogmatischen Reform. Vgl. jedoch unten über die mozarabische Liturgie.

80 Kehr, Sitzungsber. Berlin 1928 S. 201 ff. Die Verdienste, die sich der Kardinal Hugo Candidus um die Einführung der römischen Liturgie erworben hatte, bleiben in der Urkunde natürlich unerwähnt, da Hugo inzwischen auf die gegenpäpstliche Seite übergegangen war. Dafür wird behauptet, daß die Reform auf Anraten *(instinctu et alto consilio)* Garcias vorgenommen sei. Kehr S. 201 erklärt dies für falsch, da Garcia damals noch nicht Bischof von Jaca, sondern wahrscheinlich Mönch in San Juan de la Perla gewesen wäre. Aber warum sollte der Bruder des Königs nicht trotzdem schon im Sinne der Reform gewirkt haben?

zen und Besitzungen des Bistums Jaca, auf die Synodalurkunde Ramiros zurückgeht, auf die Abtretung von königlichen Zehnten und Abgaben an den hl. Petrus von Jaca[81]. Diese Annahme kann sich auch darauf stützen, daß Ramiro *cum filiis suis* die Tributpflicht festgesetzt haben soll, was auf einen urkundlichen Akt weist. In der Tat ist die Synodalurkunde von Ramiro zusammen mit seinem Sohn Sancho ausgestellt; die Ungenauigkeit bezüglich des Plurals *filii* besagt nichts, da es nachher mit Bezug auf eine andere, ebenfalls von Ramiro mit seinem Sohn ausgestellte Urkunde[82] wiederum heißt: *predictus rex una cum filiis ac primatibus suis.* Danach liegt hier also eine Vermengung der römischen Lehnspflicht mit dem „Tribut" an Jaca vor, und so wäre die Wahl des Ausdrucks *tributarius* ohne weiteres erklärt.

Aber wie sollen wir uns die Vermengung vorstellen? Daß keine absichtliche Umdeutung seitens des Bischofs von Jaca vorliegen könne, legten wir oben schon dar. Aber ebenso müssen wir es als undenkbar bezeichnen, daß man an der Kurie mit Bewußtsein und Absicht auf solche Schliche verfallen wäre. Denn ein Versuch, in einem Privileg für die Kirche von Jaca deren rechtmäßige Einkünfte für das Papsttum in Anspruch zu nehmen, mußte den Protest des Bischofs hervorrufen, der jederzeit imstande war, die Mißdeutung an Hand der königlichen Urkunde zu erweisen. Wenn der Verfasser jener Worte in der Gregorurkunde sich darüber klar war, daß es sich um Einkünfte der Kirche von Jaca handelte, dann konnte er nicht die Absicht haben, sie in diesem Privileg in einen Zins an Rom zu verwandeln. Nun ist aber im weiteren Verlauf des päpstlichen Privilegs ausdrücklich die Rede von den *vectigalium seu tributorum reditus, quae idem rex conscriptione regali Iaccensi ecclesie contulit.* Das geht auf dieselben Tribute aus der Ramiro-Urkunde und zeigt völlige Klarheit darüber, daß es sich um Einkünfte Jacas handelte. Läßt sich dieser Widerspruch, auf den Kehr nicht eingegangen ist, erklären?

Wir müssen dazu auf Form und Entstehung des päpstlichen Privilegs eingehen. Es „zeigt ganz die für die Privilegien Gregors VII. übliche Fassung"[83]. Für den Anfang aber bestand kein Schema. Die Arenga *Apostolica sedes Iesu*

81 Kehr S. 207 schreibt: „*Deo et b. Piscatori* bzw. *Deo et b. Clavigero* steht in der Urkunde Ramiros. Denselben Ausdruck braucht auch Gregor VII. in seinem Privileg für Jaca." Die wörtliche Ähnlichkeit beschränkt sich allerdings auf die Worte *b. clavigero.*

82 Sangorrín S. 59.

83 Kehr S. 200.

kommt sonst nicht wieder vor, und nach der erforderlichen Überleitung zum dispositiven Teil *(Unde petitiones tuas ... suscepimus et ... iudicavimus)* ist eine Narratio eingeschoben, eben jener lange Satz über den Tribut Ramiros und die Einführung der römischen Liturgie, der mit Jaca und dem Rechtsinhalt der Urkunde nichts zu tun hat. Das ist zwar bei einer Urkunde Gregors VII. formal nichts Irreguläres, aber die inhaltliche Eigenart der Narratio weist auf besondere Umstände bei der Entstehung. Die Sachlage wird wesentlich erhellt durch das Parallelbeispiel einer anderen Gregor-Urkunde, eines Privilegs für das Kloster Sainte-Croix de Quimperlé in der Bretagne[84]. Hier fehlt eine eigentliche Arenga sogar ganz[85] und ist ersetzt durch eine längere Narratio, die ebenfalls vom eigentlichen Urkundeninhalt abführt. Es heißt darin, daß die Bretagne, „wie einige eures Stammes bezeugen", dem besonderen Schutz der römischen Kirche anvertraut sei, und zwar sowohl von den Kaisern wie von den Einwohnern selbst, die dem *patrocinium* des hl. Petrus aus Devotion den Nacken gebeugt hätten; die früheren Päpste wären zwar in dieser wie in vielen anderen Sachen so nachlässig gewesen, daß jenes Verhältnis in Vergessenheit geraten wäre, Gregor aber wolle es wieder in Erinnerung bringen[86]. Eine Quelle für diese kühnen Behauptungen ist nicht bekannt[87]; offenbar stützt Gregor sich wirklich, wie er angibt, auf mündliche Mitteilungen von bretonischer Seite. Die gesamte Aussage trägt aber den Stempel seines eigenen Geistes. Das Zurückgreifen auf angebliche alte Rechte des hl. Stuhls, die in Vergessenheit geraten wären, ist geradezu ein Charakteristikum seines Regiments, und gegen seine Vorgänger erhebt er

---

[84] JL. 5072, am besten im Cartulaire de Quimperlé S. 257.

[85] Ein arengenähnlicher Satz beschließt die Narratio.

[86] *Britannia, sicut nonnulli gentis vestre testantur, non solum ab imperatoribus, verum ab ipsis habitatoribus tutele et defensioni sancte Romane ecclesie commissa est. Verum antecessores nostri in hac causa sicut in multis aliis adeo negligentes fuerunt, ut amor et provisio apostolicae tutele et pristina devotionis vestre intentio in incuriam et pene quasi in oblivionem utrinque devenirent. Nos itaque Deo auctore hec, que actenus neglecta sunt, ad memoriam satagimas reducere et tanto sollicitius circa salutem et honorem patrie vestre procuramus studium impendere, quanto sicut iam diximus, b. Petri patrocinio gentem vestram pro devotione colla submisisse cognoscimus. Et licet universaliter, quod a nobis requiris, karissime fili, Britannie debeamus, specialiter tamen ad liberationem et tutelam monasterii tui munimen auxiliumque pretendimus.*

[87] *Pocquet du Haut-Jussé*, Bretagne S. 26, verweist auf die Chronique de Nantes (ed. Merlet S. 34 ff.), mit der eine spätere Behauptung des Legaten Gerard von Angoulême im Einklang steht (Cartulaire de Quimperlé S. 234). Aber dabei handelt es sich inhaltlich um andere Dirge, als sie hier in der Gregor-Urkunde stehen.

des öfteren den Vorwurf der Nachlässigkeit[88]. Gerade dieser Vorwurf, der im Privileg für Quimperlé mit besonderer Schärfe auftritt, berechtigt uns zu der Annahme, daß der ganze Passus auf Gregor VII. persönlich zurückgeht. Denn welcher Kanzleibeamte hätte es von sich aus gewagt, über die früheren Päpste zu schreiben, sie wären „in dieser wie in vielen anderen Sachen so nachlässig gewesen, daß usw."? Das soll nicht heißen, daß Gregor unbedingt auch die Formulierung diktiert haben müsse – zur Entscheidung dieser Frage reichen die kurzen Sätze kaum aus –, wohl aber, daß er inhaltlich den Auftrag gegeben hat, die angegebenen Einzelheiten in das Privileg hineinzuschreiben. Damit erklärt sich denn auch die nicht alltägliche Form der Urkunde.

Mir scheint, der Fall der Urkunde für Jaca ist ebenso zu beurteilen. Die eigenartige Narratio erklärt sich am besten, wenn sie unmittelbar vom Papste veranlaßt war. Sie spricht vom mozarabischen oder toledanischen Ritus als einem Aberglauben *(Toletanae illusionis superstitio).* Das wird verständlich durch die in einem früheren Gregorbrief ausgesprochene Meinung, daß dieser Ritus mit der priszillianischen und arianischen Ketzerei zusammenhänge[89]. Auch hier darf man mit einiger Wahrscheinlichkeit in dieser durchaus falschen Auffassung eine persönliche Ansicht des Papstes sehen. Wiederum soll nicht behauptet werden, daß auch die Worte in unserer Urkunde vom Papste selbst formuliert sind, wenngleich das möglich ist. Es kommt aber vorerst nur darauf an, daß der schemalose Anfangsteil der Urkunde nicht ausschließlich dem normalen Bürobetrieb der Kanzlei entstammt. Dies muß aber der Fall sein beim Hauptteil des Privilegs, der in gewohnten Bahnen auf Grund der vorgelegten Urkunden die Grenzen, Besitzungen und Rechte Jacas umschreibt: das war nichts anderes als die tägliche Kanzleiarbeit, und niemand wird annehmen, daß auch hierfür der Papst selbst die Einzelanweisungen gegeben hätte.

---

88 Vgl. Greg. Reg. I 17 S. 27; I 29 S. 46 f.; IV 28 S. 346. In diesen Briefen findet man auch bemerkenswerte sprachliche Berührungen mit dem Privileg für Quimperlé; vgl. auch die Zweiseitigkeit in Reg. I 17 *(antecessorum nostrorum neglegentia et patrum vestrorum ... incuria)* mit dem *utrinque* im Privileg.

89 Greg. Reg. I 64 S. 93. Dieser Brief und der im Register vorhergehende (I 63 S. 91) bilden auch insofern eine Parallele zu unserem Privileg, als Gregor in ihnen gleichzeitig den König von Aragon wegen Einführung der römischen Liturgie belobte, die Könige von Kastilien und Navarra zu ihrer Einführung aufforderte. Dem entspricht, daß im Privileg der Aragonese gelobt wird, weil er als erster die römischen Gewohnheiten in seinem Reich eingeführt hat.

Durch diese verschiedenartige Entstehung der Urkundenteile wird der Widerspruch in der Auffassung des Tributs an den hl. Petrus verständlich. Wenn dieser im Hauptteil der Urkunde richtig als eine Abgabe an Jaca angesehen wird, so war das das Werk eines Kanzlisten; wenn er zu Beginn als ein Romzins hingestellt und mit der aragonesischen Lehnspflicht vermengt wird, so geht das auf den Papst zurück[90]. Gregor hatte vermutlich die Urkunde Ramiros nicht selbst gelesen, sondern sich mündlich darüber berichten lassen; so mochte die Konfusion entstehen. Es kam dem Papste nicht zum Bewußtsein, daß es sich nicht um den lebenden König, sondern dessen längst verstorbenen Vater handelte; mit Bezug auf den Namen – nicht Ramiro, sondern Sancho – muß ihn das Gedächtnis verlassen haben. So glaubte er sich denn durch die ihm gemachten Mitteilungen an die Verdienste des Königs von Aragon erinnert, der als erster in Spanien die päpstliche Oberhoheit anerkannt und den römischen Ritus angenommen hatte, und ließ diesen Sachverhalt im Privileg festhalten.

Diesen Erklärungsversuch halte ich für wesentlich annehmbarer als die beiden vorher diskutierten. Er hat auch den Vorteil, daß er die sachlichen Sonderbarkeiten der Urkunde sämtlich auf eine einzige Ursache zurückführt. Damit ergibt sich zugleich ein Beitrag zur Charakteristik Gregors VII.: wir haben ein neues Beispiel für die Art seines Vorgehens, wenn es sich um die Feststellung von Rechten des hl. Stuhls handelte. Er hat in unserem Falle einen Tributanspruch behauptet, der tatsächlich noch nicht vorhanden war. Aber es handelte sich um ein Land, das ohnehin lehnspflichtig war, und mit größerer Sicherheit noch als in anderen Fällen dürfen wir behaupten, daß eine bewußt betrügerische Absicht nicht in Frage kommt; das wird schon durch das offenkundige Versehen in der Verwechslung der beiden Könige ausgeschlossen. Wohl aber können wir von „Hast“ und „Leichtgläubigkeit“ Gregors reden, der „in hierarchischen Dingen gern glaubte, was er wünschte“[91]. Man kann sagen, daß jeder

---

90 Kehr S. 207 schreibt, nachdem er die Verschiebung vom Jaca-Zins zum Rom-Zins dargestellt hat: „Was verbirgt sich hinter dieser Zweideutigkeit? Ein bewußter Täuschungsversuch durch den Bischof Garcia von Jaca, oder war es eine bloße Nachlässigkeit des konzipierenden Kanzleibeamten?“ Die dritte Möglichkeit ist, daß der Papst seinerseits dahinter stand. Gerade diese Annahme liegt auch sachlich am nächsten, wenn wir die anderen Fälle von staatlichen Ansprüchen Gregors bedenken.

91 Scheffer-Boichorst, MÖIG. Ergb. IV 85 u. 90 bzw. Ges. Schr. I 116 u. 123.

neue Einzelfall dieses schon lange gewonnene, aber immer wieder angezweifelte Bild von neuem bestätigt[92].

Exkurs V: Byzanz und Jerusalem Anlaß und Ziel des ersten Kreuzzugs

Das politische Problem des ersten Kreuzzugs wird durch die Begriffe Byzanz und Jerusalem gekennzeichnet. Wollte man dem Byzantinerreich helfen, oder wollte man nur das heilige Grab befreien[93]? Ein großer Teil der neueren Forschung erklärt sich mit Entschiedenheit für die zweite These: wenn der Papst noch in Piacenza (März 1095) einen Hilfezug für Byzanz proklamiert habe, so sei das höchstens die Anregung zum eigentlichen Kreuzzug oder gar nur ein zufälliges Zusammentreffen gewesen; mindestens aber seit dem Konzil von Clermont (November 1095) hätten er und die Abendländer in keiner Weise mehr die Absicht gehabt, Byzanz zu unterstützen, sondern hätten nur an Jerusalem und Syrien gedacht[94]. Diese Auffassung ist manchmal auch maßgebend geworden

92 Man muß noch den oben angeführten Anspruch auf die Bretagne hinzufügen, der in der bisherigen Literatur über Gregor VII. übersehen war.

93 Meist spricht man in diesem Zusammenhange vom „heiligen Lande". Doch sahen wir schon oben (S. 271 f.), daß dieser Begriff erst nach dem ersten Kreuzzug auftritt und demnach bei der Entstehungsgeschichte noch nicht am Platze ist.

94 Die ältere Forschung hat keinen so tiefen Gegensatz zwischen den Plänen für Byzanz und für Jerusalem gesehen. Ranke, Weltgesch. VIII 80 trifft wie gewöhnlich den Nagel auf den Kopf, wenn er das Ganze als einen einzigen Plan darstellt, aber betont, daß sich für Urban „der Accent" auf Jerusalem verschoben habe; ähnlich auch Sybel, Erst. Kreuzz. S. 182 ff. Erst Riant, Epistola S. XXV (wiederholt Inventaire S. 104) erklärte: „la croisade se prêcha et se fit, non en faveur de Byzance, mais uniquement au nom de la delivrance des Lieux Saints." Eine nähere Begründung hat er nicht gegeben, aber seine Behauptung hat seitdem die Runde gemacht. Gaston Paris (abgedruckt bei Riant, Invent. S. 75): „la croisade, à laquelle ... le désir de sécourir l'empire d'Orient fut absolument étranger." Röhricht, Erst. Kreuzz. S. 19 f. über Urbans Kreuzpredigt in Clermont: „Ihr Ziel war aber nicht mehr, wie noch in Piacenza, Konstantinopel, sondern Jerusalem ... Wodurch diese Verschiebung und Veränderung eigentlich veranlaßt wurde, sagen die Quellen nicht," mit einigen Vermutungen über die Gründe, warum der byzantinische Plan aufgegeben worden sei. Paulot, Urbain II S. 283 f., schließt sich wörtlich an Riant an. Bréhier, Croisades S. 62:

für die Definition des Begriffes „Kreuzzug“: von einem solchen könne nur gesprochen werden bei Zügen, deren militärischer Zweck „die Befreiung der heiligen Stätten“ oder „die Eroberung Syriens“ gewesen sei[95]. Wir haben in diesem Buch von Anfang an einen anderen Sprachgebrauch zugrunde gelegt und können das Recht dieser Auffassung nunmehr auch an dieser Stelle erhärten. Denn nach jener Terminologie hätte sogar Urban II. schon wesentlich mehr als einen bloßen „Kreuzzug“ im Sinne gehabt.

Was der Papst auf dem Konzil von Clermont und bei der Kreuzzugspropaganda der Folgezeit gesagt und gewollt hat, ist nicht einfach zu bestimmen. Die Reden, die hinterher von mehreren Quellen dem Papst in den Mund gelegt werden und die untereinander sehr verschieden sind, spiegeln uns natürlich nur die Auffassung der Berichtestatter wider, nicht die wirklichen Worte des Papstes[96]. Die Auffassungen der Zeitgenossen aber hatten sich während und nach dem

„en provoquant la croisade, le pape ne répondait nullement à un desir exprimé par Alexis Comnène" (vgl. S. 54: der Kreuzzug „est en réalité l'expression spontanée de l'enthousiasme pour la Terre Sainte"). Chalandon, Croisade S. 18: „Riant a montré ... que délivrer Jérusalem n'était point la même chose que protéger Constantinople contre les Turcs.“ Holtzmann, Hist. Vierteljahrschr. XXII 193 f.: „... den Unterschied der Aufrufe von Piacenza und Clermont scharf zu erfassen: auf dem italienischen Konzil ... die Befreiung der oströmischen Kirche ..., in Frankreich ist dagegen keine Rede mehr von Alexios, das Ziel aber ist Jerusalem ... Um diesen Wechsel der Zielsetzung zu erklären ...“ , und S. 199: „Wenn die Kurie diese beiden Fragen rasch nacheinander aufgriff, so ist das ein zufälliges Zusammentreffen; für das Zustandekommen des Kreuzzugsgedankens ist der Unionsplan jedenfalls ohne Bedeutung gewesen.“ Halphen, Essor S. 62: „le seul but ouvertement fixé aux participants de l'expédition était la délivrance du Saint-Sépulcre.“ Auf der Gegenseite stehen Norden, Papsttum S. 50 ff., der in der Kreuzzugspropaganda Urbans II. das heilige Grab nur eine Nebenrolle spielen läßt, und Leib, Rome S. 181 ff., 187, der vor allem die Idee der Hilfeleistung für die orientalischen Christen und den ursprünglichen Einklang zwischen Kreuzfahrern und Byzantinern betont. Auch Fliche, Revue hist. égl. France XIII 294, sieht im Kreuzzugsplan von Clermont, verglichen mit dem von Piacenza, nur „une forme plus précise et plus concrète“. Duncalf in Essays Munro S. 44 f. läßt den Papst den Kreuzfahrern ein doppeltes Ziel geben: Befreiung des heiligen Landes als Hauptzweck, Hilfe für das byzantinische Reich als Nebenzweck. Stevenson in Cambridge Med. Hist. V 270 ff. (nicht ganz so vorher Crusaders S. 6 ff.) nähert sich stark der Auffassung Rankes und stimmt auch mit unseren Ergebnissen großenteils überein.

95 Vgl. Riant, Inventaire S. 2; Paulot, Urbain II S. 279; Stevenson, Crusaders S. 2 u. 10 f.; dazu Knappen in Essays Munro S. 79.

96 Vgl. Röhricht, Erst. Kreuzz. S. 235 ff.; der Versuch von Munro, Amer. Hist. Review XI 231 ff., aus den verschiedenen Berichten durch Teilung und Addition die päpstlichen Worte zu errechnen, bleibt unbefriedigend.

Kreuzzuge gerade im Hinblick auf Byzanz grundlegend verändert. Als es während der Kämpfe von Antiochien zu einem tiefgehenden Zerwürfnis zwischen Lateinern und Griechen gekommen war und der Kreuzzug schließlich im Jahre 1100 zu dem eigenartigen Ergebnis der Gründung eines „Königreichs Jerusalem“ geführt hatte, einer lateinischen Insel im islamischen Orient, die auch zu Byzanz in keinen direkten Beziehungen mehr stand, fing man unwillkürlich an, schon die Ursprünge des Unternehmens im Lichte des Enderfolges zu sehen; es bildete sich die Vorstellung vom „Heiligen Lande“, dessen Befreiung der einzige und maßgebende Zweck des Zuges gewesen sein sollte, und die Sonderstellung Jerusalems erschien als ideelle Grundlage des ganzen Unternehmens. Darüber schob sich nach einigen Jahren eine andersartige Tendenz. Bohemund von Tarent betrieb in den Jahren 1105 und 1106 mit pästlichem Segen eine umfangreiche Propaganda zum Kreuzzug gegen Byzanz[97]. Dabei verbreitete sich die Theorie, daß für die Erleichterung der Jerusalemfahrt die Gewinnung der östlichen Kaiserstadt notwendig sei, da der byzantinische Kaiser Alexios die Kreuzfahrer verraten habe und verfolge. Um die Perfidie des Alexios besonders hervortreten zu lassen, betonte man, daß er selbst seinerzeit die Kreuzfahrer herbeigerufen habe, um sich dann gegen sie zu wenden[98]. Seit jener Zeit treffen wir auf die Spuren des eigenartigen gefälschten Briefes, den Alexios vier Jahre vor dem Kreuzzug an den Grafen Robert von Flandern geschrieben haben sollte, um von ihm und allen Lateinern Hilfe zu erbitten[99]. Es liegt auf der Hand, daß solche Vorstellungen auf das Bild des Kreuzzugs einwirken mußten und daß wir des-

97 Vgl. zuletzt Holtzmann, NA. 50, 270 ff.

98 Vgl. besonders Guibert I c. 5, Recueil Occ. IV 131 ff.

99 Gedruckt zuletzt bei Hagenmeyer, Kreuzzugsbriefe S. 130 ff.; vgl. Dölger, Reg. 1152. Ich zweifle nicht, daß der uns vorliegende gefälschte Text – ob ihm ein echtes Schriftstück zugrunde lag oder nicht, ist von geringerem Interesse – erst 1105–1106 entstanden ist, um als „Exzitatorium“ Bohemunds Propaganda zu unterstützen, offenbar von vornherein mit einer Vorrede ähnlich der jetzt vorliegenden, die auf die nachmalige Treulosigkeit des Kaisers hinweist, in Umlauf gesetzt. Auf diese Weise erklärt sich nicht nur der gesamte Inhalt, die Hervorhebung der Reliquienschätze Konstantinopels und die angebliche Bereitwilligkeit des Kaisers, Konstantinopel lieber den Lateinern zu überlassen als den Heiden, sondern auch insbesondere das Fehlen der heiligen Lanze unter den Reliquien (Riant, Epistola S. LI ff.) und die Schlußworte: *ne Domini perdatis sepulcrum,* die vor 1099 (trotz Hagenmeyer S. 209) unverständlich sind. Jedenfalls ist die Kenntnis des Briefes – bei Guibert, Robertus monachus, Hugo von Fleury usw. – erst nach 1105 nachweisbar. Vgl. auch die parallelen Darlegungen über die Gesta bei Bréhier, Hist. anon. S. XVI f. und Krey in Essays Munro S. 57 ff.

halb alle diejenigen Kreuzzugsquellen, die nach 1100 und besonders nach 1105 geschrieben sind, für die *Entstehungs*geschichte des Kreuzzugs nur mit größter Zurückhaltung benutzen dürfen. Nun will es das Unglück, daß die ältesten eigentlichen Kreuzzugsgeschichten, die Erzählung Raimunds von Aguilers und die anonymen Gesta Francorum, die im Grundstock noch während des Kreuzzugs im Orient verfaßt sind, im wesentlichen nur über das, was unterwegs geschehen war, unterrichten wollen und deshalb über die Entstehungsgeschichte des Kreuzzugs, das Konzil von Clermont und die Predigten Urbans, vollständig oder fast vollständig hinweggehen[100]. Alle andern sind späteren Datums, und wenngleich die nächstälteste Hauptquelle, das Buch Fulchers von Chartres, noch keinen Einfluß späterer Legendenbildung zeigt und sicher von großer Bedeutung ist – wir werden davon noch hören –, so gibt sie doch durch ihre eigentümlich widerspruchsvolle Schilderung ebenfalls kein befriedigendes Bild. Wir müssen also unser Urteil einerseits aufbauen auf einer sorgfältigen Sammlung der seltenen Worte Urbans II. und der spärlichen Äußerungen der Zeitgenossen bis 1099, anderseits auf einer methodischen Kritik der späteren Berichte. Um Klarheit zu erhalten, unterscheiden wir Anlaß und Zweck des Kreuzzugs.

Veranlaßt wurde der Kreuzzug – darüber besteht kein Streit – durch Hilferufe, Nachrichten und Klagen aus dem Orient. Wir können absehen von der längst widerlegten Legende, wonach Peter von Amiens dem Papst einen Brief des Patriarchen von Jerusalem überbracht haben soll. Doch stimmt das Votum der neueren Fonschung insofern mit jener Legende überein, als sie ebenfalls erklärt, die entscheidenden Hilferufe wären aus Jerusalem gekommen, nicht aus Byzanz; die Kreuzzugsbewegung wäre ausgelöst worden durch die Greuel der Türkenherrschaft in Palästina und die Drangsalierung der Jerusalem-Pilger, nicht durch die Kämpfe an den Grenzen des Byzantinerreichs und die Leiden der Christen Kleinasiens[101]. Demgegenüber wollen die Kreuzzugsquellen aus

---

[100] Raimund, Vorrede, Recueil Occ. III 237; Gesta Franc. c. 1 ed. Hagenmeyer S. 101 ff. ed. Bréhier S.2 ff.

[101] Maßgebend wurden auch hier die Behauptungen Riants, Epistola S. XXXV–XXXVII und Inventaire S. 102. Er registriert auf S. 98 als „Faits historiques certains: Vers 1090, persécutions des Turcs en Syrie: pélerins empêchés de visiter les Lieux Saints: correspondances envoyées en Occident par les chrétiens de Palestine“ usw. Auf den Gedanken, daß auch diese Punkte legendär wären und durch einen kritischen Quellenbeweis erhärtet werden müßten, ist er nicht gekommen. Seine Auffassung ist trotzdem von der Forschung übernommen worden, s. zuletzt Holtzmann, Hist. Vierteljahrschr. XXII 198 f. und Hampe, Hochmittelalter S. 112. Bréhier, Croisades

den Jahren nach 1105 von Hilferufen sowohl aus Jerusalem wie aus Byzanz wissen[102]. Für Byzanz ist die Richtigkeit dieser Nachricht bestätigt durch die päpstlichen Verhandlungen von 1089–91 und die Nachricht Bernolds über das Konzil von Piacenza[103]. Die Türken hatten seit 1071 den größten Teil Kleinasiens und im Jahre 1085 Antiochien den Byzantinern entrissen; ihr Vordringen bildet unzweifelhaft eine der politischen Ursachen der Kreuzzugsbewegung[104], und die Bemühungen des Alexios um Wiedergewinnung dieser Gebiete gaben einen unmittelbaren Anstoß zum Kreuzzuge. Wie aber steht es mit der Behauptung, daß außerdem und unabhängig von Byzanz weitere Hilferufe aus Jerusalem oder Syrien gekommen wären?

Die Türken hatten nicht nur das Byzantinerreich und damit die christliche Herrschaft durch ihre Eroberungen verkleinert, sondern auch Jerusalem, das

---

S. 60 f., fügt seiner im übrigen zutreffenden Darstellung die irrige Angabe hinzu, daß die Gesta Francorum die Profanierung des heiligen Grabes und der heiligen Stätten als ein Kreuzzugsmotiv Urbans hinstellten.

102 Ekkehards Chronik (Redaktion B von 1106), MG. SS. VI 213 (auch Ekkeh. Hierosolymita c. 5 ed. Hagenmeyer S. 80 ff.); Bartulf c. 1, Recueil Occ. III 491 (Bartulfs Quelle Fulcher I 1, 3 S. 121 sprach weder vom Byzantinerreich noch vom heiligen Grabe, sondern nur von den *interiores Romaniae partes*, also vom inneren Kleinasien); Guibert II c. 1, Recueil IV 135; Robert I c. 1 ebd. III 727; Balderich I c. 3 ebd. IV 12; Narratio Floriacensis ebd. V 356. Von diesen sechs Quellen spricht Guibert nur von Bitten des Alexios, die Narratio allgemein von einer Gesandtschaft der *viri religiosi per totum ferme Orientem*. Robert und Bartulf nennen als Orte der Verfolgungen Jerusalem und Byzanz (bzw. das heilige Grab und das byzantinische Reich), sprechen aber nur allgemein von Nachrichten, die zu Ohren des Papstes gekommen wären, nicht von Bitten um Hilfe. Auch Balderich erzählt nur, daß man Bürger Jerusalems und Antiochiens im Abendlande als Bettler und Verbannte gesehen habe. Genauere Angaben über Gesandtschaften und Bittbriefe aus Jerusalem gibt nur Ekkehard: er spricht einerseits über häufige Briefe des Alexios, anderseits über *legationes frequentissimas et epistolas, etiam a nobis visas, universalem ecclesiam ecclesiae Hierosolimitanae in presidium lugubriter inclamantes*. Dabei geht aber aus seiner eigenartigen Formulierung hervor, was das für Briefe waren, die er selbst gesehen hat; es ist der alte Aufruf Gerberts mit der Adresse *Ea quae est Hierosolymis, universali ecclesiae*, den Ekkehard offenbar in einer Handschrift der Gerbert-Briefe gelesen hat und dessen Inhalt also bereits er mißverstanden hat (vgl. oben Kap. III S. 95 und Erdmann, Q. u. F. XXIII 2 ff.). Eine vertrauenerweckende und detaillierte Nachricht über Hilferufe aus Jerusalem liegt demnach nicht einmal in dieser Überlieferungsschicht vor. Von den späteren Quellen wie Albert von Aachen sowie von den Benutzern Ekkehards sehen wir natürlich ganz ab.

103 Oben S. 290 und 292 f.

104 Vgl. Stevenson, Crusaders S. 6.

schon seit vielen Jahrhunderten unter arabischer Herrschaft stand, eingenommen (1071, endgültig 1078). Man hat oft gesagt, daß sich dadurch die Lage der palästinensischen Christen und der Jerusalem-Pilger wesentlich verschlechtert habe, da die Türken die Christen mit weniger Schonung behandelt hätten als die arabischen Fatimiden, und daß hierdurch die Kreuzzüge ausgelöst worden wären[105]. Allein die Quellenbasis für diese Angabe ist erst Wilhelm von Tyrus, also ein Autor, der nahezu ein Jahrhundert jünger ist und für diesen Gegenstand gänzlich ausscheiden muß[106]. Die einzige feststehende Tatsache ist, daß die Kirche des heiligen Grabes auch unter der Türkenherrschaft bestehen blieb und von christlichen Pilgern wie Robert von Flandern und Ademar von Puy besucht wurde. Freilich blieben die Pilger nicht unbehelligt. Daß sie unterwegs oder beim Betreten der heiligen Stätten Tribute zu bezahlen hatten und nicht selten beraubt und mißhandelt wurden, werden wir ohne weiteres glauben müssen, auch wenn sich die Nachrichten davon erst in der Überlieferungsschicht

---

105 Gibbon, Decline VI 257 mit Berufung auf Wilhelm von Tyrus; ebenso Wilken, Kreuzzüge I 43 ff.; Riant, Inventaire S. 62, 70, 98 mit Berufung auf Gibbon und Hinweis auf die angebliche Bedeutung der Eroberung Antiochiens für die Lage in Palästina; Röhricht, Erst. Kreuzzug S. 12; Paulot, Urbain II S. 278; Holtzmann, H. Vierteljahrschr. XXII 199; Hampe, Hochmittelalter S. 112; Loewe in Cambridge Med. Hist. IV 335. Dagegen mit Recht Stevenson, Crusaders S. 4 f.; anderseits vermutet ders. in Cambr. Med. Hist. V 269, daß zwar nicht die Einnahme Jerusalems, aber doch die von Antiochia im Westen Erregung hervorgerufen habe, indem ein Teil der Antiochener Bevölkerung sich anscheinend nach Europa begeben habe. Diese letztere Vermutung geht jedenfalls auf Balderich I c. 3, Recueil Occ. IV 12, zurück; doch beruht die Hervorhebung Antiochiens bei Balderich wohl auf der Propaganda Bohemunds, vgl. Bréhier, Hist. anon. S. XVIII f. und Krey in Essays Munro S. 57 ff.

106 Wilhelm v. Tyrus I c. 7 am Schluß, Recueil Occ. I 25: *Turci ... Hierosolymam subiugaverunt sibi, fideles quos in ea repererant habitatores durioribus solito aggravantes molestiis et angariarum multiplicitate fatigantes.* Vgl. auch ebd. c. 10 S. 31. Es ist auch haltlos, wenn Riant, Epistola S. XXXVII auf Raimund von Aguilers c. 8 u. 18 (Recueil Occ. III 250 f. u. 288) verweist. Denn dort wird nur gesagt, daß die Türken bei der Einnahme von Antiochia (das bis dahin unter christlicher Herrschaft gestanden hatte) die armenischen und griechischen Jünglinge *turcaverant* und daß die syrischen Christen am Libanon *per quadringentos et eo amplius annos* von Arabern und Türken schwere Verfolgungen erlitten hätten; daß die Schilderung dieser Verfolgungen eine wörtliche Übereinstimmung mit dem falschen Alexiosbrief zeigte, trifft nicht zu. Noch weniger können die sofort als späte Legenden erkennbaren Erzählungen Caffaros (Annali Genovesi I 99 f.) und des Michael Syrus (Chabot III 182 f..; Recueil Armén. I 327) in Frage kommen, die von Riant, Epistola S. XXXVII Anm. 1 und Hatem, Poèmes S. 72 Anm. 197 angeführt werden. Vgl. im übrigen die treffenden Bemerkungen von Joranson in Essays Munro S. 41 f.

nach 1105 finden[107]. Aber war das in der vorhergehenden Zeit anders gewesen? Die Araber haben schon im 9. Jahrhundert den christlichen Pilgern an verschiedenen Orten Tribute abgefordert, wie wir aus dem Itinerar des Mönchs Bernard wissen[108], und daß sich auch die Griechen die gleiche Einnahmequelle nicht entgehen ließen, lehrt uns ein Brief Papst Viktors II. von etwa 1055[109]. Im Jahre 1056 wurde das hl. Grab für ein Jahr für die Christen überhaupt gesperrt[110]. Damals mußte auch der Bischof Lietbert von Cambrai seine Jerusalemfahrt wegen der mannigfachen Schwierigkeiten und Gefahren in Laodicea abbrechen[111], und der große deutsche Pilgerzug von 1064 hatte unterwegs mit bewaffneten Räuberscharen blutige Kämpfe zu bestehen[112]. Pilgerbedrückungen waren also schon vor der Seldschukenzeit vorgekommen, und es ist eine willkürliche Behauptung, daß das Verhalten der Türken zu den palästinensischen Christen und zu den Pilgern so wesentlich anders gewesen wäre als das ihrer arabischen Vorgänger[113].

Wenn das christliche Abendland diese Zustände durch lange Zeit hindurch ertragen hatte, ohne sich dadurch zu einem Kriegszuge veranlaßt zu sehen, so wird man in ihrem Fortbestehen unmöglich den unmittelbaren Anlaß zur Entfesselung des ersten Kreuzzugs erblicken. können. Es ist dennoch Tatsache, daß die Lage Jerusalems schon beim Beginn des Kreuzzugs als ein Grund für das kriegerische Eingreifen genannt wurde. Urban II. selbst sagt das in seinem Brief an die Flandrer: „Ihr habt wohl schon längst durch viele Berichte erfahren, daß die barbarische Wut die Kirchen Gottes im Orient furchtbar verwüstet und

107 Guibert II c. 4, Recueil IV 139 f.; Balderich I c. 2 ebd. S. 12; Ekkehard Hierosol. c. 25 ed. Hagenmeyer S. 305. Dazu später Wilhelm v. Tyrus I c. 10, Recueil I 30 und speziell über das Eintrittsgeld vor den Toren Jerusalems: Albert v. Aachen I c. 1, ebd. IV 271; Caffaro, Annali Genovesi I 99 f. und die romanhafte Chronique de Normandie, RHF. XI 328.

108 Itinerarium Bernardi c. 5–7 bei Tobler-Molinier S. 311 f. Vgl. auch die (legendäre) Erzählung über Fulco von Anjou bei Marchegay-Salmon, Chroniques S. 102 f.; Röhricht, Raumers hist. Taschb. 1875, 341 f.

109 JL. 4342.

110 Annales August. a. 1056 u. 1057, MG. SS. III 127.

111 Vita Lietberti c. 35 u. 41, MG. SS. XXX. II 855 u. 858.

112 Vgl. Joranson in Essays Munro S. 41 ff. und oben S. 273.

113 Beachte auch, daß Ekkehard (Rezension B der Chronik, MG. SS. VI 212, auch Hierosol. c. 4 S. 74) in diesem Zusammenhang von den Arabern sagt, daß sie eine *Thurcis multo turpior plebs* gewesen seien.

noch dazu die heilige Stadt, die durch Christi Leiden und Auferstehung verherrlicht ist, mitsamt ihren Kirchen unerträglicher Knechtschaft unterworfen hat[114]." Ähnlich schreibt zum Jahre 1096 der zeitgenössische Chronist Frutolf von Michelsberg, die Kreuzfahrer seien angetrieben worden „durch häufige Nachrichten über die Bedrückung des heiligen Grabes und die Verwüstung aller orientalischen Kirchen"[115]. Auch eine Urkunde der flandrischen Gräfin Clementia aus dem Jahre 1097 gibt zur Begründung des Kreuzzugs an, daß die „Perser" die Kirche von Jerusalem besetzt und weit und breit ringsumher die christliche Religion vernichtet hätten[116]. Diese drei Äußerungen aus der Zeit vor 1099 lassen keinen Zweifel daran, daß Jerusalem bei der Motivierung des Kreuzzuges eine Rolle gespielt hat. Aber zweierlei ist bei ihnen zu beachten. Erstens sprechen sie nicht von Jerusalem allein, sondern auch von den Kirchen oder der Religion im übrigen Orient. Zweitens wird nirgends gesagt, daß die schlimmen Nachrichten von den palästinensischen Christen selbst oder von den Jerusalem-Pilgern ins Abendland gebracht worden wären. Berücksichtigen wir nun, daß die einzige gesicherte Nachricht über Hilferufe aus dem Orient der Bericht Bernolds über die Gesandtschaft des Kaisers Alexios ist und daß darin allgemein von der Verteidigung der Kirche „in jenen Gegenden" gesprochen wird, so ergibt sich sogleich, daß keinerlei Gegensatz zu den angeführten Berichten vorliegt. Es ist sogar möglich, daß schon die byzantinischen Gesandten, wenn sie von der Not der orientalischen Kirchen im ganzen sprachen, dabei die Lage Jerusalems als

---

114 JL. 5608 (Hagenmeyer, Kreuzzugsbriefe S. 136): *Fraternitatem vestrar iam pridem multorum relatione didicisse credimus barbaricam rabiem ecclesias Dei in Orientis partibus miserabili infestatione devastasse, insuper etiam sanctam civitatem, Christi passione et resurrectione inlustratam, suae intolerabili servituti cum suis ecclesiis, quod dici nefas est, mancipasse.*

115 MG. SS. VI 208: *excitati ... in zelum frequentibus nunciis super obpressione dominici sepulchri ac desolatione omnium ecclesiarum orientalium.* Über Frutolf vgl. Bresslau, NA. XXI 197 ff. Frutolf teilt zum J. 1057 (SS. VI 198) mit, daß er seine Chronik im 42. Jahr Heinrichs IV. schrieb. Als dieses zählt er (S. 209) richtig das J. 1098, während er seinen chronologischen Exkurs zum J. 46 (S. 100) im J. 1099 geschrieben hat. Dagegen sind die Worte der Annales Leodienses a. 1095, SS. IV 29: *Occidentales christiani, indignantes loca sancta Hierosolimis a paganis occupari, una conspiratione contra eos proficiscuntur,* im Hinblick auf den chronologischen Fehler wohl erst etwas später anzusetzen (freilich nicht viel, da sie schon von Sigebert SS. VI 367 benutzt sind).

116 Hagenmeyer, Kreuzzugsbriefe S. 142: *indignatio christianorum exarsit contra perfidiam Persarum, qui fastu superbiae suae Hierosolymorum invaserant ecclesiam et circumcirca longe lateque christianam demoliti sunt religionem.*

einen besonders wichtigen Einzelfall hervorhoben[117]. Doch auch wenn dies nicht der Fall war, mußte sich der Gedanke an Jerusalem von selbst aufdrängen, sobald von der östlichen Kirche im allgemeinen die Rede war. Es besteht also keine Notwendigkeit, neben den Boten des Alexios noch weitere Hilferufe aus dem Orient anzunehmen; mochte man im Abendlande hauptsächlich von Jerusalem sprechen, so konnte doch sehr wohl der tatsächliche Anstoß von Byzanz ausgegangen sein.

Viel eindeutiger noch wird das Ergebnis, wenn wir den Blick von der Veranlassung des Kreuzzugs hinüberlenken auf den erstrebten Zweck. Ist es denn wahr, daß die Kreuzfahrer in keiner Weise die Absicht gehabt hätten, dem byzantinischen Reich zu helfen? Man darf doch nicht die eine Hälfte des Kreuzzugsresultats vergessen: daß nämlich die Kreuzfahrer im Verein mit Alexios den größten Teil Kleinasiens dem byzantinischen Reich zurückgewonnen haben. Und konnte es anders sein? Die ersten muslimischen Gegner, mit denen man zusammentreffen mußte, waren die Grenznachbarn und alten Feinde des Byzantinerreichs: konnte man ernsthaft die Idee haben, sie zu bekriegen, ohne sich mit Alexios zu verbünden? War man nicht schon wegen der Verproviantierung auf ein solches Bündnis angewiesen? Auch die geographische Lage redet eine deutliche Sprache: das einzig mögliche Aufmarschgebiet war die Gegend von Konstantinopel, die denn auch tatsächlich als Sammelplatz für die verschiedenen Kreuzheere diente[118]. Einerlei, wo das schließliche Endziel liegen sollte, so mußte der Feldzug doch von Byzanz aus eröffnet werden. Unter diesen Umständen waren die Kreuzfahrer, ob sie wollten oder nicht, geradezu gezwungen, mindestens für den ersten Teil des Krieges sich eine Hilfeleistung für den byzantinischen Kaiser zum Ziele zu stecken.

Als Argument dagegen wird ins Feld geführt, daß in den erhaltenen Äußerungen Urbans II. seit dem Konzil von Clermont niemals von einer Hilfe für Byzanz die Rede sei, sondern nur von Jerusalem. Sehen wir uns die päpstlichen Worte daraufhin an. In dem schon erwähnten Schreiben an die Flandrer wird der Kreuzzugszweck kurzweg als die „Befreiung der orientalischen Kirchen" an-

117 Das vermutet auch Stevenson, Cambridge Med. Hist. V 271.

118 Nach dem Chronicon s. Petri Anic. (bei Chevalier, Cartul. de St. Chaffre S. 163) hätte Ademar als päpstlicher Legat dies zuvor ausdrücklich festgesetzt. Es kommt wenig darauf an, ob diese Nachricht zutrifft oder nicht, denn es kam aus sachlichen Gründen ohnehin nichts anderes in Frage.

gegeben[119]. Und die auch schon genannte Enzyklika an die Katalanen spricht von dem einstimmigen Beschluß der übrigen Ritter, „der Kirche Asiens zu Hilfe zu kommen und ihre Brüder von der Tyrannei der Sarazenen zu befreien“[120]. In diesen beiden Schreiben wird also Jerusalem ebensowenig wie Byzanz als Kriegsziel angegeben, vielmehr die Kirche des Orients bzw. Asiens im ganzen. Im Einklang damit stehen die beiden ursprünglichsten Berichte, die wir über die päpstliche Kreuzzugspropaganda in Frankreich haben, nämlich in der Kreuzzugsgeschichte Fulchers von Chartres und in einer Notitia aus Limoges: beide schweigen ebenfalls von Jerusalem und sprechen von Kleinasien und dem Orient schlechthin[121]. Man wird danach jedenfalls sagen können, daß Jerusalem in der Propaganda des Papstes keine sehr hervorragende Rolle gespielt hat[122]. Damit stimmt auch aufs beste überein, daß Urbans Nachfolger Paschal im Jahre 1100 in einem Aufruf an die Kreuzfahrer, ohne die inzwischen erfolgte Eroberung Jerusalems auch nur zu erwähnen, Gott pries, weil die orientalische Kirche nunmehr schon „zum großen Teil befreit“ sei, und zum Gebet ermahnte, damit Gott das Angefangene vollende[123]. Davon, daß die Eroberung Jerusalems, des heiligen Grabes, der heiligen Stätten oder gar des „heiligen Landes“ das ausschließliche oder eigentliche Ziel des Kreuzzugs sein sollte, ist immer noch keine Rede.

Falsch freilich wäre die Annahme, daß Urban Jerusalem überhaupt nicht als Ziel bezeichnet habe. Das geht aus anderen päpstlichen Äußerungen mit Si-

---

[119] JL. 5608 (Hagenmeyer, Kreuzzugsbriefe S. 136): *Gallicanas partes visitavimus eiusque terrae principes et subditos ad liberationem orientalium ecclesiarum ex magna parte sollicitavimus.* Die Worte *ex magna parte* werden von Norden, Papsttum S. 51 und 55 dahin interpretiert, Urban habe vorgehabt, „die orientalische Kirche der Hauptsache nach zu befreien“; aber sie müssen natürlich zu *principes et subditos sollicitavimus* gezogen werden.

[120] Kehr, Spanien I 287: *ceterarum provinciarum milites Asiane ecclesie subvenire unanimiter proposuere et fratres suos ab Saracenorum tyrannide liberare.* Vgl. oben S. 286; die Nichterwähnung Jerusalems hängt natürlich mit dem speziellen Zweck dieses Schreibens zusammen.

[121] Fulcher I 1, 3 und I 3, 2 f. ed. Hagenmeyer S. 121 und 132 f.; Notitia Lemovicensis II c. 1, Recueil Occ. V 352.

[122] An diesem Punkte hat Norden, Papsttum S. 50 ff. recht; vgl. auch Hagenmeyer in der Ausgabe Fulchers S. 131.

[123] JL. 5835 (Hagenmeyer, Kreuzzugsbriefe S. 178); vgl. auch JL. 5812 (ebd. S. 174). Der Paschal-Brief JL. 5857 (ebd. S. 179) ist eine moderne Fälschung, wie Kehr, Q. u. F. VI 316 ff. nachgewiesen hat.

cherheit hervor. Der Kreuzzugskanon des Konzils von Clermont setzt einen vollständigen Ablaß fest für jeden, der „zur Befreiung der Kirche Gottes nach Jerusalem zieht"[124]. Ein Brief Urbans an Klerus und Volk von Bologna erwähnt den Ablaß für diejenigen, die „nur für ihr Seelenheil und die Befreiung der Kirche" nach Jerusalem ziehen, da sie sich und ihren Besitz einsetzen „aus Liebe zu Gott und zum Nächsten"[125]. Ein weiteres Schreiben an die Mönche von Vallombrosa spricht von den Rittern, die „um der Befreiung der Christenheit willen nach Jerusalem ziehen" und dabei „mit den Waffen die Wildheit der Sarazenen beugen und die Christen ihrer früheren Freiheit wiedergeben" sollen[126]. Übereinstimmend ist in diesen Texten – wie in den vorher angeführten – als *Kampfziel* die Befreiung der Kirche oder der Christenheit hingestellt; als *Marschziel* aber Jerusalem. Damit ist die Zielsetzung der päpstlichen Kreuzzugsaufforderung erschöpfend definiert. Es ergibt sich, daß die *militärischen* Ziele des Papstes, obgleich er in der Tat nicht von Byzanz sprach, sich doch völlig deckten mit denen des Alexios. Die Gesamtheit der östlichen Kirche sollte vom Türkenjoch befreit werden. Demnach mußte es sich – schon aus Raumgründen – zuerst um die in den letzten Jahrzehnten verlorengegangenen Teile des byzantinischen Reichs handeln, also um eben diejenigen Gebiete, deren Wiedergewinnung Alexios ins Auge gefaßt hatte, als er seine Gesandtschaft an den Papst abordnete.

---

124 Mansi XX 815 c. 2: *Quicumque pro sola devotione, non pro honoris vel pecuniae adeptione, ad liberandam ecclesiam Dei Hierusalem profectus fuerit, iter illud pro omni paenitentia reputetur.* Die andere Aufzeichnung ebd. 902 c. 8: *Tunc et expeditio facta est et constituta est equitum et peditum ad Hierusalem et alias Asiae ecclesias a Sarracenorum potestate eruendas* (vgl. Riant, Inventaire S. 115 Anm. 12) erscheint demgegenüber als sekundär. In dem von Ordericus Vitalis und Wilhelm v. Malmesbury benutzten Auszug (vgl. Levison, NA. XXXV 393 Anm. 4) wird der Kreuzzug nicht erwähnt; in dem bei Pflugk-Harttung, Acta II 161 heißt es nur: *Ammoneri populum de itinere Hierosolimitano, et quicumque ibit per nomen penitentiae, tam ipse quam res eius semper sint in treuga Domini.*

125 Kehr, It. pont. V 248 n. 14 (Hagenmeyer, Kreuzzugsbr. S. 137): *omnibus, qui illuc (Hierusalem) non terreni commodi cupiditate, sed pro sola animae suae salute et ecclesiae liberatione profecti fuerint, paenitentiam ... dimittimus, quoniam res et personas suas pro Dei et proximi caritate exposuerunt.*

126 Kehr, It. pont. III 89 n. 8 (Göttinger Nachr. 1901, 313): *cum militibus, qui Jerusalem liberandae christianitatis gratis tendunt ... nos enim ad hanc expeditionem militum animos instigavimus, qui armis suis Saracenorum feritatem declinare et christianorum* (lies *christianos*) *possint libertati pristinae restituere.*

Die Äußerungen der übrigen Zeitgenossen aus den Jahren vor 1100 vermögen das weiter zu erhärten. Man war sich im klaren darüber, daß man bis nach Jerusalem ziehen wollte, aber nicht um lediglich diese Stadt zu erobern, sondern um ganz allgemein, also auch an andern Orten, die Muslime zu bekämpfen und den östlichen Christen zu helfen[127]. Der apulische Chronist Lupus Protospatarius erwähnt zum Jahre 1096 sogar ausdrücklich die beabsichtigte Waffenbrüderschaft mit Byzanz: „Sie zogen zur Königsstadt (Konstantinopel), um, mit Hilfe des Kaisers Alexios gegen die Heiden kämpfend, nach Jerusalem zum heiligen Grabe zu gehen[128]." Und ein Teilnehmer am Kreuzzug, Anselm von Ripemont, schrieb Ende 1097 aus dem Lager vor Antiochia über die bisherigen Erfolge: „Es freue sich unsere Mutter, die Kirche des Westens, daß sie solche Söhne gebar, die der östlichen Kirche so wunderbar zu Hilfe kamen[129]."

Man kann also nicht einmal sagen, daß der Papst den Kreuzfahrern ein doppeltes Kriegsziel gesteckt hätte, einerseits die Hilfeleistung für die östlichen Christen, anderseits die Befreiung des heiligen Grabes. Vielmehr wurde von der zweiten Aufgabe überhaupt nicht offiziell gesprochen; sie war sachlich in der ersten enthalten. Wohl aber bestand eine gewisse Diskrepanz zwischen Marschziel und Kriegsziel: dort speziell Jerusalem, hier allgemein die östliche Kirche. Dieses Zweierlei tritt besonders deutlich zutage in der ältesten Schilderung von der Entstehung des Kreuzzugs, nämlich bei Fulcher von Chartres, der diesen Teil seines Werkes bald nach 1100 geschrieben hat. Dort heißt es, daß der Papst von den Leiden der Christen im inneren Romarien (Kleinasien) gehört hatte

---

[127] Bernold berichtet zum J. 1095 (MG. SS. V 462, vgl. schon oben S. 293) über den auf dem Konzil von Piacenza gefällten Beschluß zur Hilfeleistung für Alexios, dann zum J. 1096 (S. 464) vom Zug der Völker nach Jerusalem *contra paganos, ut liberarent christianos,* wozu der Papst *in praeteritis sinodis* gemahnt haben sollte. Frutolf, SS. VI 208: *turmae armata manu Hierosolimam tendere coeperunt ... Quibus (scil. ecclesiis orientalibus) subvenire statuentes ...* Annales August. a. 1096, SS. III 134: *ad debellandos ecclesiae persecutores Hierosolymam proficiscuntur.* Urkunde der Clementia von 1097 bei Hagenmeyer, Kreuzzugsbriefe S. 142 (über Robert von Flandern): *ut copiosa manu armata ad reprimendam Persarum perfidiam expeditionem adriperet.*

[128] MG. SS. V 62: *Boamundus cum aliis ... perrexerunt in Regiam Urbem, quatenus cum Alexii imperatoris auxilio, belland[o] cum paganis, pergerent Hierusalem ad sanctum sepulchrum.*

[129] Hagenmeyer, Kreuzzugsbriefe S. 142 f.: *Gaudeat mater occidentalis ecclesia, quae tales genuit, qui ... orientali ecclesiae tam mirabiliter succurrerent.* Vgl. auch den 2. Brief Anselms ebd. S. 160: *ut de ereptione christianorum et de libertate Antiochensis matris ecclesiae gaudeatis.*

und darauf den Entschluß zum Konzil von Clermont faßte[130]. Bei der Wiedergabe von Urbans großer Konzilsrede spricht Fulcher wieder von Romanien bis hin zum Bosporus, auch von den östlichen Christen im allgemeinen. Jerusalem aber und die heiligen Stätten werden bei der Vorgeschichte des Kreuzzugs überhaupt nicht erwähnt[131]. Erst später, als Fulcher vom Aufbruch der Heere spricht, sagt er unvermittelt, daß man nach Jerusalem zog[132]; wie das mit der päpstlichen Aufforderung zusammenhing, ist aus seiner Erzählung nicht zu entnehmen.

Anderseits liegt es auf der Hand, daß sich in den Köpfen der Kreuzfahrer aus dem speziellen Marschziel sehr leicht, ja mit einer gewissen Notwendigkeit die Vorstellung von einem speziellen Kriegsziel Jerusalem entwickeln mußte. Wohl das älteste Zeugnis dafür ist ein Kreuzzugslied, das noch im Jahre 1096 entstanden zu sein scheint. Es heißt darin nicht nur, daß man nach Jerusalem ziehen und die Sarazenen vernichten wolle – insofern im Einklang mit den oben genannten Quellen –, sondern weiter, daß man den Tempel Gottes erwerben wolle[133]. Ist es auch auffallend, daß hier nicht das heilige Grab, sondern der Tempel genannt wird[134], so liegt doch klar das Kampfziel nicht mehr in den Menschen, sondern in der einzelnen Örtlichkeit selbst. Ähnliches beobachten wir in den anonymen Gesta Francorum, die im Grundstock noch während des Kreuzzugs verfaßt sind. Dort erscheint zunächst der Zug zum heiligen Grabe als Selbstzweck, als ob es eine Wallfahrt ohne kriegerische Absichten gewesen wäre[135]. Im Laufe der Schilderung tritt aber mehrfach der Gedanke hervor, daß das heilige Grab den Kriegern auch Kraft gebe im Kampfe gegen die Heiden[136].

---

130 Fulcher I 1, 3 ed. Hagenmeyer S. 121.

131 Ebd. I 3, 2 f. S. 132 ff.

132 Ebd. I 5, 5 u. 5, 12 S. 149 u. 153.

133 Dreves, Analecta hymn. XLV, II 78 n. 96: zuerst in sechs Strophen ein Preis Jerusalems, dann 7: *illuc debemus pergere, Nostros honores vendere, Templum Dei acquirere, Saracenos destruere.* Zur Datierung vgl. Brinkmann, Minnesang S. 71.

134 Es erklärt sich vielleicht damit, daß die Grabeskirche in den Händen der christlichen Gemeinde, das sog. Templum Domini aber als Moschee den Christen verschlossen war.

135 Gesta Franc. 1, 1 ed. Hagenmeyer S. 102 ed. Bréhier S. 2: *sancti sepulcri viam arripere* (vgl. 1, 2 S. 104 bzw. 4: *viam incipere Domini).*

136 Ebd. 18, 5 S. 281 f. bzw. 92: *Christi nomine invocato et s. sepulcri confidentes itinere … pervenimus ad bellum.* 18, 8 S. 285 bzw. 94: *superati sunt inimici nostri virtute Dei et s. sepulcri.* 29, 7 S. 377 bzw. 156: *in nomine Iesu Christi et s. sepulcri incepimus bellum.* 32, 3 S. 401 bzw. 222: *adiutorio Dei et s. sepulcri devictis illis.*

Da ist es denn begreiflich, daß manchmal schon die „Hilfe für das heilige Grab“ und die „Befreiung des Weges zum heiligen Grabe“ überhaupt als der Sinn des Kampfes hingestellt werden[137]. Auch das Schlagwort „Befreiung des heiligen Grabes“ ist schon während des Kreuzzugs aufgetaucht. Wir finden es zum erstenmal in dem denkwürdigen Brief, den die Kreuzfahrer unter Bohemunds Führung nach der Eroberung Antiochiens an den Papst schrieben[138].

Diese Vereinheitlichung der Zwecksetzung, die sich innerhalb der Kreuzfahrerscharen ganz von selbst entwickeln mußte, darf nicht darüber hinwegtäuschen, daß der Papst das Ziel in anderer Weise gesteckt hatte. Für ihn waren Hilfsaktionen für Byzanz und für Jerusalem keineswegs zwei verschiedene Dinge. Da er die Gesamtheit der orientalischen Kirche vor Augen hatte, bezeichneten die Namen der zwei Hauptstädte für ihn nicht ein Entweder-Oder, sondern ein Sowohl-Als-Auch.

---

137 Ebd. 17, 5 S. 271 bzw. 84: *esto acer in adiutorium Dei sanctique sepulcri*; 26, 5 S. 352 bzw. 140: *angustias ... passi sumus pro Christi nomine et sancti sepulcri via deliberanda.*

138 Hagenmeyer, Kreuzzugsbriefe S. 164 f.: *sepulcrum Domini liberum ... facias.*

Nachwort zur Neuausgabe von Folker Reichert

Carl Erdmann (1898–1945) entstammte einer deutschbaltischen Familie mit ausgeprägten geistlichen, wissenschaftlichen und literarischen Interessen. Sein Vater war Professor des in den russischen Ostseeprovinzen geltenden Provinzialrechts an der Universität Dorpat (Tartu) in Estland, musste aber sein Lehramt aufgeben, weil er sich weigerte, seine Vorlesungen in russischer Sprache zu halten. Nach seinem frühen Tod zog die Witwe mit fünf Kindern ins idyllische Blankenburg am Harz, wo Carl eine ihn prägende Schulzeit erlebte und schließlich ein glanzvolles Abitur ablegte. Als der Erste Weltkrieg ausbrach, meldeten sich seine beiden älteren Brüder freiwillig – und fielen kurz nacheinander an der Westfront. In Blankenburg wurden sie als „Helden" gefeiert, die Familie litt unendlich.

Carl taugte nicht für den Krieg, sondern schrieb sich zunächst an der Berliner Universität, dann in Jena und München ein. Das Studium der Theologie (schon als Kind soll er sich gewünscht haben, Pfarrer zu werden) brach er mitten im Examen ab. Stattdessen wandte er sich philologischen und historischen Studien zu. Da aber seine Familie durch Krieg, Revolution und Inflation Vermögen und Einkünfte verloren hatte, verdingte er sich als Hauslehrer in einem deutsch-jüdischen Haushalt in Lissabon. Drei Jahre blieb er in Portugal. Er erlernte die portugiesische Sprache, arbeitete sich in die Geschichte des Landes ein und fand schließlich das Thema, mit dem er einmal berühmt werden sollte. Mit einer Arbeit über den Kreuzzugsgedanken in Portugal wurde er in Würzburg bei Anton Chroust promoviert. Durch seinen Doktorvater kam er mit einem der einflussreichsten deutschen Historiker in Verbindung: Paul Fridolin Kehr, Direktor des Preußischen Historischen Instituts in Rom und des Kaiser-Wilhelm-Instituts für Geschichte, Präsident der Monumenta Germaniae Historica und Generaldirektor der preußischen Staatsarchive, aus heutiger Sicht eine unzulässige, „fast schon unanständige" Ämterhäufung, wie einmal im staunenden Rückblick gesagt wurde.

Kehr fand Gefallen an dem jungen Mann, erkannte sein Alter Ego in ihm und gewann ihn für das wissenschaftliche Großunternehmen, das er initiiert hatte: die Sammlung aller Papsturkunden bis 1198, geordnet nach den Archiven der

Empfänger, in deren Besitz sie verblieben. Erdmann durfte also erneut in Portugal forschen, nun eben in Diensten Paul Fridolin Kehrs. Das gelang ihm so gut, dass dieser ihm ein „Stipendium“ (also eine Stelle) am Historischen Institut in Rom anbot. Sechs Jahre war er dort tätig, nicht auf Rosen gebettet, aber in einem einmaligen historischen Umfeld, ausreichend versorgt und – wie Kehr prophezeit hatte – durch und durch der Wissenschaft hingegeben. Gerne wäre er auf Dauer in Rom geblieben. Aber Kehr hatte Größeres mit ihm vor und glaubte, über den Stipendiaten verfügen zu können. Er vermittelte ihn als Habilitanden an die Berliner Universität, die erste Adresse in Deutschland. Das Verfahren ging im Sommer 1932 anstandslos über die Bühne, Erdmann wurde Berliner Privatdozent und durfte sich ausrechnen, über kurz oder lang als ordentlicher Professor an irgendeine deutsche Universität berufen zu werden.

Carl Erdmann in Berlin, 1933

Als wenige Monate später, am 30. Januar 1933, die Nationalsozialisten in Berlin und im Deutschen Reich die Macht übernahmen, nahm Erdmanns Laufbahn eine dramatische Wende. Er machte nämlich aus seiner Ablehnung der nationalsozialistischen Politik und Ideologie nie einen Hehl und kam für einen Lehrstuhl immer weniger infrage. Gerade im Fach Geschichte wurden bei Berufungen nicht mehr fachliche, sondern jetzt bevorzugt politisch-ideologische Maßstäbe angelegt. Erdmann schwammen beruflich alle Felle davon. Nicht einmal eine Lehrstuhlvertretung ließ sich noch für ihn realisieren. Als er in Frankfurt den beurlaubten Mediävisten, den deutsch-jüdischen Historiker Ernst Kantorowicz, vertreten sollte, erklärte er, eine öffentliche Ehrenerklärung für diesen abgeben zu wollen. Damit hatte sich die Vertretung erledigt. Erdmanns Verhalten sprach sich herum. In einer konzertierten Intrige wurde ihm in Berlin zunächst ein vergüteter Lehrauftrag entzogen und schließlich seine Lehrbefugnis für „ruhend" erklärt. Seine universitäre Laufbahn war damit beendet. Als schlecht bezahlter Mitarbeiter (bzw. erneut „Stipendiat") musste er von nun an seine und die Existenz seiner Mutter bestreiten.

Trotzdem hielt er mit seiner Meinung nicht hinter dem Berg. Im Streit um die Beurteilung Karls des Großen und des Sachsen Widukind gelang es Erdmann, die einzige offen kritische Stellungnahme der deutschen Historiker zum nationalsozialistischen Geschichtsbild zu organisieren. Alfred Rosenberg musste sich fügen. Wenig später legte Erdmann sich sogar mit Heinrich Himmler und der SS an, als nämlich am angeblichen Grab Heinrichs I. in Quedlinburg eine nationalsozialistische Weihestätte errichtet wurde. Auch hier widersprach Erdmann. Denn es ging ihm ganz grundsätzlich um das Eigenrecht freier, von politischen Vorgaben unabhängiger Forschung. Erst recht im Alltag des Forschungsinstituts nahm er kein Blatt vor den Mund. Er wurde vom Sicherheitsdienst der SS observiert und galt als unversöhnlicher „Gegner der Bewegung".

Als Erdmann gegen Kriegsende die Einberufung drohte, wurde ihm von der Institutsleitung keine Unterstützung zuteil. Im Alter von 45 Jahren und sichtlich untauglich musste er in einen Krieg ziehen, den er vor Zeugen als „Wahnsinn" bezeichnet hatte. Als Dolmetscher wurde er in Albanien eingesetzt, erlebte die fluchtartige Räumung des Balkans und kam wenige Wochen vor Kriegsende unter ungeklärten Umständen in oder bei Zagreb ums Leben. Seine sterblichen Überreste wurden in einem Sammelgrab beigesetzt.

Carl Erdmann als Soldat

So weit Carl Erdmanns kurzes Leben in groben Zügen. Eine Weichenstellung stellte die Zeit in Lissabon dar, als prägend erwiesen sich die Jahre in Rom, auch mit Blick auf das, was ihm in Deutschland nach 1933 widerfuhr: Wer neun Jahre im Ausland gelebt hat, der ist für die nationalistische Verengung verloren. Politisch vertrat Erdmann einen nationalkonservativen Standpunkt; das gehörte zu seinem deutschbaltischen Erbe. Aber mit dem Nationalsozialismus konnte er nichts anfangen, weder mit der Ideologie noch mit dessen plebejischem Auftreten. Der 30. Juni 1934 bestätigte seine Befürchtungen, und spätestens seit der Entfesselung des deutschen Eroberungskriegs wusste er, dass Deutschland auf eine Katastrophe zutrieb. Seine eigene Aufgabe sah er darin, das Erbe der Vergangenheit zu bewahren, die historische Forschung auf der Höhe zu halten und auf dem Eigenrecht der geistigen Arbeit zu beharren.

Allerdings wusste er, dass ihm dafür nur wenig Zeit blieb. Rastlose Arbeit erfüllte seine letzten Jahre, hektische Betriebsamkeit seine letzten Monate in der Forschung. Der Versuch, möglichst viele Vorhaben zum Abschluss zu bringen und „schwarz auf weiß" in die Bibliotheken zu befördern, gelang ihm nur teilweise. Eine breit angelegte Untersuchung des Schul- und Geisteslebens im Hochmittelalter blieb ein Torso, eine Edition mittelalterlicher Briefe wurde erst Jahre nach seinem Tod publiziert. Fertig wurde ein grundlegendes Werk über die Briefliteratur im 11. Jahrhundert, und eine Flut von Aufsätzen befestigte seinen Ruf als Gelehrter. Doch die nachhaltigste, wenn auch nicht sofort einsetzende Wirkung erzielte er mit seiner Habilitationsschrift über „die Entstehung des Kreuzzugsgedankens".

Wir wissen ziemlich genau, wie sie entstand, von welchen Fragen sie ausging und was sie bezweckte. Den ersten Anstoß gab die portugiesische Geschichte, also Erdmanns kulturelles Umfeld für drei Jahre. Denn im Selbstverständnis der Portugiesen lag der Höhepunkt ihrer Geschichte im 15. und 16. Jahrhundert, als das portugiesische Kolonialreich, der Estado da Índia, entstand. Danach kamen nur noch Niedergang, Melancholie, Nostalgie, Fado. Am Anfang jener ruhmreichen Geschichte aber habe der Heidenkrieg gestanden. Die Grundlagen einstiger Größe habe somit der Kreuzzugsgedanke (*espirito da cruzada*) gelegt. Dessen wirklichen oder behaupteten Anfängen nachzugehen, drängte sich für Erdmann in Lissabon geradezu auf. Seine (unveröffentlichte) Dissertation stellte einen ersten Schritt in ein weites Forschungsfeld dar.

In Rom trat der Protestant und einstige Kandidat der Theologie Carl Erdmann in den Dunstkreis des Papsttums als historischer Größe und erlebte 1929 mit dem Abschluss der Lateranverträge die Rückkehr des Vatikans auf die politische Bühne. Seine Arbeit am Preußischen Historischen Institut, für Paul Fridolin

Kehr, in den Vatikanischen Sammlungen führte ihm die weltumspannende Bedeutung der römischen Kirche tagtäglich vor Augen. Erneut ließ er sich von der lebendigen Geschichte seines Umfelds anregen und brachte seine Eindrücke in ein Forschungsgebiet ein, aus dem seine Habilitationsschrift hervorgehen sollte. Deren ursprünglicher Titel sollte lauten: „Militia sancti Petri" oder: „Das Papsttum und der heilige Krieg im 11. Jahrhundert". Es ging also um die katholische Kirche und deren Verhältnis zum Krieg. Die Idee des heiligen Krieges schloss den Kreuzzugsgedanken mit ein. Erdmann hatte das Thema selbstständig entwickelt und ging ihm mit der ihm eigenen Hingabe auf den Grund. Zeitlebens blieb er Autodidakt und ließ sich von niemandem in seine Forschungen hineinreden.

Carl Erdmann mit Federico Serafini in Rom

Ursprünglich hätte ein schmaler Band, ein kleines Buch herauskommen sollen. Doch bald schon zeigte sich, wie schwierig, wie komplex und wie facettenreich der Gegenstand war, von den unzureichenden Vorarbeiten ganz zu schweigen. Der Abschluss der Arbeit zog sich also hin. Als er sie schließlich in Berlin als Habilitationsschrift einreichte, waren nur die ersten drei Kapitel und zwei Exkurse fertig geworden. Der überwiegende Rest entstand nach Abschluss des förmlichen Verfahrens. Immer hilfreich war dabei der Gedankenaustausch mit dem etwas jüngeren Gerd Tellenbach, zunächst in Rom am Historischen Institut, dann brieflich von Berlin aus. Tellenbach saß an einer Habilitationsschrift über ein verwandtes Thema und dieselbe historische Epoche. Lange war unklar, wer die Nase vorn haben würde. Am Ende kam Erdmann etwas schneller ins Ziel. In gewissem Sinn konkurrierten sie miteinander, und trotzdem ging aus dem Wettbewerb eine lebenslange Freundschaft hervor. Beide Bücher wurden kurz nacheinander beim selben Verlag in derselben Buchreihe publiziert.

Kurz vor Abschluss der Drucklegung entschied sich Erdmann für den endgültigen Buchtitel. Das von ihm behandelte Themenfeld schien ihm dadurch besser erfasst. Und aus ebenso politischen wie persönlichen Motiven stellte er dem Buch eine Widmung voran, die schon durch ihren ungewöhnlichen Umfang und die auffällige graphische Gestaltung ins Auge stechen musste. In sieben Zeilen, verteilt auf drei Absätze, erinnerte er an die patriotische Haltung seines Vaters (der in Dorpat seine Professur verloren hatte) und an das Schicksal seiner beiden Brüder (die im Weltkrieg gefallen waren), um sodann seinen eigenen „unerschütterten Glauben an die Zukunft des deutschen Geistes" zum Ausdruck zu bringen. Denn diese schien ihm durch die aktuellen Entwicklungen im nationalsozialistischen Deutschland in höchstem Maß gefährdet. Er erhob den Anspruch, dass er und seine Familie mehr für die Zukunft des deutschen Geistes getan hätten als jene, die ihn jetzt zu repräsentieren behaupteten, nämlich das nationalsozialistische Regime. Kurz zuvor war Erdmann durch den faktischen Entzug seiner Lehrbefugnis von der Berliner Universität verjagt worden. Die ausladende, nicht enden wollende Widmung stellt seine zornige Antwort auf die ihn zutiefst erbosenden Vorgänge dar.

Die Gedankenführung des Buchs bewegt sich zwischen zwei Brennpunkten: der Idee des heiligen Kriegs und der Kirchenreform des 10. und 11. Jahrhunderts. Dass es einen Zusammenhang gab, hätte auch damals, als es publiziert wurde, wohl niemand bestritten. Doch Erdmann stellte einen unzureichenden Forschungsstand fest: nur „irgendwie" sei der Zusammenhang erfasst und schon gar nicht begründet worden. Es gehe um das Thema „Kirche und Krieg", also um eine Grundfrage der spätantik-mittelalterlichen Geschichte. Entsprechend weit müsse man ausholen, um die Weichenstellungen des 10. und 11. Jahrhunderts erklären und angemessen einordnen zu können. Deren Abschluss bildete der Kreuzzugsgedanke. Aber von Anfang an stand für Erdmann fest, dass die „eigentlichen" Kreuzzüge mit ihrer Zielrichtung auf Jerusalem und das Heilige Land nur eine besonders augenfällige, aber keineswegs die einzige Form des christlich legitimierten Heidenkriegs darstellten. Christliches Rittertum musste sich nicht ausschließlich in Palästina vollenden. Die Ketzerkreuzzüge des 13. Jahrhunderts seien keine „Abirrungen" oder gar „Entartungen", sondern von Anfang an mitgedacht worden (S. 7, 242). Der enge Kreuzzugsbegriff, von dem noch Erdmanns Dissertation ausgegangen war, hatte sich mit der Erweiterung des Gegenstands und der Perspektive erledigt.

Die Vorgeschichte des Kreuzzugsgedankens reicht somit weit zurück. Sie hat auch zunächst nichts mit heiligen Kriegen, schon gar nichts mit Kreuzzügen zu tun, sondern nahm vom Begriff des „gerechten Kriegs" (*bellum iustum*) ihren Ausgang. Der heilige Kirchenvater Augustinus hatte die Weichen gestellt, weitere prominente Autoren ergriffen das Wort. Sie alle trieb eine Grundfrage christlichen Denkens und Handelns um: Durfte ein Christenmensch Waffengewalt ausüben, und in welchem Umfang sollte die Kirche an Kriegen teilnehmen können? Gab es für Kriegerheilige wie Georg, Demetrius oder Mauritius überhaupt einen Platz im christlichen Glauben? Oder sollte man dem Beispiel der Thebaischen Legion folgen, also wie die Legionäre den Gehorsam verweigern und das Martyrium erleiden? Ein Konsens schälte sich allmählich heraus: Ein Krieg durfte als gerecht, die mit ihm verbundene Gewaltausübung als legitim gelten, wenn er ausschließlich zum Zweck der Verteidigung diente, und wenn er zur Verteidigung des Christentums bzw. der Kirche diente, dann konnte er als *bellum Christi* oder als Krieg im Namen Gottes bezeichnet werden.

Erdmann operierte mit einem weit gefassten Begriff vom heiligen Krieg. Als ein solcher könne „jeder Krieg gelten, der als religiöse Handlung aufgefaßt oder sonst zur Religion in eine direkte Beziehung gesetzt wird" (S. 17). „Gewaltanwendung um der Religion willen" sei sein entscheidendes Merkmal (S. 227, 231). Man kann einwenden, dass es lange Zeit im lateinischen Schrifttum keine Bezeichnung für den heiligen Krieg gab. Erst im späteren und ausgehenden 11. Jahrhundert wurden *sancta bella*, und zwar immer gegen die Feinde der römischen Kirche, in Erwägung gezogen. Wie später im Fall der Kreuzzüge klaffte die Kluft zwischen Phänomen und Benennung weit auseinander. Doch Erdmann ging es nicht um die Begriffe, sondern um die Benennung all jener Faktoren, die zunächst auf die Rechtfertigung, dann die Heiligung der Kriegführung hinwirkten und schließlich in die gedankliche Begründung der Kreuzzugsbewegung einmündeten.

Erdmanns Untersuchung bricht dort ab, wo die Kreuzzüge im herkömmlichen Sinn einsetzten. Sie nimmt nicht nur deren schriftliche Begründungen in den Blick, sondern auch die Symbole und Praktiken, die den religiösen Charakter eines Kriegs für jedermann sichtbar machen sollten – Fahnen zum Beispiel. Damit betrat er ein Forschungsfeld, das von der Mediävistik bis dahin wenig beachtet worden war, aber seinerzeit Aufmerksamkeit auf sich zu ziehen begann. Vor allem Percy Ernst Schramm hatte – angeregt durch Aby Warburg – auf die Herrschaftszeichen der römisch-deutschen Kaiser und deren Bedeutung hingewiesen. Erdmann zitierte Schramm eifrig, ließ sich von ihm beraten und wusste, dass er sich auf einem ungewöhnlichen Weg befand. Schon früher hatte er über Fahnen als Feld- und Herrschaftszeichen geforscht. Dadurch wurde er nicht zum Vexillologen, wie man die Vertreter einer hilfswissenschaftlichen Subdisziplin nennt. Vielmehr nutzte er deren Potenziale um zu zeigen, wie weltliche Zeichen mit geistlichem Sinn aufgeladen werden konnten. Schließlich stand am Anfang der christlichen Reichsgeschichte eine Fahne: Konstantins Labarum, das das Christusmonogramm trug. Erst recht nachdem sich das Christentum im Römischen Reich und den Nachfolgereichen konkurrenzlos durchgesetzt hatte, wurden Fahnen gesegnet, Kirchenfahnen in die Schlacht getragen, geweihte Fahnen erbeten, Heilige als Fahnenträger dargestellt und deren Zeichen wundertätige Wirkungen zugeschrieben. Erdmann ging so weit, nicht in gelehrten Erörterungen oder kirchlichen Vorschriften, sondern „im Reiche der Symbole" den „entscheidende[n] Schritt zur Ausbildung des heiligen Krieges" zu erkennen (S. 45). Als dann die Teilnehmer an den Kreuzzügen sich unter eine Kreuzesfahne scharten, durften sie sich in einer weit zurückreichenden und deshalb selbstverständlichen Tradition sehen.

Die Kirche konnte sogar selbst in Kriegen aktiv werden, nämlich dann, wenn es darum ging, den allgemeinen Frieden zu sichern, so geschehen im Verlauf der Gottesfriedensbewegung in der ersten Hälfte des 11. Jahrhunderts. Erdmann spricht von „Friedenskriegen", die mit „Friedensmilizen" gegen „Friedensverweigerer" geführt wurden. Der Geistlichkeit ging es vor allem darum, den weltlichen, zum Kriegshandwerk berufenen Adel auf eine christlich definierte Ordnung zu verpflichten und normierenden Einfluss auf sein Handeln zu nehmen. Die Kirche erstrebte eine „vertiefte Durchdringung der Welt mit [ihren] sittlichen Grundsätzen" (S. 77) und zeigte sich ihrerseits bereit, ihre Haltung zum Krieg und zum Kriegerstand einer weiteren Revision zu unterziehen. Das weltliche Ritual der Schwertleite wurde in eine geistliche Ritterweihe überführt, das Ideal eines christlichen Rittertums nahm allmählich Gestalt an. Christliche Krieger sollten sich nicht mehr untereinander bekämpfen, sondern „ihre Waffen gegen die Feinde der Kirche" kehren (S. 96). Der Heidenkrieg wurde also gefordert, und zwar mit ausgesprochen offensiver Zielsetzung. Erdmann deutete die Kreuzzüge als fromme Unternehmungen eines religiös geläuterten Rittertums und ordnete sie konsequent und umfassend in die geistige Entwicklung der europäischen Kultur ein. Indem er sich ausschließlich um die ideellen

Grundlagen kümmerte, trug er bahnbrechend zur Erforschung der Kreuzzüge bei, ohne jemals Kreuzzugshistoriker zu sein.

Man kann das Buch in zwei ungleich große Hälften aufteilen. Die erste handelt von den Grundlagen, deren der Kreuzzugsgedanke bedurfte, um in Erscheinung zu treten, die zweite vom Wirken der Reformpäpste, das den Gedanken in die Wirklichkeit überführte. Drei von ihnen ziehen alle Aufmerksamkeit auf sich: Leo IX., mehr noch Gregor VII. und natürlich Urban II., mit dem die kanonisierte Kreuzzugsgeschichte beginnt. Leo kommt immerhin das Verdienst zu, als erster Papst über eine eigene Truppe verfügt zu haben, die unter päpstlicher Flagge für die Reform der Kirche kämpfte. Ihre Toten wurden als Märtyrer betrachtet. Den Lebenden wurde der Erlass von Bußstrafen, also Ablass, in Aussicht gestellt. Für Erdmann war Leo ein „kriegerischer Hirte" und „Eiferer für die Reform" zugleich, „der erste Papst, der grundsätzlich seine Kriege aus der Religion herleitete, sie mit den Geboten der Kirche in Einklang brachte und den kriegerischen Geist des Heeres mit kirchlichem Sinn durchdrang" (S. 115 f.).

Mehr noch trieb Gregor VII. die Entwicklung voran. Welche Rolle er spielte, gibt Erdmanns Buch schon in den Proportionen wieder: Vier von zehn Kapiteln sind seinem Pontifikat vorbehalten. Dabei gehörte Erdmann nicht zu Gregors Verehrern. Er nannte ihn den „kriegerischste[n] Papst, der je auf Petri Stuhl gesessen hat" (S. 165), und ließ nie einen Zweifel daran, dass er das für ein Übel hielt, nicht für eine Tugend. Bis in seine Sprache hinein habe sich Gregors streitbares Denken bemerkbar gemacht. Das Bibelwort: „Verflucht, wer seinem Schwerte das Blut missgönnt" (Jeremia 48,10) habe er besonders gerne zitiert. Die wenig früher formulierte Zwei-Schwerter-Lehre, deren eines der Papst, das andere der Kaiser zu führen habe, stand ihm zwar vor Augen; aber er wollte notfalls beide gebrauchen, das geistliche und das weltliche zugleich. Erdmann hielt das alles für überspannt, und dass eine Frau, die Gräfin Mathilde von Tuszien, sich rastlos in Kriegen für die Kirche verzehrte, schien ihm geradezu „unnatürlich" zu sein (S. 207).

Doch ungeachtet der weltanschaulichen Distanz, die Erdmann an den Tag legte: seine symbol- und ideengeschichtlichen Untersuchungen zeigen, worin Gregors Beitrag zur Entstehung des Kreuzzugsgedankens bestand. Denn einerseits setzte er fort, womit seine Vorgänger begonnen hatten, als sie verbündeten Herrschern „Petersfahnen" verliehen. Andererseits verstand er das Feldzeichen als Symbol einer „Ritterschaft des hl. Petrus" (*militia sancti Petri*), die er dem weltlichen Adel empfahl. Für Erdmann war das „der zentralste Begriff" (S. 189).

Denn mit ihm kam völlig Neues zum Ausdruck. Hatte bis dahin nur das *certamen spirituale* des Asketen, der geistliche Kampf im Kloster, als *militia Christi* gegolten, so propagierte Gregor auch und vor allem den wirklichen Krieg im Namen der römischen Kirche als Dienst an Gott. Er dachte dabei vor allem an deren Feinde im Inneren, an Schismatiker und Ketzer. Aber auch ein Feldzug gegen die Muslime im Nahen Osten war geplant.

An Gregors Unbedingtheit schieden sich die Geister. Seine Gegner warfen ihm vor, die Belange von Kirche und Welt zu vermischen. Der Papst habe den Menschen „ein Fenster der Bosheit“ geöffnet. Seine Anhänger dagegen hielten einen Krieg gegen Ketzer und Schismatiker für legitim. Einer von ihnen verstieg sich sogar dazu, ein Bibelwort (Matthäus 5,10) in sein genaues Gegenteil zu verkehren und dafür die Autorität des Kirchenvaters Augustinus in Anspruch zu nehmen: „Selig sind, die um der Gerechtigkeit willen Verfolgung ausüben“. So tief und so radikal hatte sich der Gedanke der Gewaltausübung durch und für die römische Kirche in die allgemeine Debatte eingegraben. Erdmann sprach von einer „hierarchischen Kreuzzugsidee“ (S. 245). Gleichzeitig habe sich das „populäre“, ritterliche Verständnis eines heiligen Kriegs weiter verfestigt. Das zeige sich etwa in der zunehmenden Verehrung von Ritterheiligen (Georgs vor allem) oder in Heldenepen wie dem Rolandslied, das den Heidenkrieg christlich verklärte und dafür geistlichen Lohn versprach. Der Krieg gegen die Heiden stand denn auch im Fokus des sich entfaltenden ritterlichen Ethos. Der innerkirchliche Kreuzzug, den Gregor favorisierte, spielte hier allenfalls marginal eine Rolle. Mit dem Heidenkrieg aber ließ sich zwanglos die Wallfahrt ins Heilige Land verbinden: „Der Gedanke eines abendländischen Kriegszugs auf Jerusalem war im 11. Jahrhundert nichts Unerhörtes“ (S. 268).

Für Gregor VII. war ein solches Unternehmen nicht wirklich von Belang. Über ein Planspiel ging sein Interesse nicht hinaus. Aber sein Nachfolger Urban II., weniger dogmatisch veranlagt und zu Konzessionen an die Kritiker bereit, fasste *militia sancti Petri* und Heidenkrieg zu einem allgemeinen Kreuzzug zusammen. Seine Herkunft aus Frankreich, wo die Gottesfriedensbewegung entstanden war und schon die spanischen Heidenkämpfe viel Zuspruch erhalten hatten, habe ihn für den Kreuzzugsgedanken geradezu prädestiniert. Mit „unvergleichlicher Geschicklichkeit“ habe er den Zeitgeist erfasst (S. 314) und auf ein besonders attraktives Ziel hingelenkt. Indem er die Jerusalemsehnsucht der Wallfahrer ansprach und sie mit der Gewaltbereitschaft der Kreuzfahrer verband, sei die Heilige Stadt zum „Marschziel“ geworden; aber „Kriegsziel“ sei der Sieg über die Muslime geblieben (S. 298). Indem er einen von Paul Fridolin Kehr entdeckten Kreuzzugsaufruf neu datierte und erstmals interpretierte, hob Erdmann die Gleichwertigkeit der Kriegsschauplätze Spanien und Palästina hervor. Hier wie dort seien jene Kernelemente zu finden, die die Kreuzzüge in ihrer kompletten Form kennzeichnen sollten: geistliche Führung, innerer Friede, Ablass, Kreuznahme und Fahnenweihe. Urban hatte also an Traditionen angeknüpft und gleichzeitig etwas Neues geschaffen. Daraus habe sich ein „Ineinander von historischer Kontinuität und Revolution“ ergeben, „wie es den bewegenden Ereignissen der Weltgeschichte eigen ist“. Mit diesen lapidaren Worten endet das Buch (S. 314).

Indem Carl Erdmann seine wissenschaftlichen Interessen in Lissabon entwickelte und in Rom erweiterte, gingen die Fragestellungen der deutschen Mediävistik fast spurlos an ihm vorbei. Die reine Ereignis- und Politikgeschichte verblasste allmählich, mit Verfassungsgeschichte konnte er zeitlebens nichts anfangen, Landesgeschichte betrieb er allenfalls nebenher und wenn es ihm Spaß machte, um Volkstum oder gar Rasse kümmerte er sich nicht. „Die Entstehung des Kreuzzugsgedankens“ stellt vielmehr die konsequente Anwendung geistes- und kulturgeschichtlicher Fragen auf ein allgemeingeschichtliches Thema von herausgehobener Bedeutung dar. Otto Gerhard Oexle hat einmal den „kulturwissenschaftlichen Aufbruch“ der deutschen Mittelalterforschung skizziert und dafür fünf Buchtitel aus den Jahren 1929 bis 1946 in Anspruch genommen: Percy Ernst Schramms „Kaiser, Rom und Renovatio“ von 1929, Herbert Grundmanns „Religiöse Bewegungen im Mittelalter“ von 1935, Gerd Tellenbachs „Libertas“ von 1936, Ernst Kantorowicz’ „Laudes Regiae“ von 1946 und eben Erdmanns Kreuzzugsbuch. Die Verfasser gehörten der gleichen Generation an, unterhielten mehr oder weniger enge Verbindungen zueinander und wollten mit ihren Forschungen den Zusammenhang von Politik, Gesellschaft und Religion aufhellen. Ihre Werke standen nicht im Dienst einer nationalen Geschichtsdeutung, sondern spannten einen übernationalen, einen europäischen Horizont auf. Von allen fünf Autoren brachte Erdmann dafür die besten biographischen Voraussetzungen mit.

Entsprechend fiel das Echo in der Wissenschaft aus, oder genauer gesagt: in den Wissenschaften. Denn mehrere Disziplinen fühlten sich angesprochen: Geschichtswissenschaft, Romanistik, Theologie, Byzantinistik, überraschend wenig, aber doch auch die Orientalistik. Über die Fächergrenzen hinweg waren sich die Rezensenten über die herausragende Qualität des Buchs einig, und da Kreuzzugsgeschichte von jeher weniger in Deutschland als in Westeuropa geschrieben wurde, nimmt es nicht Wunder, dass es auch von der englisch- und französischsprachigen Forschung aufmerksam zur Kenntnis genommen wurde.

Allerdings blieb die Aufnahme in den Vereinigten Staaten fürs Erste gespalten. Im führenden Fachorgan der amerikanischen Mediävistik erschien eine scharf ablehnende Besprechung, ein Verriss, wenn man so will. Der Verfasser, ein bekannter Kreuzzugshistoriker, konnte offenbar weder mit dem deutschen Militarismus noch mit deutscher Gelehrsamkeit etwas anfangen. In einer katholisch-theologischen Fachzeitschrift dagegen wurde Erdmanns Buch ausführlich und verständnisvoll gewürdigt. Welcher Standpunkt sich durchsetzen würde, blieb lange Zeit offen. Am Ende entschied der schiere Zufall die Frage: Der kritische Rezensent verstarb in relativ jungen Jahren, der wohlwollende avancierte im Verlauf einer lang anhaltenden Karriere zu einem der renommiertesten Kreuzzugshistoriker. Im Alter entsann er sich des vor Jahrzehnten von ihm besprochenen Buchs und brachte eine Übersetzung ins amerikanische Englisch auf den Weg, leicht gekürzt zwar, aber doch eindrucksvoll genug, um international Aufsehen zu erregen. Übersetzungen ins Italienische und Russische folgten der amerikanischen nach. Der Name des Autors wurde in der wissenschaftlichen Welt berühmt.

Heute gilt Erdmanns „Entstehung des Kreuzzugsgedankens“ als innovative Studie von Rang, als grundlegend, bahnbrechend, unübertroffen, als „die originellste monographische Studie zu den Kreuzzügen im 20. Jahrhundert“ (Christopher Tyerman). Mit der Geistesgeschichte der Kreuzzüge erschloss sie der Forschung ein neues Arbeitsgebiet und machte dadurch Epoche (Jean Richard). Der weite Kreuzzugsbegriff, der sich aus Erdmanns ideengeschichtlichem Ansatz ergab, hat sich durchgesetzt und ist jetzt Gemeingut der Forschung. Aus Umfragen und Rankings (die auch der Vergangenheit nicht erspart bleiben) ging das Buch mit Höchstwerten hervor. Gerne wird es mit Steven Runcimans viel gelesener „Geschichte der Kreuzzüge“ verglichen. Dabei hätte der Unterschied zwischen den Verfassern größer nicht sein können: Runciman war wohlhabend und durfte auf ein langes, erfolgreiches Leben zurückblicken; Erdmann ging als armer Teufel auf dem Balkan zugrunde. Erst nach seinem tragischen Ende wurde aus dem einfachen Soldaten „der große Carl Erdmann“ (Philippe Buc) und aus seiner Habilitationsschrift ein Klassiker, dessen Lektüre sich bis auf den heutigen Tag lohnt.

Literatur

Otto Gerhard Oexle, ‚Staat' – ‚Kultur' – ‚Volk'. Deutsche Mittelalterhistoriker auf der Suche nach der historischen Wirklichkeit 1918–1945, in: Peter Moraw/Rudolf Schieffer (Hg.), Die deutschsprachige Mediävistik im 20. Jahrhundert, Ostfildern 2005, S. 63–101.

Folker Reichert, Fackel in der Finsternis. Der Historiker Carl Erdmann und das „Dritte Reich", Darmstadt 2022.

Gerd Tellenbach, Aus erinnerter Zeitgeschichte, Freiburg i. Br. 1981.

Gerd Tellenbach, Libertas. Kirche und Weltordnung im Zeitalter des Investiturstreits, Stuttgart 1936.

Christopher Tyerman, The Debate on the Crusades, Manchester 2011.

Literaturverzeichnis

Aufgenommen sind auch solche Werke, die nicht in dem vorliegenden Buch, wohl aber in den früher dazu veröffentlichten Vorarbeiten – s. unten unter Erdmann – zitiert werden.

Adam von Bremen, Hamburgische Kirchengeschichte ed. B. Schmeidler in SS. Germ. (3. Aufl. 1917).

Adémar de Chabannes, Chronique ed. J. Chavanon in: Collection de textes pour servir à l'étude et à l'enseignement de l'histoire (Paris 1897).

Aimé, Ystoire de li Normant ed. O. Delarc (Rouen 1892).

K. v. Amira, Die Dresdener Bilderhandschrift des Sachsenspiegels II (Leipzig 1925).

M. Andrieu, Immixtio et consecratio, in: Revue des sciences religieuses, Université de Strasbourg III (1923).

– Les Ordines Romani du haut moyen âge I: Les manuscrits (Spicilegium sacrum Lovaniense XI, Louvain 1931).

Annales Altahenses maiores ed. E. ab Oefele in SS. Germ. (2. Aufl. 1891).

Annales Fuldenses ed. F. Kurze in SS. Germ. (1891).

Annales Hildesheimenses ed. G. Waitz in SS. Germ. (1878).

Annales Pisani di Bernardo Maragone ed. M. Lupo Gentile in: Rerum Italicarum scriptores (Neuausgabe des Muratori) VI. II (1931).

Annales regni Francorum ed. F. Kurze in SS. Germ. (1895).

Annali Genovesi di Caffaro e de'suoi continuatori ed. L. T. Belgrano in: Fonti per la storia d'Italia (Genova 1890 ff.).

Annuaire 1901. École pratique des hautes études (Paris 1900).

Anseis von Karthago ed. J. Alton (Bibliothek d. Litter. Vereins in Stuttgart Bd. 194, Tübingen 1892).

Anselmi episcopi Lucensis collectio canonum rec. F. Thaner, fasc. I. II (Oeniponte 1906–1915).

Anselm der Peripatetiker ed. E. Dümmler (Halle 1872).

Archivio paleografico italiano ed. E. Monaci (Roma 1882 ff.).

L. Arntz, Mittelalterliche Feldzeichen, in: Zeitschrift für christliche Kunst XXVIII (1915).

H.-X. Arquillière, Saint Grégoire VII (Paris 1934).

AS. = Acta Sanctorum (Bollandus etc.), 3. Aufl. (Editio novissima).

J. B. Aufhauser, Das Drachenwunder des hl. Georg in der griechischen und lateinischen Überlieferung (Byzantinisches Archiv H. V, Leipzig 1911).

Augustinus (Aurelius), Opera, im Corpus script. eccl. Lat. (Vindobonae 1884 ff.).

E. Aus'm Weerth, Kunstdenkmäler des christlichen Mittelalters in den Rheinlanden, 1. Abt. III (Bonn 1868).

Baedae historia ecclesiastica gentis Anglorum ed. A. Holder (Freiburg 1882); ed. C. Plummer (Oxonii 1896).

A. Ballesteros y Beretta, Historia de España II (Barcelona 1920).

E. Baumann, Reichsadler und Schweizerkreuz, in der Sonntagsbeilage der (Baseler) Nationalzeitung, 23. Febr. u. 16. März 1930.

A. Baumstark, Friede und Krieg in altkirchlicher Liturgie, in: Hochland XIII. I (1915–16).

– Liturgischer Nachhall der Verfolgungszeit, in: Festgabe A. Ehrhard (Beiträge z. Gesch. d. christl. Altertums u. d. byzant. Literatur, Bonn–Leipzig 1922).

– Missale Romanum, seine Entwicklung, ihre wichtigsten Urkunden und Probleme (Eindhoven–Nijmegen 1929).

– s. Mohlberg.

J. Bédier, Les légendes épiques, Bd. I, III, IV, 3e éd. (Paris 1926–29), Bd. II, 2e éd. (1917).

– La chanson de Roland commentée (Paris 1927).

The Benedictional of Archbishop Robert ed. H. A. Wilson (Henry Bradshaw Society vol. XXIV, London 1903).

E. Bernheim, Mittelalterliche Zeitanschauungen in ihrem Einfluß auf Politik und Geschichtsschreibung, I (Tübingen 1918).

E. Besta, Il Diritto pubblico italiano dagli inizi del secolo decimoprimo alla seconda metà del secolo decimoquarto (Padova 1929).

Bibliotheca Casinensis I–IV (Casino 1873 ff., darin: Florilegium Casinense).

G. Biscaro, Gli estimi del Comune di Milano nel secolo XIII, in: Archivio storico lombardo LV (1928).

O. Blaul, Studien zum Register Gregors VII., in: Archiv für Urkundenforschung IV (1912).

R. Bloch, Die Klosterpolitik Leos IX. in Deutschland, Burgund und Italien, in: Archiv für Urkundenforschung XI (1930).

C. Blume, Hymnodia Gotica. Die mozarabischen Hymnen des altspanischen Ritus (Analecta hymnica XXVII, Leipzig 1897).

The Bobbio Missal ed. E. A. Lowe (Henry Bradshaw Society v. LVIII, London 1920).

F. Bock, Geschichte der liturg. Gewänder des Mittelalters III (Bonn 1871).

H. Böhmer, Kirche und Staat in England und in der Normandie im 11. und 12. Jahrhundert (Leipzig 1899).

J. F. Böhmer, Die rothe Thüre zu Frankfurt am Main, in: Archiv für Frankfurts Geschichte und Kunst H. III (1844).

P. Boissonnade, Du nouveau sur la chanson de Roland (Paris 1923).

- Cluny, la papauté et la première grande croisade internationale contre les Sarrasins d'Espagne. Barbastro (1064–65), in: Revue des. questions historiques LX (3. sér. XXI, 1932).

- Les premières croisades françaises en Espagne. Normands, Gascons, Aquitains et Bourguignons (1018–32), in: Annales de la Faculté des Lettres de Bordeaux, Bulletin Hispanique XXXVI (1934).

Bonizo, Liber de vita christiana ed. E. Perels (Texte zur Geschichte des röm. u. kanon. Rechts im Mittelalter I, Berlin 1930).

Bonvicinus de Rippa, De magnalibus urbis Mediolani ed. F. Novati in: Bullettino dell'Istituto storico italiano XX (1898).

St. Borgia, Memorie istoriche della Pontificia città di Benevento II (Roma 1764).

Joh. a Bosco, Floriacensis vetus bibliotheca I (Lugduni 1605).

A. Brackmann, Heinrich IV. als Politiker beim Ausbruch des Investiturstreits (Sitzungsberichte der Preuß. Akademie der Wiss., Phil.-hist. Kl. Berlin 1927).

- Die politische Wirkung der kluniazensischen Bewegung, in HZ. 139 (1928).

- Die Anfänge der Slavenmission und die Renovatio imperii des Jahres 800 (Sitzungsberichte usw. 1931).

- Der „römische Erneuerungsgedanke" und seine Bedeutung für die Reichspolitik der deutschen Kaiserzeit (Sitzungsberichte usw. 1932).

F. Brandileone, I primi Normanni d'Italia in Oriente, in: Rivista storica italiana I (1884).

J. Braun, Die liturgischen Paramente (Freiburg 1924).

- Art. Fahne, im Lexikon für Theologie und Kirche hrsg. v. M. Buchberger, 2. Aufl. Bd. III (Freiburg 1931).

W. Braune, Althochdeutsches Lesebuch, 8. Aufl. (Halle 1921).

L. Bréhier, Histoire anonyme de la première croisade (Les classiques de l'histoire de France au moyen âge IV, Paris 1924).

- L'église et l'Orient au moyen âge. Les croisades, 5. éd. (Paris 1928).

H. Bresslau, Jahrbücher des deutschen Reichs unter Konrad II. (Leipzig 1884).

- Bamberger Studien, in NA XXI (1896).

H. Brinkmann, Entstehungsgeschichte des Minnesangs (1926).

Z. N. Brooke, Pope Gregory VII's Demand for Fealty from William the Conqueror, in: The English Historical Review XXVI (1911).

- The English Church and the Papacy from the Conquest to the Reign of John (Cambridge 1931).

S. M. Brown, Movimenti politico-religiosi a Milano ai tempi della Pataria, in: Archivio storico lombardo LVIII (1931).

J. Bruckauf, Vom Fahnlehn und von der Fahnenbelehnung im alten deutschen Reiche (Diss. Leipzig 1906).

A. Bruel, Recueil des chartes de l'abbaye de Cluny (Collection de documents inédits sur l'histoire de France, 1. sér.), I–VI (Paris 1876–1903).

H. Brunner u. K. Zeumer, Die Constantinische Schenkungsurkunde. Sonderdruck aus: Festgabe für Rudolf von Gneist (Berlin 1888).

Brunonis de bello Saxonico liber, 2. Aufl. ed. W. Wattenbach in SS. Germ. (1880).

M. Buchner, Pseudo-Turpin, Rainald von Dassel und der Archipoet, in: Zeitschrift für französische Sprache und Literatur LI (1928).

K. Burdach u. P. Piur, Briefwechsel des Cola di Rienzo (Vom Mittelalter zur Reformation II, Berlin 1913–29).

P. Cagin, Note sur le sacramentaire de Gellone, in: Mélanges de littérature et d'histoire religieuses p. Mgs. de Cabrières, I (Paris 1899).

The Cambridge Medieval History, IV. V (London 1923, 1926).

The Canterbury Benedictional ed. R. W. Woolley (Henry Bradshaw Society v. LI, London 1917).

A. Cartellieri, Philipp II. August, König von Frankreich, I–IV (Leipzig 1900–22).

– Machtpolitik vor den Kreuzzügen (Jena 1935).

Cartulaire de l'abbaye de Sainte-Croix de Quimperlé (Finistère) ed. L. Maitre et P. de Berthou (Paris 1896).

Cartulaire de l'abbaye de Saint-Victor de Marseille ed. Guerard (Collection de documents inédits, Paris 1857).

E. Caspar, Roger II. (1101–1154) und die Gründung der normannisch-sizilischen Monarchie (Innsbruck 1904).

– Gregor VII. in seinen Briefen, in HZ. 130 (1924).

– Geschichte des Papsttums von den Anfängen bis zur Höhe der Weltherrschaft, I–II (Tübingen 1930–33).

– s. Greg. Reg.

G. Castiglione, Dell'antichissimo rito di pregare per l'Imperatore, interamente conservato nella sola Ambrosiana Chiesa (Milano 1771).

J.-B. Chabot, Chronique de Michel le Syrien (1166–1199), éd. et trad. 3 voll. (Paris 1899–1905).

F. Chalandon, Essai sur le règne d'Alexis Ier Comnène (1081–1118) (Paris 1900).

– Histoire de la domination normande en Italie et en Sicile, I–II (Paris 1907).

– Histoire de la première croisade (Paris 1925).

La Chançun de Guillelme ed. H. Suchier (Bibliotheca Normannica VIII, Halle 1911).

La Chanson de Roland ed. J. Bédier (Paris 1928).

U. Chevalier, Cartulaire de l'abbaye de Saint-Chaffre du Monastier (Paris 1884).

L. Chiappelli, La formazione storica del comune cittadino in Italia, in: Archivio storico italiano LXXXVIII (7. ser. XIII, 1930).

Chronica regia Coloniensis ed. G. Waitz in SS. Germ. (1880).

Il Chronicon di Benedetto monaco di S. Andrea del Soratte ed. G. Zucchetti in: Fonti per la storia d'Italia (Roma 1920).

Chronique de Nantes ed. R. Merlet (Collection de textes pour servir etc., Paris 1896).

Chrysostomus, Opera divi Joannis Chrysostomi (Venetiis 1548–49).

Ab. Cirot de la Ville, Histoire de la ville et de la congrégation de N.-D. de la Grande Sauve I. II (Paris 1844–45).

P. Clemen, Die romanische Monumentalmalerei in den Rheinlanden (Publikationen d. Ges. f. rhein. Geschk. XXXII, Düsseldorf 1916).

Codex sacramentorum Bergomensis (Auctarium Solesmense, Ser. liturg. I: Vetera Ambrosianae liturgiae monumenta, fasc. I, Solesmis 1900).

Codinus Curopalata de officialibus palatii Constantinopolitani ed. Bekker, im Corpus script. hist. Byzant. (Bonnae 1839).

Constantinus Porphyrogenitus de ceremoniis aulae Byzantinae ed. Reiske im Corpus script. hist. Byzant. I. II (Bonnae 1829–30).

A. Colombo, Milano feudale e comunale (Milano 1928).

Giov. B. di Crollalanza, Storia delle bandiere di guerra, in: Giornale araldico-genealogico-diplomatico italiano III (1875–76).

Goffr. di Crollalanza, Gli emblemi dei Guelfi e Ghibellini (Rocca S. Casciano 1878).

Cronache veneziane antichissime ed. G. Monticolo in: Fonti per la storia d'Italia (Roma 1890).

R. Davidsohn, Geschichte von Florenz I (Berlin 1896).

P. Delalande, Conciliorum antiquorum Galliae supplementa (Paris 1666).

H. Delbrück, Geschichte der Kriegskunst III, 2. Aufl. (Berlin 1923).

R. Delbrueck, Die Consulardiptychen und verwandte Denkmäler (Studien zur spätantiken Kunstgeschichte II, Berlin–Leipzig 1929).

H. Delehaye, Les légendes grecques des Saints militaires (Paris 1909).

E. De Levis, S. Willelmi Divionensis abbatis Opera (Augustae Taurin. 1797).

L. Delisle, Mémoire sur d'anciens sacramentaires, in: Mémoires de l'Académie des Inscriptions et Belles-Lettres XXXII. I (Paris 1886).

A. De Santi S. J., Le preghiere liturgiche per il Romano Impero e per i principi, con particolare riguardo ai tempi di guerra, in: La Civiltà Cattolica LXVII (1916), III.

Deusdedit, Kanonessammlung ed. V. Wolf v. Glanwell (Paderborn 1905).

E. Dölger, Regesten der Kaiserurkunden des oströmischen Reiches (Corpus der griechischen Urkunden des Mittelalters und der neueren Zeit, Reihe A, Abt. I, München-Berlin 1924 ff.).

I. v. Döllinger, Das Papsttum. Neubearbeitung v. J. Friedrich (München 1892).

A. v. Domaszewski, Die Fahnen im römischen Heere (Abhandlungen d. archäol.-epigraph. Seminars d. Univ. Wien H. V, Wien 1885).

– Die Religion des römischen Heeres, in: Westdeutsche Zeitschrift für Geschichte und Kunst XIV (1895).

Donizo, Vita Mathildis ed. L. Simeoni, in: Rerum Italicarum scriptores (Neuausgabe des Muratori) V. II (1930).

R. Dozy, Recherches sur l'histoire et la littérature de l'Espagne pendant le moyen-âge, 3. éd. (Leyden 1881).

G. M. Dreves, Analecta hymnica XLV (Leipzig 1904).

C. Du Cange, Glossarium mediae et infimae latinitatis. Ausgabe von G. A. L. Henschel, I–X (Niort 1883–87).

A. Duchesne, Historiae Francorum scriptores (Paris 1636–49).

B. Dudik, Iter Romanum I (Wien 1855).

F. Duncalf, The Pope's Plan for the First Crusade, in: The Crusades and other Historical Essays pres. to D. C. Munro (New York 1928).

F. Duval, De la paix de Dieu à la paix de fer (Paris 1923).

A. Ebner, Quellen und Forschungen zur Geschichte und Kunstgeschichte des Missale Romanum im Mittelalter. Iter Italicum (Freiburg 1896).

Edda ed. G. Neekel, 2. Aufl. (Germanische Bibliothek, 2. Abt. IX, Heidelberg 1927).

G.Ehrismann, Geschichte der deutschen Literatur I. II (München 1918 ff.).

– Die Grundlagen des ritterlichen Tugendsystems, in: Zeitschrift f. deut. Altertum u. deut. Liter. LVI (1919).

F. Eichengrün, Gerbert (Silvester II.) als Persönlichkeit (Beiträge zur Kulturgeschichte hrsg. v. W. Goetz XXXV, Leipzig–Berlin 1928).

E. Eichmann, Die Ordines der Kaiserkrönung, in: Zeitschrift d. Savignyst. f. Rechtsgesch. Kan. Abt. II (1911).

– Quellensammlung zur kirchlichen Rechtsgeschichte H. I: Kirche und Staat I (Paderborn 1912).

– Die römischen Eide der deutschen Könige, in: Zeitschrift d. Savst. Kan. Abt. VI (1916).

– Die sog. römische Königskrönungsformel, in HJb. XLV (1925).

– Zur Geschichte des lombardischen Krönungsritus, in HJb. XLVI (1926).

– Königs- und Bischofsweihe, in: Sitzungsberichte d. Bayer. Akademie d. Wiss., Phil.-hist. Kl. 1928 Nr. 6.

Einhardi vita Karoli Magni ed. Holder-Egger in SS. Germ. (6. Aufl. 1911).

Rob. Eisler, Weltenmantel und Himmelszelt. Religionsgeschichtliche Untersuchungen zur Urgeschichte des antiken Weltbildes I. II (München 1910).

Ekkehards Waltharius hrsg. v. K. Strecker, 2. Aufl. (Berlin 1924). Enciclopedia Italiana, Bd. I ff. (Roma 1929 ff.).

W. Erben, Schwertleite und Ritterschlag, in: Zeitschrift für historische Waffenkunde VIII (1919).

- Kriegsgeschichte des Mittelalters (Beiheft XVI der HZ, München–Berlin 1929).

C. Erdmann, Das Wappen und die Fahne der römischen Kirche, in Q. u. F. XXII (1930–31).

- Die Aufrufe Gerberts und Sergius' IV. für das Heilige Land, ebd. XXIII (1931–32).

- Der Heidenkrieg in der Liturgie und die Kaiserkrönung Ottos I., in MÖIG. XLVI (1932).

- Die Briefe Meinhards von Bamberg, in NA. XLIX (1932).

- Kaiserfahne und Blutfahne, in: Sitzungsberichte d. Preuß. Akad. d. Wiss., Phil.-hist. KI. Berlin 1932.

- Endkaiserglaube und Kreuzzugsgedanke im 11. Jahrhundert, in Zeitschrift für Kirchengeschichte LI (1932).

- Ausgewählte Briefe aus der Salierzeit (Texte zur Kulturgeschichte des Mittelalters H. VII, Rom 1933).

- Kaiserliche und päpstliche Fahnen im hohen Mittelalter, in Q. u. F. XXV (1933–34).

España Sagrada (bearb. v. Florez, Risco u. a., Madrid 1747 ff.).

P. Ewald, Die Papstbriefe der brittischen Sammlung, in NA. V (1880).

P. Fabre, Étude sur le Liber Censuum de l'église Romaine (Bibliothèque des écoles françaises d'Athènes et de Rome LXII, 1892).

E. Faral, La chanson de Roland (Paris ca. 1933).

R. Fawtier, La chanson de Roland (Paris 1933).

M. Felibien, Histoire de l'abbaye royale de Saint-Denis (Paris 1706).

M. Férotin, Le Liber Ordinum en usage dans l'église wisigothique et mozarabe d'Espagne (Monumenta ecclesiae liturgica V, Paris 1904).

H. Finke, Der Gedanke des gerechten und heiligen Krieges in Gegenwart und Vergangenheit (Freiburg 1915, auch in der Grabmann-Festschrift 1935).

E. Fita, Cortes y usajes de Barcelona en 1064, in: Boletin de la Academia de la Historia XVII (Madrid 1890).

H. Fitting, Das castrense Peculium in seiner geschichtlichen Entwicklung (Halle 1871).

J. Flach, Origines de l'ancienne France II. III (Paris 1893, 1904).

A. Fliche, Le règne de Philippe Ier Roi de France (1060–1108) (Paris 1912).

- Hildebrand, in: Le Moyen Âge XXI (1919).

- La crise religieuse depuis la mort de Grégoire VII jusqu'à l'avènement d'Urbain II (1085–88), in: Revue des cours et conférences XXIV (1923).

- La réforme grégorienne I. II (Spicilegium sacrum Lovaniense VI et IX, Louvain–Paris 1924–25).

- Urbain II et la croisade, in: Revue d'histoire de l'église de France XIII (1927).

- Histoire du moyen âge, II: L'Europe Occidentale de 888 à 1125 (Paris 1930).

P. Fournier, Observations sur diverses récensions de la collection canonique d'Anselme de Lucques, in: Annales de l'Université de Grenoble XIII (1901).

- Bonizo de Sutri, Urbain II et la comtesse Mathilde, in: Bibliothèque de l'École des chartes LXXVI (1915).

- und G. Le Bras, Histoire des collections canoniques en Occident depuis les fausses décrétales jusqu'au Décret de Gratien I. II (Paris 1931–32).

A. Franz, Die Messe im deutschen Mittelalter (Freiburg 1902).

- Die kirchlichen Benediktionen im Mittelalter I. II (Freiburg 1909).

- Das Rituale von St. Florian aus dem 12. Jahrhundert (Freiburg 1904).

Ae. Friedberg, Corpus iuris canonici p. I: Decretum magistri Gratiani (Lipsiae 1879).

H. Fuchs, Augustin und der antike Friedensgedanke (Neue philolog. Untersuchungen H. III, Berlin 1926).

Fulcheri Carnotensis historia Hierosolymitana ed. H. Hagenmeyer (Heidelberg 1913).

E. Gabotto, Il chartarium dertonense (Biblioteca d. Società scor. subalpina XXXI, Torino 1909).

J. Gagé, Stauros nikopoios. La victoire impériale dans l'empire chrétien, in: Revue d'histoire et de philosophie religieuses XIII (1933).

D. L. Galbreath, Handbüchlein der Heraldik (Lausanne 1930).

- Papal Heraldry (Cambridge 1930).

E. Galli, Sulle origini araldiche della Biscia viscontea, in: Archivio storico lombardo XLVI (1919).

Galli Anonymi chronicon ed. L. Finkel et St. Kętrtyński (Leopoli 1899).

Gallia christiana, op. Congreg. S. Mauri (Parisiis 1716 ff.).

Galterii cancellarii bella Antiochena ed. H. Hagenmeyer (Innsbruck 1896).

Galvaneus Flamma, Chronicon extravagans et chronicon maius ed. A. Ceruti in Miscellanea di storia italiana VII (1869).

Gaufredus Malaterra, De rebus gestis Rogerii etc. ed. E. Pontieri in: Rerum Italicarum scriptores (Neuausgabe des Muratori) V. I (1926).

L. Gautier, La chevaliere, 3e éd. (Paris 1895).

J. Gay, L'Italie meridionale et l'Empire byzantin (Paris 1904).

Gerbert s. Lettres.

M. Gerbert, Monumenta veteris liturgiae alemanicae I (St. Blasien 1777).

A. Gerlach, Der „deutsche Michel“, in: Frankfurter zeitgemäße Broschüren Bd. XXV H. 8 (Hamm 1906).

Gervasius of Canterbury ed. Stubbs in Rerum Britann. med. aevi scriptores (London 1879).

Gesta Federici I imperatoris in Lombardia auct. cive Mediolanensi ed. O. Holder-Egger in SS. Germ. (1892).

Anon. Gesta Francorum ed. H. Hagenmeyer (Heidelberg 1890).

– s. auch Bréhier.

Gesta regis Henrici secundi Benedicti abbatis II ed. W. Stubbs in Rerum Britann. med. aevi scriptores (London 1867).

A. F. Gfrörer, Papst Gregorius VII. und sein Zeitalter I–VII (Schaffhausen 1859–61).

E. Gibbon, The History of the Decline and Fall of the Roman Empire, hrsg. v. J. A. Bury, 2. Aufl. (1900–02).

W. v. Giesebrecht, Geschichte der deutschen Kaiserzeit, 5. Aufl. I–III (Leipzig 1881–90).

A. Goldschmidt, Die Elfenbeinskulpturen aus der Zeit der karolingischen und sächsischen Kaiser I. II (Berlin 1914–18).

G. C. W. Görris, De denkbeelden over oorlog en de bemoeiingen voor vrede in de elfde eeuw (Nijmegen 1912).

E. Gothei , Die Culturentwicklung Süditaliens in Einzeldarstellungen (Breslau 1886).

A. Gottlob, Kreuzablaß und Almosenablaß (Kirchenrechtliche Abhandlungen, hrsg. v. U. Stutz XXX–XXXI, Stuttgart 1906).

H. Grégoire, La statue de Constantin et le signe de la croix, in: L'antiquité classique I (1932).

Gregorii Magni opera omnia ed. mon. S. Mauri III (Venetiis 1744).

– dialogi ed. U. Moricca in: Fonti per la storia d'Italia (Roma 1924).

Greg. Reg. = Register Gregors VII. hrsg. v. E. Caspar in MG. Ep. sel. II (Berlin 1923).

F. Gregorovius, Geschichte der Stadt Rom im Mittelalter, IV (4. Aufl. Stuttgart 1890).

O. Greulich, Die kirchenpolitische Stellung Bernolds von Konstanz, in HJb. LV (1935).

E. Gritzner, Symbole und Wappen des alten deutschen Reichs (Leipziger Studien aus dem Geb. d. Gesch. VIII H. 3, Leipzig 1902).

– Heraldik, in Meisters Grundriß der Geschichtswissenschaft, 2. Aufl. I 4 (1912).

G. Grober, La destruction de Rome, in: Romania II (1873).

R. Grosse, Die Fahnen in der römisch-byzantinischen Armee, in: Byzantinische Zeitschrift XXIV (1923).

C. Guarmani, Gl'Italiani in Terra Santa (Bologna 1872).

P. Guilhiermoz, Essai sur l'origine de la noblesse en France (Paris 1902).

H. Günter, Legendenstudien (Köln 1906).

– Die Krönungseide der deutschen Kaiser im Mittelalter, in: Forschungen und Versuche z. Gesch. d. Mittelalt. u. d. Neuzeit, Festschr. Dietr. Schäfer (Jena 1915).

F. Güterbock, Tortonas Abfall vom Lombardenbund, in: NA. XLV (1924).

H. Hagenmeyer, Die Kreuzzugsbriefe aus den Jahren 1088–1100 (Innsbruck 1901).

– s. auch Ekkehard, Fulcher, Galterius, Gesta Franc.

J. Haller, Gregor VII. und Innocenz III., in: Meister der Politik 1, 2. Aufl. (Stuttgart 1923).

– Das Papsttum. Idee und Wirklichkeit I (Stuttgart 1934).

L. Halphen, L'essor de l'Europe (XIe–XIIIe siècles) (Paris 1932).

A. Hämel, Französische und spanische Heldendichtung, in: Neue Jahrbücher f. Wiss. u. Jugendb. IV (1928).

R. Hammler, Gregors VII. Stellung zu Frieden und Krieg (Diss. Greifswald 1912).

K. Hampe, Otto der Große, in: Meister der Politik I (2. Aufl. Stuttgart 1923).

– Heinrichs IV. Absagebrief an Gregor VII. vom Jahre 1076, in: HZ. 138 (1928).

– Deutsche Kaisergeschichte in der Zeit der Salier und Staufer (6. Aufl. Leipzig 1929).

– Das Hochmittelalter. Geschichte des Abendlandes 900–1250 (Berlin 1932).

B. v. Haneberg, Das muslimische Kriegsrecht, in: Abhandlungen d. phil.-hist. KI. d. Kön. Bayer. Akademie d. Wiss. XII. II (München 1870).

J. Hansen, Das Problem eines Kirchenstaates in Jerusalem (Diss. Freiburg/Schw. 1928).

A. Harnack, Militia Christi. Die christliche Religion und der Soldatenstand in den ersten drei Jahrhunderten (Tübingen 1905).

– Das Mönchtum, seine Ideale und seine Geschichte (Gießen 1908).

Anouar Hatem, Les poèmes épiques des croisades. Genèse, historicité, localisation (Paris, 1932).

A. Hauck, Kirchengeschichte Deutschlands III (3. u. 4. Aufl., Leipzig 1904).

J. M. Heer, Ein karolingischer Missionskatechismus (Freiburg 1911).

C. J. Hefele – H. Leclerq, Histoire des conciles V. I (Paris 1912).

L. v. Heinemann, Geschichte der Normannen in Unteritalien und Sicilien I (Leipzig 1894).

– Die älteste Translatio des heil. Dionysius, in: NA. XV (1890).

K. Heisig, Die Geschichtsmetaphysik des Rolandsliedes, in: Zeitschr. f. roman. Philologie LV (1935).

K. Heldmann, Das Kaisertum Karls des Großen (Quellen u. Studien z. Verfassg. d. deut. Reichs in Mitt. u. Neuz. VI. II, Weimar 1928).

O. Henne am Rhyn, Kulturgeschichte des deutschen Volkes (Berlin 1886).

H. J. Hermann, Die frühmittelalterlichen Handschriften des Abendlandes (Beschreibendes Verzeichnis d. illum. Handschr. in Österr. VIII, NF. I, Leipzig 1923).

A. Hessel, Odo von Cluny und das französische Kulturproblem im früheren Mittelalter, in: HZ. 128 (1923).

Heuser, Art. Fahnen in Wetzer u. Weltes Kirchenlexikon, 2. Aufl. Bd. IV (Freiburg 1886).

E. Heyek, Deutsche Geschichte II (Bielefeld–Leipzig 1906).

P. Hinschius, System des katholischen Kirchenrechts V. I (Berlin 1893).

- Dectetales Pseudo-Isidorianae et capitula Angilrami (Lipsae 1863).

F. Hirsch, De Italiae inferioris annalibus saeculi decimi et undecimi (Diss. Berlin 1864).

- Amatus von Montecassino und seine Geschichte der Normannen, in: Forschungen z. deut. Gesch. VIII (1868).

H. Hirsch, Der mittelalterliche Kaisergedanke in den liturgischen Gebeten, in: MÖIG. XLIV (1930).

S. Hirsch, Jahrbücher des deutschen Reichs unter Heinrich II. Bd. I–III (Berlin 1862–75).

Th. Hirschfeld, Das Gerichtswesen der Stadt Rom vom 8.–12. Jahrhundert, im Archiv f. Urkundenforschung IV (1912).

R. His, Besprechung von Görris, Denkbeelden, in: Zeitschr. d. Savignyst. f. Rechtsgesch. Germ. Abt. XXXIV (1913).

Hispaniae Illustratae (ed Schott) (Frankfurt 1603).

Historia de la Corona de Aragon (Crónica de S. Juan de la Peilet) ed. T. Ximenez de Embun (Zaragoza 1876).

Historia Silense ed. F. Santos Coco (Centro de estúdios históricos, Madrid 1921).

M. Hittorp, De divinis catholicae ecclesiae officiis (Coloniae 1568).

HJb. = Historisches Jahrbuch der Görresgesellschaft.

H. Hoffmann, Karl der Große im Bilde der Geschichtsschreibung des früheren Mittelalters (800–1250) (Historische Studien v. Ebering H. 137, Berlin 1919).

C. Höfler, Die deutschen Päpste I. 11 (Regensburg 1839).

M. Hofmann, Ist die Militärfreiheit der katholischen Geistlichen auch heute noch rechtlich begründet und zeitgemäß? in: Zeitschrift für kathol. Theologie XL (1916).

A. Hofmeister, Die heilige Lanze, ein Abzeichen des alten Reiches (Untersuchungen z. deut. Staats- u. Rechtsgesch., hrsg. v. O. Gierke, H. XCVI, Breslau 1908).

- Eine neue Quelle zur Geschichte Friedrich Barbarossas, in: NA. XLIII (1920).

- Der Übersetzer Johannes und das Geschlecht Comitis Mauronis in Amalfi, in: Histor. Vierteljahrschrift XXVII (1932).

R. Holtzmann, Böhmen und Polen im 10. Jahrhundert, in: Zeitschrift für Geschichte Schlesiens LII (1918).

- Der Kaiser als Marschall des Papstes (Berlin–Leipzig 1928).

W. Holtzmann, Studien zur Orientpolitik des Reformpapsttums und zur Entstehung des ersten Kreuzzuges, in: Histor. Vierteljahrschrift XXII (1924–25).

– Die Unionsverhandlungen zwischen Kaiser Alexios und Papst Urban II. im Jahre 1089, in: Byzantinische Zeitschrift XXVIII (1928).

– Zur Geschichte des Investiturstreits (Englische Analekten II), in: NA. 50 (1933).

J. Hoops, Reallexikon der germanischen Altertumskunde II (Straßburg 1913–15).

F. Hottenroth, Handbuch der deutschen Tracht (Stuttgart 1896).

A. C. Howland, The Origin of the Local Interdict, in: Annual Report of the American Historical Association for the Year 1899 vol. I (Washington 1900).

R. Howlett, Chronicles of the Reigns of Stephen, Henry II and Richard I (Rerum Britann. med. aevi scriptores LXXXII), III (London 1886).

Hrotsvithae opera ed. P. v. Winterfeld in SS. Germ. (1902).

L. Huberti, Studien zur Rechtsgeschichte der Gottesfrieden und Landfrieden I (Ansbach 1892).

G. A. Hückel, Les poèmes satiriques d'Adalberon, in: Bibliothèque de la Faculté des Lettres de l'Université de Paris XIII (Mélanges d'histoire du moyen âge, hrsg. v. A. Luchaire, 1901).

O. Huf, Oorlogsmissen in het Sacramentarium Leonianum, in.: Studiën, Tijdskrift voor godsdienst, wetenschap en letteren II (1915).

– Te dateeren oorlogsmissen in het Sacramentarium Leonianum, ebd. III (1916).

– Krijgsgebeden in het Missale Romanum, in: De Katholiek 149 (1916) und 150 (1916).

– Krijgsgebeden en oorlogsmissen (Liturgische Studien II, Bussum 1917).

– De velumstreden dateering eener leoniansche oorlogsmis, in: Tijdskrift voor liturgie I (1919).

K. G. Hugelmann, Die deutsche Nation und der deutsche Nationalstaat im Mittelalter, in: HJb. LI (1931).

Th. P. Hughes, Dictionary of Islam (London 1885).

HZ. = Historische Zeitschrift.

L'Inventio e la Translatio dei Santi Ermagora e Fortunato ed. G. Monticolo in: Nuovo archivio veneto III (1892).

ltinera Hierosolymitana saec. IV–VIII ed. P. Geyer im Corpus script. eccles. Latin. XXXIX (Wien 1898).

– s. auch Tobler-Molinier.

Ph. Jaffé, Bibliotheca rerum Germanicarum (Berlin 1864–73).

JE., JK., JL. = Ph. Jaffé, Regesta pontificum Romanorum, 2. Aufl. v. F. Kaltenbrunner, P. Ewald und S. Löwenfeld, I. II (Leipzig 1885–88).

Johannes Diaconus s. Cronache veneziane.

Johannes Monachus, Liber de miraculis ed. M. Huber (Sammlung mittellateinischer Texte VII, Heidelberg 1913).

E. Joranson, The Great German Pilgrimage of 1064–65, in: The Crusades and other Historical Essays pres. to D. C. Munro (New York 1928).

E. Jordan, Bulletin historique, in: Revue historique 136 (1921 I).

K. Jordan, Das Eindringen des Lehnswesens in das Rechtsleben der römischen Kurie, in: Archiv für Urkundenforschung XII (1932).

– Zur päpstlichen Finanzgeschichte im 11. und 12. Jahrhundert, in: Q. u. F. XXV (1933–34).

– Besprechung von Mitteis, Lehnrecht und Staatsgewalt, in: Göttinger gelehrte Anzeigen 1935 Nr. 4.

F. Kampers, Vom Werdegang der abendländischen Kaisermystik (Leipzig–Berlin 1924).

– Rex et sacerdos, in: HJb. XLV (1925).

Karl Meinet ed. A. v. Keller (Bibliothek des Litterar. Vereins in Stuttgart XLV, 1858).

P. Kehr, Papsturkunden in (Italien), in: Nachrichten d. Göttinger Gesellschaft d. Wiss., Phil.-hist. Kl. 1896 ff.

– Due documenti pontifici illustranti la storia di Roma negli ultimi anni del sec. XI, in: Archivio d. R. Società Romana di st. patria XXIII (1900).

– Der angebliche Brief Paschals II. an die Consuln von Pisa und andere Pisaner Fälschungen, in: Q. u. F. VI (1904).

– Italia pontificia (Regesta pontificum Romanorum) I–VIII (Berlin 1906–35).

– Zur Geschichte Wiberts von Ravenna, in: Sitzungsberichte d. Preuß. Akademie d. Wiss., Phil.-hist. Kl. Berlin 1921.

– Papsturkunden in Spanien I. II (Abhandlungen d. Ges. d. Wiss. zu Göttingen NF. XVIII 2 und XXII 1, Berlin 1926 u. 1928).

– Das Papsttum und der katalanische Prinzipat bis zur Vereinigung mit Aragon, in: Abhandlungen der Preuß. Akad. 1926, Phil.-hist. Kl. Nr. 1.

– Rom und Venedig bis ins XII. Jahrhundert, in: Q. u. F. XIX (1927).

– Wie und wann wurde das Reich Aragon ein Lehen der römischen Kirche? in: Sitzungsberichte d. Preuß. Akad. Phil.-hist. Kl. 1928.

– Das Papsttum und die Königreiche Navarra und Aragon bis zur Mitte des 12. Jahrhunderts, in: Abhandlungen d. Preuß. Akad. 1928, Phil.-hist. Kl. Nr. 4.

– Vier Kapitel aus der Geschichte Kaiser Heinrichs III., ebd. 1930, Phil.-hist. KI. Nr. 3 (1931).

– Die Belehnungen der süditalienischen Normannenfürsten durch die Päpste 1059–1192, ebd. 1934, Phil.-hist. KI. Nr. 1.

J. Kirchberg, Kaiseridee und Mission unter den Sachsenkaisern und den ersten Saliern von Otto I. bis Heinrich III. (Eberings Histor. Studien H. 259, Berlin 1934).

E. Kittel, Der Kampf um die Reform des Domkapitels in Lucca im 11. Jahrhundert, in: Festschrift A. Brackmann dargebracht (Weimar 1931).

H.-W. Klewitz, Studien über die Wiederherstellung der römischen Kirche in Süditalien durch das Reformpapsttum, in: Q. u. F. XXV (1933–34).

M. M. Knappen, Robert II of Flanders in the First Crusade, in: The Crusades and other Historical Essays pres. to D. C. Munro (New York 1928).

W. Köhler, Die Amnestie für Kriegsteilnehmer, in: Geschichtliche Studien A. Hauck dargebracht (Leipzig 1916).

A. M. Koeniger. Die Militärseelsorge der Karolingerzeit (Veröffentlichungen aus dem Kirchenhistorischen Seminar München, 4. Reihe VII, München 1918).

R. Köpke – E. Dümmler, Jahrbücher der deutschen Geschichte unter Otto dem Großen (Leipzig 1876).

H. Krabbo, Eine Schilderung der Elbslaven aus dem Jahre 1108, in: Papsttum und Kaisertum, P. Kehr dargebracht (München 1926).

K. E. H. Krause, Zu Widukind I 12, in NA. XVI (1891).

A. C. Krey, A Neglected Passage in the Gesta and its Bearing on the Litterature of the First Crusade, in: The Crusades and other Historical Essays pres. to D. C. Munro (New York 1928).

K. Krumbacher, Der hl. Georg in der griechischen Überlieferung, in: Abhandlungen d. Kön. Bayer. Akademie. Phil.-hist. Kl. XXV. III (München 1911).

K. Künstle, Zwei Dokumente zur altchristlichen Militärseelsorge, in: Der Katholik, 3. Folge XXII (1900 II).

– Ikonographie der Heiligen (Freiburg 1926).

– Ikonographie der christlichen Kunst I (Freiburg 1928).

A. de La Borderie, Histoire de Bretagne III (Rennes–Paris 1889).

G. Ladner, Attilas Schwert, in: MÖIG. XLV (1931).

– Die italienische Malerei im 11. Jahrhundert, im Jahrbuch der kunsthistorischen Sammlungen in Wien NF. V (1931).

G. Laehr, Die Konstantinische Schenkung in der abendländischen Literatur des Mittelalters bis zur Mitte des 14. Jahrhunderts (Historische Studien, hrsg. v. E. Ebering H. 166, Berlin 1926).

– u. C. Erdmann, Ein karolingischer Konzilsbrief und der Fürstenspiegel Hincmars von Reims, in: NA. 50 (1933).

V. de La Fuente, História Ecclesiástica de España, 2 ed. I–VI (Madrid 1873–75).

J. Lair, Études critiques sur divers textes des Xe et XIe siècles I (Paris 1899).

Lamperti Hersfeldensis opera ed. O. Holder-Egger in SS. Germ. (1894).

J. Lange, Das Staatensystem Gregors VII. auf Grund des augustinischen Begriffs von der „libertas ecclesiae“ (Diss. Greifswald 1915).

Duc de La Salle de Rochemaure, Gerbert Silvestre II, le savant, le faiseur des rois, le pontife (Rome–Paris 1914).

Ph. Lauer - Ch. Samaran, Les diplômes originaux des Mérovingiens (Paris 1908).

J. Lecler, L'argument des deux glaives, in: Recherches de science religieuse XXI (1931), XXII (1932).

H. Leclercq, Laudes Gallicanae, in: Cabrol-Leclercq, Dictionnaire d'archéologie chrétienne et de Liturgie VIII. II (1929).

P. Lehmann, Pseudoantike Literatur des Mittelalters (Studien der Bibliothek Warburg XIII, Leipzig 1927).

H. Lehmgrübner, Benzo von Alba (Histor. Untersuchungen, hrsg. v. Jastrow H. VI, Berlin 1887).

B. Leib, Rome, Kiev et Byzance à la fin du XIe siede (Paris 1924).

- Un pape français et sa politique d'union, Urbain II et l'Orient byzantin (1088–99), in: Études, Revue des Pères de la Compagnie de Jesus 212 (1932).

G. Leidinger, Meisterwerke der Buchmalerei (München 1920).

J. Lelewel, Numismatique du moyen âge (Bruxelles 1835).

The Leofric Missal as used in the Cathedral of Exeter, ed. F. E. Warren (Oxford 1883).

F. Lerner, Kardinal Hugo Candidus (Beiheft XXII der HZ, 1931).

Lettres de Gerbert ed. J. Havet in: Collection de textes etc. (Paris 1889).

A. Levé, La tapisserie de la reine Mathilde dite tapisserie de Bayeux (Paris 1919).

W. Levison, Aus englischen Bibliotheken, in: NA. XXXV (1910).

Liber ad honorem Augusti di Pietro da Eboli ed. G. B. Siragusa in: Fonti per la storia d'Italia (Roma 1906). - Dasselbe unter dem Titel: Petrus Ansolini de Ebulo, De rebus Siculis carmen ed. E. Rota in: Rerum Italicarum scriptores (Neuausgabe des Muratori) XXXI. I (Città di Castello 1904).

Le Liber Censuum de l'Église Romaine ed. P. Fabre et L. Duchesne, I–II. I (Paris 1905–10).

Liber Maiolichinus ed. C. Calisse in: Fonti per la storia d'Italia (Roma 1904).

Liber miraculorum sanctae Fidis ed. A. Bouillet in: Collection de textes etc. (Paris 1897).

Liber Pontificalis ed. L. Duchesne in: Bibliothèque des Écoles françaises d'Athènes et de Rome, I. II (Paris 1886–92).

G. Lietzmann, Das Sacramentarium Gregorianum nach dem Aachener Urexemplar (Liturgiegeschichtliche Quellen H. III, Münster 1921).

H. Lilienfein, Die Anschauungen von Staat und Kirche im Reich der Karolinger (Heidelberger Abhandlungen H. I, Heidelberg 1902).

List of Additions to the Manuscripts in the British Museum in the Years 1836–40, hrsg. v. F. Madden (London 1843).

Liutprandi episcopi Cremonensis Opera ed. J. Becker in SS. Germ. (3. Aufl. 1915).

A. López Ferreiro, Historia de la Santa A. M. Iglesia de Santiago de Compostela I–IX (Santiago 1898–1907).

H. Loriquet, Reims I (Catalogue général des manuscrits des Bibliothèques publiques de France XXXVIII, Paris 1904).

F. Lot, Geoffroi Grisegonelle dans l'Épopée, in Romania XIX (1890).

– Études sur les légendes épiques françaises, ebd. LII–LIV (1926–28).

E. A. Lowe, The Vatican Ms. of the Gelasian Sacramentary and its Supplement at Paris, in: The Journal of Theological Studies XXVII (1926).

H. Lubenow, Die Slavenkriege der Ottonen und Salier in den Anschauungen ihrer Zeit (Diss. Greifswald 1919).

A. Luchaire, Les communes françaises à l'Époque des Capétiens directs (Paris 1890).

– Les premiers Capétiens (E. Lavisse, Histoire de France II. II, Paris 1901).

E. Lucius, Die Anfänge des Heiligenkults in der christlichen Kirche (Tübingen 1904).

W. Lueken, Michael (Göttingen 1898).

Chr. Lupus, Opuscula posthuma (Venetiis 1729).

J. Mabillon, Museum Italicum tom. II (Paris 1724).

A. J. Macdonald, Hildebrand. A Life of Gregory VII (London 1932).

L. C. Mackinnoy, The People and Public Opinion in the Eleventh-Century Peace Movement, in: Speculum, a Journal of Mediaeval Studies V (1930).

M. Magistretti Monumenta veteris liturgiae Ambrosianae I: Pontificale in usum ecclesiae Mediolanensis (Mediolani 1897).

E. Mâle, L'art religieux du XIIIe siècle en France (6. ed. Paris 1925).

C. Manaresi, Gli atti del Comune di Milano (Milano 1919).

C. Manfroni, Noterelle di storia normanna, in: Atti del R. Istituto veneto di scienze, lettere ed arti LXVIII. II (1908–09).

M. Manitius, Geschichte der lateinischen Literatur des Mittelalters (Handbuch d. Altertumswiss. Bd. IX Abt. 2), I–111 (München 1911–31).

J. D. Mansi, Sacrorum conciliorum nova et amplissima collectio (Florentiae 1759 ff.)

P. Marchegay, Archives d'Anjou I (Angers 1843).

– et Salmon, Chroniques des comtes d'Anjou (Société de l'histoire de France, Paris 1856–1871).

E. Martène, De antiquis ecclesiae ritibus II (Antwerpen 1736).

– et M. Durand, Thesaurus novus anecdotorum (Parisiis 1717).

W. Martens, Gregor VII., sein Leben und Wirken I. II (Leipzig 1894).

J. Mas, Notes historiques del Bisbat de Barcelona v. XIII. I (Barcelona 1921).

E. Maschke, Der Deutsche Orden und die Preußen (Historische Studien, hrsg. v. Ebering H. 176, Berlin 1928).

– Der Peterspfennig in Polen und dem deutschen Osten (Königsberger histor. Forschungen V, Leipzig 1933).

E. H. Massmann, Schwertleite und Ritterschlag, dargestellt auf Grund der mittelhochdeutschen literarischen Quellen (Diss. Hamburg 1932).

J. Mausbach, Die Ethik des hl. Augustinus I (Freiburg 1909).

J. May, Der Begriff Justitia im Sinne Gregors VII., in: Forschungen z. deut. Gesch. XXV (1885).

A. L. Mayer, Altchristliche Liturgie und Germanentum, in: Jahrbuch für Liturgiewissenschaft V (1925).

F. de Mély, La croix des premiers croisés, in: Revue de l'art chrétien 1890.

M. Mende, Petrus Damiani I (Diss. Breslau 1933).

R. Menéndez Pidal, La España del Cid. I. II (Madrid 1929).

S. Messina, Benedetto IX Pontefice Romano 1032–48 (Catania 1922).

H. Meyer, Die rote Fahne, in Zeitschr. d. Savignyst. R. G., Germ. Abt. 50 (1930).

– Blutfahne und Oriflamme, in: Forschungen u. Fortschritte VI (1930).

– Die Oriflamme und das französische Nationalgefühl, in: Nachrichten von d. Ges. d. Wiss. zu Göttingen, Phil-hist. Kl. 1930.

– Heerfahne und Rolandsbild, ebd. 1930.

– Sturmfahne und Standarte, in Ztschr. d. Savignyst. Germ. Abt. LI (1931).

– Freiheitsroland und Gottesfrieden, in: Hansische Geschichtsbl. LVI (1931).

– Bürgerfreiheit und Herrschergewalt unter Heinrich dem Löwen, in: HZ. 147 (1933).

– „Kaiserfahne und Blutfahne", in: Ztschr. d Savignyst. Germ. Abt. LIII (1933).

P. Meyer, La légende de Girart de Roussillon, in: Romania VII (1878).

G. Meyer v. Knonau, Jahrbücher des deutschen Reichs unter Heinrich IV. und Heinrich V. Bd. I–VII (Leipzig 1890–1909).

A. Mez, Die Renaissance des Islam (Heidelberg 1922).

MG. = Monumenta Germaniae historica.

AA. = Auctores antiquissimi (4°).

SS. = Scriptores (2°).

SS. Merov. = Scriptores rerum Merovingicarum (40).

SS. Langob. = Scriptores rerum Langobardicarum et Italicarum saec. VI–IX (4°)

SS. NS. = Scriptores rerum Germanicarum, Nova series (8°).

Libelli = Libelli de lite imperatorum et pontificum saec. XI et XII conscripti (4°).

DChr. = Deutsche Chroniken (Scriptores qui vernacula lingua usi sunt, 4°)

LL. = Leges (2°).

Cap. = Capitularia regem Francorum (Legum sectio II, 4°).

Conc. = Concilia (Legum sectio III, 4°).

Const. = Constitutiones et acta publica imperatorum et regum (Legum sectio IV, 4°).

D. (mit abgekürztem Königsnamen) = Diplomata regum et imperatorum Germaniae (4°).

Ep. = Epistolae (4°).

Ep. sel. = Epistolae selectae (8°).

Poet. = Poetae latini (4°).

A. Michel, Humbert und Kerullarios I. II (Quellen u. Forschungen, hrsg. v. d. Görresgesellschaft XXI. XXIII, 1924. 1930).

– Verstreute Kerullarios- und Humberttexte, in: Römische Quartalschrift XXXIX (1931).

J. P. Migne, Patrologiae cursus completus, Series Latina (Parisiis).

MIÖG. (bzw. MÖIG.) = Mitteilungen des Instituts für österreichische Geschichtsforschung (seit 1923: Mitt. d. öst. Inst. f. Geschf.).

Les miracles de Saint Benoît ed. E. de Certa in (Société de l'histoire de France, Paris 1856).

C. Mirbt, Die Publizistik im Zeitalter Gregors VII. (Leipzig 1894).

The Missal of Robert of Jumièges ed. H. A. Wilson (Henry Bradshaw Society XI, London 1896).

Missale Gothicum. Das gallikanische Sakramentar (Cod. Vat. Regin. 317) des VII.–VIII. Jahrhunderts, hrsg. v. C. Mohlberg (Codices liturgici e Vaticanis praesertim delecti phototypice expressi I, Augsburg 1929).

K. Mohlberg, Das fränkische Sacramentarium Gelasianum in alamannischer Überlieferung (Liturgiegeschichtl. Quellen I–II, Münster 1918).

– s. auch Missale Gothicum.

– u. A. Baumstark, Die älteste erreichbare Gestalt des Liber sacramentorum anni circuli (Liturgiegeschichtl. Quellen XI–XII, Münster 1927).

Th. E. Mommsen, Studien zum Ideengehalt der deutschen Außenpolitik im Zeitalter der Ottonen und Salier (Diss. Berlin 1930).

P. Monceaux, Saint Augustin et la guerre, in: P. Battifol etc., L'Église et le droit de guerre, 2. éd. (Paris 1920).

B. de Montfaucon, Monumens de la Monarchie françoise I (Paris 1730).

Monumenta Novaliciensia vetustiora cd. C. Cipolla, in: Fonti per la storia d'Italia (Roma 1901).

Vetusta Monumenta, quae ad rerum Britannicarum memoriam conservandam Societas Antiquariorum Londini curavit, VI (Londini 1823).

G. Morin, Le discours d'ouverture du concile général de Latran (1179) et l'œuvre littéraire de maitre Rufin, évêque d'Assise, in: Atti d. Pontif. Accademia Romana di archeologia, Ser. III Memorie v. II (1928).

G. Moroni, Dizionario di erudizione storiceo-ecclesiastice I–CIII (Venezia 1840–61).

[J. Mueller], Die Kaiserfarben (Wiesbaden 1871).

K. Müller, Der Umschwung in der Lehre von der Buße während des 12. Jahrhunderts, in: Theologische Abhandlungen C. Weizsäcker gewidmet (Freiburg 1892).

D. C. Munro, The Speech of Pope Urban II at Clermont 1095, in: American Historical Review XI (1906).

– Did the Emperor Alexius I ask for Aid at the Council of Piacenza 1095? ebd. XXVII (1922).

L. A. Muratori, Rerum Italicarum scriptores (Mediolani 1723 ff.).

– Antiquitates Italicae medii aevi (Mediolani 1738 ff.).

NA. = Neues Archiv der Gesellschaft für ältere deutsche Geschichtskunde.

H. Naumann, Der wilde und der edle Heide, in: Vom Werden des deutschen Geistes, Festgabe G. Ehrisman (Berlin 1925).

G. Neckel, Die kriegerische Kultur der heidnischen Germanen, in: Germanisch-romanische Monatsschrift VII (1915).

– Christliche Kriegerethik, in: Zeitschrift für deutsches Altertum und deutsche Literatur LVIII (1921).

C. Neumann, Die Weltstellung des byzantinischen Reichs vor den Kreuzzügen (Leipzig 1894).

– Über zwei unerklärte Völkernamen in der byzantinischen Armee, in: Byzantinische Zeitschrift III (1894).

W. Neuß Die Apokalypse des hl. Johannes in der altspanischen und altchristlichen Bibelillustration. Das Problem der Beatushandschriften. (Spanische Forschungen der Goerresgesellschaft, 2. Reihe II–III, Münster 1931.)

Nicetas Choniata, Historia ed. I. Becker (Bonn 1855).

W. Norden, Das Papsttum und Byzanz (Berlin 1903).

Ordericus Vitalis, Historia ecclesiastica ed. A. Le Prevost (Société de l'histoire de France, Paris 1838–55).

E. F. Otto, Die Entwicklung der deutschen Kirchenvogtei im 10. Jahrhundert (Abhandlungen zur mittleren und neueren Geschichte LXXII, Berlin 1933).

Ottonis episcopi Frisingensis chronica ed. A. Hofmeister in SS. Germ. (2. Auflage 1912).

– et Rahewini gesta Friderici I imperatoris ed. Waitz-Simson in SS. Germ. (3. Auflage 1912).

Ottonis de Sancto Blasio chronica ed. A. Hofmeister in SS. Germ. (1912).

A. Pagi, Critica in Annales Baronii (zitiert nach Jahren und Paragraphen).

K. Panzer, Wido von Ferrara, de scismate Hildebrandi (Histor. Studien II, Leipzig 1880).

G. Paris, Besprechung von Marignan, Tapisserie de Bayeux, in Romania XXXI (1902).

R. Pauli, Karl der Große in northumbrischen Annalen, in: Forschungen zur deutschen Geschichte XII (1872).

Paulinus (Pontius Meropius) Nolanus, Epistolae ed. Hartel im Corpus script. eccles. Latin. (Wien 1894).

Pauli historia Langobardorum ed. G. Waitz in SS. Germ. (1878).

L. Paulot, Urbain II (Paris 1903).

N. Paulus, Geschichte des Ablasses im Mittelalter I (Paderborn 1922).

A. Pauphilet, Sur la Chanson de Roland, in Romania LIX (1933).

P. Pecchiai, Gloriosa Pisa (Roma 1907).

C. Pellegrini, I Santi Arialdo ed Erlembaldo (Milano 1897).

– Fonti e memorie storiche di S. Arialdo, in: Archivio storico lombardo, 3. ser. XIV (1900).

E. Perels, Die Briefe Papst Nikolaus' I., in NA. XXXIX (1914).

– s. auch Bonizo.

W. G. Perrin, British Flags (Cambridge 1922).

E. Peterson, Die Einholung des Kyrios, in: Zeitschrift für systematische Theologie VII (1930).

E. Pfeil, Die fränkische und die deutsche Romidee des frühen Mittelalters (München 1929).

Ch. Pfister, Études sur le règne de Robert le Pieux (Paris 1885).

J. v. Pflugk-Harttung, Acta Pontificum Romanorum inedita (Stuttgart 1881 ff.).

– Iter Italicum (Stuttgart 1883).

A. Pichler, Der pulcher tractatus de materia belli (Veröffentlichungen des historischen Seminars der Universität Graz, Graz 1927).

J.-H. Pignot, Histoire de l'ordre de Cluny (909–1157) I–III (Antun–Paris 1868).

P. Piper, Schriften Notkers und seiner Schule II (Freiburg–Tübingen 1883).

H. Pirenne, À propos de la lettre d'Alexis Comnène à Robert le Frison comte de Flandre, in: Revue de l'instruction publique en Belgique 50 (1907).

H. Pissard, La guerre sainte en pays chrétien (Paris 1912).

B.-A. Pocquet du Haut-Jussé, Les papes et les ducs de Bretagne (Bibliothèque des écoles françaises d'Athènes et de Rome 133, Paris 1928).

Poetae Christiani minores, im Corpus script. eccl. Latin., I (Mediolani 1888).

A. Poncelet, Vie et miracles du Pape S. Leon IX, in: Analecta Bollandiana XXV (1906).

- Catalogus codicum hagiographicorum Latinorum bibliothecarum Romanarum praeter quam Vaticanae (in app. ad Analecta Bolland. XXIV–XXVIII, Bruxellis 1909).

The Pontifical of Egbert Archbishop of York [ed. Greenwell] in: Publications of the Surtees Society XXVII (1853).

The Pontifical of Magdalen College ed. H. A. Wilson (Henry Bradshaw Society XXXIX, London 1910).

A. Potthast, Regesta pontificum Romanorum inde ab a. 1198 ad a. 1304, I–II (Berolini 1874–75).

F. Probst, Die ältesten römischen Sacramentarien und Ordines (Münster 1892).

A. Prost, Caractère et signification de quatre pièces liturgiques composées à Metz au IXe siècle, in: Memoires de la Société Nationale des Antiquaires de France XXXVII (4. sér. VII. Paris 1876).

Aur. Prudentii Clementis carmina ed. J. Bergman im Corpus script. eccles. Latin. LX1 (1926).

H. Prutz, Kulturgeschichte der Kreuzzüge (Berlin 1883).

- Die Friedensidee im Mittelalter, in: Sitzungsberichte d. K. Bayer. Akademie d. Wiss. (München), Phil.-hist. Kl. 1915 Abh. 1.

P. de Puniet, Le sacramentaire gélasien de la collection Phillipps, in: Ephemerides liturgicae XLIII (1929).

I. P. Puricellus, De ss. martyribus Arialdo Alciato et Herlembaldo Cotta Mediolanensibus (Mediolani 1657).

Q. u. F. = Quellen und Forschungen aus italienischen Archiven und Bibliotheken.

J. Rahn, Das Psalterium aureum von St. Gallen (St. Gallen 1878).

J. Raine, The Historians of the Church of York I (Rerum Britann. med. aevi script. LXXI, London 1879).

P. Rajna, Contributi alla storia dell'epopea e del romanzo medievale VIII, in Romania XXIII (1894).

J. Ramackers, Analekten zur Geschichte des Reformpapsttums und der Cluniazenser, in Q. u. F. XXIII (1931–32).

L. v. Ranke, Weltgeschichte VIII (Leipzig 1887).

Raoul Glaber ed. M. Prou in: Collection de textes etc. (Paris 1886).

G. Rauschen, Die Legende Karls des Großen im 11. und 12. Jahrhundert (Leipzig 1890).

- Neue Untersuchungen über die Descriptio, in HJb. XV (1894).

O. Raynaldus, Annales ecclesiastici (zitiert nach Jahren und Paragraphen).

Recueil des historiens des croisades. Historiens occidentaux. Historiens orientaux. Documents arméniens (Paris 1841 ff.).

L. Reynaud, Les origines de l'influence française en Allemagne I (Paris 1913).

RHF. = Bouquet u. a., Recueil des historiens des Gaules et de la France (Nouv. éd. Paris 1869 ff.).

Comte P. Riant, Expéditions et pèlerinages des Scandinaves en Terre Sainte au temps des croisades (Paris 1865).

- Inventaire critique des lettres historiques des croisades (Archives de l'Orient latin I, Paris 1881).

- Un dernier triomphe d'Urbain II, in: Revue des questions historiques XXXIV (1883).

Richard de pèlerin, La conquête de Jérusalem ed. C. Hippeau (Paris 1868).

Richeri historiarum libri IV ed. G. Waitz, in SS. Germ. (1877).

S. Rietschel, Das Alter der von Köpke edierten Translatio s. Dionysii Ariopagitae, in NA. XXIX (1904).

S. Riezler, Der Kreuzzug Kaiser Friedrichs I. in: Forschungen z. deut. Gesch. X (1870).

R. Röhricht, Die Pilgerfahrten nach dem Heiligen Lande vor den Kreuzzügen, in: Raumers histor. Taschenbuch, 5. Folge V (1875).

- Geschichte des Königreichs Jerusalem (Innsbruck 1898).

- Geschichte des ersten Kreuzzuges (Innsbruck 1901).

O. Rojdestvensky, Le culte de St. Michel et le moyen âge latin (Paris 1922).

Rolandslied hrsg. v. K. Bartsch (Deutsche Dichtungen des Mittelalters III, Leipzig 1874).

E. Rosenstock, Die Furt der Franken und das Schisma (in: Rosenstock-Wittig, Das Alter der Kirche. Wachstum 1927).

K. Rost, Die Historia pontificum Romanorum aus Zwettl (Greifswalder Abhandlungen z. Gesch. d. Mittelalt. II, Greifswald 1932).

K. H. Roth v. Schreckenstein, Die Ritterwürde und der Ritterstand (Freiburg 1886).

Il Rotulo di Giosuè, Codice Vat. Pal. greco 431, riprodotto a cura d. Biblioteca Vaticana (Milano 1905).

E. Sackur, Studien über Rodulfus Glaber, in NA. XIV (1889).

- Die Cluniacenser I–II (Halle 1892–94).

Le Sacramentaire gélasien d'Angoulême ed. P. Cagin (Angoulême 1918). Sacramentarium Fuldense saec. X. ed. G. Richter u. A. Schönfelder (Quellen u. Abhandl. z. Gesch. d. Abtei u. d. Diöz. Fulda IX, Fulda 1912).

Sacramentarium Leonianum ed. Ch. L. Feltoe (Cambridge 1896).

Salzburger Urkundenbuch II hrsg. v. W. Hauthaler u. F. Martin (Salzburg 1916).

D. Sangorrín y Diest-Garcés, El libro de la cadena del Concejo de Jaca (Zaragoza 1920).

F. Sarre, Die altorientalischen Feldzeichen, in: Klio, Beiträge zur alten Geschichte III (1903).

J. Sauer, Symbolik des Kirchengebäudes und seiner Ausstattung in der Auffassung des Mittelalters, 2. Aufl. (Freiburg 1924).

A. Schaube, Handelsgeschichte der romanischen Völker des Mittelmeergebiets (Handbuch d. mittelalt. u. neu. Gesch., hrsg. v. Below u. Meinecke, 3. Abt., München-Berlin 1906).

P. Scheffer-Boichorst, Beiträge zur Kritik deutscher und italienischer Quellenschriften, in: Forschungen zur deut. Gesch. XI (1871).

- Die Ansprüche Gregors VII. auf Gallien als zinspflichtiges Land und auf Sachsen als Eigenthum der Kirche, in MIÖG. Erg.-Bd. IV (1893). Gesammelte Schriften I–II (Berlin 1903–05).

D. Scheludko, Über das Wilhelmslied, in: Zeitschrift für französische Sprache und Literatur 50 (1927).

O. Schilling, Die Staats- und Soziallehre des hl. Augustinus (Freiburg 1910).

G. Schlumberger, Deux Chefs normands des armées byzantines au XIe siècle, in: Revue historique XVI (1881).

- L'épopée byzantine à la fin du Xe siècle, II (Basile II), III (Les Por phyrogénètes Zoe et Théodora) (Paris 1900, 1905).

P. Schmid, Die Entstehung des Marseiller Kirchenstaats, in: Archiv für Urkundenforschung X. XI (1928–29).

J. Schmidlin, Besprechung von Heer, Karolingischer Missionskatechismus, in: Zeitschrift f. Missionswissenschaft II (1912).

S. Schmitt, Zur Überlieferung der Korrespondenz Anselms von Canterbury, in: Revue bénédictine XLIII (1931).

P. Schmitthenner, Das freie Söldnertum im abendländischen Imperium des Mittelalters (München 1934).

H. J. Schmitz, Die Bußbücher und die Bußdisziplin der Kirche (Mainz 1883).

- Die Bußbücher und das kanonische Bußverfahren (Düsseldorf 1898).

W. Schmitz, Tironische Miszellen, in: NA. XV (1890).

- Miscellanea Tironiana (Leipzig 1896).

F. Schneider, Fünfundzwanzig lateinische weltliche Rhythmen aus der Frühzeit (Texte z. Kulturgesch. d. Mittelalters I, Rom 1925).

- u. W. Holtzman n, Die Epitaphien der Päpste und andere stadtrömische Inschriften des Mittelalters (ebd. VI, 1933).

W. Schneider, Papst Gregor VII. und das Kirchengut (Diss. Greifswald 1919).

P. E. Schramm, Das Herrscherbild in der Kunst des frühen Mittelalters (Vorträge d. Biblioth. Warburg II 1922–23, I [1924]).

- Über Illustrationen zur mittelalterlichen Kulturgeschichte, in: HZ. CXXXVII (1928).

- Die zeitgenössischen Bildnisse Karls des Großen (Beiträge z. Kulturgesch. d. Mittelalt. u. d. Renaiss., hrsg. v. W. Goetz XXIX, Leipzig 1928).

- Die deutschen Kaiser und Könige in Bildern ihrer Zeit I (Leipzig 1928).

– Studien zu frühmittelalterlichen Aufzeichnungen über Staat und Verfassung, in: Zeitschrift d. Savignyst. f. Rechtsgesch. Germ. Abt. XLIX (1929).

– Kaiser, Rom und Renovatio (Leipzig–Berlin 1929).

– Die Ordines der mittelalterlichen Kaiserkrönung, in: Archiv f. Urkundenforschung XI (1930).

– Zur Geschichte der mittelalterlichen Königskrönung, in: Forschungen und Fortschritte IX (1933).

– Die Krönung bei den Westfranken und Angelsachsen von 878 bis um 1000, in: Zeitschr. d. Savignyst. f. Rechtsg. Kan. Abt. XXIII (1934).

– Die Krönung in Deutschland bis zum Beginn des Salischen Hauses (1028), ebd. XXIV (1935).

G. Schreiber, Kurie und Kloster im 12. Jahrhundert I. II (Kirchenrechtl. Abhandlungen, hrsg. v. U. Stutz LXVII–LXVIII, Stuttgart 1910).

H. v. Schubert, Geschichte der christlichen Kirche im Frühmittelalter (Tübingen 1921).

– Petrus Damiani als Kirchenpolitiker, in: Festgabe K. Müller dargebracht (Tübingen 1922).

A. Schultz, Das höfische Leben zur Zeit der Minnesinger I–II (2. Aufl. Leipzig 1889).

W. Schwarz, Der Investiturstreit in Frankreich, in: Zeitschrift für Kirchengeschichte XLII–XLIII (1923–24).

M. Sdralek, Wolfenbüttler Fragmente (Kirchengesch. Studien, hrsg. v. Knöpfler, Schrörs u. Sdralek I 2, Münster 1891).

F. Senn, L'Institution des avoueries ecclésiastiques en France (Thèse Paris 1903).

– L'institution des vidamies en France (Paris 1907).

G. A. Seyler, Geschichte der Heraldik (Abteilung A des Siebmacherschen Wappenbuches, Nürnberg 1885–89).

A. Anthony v. Siegenfeld, Das Landeswappen der Steiermark (Forschungen z. Verfassungs- und Verwaltungsgesch. d. Steiermark III, Graz 1900).

W. Smidt, Guido von Montecassino und die „Fortsetzung" der Chronik Leos durch Petrus Diaconus, in: Festschrift Alb. Brackmann dargebracht (Weimar 1931).

Snorris Königsbuch (Heimskringla), übertragen v. F. Niedner (Thule, 2. Reihe XIV–XVI, Weimar 1922).

SS. Germ. = Scriptores rerum Germanicarum in usum scholarum ex Monumentis Germaniae historicis separatim editi.

S. H. und C. Steinberg, Die Bildnisse geistlicher und weltlicher Fürsten und Herren I (Leipzig 1931).

E. Steindorff, Jahrbücher des deutschen Reichs unter Heinrich III. Bd. I–II (Leipzig 1874–81).

W. B. Stevenson, The Crusaders in the East (Cambridge 1907).

R. Stettiner, Die illustrierten Prudentius-Handschriften (1895).

- dasselbe, Tafelband (Berlin 1905).

E. Strehlke, Brief Abt Bernos von Reichenau an König Heinrich III. in: Archiv f. Kunde österr. Geschichtsquellen XX (1859).

H. Sudendorf, Registrum oder merkwürdige Urkunden für die deutsche Geschichte I–III (Jena u. Berlin 1849–54).

- Berengarius Turonensis oder eine Sammlung ihn betreffender Briefe (Hamburg-Gotha 1850).

Suger, De rebus in administratione sua gestis, in: Œuvres complètes de Suger ed. A. Lecoy de la Marche (Société de l'histoire de France, Paris 1837).

- Vie de Louis le Gros ed. A. Molinier in: Collection de textes etc. IV (Paris 1887); dasselbe ed. H. Waquet in: Les classiques de l'histoire de France (Paris 1929).

Sulpicii Severi Libri qui supersunt ed. C. Halm im Corpus script. eccles. Latin. (Wien 1866).

M. Sulzberger, Le symbole de la Coix et le monogramme de Jesus chez les premiers chrétiens, in: Byzantion II (1925).

H. v. Sybel, Geschichte des ersten Kreuzzuges (2. Aufl. Leipzig 1881).

Tabari, Chronique, traduite par H. Zotenberg Bd. III (Paris 1871).

M. Tangl, Gregor VII. jüdischer Herkunft? in: NA. XXXI (1906).

J. Tardif, Monuments historiques. Cartons des rois (Paris 1866).

W. Tavernier, Zur Vorgeschichte des altfranzösischen Rolandsliedes (Romanische Studien V, Berlin 1903).

G. Tellenbach, Römischer und christlicher Reichsgedanke in der Liturgie, in: Sitzungsberichte der Heidelberger Akad. d. Wiss., Phil.-hist. Kl. 1934/35 Nr. 1.

Thietmari Merseburgensis episcopi chronicon ed. F. Kurze in SS. Germ. (1889).

T. Tobler et A. Molinier, Itinera Hierosolymitana et descriptiones Terrae Sanctae (Genevae 1879).

Z. Tóth, Attilas Schwert (Budapest 1930).

K. Treis, Die Formalitäten des Ritterschlags in der altfranzösischen Epik (Diss. Berlin 1887).

F. Ughelli, Italia Sacra (2. Aufl. Venetiis 1717–22).

Vakidi, Muhammed in Medina ed. (in Übersetzung) J. Wellhausen (Berlin 1882).

V. Valentin – O. Neubecker, Die deutschen Farben (Leipzig 1929).

A. Valois = Carmen panegyricum de laudibus Berengarii Aug. et Adalberonis episcopi Laudunensis ad Rotbertum regem Francorum carmen ab Hadriano Valesio historiographo regio e veteribus codicibus eruta et notis illustrata (Parisiis 1663).

O. Vehse, Das Bündnis gegen die Sarazenen vom Jahre 915, in: Q. u. F. XIX (1927).

- Die päpstliche Herrschaft in der Sabina bis zur Mitte des 12. Jahrhunderts, ebd. XXI (1929–30).

- Benevent als Territorium des Kirchenstaats bis zum Beginn der avignonesischen Epoche, ebd. XXII–XXIII (1930–32).

Ch. Verlinden, Le chroniquer Lambert de Hersfeld et les voyages de Robert le Frison comte de Flandre, in: Revue belge de philologie et d'histoire X (1931).

Vie de Bouchard le Vénérable par Eudes de St. Maur, ed. Ch. Bourel de la Roncière in Collection de textes etc. (Paris 1892).

J. Villanueva, Viage literario á las Iglesias de España IX (Valencia 1821).

P. Viollet, Histoire des institutions politiques et administratives de la France I–III (Paris 1890–1903).

Vitae sancti Bonifatii archiepiscopi Moguntini ed. W. Levison in SS. Germ. (1905).

H. G. Voigt, Brun von Querfurt, Mönch, Eremit, Erzbischof der Heiden und Märtyrer (Stuttgart 1907).

O. Volk, Die abendländisch-hierarchische Kreuzzugsidee (Diss. Halle 1905).

E. Voosen, Papauté et pouvoir civil à l'époque de Grégoire VII (Gembloux 1927).

F. Wachter, Art. Fahnen, bei Ersch u. Gruber, Allgemeine Encyklopädie der Wissenschaften und Künste, 1. Sekt. XLI (Leipzig 1845).

W. Wackernagel, Die Farben- und Blumensprache des Mittelalters, in: Kleinere Schriften I (Leipzig 1872).

P. Wagner, Eberhard II. Bischof von Bamberg (Diss. Halle 1876).

G. Waitz, Die Formeln der deutschen Königs- und der römischen Kaiserkrönung, in: Abhandlungen der K. Ges. d. Wiss. zu Göttingen XVIII (1872).

- Deutsche Verfassungsgeschichte, I–II 3. Aufl. (Kiel 1880–82), III–VI 2. Aufl. (1883–96), VII–VIII (1876–78).

War of the Gaedhill with the Gaill (Cogadh gaedhel re gallaibh) ed. J. H. Todd (Rerum Britann. med. aevi script. XLVIII, London 1867).

G. F. Warner – J. P. Gilson, Catalogue of Western Manuscripts in the Old Royal and King's Collections (British Museum) I (London 1921).

F. Wasserschleben, Zur Geschichte der Gottesfrieden, in: Zeitschrift d. Savignyst. f. Rechtsgesch. Germ. Abt. XII (1891).

J. M. Watterich, Pontificum Romanorum vitae I (Lipsiae 1862).

P. Weber, Geistliches Schauspiel und kirchliche Kunst in ihrem Verhältnis erläutert an einer Ikonographie der Kirche und Synagoge (Stuttart 1894).

K. Weinhold, Beiträge zu den deutschen Kriegsalterthümern, in: Sitzungsberichte der K. Preuß. Akademie d. Wiss. zu Berlin 1891, 2. Halbband.

L. Weiland, Besprechung von Huberti, Gottesfrieden, in: Zeitschr. d. Savignyst. f. R.G. Germ. Abt. XV (1893).

A. M. Weiß, Die Entwicklung des christlichen Rittertums. Studien über die Rolandssage, in: HJb. I (1880).

P. Wentzcke, Die deutschen Farben (Heidelberg 1927).

A. Werminghoff, Die Fürstenspiegel der Karolingerzeit, in: HZ. LXXXIX (1902).

J. P. Whitney, Peter Damiani and Humbert, in The Cambridge Historical Journal I (1925).

– Hildebrandine Essays (Cambridge 1932).

Widukind ed. K. A. Kehr in SS. Germ. (1904).

F. Wiegand, Der Erzengel Michael ikonographisch dargestellt (Diss. Leipzig, Stuttgart 1886).

F. Wilken, Geschichte der Kreuzzüge I–VII (Leipzig 1807 ff.).

Willelmus Malmesbiriensis, De gestis regum Anglorum ed. W. Stubbs in: Rerum Britann. med. aevi script. (London 1889).

A. Wilmart, Le copiste du sacramentaire de Gellone au service du chapitre de Cambrai, in: Revue bénédictine LXII (1930).

H. A. Wilson, The Gelasian Sacramentary (Oxford 1894).

L. v. Winterfeld, Gottesfrieden und deutsche Stadtverfassung, in: Hansische Geschichtsblätter XXXII (LII, 1927).

Wiponis opera ed. H. Bresslau in SS. Germ. (3. Aufl. 1915).

R. M. Woolley, Coronation Rites (Cambridge Handbooks of Liturgical Study, Cambridge 1915).

W. Wühr, Studien zu Gregor VII. Kirchenreform und Weltpolitik (Historische Forschungen u. Quellen X, München 1930).

Th. Zwölfer, Sankt Peter, Apostelfürst und Himmelspförtner, seine Verehrung bei den Angelsachsen und Franken (Stuttgart 1929).

Register

Die Zahlen bezeichnen die Seiten, die kleinen Zahlen die Anmerkungen.